Baedeker
Allianz ⦿ Reiseführer

USA
Nordosten

VERLAG KARL BAEDEKER

Hinweise zur Benutzung

Sternchen (Asteriken) als typographische Mittel zur Hervorhebung bedeutender Bau- und Kunstwerke, Naturschönheiten und Aussichten, aber auch guter Unterkunfts- und Gaststätten hat Karl Baedeker im Jahre 1846 eingeführt; sie werden auch in diesem Reiseführer verwendet: Besonders Beachtenswertes ist durch * einen vorangestellten 'Baedeker-Stern', einzigartige Sehenswürdigkeiten sind durch ** zwei Sternchen gekennzeichnet.

Zur raschen Lokalisierung der Reiseziele von A bis Z auf der beigegebenen Reisekarte sind die entsprechenden Koordinaten der Kartennetzmaschen jeweils neben der Überschrift in Rotdruck hervorgehoben: Boston **K/L 7**.

Farbige Streifen an den rechten Seitenrändern erleichtern das Auffinden der Großkapitel des vorliegenden Reiseführers: Die Farbe Blau steht für die Einleitung (Natur, Kultur, Geschichte), die Farbe Rot für die Sehenswürdigkeiten, und die Farbe Gelb markiert die praktischen Informationen.

Wenn aus der Fülle von Unterkunfts-, Gast- und Einkaufsstätten nur eine wohlüberlegte Auswahl getroffen ist, so sei damit gegen andere Häuser kein Vorurteil erweckt.

Da die Angaben eines solchen Reiseführers in der heute so schnellebigen Zeit stets ständig Veränderungen unterworfen sind, kann der Verlag weder Gewähr für die absolute Richtigkeit leisten noch die Haftung oder Verantwortung für eventuelle inhaltliche Fehler übernehmen. Auch lehrt die Erfahrung, daß sich Irrtümer kaum gänzlich vermeiden lassen.

Baedeker ist ständig bemüht, die Qualität seiner Reiseführer noch zu steigern und ihren Inhalt weiter zu vervollkommnen. Hierbei können ganz besonders die Erfahrungen und Urteile aus dem Benutzerkreis als wertvolle Hilfe gar nicht hoch genug eingeschätzt werden. Vor allem **Ihre Kritik, Berichtigungen und Verbesserungsvorschläge sind uns stets willkommen**. Sie helfen damit, die nächste Auflage noch aktueller zu gestalten. Bitte schreiben Sie in jedem Falle an die

Baedeker-Redaktion
Karl Baedeker GmbH
Zeppelinstr. 41
Postfach 31 62
D-73751 Ostfildern
Telefax: (07 11) 45 02-343, E-Mail: baedeker@mairs.de

Der Verlag dankt Ihnen im voraus bestens für Ihre Mitteilungen. Jede Einsenderin und jeder Einsender nimmt an einer jeweils zum Jahresende unter Ausschluß des Rechtsweges stattfindenden Verlosung einer Städtekurzreise für zwei Personen nach London teil. Falls Sie gewonnen haben, werden Sie benachrichtigt. Ihre Zuschrift sollte also neben der Angabe des Buchtitels und der Auflage, auf welche Sie sich beziehen, auch Ihren Namen und Ihre Anschrift enthalten. Die Informationen werden selbstredend vertraulich behandelt und die persönlichen Daten nicht gespeichert.

◂ *Auf Nebenstrecken sieht man sie noch oft im Nordosten der USA: "Covered Bridges" – überdachte Brücken.*

Vorwort

Dieser Reiseführer gehört zur neuen Baedeker-Generation. In Zusammenarbeit mit der Allianz Versicherungs-AG erscheinen bei Baedeker durchgehend farbig illustrierte Reiseführer in handlichem Format. Die Gestaltung entspricht den Gewohnheiten modernen Reisens: Nützliche Hinweise werden in der Randspalte neben den Beschreibungen herausgestellt. Diese Anordnung gestattet eine einfache und rasche Handhabung. Der vorliegende Band hat den Nordosten der Vereinigten Staaten von Amerika zum Thema: die Neuenglandstaaten Connecticut, Maine, Massachusetts, New Hampshire, Rhode Island und Vermont sowie die Bundesstaaten New York und Pennsylvania.
Der Reiseführer gliedert sich in drei Hauptteile: Im ersten Teil wird über die Region im allgemeinen, Naturraum, Klima, Pflanzen und Tiere, Bevölkerung und politische Verwaltung, die Wirtschaft sowie Kunst und Kultur berichtet. Eine Sammlung von Literaturzitaten und einige Routenvorschläge leiten über zum zweiten Teil, in dem die Reiseziele – Städte, Landschaften und historische Orte – beschrieben werden. Daran schließt

Wenn Halloween naht, stehen in Neuengland die Kürbismänner vor den Häusern.

ein dritter Teil mit reichhaltigen praktischen Informationen, die dem Besucher das Zurechtfinden vor Ort wesentlich erleichtern. Sowohl die Sehenswürdigkeiten als auch die Informationen sind in sich alphabetisch geordnet. Specials beschäftigen sich mit dem Indian Summer, dem Zirkuskönig P.T. Barnum, dem "Whale Watching", den waghalsigen Bezwingern der Niagarafälle, dem legendären Festival von Woodstock, der Schlacht von Gettysburg und den Amish People in Pennsylvania.

Baedeker Allianz Reiseführer zeichnen sich durch Konzentration auf das Wesentliche sowie Benutzerfreundlichkeit aus. Sie enthalten eine Vielzahl eigens entwickelter Pläne und zahlreiche farbige Abbildungen. Zu diesem Reiseführer gehört als integrierender Bestandteil eine ausführliche Reisekarte, auf der die im Text behandelten Reiseziele anhand der jeweils angegebenen Kartenkoordinaten zu lokalisieren sind.
Wir wünschen Ihnen mit dem Baedeker Allianz Reiseführer viel Freude und einen erlebnisreichen Aufenthalt im Nordosten der USA!

Baedeker
Verlag Karl Baedeker

Inhalt

Natur, Kultur Geschichte
Seite 8 – 59

Zahlen und Fakten 10
Allgemeines 10 · Naturraum 11 · Klima und Reisezeit 15 · Pflanzen und Tiere 19 · Bevölkerung und Verwaltung 24 · Wirtschaft 25

Geschichte 29

Reiseziele von A bis Z
Seite 60 – 425

Routenvorschläge 62

Connecticut 66
Bridgeport 70 · Bristol 72 · Connecticut Valley 73 · Groton 75 · Hartford 77 · Housatonic Valley 83 · Litchfield 84 · Mystic 85 · New Haven 89 · New London 93

Maine 96
Acadia National Park/Mount Desert Island 100 · Augusta 105 · Bangor 106 · Bath 107 · Baxter State Park 108 · Bethel/White Mountains National Forest 110 · Blue Hill Peninsula/Deer Isle 111 · Camden/Rockland 113 · Cobscook Bay 116 · Freeport 117 · Monhegan Island 118 · Moosehead Lake 119 · Pemaquid Point 120 · Portland 122 · Searsport 126 · South Coast 127 · Wiscasset/Boothbay Harbor 131

Massachusetts 134
Berkshire Hills 138 · Boston 145 · Cape Ann 172 · Cape Cod 175 · Fall River 183 · Lexington/Concord 184 · Lowell 187 · Martha's Vineyard 189 · Nantucket 193 · New Bedford 196 · Newburyport 198 ·

Praktische Informationen von A bis Z
Seite 426 – 494

Alkohol 428 · Anreise 428 · Apotheken 430 · Ärztliche Hilfe 430 · Auskunft 431 · Autohilfe 437 · Badeurlaub 437 · Bahnreisen 438 · Banken 438 · Bed & Breakfast 438 · Behindertenhilfe 439 · Busreisen 439 · Camping 440 · Diplomatische Vertretungen 440 · Elektrizität 441 · Essen und Trinken 442 · Feiertage 445 · Ferienwohnungen 445 · Filmen und Fotogra-

Register 495

Verzeichnis der Karten und graphischen Darstellungen 501

Bildnachweis 502

Impressum 503

Berühmte Persönlichkeiten 39

Kunst und Kultur 43
Architektur 43 · Malerei 47 · Literatur 50

Der Nordosten in Zitaten 56

Pioneer Valley 198 · Plymouth 201 · Salem 205 · Springfield 208 · Sturbridge 210

New Hampshire 212
Concord 216 · Hanover 218 · Keene 220 · Lake Winnipesaukee 221 · Manchester 223 · Portsmouth/New Hampshire Coast 224 · White Mountains 227

New York 236
Adirondacks 240 · Albany 247 · Buffalo 250 · Catskills 253 · Finger Lakes 260 · Hudson Valley 266 · Jamestown 273 · Mohawk Valley 274 · New York City 277 · Niagara Falls 295 · Rochester 303 · Saratoga Springs 305 · Syracuse 307 · Thousand Islands/St. Lawrence Seaway 309 · Utica 312

Pennsylvania 314
Allegheny National Forest 318 · Allentown/Bethlehem 320 · Altoona 322 · Bedford 324 · Delaware Water Gap 326 · Erie 327 · Gettysburg 330 · Harrisburg/Hershey/Lebanon County 334 · Jim Thorpe 339 · Johnstown 341 · Lancaster/Pennsylvania Dutch Country 342 · Philadelphia 350 · Pittsburgh 366 · Reading 374 · Scranton/Pocono Mountains 377 · State College 380 · Uniontown 381 · Williamsport 383 · York 384

Rhode Island 386
Block Island 390 · Bristol 391 · Narragansett Pier 392 · Newport 393 · Pawtucket 401 · Providence 401

Vermont 406
Barre 410 · Bennington 411 · Burlington/Lake Champlain 412 · Manchester 415 · Middlebury 417 · Montpelier 419 · Northeast Kingdom 421 · Rutland 423 · Stowe 423 · Woodstock 424

fieren 445 · Flugverkehr 445 · Führerschein 445 · Geld 446 · Hotels/Motels/Resorts 447 · Jugendunterkünfte 458 · Karten 458 · Kinder 459 · Kreditkarten 460 · Kriminalität 460 · Literatur 460 · Maße/Gewichte/Temperaturen 461 · Mietwagen 461 · Nationalparks und Schutzgebiete 462 · Notrufe 465 · Öffnungszeiten 465 · Post 465 · Rauchen 466 · Reisedokumente 466 · Reisezeit 466 · Restaurants 466 · Shopping 475 · Sicherheit 476 · Sport 477 · Sprache 481 · Straßenverkehr 486 · Taxi 489 · Telefon 490 · Trinkgeld 491 · Umgangsregeln 491 · Unterkunft 491 · Veranstaltungskalender 491 · Vergnügungsparks 493 · Zeit 493 · Zeitungen und Zeitschriften 494 · Zollbestimmungen 494

Baedeker Specials

Indian Summer:
 Neuenglands Herbstlaub in Flammen 20/21
The Greatest Show on Earth 71
Zu Besuch bei den sanften Riesen 176/177

By the time I got to Woodstock... 256–259
Niagara Daredevils 300
Die Schlacht von Gettysburg 332/333
Gottesfurcht und Ackerbau 344/345

Das alte

Käse und Ahornsirup
sind nahrhafte Mitbringsel aus Vermont

Es gibt wohl kein Motiv in Amerika mit höherem Wiedererkennungswert als das typische Neuengland-Dorf: Um ein penibel gestutztes Village Green scharen sich weiße Holzhäuser, überragt vom spitzen Turm der Dorfkirche, und vielleicht steht auf dem Rasen, der bereits zu Kolonialzeiten für die Allgemeinheit angelegt wurde, noch ein hübscher "bandstand", ein Pavillon, wo sonntags Blaskonzerte abgehalten werden. Das Amerika der Interstates und Werbeflächen, der wuchernden Vorstädte und gesichtslosen Downtowns – in der Heile-Welt-Idylle des Neuengland-Dorfes ist es Lichtjahre entfernt. Umso näher scheint Europa, insbesondere "merry old England". Die Kolonialarchitektur, die außerordentlich hohe Wertschätzung einer gediegenen Schulbildung und die bewahrende Grundhaltung vieler Neu-Engländer, die im krassen Gegensatz zur Konsumkultur Mainstream-Amerikas steht und sich hier besonders in den liebevoll renovierten alten Wohnhäusern manifestiert: Vieles erinnert an das alte Mutterland.

Historisch allerdings liegt nichts ferner als die Alte Welt. Freiheit, Gleichheit, öffentliche Schulen, Kreativität im Dienst des Allgemeinwohls: Vom ersten Tag an wurde hier vieles in die Tat umgesetzt, was im feudalen Europa nicht einmal gedacht werden durfte. Dreizehn Jahre vor der Französischen Revolution rief hier ein Volk die erste Demokratie der Neuzeit aus und gab sich eine Verfassung, die das Streben nach Glückseligkeit als Naturrecht jedes Einzelnen postulierte. In Neuengland wurde der Grundstein für die spätere Weltmacht USA gelegt: Die von Europa losgelöste

Bilderbuchidyll
Der Bandstand auf dem Green – so stellt man sich Neuengland vor.

Living History
Aufmarsch der Pilgerväter in Plimoth Plantation

Amerika

Kultur, die sich hier im 18. und 19. Jahrhundert entwickelte, basierte nicht zuletzt auch auf dem Wertesystem der Pilgerväter, das Disziplin, Auserwähltheit und vor allem materiellen Erfolg als Beweis für ein gottgefälliges Leben ansieht. Neuengland und weite Teile des Nordostens sind das alte Amerika, die Weltmacht, bevor sie erwachsen wurde. Ein offenes Buch, in dem es von Geschichten, von Träumen, Idealen und dem Triumph der Visionen über die Vergangenheit nur so wimmelt.

Zeitsprung
Ein Amish-Junge im Pennsylvania Dutch Country

Geschichten erzählen zum Beispiel die Living-History-Darsteller der Pilgerväter in Plimoth Plantation oder die Guides in Mystic Seaport. Die Träume der ersten Siedler wird man um so besser verstehen, wenn man die großartige Natur bewundert: die Bergwelt der White Mountains, das Tal des Hudson River, die Küste von Maine, die Niagarafälle und den Indian Summer. Ihre Ideale spürt man in der Independence Hall in Philadelphia, wo sie die Unabhängigkeitserklärung unterzeichnet haben, und in Boston, wo sie tatkräftig vorbereitet worden ist, aber auch bei den Amish in Pennsylvania oder den Shakern in New Hamsphire, die hier eine neue Freiheit fanden. Welche Anstrengungen und Opfer die Visionen der Gründerväter mitunter gefordert haben, davon erzählen auch die alten Industrierevieren und Kohlegruben von Pennsylvania; was sie zustande gebracht haben, erlebt man großartig und beengend zugleich in den Riesenstädten New York, Boston und Philadelphia, ruhig und manchmal weltabgeschieden im eingangs zitierten Idyll des Neuengland-Dorfes.

Indian Summer
Nirgends fallen die Blätter so schön wie in Neuengland

Lobster
Eine widerspenstige Delikatesse

Natur, Kultur
Geschichte

Zahlen und Fakten

Allgemeines

Lage und Ausdehnung

Das in diesem Reiseführer beschriebene Gebiet im Nordosten der USA reicht von der Atlantikküste im Osten bis zu den Ufern von Erie- und Ontariosee im Westen und von der kanadischen Grenze im Norden bis zur Grenze von Maryland im Süden. Es umfaßt die Bundesstaaten Connecticut, Rhode Island, Massachusetts, Vermont, New Hampshire und Maine – die Neuenglandstaaten – sowie Pennsylvania und New York State. Die Bezeichnung "Nordosten" sollte allerdings nicht in die Irre leiten – noch der nördlichste Punkt des beschriebenen Gebiets in Maine liegt auf der geographischen Höhe der südwestfranzösischen Atlantikküste, New York City liegt auf der Höhe von Madrid.

Das so umrissene Gebiet bedeckt eine Fläche von 418 152 km², was einem Anteil von 5,3 % an der Gesamtfläche der Kern-USA (ohne Alaska und Hawaii) entspricht. Größter der beschriebenen Bundesstaaten ist New York State mit 128 347 km², gefolgt von Pennsylvania mit 117 363 km². Der größte der Neuenglandstaaten, Maine, ist mit 85 990 km² bereits bedeutend kleiner; die übrigen Neuenglandstaaten fallen flächenmäßig noch kleiner aus bis hinab zum kleinsten Bundesstaat der USA überhaupt, Rhode Island mit gerade 3143 km².

◀ *Fast ein Bild aus einer anderen Welt: Der Herbstnebel taucht den Lake Rescue in Vermont in ein unwirkliches Licht.*

Naturraum

Die dominierende Landschaftseinheit der nordöstlichen USA sind die Appalachen, ein im Erdaltertum angelegtes und vor 250 Mio. Jahren herausgehobenes Gebirgssystem. Es erstreckt sich über ca. 3000 km auf einer Breite von 200–300 km vom mittleren Alabama bis zur kanadischen Provinz Neufundland etwa parallel zur Atlantikküste, flankiert vom zentralen Tiefland im Nordwesten und der atlantischen Küstenebene im Südosten. Die Hudson-Mohawk-Senke trennt die Appalachen deutlich in einen nördlichen und einen südlichen Teil. Die nördlichen Appalachen, die auf US-Staatsgebiet im wesentlichen den Neuenglandstaaten entsprechen (New England Uplands), haben viel Ähnlichkeit mit den deutschen Mittelgebirgen, während sich die südlichen Appalachen gewissermaßen als "Taschenausgabe" der Rocky Mountains darbieten. Nach Osten fallen die Appalachen als sanft geneigtes Plateau zur Atlantikküste ab. Hier erstreckt sich von Washington, DC/Baltimore bis Boston die "Megalopolis", die dichtest besiedelte Region der USA.

Landschaftliche Großräume

Die New England Uplands werden von weiten Hochflächen geprägt, die durch ein Netz von Flußtälern tief zerschnitten und kleinräumig gegliedert sind. Überragt werden sie von einzelnen Gebirgszügen wie den Green oder White Mountains. Letztere weisen mit dem Mt. Washington (1917 m ü.d.M.) die höchste Erhebung der nördlichen Appalachen auf. Auch einzelne isolierte Gebirgsstöcke wie der 965 m hohe Mt. Monadnock erheben sich markant aus ihrer Umgebung. Mit einer durchschnittlichen Höhe von 150 m schließt sich im Osten das sanftwellige Hügelland der New England Lowlands an. Es leitet zur felsigen, durch fjordartige Buchten stark gegliederten Atlantikküste über. Westlich der New England Uplands erheben sich jenseits der Champlain-Senke domförmig die Adirondack Mountains mit dem 1629 m hohen Mt. Marcy als höchstem Berg, im Süden durch die Mohawk-Senke deutlich gegen das Appalachenplateau abgesetzt. Dieses erhebt sich, gegen die Höhenzüge der südlichen Appalachen sanft anstei-

Landschaftsformen

Naturraum

Landschaftsformen (Fts.)

gend, in einer 200 m hohen Stufe unvermittelt aus dem weiten südlichen Tiefland der Großen Seen. Seine weiten Flächen sind für große Teile der Bundesstaaten New York und Pennsylvania landschaftsprägend.

Eiszeitlicher Formenschatz

In der letzten Eiszeit (Wisconsin-Vereisung vor 75 000 – 11 000 Jahren) wurden die nördlichen Appalachen, der vorgelagerte Kontinentalschelf und weite Teile des Appalachenplateaus von dem aus Norden heranrückenden kanadischen Inlandeis überfahren. Entsprechend entwickelte sich eine abwechslungsreiche Seenlandschaft, die der Skandinaviens sehr ähnlich ist. Von den New England Uplands bis zur nördlichen Atlantikküste dominieren sanftgerundete Kuppen mit vom Eis ausgeräumten Tälern. An ihren Rändern und in Küstennähe werden sie von schmalen, vielfach fjordartigen Tälern abgelöst, in die das Meer tief eindringen konnte. Demgegenüber sind das Tiefland der Großen Seen, die Hudson- und Champlain-Senke sowie die südliche Neuenglandküste ein eiszeitliches Aufschüttungsgebiet mit überwiegend flachen, von einzelnen Moränenwällen oder Kiesrücken gegliederten Grundmoränlandschaften. Im Bereich der südlichen Neuenglandküste markieren girlandenartig angeordnete Moränenzüge End- und Rückzugspositionen des letzten Inlandeises. Diese heute vielfach im Meer versunkene Landschaft macht den großen Reiz der Küste und der ihr vorgelagerten Inseln aus.

Küsten

Die 1200 km lange, gezeitenstarke Küste von New York und Neuengland (1 – 6 m Tidenhub) ist die einzige von der Eiszeit geformte Meeresküste der USA. An ihr hat Maine mit 365 km Länge den größten Anteil, gefolgt von Massachusetts (310 km), New York State (200 km) inkl. Long Island, Connecticut (193 km), Rhode Island (64 km) und New Hampshire (21 km).

Maine

Maines Küstenlinie ist mit kleinen Sandbuchten sowie weitverbreiteten Block- und Geröllstränden stark gegliedert. An exponierten Außenküsten konnten sich 60 bis 100 m hohe Kliffreihen entwickeln. Von der kanadi-

Bei Portland Head Lighthouse schlagen die Wellen des Atlantiks an die Küste von Maine.

Naturraum

schen Grenze bis zur Penobscot Bay beherrschen massive Granitformationen die Küstenzone, die die meisten Küstenvorsprünge formen. Einer der größten Granitkörper bildet den Kern von Mt. Desert Island im Acadia National Park. Den mittleren Küstenabschnitt, von der Penobscot Bay bis zum Cape Elizabeth, charakterisieren schmale, fjordartige Buchten. Die Südküste wird unübersehbar von den granitischen Landmarken Cape Porpoise und Cape Neddick beherrscht. Zwischen ihnen erreichen einige ertrunkene Flußtäler den Atlantik. Vor den kleineren Talmündungen entstanden sandige Nehrungen wie Wells Beach und Kennebunk Beach.

Küsten (Fortsetzung)

Typisch für die Küste von New Hampshire sind felsige Landzungen mit dazwischenliegenden sichelförmigen Buchten. Markante Steilküsten fehlen. Auffällig ist die zahlreichen schmalen Flußmündungen. Den bedeutendsten Mündungstrichter hat der Piscataqua River geschaffen, der die 15 km landeinwärts gelegene Great Bay und den Hafen von Portsmouth über einen engen Durchlaß mit dem Atlantik verbindet.

New Hampshire

Südlich von Boston dominieren Flachküsten mit sandigen oder kiesigen Stränden. Als Ausflugsziel sehr beliebt sind die weiten Sandstrände der Halbinsel Cape Cod, aber auch die Inseln Nantucket, Martha's Vineyard, Block und Long Island, die die höchsten Erhebungen einer nacheiszeitlich überfluteten Endmoränenlandschaft darstellen. Beeindruckend sind die aus lockerem Sediment aufgebauten Steilküsten von Cape Cod National Seashore, deren dramatisch bis zu 60 m aufragende Kliffreihen dem Atlantik zugewandt sind. Meeresströmungen sorgen für die Verteilung des vom Kliff abgespülten Materials entlang der Strände. Aus diesen Sanden werden die ausgedehnten Nehrungssysteme des "Provincetown spit", der Strandwall von Nauset sowie Monomoy Island im Süden der Halbinsel Cape Cod aufgebaut. Ähnlich erosionsgefährdet sind die Steilküsten von Martha's Vineyard, Nantucket und Block Island, die die bis zu 1 m pro Jahr (Block Island) zurückweichen.

Massachusetts, Rhode Island, Connecticut

Die überwiegend parallel zueinander angeordneten Gebirgszüge des Nordostens bestimmen den Verlauf der Flußtäler, die nur selten, wie der Delaware oder der Susquehanna River, die vorgegebene Richtung verlassen und die Höhenzüge durchbrechen können.

Flüsse

Der Susquehanna River ist mit 750 km der mit Abstand längste Fluß der Region mit dem größten Einzugsgebiet, das eine Fläche von 73 000 km² umfaßt. Er entspringt im zentralen New York State und durchläuft dann Pennsylvania und Maryland, wo er nördlich von Baltimore in die atlantische Chesapeake Bay mündet.

Susquehanna River

Mit 493 km Länge und einem Einzugsgebiet von 35 400 km² ist der Hudson River der wirtschaftlich und verkehrsmäßig bedeutendste Fluß der Region. Seine Quelle wird im Henderson Lake in den Adirondack Mountains im Bundesstaat New York angenommen. Kurz bevor er in die Upper Bay von New York City mündet, durchfließt er ein Durchbruchstal, das an das Rheintal zwischen Mainz und Köln erinnert. Wichtigster Nebenfluß ist der von Westen kommende Mohawk River, der bei Troy den Hudson erreicht. Eine ausgebaggerte Fahrrinne macht den Hudson bis Albany für Seeschiffe befahrbar. Durch den New York State Barge Canal besteht Anschluß an die Großen Seen und das St.-Lorenz-Stromsystem.

Hudson River

Der Delaware ist 481 km lang und hat ein Einzugsgebiet von 29 700 km². Er entspringt in den Catskill Mountains im Bundesstaat New York. Über weite Strecken bildet sein Oberlauf die Grenze zwischen Pennsylvania und dem Bundesstaat New York. Dieser sehr naturnahe und unregulierte Flußabschnitt ist auf ganzer Länge als "National wild and scenic river" ausgewiesen. Für die am Unterlauf des Delaware ansässigen Industriebetriebe ist der Fluß ein wichtiger Verkehrsweg.

Delaware River

Der 601 km lange Connecticut River hat ein Einzugsgebiet von 28 000 km². Er entspringt in Vermont an der Grenze zur kanadischen Provinz Québec. Zunächst Grenzfluß zwischen Vermont und New Hampshire, durchläuft er dann Massachusetts und Connecticut, wo er im Long Island Sound in den Atlantik mündet. Landschaftlich besonders reizvoll ist sein Oberlauf, der über weite Strecken durch ein enges Tal zwischen den White und Green

Connecticut River

Naturraum

Indian Summer im Farmland von Vermont

Flüsse (Fortsetzung)

Mountains fließt. An der Grenze zu Massachusetts tritt er in das 150 km lange und 34 km breite Connecticut-Tiefland ein. Bis Windsor ist der Connecticut schiffbar; die Gezeiten machen sich bis Hartford bemerkbar.

Allegheny und Monongahela Rivers

Für den äußersten Westen Pennsylvanias sind der aus dem Allegheny National Forest kommende Allegheny River und der in West Virginia entspringende Monongahela River bestimmend. Sie vereinigen sich in Pittsburgh zum Ohio River, der wiederum dem Mississippi zufließt.

Seen

Lake Champlain

Größter See der Region ist der Lake Champlain, der weite Teile der gleichnamigen Senke zwischen den Green Mountains im Osten und den Adirondack Mountains im Westen einnimmt. Der maximal 183 m tiefe, 200 km lange und zwischen 0,4 und 22 km breite See entwässert nach Norden über den schiffbaren Richelieu River in den St.-Lorenz-Strom. Lake Champlain ist mit 1137 km² gut doppelt so groß wie der Bodensee. Entlang der Ufer verlaufen bedeutende Verkehrswege, die die Ballungsräume New York und Montréal verbinden. Über den 97 km langen Champlain-Kanal und 11 Schleusen ist der See mit dem Hudson River verbunden.

Finger Lakes

Die Finger Lakes (Fingerseen) sind eine wegen ihrer Anordnung so benannte Gruppe von 11 Seen – Conesus, Hemlock, Canadice, Honeoye, Canandaigua, Keuka, Seneca, Cayuga, Owasco, Skaneateles, Otisco – am Nordrand des Allegheny-Plateaus im Bundesstaat New York. Sie haben eine Fläche zwischen 9 und 173 km² und eine maximale Tiefe von 9 bis 188 m. Die merkwürdige Häufung und Anordnung der rinnenartigen Seen wird auf eine wiederholte Vereisung des Gebietes zurückgeführt. Lake Seneca u. Lake Cayuga – die beiden größten – sind durch kanalisierte Abflüsse mit den Wasserstraßennetz des Bundesstaats verbunden.

Große Seen

Die fünf Großen Seen (Great Lakes) Lake Superior, Lake Michigan, Lake Huron, Lake Erie und Lake Ontario bilden mit einer Gesamtfläche von 246 286 km² das größte Süßwasser-Binnenseesystem der Erde. Lake Superior ist mit einer Spiegelhöhe von 183 m ü.d.M. der am höchsten, Lake

Klima und Reisezeit

Ontario, der östlichste und letzte in der Reihe, mit 74 m ü.d.M. der am niedrigsten gelegene See. Über natürliche Abflüsse stehen alle Seen miteinander in Verbindung. Mit Ausnahme von Lake Superior und Lake Ontario, deren Wasserstände künstlich angepaßt werden, sind die Seen ein natürlich reguliertes System. Nur Lake Erie und Lake Ontario haben Anteil an dem in diesem Reiseführer beschriebenen Gebiet.
Lake Erie (25 719 km²), der viertgrößte der Seen, ist 388 km lang und maximal 92 km breit. Sein Spiegel liegt 174 m ü.d.M. Mit einer maximalen Tiefe von 64 m ist er der mit Abstand flachste der Großen Seen. Lake Ontario (74 m ü.d.M.) ist 311 km lang, bis zu 85 km breit und maximal 237 m tief. Mit 19 477 km² Fläche (Bodensee 539 km²) ist er der kleinste der fünf Seen.
Der Niagara River verbindet den Lake Erie mit dem 100 m tiefer gelegenen Lake Ontario. Auf seinem gut 50 km langen Weg führt der Fluß pro Sekunde durchschnittlich 57 000 m³ Wasser mit sich, die in den Niagarafällen auf etwa 1 km Breite über den Rand des Niagara-Kalksteinplateaus 50 m spektakulär in die Tiefe stürzen. Die verbleibenden 50 m Höhendifferenz bewältigt der Niagara in einer engen Schlucht tosend auf einer steilen Gefällstrecke von nur 10 km.

Naturraum, Große Seen (Fts.)

Lake Erie

Lake Ontario

Niagara Falls

Klima und Reisezeit

Der Nordosten der USA hat ein kühlgemäßigtes, ganzjährig feuchtes, kontinental geprägtes Klima mit kalten bis mäßig kalten Wintern und warmen bis heißen Sommern. Nur unmittelbar an der Küste wird der kontinentale Einfluß durch den Atlantik gemildert. Allgemein nehmen die Niederschläge von 900 mm in Pennsylvania auf knapp 1100 mm an der Neuenglandküste zu. Mit 372 km/h Mittelwind und einer Spitzenböe von 416 km/h hält der höchste Berg Neuenglands, der 1916 m hohe Mt. Washington (White Mts., NH), gleich zwei weltweite Wetterrekorde.

Grundzüge

Klima und Reisezeit

Sechs regionaltypische Klimastationen

© Baedeker

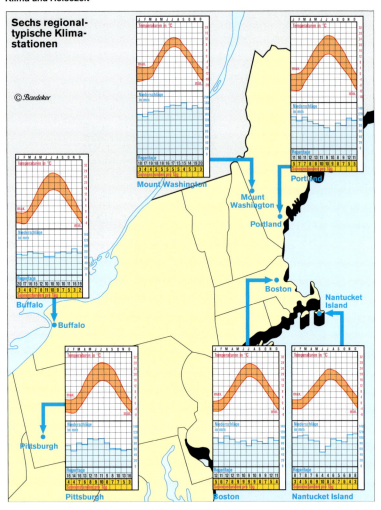

Grundzüge (Fortsetzung)	Nirgendwo sonst in den Vereinigten Staaten sind die Jahreszeiten so ausgeprägt und die Wetterstürze so dramatisch wie in den nordöstlichen Bundesstaaten. Das Zusammenspiel von Klima und Vegetation im Wechsel der Jahreszeiten ist die Voraussetzung für das einzigartige Farbenspiel des "Indian Summer". Neuenglands Wetter hält von allem etwas bereit: vom Besten und vom Schlechtesten.
Frühling	Der Neuenglandfrühling ist gewöhnlich kurz und heftig. Bis Ende April kann es Schnee und strengen Nachtfrost geben. Im Mai wird es im allgemeinen schlagartig warm, so daß die Vegetation förmlich explodiert. Anfang Juni beginnt die Sommerhitze.

Klima und Reisezeit

Sommer

Juli und August sind die heißesten und sonnigsten Monate des Jahres. Achtung: Kurze Hitzewellen (Heat Waves) mit schwülheißer Luft und Temperaturen bis 38 °C im Schatten können zu gesundheitlichen Problemen führen. Die küstennahen Inseln sind gegenüber dem Festland im Hochsommer durch angenehmere Temperaturen, weniger Regen und – trotz einiger Nebeltage – auch mehr Sonnenschein wetterbegünstigt.

Vor Neuengland hält der von Norden kommende kalte Neufundlandstrom die Wassertemperaturen auch im August mit maximal 20 – 21 °C bei Cape Cod und 17 – 18 °C vor Maine recht niedrig. Die Wassertemperaturen im Juli und September sind allgemein noch bzw. schon um 2 – 3 °C kälter.

Unglücklicherweise sorgt die kalte Meeresströmung ausgerechnet im Haupturlaubsmonat Juli für die meisten Nebeltage. Dann werden vor Maine durchschnittlich 7 bis 12 Tage, vor Massachusetts und Rhode Island sowie auf den vorgelagerten Inseln Nantucket und Block Island bis zu 14 Tage mit Küsten- oder Seenebel beobachtet. Über Land lösen sich die Nebelfelder im Tagesverlauf durch Sonneneinstrahlung vielfach auf.

Herbst

Während der September noch sommerlichen Charakter mit hohen Tagestemperaturen und gewittrigen Schauern hat, ist für den Oktober stabiles Hochdruckwetter mit milden Tagen und frostigen Nächten typisch. Anfang Oktober erreicht der Indian Summer seinen Höhepunkt. Dann hüllen erste Nachtfröste die Laubwälder in ein farbenprächtiges Kleid, und die frische klare Luft beschert den Menschen ein erholsames Intermezzo zwischen der drückenden Hitze des Sommers und der bitteren Kälte des nahenden Winters, der schon Ende Oktober Einzug hält.

Winter

Die Winter sind im allgemeinen sehr kalt, schneereich und windig. Der Januar ist der kälteste Monat. Gelegentlich wird die strenge Kälte durch Warmluftvorstöße abgeschwächt bzw. unterbrochen. In den Niederungen des südlichen Neuengland fallen die Niederschläge häufig als Regen.

Achtung: Massive Wetterstürze werden nicht selten von schweren Schnee-(Blizzards) und Eisstürmen eingeleitet oder begleitet. Danach kann es zu erheblichen Abweichungen von den zu dieser Jahreszeit üblichen Temperaturen kommen. So wurden beispielsweise in einem Februar in Portland, ME, schon - 39,5 °C, aber auch +18 °C gemessen.

Wintersport

Schneesicher und schneereich ist der Norden von Vermont, New Hampshire und Maine. Hier liegen auch die meisten Skigebiete mit einer Saison von Anfang Dezember bis Ende März. Ende Februar bis Mitte März erreicht die Schneedecke mit durchschnittlich 1,40 bis 2,10 m ihr Maximum. Ab Mitte Januar wird es recht sonnig. Tauwetter ist auch im Hochwinter in allen Lagen möglich.

Windchill

Tiefe Minustemperaturen und der oft starke Wind können zu Erfrierungen führen. Dann liegt die Temperaturempfindung deutlich unter den gemessenen Werten. Diese gefühlte Temperatur wird in den USA "windchill" genannt. Darüber informiert der Wetterbericht laufend. Ein Beispiel: - 4 °C Lufttemperatur bei 32 km/h Windgeschwindigkeit, eine typische Kombination in den Skigebieten Neuenglands, ergibt eine gefühlte Temperatur von -18 °C. Bei einer Skiabfahrt mit gleicher Geschwindigkeit (32 km/h) gegen den Wind würde die gefühlte Temperatur schon -25 °C betragen. Erfrierungsschutz bieten die überall erhältlichen Gesichtsmasken.

Niagara Falls / Lake Ontario / Lake Erie

Ohne jeden Zweifel ist der Sommer an den Großen Seen die schönste Zeit. Dagegen hält man es im Winter vor Kälte, Schnee und Wind kaum aus. Durch das kalte Wasser der Seen verspätet sich das Frühjahr oft bis Ende Mal oder Anfang Juni. Mitte Juni setzt dann fast übergangslos der Sommer ein, dessen Hitze in der Regel durch einen erfrischenden Wind von den Seen gemildert wird. Kurze Hitzeperioden können das Thermometer auf 35 °C treiben. Dank der in den Wassermassen gespeicherten Wärme bleibt es bis Mitte Oktober frostfrei. Danach ist mit ersten Wintereinbrüchen zu rechnen, und ab Dezember regiert der Winter. Vor allem am Süd-

Klima und Reisezeit

Wetterüberblick

Neuengland
Bestes Wetter: Juli und August
Auch noch gut: Juni und September
Besonderheiten: Oktober trockenster Monat
Größte Hitze: Juli und August
Meiste Sonne: Juli und August
Wassertemperaturen: August Cape Cod 21 °C, Lake Ontario 22 °C
Indian Summer: Höhepunkt Ende September / Anfang Oktober
Wintersport: Vermont, New Hampshire und Maine, Mitte Januar bis
    Mitte März schneesicher und recht sonnig

Niagara Falls, Lake Ontario, Lake Erie
Bestes Wetter: Juni, Juli, August
Auch noch gut: September bis Mitte Oktober

Beste Reisezeiten im Sommer

Temperaturen
Juni bis September am Tag: 22 – 26 °C im Tiefland, um 20 °C im Bergland und in Küstennähe; in der Nacht: 8 – 14 °C im Flachland, 5 – 10 °C in den Bergen, hier in der zweiten Septemberhälfte erste Nachtfröste möglich
Juli und August am Tag: 27 – 29 °C in den Tälern und im Flachland, 21 – 23 °C in den Bergen und an der Küste; in der Nacht: allgemein 13 – 16 °C
Oktober am Tag: 14 – 17 °C; in der Nacht: 2 – 8 °C, im Binnenland häufig Nachtfrost

Niederschlagstage (höhere Anzahl in den Bergen)
Juli, August 6 – 10 Tage
Juni, September 6 – 11 Tage
Oktober 6 – 8 Tage bzw. 14 Tage am Mt. Washington

Tägliche Sonnenstunden
Juli, August: 8 - 10 Std. im Flachland, 7 – 8 Std. in höheren Lagen
Juni und September allgemein 7 – 9 Std., Oktober allgemein 7 Std.

Im Winter

Temperaturen
Januar und Februar am Tag: um -4 °C in den Hochlagen, 0 – 2 °C im Flachland; in der Nacht: bis -15 °C im Norden und Bergland, ca. -10 °C im Tiefland und im Süden

Schneefall (Dezember – März)
20 – 30 Tage, bis zu 40 Tage im nördl. New Hampshire und zentralen Maine

An den Seen

Temperaturen
Juni, Juli und August am Tag: 24 – 27 °C; in der Nacht: 13 – 17 °C
September bis Mitte Oktober am Tag: 16 – 22 °C; in der Nacht: 5 – 11 °C

Niederschlagstage
Juni bis Oktober 10 Tage pro Monat, häufig gewittrig

Tägliche Sonnenstunden
Juni, Juli und August 9 – 11 Std., September und Oktober 6 – 7 Std.

Pflanzen und Tiere

ufer der Seen kommt es durch das große Feuchtigkeitsangebot immer wieder zu enormen Schneefällen ("Lake-Effect-Snow"), die binnen Stunden mehr als 1 m Neuschnee bringen können.

Klima und Reisezeit (Fortsetzung)

Bei Rundreisen bis Mitte Juni (z.B. ab Boston oder New York) sollte man einen Besuch der Atlantikküste vorziehen, denn nördlich von Cape Cod gibt es dann nur wenige Nebeltage, und erst später in das noch relativ kühle Bergland fahren. Nach Mitte Juni verfährt man genau andersherum: zunächst in die Berge oder an die Großen Seen, dann an die Küste. Hitzeperioden lassen sich auch gut auf den deutlich kühleren Inseln vor der Küste überstehen (→ Routenvorschläge)

Routenplanung mit dem Wetter

Pflanzen und Tiere

Flora

Der Nordosten der Vereinigten Staaten ist sehr waldreich. Es dominieren artenreiche sommergrüne Laub-Mischwälder in einer Vielfalt, die in Europa unbekannt ist. An sonnenexponierten trockenen Standorten der Appalachen überwiegen Ahorn- und Kastanienwälder, schattige Lagen werden von Ahorn- und Buchenwäldern, feuchte Niederungen und Flußauen von Gelbpappeln eingenommen. Die Wälder der südlichen Tieflandregion der Großen Seen sind die bevorzugten Standorte von Buche, Zuckerahorn, Birke und Hemlocktanne. Auf dem südlich anschließenden Appalachenplateau erreicht die Vielfalt der Laubwälder mit bis zu 24 Arten ihr Maximum. Bis zur Präriegrenze im Westen folgt der Hickory-(Nussbaum)-Waldgürtel mit bis zu sechs Hickory-Arten und Eichen, Ulmen, Eschen sowie dem forstwirtschaftlich wertvollen Tulpenbaum. Einzigartig ist der Indian Summer, wenn sich die Laubwälder mit einer phantastischen Intensität herbstlich färben (→ *Baedeker Special* S. 20/21).

Wälder

Sirupgewinnung an einem Zuckerahorn

Der Zuckerahorn (Sugar Maple, Acer saccharum) erreicht eine durchschnittliche Höhe von 40 m. Sein hartes und feinstrukturiertes Holz wird für Fußböden und Drechslerarbeiten verwendet. Darüber hinaus liefert der Baum den sehr beliebten Ahornsirup (Maple Sirup), wozu man im Frühjahr die Stämme anschneidet. Der austretende Blutungssaft, 20 bis 70 l pro Jahr und Baum, wird durch Eindickung auf 34 % Wassergehalt zu Sirup, der als Süßungsmittel für allerlei Speisen und Getränken verwendet wird und vor allem zum Frühstück ein typisch amerikanischer Aufstrich für Toast und Pfannkuchen ist.

Laubwald

Zuckerahorn

Der Tulpenbaum (Yellow Poplar, Liriodendron tulipifera) gehört mit bis zu 60 m Höhe zu den größten

Tulpenbaum

Baedeker Special

Indian Summer: Neuenglands Herbstlaub in Flammen

Indian Summer – so heißt das orgiastische Farbenspiel der Herbstblätter, das alljährlich von Mitte September bis Ende Oktober von Kanada bis in die Berge von Virginia zu verfolgen ist. Landauf landab ist das Farbenspiel der dahinwelkenden Blätter Sinnbild für Neuengland, wo der Lebenszyklus von Mensch und Natur wie in keiner anderen Region der Vereinigten Staaten von den "seasons", den Jahreszeiten, geprägt ist.

"Nirgendwo auf der Welt wird um sterbendes und totes Laub so viel Aufhebens gemacht", schreibt der amerikanische Autor W. D. Wetherell, und er fährt fort: "Und die Aufregung ist vollkommen gerechtfertigt, denn nirgendwo auf der Welt sterben Blätter mit solcher Glorie, solcher Schönheit und solchem Elan." Wetherell muß es wissen. Ist er doch gestandener Neuengländer, dem jedesmal der Atem stockt, wenn Ende September der Zuckerahorn in seinem Garten blutrot anläuft. Und der Schriftsteller John Steinbeck notiert auf einer Neuenglandreise: "Es ist ein Glühen, als ob die Blätter das Licht der Herbstsonne gierig festgehalten hätten und es langsam wieder freigäben."

Bewaffnet mit Foto- und Videokameras strömen in jedem Jahr Millionen Besucher aus aller Welt herbei, um die Laubverfärbung, die "Foliage", wie Amerikaner das herbstliche Farbenspektakel nennen, mitzuerleben. "Leaf Peeper", Laubgucker, nennen Alteingesessene die farbsüchtigen – eigentlich recht gern gesehenen – Eindringlinge mit liebenswertem Spott. Vergolden sie doch Jahr für Jahr den Herbst zusätzlichen mit Einkünften in dreistelliger Millionenhöhe. Dann drängeln sich auf den ansonsten friedlichen Straßen ungeduldig endlose Autokarawanen, und von Mitte September bis Ende Oktober ist – zumindest an den Wochenenden – kaum ein Hotelzimmer zu bekommen. Auch die meisten Flüge sind jetzt ausgebucht. Alltäglich berichten "Blattspione" für Zeitungen und Fernsehstationen aktuell vom bunten Treiben aus den Wäldern, und rund um den Globus lassen sich auf Dutzenden von Internet-Webseiten oder über "Foliage Info-Phones" Nachrichten aus der Welt der bunten Blätter sammeln. Aber wer zu spät kommt, den bestraft der kalte Atem des ersten Herbststurmes, der in nur einer Nacht alle bunte Pracht von den Bäumen fegen kann.

Das Blätter in solcher Glorie sterben, liegt – neben dem großen Artenreichtum der Wälder – vor allem am Klima und den ausgeprägten Jahreszeiten.
Es ist pure Überlebensstrategie wenn Bäume im Herbst ihr Laub abwerfen: Blätter verdunsten auf ihren breiten Oberflächen weit mehr Wasser als die schmalen Nadeln immergrüner Nadelbäume. Da der Baum die Verdunstungsverluste im Winter nicht ersetzen kann, müßte er austrocknen und schließlich absterben. Stattdessen sterben die Blätter. Werden die Tage kürzer und die Nächte kühler, endet das stürmische Wachstum der Frühlings- und Sommermonate. Der Baum bereitet sich durch eine geringere Rohstoffproduktion auf die Winterruhe vor, die sich durch die Laubfärbung ankündigt. Bei diesem immer noch geheimnisvollen Vor-

Laubwald (Fts.)	nordamerikanischen Laubbäumen. Charakteristisch sind seine geraden, weitgehend astreinen Stämme. Da er schneller als die meisten der mit ihm vergesellschafteten Arten wächst, können die Eichen-Tulpenbaum-Mischwälder mehrere Baumstockwerke haben.
Weißrindige Eiche	Die bis zu 45 m hohe weißrindige Eiche (Quercus alba) ist besonders in den Wäldern des Hickory-Gürtels heimisch. Wegen ihres scharlachroten

gang entstehen im Blatt zunächst keine neuen Farbstoffe. Vielmehr läßt die im Herbst abnehmende Chlorophyllproduktion die typische Blattgrün verblassen, sodaß der gelborangene Carotinfarbstoff hervortritt. Das kühle Herbstwetter verlangsamt aber auch den Saftfluß, wodurch sich Zucker im Blatt stauen kann. Aus dem Zucker werden – unter Einwirkung von Sonnenlicht – rote und violette Farbpigmente aufgebaut, die das Herbstlaub noch einmal aufglühen lassen. Mit dem herannahenden Winter stoppt die Rohstoff- und Wasserzufuhr vollständig, und das Blatt wird abgeworfen. Der kahle Baum fällt in den "Winterschlaf".

Ein Festival der Farben ist die Fahrt auf dem Highway 109 südöstlich von Portland durch die Berge von Maine zum Lake Winnipesaukee in New Hampshire und dann nordwärts durch den White Mountains National Forest. Doch am schönsten, so sagt man, ist der Indian Summer im Baxter State Park im nördlichen Maine. Nirgendwo sonst ist diese Jahreszeit mit ihren sonnigmilden Tagen und frischklaren Nächten so beeindruckend theatralisch und farbendurchflutet wie am Mount Katahdin, dem höchsten Berg von Maine. Wenn die Bäume Ende September und Anfang Oktober ihr farbigstes Kleid anlegen, scheinen die Hänge in Flammen zu stehen. Dann reicht das Spektrum der Farben über alle Nuancen vom zarten Gelb der Birken bis zum anmutigen Purpur der Weißeschen. Beeindruckendster Baum dieser Region ist der Zuckerahorn, an dem alle Rot- Orange- und Gelbtöne gleichzeitig aufleuchten können.

Ein solcher Ahorn hatte es dem Fotografen Dan Budnik während einer Herbstreise in den Baxter State Park besonders angetan. Er war von der Farbenpracht des Baumes so hingerissen, daß er ihn mit dem Sportflugzeug wohl zwanzigmal überflog. "Ich fühlte mich wie ein Greifvogel, der kreisend segelt, bis ich fast nicht mehr wußte, wo ich war", berichtete er. "Ich hatte den Eindruck eine lebende Skulptur zu sehen, die sich veränderte, wenn das Licht aus unterschiedlichen Winkeln einfiel." Doch noch während Budnik unterwegs war, störte ein kalter Nordwind die "Feier der Natur", wie Friedrich Hebbel diese Zeit in seinem Gedicht "Herbstbild" nennt. Der Sturm, der den nahenden Winter ankündigte, blies die Blätter von den Bäumen, bevor das flammende Finale des Sommers hätte verblassen können.

Blattkleids, das sie im Herbst annimmt, wird sie auch als "Königin der Laubbäume" bezeichnet.   Laubwald (Fts.)

Der Hickorybaum (Cyra) gehört zur Gattung der Walnußgewächse. Seine ca. 30 im Osten der USA heimischen Arten werden 20 bis 60 m hoch. Der Name Hickory ist die Kurzform für Pokahickory, was wiederum vom indianischen "pawcohiccora" abgeleitet ist, womit ein milchiges Getränk aus   Hickory

Pflanzen und Tiere

Laubwald
(Fortsetzung)

zerstoßenen Hickory-Nüssen und Wasser bezeichnet wurde. Alle Arten liefern ein hartes, elastisches Holz, das bei Sportartikelherstellern und im Maschinenbau begehrt ist. Einige Arten wie der Pekannußbaum (Cary illinoensis) haben wegen ihrer eßbaren Früchte einen besonderen Wert.

Nadelbäume

Reine Nadelwälder konnten sich nur in den Hochlagen der Appalachen oder an nährstoffarmen bzw. trockenen Standorten entwickeln. Die klimatische Baumgrenze wird nirgendwo erreicht.

Pitch Pine

Die Pitch Pine (Pinus rigida) ist auf zumeist trockenen und sauren Standorten in Mischwäldern der Appalachen und deren Vorland zu Hause. Ihr Verbreitungsgebiet stimmt größtenteils mit dem der Eichen-Tulpenbaum-Mischwäldern überein, weshalb sich ihre Bestände durchdringen können. Je nach Höhenlage können in diesen Mischwäldern auch Virginia Pine (Pinus virginiana) oder Table Mountain Pine (Pinus pungens) dominieren.

Weymouthkiefer
Red Pine

Die bevorzugten Standorte der Weymouthkiefer (Eastern White Pine, Pinus strobus) und Red Pine (Pinus resinosa) sind die ehemaligen Vereisungsgebiete rund um die Großen Seen und Neuenglands mit ihren sauren und vorwiegend sandigen Böden.

Dünen-, Strand- und Salzmarschenvegetation

Diese gehölzfreien Pflanzengesellschaften kommen an der Meeresküste und – in ähnlicher Zusammensetzung – auch an den Ufern der Großen Seen vor. Am auffälligsten ist der hoch aufragende Meersenf (Sea Rocket, Cakile edentualai), der an vielen Sandstränden vor der Hauptdüne zu finden ist. Auf den Dünen dominieren hochwachsende Gräser, die dank ihrer Fähigkeit, den Sand festzulegen, eine direkte Küstenschutzfunktion wahrnehmen. Landwärts trifft man auf verfestigten Dünen auf Küstenheide mit eingestreuten Kleinsträuchern, durchsetzt von einjährigen Pflanzen, Moosen und Flechten. Stellenweise haben sich auf schlickhaltigen Böden oder Torf Salzmarschen mit Salzgraswiesen (Saltmeadows) entwickelten.

Einfluß durch den Menschen

Schon die Indianer griffen durch das Sammeln von Brennholz sowie weitflächige Brandrodungen massiv in den natürlichen Vegetationsbestand ein. Die Rodungsflächen waren teilweise so ausgedehnt, daß sie für die ersten europäischen Siedler als landwirtschaftliche Nutzflächen für ihr mitgebrachtes Saatgut ausreichten. Mit dem Saatgut wurden aber auch europäische Pflanzenkrankheiten und Schädlinge eingeschleppt. Die Bewirtschaftung flachgründiger Böden und steiler Hänge führte in Teilen der Appalachen zu schwerer Bodenerosion, weshalb viele Farmen aufgegeben werden mußten. Auf den entstandenen Brachflächen konnte sich jedoch vielfach neuer Wald entwickeln.

Wirtschaftspflanzen

Der Anbau von Mais, Bohnen, Kürbis, Sonnenblumen und Tabak spielte bei den Indianern des östlichen Nordamerikas eine bedeutende Rolle. Die europäischen Siedler führten die ihnen bekannten Kulturpflanzen ein; als nichteuropäische Kulturpflanze kam die Sojabohne erst später hinzu. Vor allem im Umkreis der großen Städte etablierte sich, mit allen negativen Folgen für Bodenqualität und Grundwasser, eine versorgungsorientierte, intensive und hochspezialisierte Landwirtschaft mit Gemüseanbau und gärtnerischen Sonderkulturen.

Fauna

Reduzierte Artenvielfalt

Die Tierwelt im Nordosten der Vereinigten Staaten ähnelt jener, die man auch aus den gemäßigten Breiten Europas kennt. Es gibt jedoch mehr Arten als in Europa, weil in den Eiszeiten keine von West nach Ost verlaufenden Hochbirgsriegel den Rückzug von Pflanzen und Tieren in südlichere Gefilde bzw. ihr Wiedervordringen nach Norden verhindert haben. Allerdings ist die Tierwelt – übrigens ebenso wie die ursprüngliche Flora – von den ins Land strömenden weißen Einwanderern in erheblichem Maße dezimiert worden. Dies gilt vor allem auch für solche Säugetiere, mit deren Pelzen man noch bis vor wenigen Jahrzehnten viel Geld verdienen konnte.

Pflanzen und Tiere

Säugetiere
Raub- und Pelztiere

Seit sich jedoch in den USA der Naturschutzgedanke immer mehr ausbreitet, hat die heimische Tierwelt wieder eine echte Überlebenschance. In den gebirgigeren und weniger leicht zugänglichen, geschützten Gegenden kann man heute wieder Luchse, Füchse, Marder, Iltisse, Nerze und einige andere Räuber beobachten, die Kleinsäugern wie Taschenmäusen, Taschenratten, Eichhörnchen (Squirrels), Streifenhörnchen (Chipmunks), Backenhörnchen, Murmeltieren, Hasen und diversem Federvieh nachstellen. Natürlich ist in den Wäldern Neuenglands auch der Dachs (Badger) heimisch. Nach Berichten von Park Rangern sollen noch ein paar Berglöwen (Pumas) und Schwarzbären in den bergigeren Regionen unterwegs sein. Als ausgerottet gelten hingegen Wölfe und Vielfraße. Nicht selten sieht man Stinktiere (Skunks), Baumstachler und Waschbären, die auf Waldbäumen herumturnen oder auch Stachelschweine, die schnell mal über Straßen und Wege huschen.

Hirsche

Ziemlich oft – vor allem in der Dämmerung – begegnet man in den Gebirgen des Nordostens dem Weißwedelhirsch (das Jungtier hat als "Bambi" Weltruhm erlangt), dem Maultierhirsch (Mule Deer) und – seltener – dem mächtigen Wapiti. Die Hirsche grasen oft in Lichtungen oder machen sich mit Riesensätzen vor herannahenden Autoscheinwerfern aus dem Staub. Mit ganz viel Glück kann man sogar noch den einen oder anderen Elch vors Fernglas bekommen.

Biber
Fischotter

Daß sich im Nordosten der USA inzwischen auch wieder etliche Biber heimisch fühlen, merkt man an den Biberwiesen bzw. an den Biberdämmen und -burgen, die in einigen Waldgebieten mit feuchten Talzügen anzutreffen sind. An Flüssen, Bächen, Teichen und Seen leben inzwischen wieder beachtlich viele Fischotter.

Amphibien
Reptilien

Das geübte Auge kann hin und wieder auch die eine oder andere Schildkröte unter nassem Laub ausmachen. Häufig vorkommende Arten sind Sumpfschildkröten, Landkarten- und Geierschildkröten sowie die Moschus- und Schnappschildkröten. Ein ziemlich eigentümlicher Feuchtgebietsbewohner ist der Gefleckte Furchenmolch. Natürlich gibt es eine Unzahl von Fröschen, Kröten und Lurchen. Besonders imposant ist der Ochsenfrosch, der fast einen Viertelmeter groß werden kann und vor allem in lauen Sommernächten oft zu hören ist.

Schlangen (Nattern und Ottern) gibt es in großer Zahl. Wer durch das Gelände streift, sollte sich besonders vor Klapperschlangen (Rattle Snakes) in Acht nehmen, die in mehreren Arten weit verbreitet sind.

Süßwasserfische

In den Flüssen und Seen leben in erster Linie verschiedene Forellenarten, Lachse, Barsche, Hechte, Karpfen und Schlammfische. Im Ontario- und im Eriesee gibt es noch Löffelstöre.

Meerestiere

In der warmen Jahreszeit tummeln sich vor der Küste Neuenglands Meeressäugetiere in großer Zahl. In erster Linie sind es verschiedene Wal- und Tümmlerarten, die man am besten vom Boot aus beobachtet ("Whale Watching"; s. *Baedeker Special* S. 176/177). An der Küste tauchen mitunter Robben und Meerotter auf.

Die Küste Neuenglands ist bekannt für ihre Hummer (Lobster), die in manchen Jahren schon so begehrt bei Feinschmeckern waren, daß man um ihren Fortbestand fürchten mußte. Inzwischen wird an vielen Stellen entlang der Küste ein ausgeklügeltes Aqua Farming betrieben, das heute nicht nur die Hummer, sondern auch Krabben, Muscheln

Ein Buckelwal

Bevölkerung und Verwaltung

Pflanzen und Tiere (Fortsetzung) — und vor allem Austern züchtet. Die wichtigsten Seefische, die vor der Küsten Neuenglands gefangen werden, sind Hering, Kabeljau, Seelachs, Makrele und Scholle. Auch Schwertfische, Thunfische und Haie verirren sich mitunter in die Netze der Fischer.

Vögel — Ausgesprochen artenreich ist die Vogelwelt im amerikanischen Nordosten. Allein im Acadia National Park kennt man mehr als 300 verschiedene Vogelarten. Außer dem amerikanischen Truthahn, der vor einigen Jahrzehnten schon fast ausgerottet schien, sowie dem allgegenwärtigen Schwänen, Gänsen (u. a. Kanadagänse) und Enten (u. a. Eiderenten) sind es die Grau- und Silberreiher, die Eistaucher, die Wildtauben sowie die Waldhühner und Fasane, die man ohne viel Mühe erspähen kann. Wie in Europa gibt es hier natürlich auch Drossel, Waldsänger, Meise, Zeisig, Schnepfe, Specht und Blau- bzw. Eichelhäher. Noch recht häufig vorkommende Greifvögel sind Habicht, Falke und Eule, immer seltener hingegen bekommt man einen Adler oder gar einen Kolkraben zu Gesicht.

Bevölkerung und Verwaltung

Bevölkerungsverteilung

Connecticut	3,3 Mio.
Maine	1,2 Mio.
Massachusetts	6,1 Mio.
New Hampshire	1,2 Mio.
New York State	18,1 Mio.
Pennsylvania	12,0 Mio.
Rhode Island	1,0 Mio.
Vermont	0,6 Mio.

Zwei der in diesem Band beschriebenen Staaten zählen zu den bevölkerungsreichsten der USA: In der Statistik nimmt New York State den dritten und Pennsylvania den fünften Platz innerhalb der USA ein. Am dichtesten besiedelt ist Rhode Island – hier tummeln sich 960,3 Menschen auf der Fläche von einer Quadratmeile. Weitere bevölkerungsreiche Staaten sind Connecticut und Massachusetts, bevölkerungsarm dagegen sind New Hampshire und Vermont. Die geringste Bevölkerungsdichte von 39,8 Einwohnern/Quadratmeile findet man in Maine. Mit 7,3 Mio. Einwohnern ist New York City mit weitem Abstand die größte Stadt der USA; die zweitgrößte Stadt, Los Angeles, Kalifornien, zählt nur etwa die Hälfte der Einwohner. Weitere Großstädte im Nordosten sind Philadelphia, PA (1,5 Mio. Einwohner) und Boston, MA (0,6 Mio. Einwohner).

Bevölkerungsgruppen — Die Bevölkerung der USA setzt sich zu 83% aus Weißen, zu 13% aus Afro-Amerikanern, zu 11% aus Hispano-Amerikanern und zu 4% aus Asiaten zusammen. In sieben der vorgestellten Staaten ist der Anteil der Minderheiten deutlich geringer als im Landesdurchschnitt, eine Ausnahme bildet nur New York State (15,9% Afro-Amerikaner, 12,3% Hispano-Amerikaner, 3,9% Asiaten). In allen anderen vorgestellten Staaten ist der Anteil der weißen Bevölkerung weitaus größer und der der Minderheiten entsprechend niedriger. In Vermont, New Hampshire und Maine liegt der Anteil der weißen Bevölkerung über 98 %.

Einkommen und Bildung — Das durchschnittliche Pro-Kopf-Einkommen liegt in allen acht Staaten des Nordostens unter dem Durchschnitt der USA von 44 568 $. Es ist mit 36 263 $ in Connecticut am höchsten und mit 22 078 $ in Maine am niedrigsten. Verglichen mit dem Landesdurchschnitt von 13,3 % leben allerdings weniger Menschen unter der Armutsgrenze. Der Anteil der Bevölkerung, die mit weniger auskommen muß, als zum Leben nötig ist liegt zwischen 7,7% (New Hampshire) und 11,9% (Rhode Island), negative Ausnahme ist New York State, wo 16,6% der Bevölkerung unter der Armutsgrenze leben, was vor allem auf die Verhältnisse in New York City zurückzuführen ist.

Vermont liegt auf Platz eins der Bildungsstatistik. Nirgendwo sonst in den USA haben mehr als die in Vermont erreichten 89,9 % der über 25jährigen ihren High-School-Abschluß. Die übrigen rangieren im oberen Mittelfeld. Schlußlicht der in diesem Band vorgestellten Staaten ist New York State, wo 38 % der 25jährigen keinen Abschluß in der Tasche haben.

Bevölkerung und Verwaltung (Fortsetzung)

Die föderale Struktur der Vereinigten Staaten erschwert es, die Gegebenheiten in den Bundesstaaten zu verallgemeinern. Verglichen mit den Kompetenzen der deutschen Bundesländer reichen die der amerikanischen Bundesstaaten erheblich weiter. Bei der Weite des Landes bleibt die Notwendigkeit einer starken lokalen Entscheidungsgewalt bestehen. So gibt es z. B. von Staat zu Staat verschiedene Verkehrsvorschriften, Steuergesetzgebungen und Regelungen zum Alkoholgenuß. An der Spitze eines jeden Bundesstaats steht ein direkt von der Bevölkerung gewählter Gouverneur. Ähnlich wie auf Bundesebene gibt es einen aus Senat und Abgeordnetenhaus bestehenden Kongreß als gesetzgebende Gewalt. Der Gouverneur ist den Beschlüssen seines Kongresses verpflichtet. Untere Verwaltungsebene der Bundesstaaten sind die den deutschen Landkreisen vergleichbaren Counties.

Politische und Verwaltungsstruktur

Wirtschaft

Traditionell ist der Nordosten der Vereinigten Staaten das wirtschaftliche Kernland des gesamten Landes. Die ersten Einwanderer brachten ihre puritanische Arbeitshaltung mit in die Neue Welt, allen voran Disziplin und Fleiß. Durch ihr Wissen und Können bildete sich ein nahezu unerschöpfliches Fachkräftereservoir. Die Gründung zahlreicher hervorragender Bildungseinrichtungen und Forschungsstätten – z. B. die Universitäten Harvard und Yale oder das Massachusetts Institute of Technology (MIT) – trugen dieser Tatsache Rechnung. Nicht von ungefähr sind die Namen unzähliger Wissenschaftler und Tüftler wie beispielsweise Franklin, Morse, Colt, Deere, Goodyear, Bell oder Edison und ihre bahnbrechenden Erfindungen mit dieser Region verbunden. Häufig wurden sie hier auch zum ersten Mal in die Tat umgesetzt und revolutionierten manchen Industriezweig. Vor allem der Eisenbahnbau, verbunden mit den Namen Vanderbilt oder Pullman, war ein wichtiger Impulsgeber für die Wirtschaft im 19. Jahrhundert.
Auch die Lage am Atlantik brachte unschätzbare Vorzüge mit sich. Von den Hafenstädten ließen sich mannigfaltige Handelsbeziehungen mit den Wirtschaftszentren der Alten Welt unterhalten.

Wirtschaftliches Kernland

Bereits Ende des 19. Jh.s begann die Abwanderung der arbeitsintensiven Textilindustrie aus den Neuenglandstaaten in die Piedmontregion der Südstaaten, nachdem das Lohnniveau durch die ertragsstarke Schwerindustrie zu hoch geworden war und zudem die Gewerkschaften mächtiger wurden. Der Abwanderungstrend setzte sich vor allem nach dem Ersten Weltkrieg fort und führte zu einer Umstrukturierung der Industrie. Trotzdem hielt die Attraktivität des Nordostens aber durch das Verbleiben der gewinnträchtigen Industriezweige ungebrochen an.
Die durch den Börsencrash in New York ausgelöste große Depression in den dreißiger Jahren führte zur ersten großen Wirtschaftskrise. Zahlreiche Betriebe mussten schließen, viele Industriearbeiter wurden arbeitslos. Im Zuge des Zweiten Weltkriegs erholte sich die Region zwar wieder, doch die weltweite Strukturkrise in der Schwerindustrie führte ab 1970 zu einem Abbau von Arbeitsplätzen in großem Stil. Trotzdem ist der sozioökonomische Wohlstand in dieser Region nach wie vor sehr hoch. Während die Flächenstaaten Pennsylvania und New York beim Pro-Kopf-Einkommen eher Durchschnittswerte erreichen, weisen Connecticut, Rhode Island und Massachusetts überdurchschnittliche Zahlen auf. Nur die Neuenglandstaaten Vermont, New Hampshire und Maine sind durch ihre agrarische Struktur im unteren Drittel der Skala zu finden.

Umstrukturierung

Wirtschaft

Landwirtschaft

Verbrauchernahe Versorgung

Die landwirtschaftliche Produktion im Nordosten versorgt im Gegensatz zu anderen Agrargebieten der USA fast ausschließlich den Binnenmarkt. Hauptsächlich werden Produkte des täglichen Bedarfs erzeugt, die in den nahegelegenen Ballungszentren auf den Markt gelangen.

Hummer sind das begehrteste Produkt der Fischereiwirtschaft von Maine.

Der gesamte Nordosten wird traditionell dem "Dairy Belt" (Milchgürtel) zugeordnet, in dem die Milchwirtschaft ein wichtiger, zuweilen sogar ein dominierender Wirtschaftsfaktor ist. Mehr als die Hälfte aller Betriebe des Milchwirtschaftsgürtels erzielen ihr Einkommen aus dem Verkauf von Frischmilch und Milchprodukten. 40 % des Milchviehbestandes der USA konzentrieren sich hier. In Vermont, New Hampshire, Pennsylvania und New York erreicht der Gesamtverkaufswert von Milchprodukten über 50 % des Werts aller Agrarprodukte. Auf großen Teilen der landwirtschaftlichen Nutzfläche wird Futter (Silomais) für die Milchkühe angebaut. Zweites Standbein der Landwirtschaft im Dairy Belt ist die Geflügelzucht, vor allem in Connecticut, wo sich viele Landwirte auf die Produktion von Eiern spezialisiert haben.

Vor allem die Neuenglandstaaten Maine, New Hampshire und Vermont werden landwirtschaftlich intensiv genutzt. Große Areale wurden inzwischen wieder der Forstwirtschaft überlassen, nachdem viele Farmer in den Westen abgewandert sind. Maine nutzt seine Wälder sehr intensiv und ist nach Wisconsin der zweitgrößte Holz- und Papierlieferant der USA. Der nordöstlichste Bundesstaat ist zudem berühmt für seine hervorragenden Hummer; ansonsten spielt die Fischerei spielt keine große Rolle mehr. Neben der Milchwirtschaft ist im Staat New York noch der Weinanbau von Bedeutung: Die Finger Lakes Region ist nach dem kalifornischen Napa Valley der zweitgrößte Weinproduzent der USA. Der Anbau zieht sich bis in die Erie Lake Region von Pennsylvania. In diesem Staat wiederum entstehen 70 % aller landwirtschaftlichen Einkommen durch die Milchwirtschaft, daneben ist die Pilzzucht bedeutend. In Massachusetts und Rhode Island dominiert der Gemüseanbau in Gewächshäusern.

Industrie

Bodenschätze und Energie

Wichtigster Rohstoff der Region sind die bedeutenden Kohlevorkommen an der Westflanke der Appalachen. Die hochwertige Kohle liegt in ungestörten Flözen von großer Mächtigkeit nahezu an der Oberfläche und kann deshalb äußerst kostengünstig, häufig im Tagebau, abgebaut werden. An weiteren mineralischen Rohstoffen ist der Nordosten im Vergleich zu anderen Teilen der USA eher arm. Nennenswert sind eine der größten Granatminen der Welt im Bundesstaat New York sowie die Granitgewinnung im Tagebau in Vermont und New Hampshire. Wasserkraft wird vor allem im Bereich der Niagarafälle intensiv genutzt.

Manufacturing Belt

Schon sehr früh erarbeitete sich die Industrie des Nordostens ihre führende Rolle innerhalb der USA, so daß bereits Mitte des 19. Jh.s die Nordstaaten den mehr agrarisch geprägten Süden wirtschaftlich hinter sich ließen.

Wirtschaft

Kernland der Industrie ist der "Manufacturing Belt". Er zieht sich von Chicago über Detroit, Cleveland und Pittsburgh bis an die Ostküste mit Boston, New York, Philadelphia und Baltimore. Auf der Basis der Schwerindustrie entwickelten sich profitable Branchen wie Maschinenbau, Elektrotechnik, Metallverarbeitung und Automobilindustrie. Als Zentrum der Stahlindustrie kristallisierte sich recht bald die Region Pittsburgh heraus. Am Ende des 19. Jh.s kam der meiste Stahl der USA aus Pennsylvania; noch heute ist dieser Bundesstaat ein führender Stahlproduzent. Hauptabnehmer des Stahls aus Pittsburgh waren die Veredelungsindustrien des Manufacturing Belts. Die große Depression in den dreißiger Jahren führte allerdings in Pittsburgh und Umgebung zur Schließung von über 4000 Kohlezechen und einer Arbeitslosigkeit von bis zu 80 %. Die kriegsbedingte Rüstungsindustrie konnte die Krise überwinden. Die Strukturkrise in der Schwerindustrie in den siebziger Jahren traf das monostrukturierte Pittsburgh jedoch wieder besonders hart.

Die Dominanz des Manufacturing Belts nahm zwar seit 1870 kontinuierlich ab, aber erst seit 1970 ist die Entwicklung kritisch. Während 1870 der Anteil an der industriellen Gesamtleistung der Vereinigten Staaten bei 80 % lag, waren es 1970 noch 56 %. 1977 wurde schließlich die magische Grenze von 50 % unterschritten – konkurrierende Industriegebiete im Süden und Westen der USA hatten ihre Stellung auf Kosten der eher traditionellen Industrien des Nordostens ausbauen können. Die Stärken des Manufacturing Belts lagen in der Stahlindustrie (1970 noch 73 % aller Beschäftigten der USA), der Metallverarbeitung (66 %), im Maschinenbau (69 %), der Automobilindustrie (66 %) und in der Elektroindustrie (65 %). All diese Branchen verzeichneten aber einen dramatischen Rückgang, so daß innerhalb von zehn Jahren in den Bundesstaaten New York, Pennsylvania und Ohio Hunderttausende von industriellen Arbeitsplätzen verloren gingen. Die regionale Arbeitslosenquote stieg auf Rekordwerte, was dem Manufacturing Belt sehr rasch den Beinamen "Rust Belt" (Rostgürtel) eintrug. Monostrukturierte Zentren wie Pittsburgh erholen sich nur langsam, während es Regionen mit einer breiten Palette an Branchen wie New York City oder Boston leichter haben, neue Arbeitsplätze zu schaffen. So konnten die Neuenglandstaaten die Zahl der Industrie-Arbeitsplätze sogar ausbauen. Heute arbeiten noch rund 40 % aller US-Industriebeschäftigten im Manufacturing Belt.

Auch insgesamt ist die Bedeutung der Industrie geschrumpft, deren Anteil am Bruttosozialprodukt der USA nur noch 26 %, an den Erwerbstätigen nur 24 % ausmacht. In den Staaten des Nordostens werden diese Zahlen noch unterboten: In Pennsylvania werden lediglich 20 % des Bruttosozialprodukts in der Industrie geschaffen, in New York sind es gar nur 14 %. In absoluten Zahlen wird allerdings New York auch heute noch nur von Kalifornien übertrumpft.

Neben Pittsburgh sind noch die Regionen Rochester / Buffalo in New York, Boston in Massachusetts, Providence in Rhode Island und der Bundesstaat Connecticut bedeutende Industriezentren der in diesem Reiseführer beschriebenen Region.

Der Ostküstenabschnitt von Boston bis nach Philadelphia wird oft als "Megalopolis" bezeichnet. Ein Städteband mit Millionen von Einwohnern zieht sich hier fast ohne Unterbrechung von Norden nach Süden. Auf zwei Prozent der Fläche der Vereinigten Staaten leben und arbeiten in dieser Region schätzungsweise 20 % der Bevölkerung. Hier haben sich vor allem Veredelungs- und Wachstumsindustrien aus dem High-Tech-Bereich etablieren können. In den Neuenglandstaaten ist Großindustrie, abgesehen vom Raum Providence und Boston, selten anzutreffen; Schwerpunkte bilden die mittelständischen Betriebe. Massachusetts war schon immer berühmt für seine Textilien und Lederwaren, und nach wie vor befindet sich ein bedeutender Wollmarkt in Boston. Connecticut ist führend in der Produktion von Uhren und Feuerwaffen. Durch die Häufung von High-Tech-Betrieben am Highway 128 wird dieser häufig als das "Silicon Valley" der Neuenglandstaaten bezeichnet.

Manufacturing Belt (Fortsetzung)

Pittsburgh

Strukturwandel

Andere Industrieregionen

Wirtschaft

Tourismus

Der Tourismus im Nordosten ist nicht so sehr auf spektakuläre Highlights ausgerichtet wie etwa der Südwesten der USA. Vor allem der Naherholungstourismus für die Bewohner der Ballungsgebiete an der Ostküste und an den Großen Seen spielt eine große Rolle. Von überörtlicher Bedeutung sind die Städte Philadelphia, New York und Boston, die jährlich hohe Besucherzahlen aufzuweisen haben, und natürlich noch die imposanten Niagarafälle. Große Anziehungskraft üben auch das Pennsylvania Dutch Country, die Adirondacks oder die rustikale Küste von Maine aus. Vor allem die Foliage, bei uns als "Indian Summer" vermarktet, zieht im Herbst sehr viele Touristen in die Natur.

Sonderrolle New York City

Das überragende Wirtschaftszentrum

"Big Apple" spielt auch im Wirtschaftsleben des Nordostens eine überragende Rolle. Während die Bedeutung der Industrie aber rückläufig ist, ist die Stadt in der Medien- und Finanzwelt als Standort sehr begehrt.
Ende der sechziger Jahre hatten noch 140 der 500 wichtigsten Unternehmen der USA ihren Sitz in New York City, heute sind noch 59 geblieben. Ende des Zweiten Weltkriegs war die Stadt mit über einer Million Industriearbeitern noch ein wichtiges industrielles Zentrum des Sekundären Sektors, doch nach der Strukturkrise der siebziger Jahre waren 60 % dieser Arbeitsplätze weggefallen. An nennenswerten Industriezweigen sind lediglich die Textilbranche, das graphische Gewerbe, die Nahrungsmittelindustrie und die Schmuckwaren in der Stadt geblieben.
New York City ist aber nach wie vor die Medienhauptstadt der USA. Drei der fünf größten Zeitungen des Landes mit Auflagen von über einer Million erscheinen hier: die "New York Times", das "Wall Street Journal" und die "Daily News". Die Hälfte der wichtigsten Wochen- und Monatszeitschriften wird in der Stadt gedruckt; zusätzlich haben die drei größten Fernsehanstalten – CBS, ABC und NBC – hier ihr Hauptquartier. Auch in der Werbebranche hat die Stadt weltweit einen hervorragenden Ruf.
New York City gilt seit langem nicht nur als das Finanzzentrum der USA, sondern der ganzen Welt. Täglich werden hier Finanztransaktionen im Gesamtwert von durchschnittlich einer Milliarde Dollar getätigt. Die Entwicklung des Dow Jones Index an der N.Y.S.E. (= New York Stock Exchange) in der Wallstreet beeinflußt die Aktienkurse auf der ganzen Welt. Die bedeutendsten Banken der USA und sechs der zehn größten Versicherungen haben ihren Sitz in Big Apple.

Geschichte

Erst relativ spät setzen Menschen ihren Fuß auf den Boden des amerikanischen Nordostens. Bis 12 500 v. Chr ist er von Eismassen bedeckt, erst tausend Jahre später erreichen die ersten Jäger und Sammler die Region. Die sog. Paläo-Indianer jagen Karibus und Mastodons, Nadel- und Birkenwälder prägen ihre Umwelt. Zwischen 8000 und 4000 v. Chr., der sog. mittelarchaischen Periode, verfeinert sich ihre materielle Kultur. Speerschleudern vergrößern die Reichweite der Jäger, steinerne Speerspitzen machen ihre Waffen effektiver. Für die spätarchaische Periode (1700 bis 700 v. Chr.) haben Archäologen Vorratswirtschaft durch den sehr verbreiteten Gebrauch von Behältnissen aus Speckstein und ausgedehnte Handelsbeziehungen festgestellt.

Paläo-Indianer

Bis 1000 n. Chr. erlebt der Nordosten die sog. mittlere und späte Waldland-Periode: Keramikwaren setzen sich durch, und die Jäger und Sammler ergänzen ihre Wirtschaftsweise um den Gartenbau, vor allem mit dem Anbau von Mais und Bohnen. Ganz oben auf den prähistorischen Speisekarten stehen Hirsch und im Atlantik erbeutete Schalentiere. Pfeife und Tabak ziehen in die Hütten und Wigwams ein. Die sog. späte Waldland-Periode endet mit der Ankunft der ersten Europäer.

Waldlandindianer

Ein Algonquin-Krieger auf einer Darstellung aus dem Jahr 1645

Zu den größten historisch belegbaren Stämmen zählen die Wampanoag auf Cape Cod, die Narragansett in Rhode Island, die Abenaki in New Hampshire und die Passamaquoddy und Penobscot an der Küste Maines. Auf dem Gebiet der heutigen Staaten New York und Pennsylvania lebten u. a. die Lenni Lenape (Delawaren), Susquehannocks und Shawnee. Alle zählen zu den Algonquin sprechenden Völkern. Das 16. und frühe 17. Jh. erlebt eine dramatische Bevölkerungsverschiebung durch von Süden heraufdrängende, Iroquois sprechende Stämme, die die Algonquin nach Norden vertreiben oder sie vernichten. Die Oneida, Seneca, Cayuga, Onondaga und Mohawk schließen sich im Gebiet der Finger

Geschichte

Waldlandindianer (Fortsetzung)

Lakes zum mächtigen Bund der Fünf Nationen der Irokesen zusammen, der eine solch hohe Stufe gesellschaftlichen und politischen Fortschritts erreichte, daß Teile seiner "demokratischen" Ideen die US-Verfassung beeinflußten. Bei der Ankunft der Europäer leben schätzungsweise 45 000 Indianer im Nordosten.

Ära der europäischen Entdeckung

Bereits 1524 segelt Giovanni di Verrazano in französischem Auftrag in den nordöstlichen Küstengewässern. Er fährt in die New York Bay ein und bewirtet in der Narragansett Bay Indianer an Bord seines Schiffes. Die Handelsbeziehungen der Narragansett zu den Franzosen und später auch Engländern führen mit den Stämmen im Landesinnern zu bewaffneten Auseinandersetzungen um Handelsvorteile, die bis 1600 anhalten. 1602 erkundet Bartholomew Gosnold den Vineyard Sound und die Buzzard Bay. Danach geht es Schlag auf Schlag: 1603 erforscht Martin Pring Cape Cod und handelt mit den Einheimischen, 1609 fährt Henry Hudson im Auftrag der Ostindischen Compagnie den nach ihm benannten Fluß bis zum heutigen Albany hinauf und beansprucht das Land für die Niederlande. Frankreich schickt mehrere Expeditionen an diese Küsten, dringt aber auch auf dem Landweg vor: Samuel de Champlain erreicht von Québec aus den Nordosten des heutigen Bundesstaats New York und nimmt ihn für die französische Krone in Besitz. Englische Kapitäne beginnen damit, Indianer zu kidnappen und in London als "Beweisstücke" auszustellen. 1614 segelt der Holländer Adrian Block in die Narragansett Bay und nennt eine der Inseln "Roodt Eyland" – das spätere Rhode Island? Im gleichen Jahr kartographiert der Abenteurer John Smith die Küste zwischen Monhegan Island und Cape Cod. Smith, durch das Gedicht "Pocahontas" unsterblich geworden, schwärmt in England von den fruchtbaren Böden und herrlichen Stränden und gibt dem Land auch gleich einen Namen: Neuengland.
Von Europäern eingeschleppte Infektionskrankheiten dezimieren zwischen 1616 und 1618 die Küstenstämme dramatisch. Das Verhältnis zwischen Indianern und weißen Seefahrern ist kurz vor der Ankunft der ersten Siedler alles andere als freundlich. Die Chroniken melden Scharmützel, Überfälle, Vergeltungsschläge. Ein Indianer spielt in diesen Jahren eine besondere Rolle. Der Wampanoag Squanto, einst von Engländern entführt und seitdem des Englischen mächtig, fungiert als Führer, Übersetzer und Bindeglied zwischen den Kulturen. Der durch ihn zustandekommende Frieden zwischen den englischen Siedlern und seinen Wampanoag hält immerhin fünfzig Jahre lang.

Kolonialzeit

15. August 1620: Aufbruch der Pilgrim Fathers

Smiths begeisterter Bericht stößt in England vor allem bei einer Gruppe auf Interesse. Die Puritaner, die meisten seit der Jahrhundertwende im holländischen Exil in Leiden, sind angesichts des wachsenden spanisch-katholischen Einflusses in Holland wieder auf der Suche nach einem Ort, an dem sie ihren Glauben frei ausüben können. Streng protestantisch, hatten sie die von Heinrich VIII. gegründete Church of England von allen katholischen, in ihren Augen als Aberglauben geltenden Überbleibseln wie Kirchenmusik, Abendmahl und Kreuzzeichen "purifizieren" wollen. Dabei waren sie jedoch nach und nach mit dem Königshaus in Konflikt geraten. Als Calvinisten glaubten die Puritaner an die Vorbestimmung und daran, auserwählt zu sein. Dieser besondere Zustand war jedoch nicht ohne Pflichten erreicht worden. Die Schlüsselbegriffe auf dem Weg zu Gott waren Disziplin, Sittsamkeit und harte Arbeit. Was die Vorbestimmung für jeden bereithielt, ließ sich letztlich auch an dessen Wohlstand ablesen.
Die Kolonisierung Amerikas ist zu dieser Zeit bereits in vollem Gange. In England suchen private Gesellschaften Siedler. Die Leidener wenden sich an die Virginia Company, die mit dem 1607 in Virginia gegründeten Jamestown handelt. Ein Vertrag wird geschlossen. Am 15. August 1620 verlassen die Puritaner an Bord der "Mayflower" Southampton – als "Pilgrim Fathers" gehen sie in die amerikanische Geschichte ein.

Geschichte

Von den 101 Passagieren an Bord des für heutige Verhältnisse winzigen 180-Tonners sind nur ein Drittel fromme Pilger, die übrigen sind Kaufleute und einfache Siedler, die sich zur Abarbeitung ihrer Reisekosten verpflichtet haben. Die erste Bewährungsprobe erlebt diese bunt zusammengewürfelte Gesellschaft nach zweimonatiger Überfahrt. Von wilden Herbststürmen weit vom Kurs abgetrieben, landet die "Mayflower" am 11. November 1620 an der Nordspitze von Cape Cod. Der Streit beginnt: Da man weit entfernt ist von Jamestown, fühlen sich vor allem die "stranger" nicht mehr an den Vertrag mit der Virginia Company gebunden. Alle erkennen jedoch, daß die Auflösung der Gruppe in dieser Wildnis das Ende der Expedition bedeuten würde. Daraufhin setzen Puritaner und "stranger" ein Schriftstück auf, daß heute als erste geschriebene Verfassung Amerikas angesehen wird: Der sog. Mayflower Compact sah die Bildung einer Regierung auf der Grundlage "gleicher" und "gerechter" Gesetze vor.

Am 21. Dezember 1620 gehen die Siedler am Plymouth Rock an Land. Plimoth Plantation wird gegründet – die erste europäische Siedlung Neuenglands. Die Wampanoag verhalten sich friedlich, nicht zuletzt dank Squanto, der zwischen den Parteien vermittelt. Der erste Winter in der Neuen Welt verläuft jedoch katastrophal: Fast die Hälfte der Siedler stirbt an Skorbut, Lungenentzündung oder Kälte – ein dramatischer Aderlaß für die kleine Kolonie. Erst als die Siedler im folgenden Frühjahr von ihren indianischen Nachbarn Nachhilfeunterricht im Pflanzen, Säen, Fischen und Jagen erhalten, tritt die Wende ein. Im Herbst feiern Siedler und Indianer in schöner Eintracht das erste Erntedankfest Amerikas: Thanksgiving.

Die Kunde von der erfolgreichen Puritanerkolonie dringt natürlich bis nach England. 1626 kommen 1000 weitere Siedler mit Roger Conant an der Spitze und gründen Salem, 1630 gründen Puritaner um John Winthrop die Massachusetts Bay Colony und Boston. Entlang der Küste werden Handelsposten errichtet. 1635 gründet Thomas Hooker mit Siedlern aus Boston die Hartford Colony.

Das Museumsdorf Plimoth Plantation gibt heute ein recht realistisches Bild vom Leben der Pilgerväter.

Das Ziel verfehlt

21. Dezember 1620:
Landung am Plymouth Rock

Geschichte

1625:
Peter Minnewit erwirbt Manhattan

Weiter im Süden fassen die Holländer Fuß und gründen 1624 am Ort des heutigen Albany ihre erste Niederlassung, 1625 kauft Peter Minnewit den Indianern Manhattan Island ab und gründet Neu-Amsterdam, aus dem New York wird, nachdem die Engländer 1664 die Stadt und drei Jahre später die gesamte holländische Kolonie übernommen haben.
1641 landen die Holländer nahe des heutigen Philadelphia, 1643 gründen Schweden eine erste Ansiedlung, die 1655 von den Holländern übernommen und 1664 britisch wird. Mit der Abtretung von Ländereien der Krone an Sir William Penn entsteht 1681 Pennsylvania. 1683 wird Philadelphia, die "Stadt der Bruderliebe" gegründet.

1683:
Gründung von Philadelphia

Herrschaft der Intoleranz

Es zeigt sich bald, daß dieselben Siedler, die in England wegen ihres Glaubens verfolgt worden waren, in der neuen Heimat ebenso intolerant gegen Andersdenkende sind und nicht weniger brutal gegen sie vorgehen. Baptisten werden öffentlich ausgepeitscht, Quäker gehängt. Schon 1636 hat Roger Williams genug und kehrt Boston den Rücken. In Rhode Island gründet er mit Gleichgesinnten Providence. Schnell wird die Stadt ein Zufluchtsort für Juden, Hugenotten und alle anderen religiös Verfolgten. Derweil sehen die Puritaner überall den Teufel am Werk. 1648 findet in Charlestown der erste Hexenprozeß statt, Boston folgt 1655. Salem erlebt 1692 die berühmt-berüchtigte "Salem Witch Hunt", in deren Verlauf neunzehn arme Seelen "der Hexerei überführt" und hingerichtet werden.

1692:
Hexenjagd in Salem

Kämpfe mit den Indianern

Puritanischen Glaubenseifer bekommen auch die Indianer zu spüren. Sie müssen sie nicht nur Christen werden, sondern auch ihre Kulturen aufgeben. Je mehr ins Land strömen, desto mehr sind die Ureinwohner im Weg. In Connecticut hatten Siedler bereits im Pequot-Krieg (1634 bis 1637) 700 Männer, Frauen und Kinder getötet. Der Anfang vom Ende der Indianer Neuenglands ist aber der King Philip's War (1675 – 1676). Nach einer Reihe von Mißverständnissen und gebrochener Verträge verbünden sich die Wampanoag, Nipmuck und Narragansett unter Chief Philip Pokanokett und überziehen den Süden Massachusetts' und Rhode Island mit Krieg. Nach schweren Verlusten wendet sich zum Jahreswechsel das Blatt zugunsten der Siedler. Im sog. "Great Swamp Fight" unweit des heutigen Narragansett Pier werden Philip und 800 seiner Krieger am 12. August 1676 gestellt und massakriert. Später wenden sich die Siedlermilizen gegen die Dörfer und töten Hunderte von Frauen und Kindern. Danach verschwinden die Indianer Neuenglands praktisch in der Bedeutungslosigkeit.

1675 – 1676:
King Philip's War

Aufstieg der Kolonien

In der Zwischenzeit florieren die Kolonien. Ackerbau ist auf den steinigen Böden Neuenglands nur in Maßen möglich. Die Siedler wenden sich daher schon früh dem Meer zu und bringen es in der Fischerei und später dem Walfang sowie im Schiffsbau zu wahrer Meisterschaft. Fisch wird das Hauptabsatzprodukt der Kolonien, aber im Mutterland herrscht keine Nachfrage. In Spanien und vor allem auf den Plantageninseln der Karibik finden die Neuengländer hingegen dankbare Absatzmärkte. Vor allem den Karibikinseln tauschen neuenglischen Trockenfisch für ihre Sklaven gegen in England begehrte Waren sowie gegen Melasse. Dieses Nebenprodukt der Zuckerherstellung wird in Neuengland bald unentbehrlich für die Rumproduktion. So viele Rumfabriken schießen aus dem Boden, daß Zeitgenossen spotten, die Puritaner selbst seien die besten Abnehmer. Auf jeden Fall werden die frommen Kolonisten tüchtige See- und gewiefte Geschäftsleute, deren hochprozentiges Produkt im Mutterland sehr gefragt ist. Und noch ein – weitaus lohnenderer – Markt tut sich für die Bostoner, Salemer und New Yorker Kaufleute auf: Für Rum erwerben sie in Afrika Sklaven und tauschen sie in der Karibik gegen Melasse. Der berüchtigte Dreieckshandel macht die Kaufleute reich und aus den Kolonien eine frühkapitalistische Gesellschaft, die sich zusehends vom agrarisch-aristokratisch geprägten Süden abhebt. Newport und Bedford sind führende Rumdestillerien, die Werften von Boston, Portsmouth und Kittery produzieren stolze Segelschiffe. Universitäten und Colleges werden gegründet, darunter Yale und Dartmouth.

Dreieckshandel

Geschichte

Der Höhenflug dauert bis 1763. In diesem Jahr endet in Europa der Siebenjährige Krieg, der in Nordamerika als "French and Indian War" geführt worden war. Im Frieden von Paris verabschiedet sich Frankreich endgültig aus Nordamerika. London macht aus Neufrankreich Britisch-Nordamerika. England hat gesiegt, steht aber kurz vor dem Bankrott. Um die Löcher im Haushalt zu stopfen, erläßt die Krone 1764 ohne Zustimmung der kolonialen Legislaturen den Sugar Act, eine saftige Steuer auf Melasse aus der Karibik, ein Jahr später schiebt sie den Stamp Act nach, der einen Steuerstempel für alle schriftlichen Dokumente vorsieht. Die Kolonisten reagieren mit wütendem Protest. In den Straßen der Hafenstädte kommt es zu Volksversammlungen, bei denen vor allem die Geschäftsleute ihrem Unmut Luft machen und die Massen mobilisieren. So fordert der Kaufmann James Otis im Mai 1764 "No taxation without representation" – keine Besteuerung ohne Vertretung im Parlament. In New York ist der Protest besonders stark, und mit dem Boykott englischer Güter erreichen die Kolonisten 1766 schließlich die Aufhebung des Stamp Act. Boston entwickelt sich in dieser schicksalhaften Zeit zum Sprachrohr der dreizehn Kolonien. 1766 gründen prominente Bostoner die Geheimgesellschaft "Sons of Liberty" mit talentierten Rednern wie John Hancock und Samuel Adams (1722 bis 1803) in ihren Reihen. Der Braumeister und Kaufmann treibt die Solidarisierung der Kolonien 1768 mit dem Circular Letter voran, in dem er gegen erneute, vom Townsend Act 1767 verfügte Steuern auf Tee, Glas und Papier protestiert und zum Boykott aller besteuerten Produkte aufruft. Als sich die Stimmung in Boston dem Siedepunkt nähert, schickt England zwei Regimenter und gießt damit weiteres Öl ins Feuer. Beschimpfungen und Rempeleien sind an der Tagesordnung. Am 5. März 1770 endet eine solche Konfrontation vor dem Customs House (heute Old State House) mit dem "Boston Massacre", bei dem Soldaten fünf Bostoner töten.

1763:
Frieden von Paris

1764:
"No taxation without representation"

5. März 1770:
Boston Massacre

Unter dem Eindruck des passiven Widerstands nimmt London alle Steuern wieder zurück – bis diejenige auf Tee, dem damals beliebtesten Getränk Neuenglands. Unflexibel und arrogant will die Krone ihr Gesicht wahren, doch leitet sie nur den Anfang vom Ende ein. Zudem unterschätzt sie die Kolonisten maßlos. Die Kommunikation zwischen den weit auseinanderliegenden Kolonien ist dank der 1772 von Samuel Adams initiierten Korrespondenzkomitees ungewöhnlich gut. Was sich in Boston zuträgt, spricht sich wenige Tage später bereits in Georgia herum. So verbreitet sich auch die Nachricht von der Boston Tea Party wie ein Lauffeuer. Am 16. März 1773 entern als Indianer verkleidete Sons of Liberty im Hafen drei englische, mit Tee beladene Schiffe und werfen die gesamte Ladung über Bord – für die Krone ein unerhörter Akt des Ungehorsams! George III. läßt an der aufmüpfigen Kolonie Massachusetts ein Exempel statuieren und 1774 vom Parlament die fünf sog. Coercive Acts ratifizieren, die bei den Bostonern jedoch Intolerable Acts heißen. Eines dieser Gesetze verfügt die Schließung des Hafens, ein anderes entkleidet Massachusetts seines Status als Kolonie.
Doch die übrigen Kolonien lassen sich nicht einschüchtern, sondern stellen sich einmütig hinter Massachusetts und erklären noch im gleichen Jahr auf dem ersten Kontinentalkongreß in Philadelphia die Coercive Acts für ungesetzlich, rufen zu erneuten Boykotts auf und denken laut über die Bewaffnung der Bevölkerung nach. Die Tür zur Unabhängigkeit ist damit weit aufgestoßen.

16. März 1773:
Boston Tea Party

1774:
Erster Kontinentalkongreß in Philadelphia

Kolonialzeit (Fortsetzung)

George III. und sein Parlament behandeln die Kolonien jedoch weiterhin wie ungezogene Kinder. Die Kolonisten, nicht mehr an Reformen glaubend, legen geheime Waffenlager an. In der Nacht zum 19. April 1775 verlassen britische Truppen Boston, um im nahen Lexington ein solches auszuheben. Die vorgewarnten Kolonisten liefern den Soldaten auf dem Green von Lexington den ersten Schußwechsel. Einige Stunden später werden die Truppen in Concord von Siedlermilizen in die Flucht geschlagen, doch Boston wird noch am gleichen Tag von den Briten besetzt. Die Amerikaner ziehen einen Belagerungsring um die Stadt. Am 17. Juni 1775 kommt es zur ersten großen Schlacht des amerikanischen Unabhängigkeitskriegs. Die als Befreiungsschlag gedachte Schlacht auf dem Bunker Hill gewinnen zwar die Briten, allerdings mit so hohen Verlusten, daß sich die Amerikaner als moralische Sieger fühlen, hat es sich doch gezeigt, daß die militärisch unerfahrenen Kolonisten es durchaus mit Berufssoldaten aufnehmen können. Danach ernennt der Kontinentalkongreß George

17. Juni 1775: Schlacht am Bunker Hill

Der Entwurf der Unabhängigkeitserklärung von Thomas Jefferson

A Declaration by the Representatives of the UNITED STATES OF AMERICA, in General Congress assembled.

When in the course of human events it becomes necessary for one people to dissolve the political bands which have connected them with another, and to assume among the powers of the earth the separate and equal station to which the laws of nature & of nature's god entitle them, a decent respect to the opinions of mankind requires that they should declare the causes which impel them to the separation.

We hold these truths to be self-evident; that all men are created equal; that they are endowed by their creator with certain inalienable rights; that among these are life, liberty, & the pursuit of happiness; that to secure these rights, governments are instituted among men, deriving their just powers from the consent of the governed; that whenever any form of government becomes destructive of these ends, it is the right of the people to alter or to abolish it, & to institute new government, laying it's foundation on such principles & organising it's powers in such form, as to them shall seem most likely to effect their safety & happiness. prudence indeed will dictate that governments long established should not be changed for light & transient causes: and accordingly all experience hath shewn that mankind are more disposed to suffer while evils are sufferable, than to right themselves by abolishing the forms to which they are accustomed. but when a long train of abuses & usurpations [begun at a distinguished period & pursuing invariably the same object, evinces a design to reduce them under absolute Despotism, it is their right, it is their duty, to throw off such government & to provide new guards for their future security. such has been the patient sufferance of these colonies; & such is now the necessity which constrains them to [expunge] alter their former systems of government. the history of the present King of Great Britain is a history of [unremitting] repeated injuries and usurpations, [among which appears no solitary fact to contradict the uniform tenor of the rest, but all have] in direct object the establishment of an absolute tyranny over these states. to prove this let facts be submitted to a candid world. [for the truth of which we pledge a faith yet unsullied by falsehood]

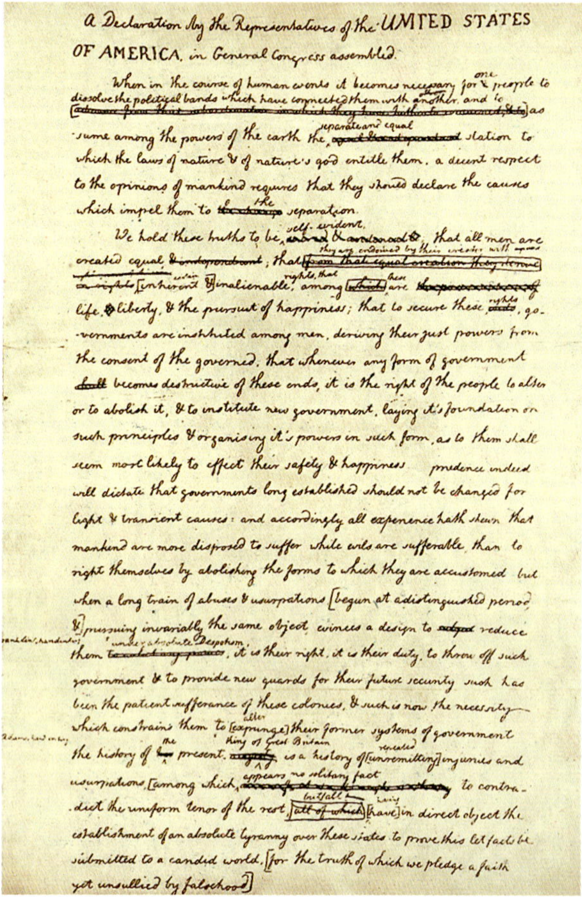

Geschichte

Washington zum Oberbefehlshaber der in "Kontinentalarmee" umgetauften Milizen. Während George III. starrsinnig sämtlichen Handel mit der Ostküste verbietet, evakuieren die Briten im März 1776 Boston. Am 4. Juli 1776 nimmt der Kontinentalkongreß in der heutigen Independence Hall in Philadelphia die von einem Kreis um Thomas Jefferson verfaßte Unabhängigkeitserklärung an. Damit war die Idee des kündbaren Staatsvertrags, der Leitgedanke der Aufklärung des 18. Jh.s zum ersten Mal in der Neuzeit politisch umgesetzt worden.

4. Juli 1776: Unabhängigkeitserklärung

Danach wird es ernst für die Amerikaner. England schickt Truppen, insgesamt über 30 000 Soldaten, darunter von ihrem Landesfürsten verkaufte Hessen. Noch im Sommer 1776 erobern sie New York und Philadelphia, worauf der Kongreß nach York flieht. Dann wenden sich die Briten nach Norden. Erst in Saratoga im Staat New York können sie von Washington gestoppt werden, als im Oktober 1777 eine von General Burgoyne geführte englische Söldnerarmee kapituliert Diese Wendung zugunsten der Amerikaner bringt Frankreich auf den Plan. Im Jahr darauf verbündet sich der Erzfeind Englands mit den jungen USA und landet Truppen in Newport, RI, eine hochwillkommene Unterstützung für Washingtons Armee, die den harten Winter in Valley Forge zu überstehen hatte. Danach zieht der Krieg wieder nach Süden, wo im Oktober 1781 in der entscheidenden Schlacht von Yorktown in Virginia die britischen Truppen unter General Cornwallis den verbündeten Amerikanern und Franzosen unterliegen. Im Frieden von Versailles vom 3. September 1783 entläßt Großbritannien die ehemaligen Kolonien auch formell in die Unabhängigkeit. 1785 wird New York zur ersten Hauptstadt des neuen Staats erhoben.

Unabhängigkeitskrieg

17. Oktober 1777: Schlacht von Saratoga

19. Oktober 1781: Schlacht von Yorktown

3. September 1783: formale Unabhängigkeit

19. Jahrhundert bis heute

Der Jubel über die Unabhängigkeit verfliegt schnell im harten Alltag. Der Krieg hat den jungen Staat wirtschaftlich schwer getroffen, es herrscht Inflation, die Kontinentalarmee kann nicht bezahlt werden. Die Bauern von Massachusetts machen ihrem Ärger über neuerliche Steuern 1786 lautstark, aber vergeblich in der sog. Shay's Rebellion Luft. Ein bundesstaatliches Konzept liegt für die dreizehn ehemaligen Kolonien noch weit entfernt. Erst am 17. September 1787 wird in Philadelphia die Verfassung von allen ratifiziert, am 6. Februar 1789 wählt der in der New Yorker Federal Hall zusammengekommene Kongreß George Washington zum ersten Präsidenten der Vereinigten Staaten von Amerika.
Noch einmal flackert im Krieg von 1812 der Konflikt mit Großbritannien auf. Die Briten dringen von Kanada aus ein und bringen die USA an den Rand der Niederlage, die dank der gewonnenen Seegefechte auf dem Lake Erie 1813 und auf dem Lake Champlain 1814 doch noch den Hals aus der Schlinge ziehen können.

Konstituierung der Union

17. September 1787: Annahme der Verfassung

Doch trotz aller Anfangsprobleme kommt der junge Staat wirtschaftlich relativ schnell voran. Fischfang bleibt so wichtig, daß Massachusetts sogar einen goldenen Kabeljau als Symbol ins State House übernimmt. In den Hafenstädten Connecticuts, Rhode Islands und Süd-Massachusetts' liegen die größten Walfangflotten der damaligen Zeit. Auf dem Höhepunkt der neuenglischen Walfangindustrie segeln Schiffe aus New Bedford und Nantucket auf allen Weltmeeren. Zur gleichen Zeit füllt Handelsware aus China die Lagerhäuser. Die Unabhängigkeit von England öffnet den Handelsgesellschaften den Weg nach Westen. Salem, Boston, Providence, Portsmouth und New York schicken ihre Schiffe um das Kap der Guten Hoffnung nach China, gefüllt mit unterwegs getauschter Ware wie Pelzen von der Nordwestküste und Sandelholz aus der Südsee. In Kanton tauschen sie Luxusartikel ein, insbesondere Tee, Seide und Porzellan. Dies wiederum treibt den Schiffsbau voran. Auf dem Höhepunkt des Chinahandels zwischen 1840 und 1860 laufen in Boston und Wiscasset die schnellen "Clipper" vom Stapel, elegante, auf Geschwindigkeit getrimmte Drei-

Wirtschaftlicher Aufstieg

35

Geschichte

19. Jahrhundert bis heute (Fortsetzung)

master, die den bei der Society so begehrten Chinatee in der verlangten Frische herbeischaffen. Die Fertigstellung des Eriekanals im Jahr 1825 verkürzt die Transportweg von den Ostküstenhäfen an die Großen Seen radikal. New York wird zum größten Hafen der USA.

Industrielle Revolution

Die industrielle Revolution verläßt mit der erfolgreichen Einführung der mechanischen Baumwollspinnerei in Pawtucket ihr Experimentierstadium und sieht 1800 sogar den ersten Arbeiterstreik der Geschichte. Samuel Morse entwickelt den Telegraphen und das Morse-Alphabet, Ely Whitney, der bereits 1793 die Baumwollentkörnungsmaschine erfunden hat, setzt Waffen aus austauschbaren Teilen zusammen, Elias Howe konstruiert die erste Nähmaschine, Francis Pratt und Amos Whitney stellen Maschinen- und Ersatzteile im Tausend her, Robert Fulton konstruiert das erste Dampfschiff. Während in den Neuenglandstaaten die verarbeitende Industrie zu Hause ist, entwickelt sich in Pennsylvania dank seiner riesigen Kohlevorkommen die Schwerindustrie, die in Pittsburgh ihr Zentrum hat. Parallel dazu wird das Land durch die Eisenbahn erschlossen.

Einwanderung

Die Industrialisierung setzt die Masseneinwanderung aus Europa in Gang. Schon um 1850 ist z.B. jeder zehnte Neuengländer Neuzuwanderer, zehn Jahre später sind 61 Prozent der Bostoner in Europa geboren. Zugleich erlebt die Region massive Binnenwanderungen. Der Eisenbahn folgen die Siedler. Die bislang menschenleeren Wildnisgebiete Nord-Maines, Vermonts, New Hampshires, in New York und Pennsylvania werden allmählich erschlossen, überall werden kleine Farmbetriebe gegründet. Schon um 1850 sind die meisten Farmen wieder verlassen. Die Bauern folgen lieber dem Ruf "Go West", als sich weiterhin auf den steinigen Böden Neuenglands abzuackern – der Nordosten steuert unaufhaltsam in Richtung Industriestandort. Es ist die Zeit, in der die Astors, Vanderbilts, Carnegies, Fricks und Rockefellers den Grundstein für ihre Vermögen legen.

Die demographischen Umwälzungen kommen nicht ohne gesellschaftspolitische Begleiterscheinungen. Nicht alle heißen die Immigranten willkommen. Besonders irisch-katholische Einwanderer werden diskriminiert, in Maine werden sogar einige ihrer Kirchen verbrannt. In den Kohlerevieren Pennsylvanias wird der Keim für die amerikanische Arbeiterbewegung gelegt. Eine andere Gruppe erfährt derweil bemerkenswerte Unterstützung: Die Abolitionisten, meist fromme Quäker, protestieren gegen die Sklaverei in den Südstaaten, unterstützt vom Welterfolg des Anti-Sklaverei-Romans "Onkel Tom's Hütte" von Harriet Beecher-Stowe, der 1852 erscheint. In Massachusetts bringt William Lloyd Garrison den "Liberator" heraus, eine Kampfschrift gegen die Sklaverei im Süden.

Bürgerkrieg

Keineswegs nur moralische Werte entfremden den Norden während dieser Zeit vom Süden. Natürlich geht es vor allem um wirtschaftliche Vorteile. Beispielsweise befürworten die Unternehmer des Nordens die Einführung von Schutzzöllen. Obgleich der Süden diese vehement abgelehnt, werden sie in Washington durchgesetzt. Im Süden erklingt daraufhin der Ruf nach Sezession. Die Nord-Süd-Krise überschattet den Wahlkampf von 1860. Der Republikaner und Befürworter der Union Abraham Lincoln gewinnt die Wahlen ohne eine einzige Stimme aus dem Süden. Wenig später verlassen elf Südstaaten die Union und gründen gemeinsam die Confederate States of America. Am 12. April 1861 beginnt mit der Beschießung von Fort Sumter in South Carolina durch die Konföderierten der blutige Sezessionskrieg. Während Neuengland und New York nicht Kriegsgebiet sind – aber durch die Stellung von Truppenkontingenten die Folgen des Kriegs ebenfalls zu spüren bekommen –, erlebt Pennsylvania die größte Schlacht des Krieges:

1.–4. Juli 1863: Schlacht von Gettysburg

Vom 1. bis zum 4. Juli tobt bei Gettysburg ein Kampf, der 51000 Tote fordert und mit der Niederlage der Konföderierten unter Lee endet (→ Abb. S. 333). Damit ist der Versuch des Südens, den Krieg im Norden zu entscheiden, gescheitert. Doch es dauert noch bis 1865, bis der Bürgerkrieg mit der katastrophalen Niederlage der Südstaaten zu Ende geht. Der Norden triumphiert moralisch und wirtschaftlich, nicht zuletzt auch dank seiner hochindustrialisierten Infrastruktur.

Geschichte

Um 1900 haben sich die Gewichte in Neuengland einmal mehr verschoben. Die städtischen Bastionen der WASPs ("White Anglo Saxon Protestants") sind nunmehr überwiegend römisch-katholisch. Zugleich erschüttert eine mehrere Jahrzehnte anhaltende Korruptionswelle den Nordosten. Stimmenkauf und Ämterschacher sind weit verbreitet, insbesondere in Rhode Island, wo der Republikaner-Chef Charles R. Brayton Kritiker mit Ämtern und Bestechungsgeldern zum Schweigen bringt. In Boston trägt dessen skrupelloser Bürgermeister James Michael Curley aus eben jenen Gründen den Spitznamen "the Irish Mussolini". Pennsylvania erlebt einige der härtesten Streiks seiner Geschichte. Nach dem Ersten Weltkrieg, der den Nordosten als die Waffenschmiede Amerikas sieht, ist der wirtschaftliche Höhenflug jedoch jäh zu Ende. Die einstmals blühende Textilindustrie, das Aushängeschild der Region, ortet im billigen Süden ein günstigeres Investitionsklima, Zehntausende von Arbeitern folgen ihr. Auf die "great migration" folgt in den dreißiger Jahren die Depression. Sie zwingt das bereits strauchelnde Neuengland endgültig zu Boden. Noch einmal über 100 000 Textilarbeiter verlieren ihre Jobs, in den Kohle- und Stahlrevieren Pennsylvanias stehen bis zu 80 % der Arbeiter auf der Straße.

Niedergang der traditionellen Industrie

"Tipple Boys" – Kinderarbeit in den Kohlegruben Pennsylvanias um 1908

Die ihren Job behalten, arbeiten zu halbiertem Lohn. Hunderttausende verlieren Heim und Hof. Die Innenstädte veröden, wer kann, zieht in die sauberen Vorstädte. Der Niedergang, nur vorübergehend aufgehalten durch die Rüstungskonjunktur im Zweiten Weltkrieg, im Korea- und im Vietnamkrieg, dauert an bis in die frühen siebziger Jahre, zuletzt verschärft durch Billigimporte, die der verbliebenen verarbeitenden Industrie zusetzen. Die Rezession Anfang der siebziger Jahre bringt einen neuen Tiefpunkt.

Umso bemerkenswerter ist das Comeback. Heute mischen die Nordoststaaten wieder mit im Klub der ganz reichen Bundesstaaten. Nicht ganz unbeteiligt an dem seit den späten siebziger Jahren anhaltenden Aufstieg sind die vielen Universitäten, Fachhochschulen und Colleges. Allein in Massachusetts gibt es 121 höhere Schulen, davon 47 in Boston. Das hohe Ausbildungsniveau und die niedrigen Mieten locken vor allem die neuen Hightech-Branchen herbei. Luft- und Raumfahrt, Software- und Hardwareherstellung, Biomedizin und - technik, Präzisionsinstrumente: Im Großraum Boston, in Hartford, im Süden New Hampshires und in Rhode Island sowie in Süd-Connecticut werden Millionen mit der Zukunft gemacht. Massachusetts und Connecticut verfügen über die größten Rücklagen der Nation. In Boston und Hartford, der "Insurance Capital" Amerikas, haben fast alle Banken und Versicherungsgesellschaften des Landes ihr Hauptquartier. Fast müßig ist es, in dieser Reihe New York zu nennen, das überragende Finanzzentrum nicht nur der USA, sondern auch der Erde, Medienzentrum und auch wichtiger Industriestandort. Für den Wandel im Kohle- und Stahlgürtel steht Pittsburgh, an dessen Vergangenheit allenfalls noch aufgelassene Hochöfen erinnern und das sich heute als moderne Dienstleistungsmetropole präsentiert.

Strukturwandel

Berühmte Persönlichkeiten

Humphrey Bogart
(1899 bis 1957)

James Stewart, Burt Lancaster, Kirk Douglas, Gary Cooper – sie alle waren die ganz Großen ihres Geschäfts, aber zur Legende wurde ein anderer: Humphrey Bogart, geboren am 25. Dezember 1899 in New York City. Dabei war er schon über 40, als ihm der endgültige Durchbruch gelang. Als Barbesitzer Rick in "Casablanca", 1942 unter der Regie von Michael Curtiz gedreht, agierte Bogart als zynisch-schnoddriger Einzelgänger, der aber doch zur rechten Zeit das Richtige tut. Was wäre aus ihm geworden, wenn – wie vorgesehen – Ronald Reagan diese Rolle gespielt hätte? So aber konnte Bogart diesen Typ Mensch vor allem als Detektiv Philip Marlowe in "The Big Sleep" und "To Have or Have Not" vorführen und dadurch zur Kultfigur werden. Er war allerdings mehr: ein hervorragender Komödiant ("African Queen" mit Katharine Hepburn) und Charakterdarsteller, etwa als psychisch kranker Kapitän in "Die Caine war ihr Schicksal" oder als abgrundtief böser Gangster in "An einem Tag wie jeder andere". Humphrey Bogart, als Detektiv nie ohne Kippe im Mund unterwegs (und damit sprachbildend: "to bogart" = auf einer Kippe herumkauen), starb am 14. Januar 1957 in Beverly Hills an Lungenkrebs.

Samuel Colt
(1814 bis 1862)

Jeder gestandene Westmann wäre ohne seine Erfindung nackt geblieben: Samuel Colt, am 19. Juli 1817 in Hartford, CT, geboren, brachte 1836 den ersten funktionsfähigen Trommelrevolver auf den Markt, den "Colt Single Action". Die Feuerwaffentechnik war damit revolutioniert, denn mit jedem Spannen des Hahns drehte sich bei diesem Revolver die Trommel und lieferte eine neue Patrone: Man konnte schneller schießen. 1845 folgte der "Double Action", bei dem das Ziehen des Abzugs automatisch die Drehung der Trommel bewirkte. Die Colt's Patent Fire Arms Manufacturing Co. mit Sitz in Hartford ist heute der erste Lieferant des US-Militärs.

Benjamin Franklin
(1706 bis 1790)

Benjamin Franklin, als Staatsmann, Wissenschaftler und Publizist wahrlich ein Universalgelehrter, kam am 17. Januar 1706 als 17. Kind eines aus dem englischen Oxfordshire eingewanderten Seifen- und Kerzenmachers in Boston zur Welt. Als Drucker und Verleger bemühte er sich bald um die Politik: Er gründete 1732 die einflußreiche "Pennsylvania Gazette" und gab 1753–1758 die geistreiche Jahresschrift "Poor Richard" heraus. Auch im praktischen Leben kümmerte er sich um seine Mitmenschen, war er doch an der Gründung der ersten pennsylvanischen Universität, des ersten Krankenhauses in den nordamerikanischen Kolonien und eines wissenschaftlichen Vereins beteiligt, aus dem die "American Philosophical Society" hervorging. Als Erfinder des Blitzableiters (1752) ging er in die Annalen der Wissenschaftsgeschichte ein; das Doppelfernglas ist ihm ebenso zu verdanken wie eine große Zahl von Erkenntnissen und Veröffentlichungen auf verschiedensten Gebieten: Bil-

Berühmte Persönlichkeiten

dung und Naturwissenschaften, internationale Beziehungen und öffentlicher Dienst, Ingenieurwesen, Musik, Medizin und Gesundheitswesen, Druck, Werbung und Graphik, Finanz- und Versicherungsfragen, Religion und Freimaurerei, Landwirtschaft und Botanik. Bei all dieser Produktivität weigerte er sich aber, Patente anzumelden, denn er vertrat den Standpunkt, Erfindungen sollten dem Allgemeinwohl dienen. Benjamin Franklin unterstützte frühzeitig die Unabhängigkeitsbestrebungen der Kolonien, als deren Gesandter er 1776–1785 in Frankreich so einflußreich wirkte, daß die französische Unterstützung der Amerikaner als sein Verdienst anzusehen ist. Folgerichtig war er Mitunterzeichner der Unabhängigkeitserklärung, der Allianz mit Frankreich gegen England, des Friedensvertrages mit Großbritannien und der Verfassung von 1787. 1788 wurde er zum Präsidenten der ersten Gesellschaft zur Abschaffung der Sklaverei gewählt. Er starb am 17. April 1790 in Philadelphia.

Benjamin Franklin (Fortsetzung)

Robert Fulton, geboren am 14. November 1765, begann seine Laufbahn als Maler, wurde aber später Ingenieur und machte während seines 20jährigen Aufenthalts in London und Paris (1786–1805) eine Reihe von Erfindungen, darunter ein Unterseeboot und Torpedos, die aber beide von Franzosen und Briten abgelehnt wurden. In New York baute er dann die "Clermont" (Länge 45,7 m, mit einer 20-PS-Dampfmaschine), das erste brauchbare Schiff mit Dampfantrieb. Am 17. August 1807 machte sie ihre erste Fahrt auf dem Hudson. Für die 480 km lange Strecke von New York nach Albany und zurück benötigte sie 62 Stunden. Bald folgten weitere Schiffe. Kurz vor seinem Tod erbaute er das erste dampfbetriebene Kriegsschiff, "Fulton the First", das aber nie erprobt wurde. Fulton starb am 24. Februar 1815 in New York City; sein Geburtsort Little Britain in Pennsylvania heißt heute ihm zu Ehren Fulton.

Robert Fulton (1765 bis 1815)

Keine andere US-Schauspielerin hat sie so meisterhaft verkörpern können – die nie um eine schlagfertige Antwort verlegene, selbstbewußt-emanzipierte Frau der "screwball comedies" der dreißiger und vierziger Jahre. Das verwundert auch kaum, bedenkt man, daß Katharine Hepburn am 12. Mai 1907 in Hartford, CT, in eben jene begüterten Ostküstenkreise hineingeboren wurde, in der einer ihrer erfolgreichsten Filme spielt: "The Philadelphia Story" ("Die Nacht der Hochzeit", 1940), in der sie die sie umschwärmenden Männer an der Nase herumführt und am Schluß doch wie Cary Grant nimmt (mit dem sie 1936 schon den kaum weniger erfolgreichen "Bringing Up Baby – Leoparden küßt man nicht" – gedreht hatte). 1941 arbeitete sie in "Woman of the Year" ("Die Frau, von der man spricht") zum ersten Mal mit ihrem langjährigen Lebens-, aber nie Ehepartner Spencer Tracy zusammen. Ein weiterer Höhepunkt ihrer Karriere war 1951 ihre Rolle als zickig-altjüngferliche Missionsschwester in "The African Queen" an der Seite von Humphrey Bogart. Katharine Hepburn gilt heute als eine der besten Schauspielerinnen, die Hollywood jemals hervorbrachte. Oft genug hatte sie bewiesen, daß sie auch das ernste Fach beherrschte, zuletzt 1981 in "On Golden Pond" zusammen mit Henry Fonda, für den sie den letzten ihrer insgesamt vier Oscars erhielt. Sie lebt heute zurückgezogen in Fenwick, CT.

Katharine Hepburn (geb. 1907)

Die Familie Kennedy, irischen Ursprungs und im Bostoner Vorort Brookline, MA, zu Hause, gehört heute noch zu den einflußreichsten Familien des Ostküstenadels. Schon der Vater besaß zumindest in Massachusetts einigen Einfluß. Seine Söhne John, Robert und Edward haben es zu großen Namen in der US-Politik gebracht.

Die Kennedy-Brüder

Berühmte Persönlichkeiten

Die Kennedy-
Brüder
(Fortsetzung)

John Fitzgerald Kennedy, geboren am 29. Mai 1917, war der erste katholische US-Präsident. Er studierte an den besten Universitäten des Landes: Princeton, Harvard und Stanford hießen die Stationen, bevor er im Zweiten Weltkrieg als Schnellbootkommandant im Pazifik eingesetzt war. 1946 wurde der Demokrat ins Repräsentantenhaus, 1952 in den Senat gewählt. Acht Jahre später setzte er sich mit knapper Mehrheit gegen Richard M. Nixon durch und wurde zum 35. Präsidenten der USA gewählt; seine Antrittsrede – "Frage nicht, was dein Land für dich tun kann, sondern was du für dein Land tun kannst" – bewegte die Menschen in den USA, große Hoffnungen in ihn zu setzen. Um so härter traf die Nation das Attentat, dem John F. Kennedy am 22. November 1963 in

John F. Kennedy

Dallas, TX, zum Opfer fiel. Sein Mörder Lee Harvey Oswald wurde wenige Tage danach von dem Barbesitzer Jack Ruby erschossen. Bis heute wird immer wieder über die Hintergründe des Attentats spekuliert. In der Rückschau erstaunt es, wie sehr sich ein Mythos um den jungen Präsidenten gebildet hat. Seine Außenpolitik war eher von falschen Einschätzungen als von Erfolg gekennzeichnet: Er schickte 16 000 US-Soldaten nach Vietnam, die Invasion in der Schweinebucht mißlang, und auch sein Hartbleiben in der Kubakrise war um den Preis des Abzugs von US-Raketen aus der Türkei und des Verzichts auf ein Eingreifen in Kuba erkauft; die innenpolitisch treibenden Kräfte in Sachen Reformen und Bürgerrechte waren eher sein Bruder Robert und Vizepräsident Johnson.

Sein acht Jahre jüngerer Bruder und engster Berater, Robert, Justizminister während seiner Amtszeit, fiel am 8. Juni 1968 während des Präsidentschaftswahlkampfes ebenfalls einem Attentat zum Opfer. Der jüngste der Kennedy-Brüder, Edward, verbaute sich die ganz große politische Karriere durch Skandale und Skandälchen. Dennoch zählt er heute zu den einflußreichsten Senatoren in Washington.

William Penn
(1644 bis 1718)

Nur vier Jahre seines Lebens verbrachte William Penn in Nordamerika, und doch hat er dem Nordosten des Landes seinen Stempel aufgedrückt. Er wurde am 24. Oktober 1644 in Ruscombe in der Grafschaft Berkshire als Sohn von Admiral William Penn geboren. Sein Vater schickte ihn zum Studium nach Oxford, ins französische Saumur und nach London, doch einen akademischen Grad hat er nie erworben. Stattdessen veranlaßten ihn 1668 die Predigten des Quäkers Thomas Loe, die er im irischen Cork als Verwalter der dortigen väterlichen Güter hörte, zum Übertritt zum Quäkertum. Bald wurde er in Schrift und Tat zu einem der heftigsten Streiter für Toleranz, Glaubens- und Gewissensfreiheit, was ihm eine Haft im Londoner Tower einbrachte. Doch trotz der Verfolgung seines Glaubens waren ihm König Charles II. und dessen Bruder, der spätere König James II., freundschaftlich zugetan. Charles überließ ihm, zur Tilgung einer alten Schuld an

Berühmte Persönlichkeiten

Penns Vater, Ländereien in den Kolonien. William Penn sah nun die Chance, sein "heiliges Experiment" einer freien Gesellschaft in Amerika zu verwirklichen. Noch in England verfaßte er eine Art Grundgesetz ("Frame of Government") und eine Reihe von Gesetzen, bevor er 1682 an Bord der "Welcome" in Amerika eintraf. Er übernahm die Leitung seiner Kolonie, die er nach seinem Vater "Pennsylvania" nannte, gründete Philadelphia und holte Glaubensbrüder aus England, Irland, dem Rheinland und der Pfalz ins Land. 1684 zwangen ihn Streitigkeiten mit Lord Baltimore zur Rückkehr nach England, und erst 1699 sah er Pennsylvania wieder. Doch bereits 1701 mußte er erneut nach England zurücksegeln, die Führung der Kolonie seinem Sekretär James Logan überlassend. Die letzten Jahre seines Lebens verbrachte er in Ruscombe, bedrängt von Schulden und vom Konflikt mit den Siedlern in Pennsylvania, von denen er Zahlungen zur Tilgung dieser Schulden eintreiben wollte. William Penn starb am 30. Juli 1718.

William Penn (Fortsetzung)

Wo genau er geboren ist, weiß man nicht so recht, jedenfalls wurde Paul Revere am 1. Januar 1735 in Boston getauft. In seinem Beruf als Silberschmied – seine Arbeiten gehören zu den feinsten jener Zeit – hat er sich zwar auch einen Namen erworben, unsterblich im Andenken der Amerikaner aber machte ihn sein waghalsiger Kurierritt am 18. April 1775 von Boston nach Lexington. Er konnte John Hancock, Samuel Adams und die Truppen der Patrioten rechtzeitig vor den herannahenden Briten warnen – so will es jedenfalls die Legende, die Longfellows Gedicht "The Ride of Paul Revere" zementiert hat. Tatsächlich war Revere nur einer unter mehreren Kurierreitern, die in jener Nacht unterwegs waren, und manche behaupten, Paul Revere wäre nie in Lexington und Concord angekommen, denn unterwegs hätten ihn die Briten festgehalten. Wie dem auch sei – Paul Revere starb hochverehrt am 10. Mai 1818 in Boston.

Paul Revere (1735 – 1818)

Wohl kaum eine andere Familie steht mit ihrem Namen so archetypisch für das "Land der unbegrenzten Möglichkeiten", in dem man vom Tellerwäscher zum Millionär werden kann, wie die Rockefellers. Zum Ahnherrn der reichen Rockefellers wurde der in Rochford, NY, geborene John Davison Rockefeller (1839 – 1937), der sein Vermögen in der Öl- und Stahlindustrie erwarb. Er gründete 1870 die Standard Oil Company und kontrollierte bereits 1882 praktisch das gesamte amerikanische Mineralölgeschäft; nachdem er sich 1896 aus dem Geschäftsleben zurückgezogen hatte, widmete er sich vor allem der von ihm gegründeten "Rockefeller Foundation", die vornehmlich zur Förderung der Medizin tätig ist. Sein einziger Sohn, John Davison Rockefeller, Jr. (1874 – 1960), vermachte 1947 den Vereinten Nationen das Gelände am New Yorker East River für ihr Hauptquartier, gründete u. a. 1957 das Museum of Primitive Art in New York und ließ Williamsburg, die einstige Hauptstadt der Kolonie Virginia, rekonstruieren.

Zwei Söhne von John Davison Rockefeller, Jr., brachten es – für die republikanische Partei – zu Gouverneuren: Nelson Aldrich Rockefeller (1908 – 1979) im Staat New York und Winthrop Rockefeller (1912 – 1973) in Arkansas; Nelson Aldrich war von 1974 bis 1977 gar US-Vizepräsident unter Gerald Ford. Winthrops Enkel John Davison Rockefeller IV wiederum bekleidete zwischen 1977 und 1985 das Amt des Gouverneurs von West Virginia, allerdings für die Demokraten.

Rockefeller-Dynastie

Berühmte Persönlichkeiten

Franklin Delano Roosevelt (1882 bis 1945)

Der bedeutendste US-Präsident des 20. Jahrhunderts, Franklin Delano Roosevelt, wurde am 30. Januar 1882 in Hyde Park im Staat New York geboren. Nach seinem juristischen Studium in Harvard und an der Columbia Law School arbeitete er zunächst als Rechtsanwalt und ging später in die Politik. Trotz einer schweren, 1921 durch Kinderlähmung ausgelösten Gehbehinderung blieb er politisch aktiv und wurde 1932 zum 32. Präsidenten der USA gewählt. Während seiner bis zu seinem Tode ununterbrochenen vier Amtsperioden trug er durch die Reformpolitik des "New Deal" zur Überwindung der Wirtschaftskrise bei und führte die USA gut vorbereitet in den Zweiten Weltkrieg, in dem er die Achsenmächte mit großer Entschlossenheit bekämpfte. Maßgeblich beeinflußte er die Atlantik-Charta, die zur Gründung der Vereinten Nationen führte. Sein plötzlicher Tod am 12. April 1945 traf die USA wie ein Schock. Seine Frau Eleanor (1884–1962), Nichte des Präsidenten Theodore Roosevelt, verstand ihre Position als First Lady nicht als Figur im Hintergrund, sondern mischte sich aktiv in die Politik ein.

Cornelius Vanderbilt (1794 bis 1877)

Schon als Zwölfjähriger half der am 27. Mai 1794 in Port Richmond geborene Cornelius Vanderbilt seinem Vater, Passagiere und Gepäck von Staten Island nach New York überzusetzen. Vier Jahre später besaß er ein eigenes Boot, nach acht Jahren war er Geschäftsführer einer Dampferlinie, und noch einmal zehn Jahre später gründete er seine eigene Dampfschiffahrtsgesellschaft, mit der er 1849 Goldgräber via Nicaragua nach San Francisco brachte. Schließlich stieg er in den Transatlantikverkehr ein, als dort jedoch die Konkurrenz zu groß wurde, sattelte er um auf Eisenbahnlinien. 1863 erwarb er die New-York-und-Harlem-Eisenbahn, weitere kamen hinzu. Als Vanderbilt am 4. Januar 1877 in New York City starb, hinterließ der "Commodore", wie er genannt wurde, ein Vermögen von 105 Millionen Dollar, eine für damalige Verhältnisse unvorstellbar große Summe. Sein Sohn William Henry baute das Imperium innerhalb von acht Jahren auf fünfzig Eisenbahnlinien mit einem Streckennetz von 25 000 km aus. Die Vanderbilts waren die reichste Familie der USA. Cornelius Vanderbilt ist für die einen der Inbegriff des amerikanischen Selfmademan, für die anderen eine Ausgeburt des Kapitalismus, die ihr Vermögen durch Betrug, Ausbeutung und Bestechung erwarb – ganz wie seine Konkurrenten.

Andy Warhol (1928 bis 1987)

Der wohl bekannteste Vertreter der Pop Art wurde als Andrew Warhola am 6. August 1928 in Pittsburgh geboren und war ursprünglich Werbegrafiker. 1949 zog er nach New York City. Zu Beginn der sechziger Jahre malte er seine ersten Bilder, um sich dann mehr und mehr der Siebdrucktechnik zuzuwenden, mit der er verfremdete Fotografien aus Massenmedien reproduzierte und Druckserien herstellte. Als Motive wählte er meist Alltagsgegenstände wie Dollar-Noten oder Suppendosen ("200 Campbell's Soup") und Massenidole wie Elvis Presley, Elizabeth Taylor und Marilyn Monroe ("Marilyn Diptych"). Ziel seiner künstlerischen Tätigkeit war die radikale Integration der Kunst in den mechanischen Arbeitsprozeß. Ab 1963 wandte er sich dem Film zu (u. a. "Sleep", "Blue Movie", "Flesh"). Erst in den siebziger Jahren produzierte er wieder Drucke. Meistens schuf er im Kollektiv mit den Mitgliedern seiner New Yorker Wohn- und Arbeitsgemeinschaft, der "Factory". Mit zunehmendem Bekanntheitsgrad wurde Warhol selbst zum Idol und Gegenstand seiner eigenen Kunst. Neben seinen unbestrittenen künstlerischen Gaben besaß Warhol auch ein großes Talent zur Vermarktung seiner Person; sein Begriff von Kunst ging soweit, daß er die von ihm in großer Zahl erworbenen Gegenstände und Antiquitäten durch den Kaufakt zum Teil seiner eigenen Existenz und somit zur Kunst erklärte. Andy Warhol starb am 22. Februar 1987 in New York City.

Kunst und Kultur

Architektur

Die beste Visitenkarte der nordöstlichen US-Bundesstaaten sind die Häuser dieser Region. Zuallererst fällt das typisch neuenglische Postkartenidyll ein – der makellos weiße Kirchturm, der sich elegant über das Village Green erhebt und von niedlichen Holzhäuschen umgeben wird, oder die gepflegte rote Scheune mit dem weißen Lattenzaun im Vorder- und dem runden Maissilo im Hintergrund. Die Architektur der Kolonialzeit ist dabei nur eine von vielen Facetten in diesem aufregenden Kaleidoskop von Stilen, Moden und Geschmäckern. Weil der Nordosten fast 250 Jahre lang so gut wie identisch mit Amerika gewesen ist, läßt sich hier die Entwicklung von der einräumigen "saltbox" der ersten Siedler bis zum postmodernen Glaspalast in Boston auf engstem Raum studieren. Das Faszinierende daran ist der Gedanke, daß zwischen dem indianischen Wigwam, den sich die Puritaner im ersten Winter von ihren einheimischen Nachbarn ausliehen, bis zu den Kreationen internationaler Reißbrettpäpste wie Le Corbusier und I. M. Pei kaum 300 Jahre liegen.

Allein schon ideologisch hatten die ersten puritanischen Siedler, die 1620 in der Cape Cod Bay an Land gingen, nichts mit dem in Europa gerade modernen, üppigen Barock der Gegenreformation im Sinn. Aber selbst wenn sie Luxus gewollt hätten – das Überleben in der Neuen Welt verlangte andere Prioritäten. Ihre Behausungen sind am besten im Museumsdorf Plimoth Plantation (→ S. 203) zu besichtigen. Funktionalität war vonnöten. Typisch waren kleine, ein- bis zweiräumige Holzhäuser mit strohgedecktem Steildach, einem großen gemauerten Kamin an der Querseite und winzigen Fenstern mit Butzenscheiben. Schon bald wurden die Außenwände mit den bis heute gebräuchlichen Zederschindeln verkleidet und das vorkragende Obergeschoß entwickelt. Das am leichtesten zugängliche Beispiel dieser "saltbox" genannten Häuser des "early colonial style" ist das Paul Revere House in Boston, MA.

Colonial Style

Gemäß einer königlichen Verfügung wurden alle Siedlungen des 17. Jh.s nach einem einheitlichen Muster angelegt. Um das "meetinghouse", wo man sich zu Andachten und Versammlungen traf, und dem "meetinghouse lot", dem Platz, auf dem das "meetinghouse" stand, wurde die Stadt organisiert, ein Verfahren, das außerdem Schutz vor Indianern bot. Später wurde der rechteckige Platz "common" genannt, weil er der Öffentlichkeit gehörte und diese auf ihm Kühe und Schweine hielt. Um den Platz herum, aber nicht weiter als eine dreiviertel Meile von ihm entfernt, bauten die Siedler ihre Häuser und später auch die typische

Zwar nicht das Haus von Paul Revere, aber eine typische Saltbox auf Cape Cod

Architektur

Colonial Style (Fortsetzung)

spitztürmige Kirche. Dahinter begann in der Regel das Farmland. Erst Anfang des 19. Jh.s wurde der vom Vieh zertrampelte "common" mit Rasen verschönt und in "Green" umbenannt, eine Maßnahme im Zuge der allgemeinen Verschönerung der neuenglischen Städte.

Georgian Style

Der georgianische Stil war zwischen 1720 und 1780 in Mode und Ausdruck der immens verbesserten wirtschaftlichen Situation der Kolonisten. Da er in die Regierungszeit gleich dreier Georgs im Mutterland fiel, hatte er seinen Namen schnell weg und zeigte auch sonst, daß die Kolonien noch immer in vielen Belangen nach England blickten. Dort ausgebildete Architekten bauten in Amerika das nach, was sie in London oder aber in der damaligen Baumeisterbibel, dem "Book of Architecture" von James Gibb, gesehen hatten. Inspiriert von der Formensprache der gerade aktuellen italienischen Renaissance, entlehnte der georgianische Stil sowohl klassische Elemente wie dorische, ionische und korinthische Säulen wie auch das streng befolgte Diktat der Symmetrie. Wer

Georgian Style: Longfellow House in Portland

georgianisch baute, war Eigentümer eines eleganten, repräsentativen Hauses. Ein Portikus über dem Eingang und ein palladianisches Fenster zogen zunächst den Blick auf sich, um ihn von der Mitte des Hauses hinübergleiten zu lassen zu den Ecksäulen und den beiden Kaminen, die ebenfalls Stilelemene zur Schaffung einer optischen Harmonie waren. Verbaut wurde nicht mehr nur Holz, sondern auch Naturstein und Backstein. Die außen gezeigte Eleganz setzte sich innen fort. Massive Holzvertäfelungen, weitläufige Entrees, breite, elegant gewundene Treppen zu den Obergeschossen demonstrierten Wohlstand und Weltläufigkeit. Ein besonders schönes Beispiel georgianischer Architektur ist das Longfellow House in Portland, ME. Der wohl profilierteste Architekt des georgianischen Stils war Peter Harrison (1716 bis 1775). Er entwarf u. a. die Touro Synagogue in Newport, RI, und King's Chapel in Boston. Die bescheidenere Variante der Bauweise in georgianischer Zeit kann man in Philadelphia in Elfreth's Alley studieren.

Federal Style

Der Federal Style war von 1780 bis 1820 gängig und trotz seines selbstbewußt ästhetische Eigenständigkeit verkündenden Namens noch immer stark vom ehemaligen Mutterland inspiriert. In Neuengland wurde er zunächst von der wohlhabenden Kaufmannschaft angenommen. Ein typisches Federal-Style-Haus war ebenso symmetrisch angelegt und wies die gleichen Elemente wie ein im georgianischen Stil erbautes Haus auf, wirkte jedoch ungleich leichter und nüchterner. In der Regel aus Backstein, hatte es meist drei Stockwerke, ein flaches Dach und eine schlichte, fast konservative Fassade. Im Gegensatz dazu stand das opulente, formgeberisch innovative Interieur. Der Grundriß sah ovale und runde Räume vor, elegante freistehende Treppen und verschwenderisch gestaltete Kamine, de-

Architektur

Federal Style (Fortsetzung)

ren Formgebung ebenso von den im soeben ausgegrabenen Pompeji gefundenen Dekors beeinflußt war wie die Holzvertäfelungen. Besonders viele schöne Beispiele für den Federal Style finden sich vor allem in Salem, MA, und jeder Besucher wird zumindest ein diesem Stil verpflichtetes Gebäude sehen: das State House in Boston. Sein Schöpfer gilt zu Recht als Vater aller amerikanischen Architekten. Charles Bulfinch (1763–1844) ist auch für viele schöne Stadthäuser in Boston verantwortlich, für die gelungene Erweiterung von Faneuil Hall und das State Capitol in Washington.

Greek Revival Style

Durch Ausgrabungen in Süditalien und die Begeisterung für den griechischen Befreiungskampf kam zwischen 1820 und 1845 auch die griechische Klassik in Mode. Die im fünften vorchristlichen Jahrhundert von Athen formulierten demokratischen und philosophischen Ideen entsprachen so ganz dem aufgeklärten Weltgefühl der vornehmen Ostküstengesellschaft, deren Enthusiasmus für alles Griechische sich bald in massiven, tempelartigen Wohnhäusern mit oft überdimensionalen Säulenfronten und schattigen Arkaden manifestierte, wie man sie heute z. B. noch in den Villen im Hudson Valley im Bundesstaat New York findet. Vor allem aber wurden öffentliche Gebäude, Bibliotheken, Universitäten und Banken im Greek Revival Style erbaut, um so auf die geistige Verbindung zwischen der Wiege der Demokratie und der neuen, ebenfalls demokratischen Idealen verpflichteten Nation hinzuweisen. Zu den augenfälligsten Beispielen für diesen Stil gehören die Federal Hall in New York City und Quincy Market in Boston, dessen Architekt Alexander Parris zu den bedeutendsten Vertretern dieser Richtung zählt.

Stilvielfalt der viktorianischen Ära

Das nach der langen Regierungszeit der englischen Queen Victoria (1837 bis 1901) benannte viktorianische Zeitalter brachte dem Nordosten der USA eine Unmenge verschiedenster Stilformen. Jeder baute, wie er wollte. Bereits Dagewesenes wurde munter kopiert und variiert. Besonders auffällig für diese Zeit ist der Gothic Revival Style, der mit steilen Dächern und teilweise extrem ornamentierten Giebeln aus Häusern und Cottages in wahre Lebkuchenhäuschen verwandelte. Der Queen Anne Style entfernte sich am weitesten von der bis dahin herrschenden Symmetrie und hält mit Türmchen, Erkern und Balkonen unterschiedlichster Form und Größe bis heute das Auge gefangen. Gegen Ende des 19. Jh.s distanzierten sich an der Pariser Ecole des Beaux-Arts ausgebildete Architekten von diesem Eklektizismus. Die stilistische Reinheit, die sie an europäischen Baustilen wie dem französischen Barock oder der italienischen Renaissance bewunderten, setzten sie nun in öffentlichen Repräsentativbauten und Häusern der Ostküstenelite um. Grandiose Beispiele für diesen sog. Beaux-Arts-Style sind die herrschaftlichen Sommersitze in Newport, RI. Richard Morris Hunt und andere Society-Architekten lehnten sich hier besonders stark an französische und italienische Vorbilder an und schufen Schlösser aus Marmor und Granit mit monumentalen Säulenfassaden und überdimensionalen Fenstern

20. Jahrhundert

Bis dahin hatten sich Amerikas Architekten nicht unbedingt durch eigene Ideen ausgezeichnet. Besonders im eher konservativen Neuengland blickte man in Sachen Form und Gestaltung zur Inspiration lieber rückwärts statt vorwärts. In der Metropole New York City dagegen entstand der Wolkenkratzer, der zum typischen Merkmal der amerikanischen Großstadt geworden ist. Voraussetzungen für die Errichtung solcher Hochhäuser waren technische Neuerungen wie z. B. die Verwendung von Stahl und Beton, die Stahlskelett-Bauweise sowie die Erfindung des Personenaufzugs durch Elisha Otis. Der erste Lift wurde 1857 in einem Geschäftshaus am New Yorker Broadway eingebaut. Die fruhesten wirklichen Hochhausbauten entstanden in den siebziger Jahren des 19. Jh.s in New York und waren 75–90 m hoch, also noch relativ niedrig. Zu diesen ältesten Hochhäusern gehörten das Tribune Building und das Western Union Building, die jedoch nicht mehr erhalten sind. In Buffalo, NY, entstand 1896 mit Louis Sullivans Guaranty Building einer der ersten Stahlskelettbauten der Welt. Bostons

Architektur

20. Jahrhundert
(Fortsetzung)

erstes Hochhaus, das 1915 errichtete Customs House, maß stolze 16 Stockwerke und stammte von dem Architektenbüro Young, Peabody and Sturns. In den zwanziger und dreißiger Jahren folgten in New York die Klassiker Chrysler Building und Empire State Building.

So richtig Bewegung in die Architektenszene brachten dann die Bostoner Universitäten. Sie vergaben in den dreißiger Jahren Lehrstühle an innovative Architekten aus Europa, allen voran Walter Gropius (1883–1969), der Gründer des deutschen Bauhauses, der als Direktor der Harvard School of Architecture Neuengland den sog. International Style brachte. Dieser benutzte jenseits aller Ornamentik und historischer Referenzen neue Materialien wie Glasbausteine und Chrom und zelebrierte das Industriezeitalter mit glatten, schmucklosen Flächen und riesigen, oft bis zur Erde reichenden Fenstern. Von Gropius selbst stammen das Graduate Center und Harvard Harkness Common. Nicht weit davon, auf dem Gelände des MIT, wirkten Eero Saarinen und Ivar Aalto, zwei ebenso kompromißlose Modernisten. Saarinens aus den fünfziger Jahren stammende, zylinderförmige MIT Chapel schockierte als radikale Abkehr von der weißen Holzkirche Neuenglands sogar die Campus-Kollegen, und mit dem Baker House beschritt auch sein MIT-Kollege Aalto neue Wege. Mies van der Rohe (1886–1969) beeinflußte nachhaltig Philip Johnson, der mit dem "Glashaus" in New Canaan, CT, sein Gesellenstück ablieferte und mit PPG Place in Pittsburgh einen Ausflug in die Stahl- und Glasgotik unternahm. Bleibenden Eindruck jedoch haben die Modernisten bei den Neuengländern nicht hinterlassen. Selbst die Bauten des Reißbrettstars I.M. Pei, der u. a. in Boston für den Hancock Tower und die John F. Kennedy Library verantwortlich zeichnet, wirkten hier nicht als Inititialzündung für neue Ideen. Erst die bewußte Rückkehr zur Ornamentik der Postmoderne der achtziger Jahre zeigte Breitenwirkung. Ein Comeback erlebte das palladianische Fenster, auch klassische Säulen, wenn auch oft nur angedeutet, erfuhren neue Wertschätzung – in Vollendung zu studieren in New York am AT&T Building, heute Sony Building, von Philip Johnson und John Burgee.

"Gotik" in Glas und Stahl am PPG Place Building in Pittsburgh

In stärkstem Kontrast zur Postmoderne stehen die "New York Five", eine Gruppe von fünf Architekten um Richard Meier, die sich wieder am Rationalismus und Funktionalismus der Architektur der zwanziger Jahre und im besonderen an der von Le Corbusier orientierten. Für ihre eleganten, ausschließlich in weiß gehaltenen Gebäude verwendeten sie vorzugsweise Glas, Stahl und Beton.

Auch Frank Lloyd Wright (1867–1959) hat natürlich seine Spuren im Nordosten hinterlassen. Seine Wohnhäuser bilden eine Einheit zwischen Natur und Architektur, wofür Falling Water in Bear Run, PA, beredtes Beispiel ist. Eines seiner Spätwerke, das Solomon R. Guggenheim Museum in New York City, gleicht eher einer Skulptur denn einem Bauwerk.

Architektur im 20. Jahrhundert (Fortsetzung)

Malerei

Museen und Kunstgalerien wie das Museum of Fine Arts in Boston, das Philadelphia Museum of Art, das Metropolitan Museum und das Museum of Modern Art in New York zählen zu den besten Kultureinrichtungen Amerikas. Die alten Meister aus Europa sind hier zuhauf vertreten. Allerdings sollten es während einer Reise durch den Nordosten der USA nicht nur Rembrandt und Van Gogh sein, denn es lohnt, sich auf die amerikanischen Abteilungen zu konzentrieren. Der Bilderreigen, der sich dem dabei erschließt, gleicht einer illustrierten Geschichte Neuenglands: Namen, die immer wieder begegnen, werden hier Menschen und Schicksalen zugeordnet. Die Geburt Amerikas nimmt hier Gestalt an, hält man sich den Grund vor Augen, warum es beipielsweise im 17. Jh. keine professionellen Maler in den Kolonien gab. Denn natürlich hatte man für die schönen Künste keine Zeit, war man doch vollauf mit Überleben beschäftigt. Bilder und Illustrationen dienten vor allem praktischen Zwecken. Handelsdokumente wurden mit bunten Illustrationen verziert, und erst gegen Ende des 17. Jh.s erfährt die Porträtmalerei zeitgleich mit dem wirtschaftlichen Höhenflug einen Aufschwung. Elaboriert und weltbürgerlich ist die Arbeit der ersten neuenglischen Malergeneration jedoch noch nicht: In der Regel wurden nur Kopf und Gesicht dem Modell nachempfunden, der Körper darunter war eine stilisierte, mehrfach angewandte und variierte Schablone. Dennoch besticht dieses Genre durch eine charmante Einfachheit und läßt die Härte des Alltags der ersten Siedler erahnen.

Anfänge

Erst die Ankunft des schottischen Malers John Smibert (1688–1751) hievte die kleine koloniale Szene auf ein höheres künstlerisches Niveau. Smibert eröffnete in Boston ein kleines Studio und hatte bald eifrige Schüler, die er in europäischer Porträtmalerei unterrichtete. Viele seiner Werke dienten der neuen Malergeneration als Vorlage, darunter eines mit dem Titel "Bishop Berkeley and his Entourage", das heute in der Yale University Art Gallery in New Haven, CT, hängt. Smiberts berühmtester Schüler wurde John Singleton Copley (1738–1815). Mit seinen Porträts der Bostoner Elite, darunter "Paul Revere" und dramatischen Themen wie "Watson and the Shark", einer düsteren Darstellung des Kampfes zwischen Mensch und Naturgewalt eroberte er sich einen Stammplatz in der amerikanischen Kunstgeschichte (beide im Gemälde im Museum of Fine Arts in Boston). Bemerkenswert ist vor allem sein fast photographischer Naturalismus und seine ausgeprägte Freude am noch so kleinen Detail. Ein anderer herausragender Maler war Gilbert Stuart (1755–1828). Der Nachwelt blieb er am leichtesten dank seiner Porträts von George Washington in Erinnerung – eines davon ziert heute die Ein-Dollar-Note. Der aus Springfield in Massachusetts stammende Benjamin West (1738–1820) hingegen, der in London studiert hatte, widmete sich der Historenmalerei. Viele dramatische Schlüsselszenen aus dem Unabhänggkeitskrieg stammen von seiner Palette. In Wests Fußstapfen trat John Trumbull (1756–1843). Sein "Signing of the Declaration of Independence" (Yale University Art Gallery) verschaffte ihm einen Platz neben Copley (Abb. s. folgende Seite).

18. Jahrhundert

Malerei

John Trumbull: "The Signing of the Declaration of Independence"

19. Jahrhundert

Der Ruf "Go West" zu Beginn des 19. Jh.s erreichte auch die neuenglischen Maler. Die Expansion nach Westen, die Öffnung unendlicher Weiten für die Besiedlung rückte nun die Schönheit der unberührten Landschaften in den Mittelpunkt des Interesse. Besonders gepflegt wurde die Landschaftsmalerei von der Hudson River School, die ihr künstlerisches Zentrum in New York hatte. Sie setzte sich ab 1825 durch und erreichte ihren Höhepunkt Mitte des 19. Jahrhunderts. Als "Vater der Landschaftsmalerei" gilt der gebürtige Engländer Thomas Cole (1801–1848). 1825 zog er nach New York, wo er mit seinen Bildern, die Szenerien am Hudson zeigten, bald Aufsehen erregte und fortan einer ganzen Schule ihren Namen gaben. Er bereiste wiederholt den kaum besiedelten Nordostteil Neuenglands und baute 1828 seine Staffelei in New Hampshires White Mountains auf. Cole war befreundet mit zwei weiteren wichtigen Vertretern der Hudson River School: Asher B. Durand (1796–1886) und Frederic Edwin Church (1826 bis 1900). Eines der bekanntesten Gemälde Durands, "Kindred Spirits" (1849), ist ein Gedächtnisbild für Thomas Cole. Es zeigt den Maler Cole und den Dichter W. C. Bryant vor einer grandiosen Landschaft, über die die beiden meditieren. Die Bilder "Mount Katahdin" und "Niagara Falls" (1857) zählen zu den bekannteren Gemälden von F. E. Church. Ebenfalls grandiose Szenerien vom Dach Neuenglands stammen von dem Landschaftsmaler Albert Bierstadt (1830–1902), der sich später mit Wildwest- und Indianerstücken hervortat.

Neben den White Mountains fanden viele Maler ihre Inspiration vor allem an der rauhen Küste Maines. Zahlreiche kleine Künstlerkolonien schossen zwischen Cape Cod und Bar Harbor aus dem Boden. Der berühmteste der an der Küste arbeitenden Künstler war Winslow Homer (1836–1910). Der zunächst als Illustrator bei der Zeitschrift "Harper's Weekly" eingestellte Maler kam nach dem Bürgerkrieg nach Maine, wo er in Proul Neck den größten Teil seines Lebens verbrachte und die meisten seiner kraftvollen Küsten- und Hafenszenen schuf. Der andere in allen Museen und Galerien präsente Salzwasser-Maler ist Fitz Hugh Lane (1804–1865). Von Gloucester aus brachte der Romantiker das Meer, das Licht und das Leben der Fischer und Kaufleute mit zartem Pinselstrich auf die Leinwand. In New Bedford arbeitete William Bradford (1823–1892). Er widmete sich vor allem dem harten Bordalltag der Walfänger; seine Bilder von neuenglischen Walfangschiffen vor gewaltigen Eisbergen hängen in vielen Walfang- und Regionalmuseen des Nordostens.

Nach dem Bürgerkrieg kam verstärkt die Studienreise nach Europa in Mode. William Morris Hunt (1824–1879) ließ sich in Frankreich inspirieren und schuf nach seiner Rückkehr Landschaftsbilder nach dem Vorbild der natu-

Malerei

ralistischen Barbizon-Schule. Der in Florenz geborene John Singer Sargent (1865–1925) brachte es mit seinen eleganten Bildern prominenter Bostonians zu Ruhm und Wohlstand.

19. Jahrhundert (Fortsetzung)

Von den im Nordosten geborenen oder hier lebenden Malern haben im 20. Jh. zahlreiche internationale Anerkennung erfahren. Die Bilder, die Andrew Wyeth (geb. 1917) während seiner Zeit in Cushing, ME, in einfachem, realistischem Stil schuf, konzentrieren sich vor allem auf das Spannungsfeld Mensch/Natur. Auch Edward Hopper (1882–1967), einer der populärsten amerikanischen Maler des 20. Jh.s und wie Wyeth Mitglied der Painters of the American Scene, arbeitete hier sowie in Cape Cod, wo er sich vom Licht des Meers verzaubern ließ. Überhaupt keiner Schule oder Richtung gehörte Anna "Grandma" Moses (1860–1971) an. Als einfache Farmersfrau begann sie erst mit 70 Jahren zu malen, aber ihre naiv-kindlichen Szenen vom Alltag auf dem Lande erfreuten sich rasch internationaler Nachfrage. Ebenfalls jenseits aller Stilrichtungen steht Norman Rockwell (1894–1978). Der bis heute als "Maler Amerikas" hoch angesehene Illustrator der "Saturday Evening Post" brachte mit seinen wertkonservativen Titelbildern, die den amerikanischen Familienalltag humorvoll und detailliert wiedergaben, die Nation fast fünf Jahrzehnte lang zum Schmunzeln.

20. Jahrhundert

Norman Rockwell: "The Gossips" – "Klatsch und Tratsch"

Literatur

Malerei im 20. Jahrhundert (Fortsetzung)

Die zeitgenössische Kunstszene hat ihr überragendes Zentrum in New York City. Um diese Stadt mit ihrem geballten Angebot an Museen, Galerien und Events kam und kommt kaum ein Künstler herum, will er sich einen Platz in der Szene erobern. Einer, der schon in frühen Jahren hierherkam, verbindet in seiner Person zwei große Städte des Nordostens – Andy Warhol, den in Pittsburgh, PA, geborenen Guru der Pop Art, zog es schon mit 21 Jahren an den Hudson.

Literatur

Frühe Kolonialzeit

Die überwiegend englischsprachigen Siedler an der Atlantikküste setzten zunächst die britischen Literaturformen fort, wobei Reisebeschreibungen und religiöses Schrifttum die Schwerpunkte bildeten. Captain John Smith zählt zu den ersten, der 1616 in seiner Berichterstattung "A description of New England", einer Mischung aus Tatsachenbeschreibung und phantasievoller Ausschmückung, die wirtschaftlichen Möglichkeiten und individuellen Freiheiten in den Kolonien pries. Die arbeitssamen, geschäftstüchtigen, aber sinnenfeindlichen Puritaner, die aus Glaubensgründen erzählende Literatur, Dramen und Theater ablehnten, konzentrierten sich auf das religiöse Schrifttum, in dem ihre Überzeugung zum Ausdruck kam, daß der von Natur aus sündhafte Mensch stets bemüht sein müsse, praktisch Gottes Willen zu tun, um der göttlichen Gnade teilhaftig zu werden. John Winthrop vertrat in "The history of New England" (1630–1649) ebenso wie William Bradford in "Of Plymouth Plantation" (1630–1649) die Auffassung, die Pilgerväter seien für die Verwirklichung des wahren Glaubens in der Neuen Welt auserwählt. Die puritanische Denk- und Glaubensweise, geprägt von Tugendhaftigkeit und Erfolg im bürgerlichen Leben als Beweis des Auserwähltseins, förderte jedoch die Selbsterforschung und die Meditation, so daß in der Lyrik, etwa in den Gedichten von Anne Bradstreet ("Several poems",1678) geistliche Gemütsbewegung und religiöse Wahrheiten ausdrucksvoll verbunden wurden. Auch die Predigt- und Erbauungsliteratur, darunter die bedeutenden Werke von Roger Williams (um 1603–1683), Cotton Mather (1663–1728), Thomas Hooker (um 1586–1647) und Jonathan Edwards (1703–1758), dienten der Erforschung des Selbst, der Lebenshilfe und der Bestimmung des Einzelnen in Kirche und Staat.

Aufklärung und Unabhängigkeitsbewegung

Benjamin Franklin

Im Verlauf des 18. Jh.s vollzog sich die Säkularisation der meisten religiösen Siedlergemeinschaften durch den zunehmenden Handel und die verfeinerte, von England übernommene Lebensart. Neben Boston war Philadelphia ein Zentrum der Aufklärung mit freiheitsbewußten Bürgern und liberaler Presse. Durch die verlegerische Tätigkeit von Matthew Carey (1760–1839) wurde Philadelphia zum neuen literarischen Zentrum, in dem die "American Philosophical Society" als älteste Gelehrtengesellschaft des Landes ihren Sitz hatte. Dort wirkte Benjamin Franklin (1706–1790), der als Drucker, Erfinder, Geschäftsmann und Politiker ein Repräsentant der Aufklärung war. Seine Schriften "Poor Richard's almanac" (1732–1757), "The way to wealth"(1758) und seine unvollendete, 1771 begonnene "Autobiography" sind Schlüsselwerke für das amerikanische Selbstverständnis, in denen der Geist der puritanischen Ethik in Maximen für das Erwerbsleben umgemünzt wurde. John Woolmann (1720–1772), dessen vielgelesenes "Journal" 1774 erschien, setzte sich als Quäker für soziale Gerechtigkeit und tolerantes Zusammenleben ein und verfaßte die Schrift "Some considerations on the keeping of negroes" (1754–1762) gegen die Sklaverei. Thomas Paine (1737–1806) war mit seinen patriotisch-radikalen Werken wie "Common sense" (1776) einer der geistigen Wegbereiter der amerikanischen Unabhängigkeit, die Thomas Jefferson (1743–1826), John Adams (1735–1826), Alexander Hamilton (1757–1804) und James Madison (1751–1836) unterstützten. Deren in "The Federalist" (1787 / 1788) gesammelten Essays sind literarisch hervorragende Beiträge zur politisch-philosophischen Diskussion in den jungen USA.

Literatur

Der amerikanische Roman begann kontrapunktisch mit dem Quäker-schriftsteller Charles Brockden Brown (1771–1810) aus Philadelphia und dem schreibenden Großgrundbesitzer James Fenimore Cooper (1789–1851) aus New York. Alpträume, Dämonie und Schrecken herrschten in der Romanwelt von Brown vor, dessen Romane "Wieland", "Ormond" und Arthur Mervin" der Schauerromantik verpflichtet waren, während Cooper in seinen Lederstrumpfgeschichten die edle Haltung seiner indianischen Helden und Trapper proklamierte. Washington Irving (1783–1859) verfolgte eine romantisch-historische Erzähltradition wie in "Rip Van Winkle" (1820) oder in der burlesken "History of New York ... by Diedrich Knickerbocker". Von großem Einfluß war die europäische Romantik auf den Lyriker, Erzähler und Literaturtheoretiker Edgar Allan Poe (1809–1849), dessen Erzählkunst entfesselte Phantasie und extreme Entfremdung in seinen Schauergeschichten ("The fall of the house of Usher") ebenso verband wie Liebessehnsucht und Vergänglichkeit in seinen Gedichten ("Tamerlane") oder analytisch präzisen Sachverstand mit mörderischer Raffinesse in seinen Detektivgeschichten ("The murder in the Rue Morgue"). Poe gilt als Begründer der Theorie und Praxis der "short story" mit seiner Forderung nach einem zentralen Effekt, der sich alle Details unterzuordnen haben. Außerdem sollte die "short story" mittels des Besonderen das Alltägliche erhellen und in kurzer Zeit lesbar sein. Der hohe Entwicklungsstand des Zeitungswesens in den USA machte die "short story" schnell zu einer der beliebtesten literarischen Gattungen.

Frühes 19. Jahrhundert

Edgar Allan Poe

Vor dem Hintergrund von Wirtschaftsaufschwung, demokratischen Reformen und Liberalisierung des überlieferten Calvinismus formierte sich seit den 1830er Jahren eine als New England Renaissance bezeichnete literarische Bewegung, die das wachsende amerikanische Selbstbewußtsein ebenso verarbeitete wie die kritische Reflexion über die eigene Geschichte, die offen war für politische und soziale Experimente, sich aber auch den intellektuellen Strömungen des Transzendentalismus zuwandte. Ralph Waldo Emerson (1803–1882), dessen Reden und Gedichte, vor allem sein Essay "The American scholar" (1837) als literarische Unabhängigkeitserklärung der USA apostrophiert wurden, suchte das Göttliche im Menschen selbst und in der Natur. Seine Ideen griff Henry David Thoreau (1817–1862) auf und entwickelte daraus seine Vision eines auf eigener Kraft beruhenden Lebens im Einklang mit der Natur bei gleichzeitiger Kritik am kapitalistischen Materialismus und an gesellschaftlichen Institutionen ("Walden", 1854; "Civil disobedience") . In seinen historischen Romanen und Erzählungen wie "The scarlet letter" (1850) und "The house of the seven gables" (1851) setzte sich Nathaniel Hawthorne (1804–1864) mit großer psychologischer Schärfe mit puritanischen Themen wie Schuld, Sünde und Sühne auseinander, die er mit allgemeinen Humanitätsidealen kontrastierte. In "The Blithedale Romance"(1852) stellte er dagegen das utopische Lebensexperiment einer Gruppe von Transzendentalisten auf Brook Farm dar. Herman Melville (1819–1891) schrieb zunächst Abenteuerromane wie "Typee"(1846) und widmete sich dann philosophisch komplexen Romanen wie "The confidence man" und "Moby Dick"(1851). Jenes Epos, in dem es vordergründig um den Kampf zwischen einem einsamen besessenen Menschen und einem riesigen weißen Wal geht, schildert das Ringen um Überleben und Lebenssinn in einer Welt der Entfremdung.

New England Renaissance

Die Dichtkunst schöpfte zunächst aus Naturanschauung und Lokalkolorit wie bei den sogenannten "Connecticut wits" des 18. Jh.s, um in dann in der Lyrik von Philip Freneau (1752–1832) mit seinen Seegedichten und romantischen Naturhymnen einen ersten Höhepunkt zu erreichen. Seit

Cambridge Poets

Literatur

In dieser einsamen Hütte am Walden Pond gab sich Henry David Thoureau seinen Naturbetrachtungen hin.

Cambridge Poets (Fortsetzung)

Mitte des 19. Jh.s waren die Gedichte von Henry Wadsworth Longfellow (1807–1882), Oliver Wendell Holmes (1809–1894) und James Russell Lowell (1819–1891) bei zeitgenössichen Lesern populär. Dieser in Boston und an der Harvard University schreibende Dichterkreis vermittelte allgemeines Bildungsgut und europäische lyrische Traditionen.

Realismus und Naturalismus

Nach dem Ende des Bürgerkriegs setzte sich die rasante Industrialisierung in den Nord- und Oststaaten fort, auf die die Schriftsteller mit zunehmender Skepsis reagierten. William Dean Howells (1837–1920), Herausgeber des einflußreichen Atlantic Monthly und Kritiker für Harper's Magazine war ein Meister der realistischen Erzählweise, der in seinen Romanen wie "A modern instance" (1882) und "The rise of Silas Lapham" (1885) eine ungeschönte Beschreibung der moralischen Probleme in einer sich kommerzialisierenden Gesellschaft präsentierte. Henry James (1843–1916) sezierte mit großer sprachlicher Raffinesse die psychisch-psychologischen Irrungen und Wirrungen seiner Protagonisten in den Romanen "The Ambassadors" und "The golden bowl", wobei der seiner Heimat aufgrund bürgerlicher Mittelmäßigkeit und Sterilität der Umwelt entfremdete Amerikaner zum zentralen Thema wurde. Edith Wharton (1862–1937), Tochter einer großbürgerlichen New Yorker Familie und erste Pulitzerpreisträgerin, lebte ab 1907 in Europa und analysierte in ihren Gesellschaftsromanen wie "The house of mirth" (1905) und "The age of innocence" (1920) ironisch-kritisch die bürgerliche Kultur, während sich Willa Cather (1876 bis 1947) in ihren Romanen mit dem Schicksal skandinavischer und böhmischer Einwanderer beschäftigte. Kritik an der Mediokrität der Klein- und Mittelstadt wie an der Einsamkeit des Menschen in der großstädtischen Massengesellschaft und an den sozialen Folgen der Industrialisierung übten die naturalistischen Prosaschriftsteller. Stephen Crane (1871–1900) lieferte sein Meisterwerk mit "Maggie. A girl of the streets"(1892), in dem er ein düsteres Bild der Elendsviertel von New York entwarf. Theodore Dreiser

Literatur

(1871–1945) schilderte in seinen Romanen schonungslos, aber ohne Moralisierung den erbitterten Kampf um individuellen Erfolg, um letzlich festzustellen, daß das Leben im modernen Amerika gegen den Druck der äußeren Umstände ohnmächtig sei. Der überzeugte und kämpferische Sozialist Upton B. Sinclair (1878–1968) aus Baltimore griff in seinen Romanen in dokumentarischem Stil mit drastischem Realismus soziale Mißstände an und wurde so zum Chronisten seiner Zeit, vor allem in ("The jungle" (1905).

Realismus und Naturalismus (Fortsetzung)

Der Lyriker Walt Whitman (1819–1892) formulierte seine materialistische und mystisch-pantheistische Weltauffassung und feierte in Hymnen die Kameradschaft und den freien Durchschnittsmenschen in der amerikanischen Demokratie. Im Gegensatz dazu waren die Gedichte von Emily Dikkinson (1830–1886) weitgehend unbekannt, in denen die Dichterin aus Amherst Alltagsbeobachtungen, ekstatische Emotionen und metaphysische Meditationen zu einer präzisen Bildsprachlichkeit verband. Als volkstümlicher Lyriker mit klarer Sprache in einfacher Form machte sich der in Vermont als Farmer lebende Robert Lee Frost (1875–1963) einen Namen mit Naturimpressionen und bäuerlich-handwerklichen Milieuskizzen.

Lyrik

Tendenzen der Literatur im 20. Jahrhundert

Nach dem Ersten Weltkrieg wurde vor allem New York fast ausschließlich zum literarisch-kulturellen Zentrum. John R. Dos Passos (1896–1970) entwarf in "Manhattan Transfer" (1925) eine Form des Kollektivromans mit einer Erzähltextur aus verschiedenartigen Textgeweben, in dem die typisierten Figuren lediglich gesellschaftliche Zustände widerspiegelten. Francis Scott Fitzgerald (1896–1940) war der Hauptvertreter der "lost generation", der in seinen Romanen die Hoffnungen des "American dream" auf Reichtum, Ruhm und Erfolg zerplatzen ließ und im Zeitgeist des Jazz Age der Zwanziger Jahre zum Beispiel in "The great Gatsby"(1925) nur ein Täuschungsmanöver sah, um vom inhaltsleeren Leben abzulenken.

Prosa

Der gescheiterte Held, der im 19. Jh. schon in der Figur des alles verlierenden Captain Ahab in "Moby-Dick" auftrat, lieferte auch den Stoff für die Romanwelten nach dem Zweiten Weltkrieg. Als literarische Figuren sind Dean in Jack Kerouacs (1922–1968) "On the road" (1957), McMurphy und Chief Bromden in Ken Keseys (geb. 1935) "One flew over the cuckoo's nest"(1962) und Oedipa Maas in Thomas Pynchons Satire "The crying of Lot 49" (1964) Repräsentanten jenes amerikanischen Individualismus mit der Neigung zur Selbstüberschätzung bei der Erforschung physischer und psychischer Grenzbereiche. Ähnliches galt auch für William S. Borroughs (1914–1997), der in "The naked lunch"(1959) Drogenrauscherlebnisse verarbeitete. Jerome D. Salinger dagegen charakterisierte in seinen Romanen ("The catcher in the rye", 1959; "Franny and Zooey") Jugendliche im Konflikt mit gesellschaftlichen Wertvorstellungen und Verhaltensnormen. In einer Durchmischung von Fakt und Fiktion, Tatsachenbericht und Reportage, angereichert mit einer starken Dosis Subjektivität erarbeiteten die Vertreter des New Journalism ihre Romane: Norman Mailer ("The presidential papers", 1963; "Why are we in Vietnam" 1967), Truman Capote (1924–1984,; "In cold blood", 1966; The executioner's song", 1979) und Tom Wolfe ("The bonfire of the vanities", 1988). Edgar Laurence Doctorow erwies sich in seinen Romanen "Welcome to Hard Times"(1960), "The book of Daniel"(1971) und "World's fair"(1985) ebenfalls als ein Meister der phantasievollen Montage von historischer Wirklichkeit und fiktionalen Ereignissen. Joseph Heller legte in seinen phasenweise ausgesprochen komischen Werken wie "Catch 22" (1961) die Absurdität moderner Bürokratien bloß. In den komisch grotesken Romanen wie "The 158 pound marriage"(1974) und "The world according to Garp" (1978) von John Winslow Irving wurde die äußerlich harmonisch wirkende Familie in der Gegenwartsgesellschaft plötzlich bedroht durch Exzentrik, Sexualität und Gewalt. Der russischamerikanische Schriftsteller Vladimir Nabokov (1899–1977), von 1948 bis 1959 Professor für russische und europäische Literatur an der Cornell Uni-

Literatur

Prosa im 20.Jh. (Fortsetzung)

versity, durchleuchtete in seinen Werken wie "Lolita" (1955) sexuelle Normen und Verhaltensweisen in der US-Gesellschaft, während sein experimenteller Roman "Pale fire" (1962) ein Vexierspiel mit verschiedenen Wirlichkeitsebenen treibt. Jerzy N. Kosinsky (1933–1991), verschmolz in seinen Werken wie "The painted bird" (1965), "Steps" (1968), "Blind date" (1965) und "Passion Play" (1979) autobiographische, traumhafte und realistische Elemente zu einer Welt voller Brutalität. Einen spezifisch weiblichen Blick auf die US-Gesellschaft mit sexuellen und psychologischen Themen lieferte Erica Jong mit ihrem Roman "Fear of Flying"(1973).

Drama

Erst um 1900 entwickelte sich in New York ein eigenes amerikanisches Sprechtheater, das von kleinen, vorwiegend nicht kommerziellen Bühnen getragen wurde. Eugene O'Neill (1888–1953), Sohn irischer Wanderschauspieler, engagierte sich dabei und avancierte ab 1920 zum erfolgreichen Dramatiker, der 1936 den Nobelpreis erhielt. "The hairy ape"(1921), "Desire under the elms" (1924), "Mourning becomes Electra"(1931), "A long day's journey into the night"(1941) sind teils naturalistische, teils expressionistische Dramen mit einer fast zeitlosen Konfliktsituation des zum Scheitern bestimmten Menschen, der inmitten einer verständnislosen Welt mit sich selbst ins Reine kommen will. Arthur Miller prangerte in seinen sozial- und zeitkritischen Dramen ("All my sons", 1947; "Death of a salesman", 1949) das hemmungslose Erfolgsstreben des amerikanischen Bürgetums an. Edward Albee übte ebenfalls scharfe Kritik am moralischen Verfall der amerikanischen Gesellschaft. Seine Dramen wie "The zoo story" (1959) und "Who is afraid of Virginia Wolf" (1962) demonstrierten mit komödiantischen, grotesken und grausamen Mitteln die Unmöglichkeit von Kommunikation und die Vergeblichkeit der Flucht in Illusionen. Arthur Lee Kopit verfaßte tragikomische, satirische und absurde Dramen wie "The day the whores came out to play tennis"(1965) und "Road to Nirvana"(1991), um amerikanische Mythen und Ideale zu entlarven.

Lyrik

In Form der Gedankenlyrik reflektierte der Harvardprofessor George Santayana (1863–1952) über zeitgenössische Existenzweisen und Existenzmöglichkeiten. Wallace Stevens (1879–1955) aus Hartford komponierte abstrakte, äußerst formbewußte Gedichte. Zwischen Imagismus und Objektivismus sich bewegend verfaßte William Carlos Williams (1883–1963) Gedichte in einer bildintensiven verknappten Sprache zu genau beobachteten kleinsten Ausschnitten der Alltagsrealität. Einen assoziativen wie intellektuellen Sprachstil in Anbindung an den Imagismus pflegte Marianne Moore (1887–1972), während Edward Estlin Cummings (1894–1962) Krieg, Gewalt und Inhumanität anklagte, wobei er oftmals typographisch eigenwillige Arrangements erfand. Nach dem Zweiten Weltkrieg machte sich durch expressive und abstrakte Gedichte die New York School einen Namen, zu denen Frank O'Hara (1926–1966), John Ashbery und Kenneth Koch gehörten. Führender Dichter des Beat Movement der Fünfziger Jahre war Allen Ginsberg (1926–1997), dessen episches Gedicht "Howl" (1956) ein Protestschrei des in einer technisierten Massengesellschaft zugrundegehenden Individuums war. Die aus Boston gebürtige Silvia Plath (1932–1962) thematisierte in ihren bekenntnishaften Gedichten die Problematik ihrer Vater- und Mutterbeziehung und setzte sich mit der weiblichen Identitätssuche auseinander. Unter den afroamerikanischen Dichterinnen ragen Audrey Lorde und Rita Dove mit einem weiblich-emanzipatorischen Blick auf den American way of life heraus.

Jüdisch-amerikanische Literatur

Vor allem die jüdischen Einwanderer haben eine eigenständige und zugleich amerikanisch geprägte Literatur hervorgebracht. Isaac Bashevis Singer (1904–1991), der aus Polen 1935 nach New York kam, arbeitete für die New Yorker Zeitung "Jewish Daily Forward" und verfaßte in jiddischer Sprache Romane und Erzählungen, die ins Englische übersetzt wurden. Der Literaturnobelpreisträger von 1978 kontrastierte in seinen Werken das realistisch geschilderte Milieu des Stetl osteuropäischer Prägung mit phantastischen Einbrüchen des Mystischen und Dämonischen. Saul Bellow er-

Literatur

hielt 1976 den Literaturnobelpreis für sein kulturkritisches, realistisches, psychologisch tiefgründiges Schreiben über jüdisch-amerikanische Lebenskrisen in einer urbanen Welt, in der humanistische Werte gegen die Macht von Kommerz und Massenmedien verteidigt werden müssen. Mit Romanen wie "The asistant" (1957) und "The tenants" (1971) verband Bernard Malamud (1914–1986) eine realistische Erzählweise mit traditioneller jiddischer Phantastik. Philip Roth setzte sich anfänglich in Erzählungen wie "Goodbye Columbus" (1959) und Romanen wie "Portnoy's complaint"(1969) ironisch-satirisch mit der Erfahrungswelt und dem Selbstverständnis der jüdisch-amerikanischen Mittelschicht auseinander, um später die selbstreflexive Beschäftigung mit der Schriftstellerexistenz durch das fiktive Alter ego Nathan Zuckerman in den Vordergrund zu rücken ("The ghost writer", 1979; "Zuckerman unbound", 1981).

Jüdisch-amerikanische Literatur (Fortsetzung)

Zu den ältesten literarischen Äußerungen der schwarzen Bevölkerung der USA zählen die bekenntnishaften, religiös geprägten Verse der Sklavin Phyllis Wheatley (um 1753–1784), die 1761 vom Senegal nach Boston verbracht wurde. Populäre Erzählungen über das Sklavendasein ("slave narrative") hatten ihren Ursprung in der 1789 veröffentlichten Schrift "The interesting narrative of the life of Olaudah Equiano, or Gustavus Vassa, the African" und fanden ihre Fortsetzung in dem Bestseller "Narrative of the life of Frederick Douglass, an American slave" von 1845. Erst gegen Ende des 19. Jh.s entstand der afro-amerikanische Roman durch Schriftsteller wie William Wells Brown (1815–1884) und Paul Laurence Dunbar (1872 bis 1906), deren emanzipatorisches Schreiben auf die jungen schwarzen Autoren weiterwirkte, die sich als Gruppe in der Harlem Renaissance nach dem Ersten Weltkrieg zusammenfanden. Dazu gehörten: James Weldon Johnson (1871–1938), der das sogenannte passing, des "Sich-für-Weiß-Ausgebens" problematisierte, Jean Toomer (1894–1967), dessen Werk "Cane" (1925) eine Mischung aus Versen, Prosa und Drama bildete, Countee Cullen (1903–1946) mit einer sein eigenes Ego erforschenden Lyrik sowie Langston Hughes (1902–1967), der Bluesformen verwendete.
Chester Bomar Himes (1909–1984) übte in seinen frühen naturalistischen Romanen wie "If he hollers let him go" (1945) scharfe Kritik an Rassismus und Gewalt und schrieb später erfolgreiche Kriminalromane im Milieu von Harlem. Die Helden in den Romanen von Richard N. Wright (1908–1960) scheiterten in der Regel an der Rassendiskriminierung ("Uncle Tom's Children", 1938). Sein Roman "Native Son" (1940) gelangte nicht zuletzt durch die Verfilmung von 1950 zu großem Ruhm. Ralph Waldo Ellison gelang mit "Invisible Man"(1952) der literarische Durchbruch mit einem Romanhelden, der seine rassische Identität zwischen Anpassung und Protest zu definieren versucht. James Baldwin (1924–1987), Gelegenheitsarbeiter und Prediger aus New York, war in den sechziger Jahren einer der prominentesten Intellektuellen der Bürgerrechtsbewegung. Seine Werke wie "Go, tell it on the mountain", "The fire next time", "Blues for Mister Charlie" und "Another Country" problematisieren die Rassendiskriminierung ebenso wie die Widersprüche zwischen afro-amerikanischem Künstlertum, Homosexualität und gesellschaftlicher Veränderung. LeRoi Jones, der sich seit 1966 Imamu Amiri Baraka nennt, gehörte dem Beat Movement in New York an und behandelte in seinen Stücken wie "Dutchman" und "Slave" (beide 1964) den Rassenkonflikt und entwickelte eine schwarze Ästhetik der Literatur. Alex Hailey dagegen erforschte in seiner Familiensaga "Roots" (1976) die afro-amerikanische Geschichte in einer Mischung aus Tatsachenbericht und Fiktion. Unter afro-amerikanischen Schriftstellerinnen ragen die Nobelpreisträgerin Toni Morrison und Alice Walker hervor. In Morrisons Romanwelt begibt sich die unterdrückte und entwürdigte schwarze Frau durch die Besinnung auf das kraftspendende afrikanische Erbe auf Identitätssuche begibt ("The bluest eyes", 1970; "Song of Solomon", 1977; "Tar baby", 1981). Walker kritisiert die patriarchalische Haltung schwarzer Männer ebenso wie die Übernahme fragwürdiger weißer Gesellschaftsnormen und setzt eine feministische Utopie dagegen ("The temple of my familiar", 1989; "Possessing the secrets of joy", 1992).

Afro-amerikanische Literatur

Der Nordosten
in Zitaten

Beschreibung des Landes Mawooshen

Es scheint, als gäbe es in Mawooshen neun Flüsse. [...] Der nächste ist der Pemaquid, ein guter Fluß und alles in allem sehr angenehm; er ist an seinem Eingang zehn Faden tief und 40 Meilen aufwärts zwei Faden und einen halben tief bei Niedrigwasser; er ist eine halbe Meile breit und fließt in das Land im Norden, das viele Tagesreisen entfernt ist, wo es einen großen See gibt. [...] Nahe dem Norden des Flusses Pemaquid gibt es drei Städte: die erste ist Upsegon (*heute Bangor*), wo Häuptling Bashabes wohnt. In dieser Stadt gibt es 60 Häuser und 250 Menschen; sie liegt drei Tagesreisen landeinwärts.

Bericht dreier Abenaki-Indianer, vermutlich um 1607 in Englisch verfaßt für den Bürgermeister von Fort St. George am Kennebec River im heutigen Maine. Die Indianer verstanden unter Mawooshen das Gebiet zwischen Casco Bay und Mt. Desert Island.

James Fenimore Cooper (1789 bis 1851)

Und wahrlich, die Szene war durchaus geeignet, einen tiefen Eindruck auf die Phantasie des Betrachters zu üben. Das Auge streifte gegen Westen, in welcher Richtung allein die Aussicht frei war, über ein Meer von Blättern, das in dem herrlich wechselnden, lebhaften Grün einer kräftigen Vegetation, beschattet von den üppigen Tinten des zweiundvierzigsten Breitengrades, prangte. Die Rüster mit ihren zierlichen, hängenden Zweigen, die reichen Varietäten des Ahorns, am meisten aber die edeln Eichen der amerikanischen Urwälder mit den breitblättrigen Linden, welche man in diesen Gegenden unter dem Namen der Schwarzlinde kennt, bildeten durch die Verschlingung ihrer Wipfel einen breiten, endlosen Blätterteppich, der sich gegen Abend hinzog, bis er den Horizont begrenzte und sich mit den Wolken mischte, ähnlich den Wellen des Ozeans, die am Saume des Himmelsgewölbes sich an die Wolkenmassen reihen. Hin und wieder gestattete eine durch Stürme oder die Laune der Natur unter diesen riesenhaften Waldesgliedern erzeugte Lücke einem untergeordneten Baume, gegen das Licht aufwärts zu streben und sein bescheidenes Haupt nahezu in ein gleiches Niveau mit der ihn umgebenden grünen Fläche zu bringen. Von der Art war die Birke, ein Baum, der in minder begünstigten Gegenden schon einige Bedeutung hat, die Zitterpappel, einige kräftige Nußbäume und verschiedene andere, so daß das Unedle und Gemeine ganz zufällig in die Gesellschaft des Stattlichen und Großartigen geworfen zu sein schien. Hier und da durchbohrte der hohe gerade Stamm der Fichte die ungeheure Ebene, hoch über sie wegragend, gleich einem großartigen Denkmal, welches die Kunst auf einer grünen Fläche errichtete. Es war das Endlose der Aussicht, die fast ununterbrochene Fläche des Grüns, was dem Ganzen den Charakter der Größe aufprägte. Die Schönheit des Anblicks zeigte sich jedoch in den zarten Tinten, gehoben durch den Wechsel des Lichts und des Schattens, indes die feierliche Stille die Seele mit heiliger Scheu erfüllte.

Aus: "Der Lederstrumpf. Dritter Band: Der Pfadfinder" (1840)

Herman Melville (1819 bis 1891)

Jeder bedeutendere Hafen bietet in der Nähe der Docks viel Augenweide, abenteuerliche Pflastertreter aus aller Herren Ländern. [...] In jenen Gefilden bekommt man doch nur Seeleute zu sehen. In New Bedford aber stehen echte, rechte Kannibalen schwatzend an den Straßenecken, unver-

Der Nordosten in Zitaten

fälschte Wilde, die zum großen Teil noch "unreines" Fleisch auf den Knochen tragen. Da kann ein Fremder Augen machen.
Doch neben Fidschi-Insulanern, Tongatabuern, Erromangoanern, Pannagiten, Brigghianern und wilden Männern des Walhandwerks, die alle unbeachtet die Straßen schlendern, gibt es noch merkwürdigere und gewiß drolligere Erscheinungen: Dutzende von Bauernjungen aus Vermont und New Hampshire, die nach Ruhm und Reichtum dürsten, passieren wöchentlich hier ein. Meist sind sie jung, sehnige Kerls, die Wälder umgelegt haben und nun die Axt mit der Harpune vertauschen möchten, manche noch so grün wie die grünen Berge ihrer Heimat – seit ein paar Stunden auf der Welt, möchte man meinen. Da kommt einer daherstolziert in Frack und Zylinder, um den Leib einen Riemen mit Messer drin, dort einer in seidenem Mantel mit einem Südwester auf dem Kopf. [...]
Man glaube aber nicht, daß die berühmte Stadt New Bedford ihren Besuchern nur Harpuniere, Kannibalen und Stutzer vom Dorf vorzusetzen hätte. Keinesweges. Merkwürdig genug bleibt der Ort trotzdem. Ohne uns Waljäger wäre der Landstrich heute wohl ebenso gottverlassen wie die Küste von Labrador. Auch jetzt sieht die Umgegend noch teilweise zum Erschrecken aus, kahl wie ein Skelett. In der Stadt selbst ist das Leben so teuer wie sonst nirgends in Neu-England. Sie ist ein Ölparadies, aber anders als Kanaan, und auch Kornkammer und Weingarten auf ihre Art. Milch fließt allerdings nicht durch die Straßen, auch sind sie im Frühling nicht geradezu mit frischen Eiern gepflastert. Aber in ganz Amerika finden sich kaum solche Patrizierhäuser, so üppige Gärten und Parks wie in New Bedford. Wie kommen die hierher? Wer hat dies Stück Felsschlacke angebaut? Antwort darauf geben die Eisenharpunen, die vor manchem stolzen Herrenhaus als Wahrzeichen eingepflanzt sind. All die stattlichen Villen mit ihren Blumengärten kommen aus dem Atlantik, dem Pazifik, dem Indischen Ozean. All das ist mit der Harpune erworben, aus der Tiefe des Meeres heraufgeholt und hierher gebracht. So etwas versteht nicht jeder.
In New Bedford geben die Väter ihren Töchtern Wale zur Aussteuer mit und finden ihre Nichten pro Kopf mit ein paar Tümmlern ab, behauptet die Fama. Wer eine glanzvolle Hochzeit miterleben will, muß nach New Bedford kommen. Dort soll es ein Ölreservoir in jedem Hause geben, und unbedenklich wird Abend für Abend ein Vermögen an Walratkerzen verbrannt.

Herman Melville (Fortsetzung)

Aus: "Moby Dick" (1851)

Die Landschaft um den Waldensee ist zwar sehr schön, doch hat sie nichts Großartiges an sich. Wenn man sie nicht gut kennt oder dort gelebt hat, wird sie einem wenig Eindruck machen. Und doch ist der See seiner Tiefe und Klarheit wegen so bemerkenswert, daß er eine genauere Beschreibung verdient. Er ist ein klarer, tiefgrüner Brunnen, etwa dreiviertel Kilometer lang, zweieinhalb Kilometer im Umkreis, und umfaßt eine Fläche von rund vierundzwanzig Hektar; eine dauernde Quelle inmitten von Nadel- und Eichenwäldern ohne jeden sichtbaren Zufluß und Abfluß. Das ihn umgebende Hügelland steigt direkt aus dem Wasser zu einer Höhe von zwölf bis fünfundzwanzig Metern, im Südosten und Osten sogar bis zu dreißig und fünfundvierzig Metern an. Es ist ausschließlich Waldland. Alle Gewässer der Umgebung von Concord weisen wenigstens zwei Farben auf: die eine bei Betrachtung aus der Entfernung, die andere, eigentliche Farbe beim Hinsehen aus nächster Nähe. [...] Der Waldensee wirkt einmal blau, einmal grün, selbst vom gleichen Standort aus. Zwischen Erde und Himmel gelegen, nimmt er die Farben beider an. Blickt man von einem Hügel auf ihn herunter, dann spiegelt er die Farben des Himmels, von nahem gesehen ist er aber gegen das Ufer zu, wo man den Sand auf seinem Grunde sieht, gelblich, wird dann hellgrün und gegen die Mitte zu gleichmäßig dunkelgrün. Bei einer gewissen Beleuchtung wirkt er sogar gegen das Ufer zu grün. Man schreibt das gewöhnlich der Spiegelung der Pflanzen in der Nähe des Ufers zu...

Henry David Thoreau (1817 bis 1845)

Aus: "Walden, oder: Leben in den Wäldern" (1854)

Der Nordosten in Zitaten

Volkslieder aus Pennsylvania — Ein Lied im immer weniger zu hörenden Pennsylvanien-Deutsch (das durch die englische Übersetzung noch interessanter wird) und ein Kampflied der Kohlenkumpel über einen ihrer Anführer aus dem Jahr 1902.

Hockarum	Sitting around
Well, Sie hock in de Behr Stubb rum, Un schpautze Duwachs brie; Wann dummi Schtoriss hehre widd Dann hock dich neewe hie.	Well, they sit around in the barroom And spit tobacco juice. Would you hear senseless stories? Then go and sit with them.
Bei Reeje wedder un bei Schnee, Zu alli Zeit im Johr, do miede se un hocka rum Im waddshaus un im Schtohr.	In rain and snow, In all times of the year, They meet and sit together In tavern and in store.
Dar Glee is darr, un di Frucht is grohs, Un die Junge warre ald; Sie hocke um dar offe rum Wann's warem is odder kald. ...	The clover is dry and the grain is high, And the young grow old; But still they sit around the stove, Whether it's warm or cold. ...

What Mitchell has done for the Miners

For the mining class a glorious star is working
One whose golden deeds I wish to show to you.
He has gained for those who were for years repining
Many treasures that they were entitled to.
He organized a band to show those coal kings
That their starving scale of wages would not do
And he set the operators all a-thinking
Of the ten percent they had to grant to you.

You must treat your workmen right
Then they'll have no cause to strike.
This is what John Mitchell wants you all to do.
And to give your men an honest scale of wages
Then the mining class will go to work for you.

We all know he gained the strike of nineteen hundred
And another, greater one in Nineteen Two.
That's the time he made those tyrants knuckle under
And to say we now will arbitrate with you.
Some of those many wrongs were then adjusted
That they practised on the mining class all through
By the Arbitration Board that was appointed
For to try and settle matters just and true.

You should treat your workmen right...

Once again he forced those schemers to surrender
And to recognize his famous Union, too
He gave them ample time to think and ponder
O'er the many things that they will have to do.
He said to them you do not need to wonder
At the raise I'm asking once again from you
For you know the miners' wages is still under
The standard that they are entitled to

Aus: George Korson: "Black Rock. Mining folklore of the Pennsylvania Dutch.", Baltimore 1960

Der Nordosten in Zitaten

Stopping by Woods an a snowy Evening

Robert Frost
(1875 bis 1963)

Whose woods these are I think I know.
His house is in the village though;
He will not see me stopping here
To watch his woods fill up with snow.

My little horse must think it queer
To stop without a farmhouse near
Between the woods and frozen lake
The darkest evening of the year.

He gives his harness bells a shake
To ask if there is some mistake.
The only other sound's the sweep
Of easy wind and downy flake.

The woods are lovely, dark and deep,
But I have promises to keep,
and miles to go before I sleep,
and miles to go before I sleep.

Blue-Butterfly Day

It is blue-butterfly day here in spring,
And with these sky-flakes down in flurry on flurry
There is more unmixed color on the wing
Than flowers will show for days unless they hurry.

But these are flowers that fly and all but sing;
And now from having ridden out desire
They lie closed over in the wind and cling
Where wheels have freshly sliced the April mire.

Aus der Gedichtsammlung "New Hampshire"

Reiseziele von A bis Z

Routenvorschläge

Hinweise

Die nachstehend erläuterten Routen durch den Nordosten der USA nehmen ihren Ausgang in New York City, NY, Boston, MA und Montréal (Kanada); Teilstrecken können ebenso von Philadelphia, PA und Pittsburgh, PA, in Angriff genommen werden. Diese Städte sind von Mitteleuropa aus täglich mit Linienflugzeugen direkt erreichbar. Die vorgeschlagenen Routen folgen in der Regel weniger stark frequentierten Highways. Die Routen sind so gelegt, daß sie teilweise auch untereinander kombiniert und möglichst viele Top-Sehenswürdigkeiten angesteuert werden können. Dennoch lassen sich nicht alle in diesem Reiseführer beschriebenen Orte ohne weitere Abstecher erreichen. Ihre notwendige Ergänzung finden diese Routen in den Empfehlungen und Vorschlägen für Abstecher, Umgebungs-, Ausflugs- und Rundfahrten bei den Einzelbeschreibungen des Hauptkapitels "Reiseziele von A bis Z". Orte, die im Hauptteil "Reiseziele von A bis Z" mit einem Hauptstichwort genannt sind, erscheinen nachstehend in **halbfetter Schrift**. Beschreibungen der anderen erwähnten Orte findet man über das Register.

1. Von New York nach Boston und zurück (620 mi / 990 km)

New York City

Um rasch aus ****New York City** herauszukommen, wählt man die Interstate 95, den "New England Thruway". Bald erreicht man den Bundesstaat Connecticut, wo man auf den Highway US 1 wechselt. In **Bridgeport** muß nur anhalten, wer sich für Zirkus interessiert, denn hier gibt es das Barnum Museum. Die nächste Station sollte man aber nicht auslassen, ist doch in

New Haven

****New Haven** mit der Yale University eine der traditionsreichen Elite-Universitäten der USA zu Hause. Östlich von New Haven mündet der Connecticut River in den Atlantik. Wer nicht das ganze **Connecticut Valley** hinauffahren will, sollte zumindest einen Ausflug nach Essex oder ins hübsche Old Saybrook einplanen. Dann geht es über **New London** und **Groton**

Mystic

weiter nach ****Mystic**, dank des großartigen Museumshafens Mystic Seaport die Attraktion des Bundesstaats schlechthin. Kurz danach ist man in Rhode Island. Wer rasch nach Massachusetts will, durchquert den kleinsten Staat der USA auf der I-95 via ***Providence** direkt nach ****Boston**.
Wer die Welt der Reichen und Schönen kennenlernen und vielleicht baden

Narragansett Pier
Newport

will, bleibt auf der US 1, die der Küste via ***Narragansett Pier** folgt und dann auf einer spektakulären Brücke die Narragansett Bay nach ****Newport** überquert, dem Yachthafen der New Yorker Society, die sich hier phantastische Villen gebaut hat. Wesentlich profaner geht es in **Fall River** zu, dem "Outlet Capital USA", wo man auf die US 6 einbiegt und weiter an

New Bedford

der Küste entlangfährt bis nach dem aus "Moby Dick" bekannten ****New Bedford**, des einst wichtigsten Walfanghafens der Erde, dessen Geschichte das New Bedford Whaling Museum erzählt. Nach New Bedford

Cape Cod

ist aber Urlaub angesagt, denn nun geht es auf die Halbinsel ****Cape Cod** mit ihren endlosen Stränden und Ferienmöglichkeiten, zu denen unbedingt ein Ausflug nach ****Martha's Vineyard** oder ****Nantucket** gehört.

◀ *Maines Bilderbuch-Küste: Cape Neddick Lighthouse*

Routenvorschläge

Mit frisch gesammelten Kräften beginnt nun der geschichtsträchtige Abschnitt. Wie die Pilgerväter lebten, erfährt man in **Plymouth** in der Plimoth Plantation, wie ihre Nachfahren sich die Vereinigten Staaten von Amerika erkämpften, davon weiß fast jeder Pflasterstein in **Boston** etwas zu erzählen. Wer noch tiefer in die Geschichte – in ihrer grausigeren Version – eintauchen will, der unternimmt einen Ausflug nach *Salem.

Route 1 (Fts.)
Plymouth

Boston

Ein letztes Mal Historie in *Lexington · **Concord** nordwestlich von Boston – dann aber kommt das ländliche Massachusetts, das nun rechts und links des US 2 auf dem Weg in den Westen des Bundesstaats vorbeigleitet. Ab Millers Falls folgt der Highway dem Mohawk Trail, einem alten Indianerpfad, und windet sich hinauf nach North Adams in den **Berkshire Hills,

Lexington ·
Concord

Routenvorschläge

Route 1 (Fortsetzung)

einer der schönsten Landschaften Neuenglands, die man von Norden nach Süden via Williamstown, Pittsfield mit dem **Hancock Shaker Village, Stockbridge und Great Barrington auf der US 7 durchfährt. In Connecticut werden die Berkshires vom kaum weniger schönen *Housatonic Valley abgelöst. Die US 7 mündet bei Danbury in die I-84/684, auf der es nun zügig zurückgeht, um die letzten Tage in der Mega-Stadt **New York City zu verbringen.

Housatonic Valley

New York City

Alternative

Hudson Valley

Alternativ zur Rückfahrt durch die Berkshires kann man über Williamstown hinaus auch auf der US 2 bleiben und weiter in die Hauptstadt des Bundesstaats New York, nach **Albany** fahren, von wo aus es im **Hudson Valley am Hudson River entlang auf der US 9 nach **New York City geht.

2. Von Boston durch Maine und New Hampshire (640 mi / 1025 km)

Boston
Salem

Cape Ann
Portsmouth

Kennebunkport

Portland

Acadia National Park

Diese Route beginnt in **Boston und folgt auf der MA 129 der Küste nach Nordosten. Erster Halt ist *Salem, berühmt-berüchtigt wegen der Hexenprozesse im Jahr 1692. Gelegenheit zum Entspannen bieten bald darauf die Strände von *Cape Ann. Bei **Newburyport** erreicht man wieder die US 1 und bald darauf die New Hamspire Coast bei *Portsmouth, dann ist man schon wieder im nächsten Bundesstaat: auch Maines **South Coast**, deren bekanntester Ferienort *Kennebunkport dank Ex-Präsident George Bush auch Prominenz zu verzeichnen hat, hält mannigfache Möglichkeiten zum Badeurlaub bereit. Hinter der Hauptstadt *Portland biegt die US 1 nach Osten ab und begleitet die herrliche Schärenküste von Maine. Immer wieder zweigen kleine Stichstraßen zu den schönsten Plätzen ab: in die Schiffsbauerstadt **Bath** und die Boothbay Peninsula, in den einzigartig gelegenen Yachthafen **Camden oder auf die *Blue Hill Peninsula. Der landschaftliche Höhepunkt und gleichzeitig Wendepunkt dieser Fahrt aber ist der **Acadia National Park.

Bethel
White Mountains

Lake Winnepesaukee

Um zum nächsten Natur-Highlight zu kommen, fährt man vom Nationalpark auf der US 1 A nach **Bangor**, von dort auf der I-95/495 über **Augusta** bis Auburn und westlich dieser Stadt auf der ME 26. Sie führt nach *Bethel, wo man erste Eindrücke von den **White Mountains sammeln kann, deren Hauptgebiet allerdings jenseits der Staatsgrenze in New Hampshire liegt. In der herrlichen Bergwelt dort kann man einige Tage zubringen, bevor man auf der NH 16 nach Süden zum *Lake Winnepesaukee fährt. Die NH 16 erreicht dann bei **Portsmouth** wieder die Küste, und bald ist man wieder in **Boston.

Alternative

Anstatt von den White Mountains nach Süden zum Lake Winnepesaukee, kann man auch auf dem Kancamagus Highway nach Westen fahren, dort die in der nachfolgenden Route vorgeschlagene Strecke bis **Albany** nehmen und von dort die in der ersten Route skizzierte Alternativstrecke über den Mohawk Trail entgegengesetzt nach **Boston zurückfahren.

3. Von Montréal durch Vermont, New Hampshire, New York
(820 mi / 1300 km)

Northeast Kingdom

Das kanadische Montréal bietet sich durchaus als Ausgangspunkt für eine Fahrt durch den Nordosten der USA an, besonders wenn man die Naturschönheiten im Norden der Bundesstaaten relativ rasch erreichen will.
Diese Route führt von Montréal zunächst auf dem Expressway 10, dann auf Expressway 55 ein Stück durch die Provinz Québec. Man überschreitet die Grenze zu den USA in Derby Line und befindet sich nun im wildromantischen *Northeast Kingdom von Vermont. Von der Grenze kann man auf der US 5 bis zum Hauptort St. Johnsbury fahren. Dort nimmt man die I-93,

Routenvorschläge

verläßt sie aber bei Littleton bald wieder, um auf die US 302 zu gelangen, die ins Herz der ****White Mountains** in New Hampshire führt und bei Glen auf die NH 16 trifft. Auf ihr geht es nach Conway, und von dort auf dem Kancamagus Highway (NH 112) wieder nach Westen zurück auf den US 302. Dieser Highway überquert die Grenze nach Vermont und läuft via **Barre** nach ***Montpelier**, der Hauptstadt des Bundesstaats. Dort wählt man den US 2 und erreicht auf ihm ***Burlington** am herrlichen Lake Champlain. Nun folgt eine der typischsten Landschaften Neuenglands – der Landstrich, den die US 7 von Burlington aus nach Süden durchquert, bietet zu beiden Seiten des Highways Städtchen und Dörfer wie gemalt, insbesondere bei einem Abstecher durch die Middlebury Gaps. Die Strecke endet in **Bennington**, wo man hinüber in den Staat New York nach **Albany** abbiegt.

Route 3 (Fts.)
White Mountains

Montpelier

Albany

Wo und wie die Ostküstenelite kurt – und wie sie sich die Zeit beim Pferderennen vertreibt – lernt man in ***Saratoga Springs** nördlich von Albany kennen. Auf die mondäne Welt folgt die Natur: Die US 9 und später die NY 73 führen über Glen Falls und vorbei am herrlichen Lake George nach Lake Placid, schon zweimal Austragungsort der Olympischen Winterspiele und Hauptferienort der ****Adirondacks**. Recht lange ist man dann unterwegs, um quer durch dieses Mittelgebirge, vorbei an Seen und durch endlose Wälder, nach Watertown am Lake Ontario zu kommen. Diese Stadt ist das Tor zu den ***Thousand Islands**, einer märchenhaften Inselwelt im St.-Lorenz-Strom. Die Rückfahrt folgt dem Strom auf US-Seite, bis man bei Cornwall über die Grenze geht und nach Montréal weiterfährt.

Saratoga Springs

Adirondacks

Thousand Islands

4. Von New York City durch New York und Pennsylvania
(1160 mi / 1850 km)

Die längste der vorgeschlagenen Routen beginnt in ****New York City**, das man via Yonkers verläßt, um auf der US 9 das herrliche ****Hudson Valley** bis **Albany** entlangzufahren. Dort wendet man sich nach Westen ins nächste Flußtal, das **Mohawk Valley**, in dem die NY 5 bis **Utica** und weiter nach **Syracuse** führt. Die Stadt ist das Tor zu den ****Finger Lakes**, die gleichermaßen berühmt für ihren Erholungswert wie für ihren Wein sind. Auf diesen landschaftlichen Genuß folgt ein weiterer – über **Rochester** erreicht man die Südküste des Lake Ontario, die immer wieder schöne Bademöglichkeiten bietet und der man bis zu den ****Niagara Falls** folgt, einem der absoluten Highlights des US-Nordostens. Nach **Buffalo** folgt der nächste der großen Seen, Lake Erie, an dessen Küste auch Pennsylvania einen kurzen Anteil hat.

New York City
Hudson Valley

Finger Lakes

Niagara Falls

In **Erie** biegt man nach Süden ab – am besten auf der I-79, um rasch nach ****Pittsburgh** zu gelangen, der einstigen Stahlhochburg, wo Museen wie das Andy Warhol Museum einen Aufenthalt lohnen. Eisenbahnfans sollten von hier auf der US 22 Richtung Osten via ***Altoona** fahren, um die Horsehoe Curve zu sehen. Schneller geht es auf dem Pennsylvania Turnpike I-70/76 – von Altoona trifft ihn die I-99 – nach ***Harrisburg**. Dahinter beginnt das ****Pennsylvania Dutch Country** mit seinem Hauptort Lancaster, für das man sich auf jeden fall zwei Tage Zeit nehmen und vorsichtig fahren sollte – auf den Landstraßen sind die Pferdebuggies der Amish unterwegs. Von Lancaster ist es dann auf der US 30 nicht mehr allzu weit nach ****Philadelphia**, und nachdem man die "Wiege der Nation" ausgiebig besichtigt hat, ist man auch bald wieder zurück in ****New York City**.

Pittsburgh

Harrisburg
Pennsylvania
Dutch Country

Philadelphia

Connecticut

Fläche: 12 973 km²
Bevölkerungszahl: 3, 3 Mio.
Hauptstadt: Hartford
Zeitzone: Eastern Time
Beiname: The Constitution State

Im Süden Neuenglands erstreckt sich der Bundesstaat Connecticut, dessen Grenzen nahezu ein Rechteck bilden mit Kantenlängen von 88 bzw. 144 Kilometern. Connecticuts Nachbarn sind die Bundesstaaten Rhode Island im Osten, Massachusetts im Norden und New York im Westen. Der drittkleinste Bundesstaat der USA wird von den Ausläufern der nördlichen Appalachen geprägt, die hier fast bis an den Atlantik heranreichen. Die Küstenlinie ist durch zahlreiche fjordartige Buchten gegliedert, in die relativ kurze, aber wasserreiche Flüsse münden. So verwundert es auch nicht, daß der Staat den Namen des Flusses trägt, der ihn von Nord nach Süd halbiert und der bis Hartford schiffbar ist: "Quinnehktuhqut" stammt aus einer Algonquinsprache und bedeutet soviel wie "am Ufer des großen Flusses, der sich hebt und senkt". Andere Ortsnamen dagegen wurden von Einwanderern aus der alten Heimat England importiert. Unterwegs in Connecticut fährt man heute daher von Cornwall nach Cos Cob, von Manchester nach Naugatuck, von Greenwich nach Pawcatuck.

Lage und Landesnatur

Connecticut wirkt über weite Strecken noch sehr ländlich. Verschlafene Dörfer und Kleinstädte träumen von der Kolonialzeit – eigentlich ein Paradox, ist dies doch einer der besonders dicht besiedelten Bundesstaaten der USA. Die Lösung ist einfach: Das seit dem 19. Jh. schrumpfende Farmland wurde weniger in Industrieparks als in Naturschutzgebiete verwandelt. Zwei Drittel sind heute State Parks und State Forests. Die Ballungszentren wirken da wie urbane, hochindustrialisierte Inseln, die in pastoralen Idyllen schwimmen. Die Hauptstadt Hartford beispielsweise, eine quirlige, kompakte Metropole mit einer Skyline aus alten Kirchen und glitzernden Bürotürmen, liegt keine halbe Autostunde entfernt von grünen Weiden mit wohlgenährten Holsteiner Rindern. Weitere lebhafte Städte sind Stamford, Bridgeport, Stratford und New Haven am Long Island Sound. So dynamisch sind diese Gemeinwesen, daß der "Big Apple" New York weiter südlich immer mal wieder die Eingemeindung versucht.

Der Küstenabschnitt westlich des Connecticut River ist stark urbanisiert, eine Stadt geht übergangslos in die nächste über. Die Küste östlich der Mündung des Connecticut River ist dagegen bislang von Übergriffen eifriger Stadtplaner verschont geblieben. Hier liegen schöne Sandstrände zwischen makellos gepflegten Kleinstädten und Dörfern, darunter die alten Walfängerhäfen New London, Mystic und Stonington. Zu nennen wäre auch der Housatonic River, der ebenfalls dem Meer zufließt. An seinem Ostufer erhebt sich die sanfte Hügellandschaft der Litchfield Hills sozusagen als Verlängerung der Green Mountains und der Berkshire Hills. In all ihrer Pracht bietet sich diese Landschaft während des Indianersommers dar. Dann strömen die Touristen zu Tausenden hierher.

◀ *Am Columbus Day tritt die Stadtgarde von Hartford in Uniformen der Kolonialzeit an.*

Connecticut

Geschichte

Die ersten europäischen Siedlungen entstanden entlang des Connecticut River. 1623 gründeten die Holländer Kievit's Hoeck, das heutige Old Saybrook. 1633 folgte der englische Handelsposten Windsor, ein Jahr später wurde Wethersfield gegründet. 1636 erschien der streitbare, mit den gottesstaatsähnlichen Verhältnissen in der Massachusetts Bay Colony über Kreuz geratene Reverend Thomas Hooker und gründete Hartford. 1638 schlossen sich die erwähnten Siedlungen zur Hartford Colony zusammen und nahmen die "Fundamental Orders of Connecticut" an, die erste geschriebene Verfassung der Neuen Welt. Aber nicht nur deswegen trägt der heutige Bundesstaat den Beinamen "Constitution State". Auch nach 1639 erwiesen sich die Bewohner Connecticuts als patriotische und zivilrechtlich äußerst bewußte Zeitgenossen. Als beispielsweise die Hartford Colony 1662 laut königlich-britischem Dekret mit der New Haven Colony vereint wurde, erkannte letztere die Verfassung drei Jahre lang nicht an, da sie nicht von ihr unterschrieben worden war. 1687 wurden mit der Ernennung von Sir Edmund Andros zum General Governeur Neuenglands alle bis dahin verfaßten Freibriefe und Urkunden vorübergehend für ungültig erklärt. Als den Hartfordern die Übergabe ihrer Verfassung befohlen wurde, versteckten – so jedenfalls will es die Überlieferung – einige Heißsporne die Urkunde kurzerhand in einer Eiche, die später als Charter Oak berühmt wurde. Und während des Unabhängigkeitskrieges stellte Connecticut mit mehr als 30 000 Mann die Hälfte der Rebellenarmee George Washingtons. Gegen Ende des 18. Jh.s entfalteten die Bewohner Connecticuts ihre Talente im Rahmen der industriellen Revolution. Bereits zu Beginn des 19. Jh.s hatten sie bemerkenswerte Kostproben der legendären "Yankee Ingenuity", abgeliefert: das erste Dampfschiff der Welt, die "Turtle", das erste in einem Krieg eingesetzte U-Boot, das erste Fließband, den ersten Colt-Revolver, die erste Baumwollentkörnungsmaschine, das erste Winchestergewehr und auch den ersten Hamburger. Die rastlose Suche nach neuen Produkten und den dazugehörigen Märkten brachte dem Staat seinen zweiten (inoffiziellen) Bei- bzw. Spitznamen ein: "the Gadget State". Entsprechend dynamisch wurde der Wandel von der Agrar- zur urbanisierten Industriegesellschaft vollzogen. Während der Depression der 1930er Jahre stürzte die Abhängigkeit von der verarbeitenden Industrie den Bundesstaat in eine tiefe Krise. Viele Arbeitskräfte wanderten ab. Erst in den 50er Jahren setzte eine Erholungsphase ein. Bereits in den 60ern begann man mit der Sanierung der heruntergekommenen Innenstädte, eine Initiative, die landesweit mit viel Beifall bedacht wurde.

Bevölkerung

Mit fast 593 Menschen pro Quadratmeile steht Connecticut an vierter Stelle in den USA. Von den rund 3,3 Mio. Einwohnern sind 8,4 % Afro-Amerikaner – der höchste Anteil in den Neuenglandstaaten. Die größten Städte sind Bridgeport mit 142 000 Einwohnern, Hartford (140 000), New Haven (130 000), Waterbury (109 000) und Stamford (108 000).

Wirtschaft

Seitdem hier die ersten Maschinenteile gefertigt wurden, ist Connecticut ein Zentrum der verarbeitenden Industrie. Im 18. und 19. Jh. waren die Waffen- und Textilindustrie sowie die Grundstoffindustrien (z. B. die Messingproduktion) die wichtigsten Standbeine. Die für ihre Flexibilität bekannte verarbeitende Industrie hat sich längst den Branchen der Zukunft zugewandt. Elektrotechnische und elektronische Artikel, Mikrochips, Chemikalien, Düsentriebwerke und Hubschrauber sind heute die bekanntesten Produkte des Staates Connecticut. Die an der Mündung des Connecticut River gelegene Stadt Groton ist ein Zentrum des US-amerikanischen U-Bootbaus. Hartford, die Kapitale von Connecticut, ist die Versicherungshauptstadt der USA, in der zahlreiche Unternehmen der Versicherungs-, des Geld- und Immobiliengeschäfts ihre Zentralen haben. Die Bedeutung der Landwirtschaft nimmt immer weiter ab. Als einigermaßen lukrativ erweisen sich derzeit lediglich die Geflügelzucht und die Milchwirtschaft. Vereinzelt wird auch noch Getreide angebaut. Im klimatisch begünstigten Connecticut Valley gibt es außerdem noch eine Handvoll Weinbaubetriebe sowie einige Tabakbauern.

Connecticut

Freizeit, Sport und Tourismus

Mit Sehenswürdigkeiten internationalen Formats kann Connecticut kaum aufwarten. Spektakuläre Naturschauspiele hat die unaufgeregte, seit über 350 Jahren kultivierte Landschaft auch nicht zu bieten. Connecticuts Reize erschließen sich dem Besucher, der ohne Zeitvorgabe reist und Schönheit im Detail zu sehen weiß. Da ist beispielsweise die lange Seefahrt-Tradition, am besten präsentiert in den tollen Museen von Norwalk und Mystic. Wer sich für die Kultur der Indianer interessiert, sollte das Museum der Mashantucket Pequot besuchen. Weltruhm genießt die Yale University in New Haven mit ihren architektonisch bemerkenswerten Bauten. Zum kulturellen Erbe gehören auch die vielen typischen Neuengland-Städtchen mit makellos weißen Häusern auf penibel gestutzten Rasen, mit Kirche, Village Green und Pavillon für Sonntagskonzerte. Am Long Island Sound gibt es Badestrände und Marinas, von denen aus man zum Hochseeangeln auslaufen kann. Landeinwärts locken einige Dutzend Seen und knapp 500 Flußkilometer Sportangler mit dicken Forellen. In den State Parks und Forests sind mehrere hundert Kilometer schöner Wanderwege trassiert.

Bridgeport · *Connecticut*

Bridgeport H 8

Region: Coastal Fairfield
Höhe: 4 m ü. d. M.
Einwohnerzahl: 142 000
Telefonvorwahl: 203

Lage und Allgemeines

Die Industriestadt am Long Island Sound liegt bereits im Bannkreis des "Big Apple" New York. 1639 von Siedlern aus Fairfield und Stratford an der Mündung des Pequonnock River als Newtown gegründet, hieß der Ort später Stratfield und erhielt erst 1821 als Bridgeport die Stadtrechte. Bis ins frühe 19. Jh. lebte die Stadt vom Walfang. Neue wirtschaftliche Impulse gingen mit dem Eisenbahnbau einher, der auch die Industrialisierung einleitete. Heute sind die verarbeitende Industrie sowie das Dienstleistungsgewerbe die beiden wichtigsten Sektoren der hiesigen Wirtschaft. An Bridgeport kann man auch vorbeifahren – es sei denn, man ist Zirkusfan, denn hier gibt es das Museum von und über P.T. Barnum.

Sehenswertes in Bridgeport

*Barnum Museum

Hereinspaziert, hereinspaziert! Bridgeport's berühmtester Einwohner war Phineas T. Barnum (1810–1891), der geniale Promoter der "Greatest Show on Earth". Die in drei Manegen gleichzeitig veranstaltete Zirkusrevue ist bis heute erfolgreich in Amerika und Europa auf Tournee. Das Barnum Museum ist ebenso ungewöhnlich wie Barnum selbst. Zirkusfreunde kommen voll auf ihre Kosten. Die Ausstellung "Barnum the man" beschäftigt sich mit der schillernden Persönlichkeit des Showman. Zwei weitere Ausstellungen zeigen zahllose Raritäten, darunter handgearbeitete Zirkusmodelle und die Kostüme einstiger Zirkusstars (820 Main St.; Öffnungszeiten: Di. bis Sa. 10.00–16.30, So. 12.00–16.30 Uhr).

Discovery Museum

Gerade richtig für Familien mit Kindern ist das Discovery Museum, zu dem auch ein Planetarium gehört. Hier kann man an einer Challenger-Weltraum-Mission (Computersimulation) teilnehmen und interaktiv diverse naturwissenschaftliche Phänomene kennenlernen (4450 Park Ave.; Öffnungszeiten: Di.–Sa. 10.00 bis 17.00, So. 12.00–17.00 Uhr).

Umgebung von Bridgeport

Norwalk

Ca. 13 mi / 21 km südöstlich von Bridgeport ist das Hafenstädtchen Norwalk ein beliebtes Ausflugsziel. Hauptattraktion ist das Maritime Aquarium, in dem über 120 verschiedene Meerestiere beobachtet werden können. Im angeschlossenen IMAX-Kino werden spektakuläre Naturfilme auf einer Großleinwand gezeigt (10 North Water St.; Öffnungszeiten: Juli / Aug. tgl. 10.00–18.00, Sept.–Juni tgl. 10.00–17.00 Uhr).
Die 1864 in schönstem viktorianischem Stil errichtete Lockwood-Mathews Mansion umfaßt nicht weniger als 50 mit aller Pracht ausgestattete Räume. Sie ist als erstes Château der Vereinigten Staaten in die nordamerikanische Architekturgeschichte eingegangen (295 West Ave.; Führungen: Mitte März–Mitte Dez. Di.–Fr. 11.00–15.00, So. 13.00–16.00, in der Hauptreisezeit auch Sa. 13.00–16.00 Uhr).
Wer nach soviel Sightseeing durstig geworden ist, dem sei eine halbstündige Führung durch die in der Nähe gelegene Braustätte der New England Brewing Co. (13 Marshall St.; Führungen n. V., Tel. 203 / 853 - 91 10) mit anschließender Kostprobe empfohlen.

Sheffield Island

Von South Norwalk gelangt man per Fähre auf die vorgelagerte Sheffield Island. Weithin sichtbare Landmarke dieser Insel im Long Island Sound ist ein 1868 erbauter Leuchtturm.

Baedeker Special

The Greatest Show on Earth

Phineas Taylor Barnum wurde am 5. Juli 1810 in Bethel, CT, geboren. Mit 24 Jahren ging er nach New York, wo er die ehemalige Sklavin Joice Heth kennenlernte. Sie behauptete, 161 Jahre alt zu sein und außerdem George Washingtons Amme gewesen zu sein – was natürlich glatt gelogen war. Barnum kaufte sie trotzdem, hängte seinen Job an den Nagel und tingelte mit ihr und anderen Kuriositäten – z. B. einer "Meerjungfrau", die aus einem ausgestopften Affentorso und einem großen, ebenfalls ausgestopften Fischschwanz zusammengebastelt war – über die Dörfer. Bald vergrößerte er seine menschliche Menagerie, etwa um die berühmten Siamesischen Zwillinge Chiang und Eng, die er in seinem 1841 am Broadway in New York eröffneten "American Museum" zur Schau stellte. 1842 entdeckte er in Bridgeport, CT, einen fünfjährigen Liliputaner. Er brachte ihm Singen und Tanzen bei, steckte ihn in eine Uniform und ließ ihn als "Tom Thumb" auftreten. Mit ihm als Zugnummer brach er 1844 nach Europa auf, wo er sensationellen Erfolg hatte und sogar vor Queen Victoria auftrat, die über Tom Thumbs Napoleon-Parodie besonders amüsiert gewesen sein soll. Barnum, auch als "Prinz Schwindel" tituliert, kehrte als gemachter Mann zurück, baute in Bridgeport einen orientalischen Palast namens "Iranistan" und konnte Jenny Lind, "die schwedische Nachtigall", verpflichten, was wiederum zum Riesenerfolg geriet.

Das wohlverdiente Geld investierte Barnum allerdings in marode Firmen, sodaß er 1855 bankrott war. Vor allem dank der Unterstützung von Tom Thumb, mit dem er nochmals Europa durchreiste, rappelte er sich aber wieder auf. In England konnte er feststellen, daß er inzwischen selbst zur Berühmtheit geworden war, was er sofort in eine gewinnbringende Vortragstätigkeit umsetzte. Sein Hauptgeschäft aber blieben die "Freak Shows", die Zurschaustellung bärtiger Damen, ganzkörpertätowierter Männer, Liliputaner und Riesen. 1870 tat er sich mit William C. Coup zusammen und organisierte einen 500 Menschen und 200 Pferde umfassenden Wanderzirkus, für den er mit einer Unmasse von Plakaten warb. Der große Erfolg als Zirkusmann stellte sich aber erst ein, als er 1881 mit James A. Bailey "The Barnum and Bailey Greatest Show on Earth" zusammenstellte, dessen Zugnummer "Jumbo" war, der angeblich größte Elefant der Welt, den er – gegen heftigsten Protest selbst der Queen – dem Londoner Zoo abgekauft hatte. Damit hatte sich Barnum endgültig von den Freak Shows verabschiedet.

P.T. Barnum starb am 7. April 1891 in Bridgeport. Heute ist "Barnum and Bailey Ringling Brothers" der einzige Zirkus der Erde mit drei Manegen und damit auch der größte. Über ihn und die übrige Welt der Manege erfährt man alles im Zirkusmuseum von Bridgeport.

Bristol · *Connecticut*

Umgebung von Bridgeport (Fortsetzung) *Merritt Parkway

Wenige Meilen landeinwärts von Bridgeport bzw. Norwalk verläuft der Merritt Parkway (CT 15) als landschaftlich höchst reizvolle Strecke durch die Ausläufer der Appalachen. Der Parkway führt vom Tal des Connecticut River aus durch den südwestlichen Zipfel des Bundesstaates Connecticut.

Bristol I 8

Region: Waterbury Region
Höhe: 88 m ü.d.M.
Einwohnerzahl: 60 700
Telefonvorwahl: 860

Lage und Allgemeines

In Bristol wurde früher sozusagen "Zeit" gemacht. Im 19. Jh. war die Industriestadt westlich von Hartford am Piquabuck River das Zentrum der amerikanischen Uhrenindustrie. Chronometer aller Größen, am Fließband produziert, verließen damals die Fabriken Richtung Westen, an den weißen oder roten Mann gebracht von reisenden Händlern, den sog. Yankee Peddlers. Die Uhrenindustrie war so bedeutsam, daß zwei Orte bei Bristol – Terryville und Thomaston – nach besonders umtriebigen Uhrmachern benannt wurden.

Sehenswertes in Bristol

*American Clock & Watch Museum

Das im Lewis House von 1801 untergebrachte American Clock & Watch Museum zeigt über 3000 der schönsten Uhren aus den Fabriken von Bristol und dokumentiert ihren Werdegang von der klobigen Standuhr zum flachen Designerchronometer. Darüberhinaus beleuchtet es die Geschichte Bristols als Uhrmacherstadt (100 Maple St.; Öffnungszeiten: April–Nov. tgl. 10.00–17.00 Uhr).

First Carousel Museum of New England

Eine weitere interessante Ausstellung in Bristol ist das First Carousel Museum of New England. Hier kann man einige besonders hübsche alte Karusells im Original und im Modell bestaunen (95 Riverside Ave.; Öffnungszeiten: April–Nov. Mo.–Sa. 10.00–17.00, So. 12.00–17.00, Dez.–März Do.–Sa. 10.00 bis 17.00, So. 12.00–17.00 Uhr).

Umgebung von Bristol

Lake Compounce Theme Park

Ganz in der Nähe von Bristol (I-84, Exit 31) liegt der älteste Familien-Vergnügungspark der USA. Er ist bereits 1846 an einem kleinen See eröffnet worden. Hier kann man im Sommer baden, mit einer schon historischen hölzernen Achterbahn fahren oder sich dem Nervenkitzel einer hochmodernen Looping-Bahn hingeben (Öffnungszeiten: Memorial Day–Ende Sept. tgl. außer Di.).

Waterbury

Im südwestlich von Bristol gelegenen Waterbury lohnt sich ein Besuch im Mattatuck Museum, in dem den Wurzeln der industriellen Entwicklung im Staate Connecticut nachgegangen wird (144 W. Main St.; Öffnungszeiten: Mai–Okt. Sa., So. und Fei. 9.30–17.30 Uhr).

Railroad Museum of New England

Über die CT 8 erreicht man von Waterbury das Eisenbahnmuseum von Neuengland (176 Chase River Road). Von Mai bis Oktober (Di., Sa. und So. 10.30 und 14.00 Uhr) fahren bei den Brass Mills Museumszüge der Naugatuck Railroad ab. Die 18 mi/29 km lange Bahnstrecke folgt dem Tal des Naugatuck River und zieht in nördlicher Richtung durch die reizvolle Waldlandschaft des Mattatuck State Forest. Sie endet am spektakulären Thomaston Dam.

Connecticut · **Connecticut Valley**

Gut 8 mi / 13 km südöstlich von Waterbury kommt auf seine Kosten, wer Comics, Cartoons und aus vielerlei Trickfilmen bekannte Figuren mag wie Bugs Bunny, Fred Feuerstein und Barnie Geröllheimer, Tweety oder Puh, den Bären. Im Barker Museum von Cheshire findet man alte Bekannte aus Comics und Zeichentrickfilmen wieder.

Umgebung von Bristol (Fortsetzung) Cheshire

Connecticut Valley   I 8

Regionen: River Valley and Shoreline, Mystic and More

In Neuengland nennt man ihn, nicht ohne Stolz, den "Rhein Amerikas". Der Vergleich mag etwas weit hergeholt sein, doch immerhin: Der Connecticut River fließt ganz wie sein mitteleuropäischer "Vetter" breit und majestätisch durch ein grünes, von sanft gewellten Hügeln flankiertes Tal dem Long Island Sound zu.

Connecticut River

Sogar ein Schloß gibt es. Über dem stillen, am Ostufer gelegenen Weiler Hadlyme – mit Chester gegenüber durch eine alte Fähre verbunden – thront Gillette Castle, das bizarre Vermächtnis des dazumal als Sherlock Holmes berühmten Schauspielers William Gillette. Der Künstler, inspiriert von den Burgen am Rhein, konzipierte seinen 1919 steingewordenen Traum höchstselbst und richtete auch alle Zimmer persönlich ein. Allerdings werden vor allem deutsche Besucher hier weniger Mittelalter entdecken als sich an düsteres Transsylvanien erinnert fühlen. 19 der 24 Zimmer sind der Öffentlichkeit zugänglich. Sehenswert sind vor allem die Möbel auf Gleitschienen, eine Marotte des "Schloßherrn". Der Blick von der Terrasse hinab auf den Connecticut River ist jedoch überwältigend (Öffnungszeiten: tgl. 10.00 – 17.00 Uhr).

Gilette Castle

Wahrlich ein etwas sonderbarer Geschmack. Schauspieler William Gilette aber fühlte sich wohl in seinem Heim.

Connecticut Valley · *Connecticut*

Flußmündung	Die Mündung ist von verlandeten Buchten und Landzungen zerfranst. Sandbänke verbieten größeren Schiffen von jeher das Anlegen, sodaß die kleinen Siedlungen hier schlicht von der Zeit vergessen wurden und nur gelegentlich etwas munterer werden, wenn besonders schöne Yachten in den Marinas festmachen.
*Old Saybrook	Ein verschlafenes "Dornröschen" ist vor allem Old Saybrook, das John Winthrop und sein Trupp streitbarer Puritaner 1635 den Holländern abgenommen haben. Im General William Hart House bekommt man einen interessanten Einblick in das Alltagsleben der vorrevolutionären USA geboten (350 Main St.; Öffnungszeiten: Fr.–So. 13.00–16.00 Uhr).
Fenwick	Mit eleganten Wochenenddomizilen stark aufgewertet ist der Ort Fenwick, wo u. a. auch die Neuengland wie keine andere verkörpernde Filmlegende Katharine Hepburn ihren Familiensitz hat. Weiter westlich erstrecken sich einige wunderschöne Sandstrände.
Old Lyme	Auf der anderen Seite der Flußmündung lohnt das Städtchen Old Lyme einen Besuch. Unbedingt ansehen sollte man sich hier das hiesige Florence Griswold Museum. Das im Jahr 1817 erbaute Haus ist vollgestopft mit Werken einheimischer Impressionisten (96 Lyme St.; Öffnungszeiten: im Winter Mi.–So. 13.00–17.00, im Sommer Di.–Sa. 10.00–17.00, So. 13.00–17.00 Uhr).
Essex	Seetüchtige Schiffe gelangten früher nur in einer natürlichen Fahrrinne in der Mitte des Flusses landeinwärts. Nach wenigen Kilometern erreichten sie Essex, das sich heute als ganz typisches altmodisches Neuengland-Städtchen zeigt. Im Sommer wimmelt es hier von schönen Menschen, insbesondere von braungebrannten Seglern und Yachtbesitzern mit Anhang, die von den Marinas aus über die gepflegte Main Street flanieren und sich in den sehr gepflegten Lokalen der Stadt sehen lassen. Im Jahre 1645 gegründet, entwickelte sich Essex seit dem frühen 18. Jh. zu einem Brennpunkt des Schiffbaus an der Ostküste. 1775 lief hier das erste in Connecticut gebaute Kriegsschiff vom Stapel: die "Oliver Cromwell". Während seiner Blütezeit zu Beginn des 19. Jh.s gab es in Essex sechs Werften. Danach setzte ein zunächst schleichender Niedergang ein. Das vorläufige wirtschaftliche Ende nahte, als Essex 1936 von einer Flutkatastrophe heimgesucht und zwei Jahre später von einem Hurrikan verwüstet wurde. Die schmucken alten Kapitänshäuser an der Main Street sind jedoch erhalten geblieben, ebenso der traditionsreiche Old Grisvold Inn, der bereits seit 1776 hungrige Gäste bewirtet. Die reiche Tradition der Schiffbauer (und Seefahrer) von Essex wird im Connecticut River Museum ausgebreitet, das in den Steamboat Dock Houses untergebracht ist (Öffnungszeiten: Di.–So. 10.00–17.00 Uhr).
Valley Railroad	Auf Eisenbahnfans wartet ein ganz besonderer Leckerbissen. Die Valley Railroad startet in der Hauptreisezeit von Essex aus dreimal täglich zu eineinhalbstündigen Rundfahrten nach Chester und Haddam. Eine betagte Dampflok zieht Waggons aus den zwanziger Jahren, die mit komfortablen Polstersesseln ausgestattet sind. Alle Trips außer dem letzten des Tages können mit einer Dampferfahrt stromaufwärts nach East Haddam kombiniert werden (Abfahrten ab Essex Station: April–Mitte Juni Mi. 14.00 bis 15.30, Sa., So. 10.00–16.15, Mitte Juni–Mitte Sept. tgl. 10.00–16.15, Ende Mitte Sept.–Okt. Mi.–So. 10.00–16.15 Uhr).
*East Haddam	Eng ans hügelige Ufer schmiegt sich das zauberhafte Städtchen East Haddam mit seinen makellosen viktorianischen Holzhäusern. Besonders stolz ist man hier auf das über dem Fluß thronende Goodspeed Opera House. Der viktorianische Repräsentativbau war einst Ziel der New Yorker Elite, die per Dampfschiff zu den Aufführungen anreiste. Heute werden hier von April bis Dezember neue Produktionen (v. a. Musicals und Ballett-Inszenierungen) auf ihre Broadway-Tauglichkeit geprüft.

Connecticut · Groton

Viel Aufsehen gemacht wird auch um die angeblich "älteste Kirchenglocke der Welt". Sie ist Teil des Geläuts der St. Stephen's Episcopal Church und soll aus einem spanischen Kloster des 9. Jh.s stammen. Während der napoleonischen Kriege soll sie abenteuerlich nach East Haddam gelangt sein.

Connecticut Valley
East Haddam
(Fortsetzung)

Was ist nun beeindruckender – die Brücke über den Connecticut River oder das Goodspeed Opera House gleich daneben?

Groton   I 8

Region: Mystic and More
Höhe: 14 m ü. d. M.
Einwohnerzahl: 45 000
Telefonvorwahl: 860

Groton ist keine Schönheit, allerdings läßt die größte Devisenquelle der Stadt auch nicht allzuviel schöngeistige Schwärmerei zu. Die Industriestadt am Mündungstrichter des Thames River ist der Heimathafen der US-amerikanischen U-Boot-Flotte. Der für die Öffentlichkeit nicht zugängliche Marinestützpunkt umfaßt riesige Werftanlagen und Fabrikhallen sowie die dazugehörigen Nebenbauten. Wichtigster Arbeitgeber der Stadt ist neben der US-Marine der Rüstungskonzern General Dynamics, der mit Abstand größte U-Boot-Hersteller der Vereinigten Staaten. Im tiefen Hafenbecken von Groton liegen Handelsschiffe, Schlepper und Ausflugsdampfer.

Lage und
Allgemeines

Sehenswertes in Groton

Ingenieure von General Dynamics bauten 1954 die legendäre "USS Nautilus", das erste atomar betriebene U-Boot der Welt. Es stellte neue Tauch- und Geschwindigkeitsrekorde auf und unterquerte 1958 als erstes Unter-

"USS Nautilus" &
Submarine Force
Museum

Groton · *Connecticut*

"USS Nautilus" &
Submarine Force
Museum
(Fortsetzung)

seeboot den Nordpol. 1980 wurde die "Nautilus" ausgemustert und ist seitdem die Hauptattraktion des Historic Ship Nautilus & Submarine Force Museum. Man kann eine Tour durch ihr kompliziertes Innenleben unternehmen und dabei Gefechtsstand und Mannschaftsräume inspizieren. Das Submarine Force Museum liegt gleich neben dem U-Boot-Stützpunkt. Hier erläutern Filme, Fotos und Modelle die Geschichte der amerikanischen U-Boot-Waffe; historische U-Boote aus 200 Jahren sind ebenfalls ausgestellt. Besucher können hier auch den Umgang mit Periskopen erlernen (I-95, Exit 86; Öffnungszeiten: Mitte April–Mitte Okt. Mo. und Mi. bis So. 9.00–17.00, Di. 13.00–17.00, übrige Zeit Mo. und Mi.–So. 9.00 bis 16.00 Uhr).

*Die atomgetriebene, in der Werft von Groton gebaute
"Nautilus" unterquerte als erstes U-Boot den Nordpol.*

Veteran's Memorial

An der Ecke Bridge St./Thames St. erinnert ein gewaltiges Denkmal an die Gefallenen U-Bootfahrer des Zweiten Weltkrieges. Ihre Namen sind auf 52 Tafeln aus schwarzem Marmor eingetragen.

Fort Griswold
Battlefield
State Park

Im Bereich Monument Street und Park Avenue kann man den Fort Griswold Battlefield State Park (Öffnungszeiten: Memorial Day–Labour Day tgl., übrige Zeit nur Sa./So. 10.00–17.00 Uhr) besuchen. Hier fand 1781 eine Auseinandersetzung zwischen Truppen der britischen Kolonialmacht und aufbegehrenden amerikanischen Truppen statt. Auf dem Gelände steht das Mitte des 18. Jh.s erbaute Ebenezer Avery House als Musterbeispiel kolonialzeitlicher Baukunst.

Mashantucket Pequot Tribal Nation

Die Indianer Neuenglands waren bereits 50 Jahre nach der Ankunft der Weißen so gut wie von der Bildfläche verschwunden, von Siedlern ermordet, von Seuchen dahingerafft oder abgedrängt.

Connecticut · Hartford

Etwa 10 mi/16 km nördlich von Groton haben zumindest die Mashantucket-Pequot ihr Schicksal korrigieren können – so gut, daß plötzlich Hunderte ihrer weißen Nachbarn Indianerblut in ihren Adern entdeckten, um ein Stück vom großen Kuchen zu ergattern.

Mashantucket Pequot Tribal Nation (Fts.)

In Ledyard an der CT 2 betreiben die indianischen Ureinwohner seit Anfang der neunziger Jahre das rund um die Uhr zugängliche Foxwoods Resort & Casino, ein ultramodernes Vergnügungs- und Unterhaltungszentrum mit fünf Spielkasinos, drei luxuriösen Hotels und zwei Dutzend Restaurants. Ferner gehören zu dem nach Las-Vegas-Vorbild gestalteten Riesenkomplex die beiden Großkinos "Cinetropolis" und "Cinedrome" sowie ein vielbesuchter Dance Club und eine Box-Arena. Allein das Glücksspiel wirft eine Million Dollar pro Tag für die indianischen Ureinwohner ab.

Foxwoods Resort & Casino

Ein Teil der Einnahmen aus dem Spielbankbetrieb ist in das nahegelegene Mashantucket Pequot Museum & Research Center geflossen. Mit Multimedia und Riesenaufwand wird darin die rund 11 000 Jahre alte Kulturgeschichte der Mashantucket-Pequot aufbereitet. Highlights der Ausstellung sind die Darstellung einer Karibu-Jagd vor 11 000 Jahren, ein Pequot-Dorf aus dem 16. Jh. mit lebensgroßen Figuren, eine Wehranlage der Pequot aus dem 17. Jh. und ein indianischer "Bauernhof" aus dem 18. Jahrhundert. Regelmäßig finden Live-Darbietungen der Indianer statt. Außerdem kann man hier hochwertiges traditionelles und modernes, von Indianern aus ganz Nordamerika angefertigtes Kunsthandwerk bestaunen. Im angeschlossenen Forschungszentrum befassen sich Archäologen, Ethnographen und Kulturwissenschaftler mit der Geschichte der Pequot (110 Pequot Trail; Öffnungszeiten: tgl. 9.00 – 19.00 Uhr).

*Mashantucket Pequot Museum & Research Center

Pequot-Mann mit etwas schauerlicher Bemalung

Hartford

Region: Greater Hartford
Höhe: 30 m ü. d. M.
Einwohnerzahl: 140 000
Telefonvorwahl: 860

Hartford, die Hauptstadt von Connecticut, liegt im Herzen des Bundesstaates am Connecticut River. Die Stadt gilt bis heute als Versicherungsmetropole der USA: Alle großen, zwischen Atlantik und Pazifik operierenden Versicherungsgesellschaften haben in Hartford ihre Zentrale. Das zweite wirtschaftliche Standbein ist die verarbeitende Industrie. Die bekanntesten Unternehmen sind Pratt & Whitney, das hier Triebwerke für Flugzeuge herstellt und die Colt Factory, also jene Fabrik, die den Trommelrevolver entwickelte, der später, wie es hier so schön heißt, den Westen erobern half. Weithin sichtbar sind die golden leuchtende Kuppel des State Capitol sowie die skylineprägenden Bürotürme der Versicherungswirtschaft, die etwa 10 % aller Werktätigen der Stadt beschäftigt.

Lage und Allgemeines

Zugleich erinnern Kirchturmspitzen, goldglänzende Kuppeln und alte Friedhöfe neben Glas- und Stahlquadern daran, daß auch eine Stadt mit einem wenig inspirierenden Namen durchaus ein schillerndes Vorleben haben kann. 1636 von Reverend Thomas Hooker an der Stelle eines aufgegebenen holländischen Handelspostens gegründet, sah Hartford bereits 1687 den ersten Akt zivilen Ungehorsams gegen das Mutterland. In diesem Jahr verlangte der britische Statthalter Sir Edmund Andros von den Bürgern die

Geschichte

Hartford · *Connecticut*

Geschichte (Fortsetzung)

Herausgabe ihrer Verfassung. Darin hatte King Charles 25 Jahre zuvor der Connecticut Colony ein hohes Maß an Unabhängigkeit garantiert. Drei Tage wurde die Charta in einer hohlen Eiche versteckt – heute markiert ein runder Stein am Charter Oak Place den Standort der 1856 von einem Sturm gekippten Eiche. Fix erkannten geschäftstüchtige Hartforder den Wert des Symbols und machten es so schamlos zu Geld, daß bereits Mark Twain spottete, die Charter Oak gebe neben Zahnstochern und Spazierstöcken selbst für einen Plankenweg nach Salt Lake City genug Holz her.

Der Grundstein für die Versicherungsmetropole Hartford wurde bereits im 18. Jh. gelegt, als findige Geschäftsleute damit begannen, Schiffseigner abzusichern. Im 19. Jh. verlegte man sich auf Feuerversicherungen. Vollends zur "insurance capital" wurde Hartford am 31. Oktober 1835: An diesem Tag fielen über 600 Häuser in New York einem Großbrand zum Opfer. Die Hartford Fire Insurance Co. konnte als einzige auszahlen. Weitere Erfolge bei späteren Bränden in Boston und Chicago festigten ihren guten Ruf und ließen das Geschäft boomen. Heute sitzen über drei Dutzend Versicherungsgesellschaften in Hartford.

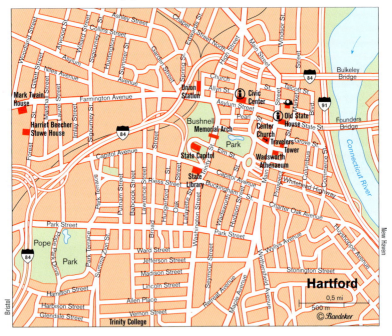

In den 1870er Jahren hatten sich die Hartforder pro Kopf der Bevölkerung an die Spitze der Nation verdient und umgaben sich mit Persönlichkeiten aus Kunst und Kultur, darunter Mark Twain und Harriet Beecher Stowe, die Nachbarn im idyllischen Nook-Farm-Bezirk waren.

Stadtbild

Dem Besucher präsentiert sich die Stadt als dynamische, innovationsfreudige Mischung aus Tradition und Moderne. Hartfords stets volle Freeways werden den bislang die stillen Landstraßen Neuenglands gewohnten Besucher zunächst abschrecken. Abseits der Asphaltbänder erwartet ihn jedoch ein typisches Stück Neuengland, eine typische Yankee-Erfolgsstory.

Connecticut · Hartford

Alt neben Neu in Hartford: Hinter dem Ancient Burying Ground ragen die Türme von Downtown auf.

Sehenswertes in Hartford

Die kompakte Downtown läßt sich am besten zu Fuß erkunden. An städtischen Parkhäusern und bewachten Parkplätzen herrscht kein Mangel. Ein Stadtrundgang beginnt am besten beim Hartford Civic Center. Hier befindet sich auch ein Besucherzentrum.

Downtown

Der 1975 eröffnete Glas-und-Beton-Palast (1 Civic Center Plaza) ist das größte Kongress- und Entertainment-Zentrum der Stadt. Außer einer Arena mit 15 000 Plätzen, Tagungsräumen und einer 3000 m^2 großen Ausstellungshalle beherbergt es ein Einkaufszentrum, ein Hotel und eine Tiefgarage. Gegenüber ragt der ebenso moderne Bürokomplex namens CityPlace mit 39 Stockwerken als höchstes Bauwerk in den Himmel.

Hartford Civic Center

Charles Bulfinch, einer der berühmtesten amerikanischen Architekten seiner Zeit, schuf 1792 diesen eleganten Repräsentativbau im Federal Style. Bis 1878 beherbergte es die Regierung des Bundesstaates, und bis 1915 war es das Rathaus der Stadt. Anfang des 19. Jh.s fand hier der berühmte Prozeß um die geflohenen Passagiere des Sklavenschiffs "Amistad" statt. Eine 30-minütige Präsentation mit dem Titel "Setting the record straight" beschreibt die historische Gerichtsverhandlung. Heute halten diverse Ausstellungen die Erinnerung an die Pionierzeit und hiesige Indianerkulturen wach. Sehenswert: Die einst so begehrte Royal Charter von 1662 und die "Fundamental Orders" von 1638. Letztere ist als erste geschriebene Verfassung der Neuen Welt bekannt geworden (800 Main St.; Öffnungszeiten: Mo.–Fr. 10.00–16.00, Sa. 11.00–16.00 Uhr).

Old State House

Hinter dem Old State House erhebt sich die schiffsförmige Kulisse des Phoenix Mutual Life Insurance Building, das die Skyline der Stadt stark dominiert.

Phoenix Mutual Life

Hartford · *Connecticut*

Travelers Building

Ein paar Gehminuten weiter südlich steht der Travelers Tower, der die Zentrale der 1864 gegründeten Reiseversicherung Travelers Insurance Co beherbergt. Die 100 Stufen hinauf zur Beobachtungsplattform werden mit einem herrlichen Rundumblick über die Stadt und ihre Umgebung belohnt (1 Tower Square; Öffnungszeiten: Mai – Anfang Okt. Mo. – Fr. 10.00 – 15.00).

Ancient Burying Ground

Der älteste Friedhof der Stadt ist heute eine stille Oase inmitten glitzernder Glas- und Stahlquader. Die ältesten der einfachen Grabsteine stammen aus der Anfangszeit der Hartford Colony. Einige Stadtgründer sind hier beigesetzt.

Center Church

Die an den Friedhof grenzende Center Church (675 Main St.) wurde 1807 anstelle eines ersten, 1636 aus rohen Holzbalken gezimmerten Versammlungshauses errichtet. Ihr ziemlich nüchternes Inneres wird durch sechs schöne Tiffany-Fenster mit religiösen Themen aufgelockert.

Thomas Hooker, der Gründer von Hartford

*Wadsworth Atheneum

Gleich neben dem Travelers Tower fällt das im neugotischen Stil erbaute Wadsworth Atheneum ins Auge. Es wurde 1842 eröffnet und gilt als das älteste öffentliche Kunstmuseum der USA. Die verschiedenen Sammlungen zeigen insgesamt über 50 000 Exponate, darunter eine umfangreiche Kollektion von Arbeiten jener Landschaftsmaler, die man der "Hudson River School" zurechnet. Ferner sind Alte Meister des 16. und 17. Jh.s, europäische Impressionisten und Werke zeitgenössischer amerikanischer Künstler ausgestellt. Die Amistad Collection dokumentiert die Kultur der Afro-Amerikaner von der Sklavenzeit bis zur Gegenwart. Dekorative Kunst und wunderschöne Möbel aus der Kolonialzeit runden die Schau ab. Ebenso wie das Kunstschaffen selbst befand sich auch das Gebäude in einem stetigen Wandlungsprozeß. Im Laufe der Zeit kamen zahlreiche, aus Spenden hiesiger Wohltäter finanzierte Gebäudeflügel hinzu, die den Ausstellungsraum erheblich erweiterten und in der neugotischen Fassade moderne, allerdings erst auf den zweiten Blick interessante Akzente setzten (600 Main St.; Öffnungszeiten: Di. – So. 11.00 – 17.00 Uhr).

Connecticut State Capitol

Weithin sichtbar auf dem Capitol Hill thronend, verstörte das State Capitol bei seiner Eröffnung 1879 so manches aufrechte Yankee-Gemüt. Nicht jeder mochte damals die vielen Türme und Türmchen und die mit Skulpturen reich verzierten Strukturen aus Connecticut-Marmor, über denen die mächtige, golden glänzende Kuppel thront. Der Repräsentativbau beherbergt die Gesetzgebende Versammlung des Bundesstaates und einige Regierungsbüros. Zahlreiche Reliefs und Bronzeplaketten erinnern an bedeutende Persönlichkeiten aus der Geschichte Connecticuts. Ziemlich martialisch wirken die Kriegsflaggen des Bundesstaates, die während des Amerikanischen Bürgerkrieges über den Schlachtfeldern wehten.

Connecticut · Hartford

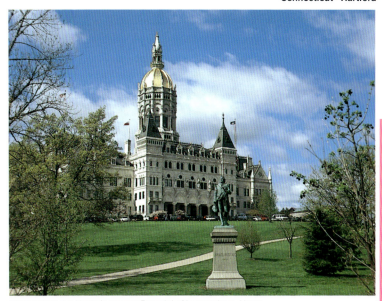

Der Neubau des Kapitols war zur Bauzeit heftig umstritten. Heute haben sich die Hartforder an die vielen Türmchen und das Gold ihres Kapitols gewöhnt.

Umgeben ist der Regierungssitz vom Bushnell Park, der von schönen Alleen durchzogen wird. Diese Grünanlage hat der geniale Gartenarchitekt Frederick Law Olmsted konzipiert, der vor allem auch als Schöpfer des Central Park in New York und des Parks am Mont-Royal in der ostkanadischen Metropole Montréal bekannt geworden ist (Führungen: Mo.–Fr. 9.15–13.15, Sa. 10.15–14.15 Uhr).

Bushnell Park

"The house that Mark built" - Wie lebte und arbeitete einer, der ebenso augenzwinkernd über die Lausbubenstreiche zweier Jungen am Mississippi berichten konnte wie über die ersten amerikanischen Pauschaltouristen in Europa? Mark Twain, verschiedentlich als "Vater der modernen amerikanischen Literatur" gefeiert, kam 1874 nach Hartford. Er ließ sich in Nook Farm, damals ein Waldgelände, von dem Architekten Edward Tukkerman Potter und dem Künstler Louis C. Tiffany ein Haus auf den Leib schneidern, das auch heute noch die persönliche Note des großen Literaten zeigt. Das heimelige, blutrote Haus mit den vielen Giebeln, Türmchen und Balkonen liegt stilistisch irgendwo zwischen entspannter Neugotik und gemütlicher Skihütte. Selbst die Ziegelsteine ließ Twain als Dekomaterial verwenden, indem er sie in Ausrichtung und Winkel zu geometrischen Mustern verschieben ließ. Die 19 auf drei Etagen verteilten Räume nehmen den Besucher mit viel Walnußholz und schweren Polstermöbeln auf in eine wonnevolle Umarmung. In der Bibliothek möchte man noch immer am liebsten gleich mit einem Buch in einem der Ohrensessel versinken. Mark Twain's Reich war ein kleines Arbeitszimmer unter dem Dach, der einzige Ort, an dem ihm seine Frau das Rauchen und Fluchen gestattete. Viele Originalmöbel stehen noch an ihrem Platz, u. a. der Billiardtisch und der kleine Schreibtisch, an dem u. a. die Klassiker "The Adventures of Tom Sawyer" (1876), "The Adventures of Huckleberry Finn" (1884) und "Life on the Mississippi" (1883) entstanden. Bis 1891 lebte Mark

Mark Twain House

Hartford · *Connecticut*

Mark Twain House (Fortsetzung)

Twain mit seiner Familie in Nook Farm (351 Farmington Ave., via I-84 West, Exit 46; Öffnungszeiten: Juni – Mitte Okt. Mo. – Sa. 9.30 – 17.00, So. 12.00 bis 17.00 Uhr).

Harriet Beecher Stowe House

Seine Nachbarin während dieser Zeit war die Schriftstellerin und Abolitionistin Harriet Beecher Stowe. Ihr Roman "Uncle Tom's Cabin" (1852), der das Ende der Sklaverei in den USA einleitete, war einer der größten Bucherfolge des 19. Jahrhunderts. Das einfache viktorianische Cottage, das die Autorin bis zu ihrem Tod 1896 bewohnte, ist mit Originalmöbeln hübsch dekoriert (73 Forest St.; Öffnungszeiten: Juni – Mitte Okt. und Dez. Mo. bis Sa. 9.30 – 16.00, So 12 – 16.00 Uhr).

Umgebung von Hartford

Windsor

9 mi / 14 km nördlich von Hartford erreicht man die am Westufer des Connecticut River gelegene Ortschaft Windsor mit vier beachtenswerten Museen. Das Haus von Lieutenant Walter Fyler ist um das Jahr 1640 erbaut worden und eines der ältesten noch bestehenden Fachwerkhäuser aus der Kolonialzeit. 125 Jahre später ließ Hezekiah Chaffee sein dreistöckiges Haus in dem für die damalige Zeit typischen georgianischen Stil errichten. Beide Bauten sind noch im Stil ihrer Entstehungszeit eingerichtet. Ebenfalls sehenswert ist das 1780 erbaute Haus von Oliver Ellsworth, der als revolutionärer Patriot in die Geschichte Connecticuts eingegangen ist. Mit der Geschichte des Tabakanbaus im Flußtal beschäftigt sich das Luddy / Taylor Tobacco Museum (Northwest Park, I-95 Exit 38; Öffnungszeiten Juni – Sept. Mo. – Fr. 10.00 – 16.00, Sa. 12.00 bis 16.00 Uhr).

Coventry

"Ich bedaure nur, daß ich mein Leben nur einmal für mein Vaterland hingeben kann." Unterwegs in Connecticut stößt man früher oder später auf den Namen Nathan Hale (1755 – 1776). Er war Lehrer und schloß sich bei Ausbruch des Unabhängigkeitskrieges der Siedlermiliz von Connecticut an. Während eines Spionageauftrages auf Long Island wurde er von den Briten gefangen und wenig später als Verräter gehenkt. Seine letzten Worte sind in die amerikanischen Annalen eingegangen und machten ihn zum Symbol des amerikanischen Patrioten. Die Nathan Hale Homestead findet man in Coventry ca. 20 mi / 32 km östlich von Hartford im ländlichen Nordosten Connecticuts. In dem 1776 erbauten und mit zeitgenössischem Mobiliar eingerichteten Bauernhaus wird das familiäre Umfeld von Nathan Hale beleuchtet (2299 South St.; Öffnungszeiten: Mitte Mai – Mitte Okt. tgl. 13.00 – 17.00 Uhr).

Wethersfield

Im noblen Wettstreit darüber, wer den britischen Kolonialherren zuerst eine Nase drehte, kann das 5 mi / 8 km südlich von Hartford gelegene Wethersfield mit einem Trumpf aufwarten: 1640 verurteilte der britische Hof die Altvorderen wegen einer unerlaubten Versammlung zu einer Geldstrafe von fünf Pfund, die sie nicht bezahlten! Trotz dieser ungebührlichen Handlung – oder gerade deswegen – entwickelte sich die Stadt am Connecticut River bald zu einem wichtigen Handelszentrum. Eine Flutkatastrophe im 18. Jh. ließ jedoch den Hafen verlanden, das Geld floß fortan an Wethersfield vorbei. Geblieben vom einstigen Wohlstand ist das von Industrie verschont gebliebene Old Wethersby, der größte historische Distrikt Connecticuts, mit über 150 restaurierten Häusern aus dem 17. und 18. Jahrhundert. Die verschiedenen Baustile lassen sich v. a. im aus drei historischen Häusern bestehenden Webb-Deane-Stevens Museum studieren. Im Deane House bereiteten zudem George Washington und sein französischer Verbündeter Comte de Rochambeau im Jahre 1781 die kriegsentscheidende Yorktown Campaign vor (211 Main St.; Öffnungszeiten: Mai – Okt. Mo. und Mi. – So. 10.00 – 16.00, Nov. bis Apr. Sa. – So. 10.00 – 16.00 Uhr) . Ein wahres Schaufenster amerikanischer Kolonialromantik ist die Main Street, die von makellos herausgeputzten alten Holzhäusern gesäumt ist.

Connecticut · **Housatonic Valley**

Ca. 10 mi / 16 km südlich von Hartford liegt der Jurassic Park des Bundesstaates Connecticut. Wo sich heute die Kleinstadt Rocky Hill ausbreitet, stapften im Erdmittelalter Saurier durch das Gelände. Der Dinosaur State Park schützt eine Art prähistorischen Wildwechsel: Mehr als 500 Saurierspuren wurden hier gefunden. Ein lebensgroßes Modell dieser einst hier lebenden 3 m hohen und 6 m langen Echse flößt auch 80 Millionen Jahre später noch gehörig Respekt ein. Besucher können auch selbst Gipsabdrücke von dafür vorgesehenen Spuren machen (Öffnungszeiten: tgl. 9.00 – 16.30 Uhr).

Umgebung von Hartford (Fts.) Dinosaur State Park

Der feine Vorort Farmington, etwa 10 mi / 16 km südwestlich von Hartford gelegen, verdient durchaus eine Stipvisite. Stolz und souverän, als hätte ihnen selbst die Einführung der Einkommensteuer und die Anti-Trust-Gesetze nichts anhaben können, säumen hier die prächtigen Villen der Industriellen des 19. Jh.s die Main Street.
Besondere Erwähnung verdient das Hill-Stead Museum. Der Entwurf zu diesem schönen, um das Jahr 1900 erbauten Colonial Revival Haus stammt von Theodate Pope Riddle, einer der ersten Architektinnen der USA. Der Hausherr, ihr Vater Alfred Atmore Pope, hatte ein Faible für europäische Impressionisten. Seine Privatsammlung ist heute der Öffentlichkeit zugänglich gemacht und enthält u. a. Werke von Monet, Manet und Degas (35 Mountain Rd.; Öffnungszeiten: Mai bis Okt. Di. – So. 10.00 – 16.00, sonst 11.00 – 15.00 Uhr).

Farmington

Die 72 000-Einwohner-Stadt, ca. 15 mi / 24 km südwestlich von Hartford gelegen, ist auch als die "Hardware City" bekannt. Seit dem frühen 19. Jh. versorgten ihre Manufakturen die amerikanischen Haushalte mit Eisenwaren. Der daraus resultierende Wohlstand hat sich sichtbar v.a. im Antlitz der Innenstadt niedergeschlagen. Mit ihren hübschen Art-Deco-Gebäuden galt sie in Neuengland in Stilfragen lange als tonangebend. Eine Broschüre mit einer "Architectural Walking Tour" führt zu den schönsten Gebäuden und ist im Besucherzentrum (1 Grove St.) erhältlich.
Vor allem aber zeigt sich der Kunstsinn der Stadt im New Britain Museum of American Art. Klein aber fein, vermittelt dieses Museum einen konzentrierten Überblick über die amerikanische Malerei von der Kolonialzeit bis zur Gegenwart. Erwähnung verdienen insbesondere die Portraitmaler des 18. Jh.s, allen voran Trumbull und Stewart, die Landschaftsmaler der Hudson River School und jüngere Künstler wie Homer, Cassatt und Wyeth (56 Lexington St.; Öffnungszeiten: Di. – Fr. 13.00 – 17.00, Sa. 10.00 – 17.00, So. 12.00 – 17.00 Uhr).
Beachtenswert ist auch das New Britain Industrial Museum, das interessante Einblicke in die Industriegeschichte der Stadt gewährt (185 Main St.; Öffnungszeiten: Mo. – Fr. 13.00 – 17.00 Uhr). Die Central Connecticut State University betreibt das Copernican Observatory & Planetarium. Hobby-Astronomen können hier eines der größten öffentlich zugänglichen Teleskope der USA benutzen (Vorführungen für Kinder Fr. 19.00 und Sa. 13.30; für Erwachsene Fr. und Sa. 20.30 Uhr).

New Britain

Housatonic Valley

H 7 / 8

Regionen: Coastal Fairfield, Housatonic Valley

Eine dicht bewaldete Hügellandschaft und ein klarer Fluß, über den hin und wieder romantische alte "covered bridges" zu verschlafenen Dörfern und Weilern führen: Das Housatonic Valley in der Nordwestecke Connecticuts ist eine friedvolle Idylle und Ewigkeiten vom Großstadtlärm entfernt. Statt Fastfood-Joints mit Neonreklame locken gemalte Holzschilder zum Besuch von geradezu rührend eingerichteten Tante-Emma-Läden, in Galerien und Schreinereien, in denen mit Liebe zum Detail und viel Zeit prachtvolle Unikate hergestellt werden.

*Neuengland wie im Bilderbuch

Litchfield · *Connecticut*

Housatonic Valley (Fortsetzung)

Der schönste Weg durch dieses Stück Bilderbuch-Neuengland ist die CT 7, die alte Hauptstraße von New York ins kanadische Montréal. Von der "covered bridge" bei Bulls Bridge nach West Cornwall folgt die zweispurige Landstraße den Windungen des Housatonic River. Ab und zu gibt der Wald den Blick frei auf hübsche Cottages. Vor allem betuchte New Yorker und Bostoner verbringen hier die Wochenenden. Eine Handvoll Kanu- und Kajakverleihe haben den Fluß so großzügig untereinander aufgeteilt, daß Paddler das klare Wasser meist für sich ganz allein haben.

Sehenswerte Ortschaften

Mehrere Ortschaften verdienen Beachtung. Das sich an die Foothills der Litchfield Hills schmiegende Kent ist ein Künstler-Refugium. Maler und Bildhauer stellen ihre Werke in kleinen Läden und am Straßenrand aus. Im General Store von Cornwall Bridge kann man seinen Reiseproviant auffrischen. Der durch den Housatonic Meadows State Park führende Pine Knob Loop Trail leitet zu schönen Aussichten über das Housatonic Valley. West Cornwall schließlich ist ein Stück Neuengland wie gemalt, mit einer schönen "covered bridge" und einer renommierten Schreinerei, die hochwertige Möbel im Shakerdesign herstellt.

Litchfield   H 8

Region: Litchfield Hills
Höhe: 330 m ü.d.M.
Einwohnerzahl: 8 500
Telefonvorwahl: 860

Lage und Allgemeines

Breite Alleen, gepflegte Rasen und prachtvolle alte Holzhäuser mit weitläufigen Veranden und klassisch anmutenden Säulen: Litchfield, eine halbe Autostunde westlich von → Hartford in einer reizvollen Hügellandschaft gelegen, gilt als eines der schönsten Städtchen Neuenglands. Die ersten Siedler kamen 1719, und schnell wuchs der Hauptort der Litchfield Hills zu einem quirligen Gewerbezentrum heran. Sägereien, Schreinereien und Tischlereien, Uhrmacher und Hutmacher prägten im 18. Jh. das Bild. Auch als Schulstadt machte sich Litchfield einen Namen. Im 18. Jh. wurde hier nicht nur die erste höhere Schule für Mädchen (Miss Pierce's School) gegründet, sondern auch eine Ausbildungsstätte für Juristen. Das 19. Jh. mit Eisenbahn und Massenfertigung zog jedoch an Litchfield vorbei – und hinterließ dem heutigen Besucher ein nahezu unbeschadetes Stadtbild aus den Kindertagen der USA.

*The Green

Besonders schöne Häuser gruppieren sich um das schattige, mit Parkbänken versehene Green, über dem sich stolz und strahlend-weiß die First Congregational Church mit ihrem neugriechischem Portikus erhebt. Den ersten Eindruck läßt man am besten bei einem Capuccino in einem der hiesigen Bistros auf sich wirken.

Litchfield Historical Society

Die am Green liegende Litchfield Historical Society zeigt neben einem umfangreichen Archiv zur Geschichte der Stadt und zeitgenössischen Möbeln eine große Kollektion des einstmals populärsten Porträtmalers der Vereinigten Staaten, Ralph Earl (Öffnungszeiten: Di.–Sa. 11.00–17.00, So. 13.00–17.00 Uhr).

Tapping Reeve House

Nahebei steht das 1774 erbaute Tapping Reeve House. Eine kleine Ausstellung erinnert an seinen ersten Besitzer, den Juristen Tapping Reeve. 1784 unterrichtete er in Litchfield die ersten Jurastudenten der jungen USA (Öffnungszeiten: Mitte Mai–Mitte Okt., Di.–Sa. 11.00–17.00, So. 13.00 bis 17.00 Uhr).

Connecticut · Mystic

Umgebung von Litchfield

Via CT 118 kommt man zu einem populären Wallfahrtsort, dessen besonderer Anziehungspunkt die Nachbildung der weltberühmten Grotte im südfranzösischen Lourdes ist. Von Mai bis Oktober finden hier Bittgänge und Gottesdienste unter freiem Himmel statt, an denen Gläubige aus allen Teilen Nordamerikas teilnehmen.

Shrine of Our Lady of Lourdes

Für Entspannung sorgten damals wie heute die herrlichen Wälder der Umgebung. Ein besonders schönes Waldgebiet ist das wenige Autominuten westlich der Stadt gelegene und etwa 16 km² große Naturschutzgebiet der White Memorial Foundation. Plankenwege für Rollstuhlfahrer und mehr als 50 Wanderwege, die an Seen und Wasserläufen entlangführen, warten auf unternehmungslustige Naturfreunde. Das White Memorial Conservation Center Museum befaßt sich mit lokalen Aspekten der Naturgeschichte (CT 8, Exit 42, dann CT 202; Öffnungszeiten: Mo.–Sa. 8.30–16.30, So. 12.00–16.00 Uhr).

White Memorial Foundation

Einen Besuch lohnt auch die White Flower Farm, die ca. 3 mi/5 km südwestlich der Stadt am Highway 63 liegt. In diesem von exotischen Pflanzen geradezu überbordenden botanischen Garten ist von Mitte Juni bis September Blütezeit; und im Gewächshaus wuchert ein tropischer Dschungel mit sehenswerten Riesenbegonien (Öffnungszeiten: April–Okt. tgl. 9.00–18.00, Nov.–März tgl. 10.00–17.00 Uhr).

White Flower Farm

Ca. 6 mi/10 km südlich von Litchfield lockt die Ortschaft Bethlehem Freunde neuenglischer Architektur an. Das ans Green grenzende Bellamy-Ferriday House von 1745 ist ein besonders schönes Beispiel des damals modischen georgianischen Stils (Öffnungszeiten: Mai–Okt. Mi., Sa., So. 11.00–16.00 Uhr).

Bethlehem

Ca. 11 mi/18 km südwestlich von Litchfield, in einer idyllischen, von schönen Landsitzen geprägten Landschaft erinnert das kleine Museum des Institute for American Indian Studies an die Kultur der längst verschwundenen Ureinwohner (Öffnungszeiten: April–Dez. Mo.–Sa. 10.00–17.00, So. 12.00–17.00, sonst Mi.–Sa. 10.00–17, So. 12.00–17.00 Uhr).

Institute for American Indian Studies

Mystic K 8

Region: Mystic and More
Höhe: 0–3 m ü. d. M.
Einwohnerzahl: 2600
Telefonvorwahl: 860

Seebären und Walfänger, Schaluppen und Windjammer: Das Meer war schon immer die "raison d'être" von Mystic. Seit dem 17. Jh. laufen hier Schiffe vom Stapel, im 19. Jh. sogar die schnellsten Clipper des ganzen Landes. Auf dem Höhepunkt des Walfangs in Neuengland um 1840 verfügte das hübsche Städtchen am Mündungstrichter des Mystic River über eine 18 Schiffe zählende Walfangflotte, die auf der Jagd nach den Riesensäugern die Weltmeere durchpflügte und oft jahrelang unterwegs war. An den Wohlstand jener Zeit erinnern die schmucken Kapitänshäuser entlang der Gravel Street und der High Street. Manche dieser Bauten tragen auch heute noch eine Wetterfahne in Form eines Wales auf dem Dach. Nach dem Rückgang des Walfangs sattelten die Werften um auf den Bau von Luxusyachten für die Reichen aus New York. Später wurden in Mystic auch Kriegsschiffe gebaut. Bis heute stehen die Schiffskonstrukteure von Mystic in dem Ruf, die besten Segelyachten der Ostküsten zu fertigen. Ins Blickfeld von "Mainstream America" rückte der Ort durch den Film "Mystic Pizza". Die immer noch existierende Pizzeria im Stadtzentrum war Schauplatz für den ersten Kinoerfolg von Julia Roberts.

Lage und Allgemeines

Mystic · *Connecticut*

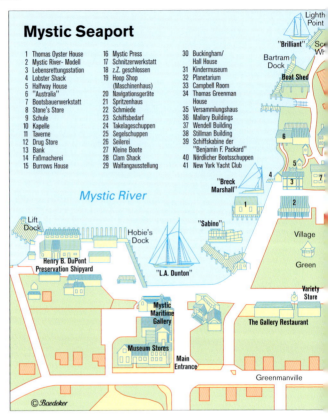

✶✶ Mystic Seaport

Die bei weitem stärkste Attraktion des Städtchens ist der Mystic Seaport. Das weitläufige Freilichtmuseum, das zu den besten seiner Art gehört, befaßt sich mit der ruhmreichen Seefahrervergangenheit Neuenglands. Am Ufer des Mystic River wurde eine Siedlung im Stil des 19. Jh.s nachgebaut mit allem, was man zu Zeiten von Herman Melville überall an dieser Küste gefunden hätte. Neben Werkstätten von Bootsbauern gibt es u.a. eine Seilerei, eine Kerzenzieherwerkstatt und natürlich auch eine richtige Hafenspelunke zu sehen (75 Greenmanville Ave.; Öffnungszeiten: Juni–Aug. tgl. 9.00–18.00, April–Mai und Sept.–Okt. 9.00–17.00, Nov.–Anf. Dez. 9.00–16.00, übrige Zeit geschlossen).

Henry B. Du Pont Preservation Shipyard	Im Henry B. Du Pont Preservation Shipyard kann man Bootsbauern bei ihrer Arbeit über die Schulter blicken. Hervorragend dokumentiert ist die Schiffbauertradition im Besucherzentrum.
Museumsschiffe am Pier	Die Prunkstücke von Mystic Seaport liegen an der Pier, allen voran die gewaltige "Charles W. Morgan". Das letzte amerikanische Walfängerschiff wurde 1841 gebaut. Dieses Segelschiff hat auf mehr als drei Dutzend gro-

Connecticut · Mystic

ßen Reisen, von denen einige bis zu drei Jahre dauerten, mehrmals die Erde umrundet. An Deck verdienen die Kapitänskajüte und die gewaltigen Kessel, in denen das Walöl gekocht wurde, besondere Beachtung. Ebenfalls zu besichtigen: die "Joseph Conrad", ein 1882 in Dänemark gebautes Schulschiff, und die "L. A. Dunton", ein eleganter Schoner von 1921. Mit dem Dampfer "Sabino" (Baujahr 1908) können von Mai bis Oktober Ausflüge auf dem Mystic River unternommen werden. Achtung Filmfreunde: 1998 wurde mit dem Nachbau der durch die Spielberg-Verfilmung berühmt gewordenen "Amistad" begonnen. Das Schiff wird im Jahr 2000 fertiggestellt. Übrigens: Im Wendell Building kann man eine herrliche Sammlung buntbemalter Galeonsfiguren bestaunen.

Museumsschiffe (Fortsetzung)

Weitere Sehenswürdigkeiten in Mystic

Etwa einen Kilometer weiter nördlich erreicht man Olde Mistick Village mit seinen rund fünf Dutzend im Stil der Kolonialzeit nachgebauten Geschäften, Handwerksbetrieben und Lokalen. Auch hier erlebt man "Living History", z. B. in einer alten Weinkellerei (Coogan Blvd., CT 27; Öffnungszeiten: Mo.–Sa. 10.00–18.00, So. 12.00–17.00 Uhr).

Olde Mistick Village

Mystic · *Connecticut*

Der letzte in den USA gebaute Walfänger: die "Charles W. Morgan"

Carousel Museum of New England

Ganz in der Nähe, 193 Greenmanville Avenue, erwartet das Karussell-Museum von Neuengland kleine und große Besucher. Neben gut restaurierten alten Fahrgeschäften sind auch einige hübsche Modelle aufgebaut. Ferner kann man einen Blick in eine alte Wagnerwerkstatt werfen (Öffnungszeiten: April–Nov. Mo.–Sa. 10.00–18.00, So. 12.00–18.00, Dez–März Do.–Sa. 10.00–17.00, So. 12.00–17.00 Uhr). Wer von Karussells noch nicht genug hat, der kommt täglich von 10.00 bis 22.00 Uhr im nahen Vergnügungspark Mystic Carousel voll auf seine Kosten.

*Mystic Marinelife Aquarium

Schon lange bevor andere amerikanische Küstenstädte das Meerwasser-Aquarium sozusagen als Wunderwaffe gegen die Ebbe im Stadtsäckel entdeckten, zog das Mystic Marinelife Aquarium Besucher in seinen Bann. Hier kann man über 3500 verschiedene Meeresbewohner in ihrem naturgetreu gestalteten Element sehen. Höhepunkte jedes Besuchs sind Seal Island, ein Biotop, in dem sich Seehunde und Seelöwen tummeln, und täglich stattfindende Delphinshows. Im Aquatic Animal Study Center können Beluga-Wale aus nächster Nähe beobachtet werden. In den Sommermonaten veranstaltet das Aquarium Beobachtungstouren zu den Walen und Seevögelkolonien vor der Küste (55 Coogan Blvd.; Öffnungszeiten: tgl. 9.00–16.30 Uhr).

Denison Homestead

Dieses stattliche Anwesen am östlichen Stadtrand ist bereits im frühen 18. Jh. errichtet worden. In den Wohnräumen kann man wertvolle Einrichtungsgegenstände bewundern, die zu unterschiedlichen Zeiten entstanden sind und daher auch verschiedene Stilrichtungen repräsentieren (Pequotsepos Rd.; Öffnungszeiten: Mai/Juni Fr.–So. 13.00–16.00, Juli/Aug. Fr.–Di. 13.00 bis 16.00, Sept./Okt. Fr.–Mo. 13.00–16.00 Uhr). Um den Herrensitz erstreckt sich ein Naturschutzgebiet, in dem man schöne Spaziergänge unternehmen, Vögel beobachten und ein kleines naturkundliches Museum besuchen kann (Öffnungszeiten: Mo.–Sa. 9.00–17.00, So. 13.00–17.00 Uhr; Jan. und April So. geschlossen).

Connecticut · New Haven

Umgebung von Mystic

Wenn man auf der alten Küstenstraße CT 1 in östlicher Richtung weiterfährt, erreicht man nach wenigen Kilometern Stonington, das von vielen Kennern eines der schönsten Küstenstädtchen Neuenglands gerühmt [...] schon früh von seiner Lage am [...]ang und die Seehundjagd für [...]gen Verkehrsknotenpunkt: Rei[...]n in Stonington an und wech[...]. Von Stonington aus brachen [...]isende zu ihren Expeditionen [...]ier aus 1821 erstmals die Ant[...]ühmtesten Sohn der Stadt er[...]use. Diese viktorianische Villa [...]gel errichtet. Für den Blick auf [...]schen Häusern ist der Käpt'n [...] Sts.; Öffnungszeiten: Mai bis

*Stonington

[...]ticut, Rhode Island und New [...]ckt man vom 1823 errichteten [...]. Es enthält schöne Schiffs[...]ng und chinesische Handels[...]s Chinahandels (7 Water St.; [...] Mai–Juni und Sept.–Okt. Di.

Von der vielspurigen I-95 sieht New Haven nicht gerade einladend aus. Fabrikanlagen, Schornsteine, Gasometer, wenig später die üblichen Bürotürme und Reklameflächen, nichts deutet darauf hin, daß die Stadt an der Mündung des Quinnipiac River einen äußerst liebenswerten, dank der renommierten Yale University sogar weltberühmten Stadtkern hat. Und daß viele, heute als selbstverständlich geltende Dinge des täglichen Lebens, wie Korkenzieher, stählerne Angelhaken, Hamburger und Lollipop von praktisch veranlagten Yankees aus New Haven erfunden wurden, wissen auch nur Eingeweihte.

Lage und Allgemeines

New Haven wurde 1638 von Puritanern unter der Führung von Reverend John Davenport gegründet. Die gottesfürchtigen Siedler legten die Stadt unter Zugrundelegung von neun Planquadraten an. 1662 wurde die bis dahin unabhängige Siedlung Teil der Connecticut Colony. Der Höhenflug als Tiefseehafen im 18. Jh. wurde durch den Krieg von 1812 jäh beendet. Im 19. Jh. eröffnete die Eisenbahn der Stadt neue Märkte und änderte das Antlitz New Havens für immer. Waffen-, Uhren- und Fahrgestellfabriken, betrieben von innovativen Unternehmern, zogen tausende von Einwanderern an. Den Weg zur Massenproduktion wies der umtriebige Erfinder Eli Whitney mit der Einführung vorgefertigter Einzelteile.

Ein Jahrhundert später zahlte New Haven allerdings den Preis für sein unkontrolliertes Wachstum: Industrien und Bevölkerung hatten sich in die Vorstädte verlagert, so daß die Innenstadt verödete. Eine großangelegte Restaurierungsphase rettete die City jedoch vor dem Verfall. Heute präsentiert sich die Stadt am Long Island Sound als ansehnliche, wenn auch nicht immer gelungene Mischung unterschiedlichster Baustile, mit schattigen Alleen, schönen Parks und einer jungen, außerordentlich bistro-vernarrten Studenten-Szene.

New Haven · *Connecticut*

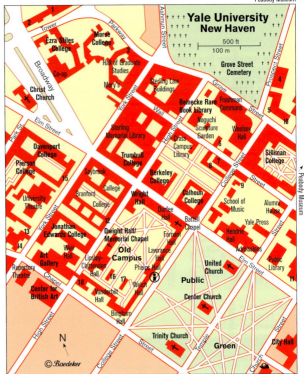

1 Payne Whitney Gymnasium	6 Woodbridge Hall	13 Yale Daily News
2 Ray Tompkins House	7 Sprague Memorial Hall	14 Art & Architecture Building
3 Claes Oldenburg's "Lipstick"	8 William L. Harkness Hall	
4 Becton Engineering & Applied Science Center	9 Stoeckel House	15 Alumni House
	10 Kirtland Hall	16 Edwin McClellan Hall
5 Sheffield-Sterling Strathcona Hall	11 County Court House	17 Connecticut Hall
	12 Harkness Memorial Tower	18 Street Hall

✲✲Yale University

Weltberühmte Universität

"... studierte in Yale." – seit nunmehr 300 Jahren öffnet ein an dieser Eliteuniversität erbrachter Abschluß jungen Aspiranten weltweit alle Türen. Die zur renommierten Ivy League gehörende Uni ist eine der besten Hochschulen der USA. Als kompakte Campus-Universität liegt sie mitten in der Innenstadt, umgeben von Theatern, Restaurants und trendigen Coffeeshops. Ihre neogotische Architektur strahlt – ganz im Sinne des puritanischen "early to bed, early to rise" – vornehm-vergeistigte Zurückhaltung aus, ganz so wie es die amerikanische Oberschicht mag, die sich die horrenden Studiengebühren von mindestens 35 000 $ pro Student und Jahr noch immer am leichtesten leisten kann.

Geschichte

Im Jahr 1701 in Branford als Priesterseminar ins Leben gerufen, wurde die Bildungsstätte 1716 nach New Haven verlegt und zwei Jahre später nach Elihud Yale benannt, der einer ihrer wichtigsten Gönner war. 1810 hat man die

Connecticut · New Haven

medizinische, 1824 die juristische Fakultät gegründet. Bereits 1818 begann Yale mit der Herausgabe des berühmten "American Journal of Science". 1861 wurde hier der erste Geisteswissenschaftler promoviert. Die Liste der Absolventen enthält Namen wie John F. Kennedy, Jodie Foster und Bill Clinton.

Yale University (Fortsetzung)

Auf dem Campus gibt es ein Dutzend Colleges, jedes davon mit eigener Bibliothek, Mensa und eigenen Schlafsälen. Hinter den efeubewachsenen alten Mauern stecken Hunderte amüsanter Anekdoten, die am besten von Studenten während eines geführten Rundgangs ab Visitor Information Center erzählt werden (149 Elm St.; Öffnungszeiten: Mo.–Fr. 10.30 und 14.00, Sa. und So. 13.30 Uhr).

Führungen

Hier läßt es sich studieren. Yale ist eine der Elite-Schmieden der USA.

Die Vielfalt der Stile New Havens studiert man am besten am Green. Wo einst die Kühe der Siedler friedlich grasten, recken heute drei zwischen 1812 und 1815 errichtete Kirchen ihre markanten Türme in den Himmel: die neugotische Trinity Church, die georgianische Center Church und die im Federal Style erbaute United Church. Die höchste Spitze gehört jedoch dem 73 m hohen neugotischen Harkness Tower, der 1920 fertiggestellt wurde. Beim näheren Hinsehen entdeckt man acht um die Uhr gruppierte Statuen berühmter Yale-Absolventen, darunter Nathan Hale, Eli Whitney, James Fenimore Cooper ("Lederstrumpf") und Samuel Morse, den Erfinder des Morse-Alphabets.

*The Green

Kunstfreunde werden die Yale-Museen direkt ansteuern wollen. Die Hauptattraktion der Beinecke Rare Book & Manuscript Library ist ihre Gutenberg Bibel (121 Wall St., Öffnungszeiten: Sept.–Juli Mo.–Fr. 8.30–17.00, Sa. 10.00–17.00, sonst nur Mo.–Fr. 8.30–17.00 Uhr).
Das Peabody Museum of Natural History beherbergt bedeutende paläontologische Sammlungen (u. a. aus der Zeit der Dinosaurier) und Stücke aus der Frühzeit der Besiedlung Nordamerikas (170 Whitney Ave.; Öffnungszeiten: Mo.–Sa. 10.00–17.00, So. 12.00–17.00 Uhr).

**Museen und Sammlungen

New Haven · Connecticut

Yale University (Fortsetzung), Art Gallery

Die 1832 eröffnete Yale University Art Gallery zeigt außer wertvoller antiker Keramik auch eine exklusive Auswahl von großartigen Gemälden. Natürlich sind hier viele berühmte Namen vertreten, darunter auch Van Gogh, Monet, Homer Winslow und Picasso. John Trumbull ist mit etwa 100 Werken vertreten (1111 Chapel St.; Öffnungszeiten: Sept.–Juli Di.–Sa. 10.00 bis 17.00, So. 13.00–18.00 Uhr).

Center for British Art

Beachtung verdient auch das 1966 durch eine Schenkung auf den Weg gebrachte Yale Center for British Art. Die Privatsammlung des Kunstmäzens Paul Mellon, die rund 1300 Gemälde, 10 000 Zeichnungen und 20 000 Schriften und Druckwerke umfaßt, bildet heute den Kern der Ausstellung, um die herum der Architekt Louis Kahn ein elegantes, lichtdurchflutetes Gebäude errichtete (1080 Chapel St.; Öffnungszeiten: Di.–Sa. 10.00 bis 17.00, So. 12.00–17.00 Uhr).

Grove Street Cemetery

Im nördlichen Teil des Universitätsgeländes erreicht man den alten Friedhof an der Grove Street, den man durch ein mächtiges, nach ägyptischem Vorbild errichtetes Tor betritt. Hier findet man die letzten Ruhestätten etlicher berühmter Persönlichkeiten. Stellvertretend seien hier genannt: Eli Whitney, der Erfinder der Baumwollentkörnungsmaschine und der Gummi-Magnat Charles Goodyear.

Weitere Sehenswürdigkeiten in New Haven

Shubert Performing Arts Center

Nach so viel Kunst und Kultur ist abends Entspannung angesagt. Erste Adresse für vergnügliches Entertainment ist das allmählich wieder zu alter Form auflaufende Shubert Performing Arts Center (247 College St.; Spielzeit: Sept.–Juni). Von 1938 bis 1976 debütierten im "Shubert's" zahllose Musicals und Theaterstücke, die später am Broadway Weltruhm erlangen sollten, darunter "Oklahoma!", "My Fair Lady", "The Sound of Music" und "A Streetcar Named Desire". Seit 1983 zieren wieder berühmte Namen, u. a. Jerry Lewis und Shirley MacLaine, die Programmhefte. Auf einer Führung kann man einen Blick hinter die Kulissen werfen. Dabei sieht man nicht nur die Umkleide- und Schminkräume sondern auch die berühmten "graffiti walls", an denen sich berühmte Vertreterinnen und Vertreter der darstellenden Kunst verewigt haben (Sept.–Juni Mo.–Fr. 9.00–17.00 Uhr n. V., Tel. 203/624-1825).

New Haven Colony Historical Society Exhibits

Wer sich näher für die Geschichte der Stadt interessiert, dem sei ein Besuch dieses Museums empfohlen. Schwerpunkte der New Haven Colony Historical Society Exhibits sind die Zeit der Stadtgründung sowie die wirtschafts- und industriehistorische Entwicklung (114 Whitney Ave.; Öffnungszeiten: Di.–Fr. 10.00 bis 17.00, Sa., So. 14.00–17.00 Uhr).

East Rock Park

Einen Panoramablick über das "warme Herz Neuenglands", wie Henry James New Haven 1911 nannte, kann man vom höchsten Punkt des East Rock Park genießen, den man am besten via I-91, Exit 6 und East Rock Road erreicht.

Umgebung von New Haven

Hamden

In der Industriestadt Hamden nördlich von New Haven erinnert das Eli Whitney Museum an den Erfinder der Baumwollentkörnungsmaschine, der damit die Textilindustire revolutionierte. (915 Ave.; Öffnungszeiten: Mi.–Fr. und So. 12.00–17.00, Sa. 10.00–15.00 Uhr).

East Haven

Andere Souvenirs aus der dynamischen Gründerzeit hält das Shore Line Trolley Museum in East Haven bereit. Über 100 nostalgische Straßenbahnwagen und Trolleybusse aus ganz Nordamerika kann man hier bestaunen (17 River St.; Öffnungszeiten: tgl. 11.00–17.00 Uhr).

New London

Region: Mystic and More
Höhe: 8 m ü. d. M.
Einwohnerzahl: 28 000
Telefonvorwahl: 860

Lage und Allgemeines

Rauhbeinige Freibeuter, Offiziere der US-Navy, Freizeitskipper, New London hat seit seiner Gründung durch John Winthrop Jr. im Jahre 1646 viel Schiffsvolk gesehen. Ein natürlicher Tiefseehafen machte die Stadt am Unterlauf des River Thames zu einem Treffpunkt der "Privateers" (amerikanischer Freibeuter), die während des Unabhängigkeitskrieges im Sold der Rebellen englische Handelsschiffe kaperten. 1781 erschien deshalb ein britisches Expeditionskorps aus 32 Schiffen vor der Flußmündung und brannte unter dem Befehl von General Benedict Arnold die Stadt nieder.

Bis 1850 verhalf die Walfangindustrie New London zu einem strahlenden Comeback. Im 19. Jh. wurden auch jene herrlichen Greek-Revival-Häuser der Walfänger-Kapitäne in der innerstädtischen Whale Oil Row errichtet, die heute als Eigenheime überaus begehrt sind.

New London heute, das ist eine Mischung aus eleganten Häusern mit Rasenflächen bis hinab zum Fluß und nüchternen Hafengebäuden aus Ziegelstein. Wichtige Arbeitgeber sind die Werften und die U-Boot-Basis benachbarten → Groton sowie die US Coast Guard Academy. Und auf dem Gelände des historischen Fort Trumbull tüfteln Ingenieure und Wissenschaftler im Naval Underwater Systems Center an neuen Technologien, die für die U-Boot-Kriegsführung von Nutzen sein könnten.

Sehenswertes in New London

Downtown

Der alte, am Flußufer gelegene Kern von New London wurde in den sechziger Jahren gründlich "geliftet" sowie mit hübschen Läden und Restaurants ausgestattet. Vorzeigeobjekt der Stadterneuerer ist die Starr Street mit ihren schönen alten Häusern. Besonders reizvoll sind die Hempsted Houses (Hempsted and Jay Sts.; Öffnungszeiten: Mai – Mitte Okt., Do. bis So. 12.00 – 16.00 Uhr). Das Joshua Hempsted House stammt aus dem Jahre 1678 und ist ein schönes Beispiel amerikanischer Kolonialarchitektur. Die Außenwände sind mit Seetang isoliert, die niedrigen Räume mit einfachen Möbeln der zweiten Siedlergeneration ausgestattet. Sein Enkel baute 1759 das Nathaniel Hempsted House, aus dessen schönem Original-Interieur der ungewöhnliche Backofen hervorsticht.

Ye Olde Towne Mill

Ein weiteres bemerkenswertes Überbleibsel aus der Kolonialzeit ist die unter einer Brücke des I-95 ziemlich deplaziert wirkende Ye Olde Towne Mill, deren Mühlrad auf das Jahr 1650 datiert.

Monte Cristo Cottage

Ein Denkmal am Hafen ehrt - auch wenn man ihn in New London lange für einen nichtsnutzigen Trunkenbold hielt – Eugene O'Neill (1888 – 1953), den berühmtesten Bürger der Stadt. Der große Dramatiker und Nobelpreisträger verbrachte viele Sommer im Monte Cristo Cottage seines Vaters. Eine Multimediashow macht mit dem Lebenswerk O'Neills bekannt. Zu sehen gibt es ferner zahlreiche Memorabilia aus seinem Leben (325 Pequot Ave.; Öffnungszeiten: Di. – Sa. 10.00 – 17.00, So. 13.00 – 17.00 Uhr).

Da war er noch brav:
Denkmal für Eugene O'Neill am Hafen

New London · *Connecticut*

An New Londons Vergangenheit als Walfanghafen erinnert dieses Wandgemälde.

US Coast Guard Academy

In dem modernen Gebäudekomplex der US Coast Guard Academy an der Mohegan Avenue werden junge Kadetten auf ihre Aufgaben bei der Küstenwache vorbereitet. Im Visitor Center zeigt eine Multimedia-Präsentation Szenen aus dem Alltag der Kadetten (Tampa St.; Öffnungszeiten: Mai–Okt. tgl. 10.00–17.00 Uhr).

*"USS Eagle"

Unterhalb des Besucherzentrums liegt ein berühmtes "tall ship" vor Anker: Der Dreimaster "Eagle" ist heute das Schulschiff der US-Küstenwache und wurde – Ironie der Geschichte – 1936 in Deutschland gebaut. Im Zweiten Weltkrieg von den Alliierten gekapert, legte sie später in New London an. Der Großsegler kann an Wochenenden von 13.00 bis 17.00 Uhr besichtigt werden, sofern es sich nicht gerade auf großer Fahrt befindet.

Lyman Allyn Art Museum

Das der Coast Guard Academy gegenüberliegende Lyman Allyn Art Museum beherbergt mit seiner "American Collection" einen interessanten Querschnitt durch das Kunstschaffen im Staate Connecticut. Besonders gut vertreten ist die Kolonialzeit. Neben hochkarätiger Kunst sind hier auch historische Spielsachen ausgestellt, darunter auch einige hübsche Puppenhäuser (625 Williams St.; Öffnungszeiten: Di.–Sa. 10.00–17.00, So. 13.00–17.00 Uhr).

Umgebung von New London

Mohegan Sun Resort & Casino

Ca. 6 mi/10 km nördlich von New London liegt die Ortschaft Uncasville zwischen dem Connecticut Turnpike und dem River Thames. Hier haben die Mohegan-Indianer 1996 ein Spielkasino eröffnet, das seitdem täglich mehrere Tausend Glücksritter anzieht. Die architektonisch ansprechende Anlage wird gegenwärtig erweitert und im Lauf des Jahres 2000 auch mit einer Marina am Thames River und diversen Vergnügungseinrichtungen aufwarten können.

Connecticut · New London

Gleich in der Nähe liegt an der CT 32 ein interessantes Museum, das sich mit der Kulturgeschichte der Östlichen Waldlandindianer beschäftigt (Öffnungszeiten: Mai – Sept. Di. – So. 10.00 – 15.00 Uhr).   Tantaquidgeon Indian Museum

Die Bretter, die vielen späteren Stars die Welt bedeuteten, liegen ein paar Meilen auf der CT 83 südwestlich von New London in dem Städtchen Waterford. Im Eugene O'Neill Theatre Center hatten Al Pacino, Meryl Streep und viele andere ihre ersten großen Auftritte. Während der alljährlich im Juli und August stattfindenden Playwright's Conference werden allerneueste Musicals und Theaterstücke aufgeführt. Der Besuch der Proben ist gratis. Die Historical Society von Waterford unterhält auf dem Jordan Green ein Colonial Village mit einem alten Schulhaus und verschiedenen Werkstätten, in denen alte Handwerke vorgeführt werden (Öffnungszeiten: Mitte Juni – Mitte Sept. Mo. – Fr. 13.00 – 16.00 Uhr).   Waterford

Maine

Fläche: 86 027 km²
Einwohnerzahl: 1,25 Mio.
Hauptstadt: Augusta
Zeitzone: Eastern
Beiname: Pine Tree State

Mit über 86 000 km² ist der Bundesstaat Maine in der äußersten Nordostecke Nordamerikas so groß wie die übrigen fünf Neuenglandstaaten zusammen. Seine Nachbarn im Norden sind die kanadischen Provinzen New Brunswick und Québec, im Westen und Süden grenzt es an New Hampshire. Maine präsentiert sich dem Neuenglandreisenden als herbe Schönheit, als rauher, ungeschliffener Kontrapunkt zu den eher manikürten Nachbarn. Sein Inneres ist von menschenleeren Wäldern bedeckt. Mehr als die Hälfte von Maine untersteht keiner Stadtverwaltung und ist als sog. "unorganized territories" die unbestrittene Domäne von Bibern, Wölfen und Elchen. Die wind- und wettergegerbte, extrem zerlappte Felsenküste bringt über 5600 km Küstenlinie zustande, Statistiker haben überdies rund 3000 vorgelagerte Inseln und Schären gezählt. Das bedeutet für den Besucher: Das touristische Maine findet vor allem an der Küste statt. Sandstrände gibt es auf dem knapp 100 km langen Küstenabschnitt zwischen Kittery und Portland, aber Vorsicht: Die kalte Maine-Strömung macht den Badespaß auch im Hochsommer zu einem nicht sonderlich warmen Vergnügen! Die höchste Erhebungen im Landesinneren sind im Baxter State Park der Mount Kathadin (1580 m ü.d.M.), dessen gigantische Granitkuppe weithin sichtbar über die endlosen Nadel- und Mischwälder ragt, und die noch immer beeindruckenden Ausläufer der White Mountains im Westen. Die letzte Eiszeit hinterließ hier zahlreiche schöne Seen, die heute bei Sportanglern als gute Adressen für ausgedehnte "fishing trips" klangvolle Namen haben.

Lage und Naturraum

Unterwegs in Maine wird man in Broschüren immer wieder den Wikingern begegnen. Sie sollen, so zumindest wollen es örtliche Fremdenverkehrsvereine, um 1000 n. Chr. die ersten Europäer an Maines Küsten gewesen sein. Bewiesen sind die Fahrten der Nordmänner jedoch ebensowenig wie diejenigen des italienischen Seefahrers in englischen Diensten, John Cabot, in den Jahren 1498 und 1499. Im Laufe des 16. Jh.s kreuzten immer wieder Kapitäne aus Europa vor Maine, ohne jedoch dauerhafte Siedlungen zu errichten. 1604 ankerte der Franzose Samuel de Champlain in den Gewässern um Mount Desert Island und überwinterte in der Siedlung St. Croix, bevor er, auf der Suche nach dem Seeweg nach China, nach Norden weitersegelte. 1607 gründeten Engländer beim heutigen Bath die ebenso kurzlebige Popham Colony und begründeten damit ihren Herrschaftsanspruch gegenüber der Konkurrenz aus Frankreich. 1635 überließ König Charles I. das Gebiet des heutigen Maine seinem Günstling Sir Ferdinando Gorges. Engländer und Franzosen kämpften während des gesamten 17. Jh.s um die Kontrolle dieser Küste. Während des Unabhängigkeitskriegs im 18. Jh. hielten die Engländer die Küste, im Krieg von 1812 litten die inzwischen amerikanischen Küstenorte unter englischen Überfällen.

Geschichte

◀ *Der beste Hummer kommt aus Maine. Zum Fang ist alles vorbereitet.*

Maine

Geschichte (Fortsetzung)

Bis weit ins 19. Jh. wurde Maine von Massachusetts mitregiert, da die Bay Colony das Territorium 1677 den Nachfahren Gorges' abgekauft hatte. Erst 1820 wurde aus Maine ein Bundesstaat. Kurz darauf trat es der Union bei und wurde danach noch einmal Gegenstand internationaler Querelen, als seine Nordostgrenze 1838 bis 1839 von den Briten in Kanada in Frage gestellt wurde. Ein erneuter Waffengang zwischen den USA und Großbritannien wurde jedoch 1842 durch den Webster-Ashburton-Vertrag, der den Grenzverlauf endgültig festlegte, abgewendet.
Maines Wirtschaft blühte in dieser Zeit. Die Quellen des Wohlstands waren Fischfang und Holzwirtschaft. Wiscasset, Bath und Searsports waren bedeutende Schiffsbauzentren. Die industrielle Revolution und Amerikas Expansion nach Westen trafen den Staat umso härter und mündeten in einen dramatischen Bevölkerungsschwund und eine nur halbwegs erfolgreiche Umstellung auf verarbeitende Industrien. Bis weit ins 20. Jh. dominierten Textil- und Papierindustrie, aber die Depression der dreißiger Jahre brachte Maine an den Rand des Bankrotts. Der Zweite Weltkrieg verhalf dem verarmten Staat vorübergehend wieder auf die Beine, die alten Schiffsbauzentren produzierten nunmehr Kriegsgerät für die Navy. Das Ende des Kriegs bedeutete jedoch auch das Ende des Booms und die Wiederaufnahme einer mühsamen Diversifizierung der schwankenden Wirtschaft. Der Tourismus wächst am schnellsten, und zwar nicht erst seitdem sich der ehemalige US-Präsident George Bush in Kennebunkport ein Sommerdomizil zulegte.

Bevölkerung

Von Maines 1,25 Mio. Einwohnern sind 98,5 % Weiße. Nur noch Vermont übertrifft diesen Wert. Ansonsten gibt sich Maine sehr bescheiden – die größte Stadt, Portland, hat gerade 64 400 Einwohner, gefolgt von Lewiston mit 39 800.

Wirtschaft

Holz heißt von jeher das Zauberwort im amerikanischen Nordosten. Die produktivste Branche in der verarbeitenden Industrie ist nach wie vor die Papier- und Zellstoffindustrie. Der Schiffsbau, einst ein prestigeträchtiges Aushängeschild und in vielen Küstenorten betrieben, hat schwere Einbußen erlitten und konzentriert sich heute in Bath; ein Teil der US-Atom-U-Boote wird in Kittery gewartet. Die Herstellung von Textilien und Lederwaren, vor allem Schuhe und Handtaschen, ist, wenngleich im Rückgang begriffen, noch immer von Bedeutung. Hingegen sind die Einnahmen aus dem Dienstleistungssektor, nicht zuletzt dank des Tourismus, in den letzten Jahren dramatisch gestiegen.
Reiche Kartoffelernten machen Maine zu einem der fünf produktivsten Erdäpfellieferanten der Vereinigten Staaten. Hauptanbaugebiete sind die Bezirke Aroostook, Piscataquis und Penobscot. Weitere "Cash Crops", allerdings meist für den örtlichen Bedarf angebaut, sind Mais, Bohnen, Erbsen und Äpfel. Rekordverdächtig: 98 % der amerikanischen Blaubeeren werden in Maine geerntet. Der Fischfang hat sich in den letzten Jahren etwas von der Kabeljaukrise erholt und konzentriert sich verstärkt auf Schaletiere. Am einträglichsten ist der Hummerfang. Die Jagd auf die gepanzerte Delikatesse macht den größten Teil der sich jährlich auf rund 210 Mio. $ belaufenden Fischereieinnahmen, mit anderen Worten: Über die Hälfte des amerikanischen Hummerfangs wird vor Maine aus dem Atlantik gehievt. In der Heringsverarbeitung und -verpackung ist der Staat führend. Maines Fischfabriken stoßen jährlich über 100 Millionen Fischkonserven aus.

Freizeit, Sport und Tourismus

Der bei weitem größte Teil des Tourismus konzentriert sich auf die Küste. An den Stränden und in den Buchten können Wassersportarten jeder Art betrieben werden. Segeltörns mit schnittigen Katamaranen und historischen Windjammern kann man in Camden, Bar Harbor, Rockland und Boothbay Harbor buchen. Hier legen auch Walbeobachtungsboote zum Rendezvous mit den sanften Riesen ab.
Landeinwärts sind die reißenden Flüsse Kennebec und Penobscot wahre Paradiese für White Water Rafter. Kanutouren sind auf allen Flüssen und Seen möglich, wobei der Allagash Wilderness Waterway besonders schön

Maine

ist. Der berühmte Appalachian Trail endet – oder beginnt – am Mount Katahdin im entlegenen Baxter State Park. Dieses Schutzgebiet ist von etlichen Hikingtrails unterschiedlicher Länge durchzogen und verspricht Wander- und Campingerlebnisse der Spitzenklasse.

Freizeit, Sport und Tourismus (Fortsetzung)

Acadia National Park · Mount Desert Island · *Maine*

Acadia National Park · Mount Desert Island   N 5

Region: Down East Acadia
Fläche: 142 km²
Gründungsjahr: 1919

Lage und
**Landesnatur

Hohe Berge und nackter Fels, tiefe Fjorde und idyllische Inlandseen: Die Broschüren preisen den einzigen Nationalpark Neuenglands als den Ort, "wo die Berge das Meer treffen" und gern auch als "Kombination aus Norwegen und Norditalien". Übertrieben ist das keineswegs. An Maines Nordküste ist Mutter Natur noch einmal zu Höchstform aufgelaufen und hat mit Mount Desert Island, auf welcher der größte Teil des Acadia National Park liegt, die unumstrittene "Perle in Neuenglands Krone" geschaffen. Mount

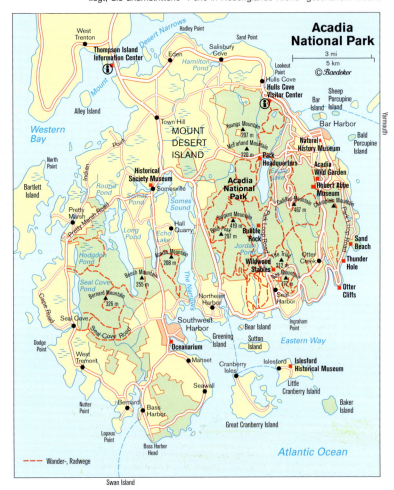

Maine · Acadia National Park · Mount Desert Island

Desert Island ist Maines größte Insel und hat, von Bostons Beacon Hill einmal abgesehen, die wohl höchsten Grundstückspreise Neuenglands. Durch einen Damm (ME 3) mit dem Festland verbunden, säumen hier Sommerhäuser dicht an dicht die Parkgrenzen, darunter veritable Residenzen, die von jeher den "Boston Brahmins" (s. S. 145) gehören. Hauptort der Insel ist der alte Fischerhafen Bar Harbor an der Nordostseite. Seitdem die reichen Bostoner und New Yorker den Ort Ende des vorigen Jahrhunderts als Sommerfrische entdeckten, lebt er vom Tourismus.

Lage und Landesnatur (Fortsetzung)

Den wenig gastfreundlichen Namen erhielt die Insel 1604 von dem in der Frenchman Bay ankernden Samuel de Champlain: Der Seefahrer aus Frankreich fand ihre felsigen Gipfel "bar aller Bäume" vor. In den nächsten 150 Jahren tummelten sich Engländer, Franzosen und verbündete Indianer in den buchtenreichen Gewässern, man bekriegte oder ignorierte sich, je nach der politischen Großwetterlage in Europa. Ende des 17. Jh.s erhielt Antoine de la Motte Cadillac die Insel zum Lehen, aber der Edelmann aus Montréal gründete lieber Detroit, als sich seinem Besitz zu widmen. Die ersten englischen Siedler kamen nach dem Ende des French and Indian War und lebten von Fischfang und Holzwirtschaft, von letzterer so gründlich, daß die Insel zu Beginn des 19. Jh.s tatsächlich einer Wüste glich. Immerhin blieb Mount Desert Island reizvoll genug, um ab 1850 nach Inspiration dürstende Landschaftsmaler anzulocken. Den Künstlern folgten die Lebenskünstler, die damals zugleich traumhaft reich waren und Rockefeller, Ford und Astor hießen. Sie kauften Land und verwandelten das Fischernest Bar Harbor in ein Luxusrefugium, das bald zum Synonym für "la dolce vita" à la Neuengland wurde. Den Umweltbewußten unter ihnen ist der Nationalpark zu verdanken: Eine engagierte Gruppe um John D. Rockefeller vermachte ihr Land zu Beginn des 20. Jh.s der Regierung mit der Auflage, die Natur für alle Zeit durch einen Nationalpark zu schützen.

Geschichte

✷✷Acadia National Park

Der Nationalpark ist ganzjährig geöffnet. Die beste Zeit für einen Besuch ist aber außerhalb der amerikanischen Ferien, denn im Juli und August ist der Park fest in der Hand amerikanischer Bustouristen und Großfamilien. Informationen erhält man im Thompson Island Information Center direkt an der ME 3 und vor allem im Hulls Cove Visitor Center am eigentlichen Parkeingang nordwestlich von Bar Harbor (Öffnungszeiten: Mai–Juni und Sept. bis Okt. 8.00–16.30, Juli und Aug. bis 18.00 Uhr). Im Nationalpark selbst gibt es nur zwei Campingplätze, Blackwoods auf der Ost- und Seawall auf der Westseite. Ansonsten sind außerhalb des Parkgeländes Unterkunftsmöglichkeiten aller Art vorhanden.

Saison Information Unterkunft

Auf der Grenze zwischen gemäßigtem und subarktischem Klima liegend, wartet der Acadia National Park mit einer bemerkenswerten, aus über 500 Baum- und Pflanzenarten und rund 300 Vogelarten bestehenden Flora und Fauna auf. Die schönsten Stellen des Parks werden von der Loop Road, einer zweispurigen Asphaltstraße, miteinander verbunden. Insgesamt 250 km Trails durchziehen den Park, zu dem auch die gegenüberliegende Schoodic Peninsula und die vorgelagerte Isle au Haut gehören.

Naturerlebnis

Im Mutterland der Autofahrer sind die schönsten Stellen natürlich auch per Auto erreichbar. Entwarnung für mitteleuropäische Naturfreunde: Hochbetrieb herrscht auf dieser knapp 50 km langen Aussichtsstraße nur während der amerikanischen Ferienmonate Juli und August. Viereinhalb Kilometer nördlich von Bar Harbor am Visitor Center in Hulls Cove beginnend, folgt die Loop Road zunächst der Ostküste von Mount Desert Island, um später zum Jordan Pond landeinwärts zu schwenken. Dabei führt sie an mächtigen, von Fichten und Kiefern bewachsenen Granitbrocken vorbei zu herrlichen Aussichtspunkten hoch über dem wogenden, weißbemützten Meer. Park- und Picknickplätze gibt es an nahezu allen Highlights. Man sollte

✷Park Loop Road

Acadia National Park · Mount Desert Island · *Maine*

*Einfach überwältigend:
Indian Summer in der Inselwelt des Acadia National Park*

Park Loop Road (Fortsetzung)

mehr als einen Tag für diese herrliche Aussichtsstraße einplanen: einen für die Erkundung von Mount Desert Island im Auto, einen weiteren für zumindest einen der vielen an der Loop Road beginnenden, gut ausgezeichneten Wanderwege ins wildromantische Innere des Nationalparks.
Hinweisschilder machen auf zahlreiche aussteigenswerte Punkte entlang der Loop Road aufmerksam. Frenchman Bay Overlook unweit des Visitor Centre öffnet einen weiten Blick über die gleichnamige azurblaue Bay zur gegenüberliegenden Schoodic Peninsula. Sand Beach ist der einzige Sandstrand im Park, ein hübscher, von Felsen eingeschlossener Sandstreifen, der als Badestrand allerdings nur abgehärteten Naturen empfohlen werden kann – die Wassertemperatur erreicht selbst im Hochsommer nur 16 °C. Thunder Hole heißt eine Unterwasserhöhle, die sich bei Flut füllt und die heranrollende Brandung durch ein kleines Loch grollend himmelwärts schießen läßt. Die Aussicht von den hoch aus dem Meer ragenden Otter Cliffs über die Frenchman Bay ist unvergeßlich. Kleine Pfade führen von der Terrasse steil hinab zum Wasser und sind nur etwas für austrainierte Wanderer mit guten Nerven. Hinter den Otter Cliffs verläßt die Loop Road die Küste und strebt durch felsiges Terrain zum stillen Jordan Pond.

Wandern

Ohne wenigstens einen der fünfzehn von der letzten Eiszeit und jahrtausendewährender Erosion rundgeschliffenen "Berge" des Parks – sie steigen steil aus dem Meer auf, werden aber nicht höher als 500 m – erklommen zu haben, sollte man den Acadia National Park nicht verlassen. Cadillac Mountain (505 m ü.d.M.), der höchste, ist – natürlich – auch per Auto zu "bezwingen": Am Nordende des Eagle Lake führt eine zweispurige Straße in engen Serpentinen auf die glatte Granitkuppe des Bergs. Für den phantastischen Rundblick über den Park und die Frenchman Bay nimmt man die vor allem im Hochsommer in Legionsstärke anrollenden Bustouristen gern in Kauf. Stiller geht es auf dem schönen, 4,6 km langen Jordan Pond Shore Trail rund um den Jordan Pond zu. Anspruchsvoller ist der Dorr Lad-

Maine · **Acadia National Park** · **Mount Desert Island**

der Trail. Er arbeitet sich über gewaltige Granitbrocken und enge, mitunter nur einen Meter breite Schluchten, wobei besonders schwere Stellen mit Leitern überwunden werden. Der Trailhead befindet sich unmittelbar südlich des Sieur des Monts-Parkeingangs an der Loop Road.

Wandern im Acadia National Park (Fortsetzung)

Und noch eines sollte man nicht auslassen: Fahrradfahren auf den Carriage Roads. Diese Wege ließ John D. Rockefeller als Privatstraßen anlegen, nachdem er mit seinem Plan gescheitert war, Desert Island autofrei zu halten. Heute kann hier jedermann Radfahren und Wandern und die vielen, ebenfalls von Rockefeller finanzierten "covered bridges" in Ruhe genießen. Fahrräder können vor Ort gemietet werden.

Fahrradtouren

In Bar Harbor werden Schiffsausflüge in die Welt der Schären und Walbeobachtungstouren angeboten. Und eines gehört hier natürlich auch dazu: eine Hummermahlzeit – am besten da, wo einige saubere Tische im Freien stehen und die Lobsters im Tank auf den Kochtopf warten.

Weitere Aktivitäten

Eine Autostunde östlich von Bar Harbor ragt auf der anderen Seite der Frenchman Bay die felsige Schoodic Peninsula ins Meer. Alte Kiefernbestände klammern sich hier an uralten Granit, eindrucksvolles Memento der Zeit vor dem Holzschlag. Schoodic Point, die Südspitze des Felsenfingers, bietet eine Postkartenaussicht auf die sich machtvoll über die Bay erhebende Silhouette von Mount Desert Island.

Schoodic Peninsula

Die mit 5 × 10 km winzige Felseninsel 10 km südlich von Deer Isle (→ Blue Hill Peninsula · Deer Isle) ist der vielleicht schönste Tagesausflug, den Neuengland zu bieten hat. Die Hälfte der Insel wird vom Acadia National Park verwaltet. Für die Verbindung zum Rest der Welt sorgt das für 60 Passagiere ausgelegte Postschiff "The Mink", das täglich zwischen Stonington auf Deer Isle und Duck Harbor auf Isle au Haut verkehrt (Abfahrt: 10.00 Uhr; Rückfahrt meist spätnachmittags, die genaue Uhrzeit gibt der Kapitän während der Hinfahrt bekannt). Von Duck Harbor aus führen herrliche Trails über die Insel, die 1604 von Samuel de Champlain ihren Namen erhielt. Ein Muß ist die Besteigung des 180 m hohen Duck Harbor Mountain, denn von seiner Kuppe reicht der Blick bis Mount Desert Island und zu den Camden Hills im Westen. Es gibt keine Übernachtungsmöglichkeiten.

*Isle au Haut

Wer von der Bostoner Elite nicht in Bar Harbor leben wollte, baute einst im ruhigeren Northeast Harbor an der Südspitze von Mount Desert Island. Die verschlafene Atmosphäre hat sich der hübsche, außerhalb des Nationalparks liegende Ort bewahrt. Stimmungsvolle, meist historische Restaurants, Pensionen und Hotels laden zu beschaulichen Tagen fern vom Trubel Bar Harbors ein. Ausflugsschiffe legen zu den Cranberry Isles ab.

Northeast Harbor

Ebenfalls still geht es in einem gartenbaulichen Kleinod zu: Die Asticou Terraces südlich außerhalb wurden 1928 von dem Bostoner Landschaftsarchitekten Joseph Curtis sehr naturnah gestaltet. Das manierierte Kontrastprogramm dazu liefern die anschließenden Thuya Gardens.

*Asticou Terraces

Im nahen Southwest Harbor kann man den Hummerfischern zusehen, wie sie ihren Fang anlanden. Noch einmal Hummer und anderes Meeresgetier aus den Küsten Maines werden im Mount Desert Oceanarium gehalten.

Southwest Harbor

Auf hohem Felsen über dem wogenden Atlantik thront das schwarzweiße Bass Harbor Lighthouse, eines der beliebtesten Fotomotive von Maine.

*Bass Harbor Head

Bar Harbor

Als größter Ort auf Mount Desert Island ist Bar Harbor mit seinen 4400 Einwohnern auch das Tor zum Acadia National Park. Seine Funktion als beliebter Ferienort verdankt es seiner Lage: Das Zusammentreffen von Land, Bergen und Meer zaubert eine zum Ausspannen geradezu ideale Atmo-

Lage und Allgemeines

Acadia National Park · Mount Desert Island · *Maine*

Bar Harbor (Fortsetzung)

sphäre. Bereits den alten "Boston Brahmins" war dies nicht entgangen. Um die Jahrhundertwende war Bar Harbor die beliebteste Sommerfrische der Superreichen Neuenglands nach → Newport in Rhode Island. Tycoons wie John D. Rockefeller, J. P. Morgan und Joseph Pulitzer hatten hier prachtvolle Sommerresidenzen, die von Heerscharen dienstbarer Geister instand gehalten wurden. Schon vor dem Zweiten Weltkrieg war es allerdings mit der Pracht wieder vorbei, dank Weltwirtschaftskrise und der Einführung der Einkommenssteuer. Die Milliardäre kehrten Bar Harbor den Rücken, das verheerende Feuer von 1947 tat ein übriges, indem es die leerstehenden Paläste in Schutt und Asche legte.

Heute ist von der einstigen Pracht kaum noch etwas zu sehen. Seit den sechziger Jahren steht Bar Harbor allen Einkommensklassen offen – mit allen Konsequenzen. Hotels, Motels und Pensionen säumen die Zubringerstraße, Souvenir- und T-Shirtshops, grelle Fastfoodläden und Eisdielen: Das einstige Luxusresort erinnert heute fatal an ähnlich überlaufene Orte wie Niagara Falls.

Bar Harbor bietet vieles: Ausflugsfahrten mit dem Segler oder einfach nur vom Hafencafé aus das Panorama genießen.

Was tun in Bar Harbor?

Als Ausgangspunkt für Exkursionen in den Acadia National Park und abendliche Streifzüge durch die besseren Restaurants ist es jedoch ideal. 1,5 km nördlich von Bar Harbor liegt im übrigen der Blue Nose Ferry Terminal. Von hier aus legt die schnellste Autofähre der USA, ein futuristisches Schnellboot in Katamaranbauweise, täglich nach Yarmouth im kanadischen Nova Scotia ab (Bay Ferries, Tel: 1 – 888.00 – 249.00 – SAIL). Bar Harbor ist auch ein beliebter Ausgangshafen für Walbeobachtungstouren. Zwischen Juni und Oktober bieten zahlreiche Veranstalter Exkursionen zu den sanften Riesen vor der Küste an. Eingefleischte Museumsgänger können sich ins Bar Harbor Historical Society Museum oder ins Natural History Museum aufmachen. Kinogängern mit Sinn für Nostalgie sei das Criterion Theater von 1932 empfohlen, denn es zeigt nicht nur gute Filme, sondern ist noch original im Art Deco eingerichtet.

Maine · Augusta

Augusta M 5

Region: Kennebec and Moose River Valleys
Höhe: 15,5 m ü.d.M.
Einwohnerzahl: 21 300
Telefonvorwahl: 207

Seit 1827 Hauptstadt von Maine, ist Augusta das, was man in Amerika gemeinhin "low key" nennt: sauber, unauffällig und kaum für Touristen herausgeputzt. Die 1797 nach einer Generalstochter benannte Stadt liegt am Ende des schiffbaren Teils des Kennebec River und wird von Regierungsgebäuden geprägt sowie an den Stadträndern von verarbeitender Industrie, vor allem Fleischverarbeitung und Computerindustrie. 1628 begann Augusta als Handelsposten der Pilgerväter der Plymouth Colony, 1754 legten die Engländer am Ostufer das Fort Western an. Sehenswert ist vor allem der Capital District auf dem Westufer des Flusses. Er konzentriert sich rund um die State Street und besteht aus dem State House, dem Maine State Museum und repräsentativen Regierungsgebäuden.

Lage und Allgemeines

Nett, klein und unauffällig – Augusta ist zwar die Hauptstadt von Maine, aber trotzdem "low key USA".

Sehenswertes in Augusta

Der von einer gewaltigen Kuppel gekrönte Regierungssitz wurde von Charles Bulfinch entworfen und zwischen 1829 und 1832 erbaut. Im Laufe der Zeit wurden zahlreiche Veränderungen an dem aus Maine-Granit bestehenden Gebäude vorgenommen, doch der elegante Portikus und die Säulenfassade tragen noch unübersehbar die Handschrift des berühmten Bostoner Architekten (State & Capitol Sts.; Öffnungszeiten: Mo.–Fr. 8.00 bis 17.00 Uhr).

State House

Bangor · *Maine*

Augusta (Fortsetzung) Maine State Museum	Das im Statehouse Complex untergebrachte Museum widmet sich der Geschichte Maines und seiner Menschen. Die Ausstellung "This Land Called Maine" nähert sich dem Staat naturwissenschaftlich, "Made in Maine" beleuchtet die Industriegeschichte, "12 000 Years in Maine" schließlich beschäftigt sich mit den prähistorischen Bewohnern (Öffnungszeiten: Mo. bis Fr. 9.00 – 17.00, Sa. 10.00 – 16.00 Uhr).
Old Fort Western	Ein Stück rauhes Frontierleben im sonst so gepflegten Neuengland: An der Stelle des Handelspostens der Pilgerväter errichteten die britischen Kolonialherren im Jahr 1754 zum Schutz gegen Überfälle der nicht freundlich gesonnenen Indianer das Fort Western. Nie ernsthaft geprüft, diente es in der Folgezeit als Versorgungsstation für die Forts weiter flußaufwärts. Heute gilt Old Fort Western als ältestes noch existierendes Holzfort Neuenglands. Ein Spaziergang über die aus trutzigen Palisaden und wuchtigen Blockhäusern bestehende Anlage vermittelt einen lebhaften Eindruck vom harten, unsicheren Dasein der weißen Pioniere an der Grenze zum unbebauten Westen. Die kostümierten Guides kennen zahllose spannende Geschichten aus dem Siedleralltag (16 Cony St.; Öffnungszeiten: Mo. – Fr. 10.00 – 16.00, Sa. – So. 13.00 – 16.00 Uhr).

Bangor N 5

Region: Kathadin / Moosehead / Penquis Region
Höhe: 7 m ü.d.M.
Einwohnerzahl: 33 200
Telefonvorwahl: 207

Lage und Allgemeines	Dort, wo das Wasser des in den Atlantik hinabfließenden Penobscot River noch zu flach ist für die Schiffahrt und die endlosen Wälder im Landesinneren allmählich ins Blickfeld rücken, liegt Bangor. Die Kleinstadt an der Interstate 95 ist das wirtschaftliche und kulturelle Zentrum von Maines Norden. Als Holzfällercamp gegründet, entwickelte sich der Ort rasch zu einem wichtigen Holzlieferanten Großbritanniens. Eine Blütezeit erlebte Bangor dann in den 1830er Jahren: Damals war die Stadt als "lumber capital of the world" der größte Holzumschlaghafen der Welt – und ihr Hafenviertel als "Devil's Half-Acre" berüchtigt für seine Massenschlägereien und Trinkgelage, bei denen Holzfäller und Seeleute tatkräftig für Bangors einschlägigen Ruf sorgten. Herausragende Sehenswürdigkeiten gibt es kaum – es sei denn, man ist ein Fan von Horror-Schriftsteller Stephen King. Der weltberühmte Bestsellerautor ist trotz seines Mega-Erfolges seiner Heimatstadt treu geblieben und lebt ganz in der Nähe und stilecht in einem Haus, das von einem Spinnweben- und Fledermauszaun umgeben ist. Am nächsten kommen ihm Normalsterbliche in Betts Bookstore (26 Main St.). Der älteste Buchladen der Stadt hat alle je gedruckten King-Titel als Paperback und Hardcover auf Lager, dazu auch viele von King handsignierte Titel.

Sehenswertes in Bangor

Paul-Bunyan-Statue	Heute erinnert so gut wie nichts mehr an die Flegeljahre der Stadt, abgesehen von einer knapp 10 m hohen Statue des mythischen Holzfällers Paul Bunyan an der unteren Main Street. In seiner Gestalt vereinigen sich die Sagen und Legenden der Region von übermenschlich starken, trinkfesten Loggern zu den sog. "tall tales", bei denen die Wahrheit nicht allzu ernst genommen wird.
Cole Land Transportation Museum	Hier handelt es sich um ein Museum für ausgesprochene Spezialisten, denn es stellt über 200 Kutschen und sonstige Gefährte aus ländlichen Gegenden aus (405 Perry Rd.).

Bath

M 6

Region: Mid Coast Region
Höhe: 1 m ü.d.M.
Einwohnerzahl: 9800
Telefonvorwahl: 207

Auch demjenigen, der auf der Carlton Bridge hoch über dem Kennebec River an Bath vorbeifährt, teilt die Arbeiterstadt ihren Hauptarbeitgeber mit: Schiffsbau. Fregatten für die amerikanische Marine, Fracht- und Containerschiffe – bei Bath Iron Works unterhalb der schwarzen Stahlbrücke laufen Schiffe jeder Größe und Bestimmung vom Stapel. Baths goldene Zeit liegt allerdings weit zurück. Im 18. und 19. Jh. war es der Heimathafen einer großen Handelsflotte mit Verbindungen bis nach China. Während der beiden Weltkriege produzierte Bath erfolgreich Kriegsschiffe. Das Ende des Kalten Kriegs und die weltweite Abrüstung brachten das Städtchen jedoch an den Rand des Ruins. Die Umstellung auf Frachtschiffe hat die Talfahrt vorerst gestoppt.

Lage und Allgemeines

Nostalgische Schilder kunden vom Selbstbewußtsein in der Schiffsbauerstadt Bath.

Sehenswertes in Bath

Mit seiner historischen Werft, zahlreichen Ausstellungsräumen und Bootsbauerkursen, die traditionelle Bootsbautechniken weitervermitteln, pflegt dieses schöne Museum am Ufer des Kennebec River das maritime Erbe Maines. In fünf Gebäuden wird mit Hilfe historischer Fotografien und altem Schiffsbauwerkzeug die Geschichte der Percy und Small Shipyards, die einst die größten Segelschiffe der Welt bauten, nacherzählt. Im "apprenticeshop" können Besucher jungen Schiffsbauern über die Schulter schauen. Die Ausstellung "Lobstering and the Maine Coast" beschreibt die

*Maine Maritime Museum

Baxter State Park · *Maine*

Bath,
Maine Maritime Museum
(Fortsetzung)

200jährige Geschichte des Hummerfangs und seine wachsende Bedeutung im Zeichen der Fischereikrise. Von der Pier der Werft blickt man auf die Werftanlage von Bath Iron Works und dessen 130 m hohen Kran (243 Washington St.; Öffnungszeiten: tgl. 9.30 – 17.00 Uhr).

Umgebung von Bath

Popham Beach State Park

Nach 16 mi / 26 km auf der ME 209 von Bath Richtung Süden erreicht man Popham Beach. Im Jahre 1607 errichteten englische Siedler am Ende der schmalen Landzunge die Popham Colony, eine der ersten britischen Kolonien auf nordamerikanischem Boden. Allerdings blieb es bei einem Versuch: Bereits ein Jahr später war die junge Kolonie am Ende. Eine bemerkenswerte historische Fußnote wurde dennoch hinterlassen. Die überlebenden Siedler kehrten auf dem vor Ort gezimmerten 30-Tonnen-Segler "Virginia", dem ersten von Engländern in der Neuen Welt gebauten Schiff, sicher in die alte Heimat zurück. Popham Beach heute ist ein verschlafenes Örtchen mit hübscher weißer Kirche, einem General Store und ein paar hübschen Pensionen am Wasser. Fort Popham, eine während des Sezessionskriegs an der Mündung des Kennebec River von der Union gebaute Festung, kann besichtigt werden. Der schönste Küstenabschnitt ist als Popham Beach State Park geschützt und mit seinem langen weißen Badestrand und den vorgelagerten, bei Ebbe zu Fuß erreichbaren Felseninseln eines der fotogensten Badeziele Neuenglands.

Brunswick

Brunswick liegt wenige Meilen westlich von Bath und ist mehr als doppelt so groß wie dieses. Zwei Museen sind hier einen Besuch wert.
Das Museum of Art des Bowdoin College – dort studierten u. a. Nathaniel Hawthorne und Henry W. Longfellow – zeigt eine kleine, aber feine Sammlung europäischer und amerikanischer Malerei des 19. Jh.s nebst antiken Stücken. Um die Arktis geht es in dem den beiden Polarforschen Robert E. Peary und Donald MacMillan gewidmeten Museum, das ebenfalls zum College gehört (Öffnungszeiten beider Museen: Di. – Sa. 10.00 – 17.00, So. ab 14.00 Uhr).

Baxter State Park   M / N 3 / 4

Region: Katahdin / Moosehead / Penquis Region
Fläche: 810 km²

Lage und
**Landschaftsbild

Der Baxter State Park ist ein Geschenk, und zwar in doppelter Hinsicht. Im übertragenen Sinn als große, menschenleere Wildnis ist er Neuenglands grüne Lunge und ein Paradies für Outdoorfans, als tatsächliche Schenkung gelangte er in den Besitz des Bundesstaats Maines: Sein Besitzer, der frühere Gouverneur Percival Proctor Baxter (1876 – 1969), vermachte den Park dem Volk von Maine mit der Auflage, ihn für immer im Naturzustand zu belassen. 1931 wurde der Baxter State Park unter diesem Namen für die Allgemeinheit eröffnet, 1962 erreichte er durch eine letzte Schenkung Baxters seine heutige Größe. Seitdem ist er Neuenglands größter Zufluchtsort für Elche, Hochwild, Bären und Biber, eine Wildnis, die Autofahrern nicht annähernd so gut erschlossen ist wie die z. B. → White Mountains, NH, und sich nur dem Wanderer in ihrer ganzen herben Schönheit präsentiert. Der Park liegt 70 mi / 112 km auf der I-95 nördlich von → Bangor. Die nördlich und westlich anschließenden Waldgebiete werden von der North Maine Woods Inc. wirtschaftlich genutzt.

Saison
Information
Unterkunft

Die Zufahrten zum Park sind von Mitte Mai bis Mitte Oktober täglich von 8.00 bis 16.00 Uhr geöffnet. Geländewagen, Motorräder und übergroße Mobil Homes sind nicht zugelassen. Der Park hat mehrere Eingänge; zu empfehlen sind von Bangor aus der Nordosteingang (I-95 und ME 159

Maine · **Baxter State Park**

über Patten) und der Südeingang (I-95 und ME 157 über Millinocket). In diesem kleinen Ort befindet sich auch das Park-Hauptquartier (Baxter State Park Authority, 64 Balsam Dr., Millinocket 0462). Es gibt keine Hotels im Park und nur zehn primitive Campingplätze, die lange im voraus und nur direkt per Post im Parkhauptquartier gebucht werden können. Dort und bei den Rangern am Eingang erhält man Karten und Infomaterial.

Saison
Information
Unterkunft
(Fortsetzung)

Von den Haupteingängen aus führen alle Straßen auf die Park Road, die als einzige den Park durchquert. Sie ist wie die übrigen Straßen schmal und unbefestigt und öffnet nur selten den Blick auf das Hinterland.

Park Road

Kanuwandern im Angesicht des Mount Katahdin. Der Baxter State Park ist ein Paradies für Naturliebhaber.

Auf den Hiker warten jedoch über 300 km Wanderwege. Ein Gutteil davon gehört zum berühmten Appalachian Trail, der den Park im Südwesten durchquert und auf dem Gipfel des höchsten Berges Maines endet. Der Mount Katahdin (1605 m ü.d.M.) ist das herausragende geologische Ereignis in der durch bewaldete Höhenzüge charakterisierten Landschaft. Ein mehrere Fußballfelder großer Block aus Granit krönt seinen Gipfel, was ihm Eingang in die Mythen der Ureinwohner, für die er der Sitz des Gottes Pamola war, verschaffte. Die meisten Wanderwege durchziehen den Süden des Parks. Lohnend ist vor allem der Sandy Stream Pond Trail (2,5 km), von dem aus man einen guten Blick auf den Mount Katahdin hat, und der Hunt Trail (16,8 km), der in einer anstrengenden Tagestour auf den Gipfel des Mount Katahdin und zurück führt. Wegen der Unerschlossenheit des Parkareals müssen sich Wanderer und Camper vor Beginn ihrer Touren unbedingt vom Parkranger am Eingang registrieren lassen.

Wanderungen

**Mount Katahdin

Für Kanuten bietet der Allagash Waterway eine 100 mi/160 km lange Strecke durch eine waldreiche Seen- und Flußlandschaft, teilweise mit stürmischen Abschnitten. Mit seinen Stromschnellen und Landbrücken, wo das Kanu zum nächsten See hinübergetragen werden muß, erfordert er

*Allagash Waterway

Bethel · White Mountains National Forest · *Maine*

Baxter State Park, Allagash Waterway (Fortsetzung)

rund acht Tage Zeit und vor allem eine gute Kondition. Bei einer Rast am Ufer sollte man den Baumgürtel allerdings nicht allzuweit durchqueren, denn dahinter offenbart sich die von der Holzwirtschaft hinterlassene Brachfläche. Bester Einstieg in den Allagash Waterway ist der Chamberlain Lake westlich des Baxter State Parks; er endet im Städtchen Allagash im Norden.

Bethel · White Mountains National Forest L 5

Region: Western Maine Mountains
Höhe: 212 m ü.d.M.
Einwohnerzahl: 2500
Telefonvorwahl: 207

Lage und Allgemeines

Bethel liegt zu Füßen der weiter westlich in die White Mountains übergehenden Mahoosuc Mountains. Durch den Ort fließt der Androscoggin River träge dem Atlantik zu. 1774 als Sudbury-Canada gegründet, ist Bethel einer der ältesten Orte im bergigen Nordwesten Maines. Indianerüberfälle und der Unabhängigkeitskrieg verlangsamten seine Entwicklung, doch zu Beginn des 19. Jh.s stieg Bethel, von der Portland-Montréal-Bahn profitierend, zu einem bedeutenden Handels- und Holzumschlagsplatz auf. Mit der Bahn kamen die Touristen, aber ein Resortstädtchen wurde der Ort nie. Erst Mitte der 1980er Jahre entrissen junge Unternehmer Bethel dem Dornröschenschlaf. Sie verwandelten das nahegelegene Sunday River Ski Resort in ein erfolgreiches Freizeitgebiet.

Beschauliche Ausflugsbasis

Von der sterilen, auf Schwarzwaldromantik getrimmten Atmosphäre so manch anderer Skiresorts Neuenglands ist Bethel jedoch weit entfernt. Dominiert wird das Stadtbild noch immer vom Bethel Common und vom hübschen Bethel Inn, einem altmodischen Resort, in dem ursprünglich die Patienten des berühmten Nervenarztes Dr. John Gehring untergebracht waren. Heute ist Bethel eine ideale Basis für Touren in die White Mountains, auch hinüber nach New Hamshpire (s. S. 227), und mit seinen gemütlichen alten Pensionen, die meisten davon im historischen Distrikt, eine beschauliche Alternative zu den touristischeren Orten weiter westlich.

*Evans Notch

Weiter westlich von Bethel wird das Terrain zusehends rauher und wilder. Eines der schönsten unbewohnten Täler der White Mountains ist auf der ME 2 Richtung Westen zu erreichen. Nach 16 ml/25 km liegt man bei Gilead links ab auf die ME 113 Richtung North Chatham ab. Die schmale, eng an die steilen Berghänge geschmiegte Straße verläuft hoch über dem tief ausgekerbten Cold River Valley. Hin und wieder sind die bis in den Hochsommer schneebedeckten Gipfel der White Mountains zu sehen.

*Grafton Notch State Park

Bereits der Weg zu diesem Park ist das Ziel. Von Bethel aus folgt man der ME 26 für 25 mi/40 km in nordwestliche Richtung, zunächst durch das fruchtbare Bear River Valley, dann ansteigend durch dichten Mischwald und grauen Fels. Stärker befahren ist die Straße nur im Juli und August, wenn die Frankokanadier aus Québec auf ihr Richtung Küste streben. Von öffentlichen Parkplätzen am Straßenrand führen schöne Trails zu landschaftlichen Juwelen: zu den Screw Auger Falls, wo der Bear River fotogen über mehrere Stufen stürzt, und zu den Mother Walker Falls, von denen aus Old Speck Mountain (1274 m ü.d.M.) zu sehen ist, Maines dritthöchster Berg. Wo die ME 26 den Appalachian Trail kreuzt, kann man auf dem nicht sehr anstrengenden Eyebrow Trail zur über 240 m hohen Eyebrow-Felswand marschieren und von dort schöne Ausblicke auf das Bear River Valley genießen.

Rangeley Lakes

Kanuten finden ihr Paradies 60 mi/96 km nördlich von Bethel in den Rangeley Lakes. Gänzlich unerwartet aber in dieser Gegend und nur etwas für

Maine · Blue Hill Peninsula · Deer Isle

echte Spezialisten ist das "Orgonon" genannte Haus des umstrittenen Wiener Psychoanalytikers Wilhelm Reich, der sich 1942 hier niederließ (Öffnungszeiten: Juli und Aug. Di. – So. 13.00 – 17.00 Uhr, Sept. nur So.).

Bethel, Rangeley Lakes (Fortsetzung)

Blue Hill Peninsula · Deer Isle N 5

Region: Down East / Acadia Region

Zurück in die Vergangenheit: Der Abstecher von → Bucksport in Richtung Meer an die Ostseite der Penobscot Bay gleicht einer Reise in die Zeiten vor Interstates und Fastfood. Dichte Wälder, fette Weiden und verschlafene Nester, an der Küste winzige Fischerhäfen, deren Familien seit Menschengedenken den köstlichen Hummer aus der Tiefe hieven, prägen die Blue Hill Peninsula und die vorgelagerte Insel Deer Isle, die per Dammstraße mit dem Festland verbunden ist. Nur wenige Touristen verirren sich hierher. Wer aber Sinn hat für stille Landstraßen, die am Meer oder plötzlich einfach so enden, wird hier auf seine Kosten kommen.

Lage und Allgemeines

※Rundfahrt

Für die 96 mi / 154 km lange Rundfahrt sollte man mindestens einen halben Tag veranschlagen. Dazu verläßt man Bucksport auf der US 1 nach Norden und biegt wenig später bei Orland auf die ME 175 nach Süden ab.

Eines der schönsten Städtchen des Bundesstaats: großzügige, liebevoll gepflegte Villen und Häuser aus dem 18. und 19. Jh. und vor allem Bäume, Bäume. Ältere Amerikaner schwören, so habe es einst an der gesamten

※※**Castine**

Blühende Preiselbeerfelder, umgeben von Wäldern, im Hintergrund ein Meeresarm – auf Deer Isle geht es ruhig zu.

Blue Hill Peninsula · Deer Isle · *Maine*

Castine (Fortsetzug)

Ostküste ausgesehen. Mächtige alte Ulmen säumen die gepflegten Straßen, schattige Alleen spenden im Sommer erfrischende Kühle und laden zu geruhsamen Spaziergängen ein.

Dabei ging es in der 16 mi/25 km südlich der US 1 liegenden 1200-Einwohnerstadt einmal alles andere als ruhig zu, denn Holländer, Franzosen und Briten stritten sich um den strategisch wichtigen Hafen. Ein französisches Fort stand 1613 am Anfang, aber erst 1760 machten die Briten ernst mit der permanenten Besiedlung. Während des Unabhängigkeitskriegs fügten sie den aufständischen Amerikanern hier eine peinliche Niederlage zu, als eine Handvoll britischer Schaluppen 40 anrückende Patriotenschiffe in die Flucht schlug. 1783 ging das britische Fort George dennoch in amerikanische Hände über, nur im Krieg von 1812 kehrten die britischen Besatzer vorübergehend zurück.

Maine Maritime Academy

Der Marine ist das Städtchen bis heute treu geblieben. Seit 1941 ist es Sitz der renommierten Maine Maritime Academy, deren ozeanographische Fakultät landesweit gerühmt wird. Die an der Pier der Akademie vor Anker liegende "State of Maine", ein 165 m langes Schulschiff und ehemaliger Truppentransporter im Vietnamkrieg, ist nicht zu übersehen, denn sie überragt buchstäblich den Hafen (Besichtigung: tgl. 12.00–16.00, Sa. ab 9.00 Uhr). Das Wilson Museum enthält ein liebenswertes Sammelsurium an prähistorischen Artefakten aus aller Welt (Perkins St.; Öffnungszeiten: Memorial Day–Sept. Di.–So. 14.00–17.00 Uhr). Gleich daneben steht das detailgenau restaurierte John Perkins House, das älteste Haus des Orts und britische Offiziersunterkunft im Krieg von 1812 (Öffnungszeiten: Juli–Aug. Mi. u. So. 14.00–16.45).

*Deer Isle

Um nach Deer Isle zu gelangen, fährt man von Castine wieder ein Stück zurück und dann auf der ME 175 nach Süden. Die Insel ist tatsächlich das, was gern mit "off the beaten tracks" ("abseits der Touristenpfade") beschrieben wird. Stille Landstraßen kurven durch dunkle Wälder und vorbei an gepflegten Farmen, die seit vielen Generationen in Familienbesitz sind. Brücken und Dämme verbinden Inseln und verkürzen Wege um tief eingeschnittene Buchten. Hin und wieder macht ein Bildhauer oder Maler mit einem selbstgemalten Schild am Straßenrand auf sein Atelier aufmerksam. Das Stöbern hier lohnt sich, nicht wenige Künstler aus den Städten lassen sich von der pastoralen Idylle inspirieren. Zwischen dem Ort Deer Isle und Stonington liegt die angesehene und architektonisch interessante Haystack Mountain School of Crafts, die in den Monaten Juli und August für Besucher öffnet.

Stonington

Gemütliche Unterkünfte gibt es im Ort Deer Isle sowie im kleinen Fischerhafen Stonington an der Südspitze der Insel. Stonington besteht aus einer parallel zum Hafen verlaufenden Main Street, um die herum sich kleine Holzhäuser in allen Renovierungsstadien gruppieren. Verbeulte Pickups karren den Tagesfang landeinwärts, draußen am Kai spritzen Fischer in Ölzeug die Decks ihrer Kutter sauber. Stonington ist Maine noch vor dem Tourismus, wenn auch die Main Street bummelnden Urlauber unübersehbar sind. Viele von ihnen nutzen den Ort als Basis für Tagestouren

Isle au Haut

hinüber zur Isle au Haut (→ Acadia National Park). An der Main Street liegt auch das Deer Isle Granite Museum, das über den Granitabbau auf Crotch Island informiert.

Blue Hill

Zurück auf dem Festland, biegt man rechts auf die ME 175 ein und fährt nach Blue Hill. Dort ist zwar nicht viel los, doch die schönen Steinhäuser zwischen dem Ufer der Blue Hill Bay und dem knapp 300 m hohen Blue Hill lassen vermuten, daß dies genau der Grund für die anhaltende Popularität des Orts als Refugium für Großstadtneurotiker ist – die auf Gewohntes allerdings nicht verzichten wollen, denn Buch- und Möbelläden und hochwertige Kunsthandwerkshops, u. a. mit sehr schöner Töpferei, säumen die Hauptstraße. Neben einer Kaffeepause in einem der hübschen Bistros ist auch der Ausblick von der Spitze des Blue Hill zu empfehlen, reicht er bei klarem Wetter doch bis zu den Camden Hills (→ Camden) und nach Mount Desert Island.

Camden · Rockland

M 5

Region: Mid Coast
Telefonvorwahl: 207

Camden

"Eine der schönsten Lagen Neuenglands": Die sonst mit Superlativen eher verschwenderisch umgehende Tourismuswerbung findet bei Camden einfache Worte. Alle anderen Adjektive erübrigen sich auch schlichtweg. Denn das pittoresk zu Füßen der bewaldeten, steil aufragenden Camden Hills liegende und 5100 Einwohner zählende Hafenstädtchen ist seit über 100 Jahren Ziel der wassersportbegeisterten Ostküstenelite. Ihre repräsentativen, in allen einst fashionablen Stilen oszillierenden Häuser prägen die schattigen Seitenstraßen des Ortes noch immer, üppige Blumengärten mit exotischen Sträuchern und Bäumen bilden den geschmackvollen Rahmen. Blumen über Blumen auch im kompakten Zentrum, von wo aus der Yachthafen immer und zu jeder Zeit zu sehen ist und Restaurants, Bistros und geschmackvolle Boutiquen an der Main Street und in den zum Hafen führenden Gassen liegen. Prächtige Windjammer jeder Größe liegen dort vor Anker, denn Camden ist, zusammen mit Rockland, der Hauptort für Windjammer-Kreuzfahrten in den USA.

**Lage und Allgemeines

2 mi/3 km nördlich von Camden erreicht man auf der US 1 den Eingang zum Camden Hills State Park, der den schönsten Abschnitt der bis ans Meer reichenden Camden Hills schützt. Eine gebührenpflichtige Aussichtsstraße arbeitet sich auf die Granitkuppe des Mount Beattie (264 m ü.d.M.) hinauf. Die spektakuläre Rundumsicht umfaßt Camden, den Hafen, weite Teile der Inselwelt der Penobscot Bay und die grün gewellte Endlosigkeit des bergigen Hinterlands. Zahlreiche Wanderwege gehen von hier aus. Vor allem empfehlenswert: der am Campingplatz beginnende Megunticook Trail, eine einstündige Anstrengung, die mit einem phantastischen Blick auf den Hafen belohnt wird.

*Camden Hills State Park

Rockland

Rockland liegt nur wenige Meilen südlich von Camden am Südwestausgang der Penobscot Bay. Lange hatte das Städtchen kaum etwas mit den restaurierten Schmuckstücken in der Nachbarschaft zu tun, denn es war immer eine Arbeiterstadt – in diesem Fall Hafen- und Werftarbeiter. Deswegen auf der US 1 an der geschäftigen Hafenstadt vorbeizufahren, wäre jedoch schade. Denn angesichts der stockenden Fischerei haben findige Stadtväter den Tourismus als Geldquelle entdeckt und mehr oder weniger zutreffende Werbesprüche ausgegeben: Sie nennen Rockland selbstbewußt "Schooner Capital of the World" und "Lobster Capital of the World", Titel, denen man nach einer Entdeckungstour gern zustimmt. Tatsächlich ist Rockland einer der beiden geschäftigsten Ausgangspunkte – Camden ist der andere – für Windjammertouren vor Maines Küste. Das Anfang August stattfindete Maine Lobster Festival rückt die gepanzerte Delikatesse der Tiefe in den Mittelpunkt des allgemeinen Interesses. Zahllose Imbißbuden locken dann am Hafen mit frischem Hummer direkt aus dem Kessel.

"Schooner Capital of the World"

*Maine Lobster Festival

Klein, aber fein könnte das Motto dieses hervorragenden Kunstmuseums an der Main Street auch lauten. Der Schwerpunkt liegt auf Künstlern mit Beziehungen zu Maine: Mit dem Vermögen der Stifterin Lucy Farnsworth konnten exquisite Gemälde und Skulpturen angeschafft werden, darunter von Winslow Homer, Rockwell Kent, Andrew und Jamie Wyeth und Louise Nevelson (Öffnungszeiten: Juni – Sept. Mo. – Sa. 9.00 – 17.00, So. 12.00 bis 17.00, sonst Di. – Sa. 10.00 – 17.00, So. 13.00 – 17.00 Uhr).

*Farnsworth Museum

"Eine der schönsten Lagen Neuenglands" – wer möchte da widersprechen, besonders wenn noch der Indian Summer Camden leuchten läßt.

Cobscook Bay · *Maine*

Rockland (Fts.) Shore Village Museum	Noch ein nettes Museum, jedenfalls für diejenigen, denen eine große Sammlung von Leuchtfeuerlinsen aus Leuchttürmen etwas sagt (Öffnungszeiten: Mitte Juni – Okt. tgl.).
Owls Head Transportation Museum	In einem alten Hangar südlich von Rockland präsentiert das Owls Head Transportation Museum Motoen-, Auto- und Flugzeug-Oldtimer, darunter auch einen Rolls Royce Phantom aus den zwanziger Jahren (Öffnungszeiten: April – Okt. tgl. 10.00 – 17.00, übriges Jahr bis 16.00 Uhr).
Windjammer-Fahrten	Mehr als ein Dutzend Windjammer bieten von Rockland bzw. Camden aus ein- und mehrtägige Törns in die Inselwelt der Penobscot Bay an. "Daysailers" unternehmen Fahrten von einigen Stunden Dauer und können am selben Tag gebucht werden. Mehrtägige Trips, je nach Größe des Schiffs mehr oder weniger komfortabel, müssen vorab gebucht sein. Informationen über die Schiffe und die Angebote erhält man bei der Maine Windjammer Ass., PO Box 1144, Blue Hill, ME 04614, Tel. 1-800-807-94 63.

Cobscook Bay   O 5

Region: Down East / Acadia

Lage und *Landschaftsbild	Im äußersten Nordostzipfel der Vereinigten Staaten läuft Maines Küste ein letztes Mal zu Hochform auf. Von der größeren Passamaquoddy Bay durch einen knapp 5 km breiten Durchlaß getrennt, liegen an den Gestaden der Cobscook Bay winzige, untouristische Fischerdörfer. Die bis zu 7 m hohen Gezeitenunterschiede lassen die Kutter bei Ebbe auf der Seite im Schlick liegend zurück – ein ungewöhnlicher, fotogener Anblick. Wie tief die buchtenreiche Bay ins Landesinnere dringt, verdeutlichen zwei Zahlen: Die einander gegenüber liegenden Fischerhäfen Eastport und Lubec liegen nur 5 km Luftlinie, aber 64 km zu Lande auseinander.

Sehenswertes an der Cobscook Bay

Lubec	In Lubec sieht Amerika die Sonne zuerst aufgehen. Das Fischerdorf, die östlichste Siedlung der USA, wurde 1780 gegründet und erhielt sofort dank des florierenden Schmuggels einen gehörigen Wachstumsschub: Handelsschiffe mit Kurs auf Europa kehrten bereits wenige Tage später – auf wundersame Weise voll beladen mit europäischen Gütern – nach Lubec zurück. Des Rätsels Lösung: Die Kapitäne hatten im preiswerteren Kanada geladen und profitierten nun von den höheren Preisen in den USA. Im 19. Jh. stellte Lubec auf Fischverarbeitung um.
Machias Seal Island	Heute ist der auf einer felsigen Halbinsel liegende Ort bei Besuchern beliebt als Ausgangspunkt für Bootsexkursionen nach Machias Seal Island, wo Robben- und Papageientaucherkolonien aus nächster Nähe beobachtet werden können. Walbeobachtungstouren werden ebenfalls veranstaltet. Die Franklin Delano Roosevelt International Bridge verbindet Lubec zur bereits zu Kanada gehörenden Campobello Island.
*Quoddy Head Statepark	26 m über dem wogenden Atlantik thront auf hoher Klippe das 1808 erbaute, rotweiß gestreifte Quoddy Head Lighthouse. Dies ist der östlichste Punkt der USA und daher auch ein Ziel für Besucher mit Sinn für exotische Geographie. Als Quoddy Head State Park geschützt, bietet diese 10 km südöstlich von Lubec liegende Stelle herrliche Blicke auf die bereits in Kanada liegende Insel Grand Manan und die wildromantische Felsenküste.
Reversing Falls Park	Zweimal pro Tag liefert Mutter Natur hier ein beeindruckendes Schauspiel: Die Flut dringt mit einer bis zu einem halben Meter großen Welle landeinwärts. Ein spektakulärer Blick auf die kiefernbestandenen Schären in der Bay gibt den passenden Rahmen.

Freeport

L 6

Region: Greater Portland and Casco Bay Region
Höhe: 42 m ü.d.M.
Einwohnerzahl: 6900
Telefonvorwahl: 207

Das im Jahr 1681 gegründete Freeport ist die Wiege Maines: Hier wurde noch während der Kolonialzeit die Trennung von Massachusetts beschlossen, die 1820 schließlich in die Beförderung zum US-Bundesstaat mündete. Maine-Nostalgiker interessiert das allerdings nur am Rande. Sie beklagen die Verschandelung dieses Küstenabschnitts nördlich von → Portland durch wuchernde Shopping Malls und gesichtslose Schlafstädte. Zumindest Freeport ist durch die Flucht nach vorn aber wohlhabend geworden, denn seit den sechziger Jahren ist das Städtchen an der US 1 ein einziges Einkaufszentrum und die selbsternannte Outlet-Kapitale Amerikas: Mehrere Dutzend Textilienhersteller verkaufen ihre Ware hier ab Fabrik, mit bis zu 70 % Ermäßigung! Vertreten sind Gap, Anne Klein, Patagonia, Levi's, Nike, Timberland, Calvin Klein und viele andere, untergebracht entweder in schmucken viktorianischen Häusern oder aber in riesigen Malls außerhalb des historischen Stadtkerns.	Lage und Allgemeines Outlet Capital USA
Das unternehmerische Herz der Stadt ist L. L. Bean (Main & Bow Sts.). Auf 11 800 m² verkauft der legendäre Outdoor-Ausstatter, der jährlich rund 3,5 Mio. Besucher verzeichnet, alles, was man für einen Trip in die Wildnis braucht, vom Allwetterzelt über warme Fließwesten bis hin zum Sturmfeuerzeug. Die Erfolgsstory des zweigeschossigen Ladens, der den größten Umsatz im Versand erzielt, kann in der Lobby nachgelesen werden. Sie beginnt 1905 mit Leon Leonwood Bean, der in diesem Jahr einen wasser-	L. L. Bean

Eine Kleinstadt entdeckt den Kommerz – ins Outlet Capital Freeport fährt man zum Einkaufen, bevorzugt zum Outdoor-Ausstatter L. L. Bean

Monhegan Island · *Maine*

Freeport, L. L. Bean (Fortsetzung)	und reißfesten Stiefel für Jäger und Angler konstruierte – mit der bis heute gültigen Geld-zurück-Garantie, wenn der "Maine Hunting Shoe" sein Versprechen nicht hält und man doch nasse Füße bekommt. Eingekauft werden kann hier rund um die Uhr und 365 Tage im Jahr. Bei L. L. Bean ist der Kunde noch König.
Desert of Maine	Westlich jenseits der I-95 breitet sich "die Wüste von Maine" aus, eine Dünenlandschaft, die etwas an die Sahara erinnert, vor allem mit einem künstlichen Dromedar im Vordergrund. Man kann sie im Touristenzug erkunden.

Monhegan Island M 6

Region: Mid Coast

Anfahrt	Von Port Clyde aus legen die beiden Schiffe "Laura B." und "Elizabeth Anne" von Memorial Day bis Ende Oktober täglich um 10.30 und 14.30 Uhr ab. Port Clyde liegt 15 mi / 24 km südlich von → Rockland. Fährverbindungen nach Monhegan Island bestehen auch von New Harbor und Boothbay Harbor (→ Wiscasset) aus.
Lage und *Landschaftsbild	Nach einer Stunde und zehn Minuten Überfahrt ab Port Clyde taucht Monhegan Island wie ein riesiger Wal aus den Fluten auf. Die etwas mehr als 1 km breite und 2,5 km lange Felseninsel ist mit ihren 25 km Wanderwegen zu den höchsten Klippen Neuenglands, einem historischen Leuchtturm und Seevogelkolonien ein beliebter Tagesausflug. Eine Handvoll Insulaner, meist Herings- und Hummerfischer, lebt in dem gleichnamigen Ort. Auf europäischen Landkarten ist das Eiland bereits seit 1497 verzeichnet. Angeblich waren bereits die Wikinger hier: Die auf der Monhegan vorgelagerten Manana Island gefundenen Felszeichnungen werden gern als Runen interpretiert. Im 19. Jh. entdeckten amerikanische Landschaftsmaler die Insel, darunter Edward Hopper und George Bellows. Auf der Insel sind die eigenen Füße das einzige Transportmittel, Autos müssen auf dem Festland zurückgelassen werden.

Sehenswertes auf Monhegan Island

Natur	Die Insel wartet mit einer erstaunlichen Vielfalt der Fauna und Flora auf: Naturfreunde haben 600 Wildblumenarten und 200 Vogelarten gezählt, letztere während der großen Wanderungen im Frühjahr und Herbst, liegt die Insel doch auf einer der großen Vogelfluglinien. In dieser Zeit ist sie auch Ziel vieler Vogelbeobachter. Das Inselinnere ist zerklüftetes Felsterrain, das steil zum Meer abfällt. Die Trails – man braucht insgesamt fünf Stunden um die gesamte Insel zu umrunden – führen zu herrlichen Aussichtspunkten und Naturschönheiten.
Cathedral Woods	Eine davon sind die Cathedral Woods. Die mächtigen Fichten dieses verwunschenen Haines lassen kaum Licht auf den von Farnen und Moosen bewachsenen Boden.
*White Head	Die von Möwen dicht besetzten Felsen von White Head ragen über 50 m aus dem Meer und bieten eine hervorragende Aussicht auf die Klippen von Burnt Head weiter südlich.
Monhegan Lighthouse	Die Aussicht vom Lighthouse Hill umfaßt Manana Island und den Ort Monhegan. Das kleine Monhegan Museum neben dem 1824 errichteten Leuchtturm ist der Inselgeschichte und dem harten Fischeralltag gewidmet. 1998 kam ein kleines Kunstmuseum hinzu, das Bilder prominenter Malerbesucher zeigt (Öffnungszeiten: Juli – Sept.).

Maine · **Moosehead Lake**

Moosehead Lake M 4

Region: Katahdin / Moosehead / Penquis Region

Ein Elchbulle pflügt mit seinen mächtigen Schaufeln das klare Wasser, fleißige Biber schieben Äste über den See zu ihren Burgen, Weißkopfseeadler kreisen majestätisch über den endlosen Wäldern: Die Moosehead Lake Region ist das einzige Gebiet Neuenglands, das dem europäischen Wildnisklischee am nächsten kommt. Der Blick auf die Karte reicht: Kaum Straßen und Orte, dafür umso mehr Wälder und Tausende, oft namenlose Seen. Insgesamt machen die menschenleeren Wälder ein Viertel Neuenglands aus. Der Wermutstropfen: Von unberührter Wildnis ist keine Rede mehr, denn tatsächlich bestehen die Wälder im Norden Maines fast durchgehend aus Bäumen der zweiten oder dritten Generation. Die prachtvollen, jahrhundertealten Kiefern und Fichten fielen schon vor 150 Jahren dem Holzschlag zum Opfer. Seitdem ist der Norden eine große Plantage, die holzhungrige Industrien mit Nachschub versorgt. Am Boden ist davon nicht viel zu sehen. Erst vom Flugzeug aus erschließt sich das Ausmaß der Abholzung. Mehr als 40 000 km unbefestigter Pisten ziehen sich kreuz und quer durch eine narbenübersäte Mondlandschaft. Dennoch gibt es hier noch relativ naturbelassene Enklaven. Der 187 km² große Moosehead Lake ist eine davon und dank seiner Inseln und unzähligen Buchten ein Angler- und Kanuwandererparadies.

Lage und Landschaftsbild

Herbststimmung am Moosehead Lake. Doch das Idyll täuscht ein wenig: Der größte Teil der Wälder dient der Holz- und Papierindustrie als Nachschublieferant.

Hauptort am Moosehead Lake ist Greenville am Südzipfel, wo es ein kleines Museum zur Geschichte der Region gibt. Zu ihm gehört auch der im Jahr 1914 gebaute Dampfer "SS Katahdin", der noch immer regelmäßig zu Ausflügen startet.

Greenville

Pemaquid Point · *Maine*

Aktivitäten rund um den Moosehead Lake

Wandern
Die über 500 km lange Uferlinie des Sees wird nur im Westen zwischen Greenville und Rockwood von asphaltierter Straße begleitet. Aber selbst die ME 6/15 bringt den Besucher nur einige Male zu schönen Aussichtspunkten, beispielsweise kurz vor Lily Bay und unterwegs nach Rockwood. Am besten lernt man den See per Kanu oder zu Fuß kennen. Wanderausrüstungen, Karten und Kanu-Equipment gibt es in Greenville.
In der Holzfällersiedlung Monson südlich von Greenville beginnt der letzte Abschnitt des legendären Appalachian Trail, die "100-Mile-Wilderness". Diese 160 Kilometer zum Mount Katahdin im → Baxter State Park führen durch unwegsames Gelände und sollten nur von erfahrenen Wanderern angepeilt werden. Von Rockwood aus kann man sich zum Kineo Mountain House übersetzen lassen und von dort zum zwar nur 548 m hohen, aber schwindelerregend steilen Mount Kineo wandern.

Wildwasserfahren und Kanuwandern
Der Kennebec River südwestlich von Greenville rauscht durch die engen Schluchten der Kennebec Gorge. Veranstalter in The Forks an der ME 201 und in Rockwood führen im Sommer Touren durch. Westlich vom → Baxter State Park bietet der Allagash River rund 160 km ungehindertes Kanuvergnügen, das auch Veranstalter in Greenville im Programm haben.

Pemaquid Point

Region: Mid Coast

Lage und
*Landschaftsbild
Selten hat die letzte Eiszeit in Neuengland so fotogene Formen aus dem Fels gehobelt wie am Pemaquid Point. Die auf der ME 130 von Damariscotta (US 1) aus zu erreichende Landspitze liegt am Ende einer schmalen, weit in den Atlantik hinausreichenden Halbinsel. Der von hellen, längs verlaufenden Streifen durchzogene dunkle Fels hebt sich dort eindrucksvoll vom tiefblauen Meer ab, das gischtend gegen die Klippen anrollt. Um das Bild zu vollenden, wacht ein weißer Leuchtturm mit schwarzer Kappe über diesen spektakulären Ort.

Sehenswertes am Pemaquid Point

*Lighthouse Park
Der schöne Leuchtturm von 1827 wurde von John Quincy Adams in Auftrag gegeben. Mit seinem von Seewasserlachen reflektierten Spiegelbild ist er einer der meistfotografierten und meistgemalten Leuchttürme Neuenglands. Das Haus des Leuchtturmwärters beherbergt heute ein kleines, dem harten Alltag der Fischer und des Leuchtturmwärters gewidmetes Museum (Öffnungszeiten: Memorial Day – Columbus Day Mo. – Sa. 10.00 bis 17.00, So. 11.00 – 17.00 Uhr).

Colonial Pemaquid State Historic Site
1625 gründeten englische Siedler an dieser Stelle hinter Pemaquid Beach die erste dauerhafte Siedlung in Maine. Ein interessantes Museum vermittelt einen guten Eindruck von den Lebensbedingungen der ersten Siedler (Öffnungszeiten: Memorial Day – Okt. 9.00 bis 17.00 Uhr).

Fort William Henry State Historic Site
Wenig nördlich des sandigen Pemaquid Beach steht ein originalgetreuer Nachbau des 1677 von den Briten errichteten Fort Charles, das 1692 als Fort William Henry erweitert wurde. 1696 von den Franzosen zerstört, wurde es während des amerikanischen Unabhängigkeitskriegs von den Amerikanern niedergebrannt und danach nicht mehr aufgebaut (Öffnungszeiten: Memorial Day – Okt. tgl. 9.00 – 17.00 Uhr).

Dramatischer Blick auf Pemaquid Point Lighthouse, einem der ▶ meistgemalten und meistfotografierten Leuchttürme Neuenglands

Portland · Maine

Portland L 6

Region: Greater Portland and Casco Bay Region
Höhe: 10 m ü.d.M.
Einwohnerzahl: 64 400
Telefonvorwahl: 207

Lage und Allgemeines

Portland an der inselübersäten Casco Bay ist die größte Stadt Maines und der wirtschaftliche und kulturelle Mittelpunkt des Nordens Neuenglands. Seit den siebziger Jahren erholt sich die Stadt zusehends von einer langen wirtschaftlichen Talfahrt. Derzeit haben 175 Unternehmen der verarbeitenden Industrie hier ihren Sitz. Öl für Kanada wird durch riesige Pipelines von Portland aus auf den Weg gebracht, Autofähren verbinden die Stadt von Mai bis Oktober mit dem kanadischen Nova Scotia.

Dem Reisenden präsentiert sich Portland, obgleich ungleich älter, mit restaurierter viktorianischer Eleganz des späten 19. Jahrhunderts. Das Motto der Stadt – "resurgam" = "ich komme wieder" – kommt nicht von ungefähr, denn dreimal stand Portland kurz vor dem Aus. 1632 als Falmouth gegründet, brannten Indianer die Siedlung 1676 nieder und vertrieben die Einwohner. 1775 statuierten die britischen Kolonialherren an der aufmüpfi-

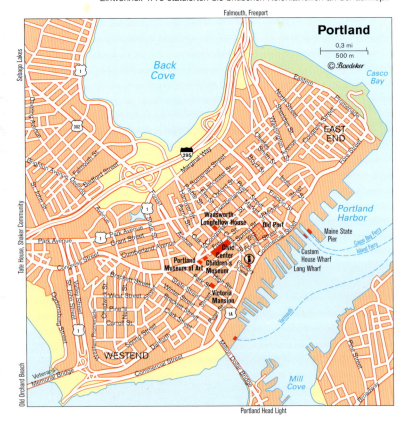

Maine · Portland

gen Stadt ein Exempel: Zur Strafe für die hier besonders starken antibritischen Ressentiments legten sie den inzwischen aus 400 Häusern bestehenden Ort in Schutt und Asche. Zehn Jahre später war die Stadt, inzwischen in Portland umbenannt, jedoch wieder da. Von 1820 bis 1832 war sie die Hauptstadt von Maine und florierte als Handelszentrum und Verkehrsdrehscheibe: 1850 wurde die Eisenbahn nach Montréal eröffnet. Am 4. Juli 1866 wurde der Aufstieg erneut gestoppt, als der größte Teil der Stadt einem verheerenden Großbrand zum Opfer fiel. Nur wenige Häuser sind daher älter als 130 Jahre.

Lage und Allgemeines (Fortsetzung)

Die Renovierung des verfallenden Old Port, des kommerziellen Herzens der Stadt, machte Portland in den siebziger Jahren auch touristisch wieder interessant: Commercial, Union und Pearl Streets bieten kopfsteingepflasterte Altstadtromantik, mit etlichen Pubs, Restaurants und hübschen Läden. Hochschulen, Theater, hervorragende Museen und schöne Straßencafés geben der Stadt ein weltoffenes Flair. Hochseefischen, Exkursionen in die Inselwelt der Casco Bay und Walbeobachtung gehören zu den beliebtesten Aktivitäten auf dem Wasser.

Sehenswertes in Portland

Das alte Hafenviertel gilt landesweit als gelungenes Beispiel menschenfreundlicher Stadtsanierung. Wo noch Ende der sechziger Jahre alte Lagerhäuser zusammenfielen, erfreuen heute Restaurants, Kneipen, Antiquitäten- und hervorragende Möbelläden den Besucher. Beachtung verdienen v.a. Fore, Middle und Exchange Street. Hier kann man die Detailverliebtheit der Restaurateure besonders gut studieren.

*Old Port

Im Hafenviertel von Portland waren farbensinnige Restaurateure am Werk.

Das schmucklose Haus wurde 1785 von General Peleg Wadsworth, Großvater des Dichters Henry Wadsworth Longfellow, erbaut. Das Baumaterial für dieses erste Backsteinhaus in Portland wurde eigens aus Philadelphia herangeschafft. Longfellow verbrachte hier seine Kindheit, viele der schö-

Wadsworth-Longfellow House & Center for Maine History

Portland · *Maine*

Wadsworth-Longfellow House (Fortsetzung)

nen Möbel stammen noch aus dem Familienbesitz. Gleich daneben befindet sich die Maine History Gallery, die wechselnde Ausstellungen mit Schwerpunkt auf der Geschichte des Bundesstaats zeigt (487 Congress St.; Öffnungszeiten für beide: Juni–Okt. Di.–So. 10.00–16.00 Uhr).

*Portland Museum of Art

Das größte und älteste Kunstmuseum des Bundesstaats liegt am Westende der Congress Street und ist selbst ein preisgekröntes Kunstwerk: Dem 1882 errichteten und 1911 um das Sweat Memorial erweiterten McLellan-Sweat Building fügte das Architektenbüro I. M. Pei & Partners 1983 das Shipman Payson Building an, eine die Sehgewohnheiten aufreißende Struktur aus Kreisen und Dreiecken aus Backstein und Granit. Es beherbergt den Großteil der Sammlungen. Beachtung verdient v. a. die "State of Maine"-Sammlung mit ihren Bildern des 19. und 20. Jh.s, die Künstler ausstellt, die ihre Inspiration in Maine fanden, u. a. Edward Hopper, Andrew Wyeth und Winslow Homer. Gleich mehrere Ausstellungen präsentieren Glaswaren und historische Möbel. Die Schau kolonialen Tafelsilbers in der "Pepperell Collection" gibt einen guten Eindruck vom Lebensstil der alten Oberschicht. Werke von Claude Monet, Pablo Picasso und Auguste Renoir sind die Höhepunkte der europäischen Abteilung (7 Congress St.; Öffnungszeiten: Mo.–Sa. 10.00–17.00, So. 12.00–17.00 Uhr).

Children's Museum

Beim Nachbarn des Kunstmuseums können Kinder allerlei naturwissenschaftliche und technische Experimente durchführen. Hauptattraktion ist eine zimmerfüllende Camera Obscura (142 Free St.; Öffnungszeiten: Sommer Mo.–Sa. 10.00–17.00, So. ab 12.00 Uhr, Winter Mo. und Di. geschl.).

Victoria Mansion

Dieses schöne Stadthaus, auch Morse-Libby House genannt, ist eines der wenigen aus der Zeit vor dem großen Feuer. 1860 von Henry Austin aus New Haven im toskanischen Renaissancestil errichtet, gab sein prächtiges Inneres Innenarchitekten und Handwerkern aus Europa mehrere Jahre lang Arbeit. Italienische Marmorkamine, schottische Teppiche und edles Mobiliar aus Rosenholz sind nur einige der Schätze, die man während eines Rundgangs bewundern kann (109 Danforth St.; Öffnungszeiten: Mai–Okt. Di.–Sa. 10.00–16.00, So. 13.00–17.00 Uhr).

Tate House

Dieses für Londoner Stadthäuser des 18. Jh.s typische Haus liegt weit im Westen der Stadt. Es wurde 1755 von George Tate, dem königlichen "mast agent" gebaut, der für die Verschiffung von Baumstämmen, die als Schiffsmasten für die Royal Navy vorgesehen waren, verantwortlich war. Herrliche Möbel aus dem 18. Jh. und besonders feine Holzarbeiten in Eßzimmer und Salon machen den Rundgang zu einem ästhetischen Genuß (1270 Westbrook Drive, über Congress St. und John St.; Öffnungszeiten: Juni–Sept. Di.–Sa. 10.00–16.00, So. 13.00 bis 16.00, sonst Fr.–Sa. 10.00–16.00, So. 13.00 bis 16.00 Uhr).

**Portland Head Light & Museum

Ein Leckerbissen für Fotografen: Der 1794 errichtete Leuchtturm Portland Head Light ist nicht nur der älteste in Maine, er gilt auch als einer der fotogensten der USA. Bis 1989 versah hier noch der Leuchtturmwärter seinen Dienst; seither ist das Leuchtfeuer automatisiert und das hübsche Leuchtturmwärterhaus in ein Museum zum Thema Navigation verwandelt (1000 Shore Rd., über Cottage Rd. und Shore Rd.; Öffnungszeiten: Juni–Okt. tgl. 10.00 bis 16.00 Uhr).

Umgebung von Portland

Casco Bay Islands

Kapitän John Smith war 1614 der erste Europäer in diesen Gewässern. Etwa 365 bewaldete Felseninseln – wegen ihrer Zahl auch Calender Is-

Maine · Portland

lands genannt – liegen in der Bay, sechs davon sind bewohnt und durch Autofähren mit Portland verbunden. Für einen Eindruck vom Hafen und der Inselwelt sollte man sich einer dieser von Casco Bay Lines betriebenen Fähren anvertrauen. Abgelegt wird an der Waterfront des Old Port Exchange, Ecke Commercial & Franklin Streets. Neben dem regulären Fährbetrieb werden hier auch zahlreiche Sightseeingfahrten zu verschiedenen Zielen angeboten. Die meisten der Inseln erlauben schöne Spaziergänge vor der eindrucksvollen Skyline Portlands. Eagle Island bietet noch etwas mehr, denn hier errichtete der berühmte Arktisforscher Robert E. Peary 1904 sein privates Refugium, das man besichtigen kann.

Casco Bay Islands (Fortsetzung)

Ein bißchen wie Mallorca, nur nicht so warm: Old Orchard Beach.

Ein bißchen Arenal, ein bißchen Fuerteventura: Old Orchard Beach knapp 12 mi / 19 km südlich von Portland ist das Mallorca amerikanischer und vor allem frankokanadischer Sonnenanbeter. Ein 11 km langer Sandstrand mit mehrstöckigen Reihenhäusern dahinter und ein viktorianischer, seit den achtziger Jahren zum multimedialen Rummelplatz mutierter Stadtkern sorgen für Zerstreuung.

Old Orchard Beach

Die Sabbathday Lake Shaker Community liegt eine gute halbe Autostunde westlich von Portland bei Poland Spring und ist bequem auf der I-495 und später ME 26 Richtung Norway zu erreichen. Sabbathday Lake ist die letzte aktive Shakergemeinde in den USA. Ein knappes Dutzend praktizierender Brüder und Schwestern leben und arbeiten noch in der 1794 gegründeten Gemeinde, die u. a. aus einem schönen Gemeinschaftshaus und einem schlichten Gebetshaus besteht. Man ist weitgehend autark: Gepflegte Gärten, die u. a. Kräuter für den Verkauf produzieren, und etwas Viehzucht sichern die Versorgung mit Grundnahrungsmitteln. Es gibt einen kleinen Souvenirladen mit handgefertigten Shakerprodukten, darunter die so beliebten Holzdosen. Guides vermitteln Einblicke in die Shakerlehre (s. S. 143). Die zivil gekleideten Brüder und Schwestern halten Abstand von den Besuchern, denn man will keine Attraktion für Touristen sein.

*Sabbathday Lake Shaker Community

Searsport · Maine

Umgebung von Portland, Sabbathday Lake Shaker Community (Fts.)	Sonntags werden gar keine Besucher empfangen. Trotzdem ist dies der beste Tag für einen Gedankenaustausch mit den Shakern: Bei der morgendlichen Messe werden Fremde gern gesehen (Öffnungszeiten: Memorial Day – Labor Day, Mo. – Sa. 10.00 – 16.30 Uhr).
Sebago Lake	Sebago Lake ist der zweitgrößte See von Maine und beliebtes Ausflugsziel der Portlander. Man erreicht den Hauptort gleichen Namens auf der ME 25 17 mi / 27 km westlich von Portland. Wenig südlich außerhalb des Städtchens kann man das sehenswerte Jones Museum of Glass and Ceramics besuchen und gleich dahinter den Douglas Mountain erklimmen. Von Naples am nördlich anschließenden Long Lake legt der Dampfer "Songo Queen" zu Fahrten durch die Seen- und Kanalwelt ab.

Searsport   N 5

Region: Mid Coast
Höhe: 2,5 m ü.d.M.
Einwohnerzahl: 2600
Telefonvorwahl: 207

Lage und Allgemeines	Das Herz Maines war im 19. Jh. die Schiffahrt, und sein Schrittmacher war Searsport. Vom späten 18. Jh. bis um 1900 verließen nicht nur 250 neue Segelschiffe die Werften des Städtchens am Ende der tief ins Landesinnere vordringenden, von kleinen Inseln übersäten Penobscot Bay, der Ort war während dieser Zeit auch Hauptwohnsitz von fast 300 Kapitänsfamilien. 1870 stellte Searsport zehn Prozent der Kapitäne der amerikanischen Handelsmarine. Entsprechend augenfällig ist die stolze Seefahrertradition:
*Seefahrerort mit Tradition	Die ansehnlichen Kapitänshäuser stehen noch immer Spalier an den schattigen Straßen am Hafen, viele geschmückt mit Wetterfahnen in Form eines Segelschiffs oder eines Wals oder mit der traditionellen Ananas über dem Hauseingang. Ein bedeutender Hafen ist Searsport noch immer. Hier werden für die verarbeitenden Industrien und die Landwirtschaft Maines bestimmte Güter umgeschlagen, hier wird der Großteil der Kartoffelernte Maines verschifft.

Sehenswertes in Searsport

*Penobscot Marine Museum	Museumfreaks sind sich einig: Das aus acht historischen Gebäuden – darunter ein Kapitänshaus von 1816 und das Rathaus von 1845 – bestehende Penobscot Marine Museum mitten in Searsport zählt zu den besten Neuenglands. Historische und wirtschaftliche Zusammenhänge spannend darstellend, zeigt es in mehreren hervorragend inszenierten Ausstellungen Gemälde, Schiffsmodelle, Navigationsinstrumente und alte amerikanische Möbel, dazu historische Schwarzweißfotos vieler Seebären aus Searsport (US 1 & Church St.; Öffnungszeiten: Memorial Day – Okt. Mo. – Sa. 10.00 bis 17.00, So. 12.00 – 17.00 Uhr).

Umgebung von Searsport

Belfast and Moosehead Lake Railroad	Dieser nostalgische Zug unternimmt einen anderthalbstündigen Ausflug durch Wald- und Farmland ins Landesinnere nach Unity. Abfahrt ist zweimal täglich Mitte Mai bis Oktober am Waterfront Park in Belfast, 10 mi / 16 km westlich von Searsport.
Bucksport	Das 4800-Einwohner-Städtchen Bucksport liegt 8 mi / 13 km nordöstlich von Searsport an der Mündung des Penobscot River in die Bay. Parallel zum Fluß verläuft die hübsche, von viktorianischen Stadthäusern mit Läden und Coffeeshops gesäumte Main Street.

Während der Grenzstreitigkeiten zwischen den Vereinigten Staaten und Kanada in den 1840er Jahren geriet das beschauliche Städtchen ins Blickfeld besorgter Militärs: Zum Schutz der Bucht setzten sie das wuchtige Fort Knox neben die dadurch leicht zu verteidigende Flußmündung. Die Feuertaufe blieb ihm Gottseidank erspart, statt dessen diente es später als Ausbildungsstätte. Heute ist es als Fort Knox State Park ein außerordentlich eindrucksvolles Beispiel amerikanischer Festungsarchitektur und mit seinen Zinnen und Bogengängen ein beliebtes Fotoobjekt (Öffnungszeiten: Mai – Okt. tgl. 9.00 – Sonnenuntergang).

Umgebung von Searsport (Fortsetzung) Fort Knox State Park

Mehr mit der Gegenwart zu tun hat die Bucksport Mill am Nordrand des Städtchens. Die hochmoderne Papierfabrik liefert das Papier für einige der populärsten Zeitschriften der Welt, darunter "Reader's Digest", "Newsweek" und "Sports Illustrated" (Besichtigungen: Mitte Juni – Ende Aug., Mo., Mi., Fr. 9.00 – 15.00 Uhr).

Bucksport Mill

100 Jahre Kinogeschichte in Neuengland – das eine so großartige Schauspielerin wie Katharine Hepburn hervorgebracht hat – mit vielen Beispielen präsentiert dieses Museum im 1916 gebauten Alamo Theatre (Öffnungszeiten: Juni bis Sept. Mo. – Sa., ansonsten nur Mo. – Fr.).

Northeast Historic Film Museum

South Coast L 6

Region: Southern Main Coast

Maines Südküste reicht von Kittery an der Grenze zu New Hampshire fast 100 km lang bis hinauf nach Portland. Sie hat alles, was ein Badestrand braucht: flache Sandstrände, Dünen, mal hohe und mal niedrige Wellen, Ruhe oder Trubel – nur das Wasser zieht nicht so recht mit, denn es ist selten wärmer als 16 °C. Baden ist hier also eher etwas für abgehärtete Naturen, aber auch wer nicht so mutig ist, der wird durch hübsche Hafenstädtchen, manche davon mit großem historischem Hintergrund, ausreichend entschädigt.

Lage und Allgemeines

Kittery

Der erste in der Reihe der Küstenorte ist das 9300 Einwohner große Kittery, an der Mündung des Piscataqua River in den Atlantik direkt gegenüber von → Portsmouth, ME, gelegen. Im Jahr 1623 gegründet, entwickelte es sich schnell zu einem bedeutenden Schiffsbauzentrum und Holzumschlagplatz. Drei bedeutende Premieren verzeichnet die Stadtchronik: 1647 lief hier das erste britische Kriegsschiff vom Stapel, 1777 folgte die erste Kriegsschiff unter amerikanischer Flagge, und 1917 stach hier das erste in den USA gebaute U-Boot in See. Heute produzieren die Werften kaum mehr Militärisches, dafür vor allem hochwertige Segel- und Motoryachten.

Lage und Allgemeines

Wer von New Hamsphire in den Norden Neuenglands unterwegs ist und Kittery erreicht, dem fallen weniger die von Kittery Point (ausgeschildert!) am besten zu sehenden, schönen Häuser aus dem 18. und 19. Jh. auf als die Kittery Outlets, eine über 1,5 km lange Reihe von Factory Outlets an der US 1 in Richtung York. Rund 120 Markenfirmen, darunter Levi's, Timberland, Ralph Lauren, Nautica, Liz Claiborne und Patagonia, bieten hier ihre Ware zu Kampfpreisen an.

Kittery Outlets

Das Museum präsentiert einen Querschnitt aus 350 Jahren Schiffsbau in Kittery. Zu sehen sind alte Fotografien, kostbare Schiffsmodelle und Navigationsinstrumente aus drei Jahrhunderten (I – 95, Exit 2 auf ME 236S, Hinweisen auf US 1N folgen, dann auf Rogers Rd.; Öffnungszeiten: Juni – Okt. tgl. 10.00 – 16.00 Uhr).

Kittery Historical and Naval Museum

South Coast · Maine

York

Lage und Allgemeines

Auf Kittery folgt nach wenigen Meilen – die man übrigens wesentlich schöner als auf der US 1 auf der ME 103 hinter sich bringen kann – York mit seinen knapp 10 000 Einwohnern. Die bei Einheimischen gebräuchlichere Bezeichnung "The Yorks" kommt der Sache allerdings näher, denn die Stadt York besteht eigentlich aus dreien: York Village, bei Touristen bekannter als Colonial York, York Harbor, ein elegantes Strandresort, und York Beach, ein lauter Amüsierbetrieb an der Küste, sowie Cape Neddick.
1624 errichteten die Pilgerväter hier einen Handelsposten, vier Jahre später übernahm Sir Ferdinando Gorges das Kommando, nannte die Siedlung Bristol und später Gorgeana. 1642 gab er ihr als erster englischer Siedlung in Nordamerika das Stadtrecht. 1652 ging Gorgeana mit Maine in den Besitz der Massachusetts Bay Colony über. Aus Gorgeana wurde York und 1692 der Schauplatz des berüchtigten Candlemas Massacre, bei dem 80 Bewohner von Franzosen und deren indianischen Verbündeten getötet und die Stadt niedergebrannt wurde. Desungeachtet entwickelte sich York im 18. und 19. Jh. zu einem geschäftigen Hafen und Schiffsbauzentrum. Heute ist es fotogenes Schaufenster amerikanischer Kolonialgeschichte, das die aufregende Vergangenheit elegant mit den verarbeitenden Industrien am Stadtrand zu verbinden versteht.

*Colonial York

Die interessantesten Sehenswürdigkeiten des alten York liegen im Umkreis der typisch neuenglischen Einrichtung des Village Green. Eine schöne Kirche aus dem 18. Jh. fehlt hier ebensowenig wie die altehrwürdige Townhall. Einige der historischen Häuser sind der Öffentlichkeit zugänglich und werden von der Old York Historical Society betrieben, die auch die Eintrittskarten verkauft. Ein Rundgang sollte beginnen bei Jefferds Tavern and Schoolhouse gegenüber vom Old Burying Ground. In der alten Schule befindet sich heute ein Informationszentrum. Beachtung verdient vor allem das alte Gefängnis Old Gaol, eines der ältesten öffentlichen Gebäude aus

Verwitterte Grabsteine auf dem Old Burying Ground von Colonial York

Maine · South Coast

der Kolonialzeit. Im Jahr 1719 erbaut, war es bis 1860 in Betrieb. Seine düsteren Zellen und Verliese können besichtigt werden. In der Nähe steht auch das Emerson-Wilcox House, das aus dem Jahr 1742 stammt, als Kneipe, General Store, Postamt und Wohnhaus diente und heute amerikanische Antiquitäten aus den Jahren 1750–1850 beherbergt. Auf dem Old Burying Ground findet sich noch mancher aus dem 17. Jh. stammende Grabstein. Schließlich bleibt noch das John Hancock Warehouse zu besichtigen, das dem Unterzeichner der Unabhängigkeitserklärung John Hancock gehörte (South Side Rd.; Öffnungszeiten: Di.–Sa. 10.00–17.00, So. 13.00–17.00 Uhr).

Colonial York (Fortsetzung)

Ogunquit

Gerade 4 mi/6,5 km weiter liegt Ogunquit. Die Abenak-Indianer nannten die Stelle einst "schöner Ort am Meer". Der gleichen Ansicht waren Ende des 19. Jh.s zahlreiche Maler und Schriftsteller, die sich in Ogunquit von dem breiten, 5 km langen Sandstrand und der pittoresken Felsenküste an seinem Südende inspirieren ließen. Das heutige Ogunquit, obwohl mit weniger als 1000 Einwohnern, platzt indes aus allen Nähten, vor allem im Hochsommer. Hotels und Motels, Restaurants und Imbißbuden, Galerien, Kunsthandwerks- und Andenkenläden: Der Ort lebt vom Tourismus, und weil das so ist, gibt es seit 1930 bereits das Ogunquit Playhouse, in dem in der Saison Muscials und Schauspiele auf dem Plan stehen, manchmal sogar mit prominenter Besetzung.

Lage und Allgemeines

Das kleine, aber hervorragende Museum mit schönem Blick auf den Atlantik stellt Werke bedeutender amerikanischer Maler des 20. Jh.s aus, darunter Rockwell Kent, Charles Woodbury und Marsden Hartley. Initiiert wurde es 1953 von dem in Ogunquit ansässigen Künstler Henry Strater, 1996 ist ein Anbau hinzugekommen (183 Shore Rd.; Öffnungszeiten: Juli–Sept. Mo.–Sa. 10.30–17.00, So. 14.00–17.00 Uhr).

*Ogunquit Museum of American Art

Zauberhafter Yacht- und Fischerhafen in einer idyllischen Bucht für die einen, Touristenrummel für die anderen: Perkins Cove, über die Shore Road zu erreichen, ist mit seinen T-Shirt und Strandartikelshops nicht nur ein touristisches Gravitationszentrum, sondern auch Ausgangspunkt für schöne Segeltörns entlang der Küste. Hiesige Veranstalter bieten mehrstündige wie auch mehrtägige Windjammerfahrten an. Wer sich nicht scheut zu fragen, kann u. U. Hummerfischer beim Kontrollieren ihrer Käfige begleiten. Von Ogunquit aus erreicht man Perkins Cove am besten zu Fuß über den hübschen Marginal Way.

Perkins Cove

Zum Baden geht man an den Main Beach auf einer vorgelagerten Sandbank – dort ist es oft voll und das Parken teuer – oder zum etwas nördlich gelegenen und ruhigeren Footbridge Beach.

Strände

Auf dem Weg nach Kennebunkport kommt man in Wells vorbei. Wer Autos mag, sollte sich die etwas mehr als 70 Oldtimer im Wells Auto Museum nicht entgehen lassen (Öffnungszeiten: Juni–Mitte Sept. 10.00–17.00 Uhr); wer die Natur liebt, kann im Rachel Carson National Wildlife Refuge in einer Salzwiesenlandschaft über 230 Vogelarten nachspüren.

Wells

Kennebunkport

Kennebunkport ist der interessanteste Teil der drei "Kennebunks", zu dem auch noch die Stadt Kennebunk und das Strandbad Kennebunk Beach gehören. Die Souvenirtasse mit dem Namenszug des 41. Präsidenten der Vereinigten Staaten gehört hier zu den beliebtesten Mitbringseln. Das Städtchen mit dem sperrigen Namen ist jedoch nicht erst ein Ferienresort, seitdem George Bush hier mit seiner Familie die Sommer verbringt. Schon

Lage und Allgemeines

South Coast · Maine
I-95

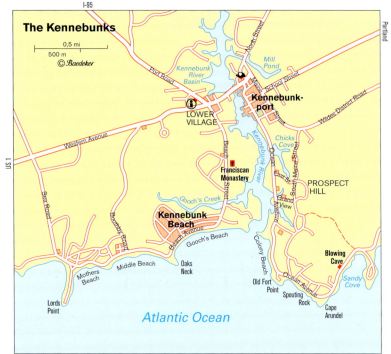

Kennebunkport (Fortsetzung)	nach dem Unabhängigkeitskrieg kauften sich Schiffsbauer, Reeder und Kapitäne in dem um 1650 gegründeten Städtchen ein. Im 19. Jh. blühte der Schiffsbau: Zwischen 1800 und 1850 produzierten die rund 50 Werften mehr als 1000 Klipper, Schoner und Frachtensegler.
*Ortsbild	Seitdem pflegt Kennebunkport jene souveräne Noblesse, die auf große Gesten verzichten kann. Daran vermag auch das chronische Verkehrschaos im historischen, von krummen Straßen und Gassen geprägten Zentrum Dock Square nichts zu ändern. Am besten läßt man den Wagen vor der Brücke stehen und erkundet den Dock Square zu Fuß. Auf Architekturfans wartet ein Augenschmaus: Kenner bescheinigen dem Städtchen eine der höchsten Konzentrationen früher amerikanischer Baustile. Die schönsten Häuser stehen im Umkreis des quirlig-kommerziellen Dock Square, darunter das eindrucksvolle Richard A. Nott Memorial, ein Greek-Revival-Bau von 1853. Ein Tip: Der dem felsigen Ufer bis zum Cape Porpoise folgende Ocean Drive reiht zwischen Dock Square und Walkers Point herrschaftliche Cottages auf wie die Perlen einer Kette, darunter auch das Sommerhaus von Ex-Präsident Bush nahe Cape Arundel. Anhalten ist nicht gestattet auf diesem Abschnitt, aber es gibt einen Parkplatz am Womby Beach.
*Seashore Trolley Museum	Nostalgie pur in diesem Museum nördlich außerhalb an der Log Cabin Road: Hier sind über 200 Straßenbahnwagen aus der ganzen Welt und bis zum Anfang des Jahrhunderts zurückgehend versammelt, manche noch in fahrtüchtigem Zustand (Öffnungszeiten: Juli und Aug. tgl. 10.00–17.30 Uhr, Mai/Juni und Sept./Okt. kürzer).

Maine · Wiscasset · Boothbay Harbor

Keine Frage: Kennebunkport ist ein hübsches Plätzchen.

Wiscasset · Boothbay Harbor M 5/6

Region: Mid Coast Region
Höhe: 3,5 m ü.d.M.
Einwohnerzahl: 3300
Telefonwahl: 207

Kaum zu glauben, aber angesichts der nach langer Fahrt von ▸ Bath aus durch endlose Wälder unvermittelt auftauchenden Pracht durchaus nachvollziehbar: Um 1800 war Wiscasset am Ufer des Sheepscot River der geschäftigste Hafen Amerikas nördlich von Boston. Hier liefen auch die schnellsten Klipper Neuenglands vom Stapel, elegante Hochgeschwindigkeitssegler, die zwischen Wiscasset und der Karibik verkehrten. Dann war plötzlich alles vorbei: Der Embargo Act von 1807 versetzte der blühenden Hafenstadt den Todesstoß. Seitdem befindet sich Wiscasset im Dornröschenschlaf und träumt von den alten Zeiten. Hübsche Restaurants mit Blick auf den Sheepscot River laden zu einem erholsamen Zwischenstop ein. Halb unter der Wasseroberfläche liegen die Wracks der beiden 1932 auf Grund gelaufenen Viermastschoner "Luther Little" und "Hesperus".

Lage und Allgemeines

Sehenswertes in Wiscasset

In diesem schönen georgianischen Haus sind über 500 Musikautomaten aus zwei Jahrhunderten versammelt. Schweizer, deutsche, englische und französische Drehorgeln und Nickelodeons, allesamt betriebsfähig, gehören zu den Glanzstücken dieser ungewöhnlichen Sammlung (18 High St.; Öffnungszeiten: Ende Mai – Okt. tgl. 10.00 – 17.00 Uhr).

*Musical Wonder House

Wiscasset · Boothbay Harbor · *Maine*

Old Lincoln County Jail and Museum	1809 erbaut, als öffentliches Auspeitschen nicht mehr genügte, um Gesetz und Ordnung aufrechtzuerhalten, hat das Bezirksgefängnis bis heute nichts von seiner abweisenden Ausstrahlung verloren. Bis 1913 "beherbergte" es Kriminelle und Säufer, Schuldner und geistig Behinderte. An manchen Wänden sind noch Sprüche der Insassen lesbar.
Maine Coast Railroad	Mit Wagen aus den dreißiger Jahren, von einer Diesellok gezogen, zuckelt die Maine Coast Railroad von Wiscassett Harbor ins östlich gelegene Newcastle und wieder zurück (Abfahrten: Mitte Juni–Sept. tgl. 11.00, 13.00, 15.00, Sept.–Mitte Okt. 11.00 und 13.00 Uhr).

Boothbay Harbor

Touristen- und Seglertreff	Die nostalgische Suche nach dem wahren maritimen Maine hat den einst idyllischen Fischerhafen am Ende der felsigen Boothbay Peninsula 11 mi / 18 km südlich von Wiscasset zu einem lauten Touristen- und Seglertreff gemacht. Heute liegen kaum noch Kutter im Hafenbecken, dafür umso mehr millionenteure, weißglänzende Luxusspielzeuge. Das Stadtbild des verschachtelten, eng an den grauen Granit geschmiegten Boothbay Harbor prägen Reklametafeln, Kunsthandwerks- und Souvenirläden in alten Kapitänshäusern und Restaurants aller, eher unterer Preisklassen. Ende Juni wird es eng im Hafenbecken: Während der dreitägigen Windjammer Days geben sich prächtige Zwei- und Dreimastschoner ein Stelldichein.
*Windjammer Days	
Was tun in Boothbay Harbor?	Das alte Boothbay Harbour erlebt man während der Hochsaison nur noch bei Nebel, wenn das Nebelhorn vom Hafeneingang her klagend vor gefährlichen Riffen warnt, oder aber im Frühjahr, wenn es noch zu kalt ist für Touristen und Freizeitkapitäne. Dennoch kann, wer einen Parkplatz gefunden hat, dem Ort einen gewissen Charme nicht absprechen, den er am

Wo einst Fischkutter vor Anker lagen,
dümpeln heute im Hafen von Boothbay Harbor die Yachten.

Maine · Wiscasset · **Boothbay Harbor**

leichtesten während eines Segeltörns vor der zerlappten Küste entfaltet. Chartergesellschaften bieten Walbeobachtungstouren und Tagesfahrten an, darunter zur vorgelagerten → Monhegan Island und zu den Papageientaucherkolonien auf den Schären. Boothbay Harbour selbst erkundet man am besten zu Fuß, vielleicht von einer der stimmungsvollen Pensionen am zerklüfteten Ocean Point aus, wobei man früher oder später an einer der Piers endet und den Hummerfischern beim Entleeren der Käfige zuschaut. Wenig nördlich außerhalb präsentiert das Boothbay Railway Village das ländliche Maine vergangener Zeiten, alte Eisenbahnen und Autos.

Boothbay Harbor (Fortsetzung)

Massachusetts

Fläche: 21 386 km²
Einwohnerzahl: 6,1 Mio.
Hauptstadt: Boston
Zeitzone: Eastern
Beinamen: Bay State,
  Cradle of Independence

Als Keimzelle des modernen Amerika steckt Massachusetts voller Erinnerungen an eine patriotische, glorreiche Vergangenheit. Die Pilgerväter der "Mayflower", John F. Kennedy und andere Schlüsselfiguren der amerikanischen Geschichte waren hier ebenso zu Hause wie einige der größten Namen der amerikanischen Literatur und Philosophie. Dabei ist dieser Bundesstaat nichts weiter als ein für amerikanische Verhältnisse winziges, gradliniges Rechteck, das nur im Südosten einen Arm in den Atlantik streckt. Im Westen bilden die zu den Appalachen gehörenden Berkshire Hills die traditionelle Grenze zwischen Neuengland und dem Rest Amerikas. Von hier aus senkt sich die Landschaft langsam, aber stetig nach Osten hin zum Meer ab. Mitten hindurch fließt von Norden nach Süden der Connecticut River, dessen Tal hier Pioneer Valley heißt. Der zweite bedeutsame Fluß ist der Merrimack River, der im Nordosten in den Atlantik mündet. Die auffälligste topographische Erscheinung ist Cape Cod. Die hakenförmig in den Atlantik ragende Halbinsel beschert Massachusetts mehrere hundert Kilometer Strände und Küstenlandschaften. Südlich von Cape Cod bewachen die Inseln Martha's Vineyard, Nantucket und die Elizabethan Islands die Einfahrt in die Buzzards Bay. Nördlich von Boston dagegen wird die Küste, die "North Shore", zunehmend felsig und zerlappt.

Lage und Landesnatur

Die Formel ist so einfach wie eindrucksvoll: Amerika begann in Massachusetts. Im Dezember 1620 landeten die Pilger an Bord der legendären "Mayflower" nach einer stürmischen Überfahrt von England an der Stelle des heutigen Plymouth. In England als Häretiker verfolgt, weil sie als orthodoxe Protestanten die Church of England von ihren katholischen Überbleibseln hatten reinigen wollen, suchten sie an der Ostküste Amerikas eine neue Heimat. Der erste Winter in der neuen Welt verlief katastrophal: Über die Hälfte von ihnen ging, schlecht auf das harsche Klima vorbereitet, zugrunde. Die Wende zum Besseren kam erst im folgenden Frühjahr, als ihnen ein Indianer namens Squanto den Getreideanbau beibrachte. Auch die übrigen frühesten Siedlungen Neuenglands standen in Massachusetts: 1626 gründete Roger Conant die Puritanerkolonie Salem, 1630 folgte John Winthrop, der Boston als Teil der Massachusetts Bay Colony gründete. Die Siedler, die daheim Opfer religiöser Intoleranz gewesen waren, schufen nun Verhältnisse, die denen im Mutterland kaum nachstanden: Wer vom Dogma der frommen Ältesten, die Vorbestimmung und göttliche Vorsehung zum Leitfaden des öffentlichen Lebens erhoben, abwich, wurde streng bestraft. Die Frühgeschichte der Kolonie wimmelt von Namen Widerspenstiger, die den gottesstaatähnlichen Verhältnissen den Rücken

Geschichte

◀ *Kleine Badeorte und ein endlos langer Strand –*
Cape Cod bietet Sommerurlaub pur.

Massachusetts

Geschichte (Fortsetzung)

kehrten und eigene Siedlungen und Kirchen gründeten. Das anfängliche Einvernehmen mit den Ureinwohnern wich bald einem wackligen Frieden, der schließlich in blutige Auseinandersetzungen mündete. Höhepunkt und zugleich letzter dieser Kriege war der King Philip's War in Rhode Island und Connecticut, der auch den Süden der Massachusetts Bay Colony erfaßte. Am Ende des 17. Jh.s plagten hausgemachte Konflikte die Siedlungen der Kolonie: 1692 kosteten Hexenwahn und -verfolgung in Salem und Umgebung zwanzig Frauen und Männern das Leben.

Wirtschaftlich ging es indes stetig aufwärts. Mit dem Wohlstand wuchs allerdings auch die Unzufriedenheit über die Bevormundung durch England. Restriktive Steuergesetze banden vor allem den Kaufleuten die Hände. "No taxation without representation" war das Schlagwort, "keine Besteuerung ohne (Volks-)Vertretung", mit dem Patrioten wie Samuel Adams, John Hancock und James Otis die Kolonisten auf die Unabhängigkeit einstimmten. Zwischen 1765 und 1767 goß London mit weiteren Steuergesetzen zusätzlich Öl ins Feuer: Die "Stamp Act" besteuerte alle Briefe und offiziellen Dokumente, die "Townsed Act" erhob Steuern auf Glas, Papier und Tee. Es kam zu Feindseligkeiten zwischen Kolonisten und Soldaten, die 1770 in das "Boston Massacre" mündeten, bei dem fünf Bostoner getötet wurden. 1773 erlebten die Bostoner die berühmte "Boston Tea Party": Als Indianer verkleidet, versenkten Samuel Adams und seine "Sons of Liberty" unter dem Beifall der Menge 340 steuerpflichtige Teeballen im Bostoner Hafenbecken. Im Jahr darauf antwortete London mit den "Intolerable Acts", die den für Boston lebenswichtigen Hafen schlossen, Volksversammlungen verboten und die Kolonisten zwangen, den Soldaten Kost und Logis zu gewähren. Die Kolonisten reagierten prompt mit dem ersten Kontinentalkongreß in Philadelphia und meldeten die Unabhängigkeit von England an. 1775 war es dann soweit: In Lexington bei Boston fielen die ersten Schüsse, und im nahen Concord warfen Bürgermilizen kurz darauf die britischen Truppen zurück – der Beginn des amerikanischen Unabhängigkeitskrieges. Am 4. Juli 1776 erklärten die insgesamt 13 britischen Kolonien ihre Unabhängigkeit von England. Nach einem siebenjährigen Krieg wurde am 3. September 1783 im Frieden von Paris die Unabhängigkeit der USA besiegelt. Im Februar 1788 unterzeichnete Massachusetts als sechste der dreizehn Kolonien die Verfassung.

Wie die anderen Küstenstaaten Neuenglands fuhr auch Massachusetts am Ende des 18. Jh.s enorme Profite aus dem China- und Dreieckshandel sowie aus der Walfangindustrie ein. Die Industrialisierung im 19. Jh. übersäte den Staat mit Fabriken. Der wirtschaftliche Höhenflug begünstigte die Entstehung der modernen amerikanischen Literatur (s. S. 50 ff.). Die Intellektuellen waren nur die Spitze einer Bildungsbewegung, die sich angesichts des ungebremsten Zustroms ungelernter Textilarbeiter für ein öffentliches Schulwesen einsetzte und 1837 unter ihrem Wortführer Horace Mann die Bildung einer Erziehungsbehörde durchsetzte. Während des Bürgerkriegs wurde Massachusetts, wo die Sklavereigegner besonders stark waren, die Waffenschmiede der Nordstaaten. Nach dem Krieg hielt der Boom an, Massachusetts wurde führend in der Herstellung von Textilien und Massenartikeln. Doch nach der Jh.wende zogen viele Betriebe in den Süden oder in den Mittleren Westen. Die Weltwirtschaftskrise traf die Region umso härter. Erst der Zweite Weltkrieg warf den Betrieb in den Fabriken wieder an, Massachusetts war einmal mehr Rüstungskammer Amerikas.

Nach dem Krieg begann ein langer Diversifizierungsprozeß, bei dem Massachusetts vor allem von seinem hohen Ausbildungsniveau profitierte. Verstärkt wurde nun in die Zukunftsindustrien investiert, so daß sich vor allem die Greater Boston Area zu einem Zentrum der Computer- und Raumfahrttechnologie entwickelte. In den sechziger Jahren betrat der kleine Bundesstaat auch die politische Arena. 1960 wurde zunächst der aus Massachusetts gebürtige John F. Kennedy Präsident der USA. Seine Ermordung 1963 und die seines Bruders Robert fünf Jahre später lenkten die Aufmerksamkeit der Weltöffentlichkeit auf das Schicksal der Kennedy-Familie. 1966 schickte Massachusetts mit Edward W. Brooke den ersten Senator afrikanischer Herkunft nach Washington.

Massachusetts

Bevölkerung

Mit seinen über 6 Mio. Einwohnern ist Massachusetts der bevölkerungsreichste der Neuenglandstaaten. Statistisch gesehen leben hier 220 Menschen auf dem Quadratkilometer, was Massachusetts auf den fünften Rang in den USA bringt. 5 % der Bevölkerung sind Afro-Amerikaner. Die mit Abstand größte Stadt ist Boston mit 575 000 Einwohnern, gefolgt von Worcester (169 800), Springfield (157 000) und Lowell (103 400).

Wirtschaft

Fischfang, Walfang, Dreiecks- und Chinahandel: Zwei Jh.e lang lag Massachusetts' Glück auf dem Meer. Zu Beginn des 19. Jh.s begannen diese Quellen zu versiegen, aber das Kapital für die Finanzierung der Industrialisierung war ebenso vorhanden wie Wasserkraft und Arbeitskräfte. Wo die Fließgeschwindigkeit der Flüsse ausreichte, um tonnenschwere Wasserräder zu drehen, entstanden sog. "mill towns", v. a. in den Berkshire Hills, im Merrimack Valley und südlich von Boston entlang der Küste: Massachusetts wurde landesweit führend bei Textilien und Lederwaren, vor allem Schuhe. Im 20. Jh. wanderten viele der traditionellen Industrien in den billigeren Süden und Mittelwesten. Massachusetts verlegte sich auf Elektronik und hochspezialisierte Maschinenteile. Heute ist das wichtigste Kapital des Bundestaats "brain power". Es gibt mehr als 120 Hochschulen, von denen viele eine symbiotische Verbindung zur Industrie pflegen. Viele Absolventen von Harvard und dem Massachusetts Institute for Technology, den weltberühmten Bildungseinrichtungen in Boston und Cambridge, bleiben in Massachusetts, um hochdotierte Posten in Wissenschaft und Forschung, v. a. im Bereich der Zukunftsindustrien, anzutreten. Die wichtigsten Arbeitgeber in der verarbeitenden Industrie am Ende des Jahrtausends sind Maschinenbau, elektrische und elektronische Teile, Metallwaren, Druck- und Papierindustrie in den Zentren Attleboro, Boston, Cambridge, Fall River, Framingham, Lawrence, Lowell, New Bedford, Springfield und Worcester. Die Landwirtschaft nimmt noch immer einen bedeutenden Platz ein: Ein Viertel der Fläche eignet sich zur landwirtschaftlichen Nutzung. Nennenswerte Erträge werden erwirtschaftet beim Anbau von Kartoffeln, Obst und Getreide, und fast die Hälfte aller amerikanischen Preiselbeeren kommt aus den Sumpfgebieten Cape Cods und der Region um Plymouth. Eier, Milchprodukte und der Fischfang sind weitere bedeutende Einnahmequellen.

Freizeit, Sport und Tourismus

Die abwechslungsreiche Topographie Massachusetts' bietet sowohl Wanderern als auch Wasserratten reichlich Auslauf. Erstere kommen in den von schönen Trails durchzogenen Berkshire Hills, die mit dem knapp 1050 m hohen Mount Greylock veritablen Mittelgebirgscharakter erreichen, auf ihre Kosten. Wer Fernsicht lieber auf Meereshöhe genießt, kann dies entlang der Küsten tun. Mit Unterkünften jeder Art und guten Restaurants auf Besucher vorbereitete Ferienorte versprechen Entspannung und frische Seeluft. Cape Cod mit seinen endlosen Sandstränden und den im Süden vorgelagerten Ferieninseln Martha's Vineyard und Nantucket ist der größte Besuchermagnet, in aller Ruhe allerdings nur außerhalb der Hochsaison im Juli und August zu genießen. Baden, Beach Life, Wassersport und Walbeobachtung sind hier angesagt. Nördlich von Boston sind die hübschen, im Hochsommer allerdings ebenfalls überlaufenen Fischerhäfen Gloucester und Rockport attraktive Ziele. Nicht wenige Besucher kommen allein der wechselvollen Geschichte wegen nach Massachusetts. Boston, die Grande Dame der Ostküstenstädte, ist mit vielen berühmten Museen, Galerien und historischen Stätten ein kultureller Hochgenuß. Liebhaber amerikanischer Literatur wird es nach Concord ziehen und in die Berkshires, wo das Vermächtnis der Schriftsteller und Philosophen liebevoll gepflegt wird.

Berkshire Hills H 7

Region: Western Massachusetts
Telefonvorwahl: 413

Lage und
**Landschaftsbild

Auf ihrem Weg nach Norden tragen die von Alabama heraufziehenden Appalachen viele Namen. In Massachusetts heißen sie Berkshire Hills – ein passender Name für dieses hier eher sanfte und nur an der Grenze zu Vermont ruppig-rauh werdende Mittelgebirge im äußersten Westen des Bundesstaats. Ebenfalls in Nord-Süd-Richtung fließt der klare Housatonic River. An seinen Ufern liegen viele der schönsten Berkshire-Städtchen. Sie begannen im 19. Jh. als "mill towns" mit Textilindustrie und wurden später von reichen Bostonern und New Yorkern als Sommerfrischen entdeckt. Viele prachtvolle Residenzen, vor allem um Great Barrington und Stockbridge, erinnern an die Tage, als Urlaub das Privileg einiger weniger war. Nicht nur altes Geld fühlte sich hier wohl: Namhafte Literaten, Theologen und spirituell Suchende wie Ann Lee, die Gründerin der Shaker-Sekte, fanden hier die Muße zur Meditation. Während der Weltwirtschaftskrise gab die Ostküstenelite ihre Häuser auf. Viele wurden in historische Inns verwandelt und vermitteln heute das klassische Neuengland-Erlebnis, zumal die von plätschernden Bächen und kleinen Flüssen durchzogenen Berkshires nichts von ihrer Anziehungskraft auf Großstadtneurotiker verloren haben. Der Fünf-Uhr-Tee auf der efeuumrankten Terrasse, von der aus man dem Treiben auf der Main Street in aller Ruhe zuschaut, und das gemütliche Stöbern in herrlichen Antiquitätenläden vor dem Gang zum Konzert oder Theater gehören zur Berkshire-Tour wie die Pilgerväter zu Neuengland.

Great Barrington und Umgebung

Zentrum der südlichen Berkshires

Das nicht ganz 8000 Einwohner zählende Great Barrington ist das Einkaufszentrum der südlichen Berkshires. Die hübsche Kleinstadt wurde 1726 gegründet und blickt auf ungewöhnliche Highlights in ihrer Geschichte zurück. Bereits im August 1774 besetzten aufgebrachte Kolonisten das Gerichtsgebäude, um eine Sitzung des königlichen Gerichts zu verhindern. 1868 wurde Dr. W. E. B. DuBois hier geboren, Amerikas erster Harvard-Absolvent afro-amerikanischer Abstammung und bedeutender Schriftsteller. Wenig später ging den Bürgern der Stadt im wahrsten Sinn des Wortes ein Licht auf: Am 20. März 1886 genoß Great Barrington als eine der ersten Städte der Welt elektrische Straßenbeleuchtung.
Der Ort ist bar großer touristischer Attraktionen und deshalb deutlich ruhiger als Stockbridge oder Lenox, aber seine Inns und B&B's, Läden und Restaurants (und die urige Ortsbrauerei) machen ihn zum angenehmen Standort für Ausflüge in die Berkshires, z. B. ins wirklich sehr ländliche Tyringham nördlich.

*Bash Bish Falls

Zu erreichen auf der MA 23 über South Egremont nahe der Grenze zum Staat New York, ist dieser 15 m hohe Wasserfall in einem lichten Wald vor allem für Kinder ein wahrer Abenteuerspielplatz: Der fotogen über gewaltige Felsblöcke stürzende Bash Bish Brook hat schöne Pools aus dem felsigen Bett geschliffen, die sich hervorragend zum Baden eignen.

Sheffield

Wer Antiquitäten sucht, ist in Sheffield wenige Meilen südlich von Egremont richtig, denn der Ort nennt sich stolz "Antiques Capital of the Berkshires". Schnäppchen sollte man weniger erwarten, denn die Händler kennen sich aus und bieten meist hochwertige Ware an. Wer leer ausgeht, mag sich mit der Besichtigung des 1735 gebauten Colonel Ashley House trösten, des ältesten Hauses der Berkshires.

Monument Mountain

Einem berühmten Gipfeltreffen auf der Spur ist man auf dem Monument Mountain, 4 mi / 7 km nördlich von Great Barrington: Angeblich hat Natha-

Massachusetts · Berkshire Hills

Sattes Grün, leuchtendes Laub und ein repräsentatives Anwesen – das sind die Berkshires.

niel Hawthorne seinen Freund und Kollegen Herman Melville zum ersten Mal bei einem Picknick auf dem Gipfel des Monument Mountains getroffen. Die herrliche Aussicht vom Squaw Peak (570 m ü.d.M.) auf die Berkshires hat sich seither nicht verändert. Zwei Trails führen hinauf, der einstündige Indian Monument Trail ist der leichtere.

Monument Mountain (Fortsetzung)

Stockbridge

Auf der US 7 sind es 8 mi / 13 km Richtung Norden bis Stockbridge. 1734 als Missionsstation für Indianer gegründet, gilt dieses zauberhafte Berkshire-Städtchen gemeinhin als Neuengland aus dem Bilderbuch. Hauptverkehrsader wie anno dazumal ist die breite Main Street mit einer pittoresken Häuserzeile, die noch immer so daliegt, wie Norman Rockwell (s. u.) sie einst malte. An ihr reihen sich hübsche Läden mit handgemalten Schildern auf: Neonreklame, Breitwandwerbung und Fastfood-Lokale sind tabu.

*Neuengland aus dem Bilderbuch

Der Red Lion Inn, ein Gasthof aus Kolonialzeiten, ist der herrlich nostalgische Ortsmittelpunkt, eine behagliche Oase, in der die Uhren langsamer gehen und selbst der Fahrstuhl, ein antiker, aber sicherer Drahtkäfig, wenigstens 100 Jahre auf dem Buckel hat. Seine der Straße zugewandte Veranda ist ein hervorragender Platz zum Kaffeetrinken und Leutegucken, es braucht nicht viel Phantasie, um sich Pferdedroschken mit feinen Gesellschaften vorzustellen. Hinter dem Red Lion Inn liegen elegante viktorianische Villen auf weitläufigen, mit alten Bäumen bestandenen manikürten Rasenflächen.

*Red Lion Inn

Es ist nicht ganz leicht, sich dieses Haus an der Main Street allein auf weiter Flur vorzustellen, denn als der Missionar John Sergeant es 1739 für seine Frau Abigail baute, war es das einzige weit und breit. Die handgeschnitzte Eingangstür aus Connecticut ließ er im Ochsenkarren über die

Mission House

Berkshire Hills · *Massachusetts*

Mission House (Fortsetzung)
: Berge schleppen. Innen wurde die damalige Frontier-Atmosphäre mit einfachen Möbeln aus der amerikanischen Gründerzeit wiederhergestellt (Öffnungszeiten: Memorial Day – Columbus Day 10.00 – 17.00 Uhr).

Chesterwood
: Die berühmteste Skulptur dieses Bildhauers kennt die ganze Welt: Den sitzenden Abraham Lincoln im Lincoln Memorial in Washington, DC. Daniel Chester French (1850 – 1931), Amerikas produktivster Bildhauer, fertigte das berühmte Denkmal in seiner Sommerresidenz Chesterwood. "Sechs Monate im Jahr lebe ich hier im Himmel", pflegte er zu sagen, "den Rest des Jahres, nun ja, verbringe ich in New York." French erwarb den Landsitz 1898. Ausgestellt sind zahlreiche seiner Plastiken und Skulpturen, darunter auch Modelle von landesweit bekannten Statuen wie den "Minute Man" in → Concord oder von John Harvard, die heute den Campus der Harvard University in → Cambridge ziert (4 Williamsville Rd. westlich von Stockbridge via MA 102 und MA 183; Öffnungszeiten: Mai – Okt. tgl. 10.00 – 17.00 Uhr).

Naumkeag
: Der Anwalt Joseph Hodge Choate verlieh seinem 1886 vom renommierten Architekturbüro McKim, Mead & White gebauten Haus den indianischen Namen von → Salem. Der Vielfalt der Schornsteine außen entspricht die üppige Ausstattung innen, denn Choate sammelte eifrig Kunst aus aller Welt (Prospect Hill, ca. 3 km nördlich vom Red Lion Inn; Führungen: Memorial Day – Columbus Day tgl. 10.00 – 17.00 Uhr).

*Norman Rockwell Museum
: Für Mitteleuropäer ein interessanter Schlüssel zur amerikanischen Psyche: Das Norman Rockwell Museum, 2,5 mi / 4 km westlich von Stockbridge, ist dem Lebenswerk von Amerikas beliebtestem Zeichner gewidmet. Norman Rockwell (1894 – 1978) verbrachte die letzten 25 Jahre seines Lebens in Stockbridge. Er war 47 Jahre lang Illustrator der "Saturday Evening Post" und produzierte in dieser Zeit 321 Titelbilder für das Magazin, meist positive, wertkonservative Heim-und-Herd-Themen, denen er mit fotografisch genauem Pinselstrich und Augenzwinkern Leben einhauchte. Klassiker des Lieblingsmalers von Ronald Reagan sind die Bilder "The Runaway", "Four Freedoms", "Stockbridge Main Street at Christmas" und "Triple Self Portrait". Daß Rockwell auch anders konnte, zeigte er eindrucksvoll in den sechziger Jahren, als er für das kritischere Magazin "Look" arbeitete. Seine Bilder von der städtischen Armut und der Bürgerrechtsbewegung im amerikanischen Süden wühlen noch heute auf. Das in einem schönen Park mit Blick auf den Housatonic River liegende Museum zeigt außerdem Wanderausstellungen weiterer bekannter Illustratoren und Zeichner (MA 102 W. via Church St. und MA 183; Öffnungszeiten: Mai bis Okt. tgl. 10.00 – 17.00, sonst Mo. – Fr. 11.00 bis 16.00, Sa. – So. 10.00 bis 17.00 Uhr).

Norman Rockwell: "Weighty Matters"

Massachusetts · Berkshire Hills

Lenox

Das hübsche, von Wäldern umgebene Lenox, 6 mi / 8 km nördlich von Stockbridge, kuschelt sich in behagliche Kleinstadtatmosphäre. In der üppigen Parklandschaft um Lenox liegen viele alte Sommerresidenzen, meistens verborgen hinter hohen Hecken oder aber auf kleinen Hügeln hoch über den Normalsterblichen thronend. Manche der Häuser sind inzwischen zu B & B's und Inns umfunktioniert worden. Kleinstädtisch bedeutet hier jedoch nicht hinterwäldlerisch, denn Lenox ist ein Hort der Kultur. Neben Shakespeare & Company, die von Ende Mai bis Anfang Oktober auf vier Bühnen Stücke des großen Meisters geben und Richard Dreyfuss und Sigourney Weaver zu ihren Absolventen zählt, gibt es vor allem jede Menge Musik.

Theater und Konzerte

Fünf Autominuten auf der MA 183 liegt westlich von Lenox Tanglewood, der Sommersitz des Bostoner Symphonie-Orchesters und Heimat des international berühmten Tanglewood Music Festival (Ende Juni – Anfang September). Mehr als 300 000 Besucher pro Saison verzeichnen die Konzerte und Veranstaltungen, die auf mehreren Bühnen stattfinden. Tanglewood gehörte ursprünglich einer Familie aus reichem Neuengland-Adel. 1937 ging die Besitzung an die Berkshire Festival Society. Die größten Musikhallen in dieser herrlichen Parklandschaft sind das Koussevitzky Music Shed mit 5000 Plätzen und die 1994 eröffnete Seiji Ozawa Hall mit Platz für 1180 Gäste. Auf dem Gelände steht auch eine Rekonstruktion des Little Red House, in dem Nathaniel Hawthorne einst "The House of the Seven Gables" (1851) und "Tanglewood Tales" (1852 / 1853) schrieb.

*Tanglewood Music Festival

Ein repräsentatives Stück Natur der Berkshires schützt das Pleasant Valley Wildlife Sanctuary 3 mi / 5 km nordwestlich von Lenox. Insgesamt 10 km Wanderwege führen durch schöne Wälder und vorbei an kleinen Seen und Bächen, deren Wasser Biber gestaut haben.

Pleasant Valley Wildlife Sanctuary

Die Schriftstellerin und Pulitzer-Preisträgerin Edith Wharton (1862 – 1937) genoß ebenfalls den Sommer in den Berkshires. Ihr 1902 gebautes Haus kann nicht nur besichtigt werden, sondern gibt auch die Bühne ab für Inszenierungen der Shakespeare & Company (US 7 / MA 7 A; Öffnungszeiten: Memorial Day – Okt. 9.00 – 14.00 Uhr; im Mai an Wochenenden).

The Mount

Auch das Städtchen Lee 5 mi / 8 km südöstlich von Lenox hat sein Kulturereignis: Hier treffen sich, im Gedenken an die berühmte Choreographin und Tänzerin Martha Graham, allsommerlich die besten und angesehensten Tanztheatergruppen der USA zum Festival "Jacob's Pillow". Anderes Publikum zieht das große neue Factory Outlet Center oberhalb von Lee an.

Lee

Pittsfield

Pittsfield, mit 48 000 Einwohnern die größte Stadt der Berkshire Hills, liegt nur wenige Meilen nördlich von Stockbridge und ist das Verwaltungszentrum der Region. Im 19. Jh. änderten Sägewerke und Papierfabriken das Gesicht der bis dahin landwirtschaftlich geprägten Kleinstadt. Tausende von Immigranten aus aller Welt ließen sich hier nieder, was die vielen nichtenglischen Namen auf den Briefkästen am Straßenrand erklärt.

Hauptort der Berkshires

Dieses Museum mitten im nüchternen Pittsfield ist eine kleine Überraschung. Zwischen europäischen und amerikanischen Meistern hängen zahlreiche schöne Werke von Mitgliedern der Hudson River School. Eine kleine Ausstellung dokumentiert außerdem die Stadtgeschichte mit historischen Fotos und altem Haushalts- und Landwirtschaftsgerät. Die naturwissenschaftliche Abteilung bietet und a. eine große Mineraliensammlung. Auch indianische, ägyptische und römische Stücke gibt es zu sehen. Auf Kinder wartet ein "touch tank aquarium", ein großes, offenes Aquarium mit

*Berkshire Museum

Berkshire Hills · *Massachusetts*

Berkshire Museum (Fortsetzung)

zahlreichen Wasserbewohnern, die berührt werden dürfen (39 South St.; Öffnungszeiten: Juli–Aug. Mo.–Sa. 10.00–17.00, So. 13.00 bis 17.00 Uhr, übriges Jahr Mo. geschlossen).

Arrowhead

Ein unscheinbares kleines Haus an der Straße und ein paar Bäume im kleinen Garten – von außen deutet nichts darauf hin, daß hier Weltliteratur geschrieben wurde. Tatsächlich war der Hausherr Zeit seines Lebens in Geldnöten, fanden seine Bücher keine Abnehmer. Herman Melville lebte hier von 1850 bis 1863 und vollendete 1851 in diesem Haus sein Meisterwerk "Moby Dick", die Geschichte um den weißen Wal. Die mit der Instandhaltung des Hauses betraute Berkshire County Historical Society hat die Räume restauriert und die Atmosphäre zu Melvilles Zeiten weitgehend wiederhergestellt. Von seinem kleinen Schreibzimmer im Obergeschoß blickte der Schriftsteller auf den Mount Greylock (780 Holmes Rd.; Öffnungszeiten: Memorial Day–Labor Day tgl. 10.00–17.00, Labor Day bis Ende Okt. Fr.–Mo. 10.00–17.00 Uhr).

✻✻Hancock Shaker Village

5 mi/8 km westlich von Pittsfield liegt ein Museumsdorf, dessen Bewohner heute ein unverzichtbarer Bestandteil des kulturellen Erbes Neuenglands sind. Hier lebte von 1790 bis 1960 eine Shaker-Gemeinde.

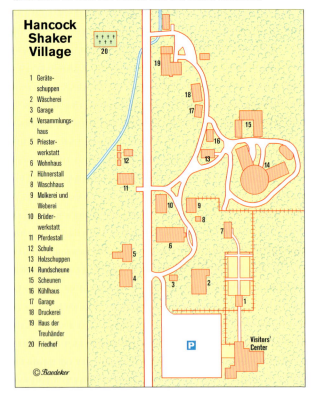

Hancock Shaker Village

1 Geräteschuppen
2 Wäscherei
3 Garage
4 Versammlungshaus
5 Priesterwerkstatt
6 Wohnhaus
7 Hühnerstall
8 Waschhaus
9 Molkerei und Weberei
10 Brüderwerkstatt
11 Pferdestall
12 Schule
13 Holzschuppen
14 Rundscheune
15 Scheunen
16 Kühlhaus
17 Garage
18 Druckerei
19 Haus der Treuhänder
20 Friedhof

© Baedeker

Massachusetts · Berkshire Hills

Die Shaker

Die Glaubensgemeinschaft der Shaker wurde von der Quäkerin Ann Lee im 18. Jh. im englischen Manchester gegründet und siedelte 1774 unter ihrer Führung nach Amerika über. Grundlage ihres Glaubens war das Streben nach Vollkommenheit durch größere Nähe zu Gott, und der Weg dorthin führt über Arbeit, Disziplin und Ehelosigkeit. Im 19. Jh. erlebte die offiziell "United Society of Believers in Christ's Second Appearing" genannte Glaubensgemeinschaft ihren Höhepunkt: Um 1840 zählte sie über 6000 Mitglieder in 19 Gemeinden, die meisten davon in Neuengland. Zulauf erhielten sie vor allem durch Waisenkinder, die ihnen anvertraut wurden und später ganz bei ihnen blieben. Der landläufige Name "Shaker" bezieht sich auf eine Erscheinung aus den Anfangsjahren: Manche Kirchenmitglieder wurden während der Gottesdienste von Zuckungen befallen, wenn sie sich vom Heiligen Geist ergriffen fühlten. Die Shaker-Gemeinden waren in der Regel vollständig autark. Männer und Frauen waren gleichberechtigt und lebten unter einem Dach, aber zölibatär und im gesamten Tagesablauf räumlich voneinander getrennt. Als glänzende Farmer und Handwerker bekannt, waren sie offen für alle Neuerungen, gemäß dem Leitspruch eines ihrer Oberhirten, daß man durchaus das Recht habe, die Erfindungen der Menschen zu verbessern, so lange sie nicht eitlem Ruhm oder etwas Überflüssigem dienten.

Ein einziger Mann genügt, um in der Rundscheune der Shaker das Vieh zu versorgen.

Zum Ende des Jahrtausends steht diese interessante Glaubensgemeinschaft kurz vor dem Aus. Die letzte ihrer Gemeinden befindet sich in Sabbathday Lake in Maine und wird von einem Dutzend Mitglieder geführt. Ihrem populärsten Vermächtnis begegnet man Indes fast überall in Neuengland: Für ihre einfachen, aber für die Ewigkeit gemachten Möbel, bei denen die Funktion die Form vorgibt und bestechend klare Linien ohne Schnörkel zaubert, werden in Möbelläden und auf Aktionen horrende Preise gezahlt. Nachgebaute Shakermöbel kann man in vielen Schreinereien und Designer-Workshops erstehen.

Berkshire Hills · *Massachusetts*

Hancock Shaker Village (Fortsetzung)

Das Hancock Shaker Village ist das besterhaltene Shakerdorf Neuenglands. Zunächst passiert man ein informatives Besucherzentrum mit Restaurant und befindet sich dann auf dem Museumsgelände. Zu besichtigen sind insgesamt 21 zum Teil mit Original-Shakermöbeln eingerichtete Gebäude. Highlights sind das Brick Dwelling, das alle "believer" der Gemeinschaft sowie die Küche und den Speisesaal beherbergte, und die große Rundscheune, die innen so funktional konstruiert war, daß ein Shaker allein das gesamte Vieh der Gemeinde füttern konnte (MA 20 und MA 40; Öffnungszeiten: Memorial Day–Ende Okt. tgl. 9.30–17.00, sonst 10.00 bis 15.00 Uhr).

Williamstown

College-Stadt

Williamstown liegt in der äußersten Nordwestecke von Massachusetts. Das zu Füßen der inzwischen 1000 m hohen Berkshire Hills liegende Kolonialstädtchen begann 1753 als West Hoosac, gegründet von entlassenen Soldaten aus dem nahen Fort Massachusetts. Einer von ihnen, Colonel Ephraim Williams, trat 1793 einen Teil seines Landbesitzes zum Bau einer Schule ab mit der Auflage, die Stadt nach ihm zu benennen. Heute prägt das Williams College die Stadt. Mehr als 50 würdevolle College-Gebäude im Georgian und Federal Style, umgeben von weitläufigen Rasenflächen mit alten, schattenspendenden Bäumen, sorgen für bildungsbürgerliche Noblesse, die zwei gute Kunstmuseen bestätigen.

*Sterling and Francine Clark Art Institute

Diese in einem weißen Marmorbau und einem Anbau aus rotem Granit untergebrachte Kunstgalerie enthält eine der schönsten Gemäldesammlungen Neuenglands. Robert Sterling Clark und seine Frau Francine, Erben des Singer-Nähmaschinen-Imperiums, haben hier zwischen 1918 und 1956 Bilder aus 400 Jahren Kunstschaffen in Europa und Amerika zusammengetragen. Für Williamstown entschieden sich die beiden aufgrund seiner Lage: Das idyllische Universitätsstädtchen erschien ihnen sowohl als passender, niveauvoller Rahmen als auch weit genug entfernt von potentiellen Zielen bei einem Atomkrieg. Highlights der Renaissance-Sammlung sind die italienischen und flämischen Meister, v. a. Ugolino da Siena und Jan Gossaert. Das 17. und 18. Jh. werden u. a. repräsentiert von Goya, Gainsborough, Lawrence, Turner, Ruisdael, Fragonard und Tiepolo. Absolute Kostbarkeiten der Galerie sind aber die Sammlungen des 19. Jh.s: 30 Arbeiten von Renoir, dazu herrliche Degas' und Monets sowie einige Bilder von Toulouse-Lautrec entführen in die lichte Welt der französischen Impressionisten. Ein ganzer Saal ist den Amerikanern Frederic Remington, Winslow Homer und John Singer Sargent gewidmet (225 South St.; Öffnungszeiten: Juli–Labor Day tgl. 10.00–17.00 Uhr, übriges Jahr Mo. geschl.).

Williams College Museum of Art

Etwas bescheidener gibt sich das Kunstmuseum des Williams College. Es sammelt Werke der Moderne, vor allem der US-Künstler Maurice und Charles Prendergast. Aber auch Fernand Léger, Giorgio de Chirico, Edward Hopper oder Andy Warhol sind hier zu finden (Main St.; Öffnungszeiten: Di.–Sa. 10.00 bis 17.00, So. ab 13.00 Uhr).

*Mohawk Trail

Williamstown liegt am Ende der durch Nordwest-Massachusetts führenden US 2. Der 63 mi/101 km lange Abschnitt zwischen Williamstown im Westen und Millers Falls im Osten ist bekannt als Mohawk Trail. Die Panoramastrecke folgt einem uralten Indianertrail, auf dem zuletzt die Mohawk während des French and Indian War gegen die Franzosen zogen. Heute windet sich die US 2 durch die rauher und steiler werdenden Berkshire Hills. Kleine, untouristische Orte und Weiler liegen hier, General Stores mit alten Tanksäulen verkaufen alles Lebensnotwendige und sind soziale Mittelpunkte. Der spektakulärste Abschnitt liegt zwischen North Adams und Florida. Hier arbeitet sich der Mohawk Trail in engen Serpentinen zu schönen Aussichtspunkten hinauf, von denen aus man die Green Mountains von Vermont sieht. Der Mohawk Trail State Forest bietet zahlreiche ein- und mehrstündige Wanderwege. Den Osteingang bewacht die Bronzestatue "Hail to the Sunrise" eines Indianerkriegers, Memento für die Ureinwohner, die einst an diesem alten Verkehrsweg lebten.

Berkshire Hills, Mohawk Trail (Fortsetzung)

Für den schönsten Fernblick von ganz Massachusetts muß man noch höher hinaus. Von North Adams aus führt eine kleine Straße auf den Mount Greylock (1064 m ü.d.M.), den höchsten Berg des Staates. Vom War Memorial Tower auf der felsigen Gipfelkuppe sieht man die gesamte Region beinahe aus der Vogelperspektive. Schöne Rundwanderwege führen vom Gipfel aus über die steilen Hänge des Bergs, der nach einem Indianerhäuptling benannt wurde. Die Bascom Lodge, eine einfache Herberge auf dem Gipfel, sorgt für Verpflegung und bietet Wanderern unterwegs auf dem Appalachian Trail Unterkunft.

Mount Greylock

Boston

K / L 7

Region: Greater Boston Area
Höhe: 6 m ü.d.M.
Einwohnerzahl: 575 000 (Greater Boston Area: 4,7 Mio.)
Telefonvorwahl: 617

Boston ist die Hauptstadt von Massachusetts und als bei weitem größte Stadt Neuenglands Drehscheibe, Finanzzentrum und wirtschaftlicher Mittelpunkt der Region. Landesweit gilt "the hub", wie die Bostoner ihre Stadt nennen, als eine der schönsten Städte Amerikas, und, dank Harvard und dem Massachusetts Institute of Technology, als kulturelles Mekka und High-Tech-Dorado. Trotz der in Amerika grassierenden Urbanisierung hat Boston sein menschliches, noch immer britisch geprägtes Antlitz bewahrt. In Vierteln wie dem historischen Beacon Hill oder Back Bay führt der erste Gang nach der Arbeit noch immer zuerst in den Pub an der Ecke, im verschachtelten North End kennen sich Nachbarn oft seit Generationen. Vier Kilometer und 350 Jahre sind es von hier bis zum Prudential Tower im Süden: Der Reiz Bostons liegt vor allem in den kurzen Entfernungen und der geballten Ansammlung historischer Stätten und kulturellen Sehenswürdigkeiten auf engem Raum. Europa ist hier nah und doch so fern: Nirgends sonst an der Ostküste lassen sich die Anfänge Amerikas besser begreifen als in der charmanten "cradle of independence", der "Wiege der Unabhängigkeit".

Lage und Allgemeines

**Die Wiege der Unabhängigkeit

Die Bostoner präsentieren sich als bunt gemischtes Völkchen aus aller Herren Länder. Das war nicht immer so, und so manch Alteingesessener hat sich bis heute nicht so recht damit abgefunden. Denn bis weit ins 19. Jh. saßen ausschließlich die "Boston Brahmins" an den Hebeln der Macht. Weiß, anglophon, protestantisch und erzkonservativ (oder auf Englisch: white, anglo-saxon, protestant = WASP), führten sie sich gern auf die Siedler der "Mayflower" zurück und galten als kleine, aber reiche und nach unten hermetisch verschlossene Elite, die ihre Kinder nach Harvard schickte und die Sommer in Maine oder Cape Cod verbrachte. Mit der Zuwanderung irisch-katholischer Immigranten in den 1840er Jahren begann die WASP-Bastion zu bröckeln, aber es dauerte noch 100 Jahre, bis sie endlich John F. Kennedy, den berühmtesten irischstämmigen Sohn der Stadt,

Bevölkerung

Boston · Massachusetts

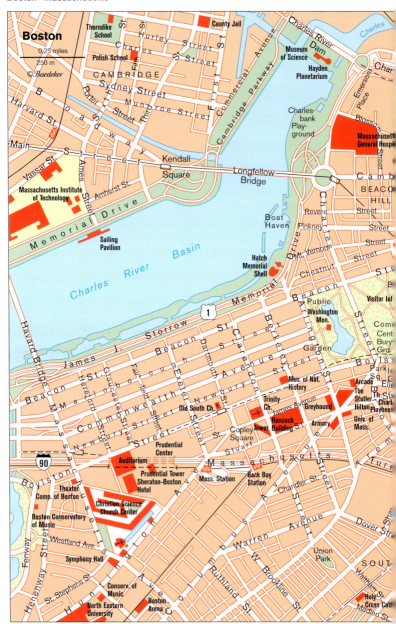

Museum of Fine Arts

Massachusetts · Boston

in ihren Reihen akzeptierte. Gegen Ende des 19. Jh.s übernahmen italienische Einwanderer das traditionell irische North End. Roxbury im Süden und Dorchester dagegen sind die Wohnviertel der Afro-Amerikaner, die schnellwachsende hispanische Bevölkerung wohnt v.a. in East Boston, South End und Jamaica Plain. Sichtbarer noch als der farbige Bevölkerungsteil sind jedoch Bostons Studenten: Neben Harvard und MIT sind Radcliffe, die Boston University, das New England Conservatory of Music, Brandeis University, Tufts University und Wellesley College renommierte Lehranstalten. Über 200 000 in 68 Unis und Colleges eingeschriebene Hochschüler verjüngen das Stadtbild, eine rege Kneipen- und Musikszene hier und im benachbarten Cambridge sorgt für ihr leibliches Wohl.

Bevölkerung (Fortsetzung)

Den Ruf der "Grande Dame" der amerikanischen Ostküstenstädte erwarb sich Boston im Laufe des 19. Jahrhunderts. Man hatte es zu etwas gebracht, baute Häuser, deren Stil die alten Griechen und Römer kopierte, und hatte genug Geld übrig, um in Kunst und Kultur zu investieren – wie geschaffen für hoffnungsvolle Schriftsteller und Intellektuelle, deren Anwesenheit Boston bald den Beinamen "Athen Amerikas" verschaffte. Wohlhabende Bostoner bereisten die ganze Welt und kauften Kunst für ihre Privatsammlungen, die später die Gründung feinster Museen wie des Isabella Stewart Gardner Museum und des Museum of Fine Arts initiierten. So stolz waren die Bostoner auf ihre künstlerischen Errungenschaften, daß sie die Formulierung ihres Dichterfürsten Oliver Wendell Holmes mühelos akzeptierten: Dieser hatte die Stadt als nichts weniger als den "Mittelpunkt des Sonnensystems" bezeichnet. Dem vielgereisten Besucher mag dies maßlos übertrieben erscheinen, aber immerhin gehören einige der Museen Bostons noch immer zu den besten des Landes.

Kultur

Henry Lee Higginson, ein anderer kunstsinniger Bostoner, gründete 1881 das Boston Symphony Orchestra, das seitdem in der Symphony Hall auftritt. 1885 organisierte er auch, inspiriert von den öffentlichen Gartenkonzerten in Wien, das erste "Popular Concert" an der Esplanade am Charles River. Aus diesem Kunstgenuß für alle Bürger entwickelte sich das weltberühmte Boston Pops Orchestra, die Meister der leichten Muse, die nach wie vor im Sommer an der Esplanade auftreten. Neben → New Haven, CT, ist Bostons Theater District im übrigen die wichtigste Probierstube für neue Broadwaystücke. Vor allem Musicals und Komödien stehen in den Theatern um Tremont und Stuart Streets auf dem Programm.

Bis Ende des 19. Jh.s war Boston eine typische Hafenstadt: Schiffsbau, Handel und Fischfang dominierten. Nach der Krise zu Beginn des 20. Jh.s wurden der Hafen und die Lagerungskapazitäten ausgebaut, doch zu den größten zwanzig Häfen des Landes konnte Boston nicht mehr aufschließen. John Hancock Tower und Prudential Tower, die beiden höchsten Gebäude der Stadt, signalisieren den Finanz- und Versicherungssektor – und die dahinter stehende finanzkräftige Geschäftswelt – als zweites bedeutendes Standbein. Seit Anfang der 80er Jahre setzt die ehrwürdige Ostküstenmetropole erfolgreich auf die Zukunft. Inzwischen haben sich mehr als 700 High-Tech-Firmen in der Greater Boston Area angesiedelt und profitieren vom "brain power"-Potential von Harvard und MIT. Vor allem in der medizinischen Forschung hat sich Boston inzwischen international einen Namen gemacht.

Wirtschaft

1630 landete John Winthrop an der Spitze von rund 1000 Puritanern auf einer hügeligen Halbinsel nördlich von Cape Cod. Im Auftrag der Massachusetts Bay Co. gründete man eine Siedlung, die wegen ihrer drei Erhebungen zunächst Trimountain, bald jedoch schon, nach der Heimatstadt vieler der Siedler im englischen Lincolnshire, Boston genannt wurde. Das junge, theokratisch geführte Gemeinwesen geriet schon bald ebenso rigoros und intolerant wie die Gesellschaft, der man soeben den Rücken ge-

Geschichte

◀ *Boston ist die Metropole von Neuengland: Blick vom John Hancock Tower auf Boston Common, Beacon Hill und North End.*

Boston · *Massachusetts*

Geschichte
(Fortsetzung)

kehrt hatte. Eines der ersten Bauwerke war konsequenterweise der Pranger zur Strafe für jeden, der vom schmalen Pfad der Frömmigkeit auch nur einen Zoll abwich. Dank seiner Lage und seiner geschäftstüchtigen Bevölkerung stieg Boston bald zur größten Stadt der dreizehn Kolonien auf. 1684 wurde sie im Zuge der Restaurierung des englischen Königshauses direkt der Krone unterstellt – Beginn des jedem Amerikaner geläufigen Widerstands gegen die Kolonialherrschaft Londons, das zur Finanzierung seiner teuren Kriege in Europa den Kolonisten immer neue restriktive Steuern und Handelsgesetze aufbürdete. Der Ruf der wirtschaftlich erfolgreichen und immer selbstbewußteren Kolonisten nach Vertretung im britischen Parlament verhallte ungehört.

Das Boston Massacre vom 5. März 1770, bei dem fünf Bostoner vor dem State House von Soldaten erschossen wurden, war der erste Zusammenstoß einer ganzen Reihe gewalttätiger Konfrontationen. Als England als Reaktion auf die Boston Tea Party vom 16. Dezember 1773 den lebenswichtigen Hafen schloß, formierten sich die ersten Kolonial-Milizen. Die folgenden Ereignisse kennt in Amerika jedes Schulkind. Im April 1775 wurden 700 Soldaten entsandt, um geheime Waffenlager der Kolonisten in Lexington und Concord auszuheben und die Anführer John Hancock und Samuel Adams zu verhaften. Rechtzeitig vom Bostoner Silberschmied Paul Revere gewarnt – der nächtliche Ritt Reveres nach Lexington ist inzwischen Legende – waren die Milizen jedoch vorbereitet: Auf dem Green von Lexington gab es die ersten Toten des Unabhängigkeitskriegs, in Concord konnten die britischen Truppen schließlich nach Boston zurückgeworfen werden. Die folgende Belagerung der Stadt durch die Kolonisten endete in der Schlacht um Bunker Hill am 17. Juni 1775 mit einem so verlustreichen Sieg der Briten, daß er heute als moralischer Sieg der Amerikaner gewertet wird. Denn diese gaben nicht auf. Aufgerüstet mit Kriegsmaterial aus dem eroberten Fort Ticonderoga am Lake Champlain, begannen sie am 2. März 1776 die Beschießung Bostons. Wenig später ergaben sich die Briten und erhielten freies Geleit. An der Spitze seiner Rebellenarmee betrat General George Washington im Triumphzug die Stadt. Danach verlagerte sich das Kriegsgeschehen nach Süden. Für Boston war der Krieg weitgehend zu Ende.

Nach der Unabhängigkeit wuchs die Bevölkerung dramatisch. Allein zwischen 1790 und 1825 stieg sie von 18 000 auf 54 000, am Ende des 19. Jh.s hatte sie eine knappe halbe Million erreicht. Besonders während der zweiten Hälfte des 19. Jh.s wurden Bostons Hügel abgetragen – nur Beacon Hill blieb erhalten – und in den Charles River und in die Buchten gekippt. So liegt Back Bay komplett auf Neuland: 40 Jahre dauerte es, diese Bucht des Charles River zu füllen. Landprojekte neueren Datums finden sich im benachbarten Charlestown und um den Boston vorgelagerten Logan Airport, der ebenfalls aufgeschüttet wurde. Back Bay wurde Bostons elegantestes Wohnviertel, ein am Reißbrett entworfener, großzügiger Bezirk mit breiten Chausseen und prachtvollen, von Paris inspirierten Stadthäusern. Seine immense Popularität als Wohngebiet beschleunigte auch die Entwicklung der engen Downtown als Brennpunkt des Big Business. Verschönt wurde Boston vom damals berühmtesten Landschaftsarchitekten seiner Zeit, Frederick Law Olmsted, mit einem Ring aus öffentlichen Parks und schattigen Alleen.

Die Krise, die Massachusetts zwischen den Kriegen beutelte, erfaßte natürlich auch Boston. Betriebe und Arbeiter wandten sich gen Süden, hohe Grundstückssteuern taten ein übriges zur Verödung der Innenstadt. Um ihr wieder auf die Beine zu helfen, wurde 1957 die Boston Redevelopment Authority gegründet. Ihre Revitalisierungspläne nahm die Bevölkerung mit gemischten Gefühlen auf, sahen sie doch neben der Restaurierung historischer Gebäude auch die Einstampfung ganzer Stadtviertel wie Scollay Square und West End vor. Am Ende galt die Stadtsanierung dennoch als gelungen: An der Stelle des einstigen Rotlichtviertels Scollay Square erhob sich das moderne, von I. M. Pei mitentworfene Government Centre, die restaurierte Faneuil Hall Market lockte wieder Besucher wie Geschäftsleute in die Innenstadt und hauchte in den 80er Jahren auch der vernachläs-

Massachusetts · Boston

sigten Water Front wieder Leben ein. North End, Beacon Hill und South End blieben erhalten, charmante alte Zeugnisse der bewahrenden Grundhaltung der Bostoner. Weniger gelungen ist das in den 60er Jahren an den Menschen vorbeigebaute Prudential Center in Back Bay. Nur an der miserablen Verkehrssituation hat sich nichts geändert. Wenigstens soll der häßliche, Boston an der Waterfront brutal durchschneidende Highway 1, die ständig verstopfte "Central Artery", bis zum Jahr 2005 unter der Erde verschwinden. Die anfänglich veranschlagten 7, 7 Mrd. $ für die seit den frühen 90er Jahren andauernden Bauarbeiten sind schon ausgegeben...

Geschichte (Fortsetzung)

Das Bostoner Fremdenverkehrsbüro nennt die Stadt mit Recht "America's most walkable city". Das historische Zentrum ist kompakt und überschaubar, die meisten Sehenswürdigkeiten sind zu Fuß erreichbar. Wer sich für die Schauplätze des revolutionären Boston interessiert, hat es besonders leicht: Der Freedom Trail führt als durchgezogene rote Linie auf dem Bürgersteig zu allen bedeutsamen Punkten dieser für Amerika schicksalhaften Zeit. Jeweils einen ganzen Tag können auch Beacon Hill und Back Bay in Anspruch nehmen. Es gibt viel zu sehen, die Füße werden also irgendwann mit Sicherheit müde. In diesem Fall springt die Massachusetts Bay Transportation Authority (MBTA) ein. Sie betreibt sowohl die mit einem eingekreisten T gekennzeichnete Subway als auch zahlreiche Buslinien und hält für Besucher günstige "Visitor Passports" (Tageskarten etc.) bereit, die in den Subway-Stationen sowie einigen Hotels gekauft werden können.

Orientierung

Boston · *Massachusetts*

✱✱Freedom Trail

Verlauf

Der 4,8 km lange Freedom Trail führt vom Boston Common bis zum Bunker Hill Monument im benachbarten Charlestown und verbindet sechzehn für die Unabhängigkeit Amerikas relevante Stätten miteinander. 1951 vom Bostoner Journalisten William Schofield vorgeschlagen, nahm der Trail wenig später Gestalt an und ist heute eine Top-Attraktion der Stadt. Der sichtbarste der vielen mit dem Freedom Trail verbundenen Komitees, Kommissionen und Vereine ist der vom National Park Service betriebene Boston National Historic Park. Das National Park Service Visitor Centre hilft mit ausführlichen Karten und Broschüren und veranstaltet von Mitte Juni bis Labor Day auch geführte Touren (15 State St.; Öffnungszeiten: Juni–Aug. tgl. 9.00–18.00, sonst Mo.–Fr. 8.00–17.00, Sa. und So. ab 9.00 Uhr).

✱Boston Common

Der 50 acre große Park im Herzen der Stadt wird begrenzt von Beacon, Charles, Boylston, Tremont und Park Streets; im Westen schließt der Public Garden an. Der Common ist der älteste öffentliche Park Amerikas: 1634 bestimmten die puritanischen Siedler, daß er ein für allemal der Öffentlichkeit vorbehalten sein solle. Seither diente er als Kuhweide, Exerzierplatz, Richtstätte, Versammlungsort, Tierpark und Zufluchtsort für Obdachlose. 1830 wurden die Kühe per Dekret verbannt und der Park zum Erholungsgebiet erklärt. Der reichverzierte, den gesamten Park umgebende Eisenzaun stammt aus dieser Zeit, ebenso wie die hübschen Spazierwege, die kreuz und quer durch die Baum- und Rasenflächen ziehen. Von den 16 von schönen Blumenfeldern umgebenen Statuen und Bronzetafeln ist das Shaw Civil War Monument gegenüber vom State House die beeindruckendste. Das große Bronzerelief von Augustus Saint-Gaudens erinnert an das 54th Massachusetts Colored Regiment, die von Colonel Robert Gould Shaw geführte erste schwarze Infanterietruppe, die 1863 beim Angriff auf Fort Wagner vor Charleston aufgerieben wurde. 1989 setzte Hollywood der Truppe mit "Glory" ein eigenes Denkmal.

Über Boston Common leuchtet die goldene Kuppel des State House.

Massachusetts · Boston

Wenn Wände sprechen könnten: Unionstruppen wurden hier in den Bürgerkrieg verabschiedet, Indianerhäuptlinge forderten die Einhaltung von Landverträgen; Senatoren und Suffragetten, Abolitionisten und Abtreibungsgegner, Bürgerrechtler und Anti-Vietnam-Demonstranten, sie alle hat das Capitol von Massachusetts in den letzten 200 Jahren gesehen. Unübersehbar thront es jenseits der Beacon Street über der Nordostecke des Common, gekrönt von einer 46 m hohen Kuppel, die 1874 mit einer Schicht aus Drei-Karat-Blattgold überzogen wurde. Das repräsentative, klassizistische Regierungsgebäude mit dem schönen Portikus und der großzügigen Freitreppe an der Vorderseite wurde 1798 von Charles Bulfinch, dem ersten in Boston geborenen Architekten, nach dreijähriger Bauzeit fertiggestellt. 1895 und 1916 wurde nach hinten ausgebaut. Den Rasen zur Straßenseite zieren vier Statuen. Zwei davon erinnern an weniger rühmliche Vorkommnisse: Ann Hutchinson wurde im 17. Jh. wegen ihrer abweichenden religiösen Überzeugung aus Boston vertrieben, die Quäkerin Mary Dyer endete wegen ihrer Überzeugung auf dem Common am puritanischen Galgen.
Das Innere kann auf eigene Faust oder mit einer Führung besichtigt werden. Beachtung verdienen vor allem die Senate Staircase Hall mit ihren heroischen Bildern vom Ritt Paul Reveres und der Boston Tea Party sowie die Hall of Flags. Hier hängt eine Auswahl der über 400 Flaggen, die vom Bürgerkrieg bis zum Vietnamkrieg von Soldaten aus Massachusetts getragen wurden (Beacon St.; Öffnungszeiten: Mo.–Fr. 9.00–17.00 Uhr).
Massachusetts State House

Die 71 m hohe und doch anmutige Kirche überblickt den Common und ist eines der schönsten Fotomotive der Innenstadt. Von Peter Banner entworfen, wurde sie 1809 eingeweiht. Zwanzig Jahre später hielt William Lloyd Garrison von der Kanzel die erste seiner Reden gegen die Sklaverei (Park & Tremont Sts.; Öffnungszeiten: Juli–Aug. Di.–Sa. 9.00–15.30 Uhr).
Park Street Church

Als er 1818 im Alter von 83 Jahren starb, war Paul Revere der letzte der Helden der Unabhängigkeit. Im Tod wurde er auf diesem kleinen, an die
Old Granary Burying Ground

Ort der Ruhe und Besinnung in der Großstadt: Old Granary Burying Ground

Boston · *Massachusetts*

Old Granary Burying Ground (Fortsetzung)

Kirche anschließenden und von der Straße durch einen schwarzen Eisenzaun getrennten Friedhof mit seinen oston schon längst verschiedenen Mitstreitern aus Rebellentagen wieder vereint. Im Schatten alter Bäume und Hauswände liegen sie alle hier: John Hancock, James Otis, Samuel Adams, die Familie von Bejamin Franklin (an sie erinnert der Obelisk in der Mitte des Friedhofs), die fünf Opfer des Boston Massacre sowie neun Gouverneure von Massachusetts. Der 1660 angelegte Old Granary Burying Ground ist der drittälteste Friedhof Bostons. 2345 Gräber sind markiert, 137 der einfachen Grabsteinplatten stehen noch, oft verziert mit den aus Puritanertagen typischen Totenschädeln, Stundengläsern oder gekreuzten Knochen (Tremont St.; Öffnungszeiten: tgl. 8.00 – 16.30 Uhr).

King's Chapel

Neuenglands erste anglikanische Kirche duckt sich an der belebten Ecke Tremont und School Streets zwischen Stadthäuser jüngeren Datums. 1754 wurde sie den Kolonisten von der britischen Kolonialmacht vor die Nase gesetzt, ein wuchtiges Monument des Machtanspruchs der Church of England, von der sich die Kolonisten doch losgesagt hatten. Historiker bezweifeln, ob Architekt Peter Harrison aus Newport jemals vor Ort war: Belegt ist nur, daß er Baupläne schickte, die seine Partner in Boston umsetzten. Das düstere Äußere der aus Granit gebauten Kirche kontrastiert mit dem hellen, formalen georgianischen Innern. Zu sehen sind noch die brusthohen Boxen der Familien, die die Gläubigen im Winter vor kalter Zugluft schützten. 1786 erlebte King's Chapel das Amerika-Debüt von Händels "Messias". Wenig später wurde die Kirche von der First Unitarian Church of America übernommen. Unter ihr befinden sich Gräber aus frühester Zeit. Sie waren einst Teil des noch immer neben der Kirche liegenden King's Chapel Burying Ground. Der heute im Häusermeer ertrinkende kleine Friedhof wurde 1631 in Betrieb genommen und ist damit der älteste Bostons. Neben anderen Pionieren liegt auch der Stadtgründer John Winthrop hier begraben (Öffnungszeiten: Juli – Aug. Mo., Do.-Sa. 9.30 – 16.00, So. 13.00 – 15.00, sonst Mo., Fr.-Sa. 10.00 – 14.00 Uhr).

Old City Hall

Das vom neuen Louvre in Paris inspirierte, 1865 errichtete alte Rathaus stammt von Arthur Gilman, der auch für die schönen Second-Empire-Stadthäuser von Back Bay verantwortlich zeichnet. In Bostons Kindertagen bauten die Puritaner 1645 an dieser Stelle die erste öffentliche Schule der Stadt. Ein französisches Restaurant, das "Maison Robert", hält die "french connection" aufrecht. Hinter hohen Hecken blickt im linken Vorgarten der in Boston geborene Benjamin Franklin von hohem Sockel visionär in die Ferne.

Old Corner Bookstore

Das schöne alte Ziegelhaus an der Ecke Washington und School Streets steht an der Stelle des einstigen Wohnhauses von Ann Hutchinson. 1718 erbaut und seit etwa 1830 ein Buchladen, war es zwischen 1845 und 1865 unter der Ägide der Verleger-Buchhändler Ticknor & Fields Amerikas bedeutendster Literatentreff. Zu jeder beliebigen Zeit konnte man damals populäre Schauspieler und Musiker treffen oder den Vorträgen literarischer Schwergewichte wie Harriet Beecher-Stowe, Henry David Thoreau, Nathaniel Hawthorne, Oliver Wendell Holmes, Henry Wadsworth Longfellow und Ralph Waldo Emerson lauschen. Besonders Verleger Jamie Fields beschritt neue Wege: Um die Autoren an sich zu binden, beteiligte er sie erstmals mit zehn Prozent an den Verkaufserlösen ihrer Bücher und kaufte literarische Fachmagazine, in denen er unter Pseudonym Buchkritiken schrieb. Ende des 19. Jh.s erlebte der Buchladen einen langen Niedergang, und 1960 beherbergte er einen Pizza-Laden. Wenig später retteten Spenden der Bürgerschaft und die Tageszeitung Boston Globe das Traditionsgeschäft von der Abrißbirnen. Heute ist hier der hervorragende, auf Neuenglandbücher spezialisierte Globe Corner Bookstore untergebracht.

*Old South Meeting House

Ein Stück Revolutionsgeschichte mitten im Bostoner Shoppingdistrikt, schräg gegenüber vom Old Corner Bookstore: Das schlichte, von einem spitzen weißen Kirchturm gekrönte Ziegelhaus hat alle Stadtbrände und

Massachusetts · Boston

Abrißkolonnen heil überstanden. 1729 als puritanische Bet- und Versammlungsstätte am Ort eines Vorgängerbaus von 1670 gegründet, bot das Old South Meeting House am Vorabend der Unabhängigkeit den größten Versammlungsraum der Stadt. Am 16. Dezember 1773, als die Bostoner einmal mehr gegen die britischen Knebelgesetze protestierten, beendete Samuel Adams die Kundgebung mit den denkwürdigen Worten: "Gentlemen, diese Versammlung kann nichts mehr tun, um das Land zu retten", um anschließend an der Spitze von 5000 Demonstranten hinab zur Griffith Wharf zu ziehen und die Bostoner Tea Party zu feiern. In den 1870er Jahren von geschichtsbewußten Bürgern vor dem Abriß bewahrt, war das Old South Meeting House das erste wegen seiner historischen Bedeutung bewahrte Gebäude Bostons. Schautafeln erklären die Ereignisse im Vorfeld der Boston Tea Party (310 Washington St.; Öffnungszeiten: April – Okt. 9.30 bis 17.00, sonst 10.00 – 16.00 Uhr). Heute folgt der an der Ecke Milk Street abzweigende Tea Party Path den Spuren der aufgebrachten Menge und endet am Boston Tea Party Ship & Museum an der Waterfront (→ S. 161). Gegenüber stand in 7 Milk Street das Haus, in dem Benjamin Franklin geboren wurde und seine Jugend verlebte.

*Old South Meeting House (Fortsetzung)

Hübsches Modell, älteste U-Bahnstation Amerikas – das ehrwürdige Old State House mußte sich schon so manche Respektlosigkeit gefallen lassen. Frotzelei nicht ohne Respekt: 1713 erbaut, war Bostons ältestes öffentliches Gebäude Schauplatz diverser Schlüsselereignisse der Revolution. Im zweiten Stockwerk weckte, so jedenfalls sah es später John Adams, der Anwalt James Otis 1761 mit einer achtstündigen Philippika gegen ein britisches Ermächtigungsgesetz bei den Bostonern erstmals den Wunsch nach Unabhängigkeit. Am 5. März 1770 rottete sich unterhalb des Balkons eine Menge zusammen, nachdem ein Soldat einen Jungen mit seiner Muskete geschlagen hatte. Als die Situation außer Kontrolle zu geraten drohte, schossen die Soldaten scharf – fünf Bostoner blieben tot zurück. Ein in die Verkehrsinsel an der Rückseite des Old State House eingelassener Kreis aus Steinen markiert die Stelle des "Boston Massacre". Sechs Jahre später, am 18. Juli 1776, wurden der Text der Unabhängigkeitserklärung vom Balkon herab der jubelnden Menge verlesen und der Löwe und das Einhorn, die Symbole königlicher Macht, vom Dach entfernt. Bis 1798 war das Old State House Sitz der Regierung von Massachusetts. Heute gehen sich die Bostoner versöhnlicher: Der Sitz der britischen Kolonialregierung prangt wieder in alter Pracht, gekrönt von einem hübschen, goldverzierten Türmchen, und wirkt so deplaziert zwischen den modernen Bürotürmen, daß er schon wieder schön aussieht. Eine Ausstellung im Innern befaßt sich mit dem Boston Massacre. Unter dem Gebäude befindet sich seit 1903 eine U-Bahnstation (Washington & State Sts.; Öffnungszeiten: tgl. 9.00 – 17.00 Uhr).

**Old State House

Die häufigste von Besuchern gestellte Frage ist die nach der richtigen Aussprache: Fenju, Fenul oder Fanoil? Die anfängliche Irritation hängt mit der Herkunft des Stifters zusammen. Peter Faneuil war hugenottischer Abstammung. 1742 schenkte der wohlhabende Kaufmann der Stadt Faneuil Hall als Markthalle. Wenig später starb der lebenslustige Junggeselle an "zuviel gutem Leben", wie ein Zeitgenosse diplomatisch berichtet. Das Obergeschoß des schönen, von John Smibert entworfenen und von Charles Bulfinch 1806 um das Doppelte vergrößerten roten Ziegelgebäudes beherbergt die weitläufige "meeting hall", wo George P.A. Haleys riesiges Gemälde "Daniel Webster's Second Reply to Haynes" auf die Chronik von Faneuil Hall einstimmt. Von 1763 an wetterten hier die "sons of liberty", allen voran Samuel Adams, James Otis und Joseph Warren gegen die britische Steuerpolitik – Faneuil Hall verdiente sich den Kosenamen "cradle of liberty". Auch nach der Unabhängigkeit sprachen hier engagierte Redner, darunter William Lloyd Garrison gegen die Sklaverei und die Frauenrechtlerin Susan B. Anthony für die Chancengleichheit der Frauen. 1960 hielt John F. Kennedy hier seine letzte Wahlkampfrede. Das Dach von Faneuil Hall krönt eine Kuppel mit einer Wetterfahne in Form eines Grashüpfers,

**Faneuil Hall

Massachusetts · Boston

dem Symbol des Hafens von Boston. Ein kleines Museum zeigt alte Militaria. Um die anfängliche Frage zu beantworten: Die richtige Aussprache ist "fennel hall" (Faneuil Hall Square, Merchants Row; Öffnungszeiten: tgl. 9.00 – 17.00 Uhr).

Faneuil Hall (Fortsetzung)

Hinter dem Gebäude liegt der Faneuil Hall Marketplace, ein auf Quincy Market ausgerichteter, von Blumenhändlern und Straßenkünstlern frequentierter Platz aus Kopfsteinpflaster.

Faneuil Hall Marketplace

Fester Bestandteil des Faneuil Hall Marketplace, sind die drei 1825 von Alexander Paris im neoklassisizistischen Stil entworfenen Granitgebäude mit ihren Restaurants, Bistros, Bars und schönen Textilien- und Keramikgeschäften ein beliebter Treffpunkt der Bostoner und ihrer Besucher. 1976 rundumerneuert, leitete die Eröffnung von Quincy Market in seiner jetzigen Gestalt die Wiederbelebung nicht nur der Innenstadt, sondern auch der verfallenden Waterfront ein. Zu Beginn des 19. Jh.s hatten die Schiffe noch unmittelbar unterhalb der Markthallen angelegt. Besonders populär ist der einem griechischem Tempel nachempfundene Mittelbau mit seinen Coffeeshops und Feinkostbistros (unbedingt probieren: Lobster-Sandwich!).

*Quincy Market

Freedom Trail · North End

Die Baustelle ist bereits so sehr in die Jahre gekommen, daß die Holzdecke der Fußgängerunterführung unter dem Expressway mit aufgemalten Blümchen verziert wurde und Bürgerinitiativen mit Räucherstäbchen auf die heimelige Atmosphäre in North End vorbereiten. Bis der das historische North End vom Rest der Stadt trennende Expressway endgültig unter die Erde verbannt ist, wird es jedoch noch ein paar Jahre dauern. Das verschachtelte North End wird seit den 1630er Jahren ununterbrochen bewohnt. Von Bostons Wohnviertel im 17. und 18. Jh. wandelte es sich zu Beginn des 19. Jh.s zum Auffangbecken armer irischer und jüdischer Immigranten. Ende des 19. Jh.s kamen die italienischen Einwanderer. Sie prägen das Straßenbild des Viertels bis heute. Mit der italienischen Trikolore geschmückte Feinkostläden, Gelaterias, Espresso-Bars und enge Seitenstraßen, über denen die Wäsche zum Trocknen hängt, bringen ein Stück Mittelmeer-Atmosphäre nach Boston. Hanover und Salem Streets sind die Hauptverkehrsadern des Viertels mit den meisten Restaurants und Geschäften. Der Freedom Trail führt aus der Old City mitten hinein in dieses Gassengewirr.

Italienisches Viertel

North End ist Bostons italienisches Viertel.

◄ *Vom Balkon des Old State House wurde die Unabhängigkeitserklärung verlesen. Heute duckt es sich im Schatten der Hochhäuser.*

Boston · *Massachusetts*

**Paul Revere House

Ein olivgrünes, fast mittelalterlich wirkendes Holzhaus mit winzigen Fenstern, einem hervorkragenden Obergeschoß und schindelgedecktem Dach: Das um 1680 errichtete Paul Revere House ist das älteste noch existierende Haus in der Bostoner Innenstadt, eine typische "saltbox", wie die alten Kolonialhäuser in Anlehnung an die damals gebräuchlichen Salzbehälter genannt wurden, und optisch ein Anachronismus im Vergleich zu den umgebenden Häusern jüngeren Datums. Der Umstand, daß es von 1770 bis 1800 vom Revolutionshelden Paul Revere bewohnt wurde, hat es vor dem Abriß bewahrt. Heute schauen sich 200 000 Touristen pro Jahr die niedrigen, dunklen Räume an – und lernen die Wahrheit hinter dem Mythos kennen. Denn Paul Revere, der in Boston über Gedenkmünzen, Briefmarken und Poster reitet, ist in der Nacht zum 19. April 1775 nie in Lexington angekommen: Er wurde unterwegs von Soldaten unrühmlich verhaftet. Daß ein britisches Kontingent auf dem Weg war, erfuhren die Rebellen statt dessen von seinen Mitstreitern William Dawes, Dr. Samuel Prescott und etwa drei Dutzend weiteren Reitern, die in jener Nacht über den Charles River in Richtung Lexington und Concord setzten. Daß allein Revere die Ehre des Nachruhms zuteil wurde, ist die "Schuld" des Dichterfürsten Longfellow. Als er 1861 das legendäre Heldengedicht "Paul Revere's Ride" schuf, fand er, daß sich seine Verse am besten auf den Namen Revere reimten. Zu Lebzeiten machte sich Paul Revere einen Namen als Silberschmied: Von Tafelbesteck über Kuh- und Kirchenglocken bis hin zu den Kupferbeschlägen auf der "USS Constitution" stammten fast alle Metallarbeiten Bostons in jener Zeit aus seiner Werkstatt. Heute beherbergt das Paul Revere House ein kleines Museum mit einigen Originalmöbeln der Familie. Alle Räume sind mit zeitgenössischen Möbeln eingerichtet und vermitteln einen Eindruck vom mittelständischen Leben in Neuengland (19 North Square; Öffnungszeiten: Mitte April. – Okt. tgl. 9.30 – 17.15, Nov. und Dez. sowie erste Aprilhälfte tgl. 9.30 – 16.15 Uhr, sonst Mo. geschlossen).

Das Haus von Paul Revere

Paul Revere Mall

Die stille, gepflasterte Passage zwischen der katholischen St. Stephen Church und der Old North Church gehört zu den schönsten öffentlichen Plätzen der Stadt. Im Schatten alter Bäume bummeln Touristen und Einheimische, zahlreiche in die beide Seiten begrenzenden Mauern eingelassene Bronzetafeln erinnern an die Verdienste der verschiedenen Einwanderergruppen um die Erhaltung des historischen North End. Das von Cyrus Dallin stammende Reiterstandbild von Paul Revere ist mit dem eleganten weißen Kirchturm von "Old North" im Hintergrund eines der beliebtesten Fotomotive Bostons.

*Old North Church

"One if by land, two if by sea" – die schöne, 1723 im georgianischen Stil errichtete Old North Church ist untrennbar mit den Ereignissen am Abend des 18. April 1775 verbunden. Mit zwei Laternen signalisierte damals der 23jährige Küster Robert Newman vom Kirchturm aus den Rebellen im benachbarten Charlestown, daß die britischen Soldaten auf dem Charles River nach Concord unterwegs waren. Fast 100 Jahre später machte Longfellows Gedicht "Old North" unsterblich. Von Stadtbränden und -planern verschont geblieben, ist die trotz ihrer Einfachheit elegante Kirche das älteste noch stehende Gotteshaus Bostons. Das weiß getünchte Innere besticht ebenfalls durch schlichte, klare Linien. Die hohen Sitzboxen aus dem

Massachusetts · Boston

frühen 19. Jh. gehörten damals einzelnen Familien und verfügten jede über Fußwärmer und kleine Öfen. Von der Kanzel eröffnete Präsident Gerald Ford 1776 die Feiern zur 200jährigen Unabhängigkeit der Vereinigten Staaten. Im angeschlossenen Souvenirshop befindet sich auch ein kleines Museum. Die Glanzstücke: echter Tee von der Boston Tea Party und der Säbel von Colonel Robert Gould Shaw (193 Salem St.; Öffnungszeiten: tgl. 9.00–17.00; Sonntagsmessen: 9.00, 11.00 und 16.00 Uhr).

Old North Church (Fortsetzung)

Der auf der Kuppe von Copp's Hill 1660 angelegte Friedhof ist der zweitälteste Bostons. Zahlreiche prominente Bürger wurden hier bestattet, darunter der Priester und Hexenverfolger Cotton Mather (1663–1728). Vor der Schlacht von Bunker Hill brachten die Briten hier ihre Kanonen in Stellung. Der Charles River und das benachbarte Charlestown mit dem schlanken Bunker Hill Monument sind bereits von hier aus zu sehen.

Copp's Hill Burying Ground

Anblick und Umstände sind schon merkwürdig: Mitten in einem von irischstämmigen Bostonern bewohnten Arbeiterviertel erhebt sich ein ägyptischer Obelisk zu Ehren einer amerikanischen Niederlage. Die Erklärungen sind jedoch plausibel. Als die 66 m hohe Granitsäule 1843 eingeweiht wurde, war diese antike, Heldentum und Tod symbolisierende Ausdrucksform in Europa gerade "en vogue", und: Die amerikanische Niederlage war ein britischer Pyrrhus-Sieg. Die zweistündige "Battle of Bunker Hill" am 17. Juni 1775, eine der blutigsten Schlachten des Unabhängigkeitskrieges, kostete nach offizieller Lesart rund 500 Kolonisten, aber über 1000 britischen Soldaten das Leben. Das Gemetzel fand jedoch nicht am Bunker Hill, sondern auf dem Breed Hill statt. Dort hatten die Kolonisten über Nacht Befestigungen errichtet und Kanonen in Stellung gebracht. Nach zwei verlustreichen Angriffen gegen den zusammengewürfelten, aber entschlossenen Haufen aus kriegsunerfahrenen Kolonisten gelang den Briten die Einnahme Breed Hills erst beim dritten Anlauf. Während dieser letzten Attacke soll Rebellenführer William Prescott seinen Leuten sein berühmtes "Schießt erst, wenn Ihr das Weiße in ihren Augen seht!" zugerufen haben. Die glorreiche Niederlage stärkte die Moral der Amerikaner. Dioramen und Memorabilia zu Füßen des Obelisk erinnern an die Schlacht. Eine enge Wendeltreppe mit 294 Stufen führt zu einer schönen Aussichtskanzel hinauf (Breed Hill; Öffnungszeiten: tgl. 9.00–16.30 Uhr).

*Bunker Hill Monument

Unterhalb der Brücke über den Charles River liegt gegenüber von North End die 1974 geschlossene US Naval Shipyard. Ein Teil der Werftanlage ist als Touristenattraktion der Öffentlichkeit zugänglich: Über eine Million Besucher pilgern pro Jahr zur Anlegestelle Pier 1, wo die "USS Constitution" vertäut ist. Die elegante Fregatte ist das älteste noch in Dienst befindliche Kriegsschiff der Vereinigten Staaten. Konstruiert von Joshua Humphreys und Josiah Fox und am 21. Oktober 1797 vom Stapel gelaufen, ging die mit 54 Kanonen bestückte "Constitution" zunächst im Mittelmeer erfolgreich gegen amerikanische Schiffe aufbringende nordafrikanische Piraten vor. Dank ihrer gewaltigen Segelfläche schnell und wendig wie ein Klipper, verzeichnete die "Constitution" in ihren 84 Jahren auf See insgesamt 42 siegreiche Seegefechte und kaperte 20 feindliche Schiffe. Ihren größten Triumph verbuchte sie im Krieg von 1812, als sie die britischen Kriegsschiffe "HMS Guerièrre" mitten auf

Charlestown Navy Yard

**"USS Constitution"

Das älteste Kriegsschiff der USA: "USS Constitution"

Boston · *Massachusetts*

Charlestown Navy Yard (Fortsetzung)
dem Atlantik und "HMS Java" vor der brasilianischen Küste besiegte. Während des Gefechts mit der "Guerrière" verdiente sie sich ihren Spitznamen "Old Ironsides": Die aus Holz aus Maine gezimmerten Schiffswände waren so stark, daß die Kanonenkugeln des Feinds wirkungslos an ihnen abprallten. Mehrere Male gründlich überholt, bestehen inzwischen nur noch 18 % der "Constitution" aus Originalholz (Führungen: tgl. 9.30 bis 15.50 Uhr).

USS Constitution Museum
Das USS Constitution Museum dokumentiert die glorreiche Geschichte des Dreimasters. (Öffnungszeiten: Juni – Labor Day tgl. 9.00 – 18.00, März bis Mai tgl. 10.00 – 17.00, sonst bis 16.00 Uhr).

Boston Waterfront

Vom Hafen- zum Trendviertel
Die längste Zeit seiner Geschichte war Boston auf den Hafen ausgerichtet. Dicht an dicht lagen hier die Segler, schwer beladen mit Fracht aus China, Afrika, der Karibik und Europa. Als der Hafen zu Beginn des 19. Jh.s aus allen Nähten platzte, wurde Land für weitere Piers und Lagerhäuser aufgeschüttet. Dennoch fiel der einst führende Hafen Amerikas nach 1900 weit hinter die übrigen Ostküstenhäfen zurück, endgültig abgeschnitten von der übrigen Stadt durch den in den fünfziger Jahren gebauten Expressway. Erst mit der Revitalisierung der Innenstadt durch die Erneuerung von Quincy Market kam auch in die Hafengegend wieder Leben. Alte Lagerhäuser und Werften wurden in schicke Apartmenthäuser für junge Pärchen und Singles verwandelt, internationale Luxushotels entdeckten die "Waterkant" als zeitgeistigen Standort mit Meeresblick.

Wahrlich beeindruckend: Bostons Waterfront

Long Wharf
Wo sich heute das elegante, mit seinem Hangar-Look die umliegenden Hafengebäude zitierende Marriott Hotel Long Wharf im Wasser spiegelt, reichte im 18. Jh. die Long Wharf über 600 m weit ins Hafenbecken. Die heutige Pier ist erheblich kürzer. An ihrem äußeren Ende, hinter dem Mar-

riott, steht das 1837 erbaute, in ein Einkaufszentrum umfunktionierte Customs House. Long Wharf heute, das sind vor allem hier ablegende Hafenrundfahrten und Walbeobachtungstouren vor der Küste.

Long Wharf (Fortsetzung)

Noch eindringlicher erlebt man die Unterwasserwelt vor der Küste im herrlichen New England Aquarium. Das Innere, das nur vom Licht der über 70 Aquarien und Wassertanks erhellt wird, dominiert ein vier Stockwerke hoher, über 700 000 l Salzwasser fassender Tankzylinder. Von einer nach oben führenden Rampe aus kann man die tropischen Bewohner beobachten, darunter Haifische, Muränen und Stachelrochen, die sich in einer karibischen Korallenwelt tummeln. Insgesamt über 2000 Spezies beherbergt das Aquarium, dazu eine Pinguinkolonie und Seelöwen im angrenzenden Discovery Pavillion. Von April bis Mitte Oktober führt es auch ausgezeichnete Walbeobachtungstouren durch (Central Wharf; Öffnungszeiten: Juli bis Labor Day Mo.–Fr. 9.00–18.00, Sa. und So. 9.00–19.00, sonst Mo. bis Fr. bis 17.00, Sa. und So. bis 18.00 Uhr).

**New England Aquarium

Bei der Rückkehr kann man sich dann am Anblick von Rowes Wharf erfreuen – vom Land aus ist das mächtige Tor, das sich symbolisch zum Meer hin öffnet und Teil eines eleganten, 15-stöckigen Komplexes aus Ziegelstein ist, mit dem der optische Anschluß an die postmodernen Bürogebäude der Innenstadt versucht wurde, weniger eindrucksvoll. Der Komplex beherbergt außer dem luxuriösen Boston Harbor Hotel Büros und teure Apartments. Das helle Rowes Wharf Restaurant ist jedoch ein exzellenter Aussichtspunkt auf mehrere Jahrhunderte Architektur.

Rowes Wharf

Südlich davon, am Fort Point Channel, liegt unterhalb der Congress Street Bridge das Boston Tea Party & Ship Museum, wo man an Bord eines detailgerecht nachgebauten Schoners mit "echten" Revolutionären Teeballen ins Hafenbecken werfen kann (Congress St. Bridge / Harbor Walk; Öffnungszeiten: März–Dez. tgl. 9.00–17.00 Uhr).

*Boston Tea Party & Ship Museum

Vom Boston Tea Party Museum führt die Congress Street Bridge hinüber zur Museum Wharf (300 Congress St.) mit dem Children's Museum.
"Hands-On" heißt hier das Zauberwort, "Anfassen erlaubt". Das Children's Museum wendet sich ausschließlich an Kinder, wird aber auch Erwachsenen Spaß machen. Hier können sie auf vier Etagen den Gesetzen von Flieh- und Schwerkraft auf die Spur kommen und in interaktiven Ausstellungen wie "What if you couldn't" u. a. auch als Rollstuhlfahrer versuchen, mit den Tücken des Alltags zurechtzukommen (Öffnungszeiten: tgl. 10.00 bis 17.00 Uhr).

Museum Wharf

Children's Museum

Beacon Hill

Beim Anblick Beacon Hills von der Aussichtsplattform des Hancock Tower aus fühlt man sich an die Worte Henry James' erinnert. Der Schriftsteller beschrieb Bostons Nobelviertel einst als "rüstige Dame mit roten Wangen." Noch heute ist Beacon Hill vornehm, teuer und eine Enklave der Reichen und Wichtigen – wobei sich der alte Geldadel der "Boston Brahmins" die schönen roten Backsteinhäuser mit den bauchigen Erkern und eleganten, gußeisernen Balkons und Treppchen inzwischen mit hinzugezogenen Neureichen teilen muß. Wohl nirgends sonst in Amerika – von Beverly Hills einmal abgesehen – werden so viele Rassehunde abends Gassi geführt und so viele europäische Luxusautos spazierengefahren wie entlang der Beacon Street. Für den Besucher ist Beacon Hill ein schöner Spaziergang durch ein vom Trubel der Innenstadt abgeschnittenes Stück des kultivierten, trotz der großen Politik "good ol' England" noch immer innig verbundenen alten Amerika. Die Bebauung des als einzigem von der Nivellierung der Hügel Bostons verschont gebliebenen Beacon Hill begann um 1800. Als die Errichtung des State House die Grundstückspreise der Umgebung in die Höhe trieb, reagierten Architekt Charles Bulfinch und Jurist Harrison

**Nobles Viertel

Boston · *Massachusetts*

Beacon Hill (Fortsetzung)
Gray Otis als erste: Sie erwarben das Land am Beacon Hill sowie an den beiden anderen Hügeln von Porträtmaler John Singleton Copley und begannen unverzüglich mit dem Bau eines eleganten Wohnviertels, in dessen Verlauf Beacon Hill um 20 m abgetragen und die anderen beiden Erhebungen vollständig nivelliert wurden. Bis Mitte des 19. Jh.s entstanden herrliche, mit drei- bis vierstöckigen Häuserzeilen im Federal und Greek Revival Style bemerkenswert einheitliche, von schönen Bäumen und Gaslaternen gesäumte Straßenzüge. Auch ans Personal wurde gedacht: Einfachere Behausungen in engen Seitenstraßen weisen auf die Unterkünfte der Dienerschaft hin.

Park Street
Für Beacon Hill sollte man sich mindestens drei Stunden reservieren. Am besten nähert man sich der "rotwangigen Dame" auf der am Nordostende von Boston Common bergan führenden Park Street, der goldenen Kuppel des über der Beacon Street thronenden State House vis-á-vis (→ S. 153).

Kein Zweifel – in Beacon Hill läßt sich's gut wohnen.

*Boston Athenaeum
Das ehrwürdige Gebäude aus dunklem Sandstein östlich vom State House beherbergt seit 1849 das Boston Athenaeum, eine der ersten öffentlichen Bibliotheken Amerikas. Diese begann 1805 als Zusammenschluß von vierzehn Bostoner Gentlemen zum Literaturklub "Anthology Society", der u. a. die "Monthly Anthology and Boston Review" herausgab und für seine Mitglieder einen permanenten Lesesaal einrichtete. Heute mit über 750 000 Bänden eine angesehene Bildungsinstitution, hat in den hohen, mit Buchregalen voller Lederfolianten und schweren Lesetischen eingerichteten Lesesälen alles gebüffelt, was in Boston Rang und Namen hat, angefangen bei Ralph Waldo Emerson bis hin zu zeitgenössischen Autoren wie David McCullough, der hier für seine Biographie über Harry S. Truman recherchierte (10 1/2 Beacon St.; Öffnungszeiten: tgl. Mo.–Fr. 9.00–17.30, Sept. bis Mai auch Sa. 9.00–16.00 Uhr).

*Chestnut Street
Die von der Beacon Street abzweigende Spruce Street mündet hügelaufwärts in die hübsche Chestnut Street. Unterwegs geht links die enge

Massachusetts · Boston

Branch Street ab. Dies war früher eine typische, in der zweiten Reihe angelegte Gasse mit einfachen Mietwohnungen für das Personal, vor allem Butler, Kutscher und Köche. Die Chestnut Street bietet mit einigen der fünfzehn von Charles Bulfinch für Beacon Hill entworfenen Häuser ausgezeichnete Beispiele des eleganten Federal Style, z. B. Nr. 29 a mit schönen, aus Hamburg stammenden, violett verfärbten Fensterglässern.

Chestnut Street (Fortsetzung)

Von Henry James die "only respectable street in America" genannt, reihen sich an der Mount Vernon Street einige der schönsten Residenzen von Beacon Hill. Beachtung verdient vor allem die Hausnummer 85. Das um 10 m von der Straße zurückversetzte, freistehende Haus mit den schlanken Säulen wurde 1802 von Charles Bulfinch für seinen Freund Harrison Gray Otis entworfen. Das damals generell anhand schmuckloser Fassaden der Oberschicht geübte Understatement stand im Gegensatz zur Eleganz hinter den Mauern: Erst drinnen zeigte man, was man hatte. Wie die Boston Brahmins lebten, lernt man im mit Originalmöbeln eingerichteten, 1804 ebenfalls von Bulfinch entworfenen Nichols House Museum kennen, dem einzigen der Öffentlichkeit zugänglichen Wohnhaus von Beacon Hill (Mount Vernon St. 55; Öffnungszeiten: Mai–Okt. Di.–Sa. 12.00–17.00 Uhr, sonst nur Mo., Mi. und Sa. zu denselben Zeiten).

*Mount Vernon Street

Nichols House Museum

Weiter westlich öffnen sich die roten Häuserzeilen zum Louisbourg Square, einer schattenspendenden Oase mit herrlichen, drei- und vierstöckigen Greek Revival Häusern und altmodischem Kopfsteinpflaster. Benannt nach der durch neuenglische Milizen aus Massachusetts 1745 eroberten französischen Festung Louisbourg in Nova Scotia, verkörpert der stille kleine Platz seit seiner Schaffung in den 1830er Jahren wie kein anderer Ort den kultivierten Lebensstil von Beacon Hill. Etliche Schriftsteller haben hier gewohnt, darunter Pulitzerpreisträger Archibald MacLeish und – von 1885 bis 1888 – Louisa May Alcott (No. 10), deren Bestseller "Little Women" die Familie vor dem Bankrott rettete.

*Louisbourg Square

Nicht die eleganteste, wohl aber die meistfotografierte Straße in Beacon Hill ist Acorn Street, eine enge Gasse mit Kopfsteinpflaster, deren Mietwohnungen ursprünglich die Dienerschaft aufnahmen. Charles Street markiert die Westgrenze von Beacon Hill. Hier befinden sich viele schönen Läden und Coffeeshops. Aus den Schaufenstern der Immobiliengeschäfte erfährt man, was eine Adresse in Beacon Hill wert ist. Pinckney Street ist die Nordgrenze des Viertels. Ihr Charakter als Demarkationslinie zwischen den wohlhabenden Brahmins und den nichtprivilegierten Bostonern ist daran zu erkennen, daß die Planer damals auf verbindende Querstraßen verzichteten. Das George Middleton House in dieser Straße ist das älteste noch bestehende Bürgerhaus (1797) eines Schwarzen in Beacon Hill. Nördlich von Pinckney Street geht es wieder abwärts. Die nach Norden führende Joy Street war im späten 18. und 19. Jh. die Lebensader der schwarzen Gemeinde Bostons, mit der kurzen Sackgasse Smith Court als Zentrum und 46 Joy Street als beachtenswertester Adresse: Die Abiel Smith School aus den 1830er Jahren ist die älteste schwarze Schule der Stadt. Das schöne African Meeting House wurde 1806 von der schwarzen Baptistengemeinde errichtet und war in der Folgezeit ein Sammelpunkt der Abolitionisten (Öffnungszeiten: tgl. 10.00–16.30 Uhr). Zu weiteren Plätzen auf den Spuren der schwarzen Bevölkerung Bostons führt im übrigen der Black Heritage Trail.

Acorn Street

Charles Street

Pinckney Street

Joy Street

African Meeting House

Das schönste der drei von Bulfinch für Harrison Gray Otis im Viertel gebauten Häuser befindet sich schräg gegenüber von Joy und Cambridge Streets. Das Harrison Gray Otis House stammt von 1796 und ist mit seiner kompromißlosen Symmetrie, die nur von einem von vier schlanken Säulen gerahmten palladianischen Fenster im ersten Stock aufgelockert wird, ein typisches Produkt des von Bulfinch so geliebten Federal Style. Wunderschöne Möbel im Innern des Hauses halten, was das vornehm zurückhaltende Äußere schon verspricht (141 Cambridge St.; Führungen: Mi. bis So. 11.00–17.00 Uhr).

Harrison Gray Otis House

Boston · *Massachusetts*

Back Bay · Copley Square

Vom Hinterhof zum Shopping- und Kulturviertel

1857 begann Bostons große Metamorphose, als die stinkende und seit Jahren schon als gesundheitsgefährdend erkannte Kloake der "hinteren Bucht" aufgeschüttet wurde. Vierzig Jahre dauert dieses ehrgeizigste Landgewinnungsprojekt der Stadtgeschichte. Am Ende hatte das chronisch überfüllte Boston 180 ha Fläche hinzugewonnen.

Die Gestaltung des plötzlich im Übermaß vorhandenen Raums zwischen Public Garden und Christian Science Center übertrug man dem Architekten Arthur Gilman. Der blickte nach Paris, wo gerade das Second Empire in Mode war, und zog fünf schnurgerade Ost-West-Achsen, die größte davon die Commonwealth Avenue, einen 80 m breiten Boulevard mit Grünanlagen zwischen den Fahrbahnen. Schöne, vier- bis fünfstöckige Häuserzeilen, aufgeteilt in gleich große Blocks, kamen hinzu, und ebenso schöne Kirchen und öffentliche Gebäude. Das Resultat sieht heute so aus: Der westlich vom Public Garden begonnene Second-Empire-Stil wurde nicht durchgehalten, spätestens westlich der Dartmouth Street geht er endgültig in den typisch amerikanischen Eklektizismus über.

Heute steht die Back Bay vor allem für Kunst, Kultur und Savoir Vivre. Das East End westlich der Arlington Street ist mit seinen schicken Boutiquen, Bars und Restaurants Hangout der Bostoner Yuppies. Am teuersten ist Bostons Version des Rodeo Drive, die vornehme Newbury Street. Hier liegen die Läden der Trend- und Designermarken dicht an dicht, sind Parkplätze nicht selten namentlich gekennzeichnet. Kenmore Square mit seinen Kneipen und Secondhandläden ist das Gravitationszentrum von Studenten und Schülern. Südlich der belebten Boylston Avenue bieten moderne Glas- und Betonbauten einen überraschenden, nicht immer gelungenen Kontrapunkt. Hier befinden sich die meisten der Luxushotels der Stadt. An der Charles River Esplanade, Nähe Beacon and Arlington Streets, einem weitläufigen Park am Ufer des Charles River, finden im Sommer im Hatch Memorial Shell, einer Bühne in Form einer überdimensionalen Muschel, öffentliche Konzerte statt.

Copley Square

Der wichtigste Platz in Back Bay wurde Ende der achtziger Jahre neugestaltet, nachdem er von den Bostonern mehr und mehr als öde Steinwüste empfunden worden war. Heute präsentiert er sich, mit Grünanlagen und Springbrunnen aufgelockert, als optisch sympathische Verbindung zwischen einigen der schönsten Gebäude des Viertels. Seine Ostseite wird von zwei Bauwerken dominiert, die gegensätzlicher nicht sein könnten: Trinity Church und John Hancock Tower.

Trinity Church

Schwer und dunkel aber trotzdem in sich harmonisch dräut die neoromanische Trinity Church über dem Platz. 1877 aus Granit und Sandstein erbaut, ließ sich ihr Architekt Henry H. Richardson von romanischen Vorbildern in Spanien und Südfrankreich beeinflussen: Der wuchtige Hauptturm der Kirche lehnt sich an den der Kathedrale von Salamanca an, das mit Friesen und Statuen dekorierte Westportal zitiert die Kirche St. Trophime in Arles. Im Innern besticht eine warme Atmosphäre mit goldglänzendem Dekor und großzügigen Wandgemälden.

Hancock Tower

Der daneben 241 m in den Himmel ragende Hancock Tower wirkt dagegen zunächst wie ein Schock, beim näheren Hinsehen entpuppt jedoch auch er sich als Meisterwerk. 1968 nach Entwürfen des Stararchitekten I. M. Pei errichtet, besteht er fast ganz aus Glas: Über 10 000 großflächige Fensterscheiben wurden auf dem Grundriß eines verzogenen Parallelogramms zusammengestellt. Das Auge des Betrachters sieht ihn daher, je nach Standort, mal als schmales, auf wundersame Weise senkrecht stehendes Handtuch, mal als ausladend breite Zündholzschachtel. Die Fassade spiegelt die umstehenden Gebäude und das Wetter, mal ist sie tiefblau, mal milchig grau. Ein raketenschneller Aufzug schießt Besucher in Sekunden hinauf zur Beobachtungsplattform im 60. Stockwerk. Bei gutem Wetter reicht der Blick von hier aus über die gesamte Stadt bis zu den Bergen von New

Massachusetts · Boston

Hinter Boston Common ragen die Hochhäuser von Downtown in die Höhe. Der höchste ist der John Hancock Tower.

Hampshire (St. James Ave. und Copley Square; Observatory Deck: Mai bis Okt. Mo.–Sa. 9.00–22.00, So. ab 10.00; sonst So. erst ab 12.00 Uhr).

Hancock Tower (Fortsetzung)

1888 kündigten die Stadtväter einen "Palast fürs Volk" an. Sieben Jahre später war er da, erschaffen vom Architektenbüro McKim, Mead & White, das die aus Granit erbaute Boston Public Library in ein italienisches Renaissancekleid steckte, mit Friesen von Augustus Saint-Gaudens verzierte und den herrschaftlichen Treppenaufgang aus gelbem Siena-Marmor von zwei Löwen bewachen ließ. Der friedvolle Innenhof wird besonders gern von den Angestellten während der Mittagspause benutzt. In den oberen Etagen sind ausladende Wandgemälde, u. a. "Judaism and Christianity" von John Singer Sargent, zu bewundern (666 Boylston St.; Öffnungszeiten: Okt.–Mai Mo.–Do. 9.00–21.00, Fr.–Sa. bis 17.00, So. 13.00–17.00; sonst So. geschlossen).

Boston Public Library

Der rote Teppich auf dem Bürgersteig der St. James Street führt in die glanzvolle Lobby des Copley Plaza Hotels. Es wurde 1912 erbaut und gehört zu den Traditionshotels Bostons. In der Südwestecke des Copley Square, halb verdeckt vom Westin Hotel, steht das schicke Einkaufszentrum Copley Place. Vorbei an einem Wasserfall und mit tropischen Pflanzen bedeckten Marmorwänden wird man von Rolltreppen ins Herz dieses Luxus-Konsumtempels transportiert. Über 100 Geschäfte, Bistrorestaurants und Kinos laden zum Zeitvertreib ein, Bars gibt es auch in den beiden angeschlossenen Luxushotels Westin und Marriott – besonders bei Regenwetter eine nette Alternative zu "walking Boston".

Copley Plaza Hotel

Copley Place

Vom Copley Place führt ein gläserner Tunnel ("Skywalk") hoch über der Straße hinüber zum Prudential Center. Das "Pru" war vor über dreißig Jahren Bostons erster Vielzweck-Komplex. Wegen seiner für die architektonisch trostlosen sechziger Jahre typischen Architektur stieß der Kauf-

Prudential Center

Boston · *Massachusetts*

Prudential Center (Fortsetzung)
häuser (u. a. Saks Fifth Avenue), Hotels (u. a. Sheraton), ein Konferenzzentrum und Restaurants beherbergende Komplex bei den Bostonern allerdings nicht auf Gegenliebe. Erst ein Facelift, das in den Achtzigern eine elegante Shopping Mall und zeitaktuelle Bistros brachte, hat sie etwas versöhnt.

Prudential Tower
Die Fahrt mit dem Fahrstuhl wert ist der 52 Stockwerke hohe Prudential Tower. Denn anders als der Hancock Tower verfügt er oben außer einem Aussichtsdeck im 50. Stock (Öffnungszeiten: tgl. 10.00–22.00 Uhr) auch über ein nettes Restaurant – vor allem am Tagesende gut für einen schönen Ausklang.

Christian Science Center
Schwer tun sich die Bostoner – und viele Besucher – auch mit dem monumentalen Christian Science Center (175 Huntington Ave.). Das Hauptquartier der von Mary Baker Eddy 1866 gegründeten Glaubensgemeinschaft Christian Science Church umfaßt mehrere riesige Gebäude, die sich um eine viel zu groß wirkende Plaza gruppieren. Beachtung verdienen die neo-romanische Mother Church von 1894, die 1904 hinzugekommene, von einer über 30 m hohen Kuppel gekrönte Mother Church Extension und das Colonnade Building, das mit zwei weiteren modernen Betonbauten Teil einer Erweiterung in den siebziger Jahren war. Auf Anhieb gefällt hier eigentlich nur der ebenfalls übergroße "Reflecting Pool", dessen spiegelglatte Wasserfläche wie ein gläserner Vorhang über die runden Granitkanten fließt.

**Museum of Fine Arts
Eine nette kleine Privatsammlung gehörte im 19. Jh. zu den bevorzugten Hobbies der reichen Bostoner. Von ihren Reisen in ferne Länder brachten sie zahlreiche Kunstschätze mit – viele davon bildeten später den Grundstock für das Museum of Fine Arts. 1876 am Copley Square eröffnet, erwies sich das erste Haus schon bald als zu klein. 1909 öffnete das neue Museum of Fine Arts in der noch nicht lange trockengelegten Back Bay

Vor dem Museum of Fine Arts ruft ein Indianer den Großen Geist an.

Massachusetts · Boston

Fen seine Pforten. Architekt Guy Lowell hatte aus grauem Granit ein klassizistisches, weitläufiges Gebäude geschaffen und an der der Huntington Avenue zugewandten Frontseite mit einem griechischen Portikus versehen. 1913 erhielt das MFA sein Wahrzeichen: Vor dem Eingang wurde das von Cyrus Dallin stammende Reiterstandbild eines Prärie-Indianers ("Appeal to the Great Spirit") aufgestellt. 1981 steuerte Stararchitekt I. M. Pei den lichtdurchfluteten, dreistöckigen Westflügel bei, über den das Museum heute betreten wird. Hier befinden sich auch ein Restaurant und ein schöner Museumsshop.

Heute besitzt das MFA über eine Million kostbarer Artefakte, von denen jeweils ein Teil in acht Abteilungen gezeigt wird, angefangen bei winzigen prähistorischen Tonscherben und indischen Fruchtbarkeitsgöttinnen über die Silberarbeiten von Paul Revere und japanischen Gärten bis hin zu komplett eingerichteten Wohnräumen aus verschiedenen europäischen und amerikanischen Epochen. Mit 38 Monets verfügt das MFA über die größte Sammlung des französischen Impressionisten außerhalb Frankreichs. Mit kostbaren Bellinis, Picassos, van Goghs und El Grecos hält die Abteilung "European Painting" noch mehr Highlights bereit. Besonders stolz ist das Museum auf seine Abteilung amerikanischer Malerei. Hier hängen die Porträts der bedeutendsten Revolutionäre, darunter Samuel Adams, John Hancock, Paul Revere und Joseph Warren, gemalt von John Singleton Copley, dem berühmtesten Porträtmaler seiner Zeit. Am bekanntesten ist Gilbert Stuarts nicht vollendetes Porträt von George Washington – es ist auf der Ein-Dollar-Note in aller Hände (465 Huntington Ave.; Öffnungszeiten: Mo. und Di. 10.00–16.45, Mi. 10.00–21.45, Do und Fr. 10.00–17.00, Sa. und So. 10.00–17.45 Uhr).

Museum of Fine Arts (Fortsetzung)

Kunstsinnige Zeitgenossen beschrieben diesen Ort meist als steingewordenen Traum oder Oase. Katherine Hepburn, die andere große Dame aus Neuengland, charakterisierte das Haus und seine Herrin Isabella Steward Gardener noch besser: "It's great fun, and it's a fascinating creature that it's all about." Isabella Stewart Gardener (1840–1926) war im 19. Jh. die "Grande Dame" der Bostoner Gesellschaft. Dabei war sie gar nicht aus Boston, sondern aus New York. 1860 heiratete sie den letzten Erben der reichen Lowells – und machte sich bald einen Namen als "enfant terrible" der Bostoner Society. Ihre Gäste empfing sie auf einer Stange im Mimosenbaum sitzend, sie trank lieber Bier als Tee und ging mit einem Löwen an der Leine spazieren. Kunst und Musik waren jedoch ihr Leben.

**Isabella Stewart Gardener Museum

1899 gab sie Fenway House in Auftrag, eine im Innern dem Vorbild venezianischer Palazzos nacheifernde Villa, um ihren in Europa und Amerika gesammelten Mitbringseln den passenden Rahmen zu geben. Alles, was ihr gefiel, nahm sie mit, von Treppengeländern und Balkonen bis hin zu exquisiten Botticellis, Tizians, Dürers und Degas' und brachte es höchstselbst daheim im Fenway House an. Vor ihrem Tod vermachte sie ihr Haus der Stadt Boston – mit der Auflage, daß nichts verändert und verrückt werden dürfe. Auf den heutigen Besucher wartet Kunstgenuß auf drei Etagen und Einblick in das Leben einer unkonventionellen Frau: Beachtung verdienen vor allem das herrliche Atrium mit seiner üppigen Blumenpracht, von wo aus man zu schönen venezianischen Fenstern und Balkonen aufblickt. Gemälde von Manet, Matisse und Degas hängen hier, im zweiten Geschoß sind Pesellino, della Francesca, Botticelli, Rubens, Holbein und van Dyck vertreten, im dritten Tizian, Ucello, Giotto und John Singer Sargent (280 The Fenway; Öffnungszeiten: Di.–So. 11.00–17.00; Sept.–Mai Konzerte Sa. und So. 13.30 Uhr).

Weitere Sehenswürdigkeiten in Boston

Der schneeweiße Bau aus Glas und Beton mit Blick auf den Hafen und die Skyline Bostons wurde von I. M. Pei entworfen und widmet sich den 1000 Tagen John F. Kennedys im Weißen Haus. Gestiftet wurde das Museum auf dem Campus der University of Massachusetts südöstlich der Innenstadt

*Museum at the John Fitzgerald Kennedy Library

Boston · *Massachusetts*

Museum at the John Fitzgerald Kennedy Library (Fortsetzung)

vom Kennedy-Clan, einer der führenden Familien Neuenglands. In die Weltpresse geriet die Familie spätestens durch die Ermordung ihrer beiden hoffnungsvollsten Söhne John F. 1963 und Robert 1968. Edward, heute Senator, verdarb sich seine Aussichten auf höhere Ämter durch einen nie aufgeklärten Autounfall auf → Martha's Vineyard, bei dem seine Sekretärin ums Leben kam.

Das Museum konzentriert sich auf die positiven Seiten. Im weitläufigen, nur von der amerikanischen Flagge geschmückten "Contemplation Pavillion" kann man über Zitate von John F. an der Wand nachdenken. Ausstellungen zeigen persönliche Erinnerungsstücke Kennedys und seiner Frau Jacqueline sowie seltene Filmaufnahmen und Interviews, die Kennedys Weg vom jungen Wahlkämpfer zum Familienvater und Staatsmann dokumentieren (Dorchester, MA 3/I-93 N, Exit 14, den Schildern folgen; Öffnungszeiten: tgl. 9.00 – 17.00 Uhr).

John F. Kennedy National Historic Site

Ganz in der entgegengesetzten Richtung liegt eine weitere Erinnerungsstätte an John F. Kennedy: In der Vorstadt Brookline östlich von Back Bay wurder er im Haus Beals Street Nr. 83 geboren (Öffnungszeiten: tgl. 10.00 bis 16.30 Uhr).

*Science Museum

Jenseits des Charles River Basin liegt unterhalb des Charles River Dam auf einer künstlichen Insel im Fluß der Science Park mit dem Science Museum und dem Hayden Planetarium. Im ausgedehnten Science Museum werden – sehr anschaulich und zum Selbstprobieren – Ausstellungen zu Naturwissenschaft und Technik gezeigt, u. a. zur Ozeanographie, Astronomie, Medizin und Raumfahrt – so gibt es ein virtuelles Aquarium, wo man seine eigenen Unterwasserwesen kreieren und sie schwimmen lassen kann und eine sehr anschauliche Abteilung über die Entstehung des Universums. Das Hayden Planetarium glänzt mit Vorführungen über die Planeten sowie einer dreidimensionalen Laser-Show. Mittlerweile sind auch Teile des nun geschlossenen Computer Museums integriert. Dazu gehört auch die Best Software for Kids Gallery, in dem Kinder und Eltern ihre Computerfähigkeiten testen können (Science Park; Öffnungszeiten: tgl. 9.00 – 17.00, Fr. bis 21.00 Uhr).

Cambridge

**Universitätsstadt

Das nicht ganz 96 000 Einwohner große Cambridge liegt gegenüber von Boston am anderen Ufer des Charles River und ist bequem mit der Subway zu erreichen. Als Heimat berühmter Lehranstalten wie der Harvard University und dem Massachusetts Institute of Technology genießt die Stadt weltweites Ansehen. Mehrere hundert Uni- und Collegegebäude, Bibliotheken, Labors und viele junge Gesichter machen es zu einer typischen Studentenstadt mit Straßencafés und Bücherläden. Sozialer Mittelpunkt der Stadt ist der im Sommer von Straßenmusikanten belebte Harvard Square mit Kneipen, Coffeeshops und Restaurants, Hauptgeschäftsstraße ist die Massachusetts Avenue.

Geschichte

Cambridge begann 1630 als Hauptstadt der Massachusetts Bay Colony namens Newtowne. Um ihre theokratische Macht im öffentlichen Leben der Kolonie zu erhalten, gründeten die Puritaner sechs Jahre später ein Priesterseminar – das erste College Amerikas – und benannten es nach seinem Wohltäter John Harvard, der seine Bibliothek und die Hälfte seines Grundbesitzes stiftete. Kurz darauf wurde Newtowne in Cambridge umbenannt, nach jener englischen Stadt, in der viele der Gründer ihre religiöse Ausbildung erhalten hatten. Die Ankunft der ersten Druckerpresse in den Kolonien im Jahre 1640 förderte die Entwicklung der Stadt zum Buch- und Bildungszentrum der Kolonien. Erste Druckerzeugnisse waren ein Psalmbuch, ein Almanach und eine Bibel in einer der indianischen Sprachen. Während der Revolution war die Stadt das Hauptquartier der aufständischen Kolonisten. George Washington übernahm hier am 15. Juni 1775

Massachusetts · Boston

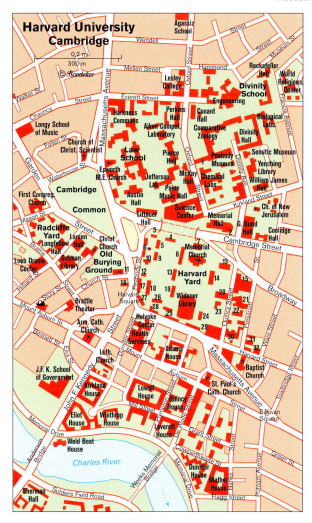

1 Hofman Laboraty
2 Sanders Theatre
3 Phillips Brooks House
4 Holworthy Hall
5 Stoughton Hall
6 Holden Chapel
7 Canaday Hall
8 Thayer Hall
9 Hollis Hall
10 Harvard Hall
11 First Unitarian Church
12 Massachusetts Hall
13 University Hall
14 Sever Hall
15 Fogg Art Museum
16 Harvard Square Theatre
17 Straus Hall
18 Matthews Hall
19 Weld Hall
20 Emerson Hall
21 Carpenter Center
22 Faculty Club
23 Pusey Library
24 Houghton Library
25 Boylston Hall
26 Grays Hall
27 Lehman Hall
28 Wadsworth House
29 Lamont Library
30 Freshman Union
31 Morton Prince Hall
32 Pennypacker Hall

Boston · *Massachusetts*

Cambridge (Fortsetzung)

den Befehl über die amerikanische Armee und leitete von seinem Haus in der Brattle Street die Belagerung Bostons. Vier Jahre später wurde im Cambridge Meetinghouse die Verfassung von Massachusetts, die später als Vorlage der amerikanischen Verfassung diente, entworfen. Im 19. Jh. versammelte sich in Harvard die intellektuelle Elite Amerikas. Cambridge wurde führend im amerikanischen Verlagswesen. Im 20. Jh. machten amerikanischen und internationale Wissenschaftler in Harvard und dem MIT Cambridge zur Wiege neuer Zukunftstechnologien.

Historischer Stadtkern

Vom quirligen Harvard Square aus ist v. a. die Brattle Street, eine Allee mit schönen alten Villen, einen Spaziergang wert. Vor der Revolution hieß die Straße wegen der hier wohnenden Royalisten auch "Tory Row". Im Haus Nr. 105, einem prachtvollen, im georgianischen Stil 1759 von John Vassall gebauten Haus, residierte George Washington während der Belagerung Bostons. Von 1837 bis 1882 lebte hier Henry Wadsworth Longfellow, ein Umstand, der das gelbe Haus zur Longfellow National Historic Site adelte. Der Dichter schrieb, während er in Harvard lehrte, u. a. 1847 bzw. 1885 die inzwischen ins amerikanische Kulturerbe übergegangenen Gedichte "Evangeline" und "Hiawatha" (Öffnungszeiten: Mitte Mai–Okt. Mi.–So. 10.00–16.30 Uhr).

**Harvard University

Im Jahr 1636 begann das Harvard College mit zwölf für Ethik und Religion eingeschriebenen Studenten, heute studieren hier über 18 000 junge Menschen. Seit 1879 sind auch Frauen zugelassen, das heute zu Harvard gehörende Radcliffe College wurde 1894 als ausschließlich Frauen vorbehaltene Universität gegründet. Im Laufe des 19. Jh.s kamen weitere Fakultäten hinzu, den Weg zur modernen Universität ebnend: die medizinische 1782, die juristische 1817, die zahnmedizinische 1867 und die naturwissenschaftliche 1872. Dank des überragenden wissenschaftlichen Niveaus und glänzender Lehrer und Forscher wurde Harvard eine der besten Hochschulen der renommierten Ivy League und eine der prestigeträchtigsten der Welt. Bis heute hat sie sechs US-Präsidenten, darunter John F. Kennedy, und etliche Nobelpreisträger hervorgebracht. Viele Professoren und Dozenten sind klingende Namen im Wissenschaftsbetrieb.

Information Center

Als Campus-Universität mit Verwaltungs- und Vorlesungsgebäuden, Wohnheimen und Mensen ist Harvard eine Stadt in der Stadt. Am besten schließt man sich im Harvard Information Center (Holyoke Center, 1350 Massachusetts Ave.) einem Rundgang unter der Leitung anekdotenfester Studenten an – der beste Weg, außer trockener Statistik auch witzige, mitunter saftige Details aus dem Hochschulalltag zu erfahren.

Harvard Yard

Im Mittelpunkt des Studentenlebens liegt der Harvard Yard. Beachtung auf dem von viktorianischen Backsteinhäusern gesäumten grünen Platz verdient vor allem die von Daniel Chester French geschaffene Statue John Harvards. Die Inschrift "John Harvard, Gründer 1638" hat ihr den Spitznamen "statue of three lies" eingetragen, denn erstens wurde Harvard 1636 gegründet, zweitens war nicht John Harvard der Gründer, und drittens saß nicht er, sondern ein Student Modell für die Statue... Rechts dahinter befindet sich die Widener Memorial Library, die größte Universitätsbibliothek der Welt. Außerhalb der Führungen verdienen die Harvard-Museen einen näheren Blick.

*Harvard University Museums of Cultural and Natural History

Vier Museen unter einem Dach, vollgestopft mit Artefakten aus zwei Jahrhunderten kultur- und naturwissenschaftlicher Forschung: Allein die mitunter trübe Beleuchtung der heiligen Hallen verkündet deutlich, daß es hier nicht um Entertainment, sondern um die höheren Weihen von Wissenschaft und Lehre geht. Das 1866 von George Peabody gegründete Peabody Museum of Archaeology and Ethnology zeigt archäologische Kunstschätze, die Harvard-Forscher im 19. Jh. von Expeditionen nach Südamerika und Ozeanien mitbrachten. Im Mineralogical and Geological Museum gibt es Mineralien auf drei Etagen zu bewundern. Highlights im Botanical Museum sind die berühmten Blashka Glass Flowers, von Leopold und Rudolf Blaschka zwischen 1877 und 1936 in Dresden mundgeblasene Nachbildungen von über 700 Blumenarten. Dinosauriern, Fossilien und urzeitlichen Säugetieren wie dem in New Jersey gefundenen Harvard-Mastodon

Massachusetts · **Boston**

Touristengruppe vor dem Denkmal für John Harvard auf dem Campus von Harvard

kann man sich im Museum of Comparative Zoology widmen (Eingänge 26 Oxford St. und 11 Divinity Ave.; Öffnungszeiten: tgl. Mo.–Sa. 9.00–17.00, So. ab 13.00 Uhr).

Harvard University Museum (Fts.)

Die Kunststudenten von Harvard und Radcliffe können in drei Museen ihre Studien vertiefen. Das Fogg Art Museum (32 Quincy St.) zeigt Gemälde, Drucke und Fotografien aller Epochen europäischer und amerikanischer Kunst. Einen zweiten Blick verdienen hier die Impressionisten und die Gemälde der italienischen Renaissance. Auf mitteleuropäische Expressionisten wie Klee, Beckmann und Kandinsky hat sich das an das Fogg Art Museum angeschlossene Busch-Reisinger Museum spezialisiert, das zudem eine der größten Bauhauskollektionen außerhalb Deutschlands besitzt. Das Arthur M. Sackler Museum (485 Broadway) beherbergt in einem 1985 von James Stirling konzipierten postmodernen Gebäude die asiatischen Kunstsammlungen Harvards (Öffnungszeiten für alle Museen: Mo. bis Sa. 10.00–17.00, So. ab 13.00 Uhr).

Harvard University Art Museums

An der Harvard Bridge liegt zu beiden Seiten der Massachusetts Avenue das ausgedehnte Gelände des Massachusetts Institute of Technology (MIT), die 1861 gegründete, aber erst 1916 hier eingerichtete Technische Hochschule von Massachusetts, eine der bedeutendsten der USA. Die MIT Information in 77 Massachusetts Ave. informiert über Führungen durch das Gelände; das MIT Museum (265 Massachusetts Ave.) vereint Kunst und Wissenschaft. Von dem aus Finnland gebürtigen Architekten Eero Saarinen stammen die MIT Chapel und das Kresge Auditorium.

Massachusetts Institute of Technology

Lexintgon · Concord

→ S. 184

Cape Ann   L 7

Region: North of Boston
Telefonvorwahl: 978

Lage und
*Landschaftsbild

Stop-and-Go in den Hochsaison-Monaten Juli und August sind die eine Seite von Cape Ann. Die andere sind kreischende Möwen, jede Menge Fischkutter und Stapel von Hummerreusen allüberall. Außerhalb der Saison jedoch bietet das Fragment maritimen Neuenglands vor den Toren Bostons einen guten Eindruck von der Küste, die dann noch weiter nördlich zu erwarten ist: Cape Ann, das sind bereits schroffe Steilufer und alte Leuchttürme, Küstennebel und knackiges Meeresklima.
Kulinarisch steht die kleine Halbinsel selbstverständlich schon im Zeichen des Hummers: In den "Lobster Shack" genannten Imbissen am Straßenrand wandern die köstlichen Schalentiere als "lobster burger" direkt aus dem Kessel auf Baguettes und Brötchen – ein herrlicher und obendrein preiswerter Genuß!

Anreise

Außer mit dem Auto via I-95 kommt man von Boston aus auch mit der Bahn nach Cape Ann. Von Bostons North Station fahren die MBTA-Vorortzüge ("commuter rail") in die Orte Manchester-by-the-Sea, Gloucester und Rockport.

Massachusetts · Cape Ann

1604 von Samuel de Champlain entdeckt und zehn Jahre später von John Smith nach Queen Anne benannt, gründeten die ersten englischen Siedler 1623 den bis heute quicklebendigen Fischerhafen Gloucester. Seitdem wird Cape Ann von "King Cod" regiert. Die Fischerei auf der Halbinsel, lange eine der produktivsten der Welt, basierte viele Generationen lang auf Kabeljau, Heilbutt und Makrele und konzentrierte sich erst angesichts des Kabeljauschwunds im Nordatlantik verstärkt auf Schalentiere. Cape Anns zweites, sanfteres Gesicht stammt aus dem 19. Jh., als die Bostoner die felsigen Küsten vor der Haustür als Sommerfrische entdeckten (Ihre "bescheidenen" Summer Cottages mit Meeresblick können während einer Rundfahrt auf den Routen MA 127 und MA 127 A vom Auto aus besichtigt werden). Mit ihnen kamen die Maler, die sich vom besonders zarten Licht inspirieren ließen und die vielen Galerien der Halbinsel initiierten.

Geschichte

Wem etwas kühleres Wasser nichts ausmacht, findet auf Cape Ann teilweise schöne Badestrände. Der populärste und vollste ist Singing Beach in Manchester-by-the-Sea, dem Crane Beach in Ipswich kaum nachsteht. Weißen Sand und Dünen bietet Wingaersheek Beach bei Gloucester, in Rockport geht man vor allem an Front Beach und Back Beach ins Wasser.

Strände

Sehenswerte Orte auf Cape Ann

Schon früh haben die hiesigen Fischer auf Tourismus umgesattelt und ihre Netze in Hotelschlüsseln vertauscht. Heute ist Magnolia ein typisch neuenglisches Resortstädtchen, ohne grelle Reklame, dafür aber mit viel Understatement. Beachtung zwischen den vielen schönen Summer Cottages verdient das Hammond Castle Museum. Erfinder John Hays Hammond, Jr. hinterließ 1929 mit diesem von mittelalterlichen Burgen inspirierten Anwesen über der Bucht Gloucester Harbor seine steinerne Visitenkarte. Neben mittelalterlichen Sammelstücken ist vor allem seine mit über 8000 Pfeifen ausgestattete Hammond-Orgel sehenswert (80 Hesperus Ave.; Öffnungszeiten: Juni – Labor Day, tgl. 10.00 – 17.00, Sa. 10.00 – 16.00, So. 10.00 – 18.00 Uhr).

Magnolia

Die glorreiche Zeit als einer der größten Fischerhäfen der Welt ist zwar vorbei, aber seinem Namen als ältester Hafen Amerikas macht Gloucester noch immer alle Ehre, auch wenn heute die Sicht auf die über 200 Kutter – von denen viele noch immer bis nach Grönland schippern – und vielen Fischfabriken um schicke Yachten und bauchige Walbeobachtungsboote ergänzt wird. Wie in Cape Cod stammen auch in Gloucester viele Fischer von den portugiesischen Azoren und aus Italien. Höhepunkt der vielen aus der alten Heimat stammenden Traditionen ist St. Peter's Fiesta am letzten Juni-Wochenende mit dem farbenprächtigen Zeremoniell des "Blessing of the Fleet" (Segnung der Flotte).

***Gloucester**

Gloucester Fisherman

Sehenswert in dem verschachtelten und oft rauhbeinig wirkenden Städtchen sind die fotogene, von Leonard Craske stammende Statue des Gloucester Fisherman am nördlichen Ende des Stage Fort Park sowie das Cape Ann Historical Museum. Das schöne Museum widmet sich in mehreren Galerien mit stimmungsvollen Bildern vom Fischfang und dem Fischeralltag der großen Seefahrervergangenheit des Kaps; besonders die herrliche, Gloucester gewidmete Sammlung des Landschaftsmalers Fitz Hugh Lane (1804 – 1865) verdient Beachtung (27 Pleasant St.; Öffnungszeiten: März bis Jan. Di. – Sa. 10.00 – 17.00 Uhr).

Cape Ann · *Massachusetts*

Rocky Neck Art Colony

Kunst zum Kaufen gibt es in der Rocky Neck Art Colony im Stadtteil East Gloucester. Die zahlreichen kleinen Galerien dieser angeblich ältesten Künstlerkolonie des Landes entlang der East Main Street haben meistens schöne, von lokalen Malern stammende Originale im Angebot (Öffnungszeiten: tgl. Mai–Okt.). Einen Überblick über die lokale Kunstszene verschafft man sich am besten bei der North Shore Arts Association (197 E. Main St.; Öffnungszeiten: Juni - Sept. Mo.–Sa. 10.00–17.00, So. ab 13.00 Uhr).

Whale Watching

Gloucester ist ein besonders günstiger Ort um Wale zu beobachten, denn ca. 45 km vor der Küste verläuft die Stellwagen Bank, eine unterseeische Felsbank, die verschiedene Walarten als Futtergründe außerordentlich schätzen. Am Gloucester Harbor bieten mehrere Veranstalter Walbeobachtungsfahrten an (→ *Baedeker Special* S. 176/177).

Beaupor

Ein lohnenswerter Abstecher führt von East Gloucester nach Süden zur Lighthouse Station am Eastern Point. Das alte Leuchtfeuer bewacht den Eingang zum Gloucester Harbor. Am Weg liegt Beauport, die Kreation des einstmals berühmtesten Innenarchitekten der Ostküste. Henry Davis Sleeper (1873–1934) entwarf seine großzügige Sommerresidenz, ein kunterbuntes Kaleidoskop unterschiedlichster und doch miteinander harmonisierender Stile, zu Anfang des 20. Jahrhunderts. Die meisten der 40 Räume richtete er nach einem historischen Thema ein, z. B. "Indien" oder "China-Handel". Bei klarem Wetter ist von Beauport aus die Skyline Bostons zu sehen (Eastern Point Blvd.; Führungen: Mitte Mai–Aug. Mo.–Fr. 10.00 bis 16.00 Uhr, Sept.–Mitte Okt. tgl.).

Rockport

Den an sich hübschen Fischerhafen Rockport sollte man nicht nur im Hochsommer, sondern auch während der Wochenenden im Früh- und Spätsommer meiden. Zu diesen Zeiten wird das enge Städtchen von den Touristenmassen schier zu Tode geliebt. Im 19. Jh. ein blühender Fischer-

Dieses Bild ist nicht zu vermeiden: "Motif No. 1" in Rockport verkörpert das maritime Neuengland.

Massachusetts · Cape Cod

hafen und Umschlagplatz für Granit, lebt es seit den zwanziger Jahren, als die ersten Maler wegen des Lichts und der billigen Mieten hierherzogen, von seinen – zugegebenermaßen schönen – Galerien. Die meisten finden sich entlang der charmanten Main Street, aber auch die Tour durch die Seitenstraßen lohnt sich. Fotografen bietet Rockport etliche maritime Motive: alte, auf Stelzen im Meer stehende Hafengebäude und Piers, leuchtendbunte Bojen und zum Trocknen ausgelegte Fangnetze. Nicht totzufotografieren ist das berühmte "Motif No. 1", ein alter roter Schuppen auf einer Kaimauer am Hafenausgang, der wie kein anderer Ort das maritime Neuengland verkörpert.

Cape Ann, Rockport (Fortsetzung)

Nördlich außerhalb von Rockford erstreckt sich rund um den nördlichsten Punkt von Cape Ann Halibut Point State Park. Baden kann man hier nicht, aber dafür durch die Dünen wandern und den Blick auf den Atlantik genießen. Auf dem Weg dorthin kommt man am Paper House vorbei – nicht nur das Haus, auch die Einrichtung ist ganz aus Zeitungspapier. Zwanzig Jahre lang, von 1922 bis 1942, baute die Familie Stenman daran.

Halibut Point State Park

Cape Cod L/M 7/8

Region: Cape Cod, Martha's Vineyard and Nantucket Island
Telefonvorwahl: 508

Für Sommerurlauber sind es die Sandstrände und hübschen kleinen Ateliers und Geschäfte. Für Künstler ist es das Licht und das Meer. Für betuchte Aussteiger und Lebenskünstler ist es das Lebensgefühl. Wen immer man auch nach Cape Cod fragt an der Ostküste, die 110 km lange Halbinsel anderthalb Autostunden südlich von → Boston steht für Genuß und Lebensqualität. Trotz der Nähe zur großen Stadt hat sich das von Sand und dichten Eichen- und Nadelwäldern bedeckte Kap seinen exklusiven Charakter bewahrt. Beiderseits der bis Provincetown reichenden US 6 zeigt es sein gemütliches, etwas schläfriges Antlitz: Kleine Kolonialdörfer mit alten Kapitänshäusern träumen von der großen Seefahrervergangenheit, in den endlosen Dünenlandschaften raschelt wie eh und jeh der Wind durch die harten Gräser. Die sonderbare Hakenform des Kaps erinnert an die Kräfte, die es formten und dies z. T. bis heute noch tun: die Eiszeit, der Wind und das Meer, letztere besonders sichtbar um Provincetown an der Nordspitze, wo der Sand oft die Straße verweht und die Meeresströmungen immer wieder die Küstenlinie korrigieren.

**Feriengebiet par excellence

Bartholomew Gosnold, der im Jahr 1602 hier als erster Europäer landete, benannte das Kap nach den kabeljaureichen Gewässern ringsum. 1620 setzten auf Cape Cod die Passagiere der "Mayflower" zum ersten Mal den Fuß auf amerikanischen Boden, bevor sie nach → Plymouth weitersegelten. Zehn Jahre später entstanden die ersten Siedlungen, und im 18. Jh. wurde der Walfang zur wichtigsten Einnahmequelle der Halbinsulaner. Der Niedergang der Walfangindustrie um 1850 wurde glücklicherweise wenig später vom Tourismus weitgehend abgefangen. Durch die engen Gassen solcher Walfängerhäfen wie Barnstable, Wellfleet und v. a. Provincetown weht jedoch immer noch ein Hauch jener alten Zeit, als die harten Kerle jahrelang über die Weltmeere kreuzten und sich in der Südsee besser auskannten als in den heimischen Gewässern. Auch → Martha's Vineyard und → Nantucket, die beiden der Südküste des Kaps vorgelagerten Inseln, waren blühende Walfangzentren. Heute sind sie elitäre Sommerfrischen, die für Sun & Fun stehen – wobei es auf Martha's Vineyard erheblicher lauter zugeht als auf dem kleineren, exklusiveren Nantucket. Im übrigen ist es in Cape Cod an der Nordküste ("Bayside") ruhiger als an der stärker urbanisierten Südküste. Während hier die alte Küstenstraße 6A hübsche Kolonialdörfer miteinander verbindet, machen sich dort in Zentren wie Hyannis und Dennis Port Anzeichen von Massentourismus bemerkbar.

Baedeker Special

Zu Besuch bei den sanften Riesen

Vom Frühling bis weit in den Herbst hinein kann man in vielen Häfen Neuenglands Ausflugsboote besteigen, die zu oftmals mehrere Stunden dauernden Walbeobachtungstouren aufbrechen. Dies kommt nicht von ungefähr, liegen doch die fisch- und planktonreichen Gewässer vor der Nordostküste Amerikas auf der bevorzugten Wanderroute der großen Meeressäugetiere, die – je nach Jahreszeit – entweder nach Norden oder Süden unterwegs sind.

Bereits im 17. Jh. entwickelte sich an der Küste Neuenglands eine florierende Walfangindustrie, die in großem Stil Lebertran (Vitamin A), Walöl, Walbein, Walrat (Grundstoff für die pharmazeutische und kosmetische Industrie) und Amber (Grundstoff für bestimmte Parfüme) produzierte. Die unmäßige Jagd nach den 1 bis über 30 m langen und 20 kg bis über 130 t schweren Meeresbewohnern führte im Laufe der Zeit zu einer drastischen Bestandsabnahme, ja teilweise sogar zur Beinahe-Ausrottung einzelner Walarten. Seit den dreißiger Jahren des 20. Jh.s werden die Fangmengen mehr oder weniger deutlich reguliert, was dazu geführt hat, daß der Walfang an der Küste Neuenglands heute kaum mehr von Bedeutung ist.

Als Alternative zur lukrativen Jagd auf die Verwandten von Herman Melvilles "Moby Dick" haben sich in den letzten Jahren viele Kapitäne eine neue Geldquelle erschlossen: "Whale Watching" mit zahlungskräftigen Touristen. Wo noch vor wenigen Jahrzehnten Dutzende von Walfang-Schiffen stationiert waren – beispielsweise auf Nantucket Island und in New Bedford – dümpeln heute bunte Ausflugsboote, die anstatt mit Harpunen bewaffnete Walfänger mit Fotoapparaten bewehrte Touristen an Bord nehmen. Und dann geht's hinaus in die oft stürmisch bewegte See.

Wer Wale beobachten will, muß viel Geduld mitbringen. Sie sind ausgezeichnete Schwimmer, können bis 1000 m tief tauchen und länger als eine Stunde unter Wasser bleiben, bevor sie das nächste Mal zum Luftholen auftauchen. Dann auf einmal spritzt und dampft es: Nach dem Auftauchen stoßen die Wale durch ihre Spritzlöcher die verbrauchte Luft aus. Es entstehen diese ganz typischen "Blas", die durch den kondensierenden Wasserdampf erkennbar werden und die Walfänger früherer Zeiten zu Ihrem Ruf "Wal! Da bläst er!" veranlaßten.

Am häufigsten bekommt man in den Küstengewässern vor Neuengland den Bukkelwal (Megaptera novaeangliae; engl. "humpback") zu Gesicht. Dieser zur Gattung der Bartenwale gehörende Meeressäuger wird 10 bis 15 m lang und bis ca. 30 t schwer. Er hat eine eher dunkle Oberseite und eine hellere Unterseite. Am Kopf und an den Flossen zeigt er rundliche und knotige Hautverdickungen, auf denen einzelne Borsten stehen. Auf jeder Seite des Oberkiefers zählt man ca. 400 bis über einen halben Meter lange Barten, die beim Nahrungsfang wie ein Sieb funktionieren. Er ernährt sich hauptsächlich von wirbellosen Meerestieren und kleinen Fischen. Weibchen und Jungtiere leben in Schulen getrennt von den Männchen.

Ein weitere Bartenwalart in diesen Gewässern ist der mächtige Finnwal (engl. "finback"), der über 20 m lang und über 15 t schwer werden kann.

Zahnwale leben hauptsächlich von Fischen und anderen kleineren Meerestieren. Auf einer Whale Watching Tour in Neuengland begegnen vor allem Tümmler, Grindwal und Pottwal.
In küstennahen Gewässern tummelt sich die mit etwa 2,5 m Länge eher kleinen Tümmler (Tursiops truncatus; atlantic dolphins). Sie leben in größeren Schulen und

haben es vor allem auf Fische abgesehen. Gerade weil sie relativ klein sind, werden sie auch gern in Meeresaquarien gehalten. Zudem gelten sie als besonders schlau. Immerhin ist das Gehirn eines ausgewachsenen Tümmlers bis zu 1800 g schwer.

Weiter draußen durchpflügen große Schulen von 6 bis 7 m langen Grindwalen (Globicephala melaena) den Atlantik. Diese oft aus mehreren Dutzend Exemplaren bestehenden Schulen werden in der Regel von Männchen angeführt. Die Grindwal-Weibchen gebären nur alle 2 bis 3 Jahre ein Jungtier.

Der bis zu 25 m lange Pottwal (Physeter macrocephalus; sperm whale) ist derjenige unter den Zahnwalen, der in der Vergangenheit (und wohl auch heute noch) am stärksten bejagt wurde. Denn dieser Meeressäuger kann fast restlos industriell verarbeitet werden. Besonders begehrt ist sein Ambra, eine dunkle, wachsähnliche Masse die in der Parfümfabrikation Verwendung findet. Die Hauptnahrung des Pottwals, der auf der Jagd nach Beute bis zu 1000 m tief taucht, sind Fische und große Kopffüßer (Tintenfische). Die Pottwale, die früher, als sie noch wesentlich zahlreicher waren, Schulen von mehreren hundert Tieren bildeten, schließen sich heute in Schulen zusammen, die aus 10 bis 20 Tieren bestehen. Herman Melvilles "Moby Dick" war ein weißer Pottwal.

Entlang der Küste Neuenglands werden in sehr vielen Häfen Whale Watching Tours angeboten. Die wichtigsten sind Boothbay Harbor, Bar Harbor und Portland in Maine, Gloucester, Boston, Barnstable, Provincetown, Nantucket und New Bedford in Massachusetts sowie South County in Rhode Island. Wer kein ausgesprochener Seebär ist, sollte möglichst nur an ruhigen Tagen eine Tour buchen, denn seekrank wird man rasch. Schuhe mit rutschfester Sohle, ein warmer Pullover und Sonnencreme sollten zur Ausstattung gehören, denn einerseits kann es windig werden, und andererseits sticht bei schönem Wetter die Sonne kräftig vom Himmel. Sollte man wider Erwarten nicht auf Wale treffen, bekommt man bei einigen Kapitänen ein Ersatzticket für eine weitere Fahrt zu einem späteren Zeitpunkt.

Davon träumt der Walbeobachter: Ein mächtiger Buckelwal rauscht aus dem Wasser.

Cape Cod · *Massachusetts*

Nordküste (Bayside)

Sandwich

Das Städtchen am Shawme Pond wurde 1637 gegründet und ist damit das älteste Gemeinwesen auf Cape Cod. Besucher empfängt es, typisch neuenglisch, mit hübscher Kirche, penibel gestutztem Village Green und makellos restaurierten alten Holzhäusern, etwa dem Hoxie House von 1675.

Dexter's Gristmill

Das älteste Gebäude stammt noch aus der Pionierzeit: In Dexter's Gristmill von 1654 wird das Mahlen von Korn vor 350 Jahren demonstriert (Öffnungszeiten: Mitte Juni – Sept. Mo. – Sa. 10.00 – 16.45, So. ab 16.45 Uhr).

*Heritage Plantation of Sandwich

Die in mehreren Gebäuden inmitten einer schönen Parklandschaft untergebrachten Sammlungen der Heritage Plantation of Sandwich konzentrieren sich auf amerikanische Volkskunst (im Art Museum), Militaria von 1621 bis 1900 (im Military Museum) und auf Autos (im Automobile Museum). Absolute Glanzstücke: der 1931er Dusenberg von Gary Cooper und ein Gewehr von Buffalo Bill (Grove und Pine Sts.; Öffnungszeiten: Mitte Mai – Oktober tgl. 10.00 – 17.00 Uhr).

Sandwich Glass Museum

Das Sandwich Glass Museum erinnert an das hier zwischen 1825 und 1888 hergestellte "Sandwich Glass". Die Ausstellung informiert über Firmengründer Deming Jarvis und seine Boston and Sandwich Glass Co. und zeigt in indirekt beleuchteten Räumen die schönsten Stücke aus der Produktion (129 Main St.; Öffnungszeiten: April – Okt. tgl. 9.30 bis 17.00, übriges Jahr bis 16.00 Uhr).

Massachusetts · Cape Cod

Die nach Sandwich an der Küstenstraße 6 A folgenden Ortsnamen verraten die englische Herkunft der ersten Siedler. Im 1639 gegründeten Barnstable, dessen schöne Walfänger- und Kapitänshauser die Hauptstraße schmücken, erinnert im alten Customs House das Donald G. Trayser Museum mit interessanten Memorabilia an die maritime Vergangenheit (MA 6 A; Öffnungszeiten: Mitte Juni – Columbus Day, Di. – So. 13.30 – 16.30 Uhr); im West Parish Meeting House von 1717 versammelt sich die älteste Gemeinde der Region.

Barnstable

Ein Haus in den Dünen – mehr braucht es nicht für Ferien auf Cape Cod.

Es folgen "die Yarmouths". Während das hübsche Yarmouth Port dank des georgianischen, 1780 gebauten und mit hervorragenden Antiquitäten ausstaffierten Winslow Crocker House einen Aufenthalt lohnt, kann man das laute West und South Yarmouth getrost hinter sich lassen.

Yarmouth

Dann kommt man in das um 1650 gegründete Brewster, das mit seinem Stadtbild aus der Kolonialzeit das Aussteigen wert ist. Das hiesige, wirklich sehenswerte Cape Cod Museum of Natural History vermittelt auf Lehrpfaden eine gut dokumentierte Einführung in die Landschaftsformen des Kaps (MA 6 A; Öffnungszeiten: Juli – Labor Day, Mo. – Sa. 9.30 – 16.30, So. ab 12.30 Uhr).

Brewster

Cape Cod Museum of Natural History

Hinter Orleans vereinigt sich die MA 6 A mit der US 6 und strebt entschlossen nach Norden. Links führen schmale Straßen durch niedrige Wälder mit gemütlichen Wochenendhäuschen zu den Stränden und Marschen der ruhigen Cape Cod Bay, wo die Sonnenuntergänge einfach fantastisch sind. Rechts begleitet der fast 11 000 ha große Nationalpark Cape Cod National Seashore die Straße bis hinauf nach Provincetown.

****Cape Cod National Seashore**

Der 1961 gegründete Park bewahrt 64 km unberührter Küstenlinie sowie Marschgebiete und Wälder im Hinterland vor der Besiedlung. Wanderer und Radfahrer dürfen ihn nur auf ausgeschilderten Trails erkunden. Die schönsten Sandstrände – Coast Guard Beach, Nauset Light Beach, Marconi Beach, Race Point Beach, Herring Cove Beach – sind öffentlich, aber Vorsicht, die Unterströmung ist tückisch. Zehn Minuten hinter Orleans liegt in Eastham das moderne Salt Pond Visitor Center. Freundliche Ranger informieren hier über die Freizeitmöglichkeiten und verteilen Karten für Wandervögel und Radfahrer (Öffnungszeiten: Feb. – Dez. tgl. 9.00 bis 17.00, Jan. Sa. – So. 9.00 – 16.30 Uhr). Bereits hinter dem Visitor Center beginnt der durch unberührte Marschgebiete führende Nauset Marsh Trail (1,6 km), gegenüber vom Visitor Center steht das Old Schoolhouse Museum, das eine geschichtliche Ausstellung enthält. Darin geht es auch um die erste Begegnung der Pilgerväter mit Indianern im Jahr 1620.

Eastham

Weiter nördlich führt der Marconi Trail (2 km) zu den Resten der Marconi Station östlich der US 6. Zwischen 1901 und 1917 in Betrieb, gelang dem Italiener Guglielmo Marconi 1903 von hier aus die Vermittlung des ersten drahtlosen Transatlantik-Gesprächs: Präsident Theodore Roosevelt parlierte mit König Edward VII. von England. Westlich der US 6 erstreckt sich das Wellfleet Bay Wildlife Sanctuary, wo man auf einer Wanderung viele Seevögel zu Gesicht bekommt.

Marconi Station

Cape Cod · *Massachusetts*

✳✳Provincetown

Über Truro, dessen heutiger Leuchtturm am Ort des ersten Leuchtfeuers auf dem Kap von 1798 steht, erreicht man Provincetown. Der alte Walfängerhafen liegt in den Dünen am äußersten Nordzipfel von Cape Cod. Enge Straßen und Gassen, in denen kleine bunte Holzhäuser sich dicht an dicht vor der herben Witterung ducken: Der beste Ort in ganz Neuengland, um sich in die von Herman Melville in "Moby-Dick" beschriebene Zeit der Walfänger-Kapitäne und Harpuniere zurückzuversetzen. Das von drei Seiten vom Meer umspülte Städtchen mit den kilometerlangen, leeren Sandstränden vor der Haustür ist bereits von weitem an seinem italienischen Campanile zu erkennen – das 70 m hohe, zu Ehren der Pilgerväter 1910 errichtete Pilgrim Monument wirkt ebenso deplaziert wie faszinierend. Der Rundblick vom nur per Treppe erreichbaren Aussichtsdeck umfaßt das gesamte Cape und reicht bei klarem Wetter bis Boston. Zu seinen Füßen zeigt das Provincetown Museum Artefakte, Fotos und Schiffsmodelle aus der Stadtgeschichte (Winslow St., High Pole Hill; Öffnungszeiten: April–Juni, Sept. bis Nov. tgl. 9.00–17.00, Juli und Aug. bis 19.00 Uhr).

Pilgrim Monument

Provincetown Museum

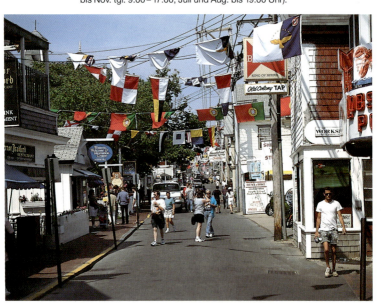

Portugiesische Flaggen sind nichts Besonderes in "P-Town" – viele Harpuniere zog es einst von Portugal hierher.

Geschichte

Diese begann 1620, als die vom Kurs abgetriebenen Mayflower-Passagiere hier fünf Wochen verbrachten und während dieser Zeit den "Mayflower Compact" schufen, die erste von Freien geschaffene Regierung Amerikas. Bis um 1850 war Provincetown das größte Walfangzentrum Neuenglands nach → New Bedford und → Nantucket. Die Harpuniere stammten meist aus Portugal, Grund für den noch immer großen portugiesischen Bevölkerungsanteil der Stadt, der mit Radio Globo (FM 97,3) sogar einen eigenen Sender hat. So mancher Bewohner verdiente sich damals seinen Lebensunterhalt auf weniger legale Weise: Auf das Konto der berüchtigten Strandpiraten von Provincetown gingen zahlreiche Schiffbrüche vor der Küste und Hunderte skrupellos ermordeter Seeleute. Zu Beginn des 20. Jh.s ent-

Massachusetts · **Cape Cod**

deckten Maler und Schriftsteller die herbe Schöne am Ende Neuenglands. 1916 schlossen sich Dramaturgen und Schauspieler hier zu den Provincetown Players zusammen, um nach Alternativen zu den festgefahrenen Kunstformen am Broadway zu suchen. Im Anfang der 80er Jahre abgebrannten Provincetown Playhouse begann Eugene O'Neills Dramatiker-Laufbahn, später taten Marlon Brando, Al Pacino und Richard Gere hier ihre ersten Bühnenschritte; John Dos Passos, Sinclair Lewis und Tennessee Williams waren regelmäßige Besucher. Die liberale Atmosphäre zog außer Künstlern und Lebenskünstlern auch Homosexuelle aus ganz Amerika an – "P-Town" beherbergt heute eine der größten Schwulengemeinden der Ostküste.

Provincetown (Fortsetzung)

Das künstlerische Erbe wird heute von zahlreichen Ateliers und Galerien, allen voran dem vier hervorragende Galerien zusammenfassenden Provincetown Art Association Museum fortgeführt (460 Commercial St.; Öffnungszeiten: Memorial Day – Labor Day tgl. 12.00 – 17.00 und 20.00 bis 22.00, Okt. Mo. – Do. 12.00 – 17.00, Fr. – Sa. 20.00 – 22.00, sonst Sa. und So. 12.00 – 16.00 Uhr).

Provincetown Association Art Museum

Commercial Street ist die alte Lebensader der Stadt, eine liebenswerte Straße, vollgestopft mit kleinen Galerien, Boutiquen, Restaurants und Straßencafés, aus der trotz der Enge Autos nicht verbannt wurden. Hier befindet sich das Provincetown Heritage Museum, das unda. historische Fotos aus der Walfängerzeit bereithält. Im zweiten Stockwerk ist das Modell des Schoners "Rose Dorothea" sehenswert (356 Commercial St.; Öffnungszeiten: Memorial Day – Columbus Day tgl. 10.00 – 18.00 Uhr).

Commercial Street

Frische Seeluft läßt man sich am besten auf der MacMillan Wharf um die Nase wehen. Nach wie vor entladen hier spätnachmittags die Fischerboote ihre Fänge, Sportangler werfen am Ende der Mole ihre Leinen aus, und im Sommer legen hier die Boote für Walbeobachtungstouren ab. Neu ist das Whydah Museum, das erste ausschließlich Piraten gewidmete Museum der Welt. Es dokumentiert die Hebung des Schatzes im 1717 vor Cape Cod gesunkenen Seglers "Whydah" unter dem Piratenkapitän Sam Bellamy (16 MacMillan Wharf; Öffnungszeiten: tgl. 9.30 – 16.30 Uhr).

MacMillan Wharf

*Whydah Museum

Südküste

Die Südküste von Cape Cod ist erheblich stärker entwickelt als die Nordküste. Hyannis und Dennis Port sind die Einkaufszentren des Kap, entsprechend groß ist hier der Auto- und Menschenauftrieb. Schöne, besinnliche Dörfer und Städtchen gibt es dennoch, sodaß die Tour auf der MA 28 durchaus eine reizvolle Alternative zur schnelleren US 6 darstellt. Die Abstecher nach → Martha's Vineyard und → Nantucket sind ohnenhin nur über die Fährhäfen in Hyannis und Falmouth möglich.

Beachtung verdient zunächst das hübsche Städtchen Chatham. Durch die Sandbänke von Nauset Beach vor den Unbilden des Atlantiks geschützt, legen hier die Fischerboote seit Generationen vor Morgengrauen von der Fish Pier am Ende der Shore Road ab. Schöne Strandspaziergänge beginnen beim Chatham Lighthouse hoch über dem Wasser, von wo aus man einen wunderbaren Blick über die stille Pleasant Bay und Nauset Beach genießt. Vor Ort sehenswert sind das Chatham Bars Inn (Shore Rd.), ein nostalgisches Strandhotel aus dem vorigen Jahrhundert, und das Old Atwood House Museum. 1752 für Kapitän Joseph C. Atwood erbaut, bietet es außer lebendigen Eindrucken vom Seemannsalltag eine interessante Portraitsammlung der Seefahrerfamilie Atwood (347 Stage Harbor Rd.; Öffnungszeiten: Mitte Juni – Sept. Di. – Fr. 13.00 – 16.00 Uhr). Vor der Küste liegt Monomy Island, ein Paradies für Vogelkundler, die sich allerdings die Mühe machen müssen, im Cape Cod Museum in Brewster oder im Wellfleet Bay Wildlife Sanctuary (s. vorher) um eine Tour nachzufragen.

Chatham

Cape Cod · *Massachusetts*

Harwich

Harwich liegt am "Ellbogen" des Kaps und begann als Schiffsbauzentrum und Walfängerhafen. Heute lebt das Städtchen vom Tourismus – im Sommer verdreifacht sich die Einwohnerzahl – und der Preiselbeeren-Industrie. Letztere kann intensiv im Brooks Academy Museum studiert werden (80 Parallel St.; Öffnungszeiten: Mi. – Sa. 13.00 – 16.00 Uhr).

Hyannis – Urlaubsort der Kennedys

Hyannis

*John F. Kennedy Hyannis Museum

Hyannis ist für Neuengländer – und nach dem Tod von John F. Kennedy junior im Sommer 1999 besonders schmerzlich – untrennbar mit der Kennedy-Familie verbunden, denn in Hyannis Port erholten sich John F. und Jackie vom Regieren in Washington. Das John F. Kennedy Hyannis Museum widmet sich dieser Zeit mit Fotos, Filmen und Berichten von Freunden (397 Main St.; Öffnungszeiten: April – Mitte Okt. Mo. – Sa. 10.00 bis 16.00, So. 13.00 – 16.00 Uhr, Mitte Feb. – Mitte April und Mitte Okt. – Dez. nur Mi. – Sa.). In Hyannis Port, wo sich der – nicht öffentlich zugängliche – Familiensitz der Kennedys befindet, erinnert an der Ocean Street das John F. Kennedy Memorial an den 1963 ermordeten Präsidenten. Vor dem relaxten Resortstädtchen zweigen von der MA 28 Straßen zum beliebten Badestrand Craigville Beach ab. Von Mai bis Oktober verkehren Auto- und Passagierfähren zwischen Hyannis Port und Martha's Vineyard und Nantucket.

Cape Cod Scenic Railway

Wer Cape Cod abseits der Straßen kennenlernen möchte, besteige in Hyannis die Cape Cod Scenic Railway zu einer zweistündigen Rundfahrt nach Sandwich und zurück (252 Main St.; Abfahrten: Juni – Okt. tgl. 10.00, 12.30 und 15.00 Uhr).

Harbour Cruises

Vom Ocean Street Dock legen Boote zu Hafenrundfahrten ab, bei denen man auch einen seeseitigen Blick auf die Anwesen der betuchten Sommerfrischler werfen kann.

Falmouth · Woods Hole

Falmouth wurde 1661 von Quäkern gegründet und kam in der Folgezeit mit Walfang, Schiffsbau und Landwirtschaft zu beträchtlichem Wohlstand, der sich in einem gepflegten Village Green und alten Kapitäns- und Bürger-

Massachusetts · Fall River

häusern niedergeschlagen hat. Heute lebt das Städtchen mit Blick auf Martha's Vineyard auch vom Tourismus: Schöne Strände und Radwege locken Besucher aus ganz Neuengland an. Aus der ganzen Welt zieht es Meereskundler hierher, denn hier sind drei sehr renommierte Forschungseinrichtungen zu Hause.

Cape Cod, Falmouth · Woods Hole (Fortsetzung)

Im äußersten Südwesten von Cape Cod und unweit von Falmouth liegt Woods Hole. Das auf dem felsigen Steilufer gegenüber von Martha's Vineyard klebende Städtchen begann als Walfängerhafen und setzte 1888 mit der Gründung des Marine Biological Laboratory die maritime Tradition fort. Heute forschen hier 400 Wissenschaftler in verschiedenen Bereichen der Meeresbiologie (Water St.; Führungen: Juni–Aug. 13.00, 14.00 und 15.00 Uhr). Das allen Aspekten der Ozeanographie gewidmete Woods Hole Oceanographic Institute machte 1985 Schlagzeilen, als ein von Dr. Robert Ballard aus Woods Hole geleitetes internationales Forscherteam das Wrack der "Titanic" entdeckte. Ein kleines, aber feines Visitor Center informiert über die jüngsten Forschungsergebnisse des Instituts (15 School St.; Öffnungszeiten: Memorial Day–Labor Day Mo.–Sa. 10.00–16.30, So. ab 12.00, April nur Sa. 10.00–16.30, So. ab 12.00 Uhr). Schließlich gibt es noch den National Marine Fisheries Service, dessen Aquarium man besuchen kann (Albatross St.; Öffnungszeiten: Mitte Juni–Mitte Sept. tgl. 10.00–16.00 Uhr, übriges Jahr an Wochenenden geschlossen). Von den Restaurants am Yachthafen kann man beim Lunch den von der Steamship Authority Pier nach Martha's Vineyard ablegenden Autofähren zuschauen.

Woods Hole Oceanographic Institute

Fall River   K 8

Region: South of Boston
Höhe: 36 m ü.d.M.
Einwohnerzahl: 92 700
Telefonvorwahl: 508

"Lizzie Borden took an axe, and gave her mother forty whacks. When she saw what she had done, she gave her father forty-one." 1892 endete in Fall River der Sensationsprozeß um den Doppelmord an Andrew und Abby Borden mit dem Freispruch ihrer angeklagten Tochter Lizzie. Die Öffentlichkeit hinderte dies jedoch nicht, sich einen eigenen Reim aus dem bis heute ungeklärten Mordfall zu machen. Die auf den ersten Blick farblose Industriestadt Fall River am Ende der Mount Hope Bay im Südosten von Massachusetts bietet allerdings nicht nur Skandalgeschichten, sondern auch eine stolze Biographie als Textilproduzentin im 19. Jahrhundert. Schöne viktorianische Villen hoch über der Stadt erinnern an diese Zeit. In vielen der alten Industriehallen sind heute Factory Outlets untergebracht.

Lage und Allgemeines

Sehenswertes in Fall River

Die Zeit, als sich Fall River mit über 120 aktiven Textilmühlen den Spitznamen "Spindle City" verdiente, läßt die informative Ausstellung in den Räumen der Fall River Historical Society aufleben. In einer Ecke des Museums wird der Prozeß um Lizzie Borden aufgegriffen (451 Rock St.; Öffnungszeiten: Di.–Fr. 9.00–16.30, Sa. und So. 13.00–17.00 Uhr).
Der Tatort, das Haus 92 2nd St., ist heute übrigens ein B & B, kann aber täglich von 11.00–15.00 Uhr besichtigt werden.

Fall River Historical Society

Über die I-195 erreicht man die Bucht Battleship Cove. Als 1965 hier das Schlachtschiff "USS Massachusetts" endgültig vor Anker ging, begann die Entwicklung der Bucht unweit von Fall River zum Freiluft-Marinemuseum (Exit 5; Öffnungszeiten: tgl. 9.00–17.00, Juli - Aug. 9.00–19.00 Uhr). Heute liegen in Battleship Cove zahlreiche ausgemusterte Kriegsschiffe der US Navy, darunter Corvetten, Torpedoboote und U-Boote. Die Highlights:

*Battleship Cove

183

Lexington · Concord · *Massachusetts*

Fall River,
Battleship Cove
(Fortsetzung)

Das gewaltige Schlachtschiff "USS Massachusetts" trug 2300 Mann Besatzung und wurde von 1942 bis 1945 im Mittelmeer und im Pazifik eingesetzt. Der Rundgang unter Deck führt durch die engen Mannschaftsquartiere. Ebenfalls ein Weltkrieg-II-Veteran ist das U-Boot "USS Lionfish". Der Zerstörer "USS Joseph P. Kennedy" ist nach dem im Zweiten Weltkrieg im Pazifik gefallenen ältesten der Kennedy-Brüder benannt. Das Schiff war mit 300 Mann Besatzung in Korea, in Vietnam und während der Kubakrise im Einsatz. Der für den Kinofilm "Meuterei auf der Bounty" (1960) mit Marlon Brando nachgebaute historische Segler entführt in die Zeit vor der Schiffsschraube. Ein als Kapitän Bligh kostümierter Guide führt über das Schiff und spinnt dabei spannendes Seemannsgarn.

Marine Museum

Ein kurzer Spaziergang führt von den Schiffen zu diesem schönen Museum, das neben der Geschichte der einst zwischen Fall River und Newport verkehrenden Fall River Line auch ein originalgetreues Modell der "Titanic" zeigt. Historische Fotos der Kabinen und Salons vermitteln einen Eindruck vom damaligen Reiseluxus (70 Water St.; Öffnungszeiten: Mo. bis Fr. 9.00 – 17.00, Sa. 12.00 – 17.00, So. 12.00 – 16.00 Uhr).

Lexington · Concord　　　　　　　　　　　　　　　　　　　　　K 7

Region: Greater Boston
Telefonvorwahl: 617

Hier begann der
Unabhängigkeits-
krieg

Lexington ist in Amerika mehr als ein Name. Hier und in Concord, mit dem es in der Regel im gleichen Atemzug genannt wird, begann der Unabhängigkeitskrieg. Die historischen Stätten sind im Minute Man National Historical Park zusammengefaßt.

Lexington

Lage und
Allgemeines

In diesem hübschen, heute 29 000 Einwohner zählenden Städtchen vor den Toren → Bostons fielen die ersten Schüsse des amerikanischen Unabhängigkeitskriegs. Rechtzeitig von Reitern aus Boston gewarnt, standen am 19. April 1775 morgens um fünf Uhr auf dem Lexington Green 77 "Minutemen" – so wurden die Kolonisten wegen ihrer schnellen Kampfbereitschaft genannt – knapp 700 britischen Soldaten gegenüber. Die Rotröcke unter dem Befehl von General Gage waren auf dem Weg nach Concord, um dort ein Waffenlager der Milizen auszuheben. Bei dem folgenden Schußwechsel wurden acht Kolonisten getötet – die ersten Toten des Krieges. Die Soldaten formierten sich neu und setzten auf der "Battle Road", der heutigen MA 2 A, ihren Weg nach Concord fort.

Sehenswertes in Lexington

Lexington Green

Das Ostende des dreieckigen, von Blumenbeeten geschmückten Lexington Green bewacht die von Henry Kitson geschaffene Statue des "Minuteman". Sie stellt Captain John Parker, den Anführer der Lexingtoner Kolonisten, dar. Am Südende des Green erinnert das 1799 enthüllte Revolutionary Monument an die Toten dieses ersten Gefechts. Im Lexington Visitor Center stellt ein Landschaftsmodell das erste Gefecht des Krieges detailliert nach (1875 Massachusetts Ave.; Öffnungszeiten; tgl. 9.00 – 17.00, So. ab 10.00 Uhr).

**Historische
Gebäude**

*Buckman Tavern

In der 1709 erbauten Buckman Tavern verbrachten die Rebellen die Nacht vor dem Gefecht. Die Verwundeten wurden anschließend hier versorgt. Dem Besucher präsentiert sich die original erhaltene historische Wirtschaft weitgehend wie 1775, sogar das Einschlagsloch einer britischen Kugel ist in der Tür noch zu sehen (1 Bedford St.).

Massachusetts · Lexington · Concord

In der Buckman Tavern verbrachten die Rebellen die Nacht vor dem Gefecht.

Die Rebellenführer John Hancock und Samuel Adams empfingen die Nachricht von den anrükkenden Briten am Vorabend im Hancock-Clarke House. Das restaurierte Haus aus dem Jahr 1698 enthält Originalmobiliar und interessante Memorabilia (36 Hancock St.).

Hancock-Clarke House

In der Munroe Tavern schlugen die Briten ihr Hauptquartier auf (1332 Massachusetts Ave.; Führungen für alle drei Häuser: April–Okt. Mo.–Fr. 10.00 bis 17.00, So. ab 13.00 Uhr).

Munroe Tavern

An der nach Concord führenden "Battle Road" bzw. MA 2 A verdient das Besucherzentrum des Minute Man National Historical Park einen Besuch. Der Nationalpark, ein schmaler, hügeliger Streifen dichten Waldes entlang der "Battle Road", war an jenem Tag im April Schauplatz dramatischer Schießereien zwischen amerikanischen Heckenschützen und königlichen Soldaten. Filme und Landschaftsmodelle stellen im Besucherzentrum die Ereignisse nach – mit viel Pathos (MA 2 A; Öffnungszeiten: Mitte April bis Okt. tgl. 9.00–17.00 Uhr).

Minute Man National Historical Park Visitor Center

Concord

Das 6 mi / 10 km westlich von Lexington liegende Concord ist der Ort, an dem so mancher Bostoner am liebsten leben würde. Schöne Häuser aus dem 18. und 19. Jh., Ententeiche und alte Bäume mit mächtigen Kronen – die Uhren scheinen hier seit 1900 stehengeblieben zu sein. Im amerikanischen Kollektivbewußtsein kommt Concord fast mythische Bedeutung zu, denn die aus Boston über Lexington anrückenden Briten wurden hier zum ersten Mal in die Flucht geschlagen. Allerdings sind nicht alle Besucher hier "Schlachtfeldtouristen". Im 19. Jh. war das kleine Concord der literarische Mittelpunkt Amerikas. Ralph Waldo Emerson und Nathaniel Hawthorne lebten hier, Bronson Alcott und seine Tochter Louisa May verbrachten hier einige Jahre, Henry David Thoreau hauste unweit am Walden Pond, wo er in einer einfachen Hütte Weltliteratur schrieb. Auf den Spuren dieser Geistesgrößen lernt man das leisere, kultivierte Amerika kennen.

Lage und Allgemeines

Sehenswertes in Concord

Diese zum Minute Man National Historical Park gehörende Holzbrücke an der Monument Street ist eine detailgetreue Replik jener Brücke, an der am 19. April 1775 die Briten von den Rebellen blutig zurückgeschlagen wurden. Am Fußweg dorthin erinnert die von Daniel Chester French geschaffene Statue des Minute Man an die gefallenen Patrioten.

Old North Bridge

Lexington · Concord · *Massachusetts*

An der Old North Bridge wurde das erste Gefecht des Unabhängigkeitskriegs geschlagen.

Literatenhäuser
: In Sichtweite steht The Old Manse. Das große Haus wurde 1770 von Ralph Waldo Emersons Großvater gebaut, der Schriftsteller verbrachte hier seine Jugendjahre. Von 1842 bis 1845 lebte hier Nathaniel Hawthorne (Führungen: Mitte April – Okt. Mo. – Sa. 10.00 – 17.00, So. ab 12.00 Uhr).
Später bezog Hawthorne das Wayside. Auch Bronson Alcott verbrachte im Wayside ein paar Jahre (455 Lexington Rd.; Führungen: Mitte April – Okt., Mo., Di., Fr. – Sa. 11.00 – 16.00 Uhr). 1858 kaufte er Orchard House, wo die Familie bis 1877 lebte. Louisa May schrieb 1868 hier ihren autobiographisch gefärbten Romanerfolg "Little Women" (399 Lexington Rd.; Öffnungszeiten: April – Okt. Mo. – Sa. 10.00 – 16.30, So. ab 13.00, sonst Mo. bis Fr. 11.00 – 15.00 Uhr, Sa. 10.00 – 16.30, So. ab 13.00 Uhr).

*Walden Pond State Reservation
: Der in den sechziger Jahren von den Bürgerrechts-, Hippie- und Umweltbewegungen entdeckte Henry David Thoreau schrieb etwas südlich von Concord in der Einsamkeit des Walden Pond seine Klassiker "Walden Pond – Leben in den Wäldern" (1854) und "Von der Pflicht zum Ungehorsam gegen den Staat" (1849). Heute im Sommer als Walden Pond State Reservation ein beliebtes Badeziel der Bostoner, ist der in einer von der letzten Eiszeit ausgewaschenen Mulde liegende See ein Wallfahrtsziel für Thoreau-Jünger aus aller Welt. Sie inspizieren die Replik seiner schlichten Hütte am Parkeingang und pilgern zu der von einer Tafel gekennzeichneten Stelle, wo der radikale Nonkonformist von 1845 bis 1847 über den Sinn des Lebens nachdachte.

Concord Museum
: Thoreaus wenige Habseligkeiten sind im Concord Museum zu sehen, gemeinsam mit Ralph Waldo Emersons Schreibstube und dem informativen Film "Why Concord?" (Lexington Rd. & Cambridge Turnpike; Öffnungszeiten: April – Dez. Mo. – Sa. 9.00 – 17.00, So. ab 12.00, sonst Mo. – Sa. 11.00 bis 16.00, So. ab 13.00 Uhr). Gleich rechts neben dem Museum steht Emersons Haus, in dem er von 1835 bis zu seinem Tod 1882 lebte.

Massachusetts · Lowell

Als stimmungsvoller Abschluß der Concord-Visite bietet sich ein Spaziergang über den schönen Sleepy Hollow Cemetery an. Schilder weisen hier den Weg zur hügeligen "Author's Ridge", wo die Gräber von Emerson, French, Hawthorne, Thoreau und der Alcotts zu besichtigen sind (Bedford St.; Öffnungszeiten: tgl. 7.00 Uhr – Sonnenuntergang).

Concord (Fortsetzung)
*Sleepy Hollow Cemetery

Im nahegelegenen Lincoln geht es nicht mehr um den Unabhängigkeitskrieg, sondern um Kunst. Das DeCordova Museum and Sculpture Park stellt zeitgenössische US-Kunst aus, vor allem aus Neuengland (51 Sandy Pond Road; Öffnungszeiten: Di. – So. 11.00 – 17.00 Uhr).

Lincoln

Für deutsche Besucher interessanter mag das Gropius House sein. Hier lebte der Bauhaus-Architekt seit 1937. Das Haus und seinem Einrichtung entwarf er zusammen mit seinem Kollegen Marcel Breuer (68 Baker Bridge Rd.; Führungen: Juni – Mitte Okt. Mi. – So. 11.00 – 16.00 Uhr, sonst nur Sa. und So. zu denselben Zeiten).

Das Familiengrab der Thoureaus

*Gropius House

Via US 2 und MA 111 ist man rasch im 17 mi / 27 km westlich von Concord gelegenen Harvard. Die untouristische Stadt ist zwar nicht auf Besucher vorbereitet, lohnt aber dennoch den Ausflug. Denn vor 150 Jahren versuchte hier eine Gruppe von Idealisten unter Führung von Charles Lane und Bronson Alcott, dessen aus dem Transzendentalismus entwickelte Ideen im täglichen Zusammenleben umzusetzen. 1843 kauften sie Fruitlands, eine Farm über dem Nashua Valley, und gründeten dort eine Kommune, in der sie über die Abschaffung von Technik, Privatbesitz und die Losung "Zurück zur Natur" eine neue soziale Ordnung erreichen wollten. Mit so unterschiedlichen Mitgliedern wie dem überzeugten Nudisten Samuel Bower und dem zölibatären Charles Lane dauerte das Experiment jedoch nur beides Monate. Angeblich war es ein Streit zwischen Mrs. Alcott und Charles Lane, der ihren Ehemann zur Enthaltung drängte, der dem als "Fruitland Experiment" in die Annalen Neuenglands eingegangenen Utopia ein Ende bereitete.

*Fruitlands

In der ersten Hälfte des 20. Jh.s wurde die Farm in ein vier Gebäude umfassendes Museum verwandelt. Das Fruitland Farmhouse enthält Briefe, Aufzeichnungen und andere Memorabilia. Das Shaker House aus dem Jahre 1794 wurde nach der Auflösung der Shaker-Gemeinde von Harvard auf dem Fruitland-Gelände wiederaufgebaut und zeigt typisches Shaker-Mobiliar. Im American Indian Museum sind schöne Zeugnisse indianischer Handwerkskunst zu sehen, und eine kleine Galerie stellt Originale der Hudson River School aus (Prospect Hill Rd.; Öffnungszeiten: Mitte Mai – Mitte Okt. Di. – So. 10.00 – 17.00 Uhr).

Lowell

K 7

Region: North of Boston & Merrimack Valley
Höhe: 31 m ü.d.M.
Einwohnerzahl: 103 400
Telefonvorwahl: 978

Die nüchterne Industriestadt am Merrimack River verdankt ihre Entstehung der Vision eines einzelnen Mannes. Nach seiner Rückkehr von einer Tour durch die modernen Textilfabriken Englands im Jahr 1813 entwickelte der Bostoner Kaufman Francis Cabot Lowell einen modifizierten Webstuhl, der zum Rückgrat der ersten am Reißbrett geplanten Industriesiedlung Amerikas werden sollte. Als Standort bestimmte seine Investorengruppe "The Boston Associates" den reißenden Zusammenfluß von Merrimack und

Lage und Allgemeines

Lowell · *Massachusetts*

Lage und Allgemeines (Fortsetzung)

Concord River nördlich von Boston. 1822 begann der Bau von Textilmühlen, Kanälen und Arbeitersiedlungen, bereits 1826 erhielt die nach Lowell benannte Siedlung das Stadtrecht. In der Folgezeit entwickelte sich Lowell zum größten Baumwollproduzenten des Landes – nicht ohne die Entstehung des ebenfalls ersten Proletariats der USA und der ersten Arbeitskämpfe, eine Folge von Niedrigstlöhnen und 70-Stunden-Woche. Die landesweite Umstellung auf Dampfkraft und die wachsende Konkurrenz verschärften am Ende des 19. Jh.s den Druck. Mit der Weltwirtschaftskrise kam das endgültige Aus für Lowells Textilproduktion. Erst seit den siebziger Jahren atmet die gebeutelte Stadt dank Investitionen in die High-Tech-Industrie wieder etwas durch. Die bedeutendsten Industriedenkmäler stehen seither unter Denkmalschutz.

Sehenswertes in Lowell

*Lowell National Historic Park

Um Lowells Pionierrolle während der industriellen Revolution zu würdigen, wurde 1978 der über die ganze Stadt verteilte Lowell National Historic Park eingerichtet. Zum Park gehören Textilfabriken aus dem vorigen Jahrhundert, Arbeiterquartiere und ein 9 km langes Kanalsystem. Das in einem restaurierten Mühlenkomplex untergebrachte Visitor Center zeigt Einführungsfilme und organisiert täglich geführte Touren. Im Sommer kann man auch an Trolley- und Bootstouren teilnehmen (246 Market St.; Öffnungszeiten: tgl. Mo. – Sa. 9.00 – 17.00, So. 10.00 – 17.00 Uhr). Die Highlights sind:

In den Spinnereien ist der Wohlstand von Lowell erarbeitet worden.

Boot Cotton Mills Museum

Das in einer 1873 angelegten Textilfabrik untergebrachte Museum (400 John St.) stellt im ersten Obergeschoß mit 88 noch betriebsfähigen Webstühlen die Arbeitsbedingungen im 19. Jh. nach. Eine Ausstellung im Erdgeschoß beschäftigt sich eingehend mit den Auswirkungen der industriellen Revolution. Tonbandaufnahmen von Zeitgenossen legen erschütternde Zeugnisse von den unmenschlichen Arbeitsbedingungen ab.

Massachusetts · **Martha's Vineyard**

Diese Dauerusstellung befindet sich in einem alten Mietshaus und behandelt den Alltag der Textilarbeiter, vor allem der einst aus der Umgebung rekrutierten "mill girls", die als Arbeiterinnen später durch billigere irische und franko-kanadische Immigranten ersetzt wurden (Patrick J. Mogan Cultural Center, 40 French St.; Öffnungszeiten: tgl. 13.00 – 17.00 Uhr).

Lowell (Fortsetzung) Working People Exhibit

Was in den Fabriken Lowells produziert wurde, wird in den Räumen dieses Museums vorgestellt (491 Dutton St.; Öffnungszeiten: tgl.).

Museum of American Textile History

Der berühmteste Sohn der Stadt ist ein Sproß der franko-kanadischstämmigen Bevölkerung. An Jack Kerouac (1922 – 1969), den Schriftsteller der berühmt-berüchtigten Beat Generation, die in den fünfziger Jahren der amerikanischen Literatur neues Leben einhauchte, erinnert im Eastern Canal Park gegenüber von den Massachusetts Mills ein modernes Denkmal aus glatten Marmorquadern.

Jack Kerouac Monument

Eine weitere Berühmtheit Lowells ist der Maler James Abbott McNeill Whistler (1834 – 1903). In seinem Geburtshaus sieht man eine Sammlung amerikanischer Malerei des 19. und 20. Jh.s (243 Worthen St.; Öffnungszeiten: Juni – Aug. tgl., übriges Jahr nur Mi. – So.).

Whistler House Museum of Art

Martha's Vineyard

L 8

Region: Cape Cod, Martha's Vineyard and Nantucket Island
Telefonvorwahl: 508

Die Taxifahrer auf Martha's Vineyard haben viel zu erzählen. Von Hollywoodstars, die sie zu ihren Anwesen rund um Menemsha im Südwesten fahren und die hier als ganz normale Menschen auftreten, und auch, daß sie sich zu Saisonbeginn von ihren Familien verabschieden und bis zum Herbst sieben Tage die Woche Touristen über die Insel kutschieren, um in drei, vier Monaten Geld genug für den Rest des Jahres zu machen. Tummelplatz der Schönen und Reichen, Touristenmagnet: Während das alte Geld die Sommer zurückgezogen auf dem dreimal kleineren → Nantucket verbringt, ist das 8 km vor der Südküste von Cape Cod liegende Martha's Vineyard der traditionelle Fluchtpunkt von Prominenten, Neureichen und, während der Sommerferien, Tagesausflüglern vom Festland. Sie alle kommen aus einem Grund: Die herrlichen Flachwässerstrände von Martha's Vineyard bieten mit das wärmste Badewasser der Ostküste. Die gelassene Insel-Atmosphäre, eine friedvolle, ans Festland erinnernde Hügellandschaft und insgesamt sechs malerische Städtchen mit knapp 12 000 Einwohnern sowie herrliche Sandstrände machen das 2590 km^2 große Martha's Vineyard zu einem beliebten Ziel für Stadtneurotiker. Besucher können aus einer bunten Palette von Übernachtungs- und Freizeitmöglichkeiten wählen. Edgartown und Vineyard Haven sind die Geschäftszentren, während der Sommermonate ist auch Oak Bluffs bei Shoppern beliebt. Außerhalb dieser Orte dünnt der Tourismus schnell aus. Auf Auto- oder Radtouren kann man entlang der Küste bis zum kleinen Fischerhafen Menemsha und zu den Gay Head Cliffs läßt sich das besinnlichere Martha's Vineyard erschließen.

**Ferieninsel

Als erster Europäer betrat 1602 der Seefahrer Batholomew Gosnold die Insel. Er benannte sie nach seiner Tochter Martha und dem wilden Wein, der damals hier wuchs. Die ersten Siedlungen folgten wenig später und entwickelten sich zu Schutzhäfen und Versorgungsstationen der Ostküstenschiffahrt. Vineyard Haven, wo heute die Fähre aus Woods Hole anlegt, erlebte im 18. und 19. Jh. seine Blütezeit in dieser Funktion. Edgartown, die älteste Siedlung auf Martha's Vineyard, war ein bedeutender Walfängerhafen. Seit dem Ende des 19. Jh.s lebt die Insel hauptsächlich vom Tourismus.

Geschichte

Martha's Vineyard · *Massachusetts*

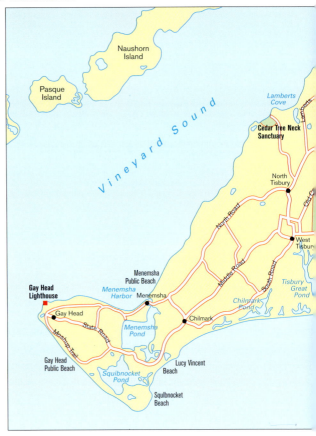

Fährverbindungen
Woods Hole – Vineyard Haven (Autofähre): tgl. das ganze Jahr über
Woods Hole – Oak Bluffs (Autofähre): tgl. Ende Mai – Anfang Sept.
Falmouth – Oak Bluffs (Passagierfähre): tgl. Ende Mai – Mitte Okt.
Falmouth – Edgartown (Passagierfähre): tgl. Ende Mai – Mitte Okt.
Hyannis – Oak Bluffs (Passagierfähre): Mai – Okt.
New Bedford – Vineyard Haven (Passagierfähre): tgl. Mitte Mai – Mitte Okt.
Nantucket – Martha's Vineyard (Passagierfähre): tgl. Mitte Mai – Mitte Okt.
Wer von Juni bis September an Wochenenden (= Fr. – Mo.) das Auto mitnehmen will, muß bei der Steamship Authority unbedingt reservieren (Tel. 508/4477-8600). Sonst ist keine Reservierung nötig, aber empfehlenswert.

Sehenswerte Orte auf Martha's Vineyard

Strände
Die schönsten öffentlichen Strände sind Menemsha Beach im Südwesten und der wegen seiner gleichmäßig brechenden Wellen bei Surfern beliebte Moshup Beach unterhalb der Gay Head Cliffs. Familien bevorzugen den Joseph Sylvia State Beach zwischen Vineyard Haven und Edgartown, Jugendliche dagegen den Katama Beach auf der Südostseite.

Massachusetts · Martha's Vineyard

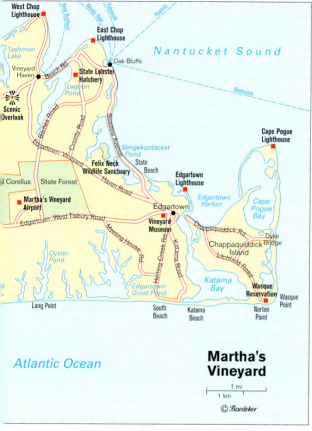

Vineyard Haven ist das kommerzielle Zentrum der Insel und deshalb nicht unbedingt eine Sehenswürdigkeit. Aber wer hier mit der Fähre ankommt, schippert durch einen umtriebigen Hafen und kann sich im Old Schoolhouse Museum die Geschichte der Insel einverleiben.
Ca. 5 km südwestlich außerhalb findet sich das, was der Insel den Namen gab: einen Weingarten. Die Chicama Vineyards haben von Mitte Mai bis Mitte Oktober für Besucher geöffnet. Richtung Oak Bluffs kommt man an der State Lobster Hatchery vorbei, der ältesten Hummerzucht der Welt.

Vineyard Haven

Das hübsche Städtchen mit der nostalgischen Picknick- und Sonnenschirmatmosphäre ist von der längsten Stränden der Insel umgeben – nicht umsonst drehte Steven Spielberg hier seinen ersten Kassenerfolg "Der Weiße Hai". Direkt am Wasser liegt der weitläufige, von viktorianischen Holzhäusern gesäumte Trinity Park. Landeinwärts schließt "Cottage City" an, eine der Hauptattraktionen der Insel. Das aus rund 300 reizenden, mit filigran gefertigten Dachgiebeln, Erkern und Türmchen geschmückten "Gingerbread Cottages" (Lebkuchenhäuschen) bestehende Dorf entstand von 1867 an, als Weiterentwicklung einer Zeltstadt, die jeden Sommer bis zu 12 000 an den Freiluftgottesdiensten der Methodisten teilnehmende

*Oak Bluffs

**Gingerbread Cottages

Martha's Vineyard · *Massachusetts*

Oak Bluffs (Fortsetzung) — Menschen aufnahm. Daran erinnert auch der eiserne Trinity Park Tabernacle von 1879, eine Freiluftkapelle für mehrere Tausend Menschen. Noch heute leben im Dorf viele Methodisten, und man sollte es nicht mit einem Museum verwechseln – das allerdings gibt es auch in Gestalt eines öffentlich zugänglichen Lebkuchenhäuschens (1 Trinity Park; Öffnungszeiten: Mitte Juni – Mitte Sept. Mo. – Sa. 10.00 – 16.00 Uhr).

Flying Horses Carousel — An Circuit und Lake Avenues dreht sich das herrlich nostalgische Flying Horses Carousel. Es wurde 1876 für den New Yorker Vergnügungspark auf Coney Island gebaut und ist heute das älteste Karussell des Landes.

"Lebkuchenhäuschen" in Oak Bluffs

*Edgartown — Wo früher die Galeonsfiguren pazifikerfahrener Walfänger über die Mole ragten, dümpeln heute elegante Yachten. Den mit Walfang erlangten Wohlstand setzten die Kapitäne und ihre Besatzungen in schöne große Häuser um, vor allem entlang der North Water Street, wo die im georgianischen Stil erbauten Häuser auf den Hafen blicken und die daheimgebliebenen Ehefrauen vom "widow walk", dem Balkon auf dem Dach, Ausschau nach den Schiffen ihrer Gatten hielten. Über manchen Dächern dreht sich noch die alte Wetterfahne in Form eines Wales. Auf einem Spaziergang sollte man auch noch auf folgende Gebäude achten: die imposante Old Whaling Church von 1843 (89 Main St.), schräg gegenüber das Vincent House Museum, mit dem Baujahr 1672 das älteste Gebäude der Insel, schließlich die prächtige Greek-Revival-Villa des Dr. Daniel Fischer von 1840 (99 Main St.).

Vineyard Museum — Das spannende Vineyard Museum im Thomas Cooke House vermittelt mit interessanten Details wie z. B. einem Foto von Kapitän Valentine Pease, der Herman Melville als Vorbild zu seinem Kapitän Ahab diente, einen lebhaften Eindruck vom einst lukrativen Walfang (59 School St.; Öffnungszeiten: Mitte Juni – Mitte Okt. Di. – Sa. 10.00 – 17.00, sonst Do. – Fr. 13.00 bis 17.00, Sa. 10.00 – 17.00 Uhr).

Chappaquiddick Island — Edgartown gegenüber liegt Chappaquiddick Island. Mit der Stadt durch die traditionell unpünktliche Fähre "On-Time" verbunden, ist dies ein dicht bewaldetes Prominenten-Refugium. In den sechziger Jahren gelangte das

Massachusetts · Nantucket

Inselchen durch einen vom Kennedy-Sproß Edward fabrizierten Unfall in die Schlagzeilen, bei dem sein Wagen von einer inzwischen abgerissenen Brücke ins Meer stürzte und seine Sekretärin dabei unter nie ganz geklärten Umständen ums Leben kam.

Chappaquiddick Island (Fortsetzung)

Der westlichste Punkt von Martha's Vineyard: Gay Head Cliffs

Die 20 m hohen, wegen ihres Lehmgehalts grau, rötlich und orange schimmernden Klippen im äußersten Westen der Insel sind ein beliebtes Fotomotiv. Im Dorf Gay Head lebt eine Gruppe der auf Martha's Vineyard verbliebenen Wampanoag-Indianer. Sie verwenden den Lehm und die bei den Klippen zu findenden Fossilien zur Herstellung kunstvoller Tongefäße, die sie am Straßenrand verkaufen. Zwischen den Hügeln ringsum lugen schöne Anwesen hervor. Trotzdem wird Tourismus hier kleingeschrieben: Der fotogene Fischerhafen Menemsha hat sich daher eine wettergegerbtes Antlitz bewahrt und bietet dem neugierigen Besucher zwischen Hummerreusen und Geräteschuppen einen lebhaften Fischmarkt.

*Gay Head Cliffs

Menemsha

Nantucket   L/M 8

Region: Cape Cod, Martha's Vineyard and Nantucket Island
Telefonvorwahl: 508

Kleine "Saltboxes" mit grauen Zedernschindeln, weißen Fensterrahmen und von pinkfarbenen Kletterrosen umrankt – "Little gray lady in the sea" nannten die von Nantucket stammenden Seeleute damals ihre Insel liebevoll. Herman Melville allerdings beschrieb das 50 km vor → Cape Cod liegende Eiland in "Moby Dick" weitaus prosaischer als "einen Haufen Sand". Richtig ist beides. Das knapp 23 km lange und nur 6 km breite Eiland ist sandig, von hartem Buschwerk bedeckt und verfügt über einen ausgezeichneten, windgeschützten Naturhafen, an dessen Ende Nantuk-

**Ferieninsel

Nantucket · *Massachusetts*

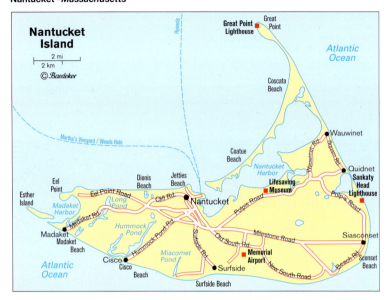

Ferieninsel (Fortsetzung)

ket liegt, die einzige Siedlung der Insel. Haupterwerbszweig ist heute der Tourismus. Rund 40 000 Besucher kommen jeden Sommer, wer hier ausspannen möchte, sollte daher seine Unterkunft langfristig vorbuchen. Autofahren auf der Insel ist möglich, allerdings nicht anzuraten. Das beste Fortbewegungsmittel sind das Fahrrad (zu mieten am Hafen) und die eigenen Füße.

Geschichte

Die rund 3000 Insulaner stammen meist von den Pionierfamilien ab, die 1659 hier an Land gingen und "das ferne Land", wie Nantucket in der Sprache der indianischen Besitzer hieß, für 30 englische Pfund erwarben. Ihre Geschichte ist eng mit dem Hafen verbunden. Das Harpunieren dicht vorbeiziehender Wale lernten sie bereits von den Indianern. Im 18. und 19. Jh. schließlich galten die Nantucketer auf allen Weltmeeren als besonders verwegene Walfänger, ihre Insel wurde Zentrum der Walfangindustrie Neuenglands. Mehrere Jahre lang konnten ihre Schiffe unterwegs sein, bis auch das letzte Faß an Bord mit Walöl gefüllt war. Hauptabnehmer war London, das seine Straßen, Häuser und Paläste damit erleuchtete – ein Bombengeschäft für Nantucket, dessen Kaufleute und Schiffsbesitzer sich am Hafen und bei den Docks schöne große Häuser bauten. Für 100 Jahre war Nantucket obenauf, dann kam der Niedergang. Um 1840 war die Hafeneinfahrt endgültig versandet, hatte die Konkurrenz aus → New Bedford Nantucket endgültig überholt. Damit nicht genug. Ein Großbrand 1846, der kalifornische Goldrausch 1849 und die Entdeckung von Petroleum in Pennsylvania sorgte für einen dramatischen Aderlaß der Bevölkerung. Die industrielle Revolution auf dem Festland ließ Nantucket links liegen. Der Ort Nantucket präsentiert sich daher fast noch so wie vor 150 Jahren, mit Kopfsteinpflaster und viel Kolonialatmosphäre.

Fährverbindungen

Hyannis – Nantucket (Autofähre): tgl. das ganze Jahr über
Harwichport – Nantucket (Passagierfähre): tgl. Mitte Mai – Mitte Okt.
Martha's Vineyard – Nantucket (Passagierfähre): tgl. Mitte Mai – Mitte Okt.
Wer in den Sommermonaten sein Auto mitnehmen will, sollte Monate im voraus reserviert haben (Steamship Authority, Tel. 508 / 477-86 00).

Massachusetts · **Nantucket**

Nantucket Town

Die vom Hafen heraufführende, kopfsteingepflasterte Main Street wird von prächtigen Kapitänshäusern unter alten Ulmen gesäumt. Cafés, Kunst- und Bücherläden laden zum Verweilen ein, zur Straße geöffnete Restaurants haben im Sommer bis spät abends geöffnet.

*Main Street

Das repräsentative, 1845 von Frederick Brown Coleman für den Walöl-Kaufmann William Hadwen im Greek Revival Style erbaute Haus spiegelt mit seinem prachtvollen Portikus und luxuriösen Inneren den einst in der Walfangindustrie möglichen Lebensstil wider (96 Main St.; Öffnungszeiten: Mitte Juni – Mitte Okt. tgl. 10.00 – 17.00 Uhr).

Hadwen House / Satler Memorial

Ein kleiner Leuchtturm bewacht die Hafeneinfahrt von Nantucket, einst einer der bedeutendsten Walfanghäfen der Erde.

Das kleine, dem Walfang gewidmete Museum ist neben dem in → New Bedford das vielleicht spannendste Neuenglands zu diesem Thema. Untergebracht in alten Fabrikhallen, in denen das Öl der erlegten Wale einst zu Kerzen verarbeitet wurde, zeigt es u. a. die Portraits berühmter Walfänger der Insel, Beiboote, in denen die Harpuniere dem Wal nachstellten und das Logbuch der "Essex", deren Schicksal Herman Melville zu seinem Roman "Moby Dick" inspirierte: Die "Essex" wurde im Pazifik von einem Wal gerammt und sank mit Mann und Maus (Broad St.; Öffnungszeiten: Memorial Day – Okt. tgl. 10.00 – 17.00, Nov. – Dez. Sa. – So. 11.00 bis 15.00 Uhr).

*Nantucket Whaling Museum

Das kleine Museum der Forschungsstelle dokumentiert präzise recherchierte Fakten und Details aus der abwechslungsreichen Geschichte der Insel. Besonders interessant: Die traditionell starke Rolle der Nantucketer Frauen, die in Abwesenheit ihrer Männer früher als ihre Geschlechtsgenossinnen auf dem Festland auch öffentliche Verantwortung übernahmen (Broad St.; Öffnungszeiten: Museum tgl. 10.00 – 15.00, Forschungsstelle Mo. – Fr. 10.00 – 17.00 Uhr).

Peter Foulger Museum and Research Center

New Bedford · *Massachusetts*

Nantucket (Fortsetzung) Maria Mitchell Science Center

Eine dieser Frauen war Maria Mitchell (1818–1889). Sie war die erste Professorin für Astronomie in den USA und entdeckte einen Kometen. Rund um ihr Geburtshaus in der Vestal Street ist heute ein Wissenschaftszentrum mit Observatorium eingerichtet; in der nahen Mill Street unterhält die Maria Mitchell Association ein Naturkundemuseum.

The Oldest House

Wie im 17. Jh. auf Nantucket gebaut wurde, sieht man am besten auf dem Sunset Hill weiter landeinwärts. Hier führt eine enge Gasse zum ältesten noch stehenden Haus der Insel. Das Jethro Coffin House oder Oldest House stammt aus dem Jahr 1686 und ist mit seinen winzigen Fenstern und die Querseite dominierenden Kamin ein typisches Beispiel für die koloniale "Saltbox"-Bauweise. Am Schornstein ist noch ein gemauertes Hufeisen zu erkennen. Es sollte Hexen fernhalten.

Old Mill

Südlich außerhalb des Zentrums steht die 1746 gebaute Old Mill, eine von einst vier hier aufgestellten Windmühlen.

Ausflug über die Insel

Sconset

Eine ca. 11 km kurze Auto-, besser noch Radtour führt quer über die Insel zur Südwestseite. Bereits im 17. Jh. bauten Fischer hier am Strand ihre Schuppen und Gerüste zum Trocknen von Kabeljaund Später wurde der Ort, der von den Indianern Siasconset genannt wurde, von Künstlern auf der Suche nach unverfälschter Natur entdeckt. Erholungsuchende Städter folgten, und aus der Ansammlung windschiefer Hütten und Unterstände entstand alsbald eine exklusive Feriensiedlung aus typischen, hinter dichten Hecken verborgenen grauen Schindelhäusern. Von hier aus können endlose Strandspaziergänge unternommen werden, sowohl zum Sankaty Lighthouse im Norden, als auch zum schönen Badestrand Surfside Beach.

New Bedford L 8

Region: South of Boston
Höhe: 16 m ü.d.M.
Einwohnerzahl: 99 900
Telefonvorwahl: 508

Lage und Allgemeines

New Bedford liegt eine Autostunde südlich von → Boston und 15 mi/24 km östlich von → Fall River am Eingang der Buzzards Bay. Die Hafenstadt sattelte am Ende des 19. Jh.s auf Walfang auf verarbeitende Industrie um, bestreitet jedoch ein Fünftel ihres Haushalts noch immer mit Fischfang und verwandten Gewerben. Trotz des gesichtslosen Erscheinungsbilds gibt es einen guten Grund, den Besuch dieser Stadt auf dem Reiseplan ganz oben anzusiedeln, denn von 1830 bis 1860 war New Bedford die "whaling capital of the world": 80 % der gesamten amerikanischen Walfangflotte kam aus New Bedford, über die Hälfte der damals 20 000 Einwohner zählenden Stadt war direkt oder indirekt in der Walfangindustrie beschäftigt. Ihren berühmtesten Biographen fand die Stadt in Herman Melville, der die schönen Häuser der reichen Fabrikbesitzer beschrieb und dem tätowierten Schiffsvolk in den verqualmten Hafenspelunken in "Moby Dick" ein literarisches Denkmal setzte. Der Anfang vom Ende mit dem Walölgeschäft kam mit dem Petroleum aus Pennsylvania und den immer seltener werdenden Walen. Dann wurde die Walfangflotte drastisch reduziert, zunächst im Bürgerkrieg, als die Union 39 Schiffe kaufte und als Blockade in den Hafeneinfahrten konföderierter Städte versenkte, dann im Winter 1861, als über 30 Schiffe in der Arktis vom Eis überrascht und aufgegeben wurden. Gegen Ende des 19. Jh.s war "whaling" Geschichte, hatte das Schiffsvolk die Hängematte im Walfänger mit dem Job in der Fabrik getauscht. Auch im Stadtbild ist nicht viel von der alten Pracht übriggeblieben.

Massachusetts · New Bedford

Sehenswertes in New Bedford

Wie schwer war eine Walharpune? Womit verbrachten die Walfänger die Zeit zwischen den Jagden? Warum desertierten so viele Seeleute? Im New Bedford Whaling Museum werden alle Fragen beantwortet. Die Sammlungen des Museums zählen zu den schönsten der Welt.

**New Bedford Whaling Museum

In einer weitläufigen, von einer Galerie im ersten Stockwerk umgebenen Halle finden sich komplett ausgerüstete Beiboote, Gemälde mit dramatischen Jagdszenen, herrliche "Scrimshaw"-Sammlungen, historische Filme traditioneller Walfangtechniken und Logbücher, in denen man beim Schmökern abenteuerliche und mitunter amüsante Episoden vom Leben an Bord erfährt. Eine permanente Ausstellung widmet sich Herman Melville und der Entstehungsgeschichte von Moby-Dick. Das Glanzstück des Museum ist das zwar um die Hälfte der Originalgröße verkleinerte Modell des Walfängers "Lagoda", doch mit stolzen 27 m Länge ist es trotzdem das größte Schiffsmodell der Welt. Ein Dutzend Walfangexpeditionen führten die Bark im 19. Jh. mehrmals um die Erde (18 Johnny Cake Hill; Öffnungszeiten: tgl. 9.00 bis 17.00 Uhr).

Das Modell der "Lagoda" im New Bedford Whaling Museum

Wer "Moby Dick" gelesen hat, wird sich an Pater Mapple erinnern. Der wortgewaltige Priester bleute den Seebären von einer schiffsförmigen Kanzel noch einmal den Propheten Jona ein, bevor sie in See stachen: *"Aber der Herr verschaffte einen großen Fisch, Jona zu verschlingen! – Dies Buch, Fahrensleute, zählt nur vier Kapitel; das Garn, das der Prophet uns spinnt, ist nur Kabelgarn in der gewaltigen Trosse der Heiligen Schrift. Und dennoch: in was für Tiefen lotet er damit! Was ist an der Geschichte dieses Propheten nicht alles zu beherzigen! Herrlich ist sein Gesang im Bauche des Fisches, unbändig und groß wie die Meereswoge."* Autor Herman Melville beschrieb keine andere Kanzel als diese im Seamen's Bethel schräg gegenüber vom Whaling Museum. Nahezu alles in dem 1832 errichteten weißen Kirchlein ist noch an seinem damaligen Platz. Vor allem die Kanzel und die an den Wänden hängenden Gedenktafeln mit den Namen auf hoher See vermißter Schiffe und Besatzungen sind eindrucksvolle Zeugnisse vom entbehrungsreichen und oft genug lebensgefährlichen Bordalltag der Walfänger (15 Johnny Cake Hill; Öffnungszeiten: Juni–Okt. tgl. 10.00–16.00, So. ab 13.00 Uhr).

*Seamen's Bethel

Hügelaufwärts geht es zum repräsentativen Rotch-Jones-Duff House, das sich der Architekt Richard Upjohn 1834 im Greek Revival Style baute. Mindestens so stilvoll wie die Einrichtung sind die Gärten um das Haus (396 County St.; Öffnungszeiten: Juni–Aug. tgl. 10.00–16.00, So ab 13.00 Uhr, übriges Jahr nur Di.–Fr.).

Rotch-Jones-Duff House and Garden

Newburyport L 7

Region: North of Boston & Merrimack Valley
Höhe: 12 m ü.d.M.
Einwohnerzahl: 16 300
Telefonvorwahl: 978

Lage und Stadtbild

Das Städtchen ganz im Norden von Massachusetts an der Mündung des Merrimack River war im 18. und 19. Jh. ein blühender Kaufmannshafen. Vom Wohlstand der geschäftstüchtigen Einwohner zeugen noch heute die schönen, im Federal Style errichteten Kapitänshäuser an der High Street und die rotziegelige Kleinstadtatmosphäre im Bereich um den Market Square nahe der Waterfront. Heute ist das historische Zentrum vollgepackt mit Antiquitätenläden, Boutiquen und Cafés. Dies und die hübschen Spazierwege entlang der Waterfront – hier legen täglich Walbeobachtungsboote ab – machen Newburyport zu einem charmanten Stopover auf dem Weg nach Norden.

*Parker River National Wildlife Refuge

Vogelparadies

Knapp 3 mi / 5 km südöstlich von Newburyport liegt Plum Island, das man über Water Street und Plum Island Turnpike erreicht. Die südliche Hälfte dieser wie ein dünner Finger auf → Cape Ann zeigenden, aus Dünen und Salzwassermarschen bestehenden Insel ist als Parker River National Wildlife Refuge eines der besten Vogelbeobachtungsreviere Neuenglands, denn sie liegt auf einer der nordamerikanischen Vogelfluglinien. Ornithologen zählen hier während der großen Vogelwanderungen im Frühjahr und Herbst innerhalb von 48 Stunden bis zu 270 Arten. Schöne Trails, meist hölzerne Plankenwege, ziehen kreuz und quer durch den Park, von Beobachtungstürmen bieten sich beeindruckende Ausblicke über dieses noch unberührte Feuchtgebiet.

Pioneer Valley I 7

Region: Western Massachusetts

Lage und
*Landschaftsbild

Sanftgerundete Hügel und ein bunter Quilt aus Wiesen, Wäldern und Feldern: Über das obere, von Süden nach Norden verlaufende Connecticut River Valley erschlossen die weißen Siedler im 17. Jh. Neuenglands Hinterzimmer. Bis weit ins 18. Jh. war das nach ihnen benannte Pioneer Valley der Wilde Westen. Durch die Wildnis dahinter streiften lediglich feindliche Franzosen und deren indianische Verbündete. Den Siedlern folgten im 19. Jh. Ingenieure, Techniker und Arbeiterkolonnen. Sie bändigten den Connecticut River und verdienten mit Papier- und Textilfabriken ein Vermögen. Einen Teil ihrer Einkünfte steckten diese Industriellen der ersten Stunde in eine Reihe neugegründeter höherer Schulen, von denen einige heute der Stolz der Nation sind. Insgesamt studieren heute im Pioneer Valley mehr als 60 000 Studenten an mehreren Dutzend Privatschulen, Colleges und der modernen University of Massachusetts in Amherst. Die renommiertesten fünf – Amherst College, Hampshire College und University of Massachusetts (alle bei Amherst) sowie die Frauen vorbehaltenen Smith und Mount Holyoke Colleges in Northampton und South Hadley – prägen das kulturelle Leben im Tal und tragen außerordentlich zu seinem jugendlichen Antlitz bei. Eilige können es auf der schnellen, von Norden nach Süden verlaufenden I-91 in einer knappen Stunden hinter sich bringen, doch sie versäumen schöne Reiseeindrücke. Die langsamere MA 5 dagegen läßt mehr Zeit, um die pastorale Landschaft und hübschen Städtchen zu genießen.

Massachusetts · **Pioneer Valley**

Sehenswerte Orte im Pioneer Valley

Das öffentliche Leben in dem 15 mi/24 km nördlich von → Springfield liegenden Städtchen dreht sich um das Mount Holyoke College an der MA 116. Es wurde 1836 von der Lehrerin Mary Lyon gegründet und entwickelte sich in der Folgezeit zu einer der prestigeträchtigsten Lehranstalten Amerikas. Die Unterrichtsschwerpunkte in Holyoke liegen auf Jura, Medizin und Kunst. Sehenswert ist auf dem von Frederic Law Olmsted gestalteten Campus das Mount Holyoke College Art Museum. Neben interessanten Wechselausstellungen moderner Künstler aus der Region beherbergt es antike Kunst aus Ägypten und dem Mittelmeerraum (Öffnungszeiten: Di. bis Fr. 11.00 – 17.00, Sa. und So. ab 13.00 Uhr).

South Hadley

Mount Holyoke College

3 mi/5 km nördlich von South Hadley erreicht man auf der MA 47 den Joseph Allen Skinner State Park. Beachtung verdienen hier Titan's Piazza, ein bizarrer Felsüberhang, und Devil's Football, ein beeindruckender, angeblich magnetischer Felsbrocken. Vom 1821 auf einer Basaltklippe errichteten Summit House aus öffnet sich ein schöner, bei klarer Sicht über 100 km weit reichender Rundumblick über das Connecticut Valley (Öffnungszeiten: April – Mitte Nov. tgl. 10.00 – 19.00 Uhr).

Joseph Allen Skinner State Park

1654 ließen sich auf dem heutigen Stadtgebiet die ersten Siedler nieder. Die nächsten 150 Jahre verbrachte das heute nicht ganz 30 000 Einwohner zählende, nördlich von South Hadley liegende Städtchen als rauhe Frontiersiedlung. Der Anschluß an den Rest der Welt erfolgte 1875 mit der Gründung des Smith College, eines der ersten Colleges für junge Frauen in den USA, durch Sophia Smith. Die in einem eklektischen, nicht immer gelungenen Stilmix entlang der Main Street errichteten College-Gebäude prägen das Stadtbild. Berühmtester Sohn der Stadt ist US-Präsident Calvin Coolidge. Vor und nach seiner Amtszeit in Washington hatte er in Northhampton eine Anwaltspraxis. Bezeichnend für die etwas hochgeschlossene Atmosphäre der Stadt mag eine die Wortkargheit von "Silent Cal" betreffende Anekdote sein. So wettete während eines Dinners im Weißen Haus seine Tischnachbarin, daß sie mehr als drei Worte aus ihm herauslocken könne. Darauf Coolidge: "You lose." In 20 W. Street wird im Calvin Colidge Memorial Room seiner gedacht.

Northampton

Smith College

Vor allem sehenswert in Northampton ist das Museum of Art, ein kleines Juwel hinter den schweren Fassaden des Smith College. Es besitzt rund 24 000 Gemälde, darunter weniger bekannte Degas, Monets und Picassos (76 Elm St.; Öffnungszeiten: Sept. – Juni Di. und Fr. – Sa. 9.30 – 16.00, Do., Mi. und So. ab 12.00, Juli und Aug. Di. – So. 12.00 – 16.00 Uhr). Ansonsten gibt es noch Historic Northampton, drei restaurierte Häuser zwischen 1730 und 1812 (46 Bridge St.) und das Words & Pictures Museum, das Illustrationen vor allem aus Action- und Erwachsenencomics seit 1970 ausstellt (140 Main St.; Öffnungszeiten: Di. – Do. und Sa. und So. 12.00 – 17.00, Fr. bis 20.00 Uhr).

Museum of Art

Der Kreuzungsbereich von Pleasant, Amity und Main Streets ist im Sommer mit seinen Straßencafés das vitale Zentrum von Studenten und Normalbürgern gleichermaßen. Gleich drei Hochschulen – Amherst College, Hampshire College und University of Massachusetts, letztere allein mit 25 000 eingeschriebenen Studenten – verpassen der 35 000-Einwohnerstadt nördlich von Northampton eine Vitaminspritze. Benannt wurde sie nach Jeffrey Amherst, einem General aus dem French and Indian War.

Amherst

Die attraktivsten der alten Stadthäuser stehen im Zentrum, wie auch das Amherst College an S. Pleasant und College Streets. das mit dem Pratt Museum of Natural History ein interessantes paläontologisches und mit dem Mead Art Museum ein ordentliches Kunstmuseum enthält (Öffnungszeiten tgl. 9.00 – 17.00 Uhr). Liebhaber der Verse Emily Dickinsons werden unverzüglich der Dickinson Homestead zustreben. Hier wurde die exzentrische Lyrikerin 1830 geboren und verlebte ihre ersten zehn Jahre. 1855 kehrte sie zurück und verbrachte den Rest ihres Lebens bis 1886 schreibend in völliger Zurückgezogenheit (280 Main St.; Führungen: März und

Amherst College

Pioneer Valley · *Massachusetts*

Amherst College (Fortsetzung)
Nov. Mi. und Sa. 13.30, 14.15, 15.00 und 15.45; April und Mai/Sept. und Okt. Mi.–Sa. zusätzlich 15.45; Juni und Aug. Mi.–So. 13.30 und 16.00, Sa. auch 10.30 und 11.30 Uhr).

University of Massachusetts
Die 1863 gegründete Universität betreibt an der MA 116 ein Visitors Center. Im Fine Arts Center kann man Kunst des 20. Jh.s betrachten.

Deerfield

Pionierstadt
In der historischen, von Wiesen und Feldern umgebenen Stadt zwischen Connecticut und Deerfield River ging es nicht immer so ruhig zu wie heute. In den 1660er Jahren war dies der westlichste Außenposten des britischen Einflußgebiets. Der lange Arm der Krone war weit, die feindlichen Franzosen und ihre indianischen Verbündeten nah. 1675 löschte das Massaker von Bloody Brook fast die gesamte Einwohnerschaft aus, und auch während des Deerfield Raid 1704 wurden 49 Deerfielder umgebracht und weitere 100 nach Neu-Frankreich verschleppt. Erst nach einem Friedensvertrag von 1735 kehrten die Siedler zurück und machten aus Deerfield in den folgenden 100 Jahren eine blühende landwirtschaftliche Gemeinde, deren erfolgreiche Bauern sich große Holzhäuser an der Main Street leisteten. Die Deerfielder demonstrierten die bewahrende Grundhaltung der Neuengländer am frühesten: Bereits 1848 begannen sie, die schönsten ihrer Häuser zu restaurieren und unter Schutz zu stellen.

Ein Schmuckstück in Deerfield: Dwight House von 1725

*Historic Deerfield
Heute säumen mehr als 80 herrliche Behausungen aus dem 17. bis 19. Jh. die von den Einheimischen schlicht "The Street" genannte Hauptstraße – Deerfield ist ein lebendes Museum! Beachtung verdienen die für die Häuser des Pioneer Valley charakteristischen, oben kunstvoll geschwungenen und reich verzierten Türrahmen. 14 Häuser werden von der Vereinigung "Historic Deerfield" unterhalten und sind zu besichtigen (Öffnungszeiten:

Massachusetts · Plymouth

tgl. 9.30 – 16.30 Uhr), Tickets und Broschüren gibt es im Information Center in der Hall Tavern. Die Häuser wurden zwischen 1720 und 1850 erbaut und enthalten zusammen etwa 20 000 originale Einrichtungsstücke, darunter Textilien, Porzellan aus China und altes amerikanisches Silber.

Pioneer Valley, Historic Deerfield (Fortsetzung)

Nicht zu "Historic Deerfield" gehörend, aber dennoch zu besichtigen ist das Memorial Hall Museum, das im alten Schulgebäude von 1798 Stadtgeschichte präsentiert. Ein recht schauerliches Stück ist die Eingangstür eines 1698 gebauten Hauses, das Kerben der Säbelstriche und Pfeiltreffer trägt, die Franzosen und Indianer beim Deerfield Raid 1704 hinterließen (8 Memorial St.; Öffnungszeiten: Mai – Okt. tgl. 9.30 – 16.30 Uhr).

Memorial Hall Museum

Am Rev. John Farwell Moors House (The Street) beginnt der Channing Blake Meadow Walk und führt über einen Bauernhof zu den Wiesen und Weiden hinter der Stadt.

Channing Blake Meadow Walk

Plymouth L 8

Region: South of Boston
Höhe: 11 m ü.d.M.
Einwohnerzahl: 45 600
Telefonvorwahl: 508

Deutsche Besucher kennen Plymouth und die Geschichte der "pilgrim fathers" meist aus dem Englischunterricht: 1620 setzten die frommen Pilgerväter, in England wegen ihres Glaubens verfolgt, auf der "Mayflower" nach Amerika über und gingen nach einer zweimonatigen, gefährlichen Überfahrt an der Stelle des heutigen Plymouth an Land. Dagegen lernt man erst bei einem Besuch der Originalschauplätze die Leistung der Siedler zu würdigen. Die "Mayflower" war winzig, die Häuser hinter den lächerlichen Palisaden windschief und zugig. Kapitän John Smith, der bereits 1614 in diesen Gewässern unterwegs gewesen war, hatte den Küstenstreifen Neuengland genannt. Sechs Jahre später waren die Siedler nur zufällig hier gelandet. Vertraglich an die Londoner Virginia Company gebunden, hatten sie sich verpflichtet, Land in der Virginia Colony urbar zu machen – als Gegenleistung für eine freie Überfahrt. Heftige Stürme trieben die "Mayflower" jedoch vom Kurs ab. Statt die Mündung des Hudson River sichtete man Cape Cod, wo man zunächst beim heutigen Provincetown an Land ging. Am 16. Dezember 1620 landete man schließlich am Plymouth Rock. Heute ist Plymouth eine moderne Stadt, deren Straßen zum historischen Zentrum am Meer hinabführen. Alle Sehenswürdigkeiten im Ort haben mit der "Mayflower" zu tun und lassen sich bequem zu Fuß miteinander verbinden. Der Rummel um die Anfänge Amerikas ist allerdings beträchtlich, besonders im Juli und August, wenn die Amerikaner Ferien haben.

Lage und Allgemeines

Sehenswertes in Plymouth

Ein griechischer Portikus an der Water Street markiert den geschichtsträchtigsten Stein Amerikas: Der von ehrwürdigen Säulen geadelte Felsbrocken ist der Überlieferung nach jener Stein, auf den die Pilgerväter bei ihrer Landung zuerst traten. Allerdings, soviel räumt eine Texttafel ein, wurde der Stein im Laufe der Zeit einige Male hin- und hergeräumt, sodaß die Kenntnis des genauen Landepunkts verlorengegangen ist. Der Portikus wurde 1920 vom Architektenbüro McKim, Mead & White geschaffen. Die nächste Station der "Pilger-Tour" ist die von hier aus zu sehende Replik der "Mayflower".

*Plymouth Rock

Das fest im Kollektivbewußtsein der Amerikaner verankerte Schiff wurde von 1955 bis 1957 in London von William A. Baker nachgebaut. Der Zwei-

*Mayflower II

Plymouth · *Massachusetts*

Mayflower II (Fortsetzung)
master ist knapp 32 m lang und beförderte in jenem denkwürdigen Jahr 1620 102 Passagiere, die die Überfahrt im Unterdeck zusammengepfercht verbrachten. 1997 wurde auf der "Mayflower II" mit umfangreichen, auf Berichten der Mayflowerpassagiere basierenden Restaurierungsarbeiten begonnen. Bei der Besichtigung kann man den Tischlern bei der Arbeit zuschauen. Kostümierte Schauspieler, die Rollen verbürgter Mayflowerpassagiere übernehmend, erzählen im alten mittelenglischen Dialekt von der entbehrungsreichen Überfahrt (State Pier; Öffnungszeiten: Juli und Aug. tgl. 9.00 – 19.00, April – Juni / Sept. – Nov. bis 17.00 Uhr).

Der Nachbau der "Mayflower" in Plymouth.
Mit dem Original begann die Geschichte der Neuenglandstaaten.

Plymouth National Wax Museum
Etwas pathetisch, aber trotzdem für Große und Kleine gleichermaßen unterhaltsam: In 26 Szenen wird die Geschichte der Pilgerväter mit kostümierten Wachsfiguren und dramatischen Geschichten vom Band nacherzählt. Vor dem Museum steht eine Indianerstatue. Sie stellt den Wampanoag-Häuptling Massasoit dar, dessen Leute den Siedlern über die ersten Winter halfen (16 Carver St.; Öffnungszeiten: Juli und Aug. tgl. 9.00 – 21.00, Juni, Sept. und Okt. bis 19.00, März – Mai / Nov. bis 17.00 Uhr).

*Pilgrim Hall Museum
Was die Mayflowerpassagiere im Gepäck mitführten und wie sie sich in Plymouth einrichteten, erfährt man in diesen heiligen, 1824 von Alexander Parris entworfenen Hallen. Ausgestellt sind bemerkenswerte Originalstücke der Pilgerväter, darunter das Schwerter von Myles Standish, ein Stuhl von William Brewster und die Bibel von Gouverneur Bradford. Beachtung verdient auch die Wiege von Peregrin White, der auf der Mayflower geboren wurde (75 Court St.; Öffnungszeiten: Feb. – Dez. tgl. 9.30 – 16.30 Uhr).

Historische Häuser
An der Water Street und in den Straßen dahinter stehen noch einige historische Häuser aus dem 17. Jahrhundert. Das älteste von ihnen ist Sparrow House von 1640 (42 Summer St.), wo man einen sehr guten Eindruck vom Leben der ersten Siedler bekommt. Im 1666 gebauten Howland House (33

Massachusetts · Plymouth

Sandwich St.) lebten nachgewiesenermaßen die Mayflowerpassagiere Elizabeth Tilley und John Howland. Old Farlow House (119 Sandwich St.) wurde 1677 gebaut und zeigt, wie sich das Leben der unmittelbaren Nachfahren der Pilgerväter nach über fünfzig Jahren nun schon freundlicher anließ. Das Mayflower Society Museum in einem Haus von 1754 beschäftigt sich nicht mit dem Schiff der Pilgerväter, sondern ist vielmehr Beispiel für den wohlhabenden Lebensstil im 18. Jh. (4 Winslow St). In der sehr elitären Mayflower Society sind die direkten Nachfahren der Mayflowerpassagiere zusammengeschlossen.

Historische Häuser (Fortsetzung)

Alles was man über Preiselbeeren erfahren und aus ihnen machen kann, präsentiert Cranberry World. Plymouth und die Richtung Cape Cod ziehende Küste sind eines der Hauptbaugebiete der sauren Beere (225 Water St.; Öffnungszeiten: Mai – Nov. tgl. 9.30 – 17.00 Uhr).

Cranberry World

Außer Bibeln und Gesangbüchern brachten die Pilgerväter auch Musketen und Spieße mit: "Re-enactment" der Verteidigungsbereitschaft durch die heutigen "Bewohner" von Plimoth Plantation.

Das Museumsdorf an der MA 3 (3 mi/5 km südöstlich) ist eine veritable Zeitmaschine. Seine Bewohner sprechen den alten Dialekt ihrer englischen Vorfahren, tragen die grobe Arbeitskleidung des 17. Jh.s und staunen über "Teufelszeug" wie Walkmans und Fotoapparate. Auch die altertümliche Schreibweise wurde alten Aufzeichnungen entnommen.
Die palisadenumgebene Plimoth Plantation ist die Rekonstruktion des Dorfes der Mayflowerpassagiere sieben Jahre nach deren Ankunft in Amerika. Der Eintritt ins 17. Jh. erfolgt durch eine kanonenbewehrte, hölzerne Bastion. Danach eröffnet sich eine zum Meer abfallende Staubstraße mit strohgedeckten, voll eingerichteten Holzhäusern und blühenden Gärten dahinter. Die geschäftigen "Bewohner", die historisch belegte Personen spielen, spleißen Holz, füttern Schweine und spinnen Garn und lassen sich gern in Gespräche verwickeln. Ihre Rollen und die Geschichte der Siedlung kennen sie so gut, daß amerikanische Schulklassen hier Dauergäste sind. Auf

**Plimoth Plantation

Plymouth · *Massachusetts*

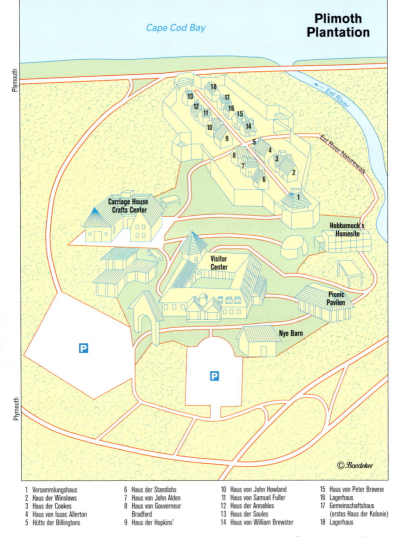

1 Versammlungshaus
2 Haus der Winslows
3 Haus der Cookes
4 Haus von Isaac Allerton
5 Hütte der Billingtons
6 Haus der Standishs
7 Haus von John Alden
8 Haus von Gouverneur Bradford
9 Haus der Hopkins'
10 Haus von John Howland
11 Haus von Samuel Fuller
12 Haus der Annables
13 Haus der Soules
14 Haus von William Brewster
15 Haus von Peter Browne
16 Lagerhaus
17 Gemeinschaftshaus (erstes Haus der Kolonie)
18 Lagerhaus

Plimoth Plantation (Fortsetzung)

der andere Seite der Palisaden führt ein schöner Spazierweg zur Hobbamock's Wampanoag Indian Homesite, wo Nachfahren der Wampanoag-Indianer interessierten Besuchern ihre traditionelle Kultur erläutern – und, sehr interessant, das Mayflowerepos aus der indianischen Perspektive erzählen (Öffnungszeiten: April–Nov. tgl. 9.00–17.00 Uhr).

Mehr über "Plimoth" und die Kulturen der Ureinwohner erfährt man im hervorragenden Museum des Museumsdorfs. Hier gibt es auch einen gutsortierten Buchladen und eine schöne Caféteria.

Massachusetts · Salem

Salem   L 7

Region: North of Boston & Merrimack Valley
Höhe: 3 m ü.d.M.
Einwohnerzahl: 38 100
Telefonvorwahl: 978

Das Wort "Hexenjagd" ist in den USA regelmäßig, zuletzt während der Hatz der Republikaner auf den affärenträchtigen US-Präsidenten Bill Clinton, in aller Munde. Als Urheber – und Symbol der uramerikanischen Eigenschaft, moralische Verfehlungen an den Pranger zu stellen – zeichnet Salem verantwortlich.

Lage und Allgemeines

Stadtgründer Roger Conant blickt grimmig zum Hexenmuseum hinüber.

Sieben Monate des Jahres 1692 hinterließen der 1626 von Roger Conant gegründeten Stadt ein berüchtigtes, bis heute an ihr haftendes Image. Nachdem Roger Williams den religiös intoleranten Verhältnissen in der Stadt, deren Name ironischerweise "Frieden" bedeutet, schon 1636 den Rücken gekehrt hatte, setzten die Bewohner die Säuberung von "bösen Kräften" mit aller Kraft fort. 1692 gipfelten Heuchelei und Doppelmoral in der berühmt-berüchtigen "Salem Witch Hunt", der Hexenjagd von Salem. Als die Töchter des Reverend Samuel Parris in der Öffentlichkeit zu fluchen und zu tanzen begannen, erklärte sie ein Arzt für verhext. Die Mädchen, eingeschüchtert von dem Aufruhr um ihre Personen, beantworteten die Frage, wer sie verhext habe, mit Namen: Tituba, die afrikanische Sklavin, die Nachbarinnen Sarah Good, Martha Corey, Rebecca Nurse. Insgesamt 200 Menschen wurden in den folgenden sieben Monate der Hexerei beschuldigt. 150 wurden verhaftet, 19 Frauen und ein Mann schließlich der Hexerei "überführt" und gehängt. Erst als der Hexenhammer auch nach der Frau des Gouverneurs von Massachusetts ausholte, war die Hexenjagd plötzlich zu Ende. Die überlebenden Opfer wurden entschädigt, die

Salem und der Hexenwahn

Salem · *Massachusetts*

Salem und der
Hexenwahn
(Fortsetzung)

Gedenkstein für ein Opfer des Hexenwahns

Hexenjäger bereuten öffentlich. Aber der Schaden war geschehen – Salem hatte seinen Ruf weg. Nathaniel Hawthorne beschrieb den Wahn in "Der scharlachrote Buchstabe"; in den 1950er Jahren griff der Dramatiker Arthur Miller in seinem Buch "Hexenjagd" die Hexenhysterie von Salem wieder auf – als Allegorie auf den berüchtigten Kommunistenjäger McCarthy, der zu dieser Zeit zahlreiche Künstler und Schauspieler "unamerikanischer Umtriebe" anklagte und damit so manche Karriere ruinierte.

Man täte Salem allerdings Unrecht, konzentrierte man sich einzig auf dieses unrühmliche Kapitel. Im 18. und 19. Jh. war die 16 mi/26 km nördlich von Boston liegende Stadt ein blühendes Handels- und Schiffsbauzentrum, dessen Werften mehr als 1000 Lastschiffe und schnelle Klipper ausstießen. Während der Revolution waren es Segler aus Salem, die Waffen für die Rebellen transportierten, als Freibeuter Blockadebrecher spielten und insgesamt mehr als 400 britische Schiffe kaperten. 1786 war die "Grand Turk" aus Salem eines der ersten Schiffe in China, dem danach so viele Schiffe folgten, daß die Chinesen Salem für einen unabhängigen Staat hielten. Nach 1810 begann der langsame Niedergang: Das Hafenbecken war für Schiffe mit größerem Tiefgang zu flach, die Schiffahrt verlagerte sich nach Boston und New York. Heute lebt Salem vom Tourismus und von der verarbeitenden Industrie. Stadtsanierungsprogramme haben das Zentrum der historischen Innenstadt um die Essex Street geliftet und mit gepflasterten Bürgersteigen und einer gemütlichen Fußgängerzone das Stadttempo gekonnt verlangsamt. Die touristisch interessanten Punkte liegen bequem erreichbar in Fußgängerentfernung.

Sehenswertes in Salem

Hexenhaftes

Die Zeit der Hexenjagd wird unter dem Slogan "Salem bewitched" unter die Touristen gebracht – Salem vermochte das Hexen-Image nicht loszuwerden, also biß man in den sauren Apfel und gewann dem Ganzen zumindest eine finanziell einträgliche Seite ab. Sehenswert sind die hexenrelevanten Stellen allemal – inzwischen leben mehrere Dutzend moderner Hexen in und um Salem, es gibt sogar eine Hexen-Vereinigung, deren Ziel es ist, die in der Öffentlichkeit herrschenden Vorurteile abzubauen.

Salem Witch Museum

Im Salem Witch Museum werden die Hexenprozesse mit Wachsfiguren, Lichteffekten, Kunstblut und viel Geschrei und Gestöhn von Tonband nachgestellt (Washington Square North; Öffnungszeiten: Juli und Aug. tgl. 10.00 – 19.00, übriges Jahr bis 17.00 Uhr). Die düstere Statue auf der Verkehrsinsel schräg gegenüber stellt den Stadtgründer Roger Conant dar. Im Witch Dungeon Museum werden Hexenprozesse nach alten Akten nachgespielt (16 Lynde St.; Öffnungszeiten: tgl. 10.00 – 17.00 Uhr). Im Witch House wohnte Hexenrichter Judge Corvin. Das große, 1642 gebaute Haus wurde auf das ausgehende 17. Jh.s eingerichtet. Die der Hexerei angeklagten Bürger wurden hier von Richter Corvin einem Vor-Verhör unterzogen (310 Essex St.; Öffnungszeiten: März – Dez. tgl. 10.00 – 16.30, Juli und Aug. bis 18.00 Uhr).

Witch Dungeon Museum
Witch House

Salem Maritime National Historic Site

Das alte Hafenviertel von Salem ist aufwendig restauriert worden und hat 1998 mit dem Dreimaster "Friendship", 1797 für den Indienhandel vom Stapel gelaufen, eine neue Attraktion erhalten. Bemerkenswerte Gebäude sind Derby House von 1762 und Custom House von 1819, wo Nathaniel

Massachusetts · Salem

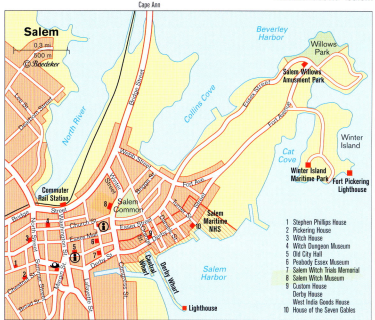

1	Stephen Phillips House
2	Pickering House
3	Witch House
4	Witch Dungeon Museum
5	Old City Hall
6	Peabody Essex Museum
7	Salem Witch Trials Memorial
8	Salem Witch Museum
9	Custom House
	Derby House
	West India Goods House
10	House of the Seven Gables

Hawthorne ein scharlachrotes "A" fand, das ihn zu seinem Roman inspirierte. Im Informationszentrum auf der Central Wharf erfährt man mehr über die Geschichte des Hafenviertels.

Salem Maritime National Historic Site (Fts.)

Das große, etwas düstere Holzhaus mit den steilen Dächern und sieben Giebeln wurde 1668 von John Turner gebaut. Ein späterer Besitzer war ein Vetter Nathaniel Hawthornes, der sich von der Geschichte des Hauses und seiner früheren Bewohner zu dem gleichnamigen Roman inspirieren ließ. Viele Szenen aus dem Buch spielen in diesem Haus, das heute sechs mit zeitgenössischen Möbeln dekorierte Räume präsentiert. Weitere Häuser stehen im Garten, interessant sind v.a. Hawthornes Geburtshaus von 1750, das Hathaway House von 1682 und das Retire Beckett House von 1658, in dem der Museumshop untergebracht ist (54 Turner St.; Öffnungszeiten: Juli–Okt. tgl. 9.00–18.00, April–Juni, Nov. und Dez. tgl. 10.00–16.30, Jan.–März Mo.–Fr. 10.00–16.30, So. ab 12.00 Uhr).

*House of the Seven Gables Historic Site

30 Galerien, eine Forschungsbibliothek, elf historische Häuser, über 400 000 Artefakte insgesamt: Einen guten Tag sollte man für dieses schöne Museum veranschlagen. Schwerpunkte sind die maritime Vergangenheit Amerikas und die besondere Rolle Salems. Die Ausstellungen spiegeln die weltumspannenden Handelsbeziehungen der Stadt wider: Salems Schiffe waren auf den sieben Weltmeeren zuhause, ihre Laderäume gefüllt mit Handelsgut aus Ozeanien, China, Indien, Japan und Neu-Guinea. 1799 als Museum für Kuriositäten von der Salem East India Marine Society begonnen, nahm es 1821 die aus historischen Häusern, Gemälden und Möbeln bestehenden Kunstsammlungen des Essex Institute auf und wurde 1976 und 1988 beträchtlich erweitert.
Unbedingt sehenswert sind die maritimen Themen in der Gemäldesammlung, darunter Bilder von Fitz Hugh Lane und John Singleton Copley, sowie die schöne Galeonsfiguren-Ausstellung. "Asian Export Art" gibt es ein paar

**Peabody Essex Museum

Springfield · *Massachusetts*

Salem,
Peabody Essex
Museum
(Fortsetzung)

Meter weiter: Die kuriose Ausstellung von in Asien für England und Amerika hergestellten Haushaltswaren vermittelt einen interessanten Eindruck von den Kindertagen der Weltwirtschaft. Masken aus Melanesien, rituelle Meji-Kostüme aus Japan und Textilien aus Indonesien: Beim Bummeln durch die ansprechend inszenierten Ausstellungen fühlt man sich fast wie auf dem Dachboden Salems. Von den hinter dem Museum untergebrachten historischen Häusern ist das Gardner-Pingree House von 1804 das schönste. Hier stimmt eine elegante Fassade mit korinthischen Säulen auf das Lebensart ausstrahlende Innere ein. Bei einem Rundgang hört man auch die spannende Geschichte von einem mysteriösen Mord, der sich 1830 in diesen Mauern ereignet hat (East India Square; Öffnungszeiten: tgl. Mo.–Sa. 10.00–17.00, So. ab 12.00 Uhr).

Umgebung von Salem

Marblehead

Südlich von Salem springt eine kleine Halbinsel in den Atlantik vor und schützt Salem Harbor vor dessen Stürmen. Hier liegt das 1629 gegründete Marblehead, eine typisch-hübsche Neuenglandstadt. Sehenswert ist vor allem Abbott Hall, nicht des Gebäudes wegen, sondern dank seines in der stadtgeschichtlichen Ausstellung aufgehängten Gemäldes "The Spirit of '76" von A.M. Willard, einer allerdings etwas martialisch wirkenden Ikone der amerikanischen Historienmalerei.

Beverly

Im Salem nördlich gegenüber liegenden Beverly wurde die Frau von Reverend John Hale der Hexerei angeklagt, was letztlich das Ende der Hexenjagd bedeutete. Beider Haus kann besichtigt werden.

Springfield   I 7

Region: Western Massachusetts
Höhe: 30 m ü.d.M.
Einwohnerzahl: 157 000
Telefonvorwahl: 413

Lage und
Allgemeines

An der Schwelle zum dritten Jahrtausend scheint die Stadt am Südende von Masschusetts' → Pioneer Valley ihre durch Abwanderung und Arbeitslosigkeit verursachte Krise überwunden zu haben. Die alten Fabrik- und Lagerhallen der Innenstadt wurde in schicke Appartmentblocks verwandelt, neue Branchen, v. a. Kunststoff und Elektronik, sorgen für Arbeitsplätze. Die Krise war umso schwerer, als die Stadt am Ostufer des Connecticut River im 19. Jh. die Waffenschmiede der Nation war. 1636 als Handelsposten gegründet, wurde 1795 hier das erste Gewehr "made in USA" zusammengesetzt. Während des Bürgerkriegs versorgten die Tag und Nacht arbeitenden Waffenfabriken von Springfield die Unionstruppen mit Kanonen und Handfeuerwaffen. Heute ist die drittgrößte Stadt von Massachusetts Gastgeber der alljährlich im September stattfindenden Industriemesse Eastern States Exposition, der größten Schau im Nordosten. Springfield ist keine Schönheit, hat aber sehenswerte, thematisch höchst unterschiedliche Museen zu bieten.

Sehenswertes in Springfield

Museum
Quadrangle

In diesem Komplex am Merrick Park sind vier Museen vereint: das George Walter Vincent Smith Art Museum (amerikanische und europäische Kunst des 19. Jh.s, japanische Waffen und Rüstungen) das Museum of Fine Arts (europäische Malerei und Skulptur des 19. und 20. Jh.s), das Springfield Science Museum (Naturkunde) und das Connecticut Valley Historical Museum (Öffnungszeiten für alle Museen: Mi.–So. 12.00–16.00 Uhr).

Massachusetts · Springfield

Die inzwischen stillgelegte Waffenfabrik nordöstlich vom Merrick Park wurde einst auf Anordnung George Washingtons gebaut und war die erste von zwei Waffenfabriken in Staatsbesitz. Das Hauptgebäude beherbergt heute eine der größten öffentlich zugänglichen Waffensammlungen der Welt. Gezeigt werden Feuerwaffen vom 15. bis zum 20. Jh. Beachtung verdient Henry Wadsworth Longfellows Sammlung von Gewehren aus dem Bürgerkrieg (neben Springfield Technical Community College, Federal St.; Öffnungszeiten: tgl. 10.00–16.30 Uhr).

*Springfield Armory National Historic Site

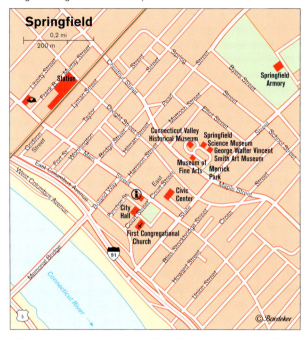

1891 erfand ein gewisser Dr. James Naismith das Ballspiel mit den Körben, um seine Studenten während des langen Winters in Form zu halten. Die ersten Jahre wurde mit einem normalen Ball und einem Obstkorb gespielt. Jedes Mal, wenn der Ball im Korb gelandet war, mußte eine Leiter herangezogen werden, um den Ball wieder herauszuholen. Diesen und vielen anderen netten Anekdoten über das Spiel, das nicht wegzudenken ist aus Amerika, begegnet man in der Basketball Hall of Fame unterhalb der I-91 am Flußufer. Die im dritten Stockwerk untergebrachte Ausstellung behandelt den Sport der quietschenden Schuhsohlen vom High School bis zum NBA-Level und zeichnet die Entwicklung vom Amateur- zum Profisport nach. Basketball-Götter wie Michael Johnson sind natürlich ausführlich repräsentiert. In einer Virtual-Reality-Ausstellung kann man selbst gegen die NBA-Profis antreten (1150 Columbus Ave.; Öffnungszeiten: tgl. 9.00 bis 18.00 Uhr).

*Basketball Hall of Fame

Ein Museum für ausgesprochene Motorradfreaks: Die legendären Indian-Maschinen wurden von 1901 bis 1953 in Springfield montiert. Im letzten erhaltenen Fabrikgebäude ist die beste Sammlung dieser Motorrad-Klassiker in den USA zu sehen (33 Hendee St.; Öffnungszeiten: März–Nov. tgl. 10.00–17.00, Dez.–Feb. tgl. 13.00–17.00 Uhr).

Indian Motorcycle Museum Hall of Fame

Sturbridge · *Massachusetts*

Umgebung von Springfield

Holyoke

Holyoke liegt 8 mi / 12 km nördlich von Springfield. Wer mit Basketball nichts anzufangen weiß, wird hier in der Volleyball Hall of Fame vielleicht glücklicher.

Sturbridge I 7

Region: Central Massachusetts
Höhe: 54 m ü.d.M.
Einwohnerzahl: 7800
Telefonvorwahl: 508

Lage und Allgemeines

Sturbridge und Old Sturbridge Village werden meist miteinander verwechselt. Dabei ist der Unterschied ganz einfach: Das an der Kreuzung von I-84 und Massachusetts Turnpike liegende Sturbridge begann 1729 als bäuerliche Gemeinde und lebt heute ausschließlich von seinem freilichtmusealen (Fast-) Namensvetter (Wem nicht nach Bäuerlichem ist, kann sich ersatzweise das Ikonenmuseum im St. Anne Shrine, 16 Church St., ansehen).

*Old Sturbridge Village

Freilichtmuseum

Das viel älter aussehende Old Sturbridge Village etwas weiter südlich ist dagegen erst rund 50 Jahre alt. Damals begannen Albert und Joel Cheney Wells aus Sturbridge, hier historische Häuser aus ganz Neuengland zu einem Dorf aus dem Jahr 1830 zusammenzustellen. Das Ergebnis ist heute eine der meistbesuchten Touristenattraktionen von Massachusetts: Mehr als 40 Einheiten – unda. Wohnhäuser, ein Quäker-Meetinghouse, eine

Landwirtschaft wie anno dazumal in Sturbridge Village

Bank, ein General Store und eine Schule – zaubern Gute-Alte-Zeit-Atmosphäre. Kostümiertes Personal pflügt, spinnt und bäckt wie zu Uropas Zeiten, und ebenfalls kostümierte Kinder spielen die Spiele ihrer Altersgenossen vor 170 Jahren. Hervorzuheben sind die den schönen Common säumenden, verschiedene Baustile repräsentierenden Häuser. So ist das Center Meetinghouse an der Westseite ein gutes Beispiel für den Greek-Revival-Stil, während das aus dem Jahr 1704 stammende Fenno House, das älteste vor Ort, typisch für den einfachen, funktionalen Stil der frühen Kolonialzeit ist. Das dem Meetinghouse gegenüberliegende, 1796 im Federal Style erbaute Towne House hingegen ist typisch für den damals von wohlhabenden Familien gepflegten Wunsch nach möglichst repräsentativen Behausungen. Diese wie alle anderen Gebäude sind mit zeitgenössischem Mobiliar eingerichtet (Öffnungszeiten: April–Okt. tgl. 10.00–17.00 Uhr, übriges Jahr kürzer).

Freilichtmuseum (Fortsetzung)

New Hampshire

Fläche: 24 097 km²
Bevölkerungszahl: 1 170 000
Hauptstadt: Concord
Zeitzone: Eastern Time
Beiname: Granite State

Wie ein spitzes Dreieck schiebt sich New Hamsphire zwischen seine Nachbarn Maine im Osten und Vermont im Westen. Vom Norden, wo der Staat kaum 30 km breit an seiner schmalsten Stelle an die franko-kanadische Provinz Québec stößt, bis zum Süden, wo er auf 144 km an Massachusetts grenzt, mißt New Hampshire 304 km. Den Norden und Westen nehmen die mächtigen, zu den Appalachen gehörenden und aus mehreren Gebirgszügen bestehenden White Mountains ein. Der höchste ihrer insgesamt 86 Gipfel ist der Mount Washington in der Presidential Range, mit 1917 m ü.d.M. zugleich die höchste Erhebung im amerikanischen Nordosten. Erdgeschichtlich erhielt dieser Teil New Hampshires im Pleistozän vor ca. einer Million Jahren seinen letzten Schliff, als die größtenteils aus Granit bestehenden White Mountains den vorrückenden Gletschern widerstanden, die nur in weicheren Abschnitten ihre formenden Kräfte entfalten konnten. Die zahlreichen dramatischen "notches" (Pässe) – vor allem Crawford, Kinsman, Franconia und Pinkham – und ihre V-förmigen Täler und Schluchten sind Zeugen ihrer Hobelarbeit. Weiter südlich beruhigt sich die Landschaft zu bewaldeten Höhenzügen, die von den nach Süden fließenden Connecticut River und Merrimack River voneinander getrennt werden. Im Südosten fällt das Land allmählich zum Atlantik hin ab.

Enge Schluchten, tiefe Täler und bis in den Sommer schneebedeckte Berge: In New Hampshire wechselt die sonst so kultivierte Neuengland die Garderobe. 80 % des Bundesstaats sind bewaldet. Hunderte schöner Seen und Teiche, Hinterlassenschaften der letzten Eiszeit, liegen eingebettet im harten Granit. Der größte ist der 186 km² große Lake Winnipesaukee bei Laconia.

Lage und Landesnatur

"Hier belästigen uns keine Landbesitzer mit unverschämten Pachtforderungen. Hier kann jeder Mann in kurzer Zeit Herr über sein eigenes Stück Land sein." Als Kapitän John Smith dies 1614 schrieb, waren die Ureinwohner, die Penacooks und Abenakis, durch Kriege und vor allem durch Krankheiten bereits weitgehend ausgelöscht. 1623 wurden mit Odiorne's Point und Dover die ersten Siedlungen gegründet; sechs Jahre später gab der Siedler John Mason seinem Land südlich des Piscataqua River den Namen New Hampshire. Die Massachusetts Bay Colony versuchte während dieser Zeit mit wechselndem Erfolg, den Nachbarn einzugliedern, aber erst 1679 erklärte London New Hampshire endgültig zur königlichen Kolonie. Der Satz John Smith' sollte programmatisch werden für die Natur der Bewohner New Hamphires: Stolz und Freiheitsliebe sind bis heute Leitmotive ihrer Geschichte. Im 18. Jh. war die Kolonie ein Zentrum der Rebellen. Sieben Monate vor der offiziellen Unabhängigkeitserklärung am 4. Juli 1776

Geschichte

◀ *New Hampshire ist das Land der Wälder. Am schönsten leuchten sie im Indian Summer in den White Mountains.*

213

New Hampshire

Geschichte (Fortsetzung)

erklärte New Hampshire schon seine Unabhängigkeit von England, und ein Hiesiger, der Rebellenhauptmann John Stark, gab seinen neuen Staat mit seinen berühmten Worten "Live free or die" ("Lebe frei oder stirb") das martialischste Motto aller amerikanischen Bundesstaaten mit auf den Weg. Im 19. Jh. brachten Landwirtschaft und verarbeitende Industrie den Staat nach vorn. Portsmouth wurde ein bedeutendes Schiffsbauzentrum. Auch auf der Bühne der großen Politik mischte der kleine Staat mit als Schauplatz zweier weltprägender Konferenzen: 1905 wurde in Portsmouth der russisch-japanische Friedensvertrag unterzeichnet, und 1944 hoben die westlichen Alliierten auf der berühmten Bretton-Woods-Konferenz in den White Mountains der Internationale Währungsfonds aus der Taufe. Der Zweite Weltkrieg kurbelte die seit Weltwirtschaftskrise und Abwanderung vieler Industrien nach Süden darbende Wirtschaft wieder an und damit auch die Urbanisierung der Gebiete im Einzugsbereich Bostons. Schließlich kam der Tourismus. Heute ist New Hampshire im Rest Amerikas vor allem als Outdoorziel bekannt – und als Austragungsort der ersten, richtungsweisenden "primaries" vor den Präsidentschaftswahlen.

Bevölkerung

Die nicht ganz 1,2 Mio. Einwohner New Hampshires bringen den Staat auf einen hinteren Rang in der Liste der US-Bundesstaaten. Nur 0,7 % der Menschen sind Afro-Amerikaner. Von der Nähe zu Boston profitierend, ist der Süden erheblich dichter bevölkert und stärker industrialisiert als der mitunter fast leere Norden. Hier liegen mit Manchester (99 600 Einw.), Nashua (79 700 Einw.) und Concord (36 000 Einw.) sowie New Hampshires einzigem Hafen Portsmouth die größten Städte des Staats.

Wirtschaft

In New Hampshire fand die industrielle Revolution vor allem an den Ufern des Merrimack River statt. Zahllose Fabriken schossen hier aus dem Boden, darunter die Amoskeag Mills in Manchester, seinerzeit die größte Textilienfabrik der Welt. Heute haben sich die Produktion von Lederwaren, Werkzeugen, Elektronikartikeln und Papier der Textilherstellung hinzugesellt. Zentren der verarbeitenden Industrie sind Städte wie Manchester, Nashua, Claremont, Keene, Lebanon und Rochester. Da der Staat keine Einkommens- und Verkaufssteuer erhebt, haben bis heute fast 300 Firmen aus dem benachbarten Massachusetts Ableger in New Hampshire eröffnet. Trotzdem ist New Hampshire alles andere als eine Steueroase – das Staatssäckel wird mit Steuern auf Alkohol und Zigaretten, Glücksspiel und mit Einnahmen aus dem Tourismus gefüllt. Die Landwirtschaft konzentriert sich auf Milchprodukte, Viehzucht, Obst- und Gemüseanbau sowie Ahornprodukte, vor allem natürlich Sirup.

Freizeit, Sport und Tourismus

Angesichts der bergigen Landschaft und nur knapp 30 km Küstenlinie erscheint New Hampshires Ruf als Mekka für Wassersportler überraschend. Tatsächlich reiht sich an der Küste aber ein schöner Sandstrand an den anderen, und die Wassertemperaturen erreichen im Hochsommer immerhin um die 20 Grad. Populäre Strandresorts sind seit der Jahrhundertwende Hampton Beach, Rye Beach, Seabrook und Wallis Sands. Landeinwärts konzentriert sich der Wassersport hauptsächlich um den touristisch gründlich erschlossenen Lake Winnipesaukee: Windsurfen, Segeln, Schwimmen und die ganze Palette der Strandsportarten stehen hier auf dem Freizeitprogramm. Lärmendes, überwiegend von Jugendlichen bevorzugtes Gravitationszentrum ist hier der Ort Weirs Beach. Ruhiger geht es dagegen an den kleineren Seen zu, vor allem Squam Lake, Sunapee Lake und Newfound Lake. Trotz der Attraktionen am Wasser bleiben die White Mountains mit ihren dichten Wäldern und kahlen Kuppen aber das populärste Feriengebiet New Hampshires. Beliebteste Ziele sind hier Franconia und Pinkham Notch, zu Füßen der imposanten Presidential Range liegende Hochgebirgspässe, von denen Straßen, Wege und Hikingtrails zu herrlichen Aussichtspunkten und Naturschauspielen führen. Durch den schönsten Teil der White Mountains zieht der legendäre, von Georgia heraufkommende Appalachian Trail, der längste Wanderweg auf dieser Seite des Kontinents. Im Autofahrerland USA liegen viele landschaftliche Höhe-

New Hampshire

punkte allerdings auch direkt an den Straßen und sind auf gut ausgebauten Wegen selbst für Rollstuhlfahrer leicht zu erschließen. Die Hauptskigebiete des Staates befinden sich ebenfalls hier sowie in der Monadnock und Sunapee Region etwas weiter südlich. Dank steuerfreien Einkaufs sind die Factory Outlets New Hampshires besonders günstig. Beliebtestes Ziel der "Hardcore Shopper" ist North Conway, denn die hübsche Berggemeinde verführt mit mehr als 20 weitläufigen Factory Outlets zu "shop 'til you drop."

Freizeit, Sport und Tourismus (Fortsetzung)

Concord · *New Hampshire*

Concord K 6

Region: Merrimack Valley Region
Höhe: 79 m ü.d.M.
Einwohnerzahl: 36 000
Telefonvorwahl: 603

Lage und Allgemeines

Seit 1808 Hauptstadt von New Hampshire, ist Concord als wirtschaftliches Zentrum auch eine Verkehrsdrehscheibe Neuenglands. Hier kreuzen sich die Interstates 89 und 93, von hier aus führen Eisenbahnlinien in alle Ecken des Bundesstaats. Die Stadt am Merrimack River begann in den 1660er Jahren als Handelsposten und erlebte 1697 eine kinoreife Episode, als die von Penacook-Indianern gefangene Siedlerfrau Hannah Dustin ihre schlafenden Entführer tötete und eigenhändig skalpierte. Die zögerliche Besiedlung mündete Anfang des 18. Jh.s in die Gründung der Stadt Rumford, die in der Folgezeit sowohl von New Hampshire als auch von Massachusetts beansprucht wurde. Das Gerangel um den verkehrsgünstig gelegenen Ort endete erst 1741 mit einem königlichen Machtwort, und anläßlich dieses Ereignisses wurde Rumford in Concord umbenannt. Im 19. Jh. lieferten die Steinbrüche um die Stadt den Granit für Repräsentativbauten in ganz Neuengland. Lewis Downing und J. Stephens Abbot wirkten von hier aus an der Erschließung des "Wilden Westens" mit: Zwischen 1813 und 1900 verließen Tausende gefederter Pferdekutschen, die berühmten "Concord Coaches", ihre Fabrikhallen. Heute präsentiert sich Concord als quirlige, moderne Kleinstadt mit Traditionsbewußtsein. Die schönsten der alten Häuser liegen an der breiten, baumbestandenen Main Street.

Sehenswertes in Concord

State House

Im 1819 erbauten New Hampshire State House tritt die gesetzgebende Versammlung des Staates noch immer in den Originalräumen zusammen – ein landesweiter Rekord! Innen hängen über 180 Porträts berühmter Persönlichkeiten des Staats, auch die Hall of Flags mit den Bannern von Regimentern aus New Hampshire und die Wandmalereien von Barry Faulkner im Senate Chamber sind beachtenswert (107 Main St.; Öffnungszeiten: Mo.–Fr. 8.00–16.30 Uhr).

Das State House in Concord

Museum of New Hampshire History

Das Museum zeigt historische Fotografien, Landkarten und kunsthandwerkliche Artefakte aus der Vergangenheit des Staats, darunter ein indianisches Kanu und eine Originalpostkutsche von Downing & Abbot (6 Eagle Square; Öffnungszeiten: Mo.–Sa. 9.30 bis 17.00, So. ab 12.00 Uhr).

New Hampshire · Concord

Franklin Pierce (1804–1869) war 14. Präsident der USA, obwohl er dieses Amt gar nicht angestrebt hatte – aber der Parteitag der Demokraten nominierte ihn 1852 als Kompromißkandidat, nachdem andere Kandidaten keine Mehrheit fanden. In diesem Haus in Concord lebte er von 1842 bis 1848 als Rechtsanwalt (14 Penacook St.; Öffnungszeiten: Juni–Sept. Mo.–Fr. 11.00–15.00 Uhr).

Pierce Manse

Das Planetarium (nordöstlich der Stadt, I-93 Exit 15) trägt den Namen der Astronautin Christa McAuliffe, die 1986 bei der Explosion der Raumfähre "Challenger" ums Leben kam. Ihr Tod war von besonderer Tragik, denn sie hatte eine landesweite Ausschreibung gewonnen, um als erste nichtprofessionelle Astronautin mitfliegen zu können. Sie war eigentlich Lehrerin von Beruf.

Christa McAuliffe Planetarium

Umgebung von Concord

Das fruchtbare Hügelland 13 mi/20 km nördlich der Hauptstadt Concord liegt noch immer so still und friedvoll da wie vor 200 Jahren. Nicht nur Farmer lockte dieses Land damals an. 1792 gründeten die Shaker (s. S. 143) vor den Toren des bäuerlichen Orts Canterbury Center eine ihrer bedeutendsten Gemeinden in Neuengland. Nach dem Tod des letzten Gemeindemitglieds 1992 wurde das Canterbury Shaker Village aufgegeben und in ein Freilichtmuseum verwandelt.

*Canterbury Shaker Village

Das aus 25 Gebäuden bestehende Village ist von Concord aus via I-93, Exit 18, zu erreichen. Scheunen, Workshops, Felder und Kräutergärten er-

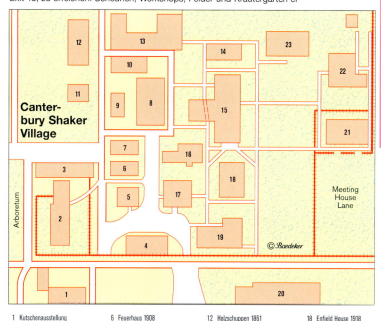

1 Kutschenausstellung
2 Schulhaus 1823
3 Schuppen
4 Lagerhaus 1825 / Giftshop
5 Zimmermannswerkstatt 1806
6 Feuerhaus 1908
7 Maschinenhaus 1910
8 Werkstatt 1841 / Druckerei
9 Garage 1923
10 Sirupküche 1785/1840
11 Bienenhaus 1837
12 Holzschuppen 1861
13 Wäscherei 1795
14 Schwestern-Arbeitshaus 1817
15 Gästehaus 1793
16 Molkerei 1905
17 Brüder-Arbeitshaus 1824
18 Enfield House 1918
19 Krankenhaus 1811
20 Verwaltungshaus 1831
21 Versammlungshaus 1792
22 Pfarrhaus 1848
23 Kinderhaus 1810

Hanover · New Hampshire

Concord,
Canterbury Shaker
Village
(Fortsetzung)

innern daran, daß die Canterbury-Shaker weitgehend autark waren. Neben ihren Nahrungsmitteln und ihrer Bekleidung stellten sie hier auch die später so begehrten Möbel her, herrliche Stücke, deren Funktion ihre Form vorgab und die daher von zeitloser Schönheit sind. Was sie nicht selbst herstellen konnten, erwarben sie mit den Einnahmen aus ihrem Kräutergarten. Als Heilkräuterexperten genossen sie im 19. Jh. in ganz Amerika einen hervorragenden Ruf. Um einen umfassenden Einblick in den Alltag der Canterbury-Shaker zu gewinnen, sollte man sich einer der mehrmals täglich stattfindenden Touren anschließen. Die exzellent vorbereiteten Guides beantworten Fragen zur Glaubenswelt der Shaker und führen zu den Highlights des Village, in erster Linie das Meeting House, wo die schönsten ihrer Möbel ausgestellt sind, und das Schoolhouse, wo die Shaker die ihnen anvertrauten Waisenkinder unterrichteten (Öffnungszeiten: Mai bis Okt. tgl. 10.00 – 17.00, Apr., Nov., Dez. nur Fr. – So. 10.00 – 17.00 Uhr).

Hanover I 6

Region: Dartmouth / Lake Sunapee Region
Höhe: 181 m ü.d.M.
Einwohnerzahl: 9200
Telefonvorwahl: 603

Lage und
Allgemeines

Als Reverend Eleazar Wheelock im Jahr 1769 eintraf, um seine Schule für "junge Indianer, Engländer und andere" zu gründen, wohnten hier, ganz im Westen des Bundesstaats am Ufer des Connecticut River, nur zwanzig Familien. Das hübsche Kolonialstädtchen Hanover – benannt nach dem aus dem Haus Hannover stammenden englischen König Georg III. – und Dartmouth College – benannt nach dem Earl of Dartmouth – wuchsen seither in enger symbiotischen Verbindung miteinander. Bis heute prägt die prestigeträchtige, zur renommierten Ivy League gehörende Hochschule das Städtchen: breite Alleen und typische Neuenglandarchitektur mit viel Backstein verlangsamen den Schritt, hübsche Cafés und Kunsthandwerksläden laden zum entspannten Bummeln ein.

*Dartmouth College

Rund 4500 Studenten sind heute in Dartmouth eingeschrieben. Das College bietet Kunst- und Naturwissenschaften und ist berühmt für seine exzellenten Studiengänge, insbesondere in Medizin, Maschinenbau, Volkswirtschaft und Mathematik – die Welt verdankt ihm die Programmiersprache Basic. Zahllose Prominente haben sich hier ihre Sporen verdient, darunter Senator Daniel Webster (1782 – 1852) und Nelson Rockefeller (1908 – 1979).

Hopkins Center

Bereits im Bereich um den gepflegten Green stehen einige wichtige Collegegebäude. Das Hopkins Center an der Südseite war Architekt Wallace Harrisons Vorentwurf für das Metropolitan Opera House in New York. In dem 1962 eröffneten, an den mehrgeschossigen Fenstern erkennbaren Gebäude wird auf mehreren Bühnen und in zwei Konzerthallen Kunst und Kultur vom Feinsten geboten (Kartenverkauf: Mo. – Sa. 10.00 – 18.00 Uhr).

Hood Museum
of Art

Verbunden mit dem Hopkins Center ist das Hood Museum of Art. 1985 eröffnet, beherbergt es hochwertige Sammlungen indianischer, amerikanischer, europäischer und vorderasiatischer Kunst, darunter assyrische Reliefs aus dem 9. Jh. v. Chr. (Öffnungszeiten: Di. – Sa. 10.00 – 17.00, Mi. bis 21.00, So. ab 12.00 Uhr).

Dartmouth Row

Schräg gegenüber liegt Dartmouth Row, eine Gruppe von vier beeindruckenden, zum College gehörenden Kolonialbauten, darunter die herrliche Dartmouth Hall, die von einem schlanken Glockenturm gekrönt wird.

New Hampshire · Hanover

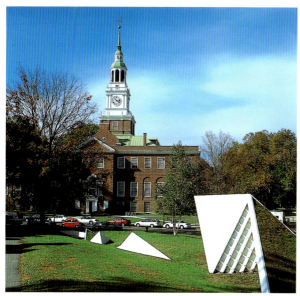

Alte Backsteine und moderne Kunst – mit Dartmouth College ist eine der Universitäten der Ivy League in Hanover zu Hause.

Umgebung von Hanover

Keines der üblichen Technikmuseen, sondern modern und interaktiv – das Montshire Museum of Science wenig westlich von Hanover in Norwich sollte niemand auslassen, der mit Kindern unterwegs ist (Öffnungszeiten: tgl. 10.00–17.00 Uhr).

Montshire Museum of Science

25 Autominuten südlich von Hanover liegt in einer ländlichen Postkartenidylle das Städtchen Cornish. Seit dem Ende des 19. Jh.s, als die ersten Künstler und Intellektuellen hierherzogen, um fern der öden Großstädte als "aristocracy of brains" unter ihresgleichen zu sein, ist diese Gegend ein Refugium für kreative Geister aus ganz Amerika – einer der berühmtesten Einsiedler von Cornish ist derzeit J.D. Salinger. Der augenfälligste Tribut des seinen Künstlern gegenüber sonst eher Verschwiegenheit wahrenden Städtchens feiert den 1885 hierhergekommenen Bildhauer Augustus St. Gaudens (1848–1907). Sein zur nationalen Gedenkstätte erklärtes Haus und Atelier "Aspet" wurden unverändert gelassen, in den Gärten kann man Repliken der schönsten seiner Statuen und Skulpturen bewundern (Öffnungszeiten: Mai–Okt. tgl. 9.00–16.30 Uhr).

Cornish, St. Gaudens National Historic Site

Die Shaker gründeten 1793 bei Enfield, 9 mi/14 km südöstlich von Hanover, eine Gemeinde, die bis 1927 bestand. Die Gebäude haben mittlerweile die Besitzer gewechselt, doch zeigen sie sich noch genauso wie zu Zeiten der Shaker, vor allem das große Gästehaus.

Enfield Shaker Village

New London · Mount Sunapee State Park

Ein Städtchen mit Aussicht: Von hoher Warte blickt New London, 26 mi/ 41 km südöstlich von Hanover, über bewaldete Höhenzüge, die am Hori-

New London

Keene · *New Hampshire*

Umgebung von
Hannover,
New London
(Fortsetzung)

zont im blauen Dunst verschwinden – besonders während des Indian Summer im Herbst ein phantastischer Anblick. Die Main Street bietet mit General Store, Postamt, spitzem Kirchturm und Blumenkästen vor den Fenstern die Quintessenz der Neuengland-Gemeinde, und mit dem ehrwürdigen Campus des 1837 gegründeten Colby Sawyer College verfügt das 3000-Einwohner-Städtchen sogar über das im Nordosten so geschätzte Niveau. Auf Touristen ist das untouristische New London mit ein paar historischen Country Inns bestens vorbereitet.

Mount Sunapee
State Park

Die meisten Touristen zieht es in den südlich von New London liegenden Mount Sunapee State Park, der sich rund um den Mount Sunapee (822 m ü.d.M.) und den schönen, buchtenreichen Lake Sunapee erstreckt. Für einen Überblick über die waldreiche Region ist der Sessellift von der North Peak Lodge auf den Gipfel zu empfehlen, Wasserratten können sich am knapp 2 km langen State Beach des Lake Sunapee tummeln. Im Ort Sunapee am Nordufer legt die "MV Mount Sunapee II" täglich zu schönen Dampferfahrten über den See ab (Mitte Juni – Labor Day tgl. 10.00 und 14.30 Uhr).

Keene   I 7

Region: Monadnock Region
Höhe: 149 m. ü.d.M.
Einwohnerzahl: 22 400
Telefonvorwahl: 603

Lage und
Allgemeines

In der modernen Industriestadt im Süden von New Hampshire sind nur noch wenige Häuser älter als 200 Jahre. Eines davon ist die 1762 eröffnete Wyman Tavern (339 Main St.). Hier trafen sich im Jahre 1770 die Stifter des Dartmouth College in → Hanover. Fünf Jahre später brachen von hier aus 29 Minutemen nach Lexington in Massachusetts auf, um gegen die königlichen Soldaten zu kämpfen. Im 19. Jh. verpaßte eine blühende Glas- und Keramikindustrie der Stadt einen gehörigen, von der Nähe zum industrialisierten Massachusetts beflügelten Wachstumsschub. Im 20. Jh. trat verarbeitende Industrie an ihre Stelle, vor allem Textilien, Medikamente und Maschinenteile werden seither hergestellt.

Sehenswertes in Keene und Umgebung

Historical Society
of Cheshire County
Museum

Miniaturen, gläserne Gehstockknäufe und Parfümfläschlein: Viele der in diesem ungewöhnlichen Museum ausgestellten Glaswaren sind Einzelstücke und von hohem Sammlerwert. Typisch für die in Keene hergestellten Glaswaren, von denen viele mit patriotischen Themen verziert wurden, war die hellgrüne bzw. hellblaue Farbe (246 Main St.; Öffnungszeiten: Mo. – Fr. 9.00 – 16.00 Uhr).

*Covered Bridges

Von der NH 10 nach Winchester südlich von Keene zweigen Nebenstraßen zu vier alten überdachten Brücken ab. Die seit dem Kinoerfolg "Bridges of Madison County" mit Clint Eastwood und Meryl Streep – der Film allerdings spielt in Iowa – auch in Mitteleuropa bekannten "covered bridges" finden sich überall in Neuengland, am häufigsten jedoch in den stillen Tälern von New Hampshire. Im 19. Jh. von den Gemeinden als Versammlungsorte genutzt, schützte das Dach die hölzerne Struktur vor den Unbilden des Wetters. Die jungen Leute nutzten die hübschen Brücken für eigene Zwecke: Im dunklen Innern der "kissing bridges" traf man sich zu romantischen Stelldicheins. Drei dieser fotogenen Brücken wurden bei Ashuelot, West Swanzey und bei Swanzey Village über den Ashuelot River geschlagen. Einen knappen Kilometer südlich von Swanzey Village führt eine weitere Brücke über den Südarm des Ashuelot River.

New Hampshire · **Lake Winnipesaukee**

Mount Monadnock Region

Das Wort "monadnock" stammt aus einer Algonquin-Sprache und bedeutet "der Berg, der alleinsteht". Die Ureinwohner hätten keinen besseren Namen finden können – Geographen und Geologen nahmen zur Bezeichnung isolierter Berg- und Höhenzüge auf der ganzen Welt diesen Namen in ihr Fachvokabular auf. Der Namensgeber erhebt sich südöstlich von Keene knapp 1000 m über gepflegtes landwirtschaftliches Hinterland, wo über hübschen kleinen Kolonialstädtchen die spitzen Türme weißer Neuenglandkirchen aufragen und das Green noch immer der Mittelpunkt der Welt ist.

Einen Besuch wert sind vor allem das idyllische Fitzwilliam mit dem nahen Rhododendron State Park, wo wilder Rhododendron im Juni und Juli eine spektakuläre Blüte hinlegt, sowie das verträumte Jaffrey Center, in dessen Meeting House alljährlich im Juli und August mit Dichterlesungen Amos Fortune gedacht wird. Der ehemalige Sklave vermachte der Dorfschule bei seinem Tod eine Summe Geldes. In der Cathedral of the Pines 3 mi/5 km östlich außerhalb werden alle amerikanischen Kriegstoten geehrt.

Fitzwilliam

Jaffrey Center

Der Tourismus konzentriert sich jedoch auf den Berg: Mit über 120 000 Besuchern jährlich ist der Mount Monadnock einer der am häufigsten bestiegenen Amerikas. Seine schönsten Landschaften schützt der von Jaffrey Center aus zu erreichende Mount Monadnock State Park. Von den rund 30 auf den Gipfel führenden Trails sind besonders zu empfehlen: Der White Dot Trail, ein stellenweise recht steiler Rundwanderweg, nimmt gut vier Stunden in Anspruch, der ebenso lange White Cross Trail ist hingegen nur konditionsstarken Hikern anzuraten, der steilste und kürzeste ist der Spellman Trail. Der Panoramablick vom Gipfel lohnt jedoch die Strapazen: Bei klarem Wetter reicht die Sicht über alle sechs Neuenglandstaaten.

*Mount Monadnock

Lake Winnipesaukee

K 6

Region: Lake Winnipesaukee Region

New Hampshires größter See ist stolze 186 km² groß und bietet eine fast 300 Kilometer lange Uferlinie. Allerdings wirkt der Lake Winnipesaukee auf den Besucher alles andere als groß, denn seine Ränder sind extrem zerlappt und zerfranst. 274 Inseln, unzählige Buchten, Halbinseln und natürliche Kanäle erwecken den Eindruck, als ob man von einem See zum anderen fahre, bis man beim näheren Hinschauen am bewaldeten Ufer eine Passage zum offenen Wasser hinaus entdeckt. Der indianische Ursprung des Namens hat im Lauf der Zeit viele Deutungen erfahren. Die schönste Version lautet "Lächeln des Großen Geistes", nach einer uralten Legende, wonach ein in Seenot geratener Krieger mit Hilfe eines vom Himmel gesandten Lichtstrahls heil zum Ufer zurück fand. Verkehr und Tourismus haben West- und Ostufer in zwei grundverschiedene Welten geteilt. Das Westufer des Sees ist hochkommerzialisiert, laut und hat sein Zentrum in Weirs Beach, die grell-bunte Inland-Version eines Strandresorts, mit Rummelplatzatmosphäre und preiswerten Restaurants und Unterkünften. Das exklusivere Ostufer ist ein unübersichtliches Labyrinth aus Buchten und Inseln und überwiegend in Privatbesitz, sodaß der Weg zum Wasser in der Regel verbaut oder versperrt ist. Die schöne Ausnahme: Wolfeboro, ein schönes altes Resortstädtchen mit einem Sandstrand nahebei.

*New Hampshires größter See

Nur wem Motorräder und alles was dazugehört nichts ausmachen, sollte Mitte Juni in Weirs Beach bleiben – denn dann strömen alljährlich 150 000 Motorradfahrer zur Motorcycle Week herbei. Die Veranstaltung findet seit 1939 statt und erlebte 1965 einen traurigen Höhepunkt, als die Hells Angels mit brutaler Gewalt das Fest sprengten. Mittlerweile allerdings geht es wesentlich friedlicher, aber nicht leiser zu.

Motorcycle Week

Lake Winnipesaukee · *New Hampshire*

Sehenswerte Orte am See

Weirs Beach

Nur noch die alten Holzhäuser hoch oben auf dem Steilufer erinnern an die Zeit des Städtchens als viktorianische Sommerfrische. Unten an der Bucht ist Entertainment angesagt. Wo einst die Damen und Herren aus Boston und New York auf einer hölzernen Promenade flanierten, stehen heute Souvenir- und Automatenläden dicht an dicht. Spaß für die ganze Familie verspricht die historische Winnipesaukee Scenic Railroad, die von hier aus mehrmals täglich zu ein- bis zweistündigen Ausflügen am Seeufer entlang aufbricht. Von den Schiffstouren auf dem See sind die romantischen Dinner Cruises in den Sonnenuntergang besonders zu empfehlen.
An der Kreuzung von NH 11 B / NH 3 N vor der Stadt bietet der Wasserpark The Surfcoaster feuchten Spaß mit zehn Wasserrutschen und einem großen Wellenbad (Öffnungszeiten: Juni – Aug. tgl. 10.00 – 20.00, sonst 10.00 bis 19.00, im Winter geschlossen).

Die "Mount Washington" dampft über den Lake Winnipesaukee. Besonders romantisch ist eine nächtliche Dinner Cruise.

*Wolfeboro

Wolfeboro ist für viele Besucher der schönste Ort am See – und gilt darüberhinaus als ältestes Resortstädtchen Amerikas. Seine Karriere als Sommerfrische begann bereits im Jahr 1762, als John Wentworth, der damalige Gouverneur von Massachusetts, hier seine Sommerresidenz baute. Ihm folgten Familien der feinen Ostküstengesellschaft mit Residenzen, die oft bis heute im Familienbesitz sind. Eine Reihe herrlicher Country Inns, oft auf hohen Hügeln über dem Zentrum, vermittelt ihren Gästen einen Hauch des alten Neuenglands. Das hübsche Stadtzentrum läßt sich gut auf einem Spaziergang erkunden. Wer ins Museum möchte, sollte sich ins stadtgeschichtliche Museum im Clark House oder ins Libby Museum begeben – Dr. Libby begann mit Schmetterlingen und Motten, später sammelte er auch indianische Relikte und bäuerliches Gerät. Wasserratten zieht es unverzüglich zum Wentworth State Beach an der NH 109 8 km außerhalb von Wolfeboro.

New Hampshire · **Manchester**

Den besten Überblick über das extrem zerlappte Ostufer des Sees gewinnt man vom Aussichtsdeck des 18 m hohen Abenaki Tower 11 km nördlich von Wolfeboro an der NH 109.

Lake Winnipesaukee (Fts.) Abenaki Tower

Sieben Millionen Dollar ließ sich der Millionär Thomas Gustav Plant 1913 den Bau seiner exzentrischen Villa in schöner Aussichtslage über dem Ostufer des Sees kosten. Fast interessanter als die Innenräume aber ist die lange, enggewundene Auffahrt zum Haus. Man erreicht Castle-in-the-Clouds von Wolfeboro via NH 109 bis Moultonborough und von dort auf der NH 171 noch ein kleines Stück nach Südosten.

Castle-in-the-Clouds

Manchester

K 7

Region: Merrimack Valley Region
Höhe: 63 m ü.d.M.
Einwohnerzahl: 99 600
Telefonvorwahl: 603

Lange sah es so aus, als werde Manchester am Merrimack River ganz im Südosten des Bundesstaats das amerikanische Gegenstück seines Namensgebers in England. Entstanden aus der Holzfällersiedlung Derryfield, nahmen zu Beginn des 19. Jh.s die ersten Baumwollfabriken ihre Arbeit auf. 1831 schweißten Bostoner Finanziers aus mehreren Fabriken die Amoskeag Manufacturing Co. zusammen. Amoskeag Mills, die zeitweilig größte Textilfabrik der Welt, produzierte in ihren insgesamt über 8 km langen Fabrikhallen jährlich 450 000 km Stoffe und Tücher und war der größte Arbeitgeber der Region. Bis in die 1920er Jahre dauerte die Blütezeit, dann kam mit der billigeren Konkurrenz im Süden, Arbeitskämpfen und veralteten Maschinen der Niedergang, der die gesamte Stadt in den Ruin stürzte. 1935 meldete Amoskeag Mills Konkurs an. Gerettet wurde Manchester indes von findigen Geschäftsleuten. Sie kauften die leerstehenden Fabrikhallen entlang der Commercial Street und verkauften oder leasten sie stückweise so erfolgreich an verschiedene Unternehmen, daß heute gleich mehrere Dutzend Industrien hier untergebracht sind und die hiesige Wirtschaft, weil erheblich diversifizierter, weitaus weniger krisenanfällig ist als damals. Heute ist Manchester die größte Stadt New Hampshires, Sitz zweier Colleges und der New Hamshire University sowie Bankenzentrum des Bundesstaats.

Lage und Allgemeines

Sehenswertes in Manchester und Umgebung

Dieses in einem repräsentativen Beaux-Arts-Gebäude von 1929 untergebrachte Museum ist die bedeutendste Kunstsammlung New Hampshires und zeigt u. a. hervorragende Werke europäischer und zeitgenössischer amerikanischer Maler. Beachtung verdienen insbesondere frühe europäische Meister wie der Italiener Tiepolo und der Niederländer Jan Gossaert, während die Werke von Edward Hopper und Andrew Wyeth einen Überblick über amerikanisches Kunstschaffen im 20. Jh. vermitteln. Im Obergeschoß hängen schöne Landschaftsbilder von Albert Bierstadt und Malern der Hudson River School (201 Myrtle St.; Öffnungszeiten: tgl. außer Di. 11.00 – 17.00, Sa. ab 10.00 Uhr).

*Currier Gallery of Art

Von der Currier Gallery per Shuttle zu erreichen, war das Zimmerman House die Antwort des berühmten Architekten Frank Lloyd Wright auf die von der Wirtschaftskrise verursachte Wohnungsknappheit. 1950 für Lucille und Isadore Zimmerman entworfen, hielt Wright es klein, funktional und trotzdem elegant und rüstete es mit praktischen Einbauschränken aus. In der Regel beinhaltet die Tour auch die Besichtigung einiger historischer Fabrikhallen (Führungen Sa. und So. 13.00, 14.30, Mo. und Fr. 14.00 Uhr).

Zimmerman House

Portsmouth · New Hampshire Coast · *New Hampshire*

Manchester (Fortsetzung) Historic Association	Neben Artefakten der indianischen Urbevölkerung finden interessierte Besucher in diesem Museum alte Dokumente und Fotografien der Amoskeag Manufacturing Co. (129 Amherst St.; Öffnungszeiten: Di.–Fr. 9.00–16.00, Sa. ab 10.00 Uhr).
America's Stonehenge	Wer die berühmten Megalithbauten im Süden Englands noch nicht gesehen hat, kann dies im Süden New Hamshires nachholen – hier ist die bald 4000 Jahre alte Kultstätte nachgebaut worden (I-93 Exit 3, 14 mi/22 km südlich von Manchester).

Portsmouth · New Hampshire Coast   L 6/7

Region: Seacoast Region
Höhe: 4 m ü.d.M.
Einwohnerzahl: 25 900
Telefonvorwahl: 603

Lage und Allgemeines *Romantische Hafenstadt	Portsmouth an der Mündung des Piscataqua River ist eine schöne Überraschung. Der einzige Seehafen New Hampshires gibt sich als skandinavisch wirkende, aus roten Ziegeln gebaute Kleinstadt mit krummen Straßen und rostig-romantischen Hebebrücken. Schreiende Möwen sitzen auf Molen und Hausdächern, altmodische Barbierläden finden sich neben trendigen Coffeeshops und Funky-Wear-Läden. Auch wenn im Zuge der Verschönerungswut der letzten Jahre so manche rauhe Ecke rundgefeilt wurde, hat vor allem die Altstadt mit ihrem bodenständigen Charme bislang dem alles nivellierenden Tourismus standgehalten. Noch immer wird im historischem Zentrum gelebt und gearbeitet, eingekauft und der Feierabend verbracht. Größter Arbeitgeber der Stadt ist die Portsmouth Naval Shipyard im benachbarten → Kittery in Maine.

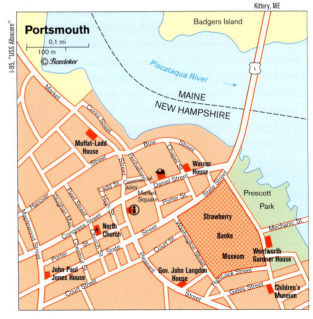

New Hampshire · **Portsmouth · New Hampshire Coast**

Die Geschichte der Stadt reicht zurück bis 1623. In diesem Jahr richteten sich die ersten Siedler am Ufer des Piscataqua River häuslich ein und nannten ihr Gemeinwesen Strawberry Banke – nach den hier vorgefundenen wilden Erdbeeren. Zunächst lebte man vom Fischfang und etwas Landwirtschaft. Der gute Naturhafen an der Mündung des Flusses und der Holzreichtum im Landesinnern jedoch machte aus der "Erdbeerensiedlung" alsbald einen geschäftigen Hafen und ein wichtiges Schiffsbauzentrum: Portsmouth. Im 17. und 18. Jh. wurden von hier aus Holz und Trockenfisch nach England verschifft. Eine Zeitlang war Portsmouth die Hauptstadt New Hampshires. Im 19. Jh. nahm Portsmouth am Chinahandel teil und erwirtschaftete Gewinne, die noch heute als prächtige Häuser im Federal und Georgian Style zu sehen sind. Die Portsmouth Naval Shipyard im benachbarten Kittery wurde 1800 gegründet und entwickelte sich zu einem bedeutenden U-Boot-Stützpunkt der amerikanischen Marine. Hier wurde 1905 der russisch-japanische Friedensvertrag unterzeichnet.

Geschichte

Ein Spaziergang durch Strawberry Banke führt durch alle Kapitel der Stadtgeschichte von Portsmouth.

Sehenswertes in Portsmouth

Mitten im Herzen der Altstadt liegt eines der größten Museumsdörfer Neuenglands. Wo 1630 die Siedlung Strawberry Banke stand, spazieren Besucher heute zwischen Macy, Court und Washington Streets durch alle Kapitel der Stadtgeschichte. Das um eine schöne Rasenfläche gruppierte Viertel, durch beherzte Bürgerinitiativen 1958 vor der Abrißbirne gerettet, machte danach Karriere als Testlabor für verschiedene Restaurierungskonzepte und -techniken. Das Ergebnis sind mehr als 40 Häuser aus bald drei Jahrhunderten in unterschiedlichen Stadien der Restaurierung. Zehn sind komplett renoviert und eingerichtet. Besondere Aufmerksamkeit verdienen das Drisco House, das die Lebensweisen von 1790 denen von 1950 ge-

*Strawberry Banke Museum

Portsmouth · New Hampshire Coast · *New Hampshire*

genüberstellt, sowie das Shapiro House, dessen Einrichtung den Alltag einer 1919 aus Rußland eingewanderten jüdischen Familie dokumentiert (Öffnungszeiten: Apr.–Okt. tgl. 10.00–17.00 Uhr).

*Wentworth-Gardner House

Kenner amerikanischer Architektur halten das 1760 erbaute Wentworth-Gardner House für eines der schönsten Beispiele des Georgian Style. Das sich im Wasser des Piscataqua River spiegelnde Haus weist zahlreiche für diesen Stil typische Elemente in Vollendung auf, darunter einen herrlichen Portikus mit korinthischen Säulen und kunstvolle Voluten. Über dem Eingang ist eine geschnitzte Ananas zu sehen, das Symbol der Gastfreundschaft. Was das Haus von außen verspricht, setzt sich innen fort – kunstvolle Holzarbeiten in allen Räumen (Mechanic & Gardner Sts.; Öffnungszeiten: Mitte Juni–Mitte Okt. Di.–So. 13.00–16.00 Uhr).

*Warner House

Dieses große Backsteinhaus wurde 1716 für den aus Schottland stammenden Schiffskapitän Archibald MacPheadris gebaut. Seine elegante, im Georgian Style entworfene Fassade korrespondiert mit dem geschmackvollen zeitgenössischen Mobilar im Innern. Mitte des 18. Jh.s residierte hier der Gouverneur der Kolonie. Beachtenswert sind auch die von 1716 stammenden Wandgemälde, die u. a. lebensgroße Porträts zweier Mohawk-Häuptlinge darstellen und die ältesten erhaltenen Wandmalereien in den USA sein sollen. Der Blitzableiter an der Westfassade wurde angeblich von Benjamin Franklin angebracht (150 Daniel St.; Öffnungszeiten: Juni–Okt. Di.–Sa. 10.00–16.00, So. ab 14.00 Uhr).

John Paul Jones House

Berühmtester Mieter in diesem 1758 von Kapitän Gregory Purcell erbauten und von seiner Witwe später als Pension betriebenen Haus war der amerikanische Seeheld John Paul Jones (1747–1792), der während des Unabhängigkeitskriegs von hier aus den Bau seiner Fregatte "Ranger" überwachte. Kostümiertes Personal führt durch die mit Originalmöbeln eingerichteten Räume (43 Middle St.; Öffnungszeiten: Memorial Day–Mitte Okt. Mo.–Sa. 10.00–16.00, So. ab 12.00 Uhr).

Moffatt-Ladd House

Das in einem weitläufigen Garten liegende Moffatt-Ladd House wurde 1763 für den wohlhabenden Kaufmann John Moffatt gebaut. Berühmtester Bewohner war sein Schwiegersohn William Whipple, ein Unterzeichner der Unabhängigkeitserklärung. Das Haus war bis 1913, als es zum Museum umgewandelt worden ist, im Besitz der Familie, so daß kaum etwas verändert wurde – eine wahre Oase also für Liebhaber früher amerikanischer Tischler- und Designerkunst. Porträts von Familienmitgliedern vermitteln Upperclass-Atmosphäre, ebenso wie die elegante Eingangshalle, in der noch die Originaltapete zu sehen ist (154 Market St.; Öffnungszeiten: Mitte Juni–Mitte Okt. Mo.–Sa. 11.00–16.00, So. ab 12.00 Uhr).

"USS Albacore"

Mit der "USS Albacore", von 1953 bis 1972 im aktiven Dienst der US Navy, kann man ein in Portsmouth gebautes Unterseeboot besichtigen (I-95, Exit 7; Öffnungszeiten: Mai–Mitte Okt. tgl. 9.30–17.30 Uhr).

*Schiffsausflug zu den Isles of Shoals

Cedar Island, Smuttynose, Appledore: Einige Namen sind so rauh und herzlich wie die Inseln selbst. 1614 von John Smith entdeckt, liegen die insgesamt neun Isles of Shoals vor der Mündung des Piscataqua River. Die an den Molen der Market Street beginnende Bootsfahrt führt zunächst den Piscataqua River flußabwärts, wobei man die Trockendocks der Portsmouth Naval Shipyard und die schönen Kolonialhäuser des Inselortes New Castle passiert. Endpunkt der Exkursion ist White Island mit seinem fotogenen Leuchtturm.

New Hampshire Coast

Lange Sandstrände, geschützte Marschgebiete und hin und wieder felsige Steilufer – an New Hampshires knapp 30 km langer Küstenlinie drängen

New Hampshire · **White Mountains**

Baywatch an der New Hampshire Coast

sich nicht nur unterschiedliche Landschaftsformen, sondern auch – vor allem im Sommer – die Touristen. Wer von Boston aus auf dem Weg nach Maine schnell vorankommen möchte, sollte daher die weiter landeinwärts nach Norden strebende I-95 wählen.

New Hampshire Coast (Fortsetzung)

Die alte, kurvenreiche Küstenstraße NH 1 A von Portsmouth im Norden nach Seabrook am Südende der Küste nimmt reichlich Zeit in Anspruch. Dafür liegen hier schöne Sommerhäuser und herrschaftliche Residenzen am Straßenrand, die hin und wieder auch einen Blick auf das Meer zulassen. Der Strandtourismus konzentriert sich seit Anfang des 20. Jh.s in und um Hampton Beach. Hier reichen die Hotels und Motels bis direkt an den Strand, weitere Herbergen, Restaurants und Imbisse konzentrieren sich entlang der parallel zum Strand verlaufenden NH 1 A. Über 5 km Sandstrand laden hier zum Baden und Sonnenbaden ein. Etwas weiter nördlich bietet das felsige Steilufer des Rye Harbor State Park von schönen Picknickplätzen aus stimmungsvolle Ausblicke auf den Atlantik. Zum Baden geeignet ist schließlich auch der rund 400 m lange Sandstrand des Wallis Sands State Park.

Hampton Beach

White Mountains

K 5 / 6

Region: White Mountains Region

Im Norden New Hampshires laufen die von Alabama heraufziehenden Appalachen zu Höchstform auf: Die White Mountains sind Neuenglands unumstrittenes Outdoor-Paradies. Ihre bis in den Hochsommer schneebedeckten Gipfel zeigen sich als kahle, runde Granitkuppen, über die der Wind aus den Weiten Kanadas hinwegfegt; ihre engen Täler und Pässe, die hier "notches" heißen, sind die einzigen Verkehrswege durch eine wilde

**Neuenglands Outdoor-Paradies

White Mountains · *New Hampshire*

Outdoor-Paradies (Fortsetzung)

Naturlandschaft, die ihre entlegensten Winkel erst zu Beginn des 19. Jh.s preisgegeben hat. Die Baumgrenze liegt zwischen 1200 und 1500 m und ist damit ungewöhnlich niedrig. Schuld daran ist ein subarktisches Klima, das auf den Gipfeln eine Flora bedingt, die sonst erst 2500 km weiter nördlich in der Tundra anzutreffen ist. Vor Ozonloch und Luftverschmutzung konnte man die White Mountains von der Küste aus sehen, vor allem ihre höchste Erhebung, den oft wolkenverhangenen Mount Washington, mit 1917 m ü.d.M. der höchste Berg Neuenglands.

White Mountains National Forest

Auf einer Fläche von 313 000 ha wird der größere Teil des Gebirges als White Mountains National Forest geschützt und genutzt. Fast 2500 km Wanderwege ziehen kreuz und quer durch die bergige Wildnis, darunter der Appalachian Trail. Es gibt über 100 Wasserfälle; zahllose Picknickplätze und von der Straße aus leicht erreichbare Sehenswürdigkeiten und Naturschauspiele bringen die wilde Schönheit dieser Region auch weniger konditionsstarken Besuchern nahe. Im Sommer ein Hiker-Dorado, ziehen die White Mountains im Winter Skiläufer an, und während des Indian Summer sind sie ein Paradies für "leaf peeper".

Geschichte

Der italienische Seefahrer Giovanni Verrazano sichtete als vermutlich erster Europäer bereits 1524 die Berge vom Atlantik her. Etwas mehr als 100 Jahre später, 1642, stand ein englischer Siedler als erster Mensch auf dem Gipfel, der im 19. Jh. nach dem ersten US-Präsidenten benannt wurde. Dann wurde die unberührte, herbe Schönheit der White Mountains von Malern und Schriftstellern entdeckt, wobei so manches Naturspektakel, das heute ein Besuchermagnet ist, nur durch Zufall gefunden wurde. The Flume (s. S. 234) beispielsweise, eine 3 m breite und 30 m tiefe Schlucht, wurde erst 1808 von einer Anglerin entdeckt, die sich verlaufen hatte. Wo Maler ihre Staffeleien aufstellten und Dichter heroische Oden an Mutter Natur verfaßten, stellten alsbald vorausschauende Investoren luxuriöse Grandhotels auf. Um 1900 schließlich waren die White Mountains ein populäres Urlaubsziel mit viktorianischen Hotels und Pensionen und einer eigenen Bahnverbindung zur Küste. Leider sind fast alle der herrlichen Grandhotels inzwischen abgebrannt und durch eine bunte Palette von Übernachtungsmöglichkeiten ersetzt worden, die vom einfachen Motel bis zum stilvollen Neuengland-Cottage reicht. Nur das Mount Washington Hotel zu Füßen des Mount Washington hat die Zeitläufte überlebt und bietet noch immer viktorianische Nostalgie mit Bigband-Orchester und Five O'Clock Tea.

**Mount Washington

Berg der Superlative

"This car climbed Mount Washington" – unterwegs in Neuengland begegnet man diesem Autoaufkleber todsicher. Dabei ist dieser Berg mit nicht einmal 2000 m nicht gerade hoch. Es sind die Superlative, die ihn ins Kollektivbewußtsein der Neuengländer und bei Wanderern und Skifahrern ins Mythische rücken. Zunächst ist er der höchste Berg im Nordosten. Dann rühmt er sich des launischsten Wetters außerhalb der Polargebiete: Schneefall wird in jedem Monat verzeichnet, berüchtigt sind seine unangekündigten Temperaturstürze, die Wetterstation auf seinem Gipfel registriert jährlich über 100 Stürme. 1934 maß sie hier die höchste Windgeschwindigkeit, die jemals außerhalb eines Hurrikans festgestellt wurde: 372 Kilometer pro Stunde! Die statistische Durchschnittstemperatur liegt bei 12 °C. Verantwortlich für diese Turbulenzen ist Kaltluft aus Kanada, die sich am Mount Washington und den übrigen Bergen der Presidential Range staut und über den Gipfeln mit warmer Luft aus dem Süden und Westen zusammenstößt.

Auf dem Gipfel

Viele Wege führen auf den Gipfel des Mount Washington. Man erreicht ihn zu Fuß (s. S. 232), mit dem Auto (s. S. 232) und sogar mit dem Zug (s. S. 233). Gipfelstürmer müssen allerdings mit 40 Grad Temperaturunterschied rech-

New Hampshire · White Mountains

"I think I can" – unverdrossen dampft die Mount Washington Cog Railway auf den höchsten Gipfel Neuenglands.

nen: T-Shirt-Wetter unten, Wintermantel-Wetter oben. Ein halbes Dutzend Gebäude stehen in dieser vom extremen Klima gezeichneten Mondlandschaft aus Geröll und herumliegenden Granitklötzen: das 1853 aus Geröllsteinen zusammengefügte und mit schweren Ketten sturmgesicherte Tip Top House, wo man sich vom Aufstieg stärken kann, eine Sendeanlage und das bunkerartige Sherman Adams Summit Building, das die Wetterstation, eine Caféteria und ein kleines Museum beherbergt (Öffnungszeiten: wetterbedingt Memorial Day – Labor Day tgl. 8.00 – 20.00 Uhr). Unterhalb des Gebäudes mündet die Auto Road in einen weitläufigen Parkplatz; die Mount Washington Cog Railway endet an einem hölzernen Bahnsteig. 300 Tage im Jahr liegt der Mount Washingtonl in den Wolken. Bei klarem Wetter jedoch reicht der Blick über die übrigen Gipfel der Presidential Range – Mount Adams, Mount Clay, Mount Jefferson, Mount Madison und Mount Monroe – bis nach Montréal in der kanadischen Provinz Québec.

Mount Washington (Fortsetzung)

Pinkham Notch

Flankiert von der Presidential Range im Westen und Mount Moriah, North Carter Mountain und Carter Dome im Osten, ist die Pinkham Notch das frequentierteste Durchgangstal in den östlichen White Mountains. Der holperige Trail, den die Ochsenkarren des Siedlers Joseph Pinkham 1790 in den Boden drückten, entwickelte sich im Lauf der Zeit zur Aussichtsstraße NH 16. Am Wegesrand liegen hübsche Dörfer und Städtchen mit nostalgischen Resorts und Country Inns. Hikingtrails schlagen sich von hier aus in die Wildnis.

Von North Conway nach Glen House

Mit seinen 2000 Einwohnern ist North Conway am Südende der Pinkham Notch das wirtschaftliche Zentrum der White Mountains. Vom Auto aus betrachtet besteht es fast ausschließlich aus Shopping Malls und Factory

North Conway

229

White Mountains · *New Hampshire*

North Conway
(Fortsetzung)

Outlets, wo per Fabrikverkauf Markentextilien preisgünstig angeboten werden – auch damit hängt der in den Sommermonaten chronisch zähflüssige Durchgangsverkehr zusammen. Etliche Motels und Hotels am Stadtrand sowie Schnellrestaurants entlang der Main Street machen North Conway zur preiswerten Übernachtungsalternative zu den stilvolleren Country Inns der übrigen Orte.

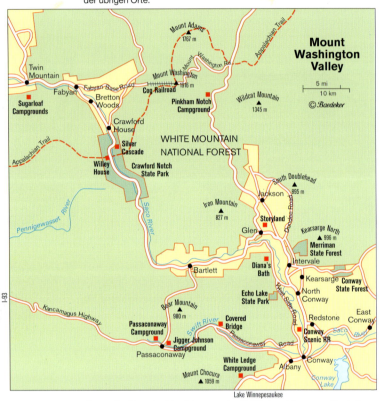

*Conway Scenic Railroad

Ganz wie die ersten Touristen von der Ostküste reist man an Bord dieser historischen Eisenbahn aus dem frühen 20. Jahrhundert. Vom 1874 erbauten Bahnhof jenseits des Village Green bricht sie zu schönen Touren durch das Saco Valley auf. Besonders empfehlenswert sind die fünfeinhalbstündige Fahrt durch die wildromantische Crawford Notch, die auch am herrlichen Mount Washington Hotel vorbeiführt, und die romantischen Dinnerfahrten am Ende des Tages (Abfahrten Mitte April – Dez.).

Echo Lake State Park

Der Echo Lake State Park, 15 Autominuten westlich von North Conway via NH 16 und US 302, besteht im wesentlichen aus der imposanten Granitwand Cathedral Ledge, die sich 213 m über das Saco Valley erhebt und wegen ihres harten, glatten Felses besonders bei Freeclimbern beliebt ist. Eine Straße führt von der Rückseite der Wand bis fast hinauf zur Kante, von wo man das Saco Valley und die White Mountains überblickt. Von hier aus leicht zu Fuß zu erreichen ist der idyllische Echo Lake unterhalb der White Horse Ledge, der schöne Bademöglichkeiten bietet.

New Hampshire · **White Mountains**

Das Städtchen Glen liegt nördlich von North Conway an der Kreuzung von NH 16 und US 302 und ist das Drehkreuz für den Verkehr zwischen Pinkham und Franconia Notch. Zwei Attraktionen lohnen hier zumindest einen kurzen Zwischenstop: Heritage New Hampshire ist ein liebevoll zusammengebautes Museum, das mit kostümierten Wachsfiguren Schlüsselszenen aus der Geschichte New Hampshire nachstellt (Öffnungszeiten: Mitte Juni – Labor Day tgl. 9.00 bis 18.00, sonst bis 17.00 Uhr). Daneben liegt Story Land, ein Märchenland für Kinder (Öffnungszeiten: Mitte Jun bis Labor Day tgl. 9.00 – 18.00 Uhr).

Glen

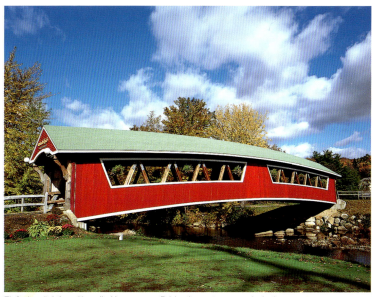

Einfach prächtig – über die Honeymoon Bridge kommt man nach Jackson.

Über die einspurige, dunkelrote Honeymoon Bridge, eine der schönsten überdachten Brücken Neuenglands, erreicht man Jackson. Die kleine Idylle 15 Autominuten nördlich von North Conway besteht aus schönen alten Holzhäusern und gepflegten Country Inns – vielsagende Erinnerung an die große Zeit Jacksons als beliebte Sommerfrische der vornehmen Ostküstenelite vor der Depression. In den achtziger Jahren erlebte Jackson seine Wiederauferstehung, dank vorausschauender Investoren, die die beiden vornehmen Hotels des Orts wiederbelebten und auch einen Golfplatz anlegten. Auch im Winter ist Jackson beliebt, denn das um das Dorf gewundene Loipennetz gilt als eines der schönsten des Landes! Wer also in den White Mountains stilvoll übernachten und speisen möchte und private Atmosphäre schätzt: Jackson's the place!

*Jackson

Das vom Appalachian Mountain Club (AMC) betriebene Camp mit Besucherzentrum (Öffnungszeiten: tgl. 8.00 – 20.000 Uhr) liegt an der NH 16 ca. 20 mi/32 km nördlich von North Conway. Das Besucherzentrum ist der wichtigste Treffpunkt für alle, die in den White Mountains wandern wollen. Es beherbergt einen Ausrüstungsladen und den Trading Post, der hervorragendes Kartenmaterial und gute Bücher über die White Mountains bereithält. Das Camp ist auch der bedeutendste Trailhead östlich vom Mount Washington. Hier beginnen zahlreiche schöne Trails, darunter der extrem

Pinkham Notch Camp & Visitor Center

White Mountains · *New Hampshire*

*Tuckerman Ravine Trail

anstrengende, aber zu grandiosen Aussichten führende Tuckerman Ravine Trail, auf den konditionsstarke Wanderer in fünf Stunden den Gipfel des Mount Washington erreichen, sowie der Lost Pond Trail und die Old Jackson Road. Dem Zentrum angeschlossen ist die ebenfalls vom AMC betriebene Joe Dodge Lodge mit einfachen Schlafplätzen für über 100 Wanderer. Etwas über einen Kilometer südlich vom Camp liegen die beeindruckenden Glen Ellis Falls.

**Auto Road

Selbst im Autofahrerland Amerika ist die auf den Gipfel des Mount Washington führende Auto Road ein bemerkenswertes Stück Straße. Sie beginnt ca. 8 mi/13 km nördlich vom Pinkham Notch Camp beim Besucherzentrum Glen House an der NH 16 und arbeitet sich in spektakulären Serpentinen zu phantastischen Aussichten und durch alle Klima- und Vegetationszonen der Ostküste zum 12,8 Kilometer entfernten Gipfel. Man fährt im eigenen Pkw oder bucht im Glen House einen Platz in einem der regelmäßig verkehrenden Minibusse (Erwachsene: 19 $, Kinder: 14 $). Aus Sicherheitsgründen sind Wohnmobile nicht erlaubt. Im Glen House, wo sich auch ein gutes Schnellrestaurant befindet, wird man eindringlich gebeten, vorher Bremsen, Benzinstand und Wasser gründlich zu überprüfen und die per Handzettel ausgegebene Hinweise zu befolgen. Die Fahrt zum Gipfel dauert maximal 45 Minuten. Die Straße ist gebührenpflichtig (15 $ für ein Auto mit Fahrer, 6 $ für jeden weiteren Erwachsenen und 4 $ für Kinder zwischen 5 und 12 Jahren) und nur eingeschränkt befahrbar (Öffnungszeiten: Mitte Juni – Labor Day 7.30 – 18.00, Mitte Mai – Mitte Juni und Labor Day – Mitte Okt. wetterabhängig).

Evans Notch

→ Maine, S. 110

Crawford Notch

Von Glen nach Fabyan

Das breite Tal der Crawford Notch wurde von den Gletschermassen der letzten Eiszeit aus dem Granit gehobelt und folgt Saco River und US 302 von Glen im Osten über Bartlett nach Fabyan im Nordwesten. Flankiert von den Webster und Wiley Mountains, hinter denen die südlichen Gipfel der Presidential Range aufragen, bereitete die Erschließung des Tals Ende des 18. Jh.s die Besiedlung des Nordens von New Hampshire vor. Entdeckt worden war das Tal 1771 von Timothy Nash, der sich während der Jagd hierher verirrte. Crawford Notch führt mitten durch das Herz der White Mountains, vorbei an riesigen Geröllfeldern, die die Urgewalt der Natur eindringlich dokumentieren.

Bear Notch

Fünfeinhalb Kilometer hinter dem verschlafenen Resortstädtchen Bartlett zweigt eine 13 Kilometer lange Straße zum Kancamagus Highway weiter südlich ab. Sie windet sich durch die enge, dicht bewaldete Bear Notch, die besonders während des Indian Summer ein farbenprächtiges Schauspiel bietet.

*Crawford Notch State Park

Arethusa Falls

Willey House

Dicht vor der engsten Stelle des Tals, auf 531 m Höhe, rauscht der Saco River über mächtige Granitblöcke die Arethusa Falls talabwärts. Sie sind vom Wanderparkplatz auf einem schönen zweistündigen – aber recht beschwerlichen – Rundweg durch dichten Laubwald zu erreichen. Auf der anderen Seite des Passes steht am Straßenrand das vom Mount Webster überragte Willey House. Nathaniel Hawthorne verewigte in einer Kurzgeschichte die traurige Geschichte seiner Besitzer, die sich im Jahre 1826 ereignete. Eines Nachts stürzten sich die Willeys ins Freie, um sich vor einer Geröll-Lawine in Sicherheit zu bringen. Doch kurz oberhalb des Hauses teilte sich die Lawine und tötete alle Familienmitglieder. Nur der Hund überlebte – er war als einziger im Haus geblieben.

Silver Cascade

Etwas weiter nördlich liegt neben der Straße die Silver Cascade, ein schöner Wasserfall, wo der Saco River flache, zum Baden hervorragend geeignete Warmwasserpools in den Granit geschliffen hat.

New Hampshire · White Mountains

Das Mount Washington Hotel wurde im August 1902 eröffnet und ist heute das letzte der einst überall in den White Mountains zu findenden alten Grandhotels. Wie ein weißes Kreuzfahrtschiff vor der machtvollen Kulisse des Mount Washingtons ankernd, hat es als Bretton Woods sogar eine eigene Postleitzahl. Während seiner Blütezeit in den zwanziger Jahren brachten täglich bis zu zwanzig Züge aus New York und Boston Touristen herbei. Nach der Depression versiegte der Besucherstrom. Während die übrigen Grandhotels abbrannten oder abgerissen wurden, wechselte das Mount Washington mehrere Male den Besitzer. Im Jahr 1944 trug es sich als Austragungsort der Bretton-Woods-Konferenz, auf der die Gründung der Weltbank beschlossen wurde, in die Geschichtsbücher ein. Bedenklich heruntergekommen, wurde es 1991 dann von hiesigen Geschäftsleuten aufgekauft. Seitdem erlebt es eine langsame, aber stetige Revitalisierung.

**Bretton Woods / Mount Washington Hotel (Abb. S. 453)

Selbst wer nicht für die sehr teure Nacht hier absteigt, wird beeindruckt sein von der eleganten, über 100 m langen Lobby und der 300 m langen, umlaufenden Veranda, von der man einen herrlichen Blick über die Golfplätze hinweg zum Mount Washington genießt. Für etwas mehr als 40 $ können auch Nicht-Hotelgäste im großen, achteckigen Speisesaal das Dinner einnehmen, stilvoll begleitet vom Hausorchester (Jackettzwang!).

"I think I can, I think I can" – unverdrossen dampft und keucht die kleine Lokomotive seit 1869 den Mount Washington hinauf. Einen fast ebenso alten Waggon vor sich herschiebend, wiederholt sie dabei Tag für Tag ihren alten Weltrekord. Dieser besteht in der Überwindung von Steigungen bis zu 37 Prozent, wofür sie pro Tonne Kohle frißt und bis zu 4000 Liter Wasser pro Tour säuft. Selbst 130 Jahre nach der Jungfernfahrt ist die dreistündige, inzwischen von drei Loks bestrittene Tour (mit 20-minütigem Aufenthalt auf dem Gipfel) ein zutiefst beeindruckendes Erlebnis. Zugbegleiter erklären die angepaßte Brems- und Kühltechnik, während die Szene von mitteleuropäischen Wäldern in subarktische Mondlandschaft übergeht. Passagiere sind gut beraten, warme Kleidung mitzuführen – und genügend Dollars, denn die Fahrt ist kein billiges Vergnügen: Erwachsene sind mit 39 $, Kinder zwischen 6 und 12 mit 26 $ dabei. Man erreicht den Talbahnhof Marshfield Base Station 6 mi / 10 km östlich von Fabyan via Base Road (stündliche Abfahrten: Mitte Juli – Labor Day tgl. 8.00 – 17.00, Mitte Juni – Mitte Juli 9.00 – 15.00 Uhr, Labor Day – Okt. wetterabhängig).

**Mount Washington Cog Railway (Abb. S. 229)

**Franconia Notch

Dieses enge, von Norden nach Süden verlaufende Tal trennt die Höhenzüge der Kinsman und Franconia Ranges und ist mit seiner großen Konzentration beeindruckender Naturschauspiele die schönste der White Mountains Notches. Hier folgen die I-93 und die ältere US 3 dem Pemigewasset River, stellenweise einander überschneidend. Besonders spektakulär ist der Abschnitt zwischen Lincoln und Franconia im Norden. Unterwegs dorthin verengt sich das Tal schließlich so weit, daß nur noch die Straße hindurchpaßt – ein in Neuengland einzigartiges Spektakel und eines der absoluten Highlights von New Hampshire. Die ersten Siedler kamen Mitte des 18. Jh.s, gefolgt von den ersten Touristen in den 1850er Jahren, für die eine Reihe herrlicher, inzwischen abgebrannter Grandhotels in die Landschaft gesetzt wurde. Das Kerngebiet ist heute als Franconia Notch State Park geschützt.

Von Lincoln nach Franconia

7 mi / 11 km westlich des Resort- und Einkaufsstädtchens Lincoln erreicht man an der NH 112 in der Kinsman Notch die Lost River Gorge. In der schmalen, vom Fluß tief in den Granit geschnittenen Schlucht liegen mächtige Felsblöcke, zwischen denen man auf Treppen und hölzernen Plankenwegen zum rauschenden Wildwasser hinabsteigt (Öffnungszeiten: Mai bis Okt. tgl. 9.00 – 16.00, Juli – Aug. bis 18.00 Uhr).

Lost River

White Mountains · *New Hampshire*

Die Schlucht "The Flume" ist vom Flume Visitor Center leicht zu erreichen.

*The Flume

Vom Flume Visitor Center kurz nach dem Eingang zum State Park ist auf gut ausgebauten Fußwegen The Flume leicht zu erreichen, eine bis zu 30 m tiefe und stellenweise nur 3 m breite Klamm, eines der populärsten Naturspektakel der White Mountains. Dicht über dem klaren Wasser des Flume Brook arbeitet sich ein Plankenweg durch die immer enger werdende Schlucht bis zu einem fotogenen, in mehreren Kaskaden in einen ausgewaschenen Pool stürzenden Wasserfall (Öffnungszeiten: Mitte Mai – Okt. tgl. 9.00 – 17.00 Uhr).

Lonesome Lake

Dieser idyllische, etwa 300 m über dem Talboden liegende Bergsee ist auf einer dreistündigen Wanderung vom Parkplatz am Lafayatte Campground aus zu erreichen.

**Old Man of the Mountain

Viele Autofahrer biegen aus zunächst unerklärlichen Gründen auf den Parkplatz gegenüber vom Profile Lake ab. Den Grund erkennt man nur mit zusammengekniffenen Augen oder mit dem Fernglas: Hoch über dem Profile Lake ragt aus einer Bergwand eine Felsformation hervor, die dem Profil eines Mannes verblüffend ähnlich sieht. Die von Kinn bis Stirn 12 m messende Formation wurde im Jahr 1805 von zwei Siedlern entdeckt, die Ähnlichkeiten mit dem damaligen US-Präsidenten Thomas Jefferson zu erkennen glaubten. Heute prangt "The Old Man" als Logo auf allen State-Highway-Schildern in New Hampshire.

New Hampshire · White Mountains

Der Cannon Mountain (1274 m ü.d.M.) zählt im Winter zu den schönsten Skigebieten Neuenglands. Zu jeder Jahreszeit eröffnen sich vom Aussichtsdeck auf dem Gipfel herrliche Blicke über die Franconia Notch; weitere eindrucksvolle Panoramen bieten sich während einer Kurzwanderung auf dem Rim Trail. Zum besten Überblick über diesen Teil der White Mountains fährt die Cannon Mountain Aerial Tramway hinauf (Öffnungszeiten: Juli–Labor Day tgl. 9.00–17.30, Mitte Mai–Juni und Labor Day–Okt. 9.00–16.30 Uhr).

*Cannon Mountain

*Kancamagus Highway

Bei Einheimischen heißt die Panoramastrecke schlicht "the Kanc" – der Name erinnert an Kancamagus, einen berühmten Indianerhäuptling aus der frühen Kolonialzeit. Dieser rund 50 km lange Abschnitt der NH 112 verbindet Lincoln und Conway und ist, gesäumt von dichten Ahorn- und Birkenwäldern, vor allem während der Laubfärbung im Indian Summer einer der schönsten Roadtrips Neuenglands. Die Straße folgt Pemigewasset und Swift Rivers, die glasklar in unzähligen flachen Stufen nach Osten rauschen. Aussteigenswert sind unterwegs die schönen Sabbaday Falls und der Mount Chocorua, dessen Besteigung vom Champney Falls Trail-Parkplatz eine schweißtreibende Fünfstundenangelegenheit ist, sich aber wegen der phantastischen Aussicht auf die White Mountains im Norden unbedingt lohnt.

Von Lincoln nach Conway

Polar Caves Park

Ganz am Südwestrand des White Mountain National Forest liegt das Städtchen Plymouth, das hauptsächlich vom Tourismus in den hier steiler werdenden White Mountains lebt. 5 mi/8 km westlich von Plymouth erreicht man auf der NH 25 den Polar Caves Park. Fünf der spektakulärsten Höhlen und Passagen, darunter die kühle Ice Cave und eine besonders enge Passage namens Lemon Squeezer sind auf hölzernen Plankenwegen zu erreichen. Fluoreszierende Mineralien wie Quarz und Beryll sind im (fast) pechschwarzen Inneren der Cave of Total Darkness zu bewundern (Öffnungszeiten: Mai–Okt. tgl. 9.00 bis 17.00 Uhr).

New York

Fläche: 128 402 km²
Bevölkerungszahl: 18,2 Mio.
Hauptstadt: Albany
Zeitzone: Eastern Time
Beiname: Empire State

Der Bundesstaat New York ist der größte Flächenstaat im Nordosten der USA. Er erstreckt sich zwischen der Atlantikküste und den Großen Seen. Im Norden grenzt er an die kanadischen Provinzen Québec und Ontario, im Westen bildet der Eriesee seine natürliche Grenze. Im Süden grenzt der Staat New York an Pennsylvania und im Südosten an New Jersey. Im Osten verläuft die Grenzlinie direkt von Süden nach Norden entlang der Staatsgrenzen von Connecticut, Massachusetts und Vermont. Die größte Ausdehnung des Staates New York beträgt sowohl in nord-südlicher, als auch in west-östlicher Richtung rund 500 Kilometer.

Abwechslungsreiche Landschaften kennzeichnen den Bundesstaat New York. Die markantesten sind die Catskill Mountains und die Adirondack Uplands. Im Südosten hat New York Anteil an der großen Atlantischen Küstenebene, einer von Nehrungen zerschnittenen Region, die in der Vergangenheit auch von zahllosen Sümpfen durchsetzt war. Nördlich dieser Küstenebene und östlich des Hudson River erstreckt sich am östlichen Ufer des Hudson River das New England Upland als sanft gewelltes Hügelland, zu dem auch die Mittelgebirgslandschaft der Taconic Range gehört. Entlang der beiden größten Flüsse des Bundesstaates zieht sich das Hudson-Mohawk-Tiefland, eine fruchtbare, etwa 15 bis 50 km breite Tallandschaft. Westlich des Hudson River erheben sich die Catskill Mountains als nördliche Ausläufer der Appalachen. Diese Mittelgebirgslandschaft, deren höchste Erhebung 1281 m ü. d. M. aufragt, wurde bereits im Erdaltertum vor ungefähr 400 bis 500 Mio. Jahren angelegt.

Der Westen des Bundesstaates wird dominiert von den Höhenzügen des Appalachian Platea. Diese abwechslungsreiche Mittelgebirgslandschaft ist geprägt von ausgedehnten bewaldeten Hochflächen, die durch einige Flußläufe gegliedert werden. Ein besonders markanter Teil dieser Landschaft ist das Gebiet um die Finger Lakes. Die wie Finger einer Hand angeordneten Seen verlaufen in nord-südlicher Richtung. Es handelt sich um Gletscherzungenbecken, die in der letzten Eiszeit entstanden sind. Der Genesee River hat im Letchworth State Park den größten und eindrucksvollsten Canyon östlich des Mississippi gegraben.

Seine nördliche Fortsetzung findet das Appalachian Plateau jenseits des Mohawk Valley im Tug Hill Plateau. Diese recht rauhe Gebirgslandschaft östlich des Ontariosees ist für winterlichen Schneereichtum bekannt und erfreut sich daher bei Wintersportlern größter Beliebtheit.

Östlich dieses Plateaus trifft man auf die Adirondack Uplands. Hier findet man die höchsten Erhebungen des Bundesstaates, darunter natürlich auch den 1629 m hohen Mount Marcy. Die Adirondacks gehören zum Kanadischen Schild, jener uralten Landmasse, die bereits im Präkambrium,

Lage und Landesnatur

◀ *New York ist nicht nur New York City. Es ist auch große Natur – am großartigsten natürlich die Niagarafälle: Blick auf die American Falls.*

New York

Lage und Landesnatur (Fortsetzung)

d. h. vor über 1 Mrd. Jahren entstanden ist. Im Tertiär, d. h. vor 60 bis 20 Mio. Jahren, wurden die Adirondacks angehoben. Die vielen Seen sind ein Ergebnis der letzten Eiszeit, die hier erst vor 10 000 Jahren zu Ende ging.
In den Adirondacks entspringt der Hudson River, der zusammen mit dem Mohawk River ein fruchtbares Tiefland geschaffen hat, das Hudson-Mohawk Lowland. Der Hudson River selbst ist bis Albany ganzjährig schiffbar. Nicht von ungefähr ist er die Hauptleitlinie der wirtschaftlichen bzw. industriellen Entwicklung des Staates New York. Ganz im Norden des Empire State breitet sich das fruchtbare St.-Lorenz-Tiefland zu Füßen der Adirondacks aus, und im Nordwesten erstreckt sich das ebenfalls stark ackerbaulich genutzte Erie-Ontario Lowland entlang der beiden gleichnamigen Großen Seen.

Geschichte

Als einer der ersten Europäer hat der Italiener Giovanni da Verrazona 1524 jenen Küstenabschnitt erkundet, an dem sich heute New York City ausdehnt. Damals lebten hier verschiedene Stämme der östlichen Waldlandindianer, darunter auch Irokesen und Algonquin. 1609 segelte Henry Hudson im Auftrag der holländischen Kolonisten den heute nach ihm benannten Fluß hinauf bis nach Albany. Im gleichen Jahr erkundete der Franzose Samuel de Champlain von Québec kommend das Gebiet um den See, der heute seinen Namen trägt. Um 1614 richteten die Holländer einen Handelsposten in der Gegend von Albany ein. Peter Minewitt kaufte 1626 den Indianern für einen kleinen Obulus die Insel Manhattan ab und begründete die Kolonie Nieuw Amsterdam. Im Jahre 1664 erfolgte die Abtretung der Kolonie an die Engländer, die Nieuw Amsterdam in New York umbenannten. König Charles II. gab seinem Bruder, dem Herzog von York, das Land zum Lehen. Im späten 17. Jh. erhielt die Region den Status einer Kronkolonie. In der Folgezeit kam es zu ständigen Auseinandersetzungen zwischen Briten und Franzosen und den mit ihnen verbündeten Indianerstämmen. Erst der im Jahre 1763 ausgehandelte Vertrag von Paris sollte die Eigentumsverhältnisse in Nordamerika klären. Doch die Engländer konnten sich des errungenen Friedens nicht lange erfreuen, denn am 4. Juli 1776 erfolgte die Unabhängigkeitserklärung der englischen Kolonie vom Mutterland. 1777 gab sich New York eine eigene Verfassung, elf Jahre später trat es als elfter Gründungsstaat den USA bei. New York City fungierte sogar für kurze Zeit als Hauptstadt der Vereinigten Staaten.
Von 1812 bis 1814, als die US-Amerikaner Krieg gegen die Briten führten, war der Bundesstaat New York Schauplatz heftiger Auseinandersetzungen, in deren Verlauf britische Truppen die Stadt Buffalo niederbrannten. Von Auswirkungen des Sezessionskrieges blieb die Region allerdings weitgehend unbehelligt, obwohl Truppen aus New York auf Seiten der Union kämpften. Hinsichtlich seiner Bevölkerungsstärke und Wirtschaftskraft hat sich der junge "Empire State" bereits in der ersten Hälfte des 19. Jh.s eine herausragende Stellung unter den US-Bundesstaaten erarbeiten können. Erst Mitte der sechziger Jahre wurde ihm vom Westküstenstaat Kalifornien der Rang abgelaufen. Von Beginn an herrscht ein enormer Gegensatz zwischen der Großstadt New York, die heute Zentrum eines der größten Ballungsgebiete der Erde ist, und ihrem sehr ländlich geprägten Hinterland.

Bevölkerung

Lange Zeit war New York der bevölkerungsreichste Bundesstaat der Vereinigten Staaten, doch mit 18,2 Mio. Einwohnern steht der US-Nordoststaat heute nur noch an dritter Stelle. Eine Sonderstellung nimmt der Ballungsraum von New York City ein. Hier leben heute 40 % der Bevölkerung des Empire State. In der Stadt leben heute neben vielen weiteren Minderheiten vor allem Afro-Amerikaner, die etwa ein Viertel der Bevölkerung stellen, und Hispanos, die ungefähr ein Fünftel der Einwohnerschaft bilden. Nicht uninteressant ist, daß im Ballungsraum New York rund 3 Mio. Juden leben. Im Gegensatz zu New York City spielen Afro-Amerikaner und Hispanos in Upstate New York eine weniger bedeutende Rolle. Weitere größere Städte sind Buffalo mit 328 000 Einwohnern, Rochester und Syracuse. Hauptstadt ist die am Hudson-River gelegene Stadt Albany mit 105 000 Einwohnern.

New York

Bevölkerung (Fortsetzung)

Auf dem Gebiet des Empire State leben noch einige tausend Nachkommen von Indianern, die ursprünglich zwei Sprachgruppen angehörten, nämlich den Irokesen und den Algonquin. 1570 haben sich die Cayuga, Mohawk, Oneida, Onondaga und Seneca zum Irokesenbund zusammengeschlossen, die nicht nur gegen die weißen Einwanderer zu Felde zogen, sondern auch die feindlichen Algonquin-Stämme vertrieben.

Wirtschaft

Die hochspezialisierte Landwirtschaft des Empire State produziert in erster Linie für die Megalopolis an der Ostküste. Die wichtigsten Erzeugnisse sind Fleisch (bes. Geflügel), Milch, Eier, Gemüse und Obst. Bedeutung hat auch der Weinbau in der Finger Lakes Region, die nach dem kalifornischen Napa Valley das zweitgrößte Anbaugebiet in den USA ist.

Lange Tradition hat die Industrie im Empire State, der größtenteils im Manufacturing Belt liegt. Zentrum ist der Ballungsraum um New York City, wo die Hälfte aller industriellen Erzeugnisse des gesamten Bundesstaates New York erzeugt wird. An vorderster Stelle stehen chemische und pharmazeutische Produkte, Maschinen und Elektrogeräten, Textilien, Nahrungs- und Genußmittel sowie Druckerzeugnisse. Neben New York City haben sich auch die Regionen Buffalo (bes. Metallindustrie), Rochester (bes. Fotoindustrie) und Albany profilieren können.

Der mit Abstand bedeutendste Wirtschaftszweig ist die Dienstleistungsbranche, die heute etwa vier Fünftel des Bruttosozialprodukts erwirtschaftet. Mehr als dominant ist die Stellung von New York City, dem bedeutendsten Handels- und Finanzplatz der westlichen Hemisphäre. Auf den drei großen New Yorker Flughäfen werden jährlich weit über 70 Mio. Passagiere abgefertigt. Damit ist New York City das mit Abstand wichtigste Ziel des nationalen und internationalen Luftverkehrs.

Freizeit, Sport und Tourismus

Der Empire State hat einige touristische Ziele von Weltrang aufzuweisen. Allen voran stehen der "Big Apple" New York City, der mit seinen zahlreichen kulturellen und sonstigen Attraktionen geradezu ein Muß für jeden Besucher des amerikanischen Nordostens ist. Ebenso "muß" man an den Niagarafällen gewesen sein, die das mit Abstand meistbesuchte Natur-Reiseziel im US-amerikanischen Osten sind. Ganz auf Naturfreunde und Outdoor-Enthusiasten hat man sich in den Adirondacks und in den Catskill Mountains eingestellt. Hier kann man im Sommer wandern, reiten, mit dem Mountainbike fahren und einsame Seen und Flüsse mit dem Kanu erkunden. Beliebte Wassersportreviere sind der Eriesee, der Onatriosee und die Finger Lakes. Im Winter bietet Upstate New York eine Fülle von Wintersportmöglichkeiten. Am bekanntesten ist das in den Adirondacks gelegene Lake Placid, das schon zweimal Austragungsort olympischer Winterspiele gewesen ist. Im gesamten Bundesstaat sind mehr als 200 geschützte Areale (National Parks, State Parks, Historic Sites usw.) ausgewiesen. Das Spektrum reicht von kulturellen Sehenswürdigkeiten (z.B. Fort Niagara State Park) und landschaftlichen Höhepunkten (z.B. Letchworth State Park) bis zu National Historic Sites, zu denen auch einige der schloßartigen alten Herrensitze im Tal des Hudson River gehören.

Adirondacks F–H 5/6

Region: The Adirondacks
Telefonvorwahl: 518

Lage und **Naturraum	Im Norden des Empire State erheben sich die Adirondack Mountains, ein landschaftlich reizvolles, dicht bewaldetes und seenreiches Mittelgebirge. Während der letzten Kaltzeiten wurden die Adirondacks von mehrfachen Eisvorstößen förmlich "abgehobelt". Durch die Erosion verloren die ursprünglich über 3 000 Meter hohen Berge beträchtlich an Höhe. Heute ist der 1629 m hohe Mount Marcy der höchste Berg der Adirondacks und des gesamten Bundesstaates. Während der Wisconsin-Eiszeit, die vor ungefähr 10 000 Jahren zu Ende ging, waren die Adirondacks von einem fast 2000 m mächtigen Eispanzer bedeckt. Nach dem Abschmelzen der Gletscher entstanden zahllose Seen und Feuchtgebiete, die bis heute das Landschaftsbild mitprägen.
Geschichte	Bevor europäische Einwanderer in dieses Waldgebirge vordrangen, war es Jagd- und Siedlungsgebiet der Mohawk-Indianer. Die weißen Ankömmlinge versuchten, das Land urbar zu machen. Wegen der ungünstigen Böden und vor allem wegen der zu kurzen Vegetationsperioden mußte die Kultivierung aufgegeben werden, was dazu führte, daß heute über 40 % der Fläche in Staatsbesitz sind. Seit 1885 stehen die Adirondacks unter Naturschutz. Bereits 1892 wurde der Adirondack Park ausgewiesen. Er ist mit mehr als 24 000 km² Fläche heute noch das größte Naturschutzgebiet im Osten der USA, in dem sich noch ein Großteil der ursprünglichen Pflanzen- und Tierwelt halten konnte.
Freizeit und Sport	Im Bereich der Adirondacks wohnen derzeit zwar nur rund 100 000 Menschen, aber pro Jahr zählt man hier über 10 Mio. Erholungssuchende. Dementsprechend gibt es ganzjährig ein reichhaltiges Angebot an Freizeit- und Sportmöglichkeiten sowie eine stattliche Zahl von Campingplätzen, Ferienhäusern und Lodges.
Wassersport	Zahlreiche Seen und Flußläufe machen das Waldgebirge zu einem Eldorado für Kanuten, Angler und sonstige Freizeit-Aktivisten. Die wichtigsten Zentren, in denen man auch Touren buchen und Ausrüstungen mieten kann, sind North Creek, Old Forge, Lake Luzerne und Indian Lake. Zwischen Old Forge und den Saranacs kann eine über 200 km lange Kanustrecke durchgehend befahren werden. Außerdem gibt es in den Adirondacks etliche hervorragende Möglichkeiten für Wildwasser-Enthusiasten.
Trekking	In den Adirondacks sind über 3 000 km Wege für Wanderer und Mountainbiker markiert. Als unentbehrliches Informations- und Kartenmaterial werden die "ADK Guides to Adirondack Trails" oder "Discover the Adirondacks" empfohlen.
Reiten	Auch begeisterte Geländereiter kommen auf ihre Kosten. Mehrere Reitställe bieten Ausritte in die faszinierende Natur an, so in Lake Luzerne, Eagle Bay und Saranac Lake.
Wintersport	Die Adirondacks bieten aufgrund ihres Schneereichtums geradezu ideale Bedingungen für Skiläufer aller Gattungen. Der berühmteste und weit über die Grenzen der Vereinigten Staaten hinaus bekannte Wintersportplatz ist → Lake Placid.

Südöstliche Adirondacks · Lake George

Glen Falls	Größte Siedlung im Südosten der Adirondacks ist die am Hudson River gelegene 15 000-Einwohner-Stadt Glen Falls, deren Anfänge ins Jahr 1763 zurückreichen. Sie ist ein guter Ausgangspunkt für Ausflüge an den Lake George, den südlichen Lake Champlain und den Great Sacandaga Lake. Kunstfreunde besuchen in Glen Falls die Hyde Collection, die in einer 1912 erbauten Villa untergebracht ist. Neben Werken von El Greco, Rubens und

New York · Adirondacks

Freizeitkapitäne finden auf dem Lake George in den Adirondacks ein reiches Betätigungsfeld.

Rembrandt sind hier auch Gemälde von Cézanne, Renoir, Degas, Van Gogh und Picasso ausgestellt (161 Warren St.; Öffnungszeiten: Jan. – April Mi. – So. 12.00 – 17.00, Mai – Dez. Di. – So. 10.00 – 17.00 Uhr). In einem hübschen viktorianischen Haus lädt das Chapman Historical Museum zum Besuch ein, das sich mit der Regionalgeschichte der südlichen Adirondacks befaßt (348 Glen St.; Öffnungszeiten: Di. – Sa. 10.00 – 17.00 Uhr).

Glen Falls (Fortsetzung)

Wasserratten und Vergnügungssüchtige kommen wenige Meilen nördlich von Glen Falls voll auf ihre Kosten in dem direkt am US 9 gelegenen Amusement-Park mit dem klangvollen Namen "Great Escape & Splashwater Kingdom". Neben vielerlei Wasserrutschen und Wellenbecken gibt es hier auch einige rasante Fahrgeschäfte. Den ganzen Tag über werden bunte Shows und Unterhaltungsprogramme geboten (US 9; Öffnungszeiten: Memorial Day – Labor Day tgl. 10.00 – 18.00 Uhr).

Great Escape & Splashwater Kingdom

Wenn man von Glen Falls aus auf dem I-87 weiter nach Norden fährt, so erreicht man nach ca. 12 mi/20 km die Südspitze des rund 50 km langen und maximal 6 km breiten Lake George. Der 1646 von einem französischen Jesuitenpater entdeckte See, um dessen Besitz sich Franzosen und Engländer im 18. Jh. heftig stritten, bietet mit seinen zahlreichen Inseln geradezu ideale Voraussetzungen für Angler und Wassersportler.

*Lake George

An der Südspitze des Sees liegt Lake George Village (3000 Einw.), das hektisch-betriebsame Versorgungszentrum für die gesamte Erholungslandschaft um den See mit zahlreichen Motels, Restaurants, Bars und Geschäften. Von Mai bis Oktober legen hier der Schaufelraddampfer SS "Minnehaha" und das Motorschiff M/V "Mohican" zu romantischen Ausflugsfahrten ab (Auskunft: Lake George Steamboat Company, Tel. 1-800-553-BOAT). Am südlichen Ortsrand kann man einen Nachbau des historischen Fort William Henry besichtigen, das an die unruhigen Zeiten im 18. Jh. erinnert, als sich in dieser Gegend Engländer, Franzosen und India-

Lake George Village

Adirondacks · *New York*

Lake George Village (Fortsetzung)

ner bekriegten. Passend zur Umgebung wird hier auch der Film "Der letzte Mohikaner" vorgeführt (Canada St., Ecke US 9/NY 9N; Öffnungszeiten: Juli/Aug. tgl. 9.00–22.00, sonst tgl. 10.00–17.00 Uhr).

Westlich des Lake George

Westlich des Lake George verstecken sich einige kleinere Seen wie etwa der Brant Lake, der Paradox Lake oder der Schroon Lake, die beschaulicher sind, als der total vom Touristenrummel erfüllte Lake George. In der Ortschaft Brant Lake verdient das Horicon Museum Beachtung. In einem alten, um 1800 entstandenen Bauernhaus werden Einblicke in das beschwerliche Leben jener Zeit vermittelt (an der NY 8; Öffnungszeiten: Juli bis Labor Day Di., Do. und Fr. 13.00–16.00 Uhr).

Lake Champlain und Umgebung

*Lake Champlain

Der Lake Champlain, ein typischer Gletscherzungenbeckensee, der sich am Ostrand der Adirondacks von Nord nach Süd erstreckt und die Grenze zu Vermont markiert, wird wegen seiner Länge (rund 200 km) oft als "Sechster Großer See" bezeichnet. Bereits im Jahre 1609 wurde der See, dessen Ufer von Angehörigen der Irokesen-Konföderation besiedelt waren, vom französischen Voyageur Samuel de Champlain erforscht. Bis zum Ende des 18. Jh.s stritten sich Franzosen und Briten auch um diese Landschaft, wie die Reste einiger alter Forts beweisen. Große wirtschaftliche Bedeutung hatte einstmals der Holzreichtum dieser Gegend. Bis Mitte des 19. Jh.s wurden weite Flächen abgeholzt, um Bauholz und Holzkohle für die Eisenverhüttung zu gewinnen. Danach begannen Farmer auf den abgeholzten Flächen Landwirtschaft zu betreiben.

Fort Ticonderoga ist 1755 von den Franzosen angelegt worden.

Fort Ticonderoga

Auf der Landenge, die den Lake Champlain von der Nordspitze des Lake George trennt, liegt der Ort Ticonderoga. Sehenswert ist das am Ortsrand gelegene Fort, das die Franzosen 1755 zur Sicherung ihrer kanadischen

New York · Adirondacks

Besitzungen erbaut haben. Vier Jahre später fiel es an die Engländer, die es ihrerseits 1775 an die um ihre Unabhängigkeit kämpfenden Amerikaner abgeben mußten. 1777 wurde es von den Briten zwar zurückerobert, verlor aber bald seine strategische Bedeutung und zerfiel. Noch heute ist der Besucher beeindruckt von den kolossalen Sandstein-Wehrbauten mit ihren Bastionen und tiefen Gräben. Uniformierte in historischen Gewändern lassen das unruhige 18. Jh. wiederaufleben (Öffnungszeiten: Mai–Okt. tgl. 9.00–17.00, im Juli und Aug. bis 18.00 Uhr). — Fort Ticonderoga (Fortsetzung)

Wenige Meilen nordwestlich von Ticonderoga gab es – wie der Ortsname Ironville schon sagt – im 19. Jh. eine große Eisenhütte. Diese warf wohl einigen Gewinn ab, wenn man sich die vornehmen im Federal Style bzw. Greek Revival Style errichteten Häuser anschaut. Besonders bemerkenswert ist das 1828 erbaute Haus von Allen Penfield, einem Miteigentümer der hiesigen Eisenhütte. Es ist heute als Museum zugänglich (Öffnungszeiten: Mitte Mai–Mitte Okt. tgl. 10.00–16.00 Uhr). — Ironville

16 mi/26 km nördlich von Ticonderoga, wo eine Brücke den Lake Champlain überspannt, kann man die Reste einer Wehranlage inspizieren, die 1737 von den Franzosen zur Abwehr von Angriffen der Engländer und der mit ihnen verbündeten Indianer errichtet worden ist. Das Fort wurde zwar 1759 von den Briten eingenommen, diese erbauten aber weiter südwestlich das größere Fort Crown Point. Von hier bietet sich ein schöner Ausblick auf den Lake Champlain und hinüber nach Vermont. — Crown Point Historic Site

Von Crown Point führt die NY 22 weiter nach Norden. Alsbald erreicht man das hübsche, 1765 gegründete Städtchen Essex mit mehr als 150 Gebäuden, die im Zeitraum von 1790 bis 1860 errichtet worden sind. — Essex

Einige Meilen weiter nördlich lohnt ein Stop am Ausable Chasm. Der Ausable River zwängt sich hier durch eine spektakuläre, stellenweise nur wenige Meter breite und bis zu 60 m tiefe Klamm zum Lake Champlain. Auf einer kurzen Wanderung sieht man zudem einige besonders bizarre Felsbildungen. Am Table Rock starten unerschrockene Wildwasserfahrer mit ihren Kajaks und Schlauchbooten (Öffnungszeiten: Memorial Day–Columbus Day tgl. 9.30–17.00 Uhr). — Ausable Chasm

Am nordwestlichen Ufer des Lake Champlain, wo sich der Saranac River in den See ergießt, liegt die Stadt Plattsburgh (20000 Einw.), die Standort der State University of New York (SUNY) ist. Einen Besuch verdient hier das Kent-Delord House, das 1797 erbaut worden und mit kostbarem Mobiliar ausgestattet ist (Öffnungszeiten: März–Dez. Di.–Sa. 12.00–16.00 Uhr). Kunst des 20. Jh.s, darunter mehr als 40 Skulpturen von Nina Winkel, sind im Plattsburgh Art Museum auf dem Uni-Campus ausgestellt (Öffnungszeiten: tgl. 12.00–16.00, Do. bis 20.00 Uhr). Vom Schiffsanleger an der Dock Street bricht die M/V "Juniper" in den Sommermonaten zu erlebnisreichen Ausflugsfahrten und romantischen "Dinner Cruises" auf dem Lake Champlain auf (bfahrten tgl. 13.00 und 18.00, Fr. und Sa. auch 11.00 Uhr). — Plattsburgh

Lake Placid · Nördliche Adirondacks

Der bekannteste Ort in den Adirondacks ist Lake Placid (574 m ü.d.M.), der schon zweimal, nämlich 1932 und 1980, Austragungsort der Olympischen Winterspiele gewesen ist. Zwar kommen schon seit Mitte des 19. Jh.s Erholungsuchende und Sommerfrischler nach Lake Placid, doch als Wintersportplatz reüssierte es erst seit dem Winter 1904/1905, als in größerem Maße Skitouristen hierher kamen. Lake Placid liegt zu Füßen der höchsten Berge der Adirondacks, die in der kalten Jahreszeit dank ihres Schneereichtums ideale Wintersportverhältnisse bieten können. In der warmen Jahreszeit kann man die höchst reizvolle Berglandschaft "per pedes", mit dem Mountainbike oder hoch zu Roß erkunden. Wassersportler kommen auf dem Mirror Lake und Lake Placid auf ihre Kosten. — *Lake Placid

Adirondacks · *New York*

Im Sommer ist Lake Placid Ausflugsziel. In den Bergen rundum fanden schon zweimal die Olympischen Winterspiele statt.

Lake Placid (Fortsetzung)

Lake Placid bietet sich das ganze Jahr über als quirlige Touristenhochburg dar. Klotzige Olympiabauten, großzügig konzipierte Hotel- und Motelkomplexe, überquellende Sport- und Souvenirgeschäfte, edle Boutiquen und schreiend-bunte Fast-Food-Lokale prägen das Ortsbild.

Olympic Center

Die städtebauliche Dominante ist das klobige Olympic Center an der Main Street. Beeindruckend ist vor allem die große Arena, in der bereits die Eröffnungs- und die Schlußfeier der Winterolympiade 1932 stattgefunden haben und die heute als Eisstadion dient. 1980 wurden hier die Entscheidungen im Eisschnelllauf, Eiskunstlauf und Eishockey ausgetragen. Fast an jedem Samstagabend werden hier eissportliche Veranstaltungen bzw. Shows geboten (Führungen: Juli – Labor Day tgl. 10.00 – 15.00 Uhr).

Olympic Museum

In dem Gebäudekomplex ist auch ein kleines Museum untergebracht, das sich mit der Geschichte der Olympischen Winterspiele in Lake Placid beschäftigt (Öffnungszeiten: Ende Mai – Okt. tgl. 10.00 – 17.00 Uhr).

John Brown Farm

Südlich außerhalb der Stadt kann man die einstige Farm des wohl berühmtesten Abolitionisten der Vereinigten Staaten besichtigen, der sich hier im Jahre 1855 niedergelassen hat. John Brown, ein radikaler Gegner der Sklaverei, überfiel 1859 zusammen mit einer Gruppe von Gesinnungsgenossen ein Waffenarsenal in West Virgina. Mit dieser Aktion wollte er zum bewaffneten Widerstand gegen die Sklavenhalter aufrufen und gleichzeitig die Sklaven mit den erbeuteten Waffen ausrüsten. Er wurde jedoch von Truppen des General Robert E. Lee zur Aufgabe seines Vorhabens gezwungen und im Dezember 1859 gehenkt. Seine letzte Ruhestätte fand er zusammen mit zehn Gefolgsleuten auf dem Gelände seiner Farm (Öffnungszeiten: Ende Mai – Okt. Mi. – Sa. 10.00 – 17.00, So. 13.00 – 17.00 Uhr).

Olympia-Sprungschanzen

Ganz in der Nähe der John Brown Farm fanden 1980 die olympischen Wettbewerbe im Skispringen statt. Vom Turm der 120-Meter-Schanze bietet sich ein geradezu phänomenaler Rundblick. Bei gutem Wetter sieht man bis zum Lake Champlain. (Führungen: Mitte Mai – Mitte Okt. tgl. 9.00 – 16.00 Uhr).

New York · Adirondacks

14 mi / 22 km südöstlich oberhalb von Lake Placid kommt man via NY 73 in die zauberhafte Bergwelt am Mount Van Hoevenberg mit dem Olympic Sports Complex. Hier oben wurden 1980 die olympischen Bob- und Rodel- sowie die Skilanglauf- und Biathlon-Wettbewerbe ausgetragen. Die Bob- und Rodelbahnen stehen von Mitte Mai bis Mitte Oktober täglich von 10.00 bis 16.00 Uhr zur Besichtigung offen. Wer den Nervenkitzel braucht, dem sei eine rasante Fahrt auf der atemberaubenden Sommerbobbahn empfohlen (Öffnungszeiten: Ende Juni – Mitte Okt. Mi. – So. 10.00 – 12.30 und 13.30 – 16.00 Uhr). Die olympischen Langlaufstrecken können im Sommer von passionierten Mountainbikern befahren werden (Mitte Juni bis Anfang Sept. tgl. 10.00 – 18.00 Uhr, Mieträder stehen zur Verfügung).
Mount Van Hoevenberg

Eine lohnende, aber nur für geübte Bergwanderer empfehlenswerte Tour führt von der Mount Hoevenberg State Recreation Area südwärts zum Mount Marcy, der mit 1629 m der höchste Berg des Empire State ist.
Mount Marcy

Wer von Lake Placid auf der NY 86 nordostwärts fährt, erreicht nach 8 mi / 13 km die High Falls Gorge, eine Schlucht mit spektakulären Wasserfällen, in die sich der Ausable River mit lautem Getöse stürzt (Zugang: Memorial Day – Mitte Okt. tgl. 9.00 – 16.15 Uhr).
High Falls Gorge

Die alpinen Wettbewerbe der Olympischen Winterspiele 1980 fanden am Whiteface Mountain statt, der sich ganz in der Nähe der High Falls Gorge erhebt. Hier gibt es die längsten und steilsten Abfahrten östlich der Rocky Mountains. Die Sessellifte auf den Gipfel des 1097 m hohen Little Whiteface Mountain sind auch von Mitte Juni bis Mitte Oktober täglich in Betrieb.
Whiteface Mountain

Von der Ortschaft Wilmington führt der Whiteface Mountain Veterans' Memorial Highway (NY 431; geöffnet Mitte Mai – Mitte Okt.; mautpflichtig) auf den 1483 m hohen Whiteface Mountain. Die im Jahre 1935 eröffnete Bergstrecke führt durch eine atemberaubende Landschaft und bietet unvergeßliche Blicke auf die Gebirgslandschaft der Adirondacks.
Whiteface Mountain Veterans' Memorial Highway

Unterwegs passiert man eine Ortschaft mit dem beziehungsreichen Namen North Pole. Seit 1949 gibt es hier eine typisch US-amerikanische Attraktion: einen Themenpark mit der Bezeichnung "Santa's Home Workshop", denn Santa Claus wohnt im Glauben amerikanischer Kinder am Nordpol. Vor der Kulisse eines romantischen Alpendorfes wird bereits ab Juli Weihnachten gespielt, mit verkleidetem Weihachtsmann und echten Rentieren (Öffnungszeiten: Juli und Aug. tgl. 9.30 – 16.30, Sept. – Mitte Okt. Sa. und So. 9.30 – 16.00, Ende Nov. – 23. Dez. Sa. und So. 10.00 bis 15.30 Uhr).
Santa's Home Workshop

Größter Ort in den nördlichen Adirondacks ist Saranac Lake (5000 Einw.), das knapp 10 mi / 16 km nordwestlich von Lake Placid am unteren Ende einer landschaftlich höchst reizvollen Treppe aus drei Seen liegt. Die Siedlung wurde 1819 gegründet. In den achziger Jahren des 19. Jh.s eröffnete Dr. Edward Livingston Trudeau hier ein Sanatorium für Lungenkranke. Einer seiner Patienten war der schottische Schriftsteller Robert Louis Stevenson (1850 – 1894), der Verfasser des 1883 erschienenen Erfolgsromans "Die Schatzinsel". Er wohnte in einem Cottage, das den Sommer über als Museum zugänglich ist. Hier hat man zahlreiche Erinnerungen an den weltberühmten Autor zusammengetragen, darunter Erstausgaben seiner Werke, Notizen und Entwürfe zu Romanen und Erzählungen, Photographien und von ihm geschaffene Holzschnitte (Öffnungszeiten: Juli – Mitte Sept. tgl. 9.30 – 12.00 und 13.00 – 16.30 Uhr).
Saranac Lake

Ca. 20 mi / 32 km nördlich von Saranac Lake, bei dem Ort Onchiota, kann man sich genauer über die Geschichte und Kultur von fünf bzw. sechs Indianerstämmen (Cayuga, Mohawk, Oneida, Onondaga, Seneca, ab 1722 Tuscarora) informieren, die sich Ende des 16. bzw. im 18. Jh. im Irokesenbund zusammengeschlossen haben (Anfahrt via NY 3; Öffnungszeiten: Juli und Aug. Di. – So. 10.00 – 18.00 Uhr).
Six Nations Indian Museum

245

Adirondacks · *New York*

Südwestliche Adirondacks

Naturraum

Die südlichen und südwestlichen Adirondacks sind nicht ganz so spektakulär wie die Berge im Nordosten. Die stark bewaldete Hügellandschaft mit den zahlreichen Seen erinnert zumindest entlang der NY 28 (Blue Mountain Lake - Fulton Chain Lakes - Alder Creek) oder der NY 30 (Tupper Lake-Indian Lake-Amsterdam) ein wenig an die Mecklenburgische, mehr noch an die Finnische Seenplatte.

Adirondack Museum

Nahe der Ortschaft Blue Mountain Lake lohnt ein Besuch des Adirondack Museum. In dieses Freilichtmuseum hat man einige für die Adirondacks ganz typische Bauten versetzt. Darunter befinden sich das "Log Hotel" von 1876, das "Adirondack Cottage", in dem der Landschaftsmaler Gustav Wiegand zwischen 1900 und 1920 wirkte, und ein Schulhaus aus dem Jahre 1907. Ferner erfährt man Interessantes über die traditionellen Gewerbe, so etwa über die Holzfäller, Bergarbeiter, Wagen- und Bootsbauer (Öffnungszeiten: Memorial Day – Mitte Okt. tgl. 9.30 – 17.30 Uhr).

Das Idyll am Raquette Lake veranlaßte manchen Ostküstenmillionär, sich hier ein Sommerrefugium zu bauen – man kann es ihnen bei diesem Anblick nicht verdenken.

Sagamore

4 mi / 6 km südlich von Raquette Lake erreicht man via NY 28 das inmitten unberührter Natur gelegene Great Camp Sagamore. Wohlhabende von der Ostküste begannen in der zweiten Hälfte des 19. Jh.s damit, in der Abgeschiedenheit der Adirondacks zwar rustikale, aber ziemlich luxuriös ausgestattete Sommerresidenzen bauen zu lassen. Das heute unter Denkmalschutz stehende Anwesen "Sagamore" wurde 1897 für den Industriellen William West Durant fertiggestellt, der es aber 1901 an Alfred G. Vanderbilt verkaufen mußte. Auf diese Weise wurde Sagamore für mehr als fünf Jahrzehnte Sommersitz der Vanderbilts. Im Rahmen von Führungen erfährt man, wie die Millionäre in der Wildnis gelebt haben. Bis zu 200 Bedienstete und Dutzende von Gästen reisten im Sommer mit den hohen Herr-

New York · Albany

schaften an. Im Upper Camp befanden sich die Unterkünfte für die Angestellten, die Werkstätten sowie ein eigenes Schulhaus, in dem die Kinder der Bediensteten unterrichtet wurden. Das Lower Camp liegt malerisch auf einer Halbinsel im Raquette Lake. Hier hielten sich den Sommer über die Vanderbilts auf und gaben Empfänge. Architektonisch höchst bemerkenswert sind die Main Lodge und das sog. Wigwam; ja man hatte auch ein Extra-Gebäude für Spiele und eine Bowling-Anlage im Freien (Führungen: Juli – Labor Day tgl. 10.00 und 13.30 Uhr).

Adirondacks, Sagamore (Fortsetzung)

Folgt man der NY 28 durch die landschaftlich überaus reizvolle Seenlandschaft der Fulton Chain of Lakes südwärts, so erreicht man den Ort Old Forge mit dem Vergnügungspark "Enchanted Forest / Water Safari". Von Old Forge lohnt eine Dampferfahrt, auf der man gleich mehrere der miteinander verbundenen Seen kennenlernt (Auskunft: Tel. 369 - 64 73). Ebenfalls von Old Forge aus kann man mit dem Sessellift auf den Gipfel des McCauley Mountain hinaufschweben, von wo sich ein toller Rundblick bietet.

Fulton Chain of Lakes

Ein besonderes Erlebnis – vor allem in der Zeit des Indian Summer – ist eine Fahrt mit der Adirondack Scenic Railroad ab der weiter südwestlich gelegenen Thendara Station. Die Züge verkehren von Mai bis Mitte Oktober (Fahrplanauskunft: Tel. 369 - 62 90).

Adirondack Scenic Railroad

Albany

H 7

Region: Capital – Saratoga
Höhe: 46 m ü. d. M.
Einwohnerzahl: 102 000
Telefonvorwahl: 518

Die Gründung der am Mittellauf des Hudson River gelegenen Stadt Albany reicht bis ins frühe 17. Jh. zurück. 1609 beendete Henry Hudson hier seine Reise, die er mit seinem Schiff "Half Moon" flußaufwärts unternommen hatte. 1614 richtete die holländische Westindische Compagnie hier einen Pelzhandelsplatz ein, der zunächst Beverwyck hieß. Die ersten Siedler, hauptsächlich Holländer, Norweger, Dänen, Deutsche und Schotten, kamen ab 1624 unter dem Schutz von Kiliaen Van Rensselaer hierher. Vier Jahrzehnte später übernahmen die Briten den strategisch günstig gelegenen Stützpunkt, von dem aus sie in den noch unerschlossenen Westen vordrangen. Albany gewann während der Auseinandersetzungen mit den Franzosen und Indianern an militärischer Bedeutung. Während des Amerikanischen Unabhängigkeitskrieges war es ein wichtiger Brückenkopf. 1797 wurde Albany zur Hauptstadt des Bundesstaates New York erhoben.

Lage und Geschichte

Einen starken Wachstumsschub erhielt die Stadt durch den Erie-Kanal, der 1825 nach achtjähriger Bauzeit eröffnet werden konnte. An dem Kanalbau waren Tausende von Einwanderern beschäftigt, die mit dazu beitrugen, daß Albany zu einem enorm wichtigen Warenumschlagsplatz wurde. Der Erie-Kanal erwies sich schon nach wenigen Jahrzehnten als zu knapp bemessen. 1918 wurde deshalb der breitere und tiefere New York State Barge Canal eröffnet. Die alten Wasserstraßen des New York State Canal System werden inzwischen fast nur noch von Freizeitkapitänen benutzt.

Sehenswertes in Albany

Das zweifellos markanteste Gebäude der Stadt ist das State Capitol, das auf einer Anhöhe über dem Hudson River thront. Sein Bau zog sich von 1867 bis 1899 hin und verschlang die für damalige Verhältnisse schwindelerregende Summe von 25 Mio. Dollar. Im Gegensatz zu vielen anderen Bundesstaaten orientierten sich die hiesigen Baumeister nicht an der

State Capitol

Albany · *New York*

State Capitol (Fortsetzung)

Architektur des Kapitols in Washington, D.C., sondern ließen sich vom Baustil französischer Schlösser inspirieren. Für die anfängliche Bauphase zeichnete der Architekt Thomas Fuller verantwortlich. Unter seiner Regie entstanden die ersten beiden Stockwerke im Stil der italienischen Renaissance. Ab 1876 hatte Henry Hobson Richardson die Bauleitung inne. Er ließ die nächsten Stockwerke in neoromanischem Stil realisieren. Schon die Treppenhäuser spiegeln die Pracht wider, die in den einzelnen Sitzungssälen zu unbeschreiblicher Opulenz gesteigert wird. Insbesondere gilt dies für die Assembly Chamber (1879), die Senate Chamber (1881) und die Western Staircase (1896; Führungen: Mo.–Fr. 9.00–16.00 stündlich, Sa. und So. 10.00, 12.00, 14.00 und 15.00 Uhr).

Ausnahmsweise nicht nach dem Vorbild Washington, DC:
New Yorks State Capitol in Albany setzt andere architektonische Akzente,
die aber keineswegs bescheidener ausfallen.

Downtown

Die Umgebung des Capitols ist geprägt von zahlreichen monströsen Gebäuden, die nicht so recht in das Bild einer mittleren Stadt mit nur rund 100 000 Einwohnern passen wollen. Nördlich des Kapitols erstreckt sich entlang der Washington Avenue das State Education Building mit Hunderten von korinthischen Säulen. Nordöstlich, wo die Washington Street in die Eagle Street mündet, steht die City Hall, ein Repräsentativbau in neoromanischem Stil, der 1881 ebenfalls unter der Regie von Henry Hobson Richardson errichtet wurde.

Empire State Plaza

An Gigantismus kaum zu überbieten ist allerdings das aus einem Dutzend miteinander verbundenen Bauten bestehende Verwaltungs- und Kulturzentrum mit dem beziehungsreichen Namen "Empire State Plaza". Es wurde zwischen 1962 und 1978 auf Initiative von Gouverneur Nelson A. Rokkefeller errichtet und nimmt ca. 40 ha des Areals südlich vom Kapitol ein. Das wohl kurioseste Gebäude ist das sog. "Ei", in dem das Performing Arts Center untergebracht ist. Die Empire State Plaza Art Collection im Corning Tower zeigt eine Sammlung ausgewählter moderner amerikani-

New York · Albany

scher Kunst. Im 42. Stockwerk des Corning Tower befindet sich eine Aussichtsplattform (Öffnungszeiten: tgl. 10.00 – 15.45 Uhr), von der aus sich ein toller Ausblick bietet.

Empire State Plaza (Fortsetzung)

Im imposanten Riesenbau des Cultural Education Center ist das reichhaltige New York State Museum untergebracht. Der "Empire State" wird hier in (fast) all seinen Facetten vorgestellt. Schwerpunkte der beachtenswerten Ausstellung sind die Naturgeschichte und ökologische Aspekte der Adirondacks, die indianische Urbevölkerung unter besonderer Berücksichtigung der Mohawk und natürlich auch der Schmelztiegel New York Metropolis (Öffnungszeiten: tgl. 10.00 – 17.00 Uhr).

New York State Museum

Wer sich näher für die Geschichte der Stadt und ihres Umlandes interessiert, dem sei ein Besuch im Albany Institute of History & Art empfohlen (125 Washington Ave.; Öffnungszeiten: Mi. – So. 12.00 bis 17.00 Uhr).

Albany Institute of History & Art

Nicht versäumen sollt man einen Abstecher zur Shaker Heritage Society im Nordwesten der Stadt. In der ersten Siedlung der Shaker ist noch das im Jahr 1848 erbaute Gemeindehaus erhalten. Auf dem Friedhof findet man das Grab von Mother Ann Lee, der Begründerin der Glaubensgemeinschaft (Albany-Shaker Rd.; Öffnungszeiten: Di. – Sa. 9.30 – 16.00 Uhr, s. a. S. 143).

Shaker Heritage Society

Während des Zweiten Weltkrieges wurden in Albany über 500 Begleitboote für Zerstörer erbaut, von denen noch drei erhalten sind. Wer sich für das Innenleben eines solchen Bootes interessiert, kann neuerdings das Museumsschiff "USS Slater" im Snow Dock an der Verlängerung des Broadway besichtigen.

"USS Slater"

Umgebung von Albany

Von Mai bis Oktober fahren Ausflugsschiffe – darunter auch ein Schaufelraddampfer – ab den Anlegeplätzen Albany, Troy und Rensselaer den Hudson River auf- und abwärts.

Bootsausflüge auf dem Hudson

Ca. 6 mi / 10 km nördlich von Albany kann man das Museum der 1813 gegründeten Waffenfabrik von Watervliet besuchen, in der heute noch Kanonen hergestellt werden. Die Ausstellung historischer Waffen zeigt Produkte aus amerikanischen und europäischen Waffenschmieden (NY 32 / Broadway; Öffnungszeiten: Mo – Do. 10.00 – 15.00 Uhr).

Watervliet Arsenal Museum

Gegenüber von Albany liegt der Ort Rensselaer am Ostufer des Hudson. Hauptsehenswürdigkeit ist die Crailo State Historic Site. Hier kann man sehr gut nachvollziehen, welchen Einfluß die holländischen Einwanderer bei der Besiedlung des Empire State hatten (Riverside Ave.; Öffnungszeiten: Mitte April – Okt. Mi. – Sa. 10.00 – 17.00, So. 13.00 – 17.00 Uhr).

Rensselaer

Ca. 15 mi / 24 km südöstlich von Albany liegt die Ortschaft Old Chatham. Im hiesigen Shaker Museum kann man meisterliche Handarbeiten von Anhängern dieser Glaubensgemeinschaft bewundern, vor allem Schreinerarbeiten, aber auch kunstvolle Stickereien und besonders feine Näharbeiten (88 Shaker Museum Rd.; Öffnungszeiten: Ende April – Okt. Mi. – Mo. 10.00 – 17.00 Uhr).

*Shaker Museum Old Chatham

Von Old Chatham ist es übrigens nicht weit zu zwei alten Shaker-Siedlungen, in denen man die einfache Lebensweise dieser Glaubensgemeinschaft studieren kann. Das kleine Mount Lebanon Shaker Village liegt bei New Lebanon an der US 20 und noch auf dem Gebiet des Bundesstaates New York, das viel größere und bekanntere Hancock Shaker Village liegt ebenfalls an der US 20 unmittelbar jenseits der Grenze im Bundesstaat Massachusetts (s. S. 142).

Shaker-Siedlungen

Buffalo · New York

Buffalo C 6

Region: Greater Niagara
Höhe: 183 m ü.d.M.
Einwohnerzahl: 330 000
Telefonvorwahl: 716

Lage und Allgemeines

An der Nordwestspitze des Lake Erie und nicht weit von den weltberühmten Niagarafällen entfernt liegt Buffalo, die zweitgrößte Stadt des Empire State. Sie ist heute eine moderne Hafen- und Industriestadt und ein wichtiger Verkehrsknotenpunkt. Großbetriebe der Metall- und chemischen Industrie sowie ausgedehnte Gleisanlagen und Straßenbauten prägen das Bild.

Geschichte

Bis zur Ankunft war das heutige Stadtgebiet Siedlungsraum von Indianern, die sich im Irokesenbund zusammengeschlossen hatten. Bereits im 17. Jh. kamen französische, wenig später auch holländische Siedler vorübergehend in diese Gegend, um das fruchtbare Land zu bebauen. Die erste feste Siedlung legte die Holland Land Company im Jahre 1803 an. Der Landvermesser Joseph Ellicot legte einen radialen Straßengrundriß nach dem Vorbild von Washington, DC an. Im Jahre 1812, also während der heftigen Auseinandersetzungen zwischen Briten und Amerikanern, erlitt Buffalo schwere Zerstörungen, wurde aber auf Grund seiner überragenden strategischen Bedeutung rasch wieder aufgebaut. Als Endpunkt des 1825 eröffneten Erie-Kanals avancierte die Stadt rasch zum wichtigsten Waren-

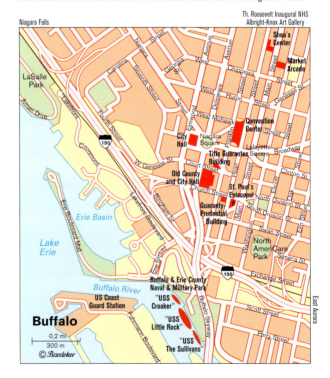

250

umschlagsplatz zwischen New York City und dem Mittleren Westen. Bereits Mitte des 19. Jh.s war Buffalo mit seinen unzähligen Getreidemühlen zum größten Mehlproduzenten der USA geworden. Auch nach dem Bedeutungsverlust des Erie-Kanals behielt Buffalo seine führende Rolle, da es inzwischen an das Eisenbahnnetz angeschlossen war. Als ab 1896 billiger Strom in den Kraftwerken am Niagara gewonnen werden konnte, kam es zu einem weiteren wirtschaftlichen Aufschwung, der bis in die Zeit nach dem Zweiten Weltkrieg andauerte. Vor allem die chemische und die Schwerindustrie blühten auf. 1950 erreichte die Einwohnerzahl mit 580 000 ihren historischen Höchststand. Nunmehr ging es mit Buffalo stetig bergab, woran auch die Eröffnung des St.-Lorenz-Seeweges im Jahre 1959 nichts änderte. Die Stahlkrise der siebziger Jahre des 20. Jh.s tat ein übriges. Viele verloren ihre Arbeitsplätze und wanderten in andere Bundesstaaten ab. Seit den frühen neunziger Jahren des 20. Jh.s zeigen die eingeleiteten Umstrukturierungsmaßnahmen erste Erfolge.

Geschichte (Fortsetzung)

Die für ihre hervorragende Akustik bekannte Kleinhans Music Hall ist Heimstatt des inzwischen weltberühmten Buffalo Philharmonic Orchestra. Theater- und Opernaufführungen schaut man sich am besten im 1926 eröffneten Shea's Buffalo Theatre in der Main Street an.

Musik und Theater

Die Stadt am Eriesee ist zudem noch durch eine kulinarische Spezialität in ganz Nordamerika bekannt: die "Buffalo Wings", frittierte Hähnchenschlegel in einer würzigen Sauce, wurden hier erstmals kreiert.

Buffalo Wings

Downtown

Die 30stöckige City Hall am Niagara Square wurde 1931 im Art-Deco-Stil erbaut. Von ihrem Observation Deck (28. Stock; Öffnungszeiten Mo.–Fr. 8.30–16.00 Uhr) bietet sich ein großartiger Rundblick. Vor dem Rathaus erinnert ein Marmordenkmal an den 1901 in Buffalo ermordeten US-Präsidenten William McKinley.

City Hall

Östlich des Niagara Square verläuft die Franklin Street, an der mehrere bemerkenswerte Bauten stehen, so die neugotische Old County & City Hall (92 Franklin St.) aus dem Jahre 1876 und das Title Guarantee Building, das 1833 im Greek Revival Style erbaut worden ist.

Franklin Street

In der Church Street, die die Franklin mit der Pearl Street verbindet, trifft man zunächst auf das von Louis Sullivan und Dankmar Adler entworfene und 1896 fertiggestellte Guaranty-Prudential Building (Ecke Church St./ Pearl St.), das mit seinen für heutige Verhältnisse bescheidenen 13 Stockwerken dennoch zu den ersten Wolkenkratzern der Welt zählt. Gegenüber erhebt sich die neugotische St. Paul's Episcopal Cathedral mit ihrem knapp 84 Meter hohen Glockenturm, an dem von 1849 bis 1851 gebaut worden ist.

Church Street

Die Main Street ist heute Fußgängerzone und Haupteinkaufsstraße der Stadt. Architektonisch bedeutenswert sind das 1895 im Stil der Neorenaissance errichtete Ellicott Square Building sowie das Liberty Bank Building von 1925, auf dessen Dach zwei 10 m hohe Nachbildungen der Freiheitsstatue in New York ins Auge fallen. Die Market Arcade ist heute ein beliebtes Einkaufszentrum.

Main Street

Im Süden von Downtown erstreckt sich der Buffalo & Erie County Naval & Military Park am Beginn einer Landzunge, die in den Eriesee hineinreicht und von der man einen guten Blick auf die Stadt hat. Hier kann man das U-Boot "USS Croaker" und den Zerstörer "USS The Sullivans" aus dem Zweiten Weltkrieg sowie den modernen Lenkwaffenkreuzer "USS Little Rock" besichtigen und ein Museum besuchen (Öffnungszeiten: April–Okt. tgl. 10.00–17.00, Nov. nur Sa. und So. 10.00–16.00 Uhr).

Buffalo & Erie County Naval & Military Park

Buffalo · *New York*

Blick von der City Hall auf Downtown Buffalo

Bootsausflüge	Ganz in der Nähe starten die Motorschiffe "Miss Buffalo" und "Niagara Clipper" zu Ausflugsfahrten über den Eriesee, den Niagara River und zu der von den beiden Niagaraarmen umflossenen Grand Island (Auskunft: Tel. 856 - 66 96).
Buffalo Museum of Science	Im Osten der Stadt beschäftigt sich das im Martin Luther King Park gelegene Buffalo Museum of Science mit Geologie und Physik, Botanik, Zoologie und Anthropologie sowie Astronomie und Raumfahrt (1020 Humboldt Parkway; Öffnungszeiten: Di. – So. 10.00 – 17.00, Fr. bis 22.00 Uhr).
*Theodore Roosevelt Inaugural National Historic Site	Eine der bedeutendsten Sehenswürdigkeiten von Buffalo, die Theodore Roosevelt Inaugural National Historic Site, findet man im nördlichen Vorort Allentown. In der mondänen, 1837 im Greek Revival Style errichteten Villa von Rechtsanwalt Ansley Wilscox hat Theodore Roosevelt, der Stellvertreter des in Buffalo ermordeten US-Präsidenten William McKinley, am 14. September 1901 seinen Amtseid abgelegt. In der Villa werden die Hintergründe der Ermordung McKinleys aufgezeigt und die Regierungszeit Roosevelts beleuchtet (641 Delaware Ave.; Öffnungszeiten: April – Dez. Mo. bis Fr. 9.00 – 17.00, Sa. und So. 12.00 – 17.00 Uhr).
*Albrigth-Knox Art Gallery	Kunstsinnige treffen sich in der am Delaware Park gelegenen Albrigth-Knox Art Gallery. Stark vertreten sind Impressionisten wie Van Gogh, Monet, Renoir und Cézanne, aber auch Künstler der Moderne wie Picasso, Dalí, Mirò, Chagall und Warhol (1285 Elmwood Ave.; Öffnungszeiten: Di. bis Sa. 11.00 – 17.00, So. 12.00 – 17.00 Uhr).
Buffalo & Erie County Historical Society Museum	Unweit nördlich fällt ein geradezu majestätisch wirkendes Gebäude ins Auge, in dem sich der Bundesstaat New York anläßlich der Panamerika-Ausstellung des Jahres 1901 präsentierte. Hier wird heute vor allem die wirtschaftshistorische und architektonische Entwicklung der Stadt Buffalo und ihres Umlandes aufgezeigt. Die Sonderkollektion "Bflo. Made" zeigt meh-

rere hundert Produkte der Region. Ein Ausstellungsschwerpunkt beschäftigt sich mit den vielen namhaften Architekten, die in Buffalo ihre Spuren hinterlassen haben. Zu diesen zählt auch Frank Lloyd Wright (1867 – 1959), dessen Baustil man ganz in der Nähe studieren kann (25 Nottingham Ct.; Öffnungszeiten: Di. – Sa. 11.00 – 17.00, So. 12.00 – 17.00 Uhr).

Buffalo & Erie County Historical Society Museum (Fortsetzung)

Umgebung von Buffalo

Im nordöstlichen Vorort Amherst zieht ein Freilichtmuseum Besucher an, die wissen wollen, wie die Menschen hier in der Pionierzeit gelebt haben. Personal in historischen Kostümen bietet dementsprechend "Living History" (3755 Tonawanda Creek Rd.; Öffnungszeiten: Di. – Fr. 9.30 – 16.30, April – Okt. auch Sa. und So. 12.30 – 16.30 Uhr).

Amherst Museum

Ca. 20 mi / 32 km südöstlich von Buffalo liegt die Kleinstadt East Aurora, die Elbert Hubbard ab 1895 zum Zentrum der Roycroft-Bewegung machte. Dabei ging es ihm um die Aufwertung alter Handwerkskünste. Der Roycroft Campus (31 S. Grove St.) war die Wirkungsstätte Hubbards, wo zahlreiche Handwerker ihre kunstvollen Arbeiten fertigten. Viele berühmte Persönlichkeiten der damaligen Zeit statteten Hubbard und seinen "Roycrofters" einen Besuch ab, so auch Thomas Edison, Henry Ford und Theodor Roosevelt. Hubbard kam 1915 zusammen mit seiner Frau beim Untergang des Luxusliners "Lusitania" ums Leben. Heute kann man in den Ateliers bestes Kunsthandwerk erstehen. Das Hubbard-Roycroft Museum, das sich mit der Geschichte der Roycroft-Bewegung befaßt, ist in einem schlichten Bungalow untergebracht, der 1910 von "Roycrofters" erstellt worden ist. Ausgestellt sind diverse kunsthandwerklich sehr bemerkenswerte Gegenstände, die von den "Roycrofters" zwischen 1895 und 1938 angefertigt worden sind (363 Oakwood Ave.; Öffnungszeiten: Juni – Mitte Okt. Mi., Sa. und So. 14.00 – 16.00 Uhr).

East Aurora
Elbert Hubbard-Roycroft Museum

Catskills

G 7 / 8

Region: The Catskills
Telefonvorwahlen: 518, 607, 914

Die sich westlich des Hudson-Tals erhebenden und noch im 19. Jh. von dichten Hemlock-Tannenwäldern bestandenen Catskills sind neben den Adirondacks die zweite größere Gebirgsregion des Bundesstaates New York. Höchste Erhebung ist der 1274 m hohe Slide Mountain im Ulster County. Ein großer Teil des Gebirges steht als Catskill Park unter Schutz. Die Catskills bestehen aus sandigen und lehmigen Sedimenten, die bereits im Erdaltertum vor rund 350 Mio. Jahren abgelagert wurden. Der blaue bis graue Sandstein wurde im Laufe der Zeit durch tektonische Kräfte angehoben, und es entstand ein flaches Hochland, das alsbald von Flußläufen zerschnitten wurde. Seinen letzten "Schliff" erhielt das Gebirge in der Wisconsin-Kaltzeit.

Lage und
*Naturraum

Die tiefen Wälder erzeugten bei den in dieser Gegend lebenden Menschen schon immer eine gewisse Ehrfurcht. Die Indianer glaubten, daß hier himmlische Mächte wohnen, und selbst die im 17. Jh. im Hudsontal siedelnden Holländer fürchteten sich vor den Geistern und Kobolden, die angeblich in den Wäldern wohnten. Von ihnen stammt auch die Bezeichnung "Kaaterskill", die später zu "Catskills" umgeformt wurde. Erst im 19. Jh. entstanden zahlreiche Gerbereien, und durch übermäßigen Holzeinschlag wurden die wertvollen Waldbestände dezimiert. Ende des 19. Jh.s kamen die Steinhauer in das Waldgebirge und brachen hier den gut zu bearbeitenden Sandstein, der vor allem in der stürmisch wachsenden Metropole New York City gefragt war.

Geschichte

Catskills · New York

Geschichte (Fortsetzung)	Schon zu Beginn des 19. Jh.s. kamen die ersten Erholungssuchenden aus den Ballungszentren an der Ostküste in die Catskills. Zu Beginn des 20. Jh.s gehörte es in New York und anderen Städten zum guten Ton, einen Ferienaufenthalt in den Catskills zu verbringen oder hier sogar einen Zweitwohnsitz zu unterhalten. Vor allem jüdische Immigranten aus Osteuropa richteten hier zahlreiche "koschere" Pensionen ein, die dem Waldgebirge bald den Beinamen "Borscht Belt" einbrachten. Einen Höhepunkt erlebte der Fremdenverkehr in den Catskills in den zwanziger und dreißiger Jahren, als in den Ferienorten immer häufiger auch recht namhafte Künstler Gastspiele gaben. Inzwischen haben sich die großen Reiseströme verlagert, und in den Catskills ist es ruhiger geworden. Neue Chancen in Sachen Tourismus verspricht man sich durch neue Angebote, von denen Anhänger eines umweltverträglichen Tourismus angesprochen werden.
Touristische Angebote	Unzählige Übernachtungsmöglichkeiten für jeden Geschmack laden zum Verweilen ein. Dies gilt für Campingplätze ebenso wie für mondäne Country Clubs. Besonders beliebt sind Bed & Breakfast-Angebote sowie z. T. traumhaft gelegene Ferienhütten und Ferienhäuser. Eine Hauptbeschäftigung vieler Catskills-Touristen ist das Wandern. Besonders beliebt sind mehrtägige organisierte Wanderungen ohne Gepäck durch den Catskills Park. Auch passionierte Mountainbiker, Geländereiter und Wassersportler kommen hier auf ihre Kosten. So tummeln sich auf dem Delaware River im Sommer Schlauchboot-, Kanu- und Kajakfahrer. Für Golfer hat man eine ganze Reihe schöner Plätze angelegt. Im Winter werden in den Catskills zahlreiche Langlaufloipen und Pisten für Anhänger des alpinen Abfahrtslaufs präpariert Die bekanntesten Skigebiete sind die Hunter Mountain Ski Bowl, die Windham Ski Area, das Belleayre Mountain Ski Center sowie die Bobcat Ski Area und die Scotch Valley Ski Area.

Ulster County

*Scenic NY 28 · Ulster & Delaware Railroad	Eine landschaftlich besonders schöne Strecke ist die NY 28, die von Kingston am Hudson River über Phoenicia und Arkville bis nach Oneonta quer durch den Catskills Park führt. In dem kleinen, geradezu malerischen Ort Phoenicia steht der 1899 errichtete Bahnhof der Ulster & Delaware Railroad, der heute das Empire State Railway Museum beherbergt (Öffnungszeiten: Memorial Day–Labor Day Sa. und So. 11.00–16.00 Uhr). Die Catskill Mountain Railroad bietet Eisenbahnfahrten entlang des Esopus Creek an (Abfahrten: Juli und Aug. tgl., Mai, Juni, Sept., Okt. nur Sa. und So. 9.00–17.00 Uhr). Ein zweiter schöner Abschnitt, der von der Delaware & Ulster Railroad befahren wird, ist die Strecke von Arkville nach Fleischmanns im Delaware County (Abfahrten: Juli und Aug. Mi.–So., Mai, Juni, Sept., Okt. nur Sa. und So. 11.00–15.00 Uhr).
Mount Tremper	Die beiden Attraktionen des Nachbarortes von Phoenicia sind das weltgrößte Kaleidoskop ("Kaatskill Kaleidoscope") und der 1841 errichtete Riseley Barn, in dem man allerhand originelle Souvenirs erwerben kann.
Woodstock	Über die NY 212 erreicht man von Mount Tremper aus den 12 mi/19 km weiter östlich in reizvoller Landschaft gelegenen Ort Woodstock, dem Jimi Hendrix, Janis Joplin, Joe Cocker, Santana und zahlreiche andere bekannte Musiker 1969 mit dem legendären Woodstock-Festival zu Weltruhm verholfen haben – auch wenn es ca. 80 km weiter westlich bei Bethel stattfand (→ *Baedeker Special* S. 256–259). Das Städtchen Woodstock, in dem ca. 6000 Menschen leben, quillt über von Boutiquen und Galerien, in denen neben vielerlei Devotionalien bekannter Rock-Legenden auch allerhand Skurriles und fürchterlicher Kitsch feilgeboten werden. Als Tummelplatz von Exzentrikern hatte Woodstock schon lange vor 1969 Tradition: Ralph Radcliffe Whitehead richtete in dem bis dahin verschlafenen Nest 1902 die Künstlerkolonie "Byrdcliffe Arts

New York · Catskills

Die Kinder der Woodstock Generation auf der Suche nach dem Lebensgefühl ihrer Eltern – fündig werden sie hier in Woodstock nicht, denn das Festival fand in Bethel statt.

Colony" ein, die alsbald Bohemiens aller Schattierungen anzog. Seit 1916 finden alljährlich im Sommer die Maverick Summer Music Concerts statt.

Woodstock (Fortsetzung)

Greene County

Im nördlichen Teil des Catskill Park gibt es vielbesuchte Vergnügungsparks. Dazu gehören die südlich von Cairo an der NY 32 gelegene Catskill Game Farm mit Streichelzoo, der nur den Sommer über geöffnete Zoom Flume Water Park bei East Durham an der NY 145 sowie der einige Meilen weiter nordwestlich ebenfalls an der NY 145 angelegte Supersonic Speedway Fun Park, in dem man rasante Go-Kart-Fahrten unternehmen kann.

Vergnügungsparks

Eine landschaftlich außerordentlich reizvolle Strecke ist die NY 23 A, die westlich von Palenville nahe an die knapp 80 m hohen Kaaterskill Falls heranführt. Von Haines Falls aus lohnt ein Abstecher zur Catskill Mountain House Site. Hier wurde 1823 ein Hotel eingeweiht, das über hundert Jahre lang ein beliebter Treffpunkt des New Yorker Jetsets gewesen ist. Nach seiner Schließung zerfiel es allmählich und fiel 1963 schließlich einem Brand zum Opfer. Nach wie vor bestechend ist aber die einmalige Lage inmitten einer bezaubernden Landschaft, die nicht nur den Maler Thomas Cole, sondern auch den Schriftsteller James Fenimore Cooper inspirierte.

*Scenic NY 23 A

Via Hunter, wo man im Winter das wohl beste Skigebiet der Catskills findet, kommt man nach Prattsville. Hier lädt das Zadock Pratt Museum zu einem Besuch ein. In dem historischen Gebäude aus dem Jahre 1828 kann man wunderschönes Mobiliar aus dem frühen 19. Jh. bewundern (Öffnungszeiten: Mai – Okt. Mi. – So. 13.00 – 17.00 Uhr).

Prattsville

Baedeker Special

By the time I got to Woodstock we were half a million strong...

Joan Baez – The Band – Blood, Sweat & Tears – The Paul Butterfield Blues Band – Canned Heat – Joe Cocker – Judy Collins – Country Joe & The Fish – Creedence Clearwater Revival – Crosby, Stills & Nash – The Grateful Dead – Arlo Guthrie – Tim Hardin – The Keef Hartley Band – Richie Havens – Jimi Hendrix – The Incredible String Band – Jefferson Airplane – Janis Joplin – Melanie – Mountain – Quill – Santana – John Sebastian – Sha Na Na – Ravi Shankar – Sly & The Family Stone – Bert Sommer – Sweetwater – Ten Years After – The Who – Johnny Winter – Neil Young... Unentschuldigt fehlte The Jeff Beck Group, kurzfristig ausgebootet wurde Iron Butterfly. Daß Bob Dylan auftreten würde, war so selbstverständlich, daß man vergaß, ihn einzuladen.

Woodstock = Peace + Love + Music. Liest man die Gedächtnisprotokolle der Zeitzeugen, ist man geneigt, diese Gleichung nach Sex + Drugs + Rock'n Roll aufzulösen, denn speziell die zum Mythos erhobene Friedfertigkeit der halben Million Hippies hatte ihren Ursprung offenbar darin, daß die Versorgung mit bewußtseinsvernebelnden Substanzen reibungslos funktionierte. Doch auch wenn es heute angesichts der eine Million zappelnder Milchgesichter vereinenden Berliner Love Parade nicht gar so sensationell mehr erscheinen mag: Bevor Woodstock das Gegenteil bewies, galt schon die Vorstellung eines Events dieser Größenordnung als völlig absurd.
Das Rock Festival in Monterey hatte früher stattgefunden, Watkins Glen 1973 zog noch mehr Besucher an, doch "The Woodstock Music and Arts Fair" vom 15. bis 17. August 1969 war und bleibt das mit Abstand berühmteste Ereignis dieser Art. Austragungsort war die Farm von Max Yasgur bei der 3000-Seelen-Gemeinde Bethel in den Catskill Mountains, 80 km entfernt von Woodstock. Das Festival war der Höhepunkt der Hippie-Ära und galt einen kurzen Sommer lang als Beweis, daß die Woodstock Generation mit freier Liebe, psychedelischen Drogen und Rock eine friedfertig-soziale Woodstock Nation im Zeichen des Wassermanns hervorbringen könnte.

Geplant war all dies so jedoch nicht. Woodstock verdankt seinen legendären Ruf zum Großteil der Tatsache, daß es den Veranstaltern zunehmend aus dem Ruder lief. Initiiert wurde das Festival von John Roberts, Joel Rosenman, Artie Kornfeld und Michael Lang, vier jungen Männern zwischen 23 und 26 Jahren. Roberts, steinreicher Erbe einer Zahnpastadynastie, gab zusammen mit Rosenman im März 1968 eine Anzeige in der New York Times auf: "Junge Männer mit unbegrenztem Kapital suchen interessante, legale Investitionsmöglichkeiten und Geschäftsvorschläge." Unter den vielen Zuschriften fand sich auch die Idee der Freunde Kornfeld und Lang, in der ländlichen Idylle von Woodstock ein Aufnahmestudio einzurichten, denn hierher hatten sich renommierte Künstler wie Bob Dylan, Jimi Hendrix oder Van Morrison zurückgezogen, die angeblich professionelle Aufnahmemöglichkeiten in nächster Nähe vermißten. Außerdem sei der Ort wunderbar geeignet für ein Festival. Obwohl beide Freaks reinsten Wassers, waren sie nicht unbeleckt in der Materie: Kornfeld hatte es als Hitproduzent zum Vizepräsidenten von Capitol Records gebracht, Lang hatte 1968 das erfolgreiche Miami Pop Festival organisiert. Zwei Hippies und zwei Yuppies taten sich also zusammen und gründeten die Firma Woodstock Ventures, die zur Finanzierung des Studios ein Festival veranstalten wollte.
Im Industriegebiet von Walkill, NY, mieteten sie ein Gelände mit Platz für 50 000 Besucher. Plakate wurden gedruckt,

prominente Bands mit fürstlichen Gagen gelockt und in der Ober- und Untergrundpresse kräftig Werbung gemacht für drei Tage Frieden und Musik gegen Gewalt und Krieg. Der einzige in der Gegend ansässige Verleiher von Beschallungsanlagen erklärte die Veranstalter zunächst für komplett verrückt, als sie "Sound für 100 000" verlangten, denn bisher hatte es noch nie ein Konzert mit mehr als 50 000 Besuchern gegeben. Er ließ sich schließlich überreden und stellte die gewaltigste Anlage zusammen, die die Welt bis dahin gesehen hatte.

Die braven Bürger von Walkill bekamen allmählich eine genauere Vorstellung dessen, was da auf sie zukam und gerieten in Panik. Im Eilverfahren erließ die Gemeinde eine Verordnung, die Veranstaltungen für mehr als 5000 Besucher verbot und das Festival untersagte – bedenkt man das viel zu kleine Gelände, kann man sich jedoch kaum der nachträglichen Erkenntnis verschließen, daß damit eine Katastrophe verhindert wurde. Die Empörung über die "Repressalien des Establishments" brachte Woodstock Ventures aber eine enorme Publicity und Solidarität ein.

Drei Wochen vor dem festgelegten Termin wurde die riesige Farm von Max Yasgur gefunden, der zwar Milchfarmer war, ansonsten jedoch rein gar nicht in das konservative Klischee paßte, das diesem Berufsstand anhaftet. Bis die Bewohner von Bethel Wind bekamen von Art und Dimension des Festivals, war es auch schon zu spät. Sie sammelten noch Protestunterschriften, als dienstags schon die ersten Vorausabteilungen eintrafen, darunter 100 Mitglieder der Kommune "Hog Farm" unter Leitung von Wavy Gravy, die die Verpflegung der Massen übernehmen und als gewaltfreie "Hippie Police" fungieren sollten. Am Donnerstag staute sich der Verkehr auf der Route 17 B schon auf zehn Meilen. In Bethel tauchten Schilder auf mit der Aufschrift: "Kauft keine Milch! Stoppt Max Yasgurs Hippie-Festival!"

Als Michael Lang am Freitag aufwachte, fiel ihm ein, daß er vergessen hatte, Kartenhäuschen aufzustellen. Von den geplanten 25 konnten noch ganze zwei mühevoll durch die inzwischen entstandene Zeltstadt transportiert werden. Da der Begrenzungszaun von mehr als 200 000 Musikliebhabern ohne Ticket mittlerweile aber plattgewalzt worden war, blieben jedoch auch diese unbemannt. Zähneknirschend machten die Veranstalter nun gute Miene zum bösen Spiel und deklarierten Woodstock nachträglich zum Free Festival. Die örtliche Polizei, die die Kooperation verweigert hatte, kapitulierte und ging mit der Begründung nach Hause, daß es ohnehin keinen Verkehr mehr zu regeln gäbe – die Straße war von den Nachdrängenden, die ihre Autos verlassen hatten und die letzten 15 Meilen marschierten, bis über Monticello hinaus zum Parkplatz umfunktioniert worden. Die Zauberlehrlinge von Woodstock Ventures hatten nun ein echtes Problem: Nicht nur die 800 000 zur Verpflegung gedachten Sandwiches, auch fast alle Musiker saßen in der Blechlawine fest.

Der erste Tag, Freitag, sollte ganz im Zeichen des Folk Rock stehen mit Auftritten von Tim Hardin, Arlo Guthrie, Ravi Shankar, Dert Sommer, Melanie, Joan Baez, Sweetwater, The Incredible String Band und, als Vorgeschmack auf handfestere Klänge, Sly & The Family Stone. Tim

Hardin war zwar bereits anwesend, aber noch bis in die Haarwurzeln bekifft. Man mußte umdisponieren und schickte gegen 17.00 Uhr mit Richie Havens die einzige Alternative auf die Bühne. Der arme Mann mußte drei Stunden lang improvisieren, und der verzweifelte Schrei nach "Freedom" in seinem berühmtesten Stück klang nie wieder so authentisch. Gerettet wurde er ausgerechnet von einem Helikopter der U.S. Army, der Musiknachschub einflog. Richie dazu: "Gegen Soldaten hatten wir noch nie etwas. Wir sind nur gegen den Krieg". Es wurde nun jeder greifbare Hubschrauber gebucht, um die Massen aus der Luft zu versorgen, die Musiker traten jedoch entgegen jeglicher Dramaturgie in der Reihenfolge ihres Auftauchens vor Ort auf. Country Joe McDonald war schon da, seine Band The Fish nicht. Man schickte ihn mit akustischer Gitarre auf die Bühne, wo er sich mit seinem berüchtigten "Fish Cheer" einführte ("Gimme an F..."). Nach ihm wurde John Sebastian auf die Bühne komplimentiert. Er war eigentlich nur als Besucher gekommen und hatte kein ausgearbeitetes Programm parat, als er aus dem Publikum zwangsrekrutiert wurde. Nachdem er einige seiner Songs zum Besten gegeben hatte, stammelte er noch ein wenig Unfug: "Ihr müßt euch alle nur ganz arg liebhaben und auf dem Heimweg den Müll wegräumen." Nach und nach verlief die Veranstaltung in geordneten Bahnen, Tim Hardin kam wieder zu sich, und auch der mit Politparolen durchsetzte Funk von Sly & The Family Stone, quasi als Versuchsballon für die Publikumsreaktion auf radikalere Töne gestartet, löste nicht die befürchteten Massenkrawalle aus. Gegen Mitternacht, als Ravi Shankar seiner Sitar exotische Klänge entlockte, begann es zu tröpfeln, als Joan Baez "We shall overcome" sang, öffneten sich die Schleusen des Himmels und verwandelten das Tal in ein einziges Schlammbad. Nach Melanies Auftritt legten sich geschätzte 350 000 Menschen in einer gigantischen Fangopackung zur verdienten Ruhe.

Raymond Mizak wurde am Samstagmorgen Woodstocks erstes Todesopfer. Er hatte sich den schlammverkrusteten Schlafsack über Kopf und Körper gezogen und wurde von einem Traktor überrollt. Der Fahrer ist nie identifiziert worden. Musikalisch war der Tag dem harten, trei-

benden Rock gewidmet mit Gruppen wie The Who, Jefferson Airplane, Creedence Clearwater Revival, Grateful Dead, Canned Heat, Santana, Mountain und Janis Joplin. Der Hubschrauber-Pendelverkehr hatte sich inzwischen eingespielt und wurde auch von John Roberts in Anspruch genommen, als er von der National Bank in White Lake einen Kredit erbetteln mußte, weil die meisten Gruppen nicht ohne Vorkasse spielen wollten. Da man den Eindruck hatte, die gewaltige und immer noch anwachsende Menschenmenge durch permanente Action auf der Bühne besser kontrollieren zu können, schaffte man die Nachtruhe ab und bat die Bands, ihre Sets auszudehnen. Das Wetter schlug Kapriolen zwischen Gluthitze und Wolkenbruch. Die Bühne stand unter Wasser und The Grateful Dead buchstäblich unter Strom, als die berühmteste Live-Band Amerikas ihren lausigsten Auftritt ablieferte – schlechte Kabelisolierung führte zu gelegentlichen Stromstößen, so daß Jerry Garcia und Kollegen verständlicherweise nur sehr zögerlich in die Saiten griffen. Abbie Hoffman, als Mitbegründer der radikal-anarchistischen Yippie Party einer der prominentesten amerikanischen Freaks, enterte nun die Bühne, um eine flammende Rede zur Unterstützung eines gewissen John Sinclair zu halten, der wegen des Besitzes zweier Joints zu zehn Jahren Zuchthaus verdonnert worden war. Pete Townshend, Gitarrist der Who und unerschrockener Brite, hielt ihn für einen weiteren halluzinierenden Irren, zog ihm sein Instrument über den Schädel und schickte ihn ins Reich der Träume – make love, not war.

Den sonntäglichen Sonnenaufgang begrüßte Jefferson Airplane mit "White Rabbit": "One pill makes you larger, one pill makes you small. The ones that mother gives you don't do anything at all..." Kurz darauf bereiteten die Hog Farmer "Frühstück im Bett für 400 000". Hier das Rezept des größten gastronomischen Kraftakts seit der Speisung der 5000 mit fünf Fischen und zwei Broten: Alle verfügbaren Brötchen zu Mus verkochen, Erdnüsse zugeben, bis eine gulaschartige Masse entsteht. Gegebenenfalls vorhandenes Gemüse jeglicher Sorte zerhacken, anbraten und untermischen. Auf Papptellern servieren... Dabei hatte der medizinische Notdienst im Feldlazarett ohnehin alle Hände voll zu tun. Er war unterteilt in eine Abteilung für die Opfer der Woodstock-Krankheit (Sonnenstich und Augenschäden durch stundenlanges Starren in die Sonne), eine für von Glasscherben zerschnittene Füße und eine Entgiftungsstation für drogenbedingte Ausfälle. Zwei Patienten mit Heroinüberdosierung konnte nicht mehr geholfen werden.
Für die musikalischen Höhepunkt sorgten Crosby, Stills & Nash, zu denen im Lauf des Auftritts Neil Young stieß, The Band, Joe Cocker, Johnny Winter und Ten Years After, deren Gitarrist Alvin Lee beim Solo in "I'm going home" demonstrierte, daß er schneller spielte als sein Schatten. Die angekündigten Schwermetaller von Iron Butterfly warteten auf dem Flughafen von New York auf einen Hubschrauber, der nie erscheinen sollte. Die nervösen Veranstalter befürchteten inzwischen, daß die hypnotischen Klänge von "In-A-Gadda-Da-Vida" zu Massentumulten führen könnten. Schließlich war es neun Uhr früh am Montag, als Jimi Hendrix, der darauf bestanden hatte, als letzter aufzutreten, mit kreischenden Rückkopplungseffekten die amerikanische Nationalhymne zerpflückte und das Festival beendete.

Nebst einem recht augenfälligen Müllproblem hatte es Woodstock Ventures Schulden in Höhe von 1,3 Mio. $ eingebracht. 15 000 steckengebliebene Ticketbesitzer mußten zudem entschädigt werden. Dennoch: Lang und Kornfeld machten ein schlechtes Geschäft, als sie sich bald danach von Rosenman und Roberts für je 31 240 $ ihre Anteile abkaufen ließen. Der von Dokumentarfilmer Michael Wadleigh gedrehte Film über das Festival spielte allein an den amerikanischen Kinokassen über 50 Mio. $ ein. Die beiden aufwendig gestalteten Plattenalben, die die musikalischen Highlights dokumentieren, gehören zu den Dauerbrennern unter den Bestsellern und finden, mittlerweile als CD, auch heute noch begeisterte Abnehmer.

Die schöne Illusion vom Aufbruch in eine bessere Welt endete für die Woodstock Generation noch im selben Jahr im Alptraum der Gewaltexzesse des Altamont Speedway Festivals und der Ritualmorde der Manson Family. Möglicherweise ist es aber gerade der Schock, den die Gewißheit der Unmöglichkeit einer Wiederholung ausgelöst hat, der Woodstock zu einem ewig jungen Blütentraum und dem wehmütigen Mythos in der Erinnerung einer ganzen Generation gemacht hat. Man muß nicht dort gewesen sein, um davon zu schwärmen. Bezeichnenderweise ist der Song "Woodstock", der für Crosby, Stills, Nash & Young zum Hit geriet und heute als Hymne des Festivals gilt, von Joni Mitchell geschrieben worden. Sie war eine der vielen, die die Aquarian Exposition der Woodstock Music & Art Fair nur vom Hörensagen kannten.

Finger Lakes · New York

Catskills: Delaware County · Sullivan County

Hanford Mills
Folgt man von Prattville der NY 23 weiter nach Westen, so gelangt man via Stamford zu den Hanford Mills. Die Wasserkraft des Kortright Creek wurde ab 1846 zunächst in einer Sägemühle genutzt, später kam eine Getreidemühle hinzu, und zwischen 1880 und 1915 wurde hier sogar der Strom für den Ort East Meredith erzeugt – heute eine lehrreiche Ausstellung über die Mühlentechnik und die Bedeutung der Wasserräder für die rasante Entwicklung der Industrie (Öffnungszeiten: Mai – Okt. tgl. 10.00 – 17.00 Uhr).

Delaware County Museum
2 mi / 3 km nördlich der Ortschaft Delhi empfängt das ländliche Freilichtmuseum des Delaware County Besucher, die sich für die Wirtschafts- und Kulturgeschichte dieses Landstrichs interessieren. Highlights sind eine alte Schmiede und ein altes Schulhaus (Öffnungszeiten: Memorial Day – Mitte Okt. Di. – So. 11.00 – 16.30 Uhr).

Sullivan County
Im Süden der Catskills dehnt sich das Sullivan County aus, das vor allem entlang des Delaware River einige Attraktionen zu bieten. hat. Sehr beliebt sind Ausflugsfahrten auf dem Fluß. In Narrowsburg kann man im Sommer das Fort Delaware Museum of Colonial History besichtigen. Weiter flußabwärts erstreckt sich der Minisink Battleground Park, wo während des amerikanischen Unabhängigkeitskrieges eine blutige Schlacht ausgetragen wurde. Beachtung verdient ferner Roebling's Delaware Aqueduct, das 1848 gebaut worden ist. In der nahen, bereits in Pennsylvania gelegenen Ortschaft Lackawaxen ist das Zane Grey Museum ein "Wallfahrtsziel" von literarisch Bewandernten. Der Verfasser vielgelesener Wildwest-Stories, dessen Hauptwerk jedoch "The Vanishing American" ist, hat in diesem Haus während des Ersten Weltkrieges gewohnt und gearbeitet.

Finger Lakes   D / E 7

Region: Finger Lakes
Telefonvorwahlen: 315, 607, 716

Lage und
**Naturraum
Im Westen des Empire State, zwischen seiner Südgrenze und dem Ontariosee, breitet sich eine der schönsten Landschaften der nordöstlichen USA aus: die 20 000 km² große Region der Finger Lakes. Sechs größere und fünf kleinere Seen, die wie Finger einer Hand angeordnet sind, erstrecken sich allesamt in nord-südlicher Richtung. Der längste ist der 64 km lange Cayuga Lake, der tiefste ist der knapp 200 m tiefe Seneca Lake, und der kleinste ist der knapp 5 km lange Canadice Lake. Die Finger Lakes gelten als Musterbeispiele von Gletscherzungenbecken, die in der Wisconsin-Kaltzeit vor ungefähr 10 000 Jahren von den damals nach Süden vorstoßenden Eismassen ausgehobelt worden sind. Diese Becken füllten sich nach dem Rückzug des Eises mit Schmelzwasser. Inzwischen haben sich Wasserläufe tief in die Landschaft eingekerbt und teilweise ziemlich spektakuläre Schluchten und Wasserfälle entstehen lassen.

Geschichte
Vor der Ankunft der Europäer lebten in dieser Landschaft Waldlandindianer, die sich teils als Algonquin und teils als Irokesen bezeichneten. Im 16. Jh. gewannen die Irokesen die Oberhand, die in der Folgezeit in der heutigen Finger Lakes Region ihren Siedlungsschwerpunkt haben sollten.

Weinbau
Bereits in den zwanziger Jahren des 19. Jh.s begann man am Keuka Lake, Weinreben anzubauen. Bis heute haben etwa vier Dutzend größere Weinbaubetriebe überlebt, vor allem an den sonnenbeschienenen Hängen an Seneca Lake, Cayuga Lake, Keuka Lake und Canandaigua Lake. Mehrere Weinkellereien laden zu Führungen mit Weinproben ein, darunter die Olde Germania Vineyards am Keuka Lake, die Castel Grisch Winery am Seneca Lake oder die Glenora Winery bei Watkins Glen.

*New York · **Finger Lakes***

Die Weine aus Glenora haben schon manchen Preis gewonnen.

In der Region sind nicht weniger als zwei Dutzend State Parks ausgewiesen. Wer gern Wassersport betreibt, ist bestens aufgehoben im Seneca Lake State Park, im Keuka Lake State Park, im Cayuga Lake State Park bei Seneca Falls sowie im Alan H. Treman Marine State Park bei Ithaca. Wer gerne zauberhafte Landschaften zu Fuß, hoch zu Roß oder mit dem Mountainbike erkundet, dem sind folgende Schutzgebiete zu empfehlen: der Fillmore Glen State Park bei Moravia, der Buttermilk Falls State Park und der Taughannock State Park bei Ithaca, der Watkins Glen State Park und der riesige Letchworth State Park.

Freizeitangebote

Nördliche Finger Lakes Region

Die Industriestadt Auburn ist mit mehr als 30 000 Einwohnern die größte Siedlung in der nördlichen Finger Lakes Region. Sie wurde 1793 in der Nähe einer größeren Niederlassung der Irokesen gegründet. Die Geschichte der Stadt, vor allem ihre wirtschaftliche Entwicklung und die sozialen Verhältnisse im 19. Jh., werden in der Willard-Case Mansion aufgezeigt. Angeschlossen ist das Case Research Lab Museum, das die Erfindung des Tonfilms dokumentiert (203 W. Genesee St.; Öffnungszeiten: Feb.–Dez. Di.–So. 12.00–17.00 Uhr). Im Harriet Tubman Home wird an die Menschenrechtlerin erinnert, die sich für die Sklavenbefreiung einsetzte. Sie war 1849 selbst der Sklaverei entkommen und brachte mit ihrer "Underground Railroad" mehrere hundert Sklaven in Sicherheit. Nach dem Bürgerkrieg ließ sie sich in Auburn nieder (180 South St.; Öffnungszeiten: Feb.–Okt. Di.–Fr. 11.00–16.00 Uhr).

Auburn

Südlich von Auburn erstreckt sich der idyllische Owasco Lake. Wer sich für die Kulturgeschichte der hiesigen Indianer interessiert, dem wird ein Besuch des reichhaltigen, am Ostufer des Sees gelegenen Owasco Teyetasta Native American Museum empfohlen (Öffnungszeiten: Feb.–Dez. Di.–So. 10.00–17.00 Uhr).

Owasco Lake

Finger Lakes · New York

Cayuga Lake

Wenige Autominuten südwestlich von Auburn breitet sich der Cayuga Lake als einer der großen "Fingerseen" aus. Am See sind mehrere schöne Erholungsparks ausgewiesen, und auf dem Wasser verkehren während der Hauptreisezeit nostalgische Ausflugsdampfer.

Seneca Falls

15 mi/24 km westlich von Auburn erreicht man das 10 000-Einwohner-Städtchen Seneca Falls. Hier stürzt sich der Seneca River über einen hohen Wasserfall. Bekannt geworden ist Seneca Falls durch das U.S. Women's Suffrage Movement, das sich das Frauenwahlrecht auf die Fahnen geschrieben hatte. Ihre erste Versammlung hielten die streitbaren Damen im Juli 1848 in der Wesleyan Methodist Chapel ab, die heute das Herzstück des Women's Rights National Historical Park ist (Öffnungszeiten: tgl. 9.00 – 17.00 Uhr). Das Museum der Seneca Falls Historical Society befindet sich in der Becker Mansion, die 1880 im Queen-Anne-Stil erbaut worden ist (Öffnungszeiten: Mo. – Fr. 9.00 – 17.00, Sa. 12.00 – 16.00 Uhr).

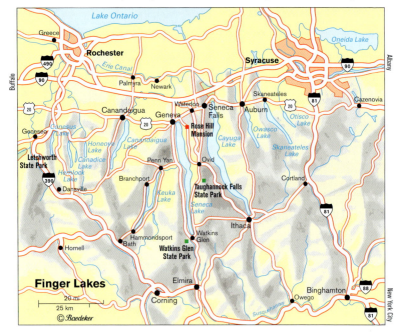

*Geneva

Am Nordufer des Seneca Lake, wo einstmals ein Dorf der Seneca-Indianer bestand und die Briten 1756 ein Fort errichtet hatten, liegt das noble Städtchen Geneva. Nicht von ungefähr hat man den Namen der berühmten Stadt am Genfer See gewählt. Denn Ende des 18. Jh.s zog die von Charles Williamson sehr ansprechend gestaltete Stadt mit dem hübschen Pulteney Park viele Reiche aus den Südstaaten und den Neuenglandstaaten an, die hier Villen als Sommerwohnsitze errichten ließen, ja sogar ein Opernhaus konnte man sich leisten. Noch einiges von der früheren Noblesse strahlt auch das im 1829 im Federal Style erbaute Prouty-Chew House an der Main Street aus, das eine sehenswerte Ausstellung zur bewegten Geschichte von Stadt und Umgebung beherbergt (Öffnungszeiten: Di. – Fr. 9.30 – 12.00 und 13.30 – 16.30, Sa. nur 13.30 – 16.30, Juli/Aug. auch So. 13.30 – 16.30 Uhr).

New York · **Finger Lakes**

Von Geneva aus lohnt eine Rundfahrt um den verhältnismäßig großen, aber landschaftlich dennoch sehr reizvoll gelegenen Seneca Lake. Seine Südspitze ist von Weingärten umrahmt. In etlichen Kellereien kann man vorzügliche Weine kosten. Einen besonders schönen Blick auf den See genießt man von der Rose Hill Mansion, die 3 mi / 5 km östlich von Geneva über dem Seeufer thront. Das sehr elegante, im Greek Revival Style errichtete Gebäude mit seiner von ionischen Säulen getragenen Vorhalle kann besichtigt werden (Öffnungszeiten: Mai – Okt. Mo. – Sa. 10.00 – 16.00, So. 13.00 – 17.00 Uhr).

*Seneca Lake

Einen "guten Platz zum Wohnen" findet man 17 mi / 27 km westlich von Geneva, denn so heißt Canandaigua in der Sprache der Seneca-Indianer. Die wichtigste Sehenswürdigkeit von Canandaigua ist die Granger Homestead & Carriage Museum an der North Main Street. Der Hof von Gideon Granger, der unter den Präsidenten Jefferson und Madison Postminister war, wurde 1816 errichtet. Im Haupthaus sind mehrere Wohnräume im Stil des 19. Jh.s restauriert und mit wertvollem Mobiliar ausgestattet. In den beiden Remisen hinter dem Haupthaus kann man etliche alte Pferdefuhrwerke bewundern, darunter auch elegante Kutschen, einen alten Feuerwehrwagen und einige Pferdeschlitten (Öffnungszeiten: Juni – Aug. Di. – So. 13.00 – 17.00 Uhr).
An der Charlotte Street ziehen die wunderschönen Sonnenberg Gardens & Mansion die Besucher an. Um einen 1887 fertiggestellten noblen Herrensitz gruppieren sich neun ganz unterschiedlich gestaltete Themengärten (Öffnungszeiten: Mitte Mai – Mitte Okt. tgl. 9.30 – 17.30 Uhr).

Canandaigua

Südlich der Stadt ist der schmale Lake Canandaigua ein gern besuchtes Ausflugsziel inmitten einer recht anmutigen Landschaft. An seiner Südspitze gibt es ebenfalls einige Weingüter.

Lake Canandaigua

Südliche Finger Lakes Region

Hauptort der südlichen Finger Lakes Region, die auch "Southern Tier" genannt wird, ist die am Chemung River gelegene Stadt Elmira. Sie wurde im späten 18. Jh. in der Nähe eines zuvor zerstörten Siedlungsplatzes der Seneca-Indianer gegründet. Eine Blüte erlebte die Stadt im 19. Jh., wie die zahlreichen schmucken viktorianischen Bauten im Westside Historic District zeigen. Weltruhm erlangte Elmira durch Mark Twain, der hier u. a. große Teile seines Werkes "Die Abenteuer des Huckleberry Finn" verfaßt hat. Das hiesige College hat dem Literaten, der auf dem Woodlawn Cemetery bestattet ist, eine umfangreiche Ausstellung gewidmet (Öffnungszeiten: Mitte Juni – Labor Day tgl. 9.00 – 17.00 Uhr).

Elmira

Am südlichen Stadtrand erstreckt sich das Schlachtfeld, auf dem im August 1779 amerikanische Truppen und mit den Briten paktierende Seneca-Indianer zusammentrafen. Dabei wurde das Dorf Canaweola zerstört. Übrigens: Im gesamten Fingerseengebiet haben seinerzeit amerikanische Verbände Indianerdörfer überfallen und niedergebrannt.

Newtown Battlefield

Nordwestlich außerhalb der Stadt gibt es ein Museum, das die Herzen passionierter Segelflieger höher schlagen läßt. Hier oben, wo schon 1930 die ersten Segelflugwettbewerbe abgehalten wurden, kann man eine der größten Sammlungen von Oldtimer-Segelflugzeugen besichtigen. Der älteste hier ausgestellte Flugapparat stammt aus dem Jahre 1833 (Öffnungszeiten: tgl. 10.00 – 17.00 Uhr).

Harris Hill Soaring Museum

Nur wenige Autominuten westlich von Elmira liegt das malerische Städtchen Corning, das – zumindest in den USA – als "Glashauptstadt der Welt" gilt und Jahr für Jahr mehrere hunderttausend Besucher anzieht. Fast nicht sattschauen kann man sich im Corning Glass Center, das neben einer Schauglasbläserei und diversen Präsentationen auch ein einzigartiges Glasmuseum beherbergt. Hier bekommt man wirklich erschöpfend Aus-

Corning

*Corning Glass Center

Finger Lakes · *New York*

Corning
(Forsetzung)

kunft über die 3500 Jahre alte Tradition der Glasmacher- und Glasbläserkunst. Besonders interessant sind Ausstellungsstücke aus dem alten Ägypten sowie aus dem Römischen Reich, daneben imponieren Glaswaren, die im Osmanischen Reich bzw. im Einflußbereich der Venezianer entstanden sind. Auch die Glasproduktion der Neuen Welt wird in allen ihren Facetten dargestellt, kann sie doch im waldreichen amerikanischen Nordosten auf eine lange Tradition zurückblicken (Öffnungszeiten: tgl. 9.00 bis 17.00, Juli und Aug. bis 20.00 Uhr).

Entspannung bietet der Historic Market Street District mit seinen Alleen und den hübsch restaurierten Häusern aus dem 19. Jahrhundert. In der an der Cedar Street gelegenen alten City Hall von 1893 ist heute das Rockwell Museum untergebracht mit einer großartigen Western-Art-Sammlung. Zu sehen sind u. a. Werke von Remington und Russell (Öffnungszeiten: tgl. 9.00 – 17.00, So. 12.00 – 17.00 Uhr).

Das Benjamin Patterson Inn an der West Pulteney Street stammt aus dem Jahre 1796 und bildet zusammen mit einer alten Blockhütte, einer betagten Scheune und einem ehemaligen Schulhaus eine Art Freilichtmuseum (Öffnungszeiten: Mo. – Fr. 10.00 – 16.00 Uhr).

Die "Glashauptstadt der Welt" hat ihrem Hauptprodukt mit dem Corning Glass Center ein gebührendes Podium geschaffen.

*Watkins Glen State Park

Von Corning führt die NY 414 durch eine höchst reizvolle Landschaft nordostwärts an die Südspitze des Seneca Lake. Kurz vor dem See erreicht man den wildromantischen Watkins Glen State Park. Hier tost der Glen Creek durch eine tiefe Schlucht und stürzt sich dabei recht spektakulär über eine ganze Treppe von Wasserfällen. An einigen Sommerabenden werden hier schaurig-schöne Licht- und Klang-Veranstaltungen geboten (Öffnungszeiten: 8.00 bis Sonnenuntergang).

*Ithaca

Weiter nordöstlich, am Südzipfel des Cayuga Lake, liegt die 30 000 Einwohner zählende Stadt Ithaca in der hier ganz zauberhaften Landschaft der Fingerseen. Berühmt wurde Ithaca durch die renommierte Cornell Uni-

New York · Finger Lakes

versity, die hier im Jahre 1865 angesiedelt worden ist. Vom McGraw Tower hat man einen großartigen Blick auf die Stadt und den Cayuga Lake. Die Cornell Plantations präsentieren sich als gepflegter botanischer Garten. Sie sind aus dem 1875 angelegten Arboretum der Universität hervorgegangen. Vom Universitätscampus führt ein Fußweg durch die wildromantische Cascadilla Gorge in die Stadt hinunter.

Ithaca (Fortsetzung)

8 mi / 13 km nördlich von Ithaca stürzt der Taughannock Creek über einen 65 m hohen Wasserfall. Der Canyon ist heute Kern eines Naturschutzgebietes, das bis zum schönen Badestrand am Cayuga Lake hinunterreicht.

Taughannock Falls State Park

23 mi / 37 km westlich von Binghampton lohnt ein Halt in der Ortschaft Owego mit ihrem wunderschön restaurierten alten Marktplatz, der von bunten Geschäften und Lokalen umgeben ist. Mitten im Ort lädt das reichhaltige Museum der Tioga County Historical Society Museum zu einem Besuch ein, das zu den besten lokalhistorischen Ausstellungen der Finger Lakes Region gehört (Öffnungszeiten: Di.–Sa. 10.00–16.00 Uhr).

Owego

Ein ganz besonderes Erlebnis ist ein Ausflug mit der Tioga Scenic Railroad, die von Mai bis Oktober durch einen besonders schöenn Teil der Finger Lakes Region fährt (Fahrplanauskunft: Tel. 687 - 67 86).

Tioga Scenic Railroad

Die 33 m hohen Middle Falls sind die höchsten Wasserfälle im Letchworth State Park.

Letchworth State Park

Im äußersten Westen der Finger Lakes Region ist der Letchworth State Park zweifellos einer der landschaftlichen Höhepunkte des Empire State. Das mit nur 5800 ha relativ kleine Natuschutzgebiet umfaßt den vom Genesee River geschaffenen "Grand Canyon of the East", der nicht ohne Grund so genannt wird – der Fluß hat hier eine spektakuläre, bis zu 200 m tiefe Schlucht gegraben und stürzt sich zudem über drei hohe Wasserfälle.

**Grand Canyon of the East

Hudson Valley · New York

Letchworth State Park (Fortsetzung)	Wer sich mehrere Tage in der Schlucht aufhalten will, kann komfortabel in der Pinewood Lodge und im Glen Iris Inn übernachten. Wer mit dem Zelt unterwegs ist, kann von Mitte Mai bis Ende Oktober den Campingplatz von Highbanks benutzen.
Wanderung durch das Schutzgebiet	Vom Nordeingang kommend erreicht man zunächst den Aussichtspunkt am Mount Morris Dam. Dann passiert man den Gardeau Overlook und kommt zur St. Helena Picnic Area. Danach beginnt der eindrucksvollste Abschnitt der Wanderung, der bis über die Upper Falls hinausführt. Bei Eddy's Tea Table bietet sich ein toller Blick auf eine tiefe, "Big Bend" genannte Flußschlinge. Nachdem man die Lower Falls passiert hat, kommt man zum Visitor Center, von wo es nur noch ein Katzensprung bis zum Inspiration Point ist, der seinen Namen wirklich verdient. Der Glen Iris Inn war ursprünglich Wohnsitz von William Pryor Letchworth, der in den fünfziger Jahren des 19. Jh.s inmitten seiner Ländereien am Genesee River ein nobles Herrenhaus im Greek Revival Style errichten ließ. Seit 1914 dient es als Gasthof, der sich von Anfang an besten Zuspruchs erfreuen konnte, denn schließlich liegt er nicht weit von den 33 m hohen Middle Falls entfernt, den höchsten Wasserfällen in diesem Naturschutzgebiet. Gegenüber vom Inn sind in einem kleinen Museum allerlei Gegenstände ausgestellt, die Letchworth gesammelt hat, darunter auch schönes Kunsthandwerk der Indianer. Hinter dem Museum steht noch ein altes Versammlungshaus, das die Seneca-Indianer 1872 zum letzten Mal benutzt haben. Die Wanderung endet bei den 21 m hohen Upper Falls, hinter denen eine Eisenbahnbrücke die Südgrenze des State Park markiert.

Hudson Valley G / H 7 / 8

Region: Hudson Valley
Telefonvorwahlen: 518, 914

Lage und **Landschaftbild	Eines der landschaftlich reizvollsten Flußtäler der USA schuf der Hudson River auf seinem 507 km langen Weg von seiner Quelle in den Adirondacks bis zu seiner Mündung in den Atlantik bei New York City. An seinen Ufern gibt es eine Fülle von Sehenswürdigkeiten, von denen man sich auf einer Neuenglandreise zumindest ein paar anschauen sollte. Besonders reizvoll ist der Abschnitt zwischen den am Mittellauf gelegenen Städtchen Hudson und West Point bzw. New York City. Hier fühlt man sich nicht von ungefähr an den Mittelrhein erinnert, denn der Fluß bahnt sich seinen Weg durch eine anmutige Landschaft, in der auch heute noch viel Wein angebaut wird und von deren besonders aussichtsreichen Stellen schloßähnliche Herrensitze grüßen.
Flußkreuzfahrten	Auf dem Hudson River werden Flußkreuzfahrten durchgeführt. Im Rahmen von Landausflügen lernt man einige der schönsten Herrensitze und Parkanlagen des Tales kennen. Die meisten Schiffe starten am Unterlauf des Flusses in West Point oder West Haverstraw am Westufer bzw. in Ossining am Ostufer.
Autofahrt durch das Hudsontal	Auch mit dem Auto kann man das Hudsontal erkunden. Beiderseits des Flusses verlaufen gut ausgebaute Straßen. Der schönste Streckenabschnitt ist der zwischen Westpoint am Unterlauf des Flusses und dem Städtchen Hudson am Mittellauf. Am besten folgt man dem am Westufer entlangführenden US 9 W, von dem aus sich besonders nachmittags und abends viele schöne Ausblicke auf die Herrensitze am Ostufer bieten.
Weinbau und Gastronomie	Die Weine des Hudsontales erfreuen sich hoher Wertschätzung. Viele Kellereien laden zu Führungen mit anschließenden Weinproben ein. Besonders gern werden Weingüter in New Paltz, Marlboro, am Brimstone Hill, Amenia und Millbrook besucht. Im Zusammenhang mit dem Wein sei auch

New York · **Hudson Valley**

auf die hochgelobte, örtlich aber auch exorbitant teure Gastronomie des Hudsontales hingewiesen. Vielerorts warten Spitzenrestaurants vor allem auf zahlungskräftige Gäste aus der nahen Metropole New York.

Weinbau und Gastronomie (Fortsetzung)

Vor der Ankunft der ersten Europäer lebten an dem großen Fluß östliche Waldlandindianer, die zur Familie der Algonquin gehörten. Mit ihnen hatte bereits der italienische Seefahrer Verrazano Kontakt, der 1524 in das Mündungsgebiet des Hudsons vorstieß. 1609 erkundete Henry Hudson den Flußlauf im Auftrag der Holländer bis hinauf nach → Albany und schrieb euphorische Berichte über das fruchtbare Land, das er hier vorfand. Danach kamen holländische Siedler gleich zu Tausenden an den Hudson. Noch heute erinnern viele niederdeutsche Ortsnamen an die holländische Kolonisation. Mächtige Familiendynastien wie die Vanderbilts oder die Roosevelts besitzen ebenfalls niederländische Wurzeln. Das relativ schmale holländische Siedlungsband entlang des Hudson River war jedoch beiderseits von britischen Niederlassungen eingeschlossen, so daß es 1664 kampflos den Engländern überlassen wurde. Holländische Eigenheiten blieben jedoch teils bis heute erhalten. Während des Amerikanischen Unabhängigkeitskrieges hatte das Hudsontal eine enorme strategische Bedeutung. Die aufständischen Amerikaner erkannten, daß sie mit der Besetzung des Tales die Neuengland-Staaten von der übrigen britischen Einflußsphäre abtrennen konnten.

Geschichte

Die rege Handelsschiffahrt auf dem Hudson war im 19. Jh. einer der Gründe für den enormen Aufschwung von New York City. Im Zeitalter der Industrialisierung hatte das landschaftlich so reizvolle Tal jedoch zahlreiche Blessuren hinzunehmen. Mittlerweile hat die Umweltdiskussion auch im Hudson-Tal zum Umdenken geführt.

Ostufer

Nördlich an → New York City schließt die Vorstadt Yonkers an. Direkt am Fluß (511 Warburton Ave.) wartet hier das Hudson River Museum auf Besucher, die sich für die Geschichte der Besiedlung des Hudson-Unterlaufs interessieren. Besondere Beachtung verdient die im Jahr 1876 erbaute Glenview Mansion, in der der Alltag einer wohlhabenden Familie des 19. Jh.s nachgezeichnet wird (Öffnungszeiten: Mi.–So. 12.00–17.00, Mai bis Sept. Fr. bis 21.00 Uhr).

Yonkers

10 mi/16 km nördlich von Yonkers trifft man kurz vor Tarrytown auf die ersten noblen Herrensitze. Auf Sunnyside lebte Washington Irving, der Begründer der amerikanischen Kurzgeschichte, von 1835 bis zu seinem Tode im Jahre 1859. Die wunderschön am Fluß gelegene Villa ist nach seinen Vorstellungen erbaut worden (Öffnungszeiten: März–Okt. tgl. außer Di. 10.00–17.00, Nov./Dez. tgl. außer Di. 10.00–16.00 Uhr).

Sunnyside

Der benachbarte Herrensitz Lyndhurst wurde im Jahr 1838 nach Plänen des damals renommierten Architekten Alexander Jackson Davis für den New Yorker Bürgermeister William Paulding errichtet. Das neugotische Schloß ging 1880 in den Besitz des Eisenbahnmagnaten Jay Gould über. Genauso üppig wie das Äußere ist auch die Innenausstattung (Öffnungszeiten: Mai bis Okt. Di.–So. 10.00–17.00, Nov.–April nur Sa. und So. 10.00–17.00 Uhr).

*Lyndhorst

Nördlich von Tarrytown folgt mit Philipsburg Manor ein weiterer Höhepunkt. Dieser Herrensitz wurde Mitte des 18. Jh.s errichtet und gehörte der erfolgreichen Unternehmerdynastie Philips, die in ihrer Blütezeit nicht nur über 21000 Hektar von der englischen Krone überlassenes Land verfügen konnte und dieses an Kleinbauern weiterverpachtete, sondern die auch eine stattliche Handelsflotte ihr Eigen nannte. Neben dem Herrensitz kann man auch eine restaurierte Getreidemühle besichtigen (Öffnungszeiten: März–Dez. tgl. außer Di. 10.00–17.00 Uhr).

*Philipsburg Manor

Hudson Valley · New York

*Kykuit — Von Philipsburg Manor aus werden Ausflüge zum Prachtschloß Kykuit (dt. = Schau ins Land) veranstaltet, das zwischen 1906 und 1913 für John D. Rockefeller Jr. erbaut worden ist. Hier lebten drei Generationen der superreichen Unternehmerdynastie. Zuletzt residierte hier Nelson A. Rockefeller, der einstige Gouverneur des Empire State. Höhepunkt eines Rundgangs durch den sechsstöckigen klassizistischen Prachtbau ist das Erdgeschoß, das mit seinen zahlreichen Kunstobjekten schon überladen wirkt. In der von William Welles Bosworth nach italienischem Vorbild entworfenen Gartenanlage ließ Rockefeller über 70 Skulpturen von namhaften Künstlern der Moderne aufstellen (Öffnungszeiten: Mitte April–Okt. tgl. außer Di. 10.00–16.00 Uhr).

Sleepy Hollow Old Dutch Church — Die 1685 erbaute holländische Kirche von Sleepy Hollow ist der älteste Sakralbau im Staate New York, in dem noch Gottesdienste stattfinden. Auf dem Kirchhof sind etliche berühmte Persönlichkeiten beigesetzt, darunter Washington Irving, Walter Chrysler und Andrew Carnegie.

*Union Church of Pocantico Hills — Weiter nördlich folgt diese 1921 auf einem Grundstück der Rockefellers erbaute Kirche. Sie besitzt neun großartige Fenster, die Marc Chagall 1965 geschaffen hat. Der Bilderzyklus beschäftigt sich mit dem guten Samariter. Bereits 1954 hat das Gotteshaus Fenster aus der Werkstatt von Henri Matisse erhalten (Öffnungszeiten: April–Dez. Mi.–Sa. 10.00–17.00, So. 14.00–17.00 Uhr).

Van Cortlandt Manor — Im nur 10 mi/16 km nördlich von Sleepy Hollow gelegenen Ort Croton-on-Hudson steht der prachtvolle, bereits über 250 Jahre alte Herrensitz der aus den Niederlanden stammenden Familie Van Cortlandt. Der Van Cortlandt Manor ist im Stil des 18. Jh.s restauriert. Eindrucksvoll ist auch seine Innenausstattung (Öffnungszeiten: April–Okt. tgl. außer Di. 10.00–17.00, Nov.–März nur Sa. und So. 10.00–17.00 Uhr).

Caramoor Center for Music & Arts — Bevor man das Westchester County verläßt, lohnt ein Abstecher landeinwärts nach Katonah zum Caramoor Center for Music & Arts. Dieses Kulturzentrum befindet sich in einem italienisch anmutenden Palazzo, der in den dreißiger Jahren des 20. Jh.s für die Familie Rosen erbaut worden ist. Die Räumlichkeiten sind mit allerlei Antiquitäten und Kunstgegenständen europäischer Herkunft ausgestattet. Besonders eindrucksvoll ist ein im Stil der Renaissance gehaltenes Musikzimmer (Öffnungszeiten: Mai–Okt. Mi.–So. 13.00–16.00 Uhr; im Sommer Darbietungen klassischer Musik).

John Jay Homestead — Ganz in der Nähe, auf dem Weg nach Bedford, erreicht man die John Jay Homestead. Von dem exponiert gelegenen Anwesen bietet sich ein herrlicher Blick auf die idyllische Landschaft Westchesters. Ende des 18. Jh.s ließ John Jay, der erste Oberste Richter der Vereinigten Staaten, hier einen bescheidenen Backsteinbau errichten, der von Generation zu Generation ausgebaut und erweitert wurde (Öffnungszeiten: Mitte April–Okt. Mi.–Sa. 10.00–16.00, So. 12.00–16.00 Uhr).

**Boscobel — Eines der schönsten Beispiele für die Villenarchitektur des 19. Jh.s im Hudsontal liegt gegenüber von Westpoint am Ostufer des Flusses: Boscobel. Dieser Herrensitz wurde ursprünglich 1804 etwa 25 km abseits vom heutigen Standort errichtet. Als in den fünfziger Jahren des 20. Jh.s der Abriß drohte, versetzte man das sehr elegant wirkende Gebäude kurzerhand an das Ufer des Hudson. Das nur noch in Teilen erhaltene wertvolle Mobiliar der Gründerzeit ist durch passende Antiquitäten stilgerecht ergänzt worden. Boscobel ist darüber hinaus berühmt für seine wunderschönen Gärten und seine Orangerie (Öffnungszeiten: Mai–Okt. tgl. außer Di. 10.00 bis 16.00, Nov., Dez. und März tgl. außer Di. 10.00–15.00 Uhr).

Cold Spring — Unweit nördlich von Boscobel liegt das Städtchen Cold Spring sehr anmutig am Hudson. Man fühlt sich hier fast an den Rhein versetzt. Hier gibt es einiges zu entdecken, so etwa das Foundry School Museum, das in einem

New York · Hudson Valley

Boscobel ist eine der schönsten Villen im Hudson-Tal.

alten Schulhaus aus dem 19. Jh. eingerichtet ist, sowie das reichhaltige Putnam County Museum.

Cold Spring (Fortsetzung)

Die 1687 gegründete Stadt Poughkeepsie ist mit knapp 30 000 Einwohnern die größte Siedlung am Ostufer des Hudson. Hier unterzeichneten im Jahre 1788 Abgeordnete des Staates New York den Beitritt zur Union. Berühmtester Einwohner der Stadt war Samuel F.B. Morse, der von 1847 bis zu seinem Tode im Jahre 1872 in Poughkeepsie lebte. Wenig bekannt ist, daß der Erfinder der Telegraphie auch ein begnadeter Maler war. Wer sich für sein Leben, seine Erfindungen und sein künstlerisches Werk interessiert, sollte unbedingt Locust Grove, seinen einstigen Wohnsitz, besuchen (Öffnungszeiten: Mai–Okt. tgl. 10.00–16.00 Uhr).

Poughkeepsie

Folgt man dem US 9 nordwärts, erreicht man nach 6 mi/10 km den Ort Hyde Park mit seinen berühmten historischen Stätten, die vom National Park Service betreut werden.

Hyde Park

Der 32. Präsident der Vereinigten Staaten wurde hier 1882 geboren und blieb Springwood bis zu seinem Tode im Jahre 1945 treu. Er und seine Frau Eleanor sind auf dem Anwesen im Rose Garden beigesetzt. Das Haus beließ man in dem Zustand, den es bei seinem Ableben hatte. Zahlreiche Exponate und Dokumente erhellen das Leben und das politische Wirken dieses großen Präsidenten (Öffnungszeiten: Mai–Okt. tgl. 9.00–17.00, Nov.–Apr. Do.–Mo. 9.00–17.00 Uhr).

*Franklin D. Roosevelt National Historic Site

Nicht weit entfernt ist Vanderbilt Mansion. Der feudale Wohnsitz des Magnaten Frederick Vanderbilt und seiner Gemahlin Louise wurde in den späten neunziger Jahren des 19. Jh.s erbaut. Es ist durchaus beeindruckend, einen Palast zu besichtigen, der vor lauter Prunk fast überquillt, vor allem, wenn man diesen mit dem eventuell kurz zuvor gesehenen Anwesen des Präsidenten Roosevelt vergleicht: hier das üppig im Louis-XV-Stil ausgestattete Schlafgemach von Louise Vanderbilt, dort das eher schlichte Schlafzimmer in Springwood. Der Gegensatz könnte kaum größer sein!

*Vanderbilt Mansion

Hudson Valley · *New York*

Vanderbilt Mansion (Fortsetzung)
Wie alle anderen großen Villen am Hudson so liegt auch Vanderbilt Mansion inmitten gepflegter Gartenanlagen, von denen man einen herrlichen Blick auf den Fluß genießen kann (Öffnungszeiten: Mai–Okt. tgl. 9.00 bis 17.00, Nov.–April Do.–Mo. 9.00–17.00 Uhr).

Eleanor Roosevelt National Historic Site
Etwas abseits liegt Val-Kill, wo Franklin D. Roosevelt 1924/1925 einen Wohnsitz für seine Frau Eleanor erbauen ließ, die sich in Springwood nie so richtig wohl gefühlt hat. Hier verbrachte sie nach dem Tode ihres Mannes ihren Lebensabend (Öffnungszeiten: Mai–Okt. tgl. 9.00–17.00, Nov., Dez., März, April nur Sa. und So. 9.00–17.00 Uhr).

*Mills Mansion
4 mi/6 km nördlich von Hyde Park kommt man nach Staatsburg, wo die Ende des 19. Jh.s an der Old Post Road erbaute Mills Mansion steht. Der Herrensitz, der sich in schönstem Greek Revival Style präsentiert, hat nicht weniger als 79 luxuriös ausgestattete Räume. Insbesondere der im Louis-XVI-Stil gestaltete Speisesaal sucht im gesamten Hudson Tal seinesgleichen (Öffnungszeiten: April–Labor Day Mi.–Sa. 10.00–17.00, So. 12.00 bis 17.00, Labor Day–Okt. Mi.–So. 12.00–17.00 Uhr).

*Rhinebeck
Ein besonders malerischer Ort am Ostufer des Hudson ist Rhinebeck, wo sich im frühen 18. Jh. deutsche Einwanderer niedergelassen haben, die sich an den alten Vater Rhein erinnert fühlten. Auch viele wohlhabende Amerikaner lernten im 19. Jh. diesen romantischen Platz am Hudson schätzen und bauten hier etliche großartige Villen. Besonders schön ist der Blick vom Rhinecliff, von wo aus man nach Kingston hinübersehen kann. Ein Besuchermagnet ersten Ranges ist das Traditionsgasthaus "Beekman Arms" an der Mill Street, das seit 1766 ohne Unterbrechung in Betrieb ist.

*Montgomery Place
8 mi/13 km nördlich von Rhinebeck gelangt man nach Annandale-on-Hudson. An der River Road lädt der Montgomery Place Besucher ein, die sich für Kunst- und Architekturgeschichte interessieren. Der noble Herrensitz ist zu Beginn des 19. Jh.s als Château Montgomery entstanden. Bauherrin war die wohlhabende Witwe von General Montgomery, der 1775 in der Schlacht von Québec gefallen war. Der zunächst im Federal Style errichtete Prachtbau wurde Mitte des 19. Jh.s im Stil des Klassizismus umgestaltet. Die schloßähnliche und mit kostbarem Mobiliar ausgestattete Villa ist in den letzten Jahren mit viel Liebe zum Detail restauriert worden. Sie beherbergt u. a. das umfangreiche Archiv der im Hudsontal wohlbekannten Familien Livingston und Montgomery (Öffnungszeiten: April–Okt. tgl. außer Di. 10.00–17.00, Nov.–Mitte Dez. und März nur Sa. und So. 10.00–17.00 Uhr).

Clermont State Historic Site
Nur wenige Meilen weiter nördlich liegt Clermont State Historic Site. Die 1730 erbaute Villa Clermont ist der älteste Herrensitz im Hudsontal. Das verglichen mit den späteren Prachtbauten noch sehr bescheiden wirkende Gebäude bewahrt Erinnerungen und Sammlungen von sieben Generationen der Familie Livingston auf. Besonders schön sind auch hier die herrlichen und ausgedehnten Parkanlagen, die wunderschöne Blicke auf den Hudson freigeben (Öffnungszeiten: April–Okt. Di.–So. 11.00–16.00, Nov. und Dez. nur Sa. und So. 11.00–16.00 Uhr).

Olana
Kurz vor dem Städtchen Hudson ist die Olana State Historic Site Ausflugsziel von Kunstbeflissenen. Diese Villa hat der Maler Frederic Edwin Church (1826–1900) im Jahr 1870 auf einer aussichtsreichen Anhöhe über dem Hudson River errichten lassen. Er war inspiriert von orientalischen Einflüssen, was sich nicht nur in der Architektur, sondern auch in der Ausstattung seines Hauses niederschlagen sollte. In der Villa kann man Werke des berühmten Landschaftsmalers bewundern (Öffnungszeiten: April–Okt. Mi. bis Sa. 10.00–16.00, So. 12.00–16.00 Uhr).

Martin Van Buren National Historic Site
Etappenziel ist das reizende Städtchen Hudson. 9 mi/14 km weiter nordöstlich liegt der einstige Altersruhesitz von Martin Van Buren, dem achten Präsidenten der USA (Öffnungszeiten: Mitte Mai–Okt. tgl. 9.00–16.30 Uhr).

New York · Hudson Valley

Westufer

In New City zeigt das Rockland County Museum u. a. das 1832 erbaute Bauernhaus des aus Holland eingewanderten Landwirts Jacob Blauvelt (Öffnungszeiten: Di.-Fr. 9.30-17.00, Sa. und So. 13.00-17.00 Uhr).

Rockland County Museum

Wenige Meilen weiter nördlich liegt Stony Point Battlefield Park. Dieser strategisch bedeutsame Stützpunkt am Westufer des Hudson war während des Unabhängigkeitskrieges heftig umkämpft. Im Juli 1779 behielten schließlich die von General Wayne geführten Amerikaner die Oberhand. Diese entscheidende Schlacht wird jedes Jahr nachgespielt (Öffnungszeiten: Mitte April-Okt. Mi.-Sa. 10.00-17.00, So. 13.00-17.00 Uhr).

Stony Point Battlefield Park

Weiter nördlich erstreckt sich der landschaftlich sehr reizvolle State Park am knapp 400 m hohen Bear Mountain. Hier zwängt sich der Hudson durch einen Engpaß, der den Flußschiffern – ähnlich wie die Lorelei am Rhein – in der Vergangenheit manche Probleme bereitete.

*Bear Mountain State Park

Danach kommt man nach West Point, dem Sitz der berühmtesten Militärakademie der USA. Bereits 1778 wurde hier Fort Putnam angelegt, in dem nach dem Unabhängigkeitskrieg zunächst von den Briten erbeutete Waffen gelagert wurden. 1802 beschloß der Kongreß die Einrichtung der Militärakademie, in der momentan jährlich über 4000 Kadetten ausgebildet werden. Im Visitor Center, von dem aus auch Führungen angeboten werden, kann man sich umfassend über die Geschichte dieser militärischen Ausbildungsstätte informieren. Weitere sehenswerte Einrichtungen auf dem Gelände sind das West Point Museum mit seiner umfangreichen Waffensammlung, die 1910 erbaute Cadet Chapel, das Battle Monument und der Trophy Point. Auch Fort Putnam ist noch als ältester Teil der militärischen Anlage erhalten (Öffnungszeiten: tgl. 9.00-16.45 Uhr). Von West Point kann man auch einen Bootsausflug zu der Flußinsel Constitution Island unternehmen. Neben einer alten Befestigung steht hier das viktorianische Warner House zur Besichtigung offen.

*West Point

Constitution Island

Wer sich nicht so sehr für Militärisches interessiert, kann vom Bear Mountain State Park aus westwärts bis zur Ortschaft Monroe fahren zum Museumsdorf des Orange County fahren. Das größte Freilichtmuseum des Empire State umfaßt mehr als zwei Dutzend historische Gebäude, zu denen auch ein Schulhaus, ein General Store, ein Gasthaus und einige alte Werkstätten gehören. Akteure in historischen Kostümen zeigen, wie sich das dörfliche Leben im 19. Jh. abgespielt hat (Öffnungszeiten: Mai-Okt. Mi.-So. 11.00-17.00, Nov. und Dez. nur Sa. und So. 11.00-17.00 Uhr).

Orange County Museum Village

Nördlich von West Point kommt man in den kleinen Storm King State Park, von dem man einen schönen Blick auf die auf der anderen Seite des Flusses gelegene Villa Boscobel (s. oben) hat. Unweit westlich, in Mountainville, befindet sich das Storm King Art Center mit dem größten Skulpturenpark der Vereinigten Staaten (Öffnungszeiten: April-Mitte Nov. tgl. 11.00 bis 17.30, Juni-Aug. Sa. bis 20.00 Uhr).

Storm King State Park · Storm King Art Center

Bei Vails Gate, wenig südlich von Newburgh, überwinterten 1782/1783 7000 Soldaten von General Washington, der in Newburgh in der Liberty Street sein Hauptquartier aufgeschlagen hatte. In der New Windsor Cantonment State Historic Site werden das Lagerleben und die letzten Monate des Unabhängigkeitskrieges sehr anschaulich dargestellt (Öffnungszeiten: Mitte April-Okt. Mi.-Sa. 10.00-17.00, So. 13.00-17.00 Uhr).

New Windsor Cantonment State Historic Site

New York · Jamestown

Bei Marlboro steht das 1714 erbaute Gomez Mill House an der US 9 W, das älteste jüdische Wohn- und Geschäftshaus der USA (Öffnungszeiten: April – Okt. Mi., Sa. und So. 10.00 – 16.00 Uhr).

Hudson Valley (Fortsetzung)
Gomez Mill House

In der 4 mi / 6 km südlich von New Paltz gelegenen Ortschaft Gardiner kann man zwei hugenottische Baudenkmäler besichtigen. Locust Lawn stammt aus dem Jahre 1814 und ist im Stil der Gründerzeit eingerichtet, bereits 1738 ist die Terwilliger Homestead erbaut worden (Öffnungszeiten: Memorial Day – Labor Day Mi. – So. 10.00 – 16.00 Uhr).

Gardiner

Die Siedlung New Paltz ist 1678 von einigen Hugenottenfamilien gegründet worden. Bis heute ist New Paltz einer der bekanntesten Weinorte im amerikanischen Nordosten. Einige der im 17. und 18. Jh. von den Hugenotten erbauten und noch im Stil der Zeit eingerichteten Häuser sowie die Kirche von 1717 stehen als "Huguenot Street National Historic Landmark District" unter Denkmalschutz (Öffnungszeiten: Mai – Okt. Mi. – So. 9.30 – 16.00 Uhr).

New Paltz

10 mi / 16 km nördlich von New Paltz, in High Falls, sind noch die alten Schleusen des Delaware & Hudson Canal zu sehen. Seine Baugeschichte und wirtschaftliche Bedeutung für die Region wird in einem kleinen Museum nachgezeichnet (Öffnungszeiten: Juni – Labor Day Do. – Mo. 11.00 – 17.00, So. erst ab 13.00 Uhr).

Delaware & Hudson Canal

Südlich der Stadt Kingston liegt die für US-amerikanische Verhältnisse schon sehr alte Ortschaft Hurley. Vor mehr als 300 Jahren bauten Einwanderer aus Westeuropa hier die ersten Steinhäuser. Bemerkenswert ist der Hurley Patentee Manor, der aus einem 1696 erbauten holländischen Bauernhaus hervorgegangen ist. 1745 erfolgte die Umgestaltung zu einem Landhaus englischen Stils (Öffnungszeiten: Mitte Juli – Labor Day Di. – So. 11.00 – 16.00 Uhr).

Hurley

Kingston, eine der ältesten Städte des Empire State, wurde 1614 an der Einmündung des Rondout Creek in den Hudson River als holländischer Handelsposten gegründet. 1777 wurde Kingston die erste Hauptstadt des Bundesstaates New York.
Die geschichtliche Bedeutung von Kingston wird im historischen Senate House an der Fair Street nachgezeichnet. Dieses 1676 errichtete Gebäude wurde seinerzeit vom seinem Eigentümer, dem Holländer Abraham Van Gaasbeek, an den Senat vermietet (Öffnungszeiten: Mitte April – Okt. Mi. bis Sa. 10.00 – 17.00, So. 13.00 – 17.00 Uhr). Der Stockade District, an dessen Nordostecke sich das alte Senatsgebäude befindet, ist das historische Zentrum der Stadt. Auf dem Friedhof rund um die Old Dutch Church, ist George Clinton, der erste Gouverneur des Bundesstaats, beigesetzt. Am Fuß des Stadthügels breitet sich der Rondout District aus mit einem Hafen am alten Delaware & Hudson Canal. Am Rondout Landing erläutert das Hudson River Maritime Museum die Geschichte der Flußschiffahrt auf dem Hudson (Öffnungszeiten: Mai – Okt. tgl. außer Di. 11.00 bis 17.00 Uhr).

Kingston

Jamestown B 7

Region: Chautauqua Allegheny
Höhe: 418 m ü.d.M.
Einwohnerzahl: 35 000
Telefonvorwahl: 716

Ganz im Westen des Empire State und nicht weit vom Eriesee liegt die Stadt Jamestown am Südende des Chautauqua Lake. Sie ist Zentrum einer Region, in der viel Obst und Gemüse angebaut wird. Vielfältige

Lage und Allgemeines

◀ *Kadetten-Parade in West Point*

Mohawk Valley · New York

Jamestown (Fortsetzung)	Wassersportmöglichkeiten auf dem Lake Chautauqua und auf dem Eriesee sowie einige attraktive State Parks (u. a. Long Point on Lake Chautauqua State Park) in der Umgebung der Stadt haben dafür gesorgt, daß in Jamestown auch der Tourismus immer mehr an Bedeutung gewinnt.

Sehenswertes in Jamestown und Umgebung

Fenton History Center	Das im Jahr 1863 erbaute und im viktorianischem Stil eingerichtete Haus des ehemaligen Gouverneurs Reuben E. Fenton ist heute als Museum zugänglich, das sich mit der Geschichte der Stadt Jannestown und ihrer Umgebung befaßt (67 Washington St.; Öffnungszeiten: Mo. – Sa. 10.00 bis 16.00 Uhr).
Chautauqua Lake	Man sollte eigentlich meinen, daß dieser 415 m ü.d.M. gelegene See einen Abfluß zu dem nur 16 km entfernten und 241 m tiefer gelegenen Eriesee hat. Doch weit gefehlt: Das Wasser des Lake Chautauqua fließt via Allegheny, Ohio und Mississippi in den Tausenden von Kilometern weiter südlich gelegenenen Golf von Mexiko. Auf dem See verkehrt von Memorial Day bis Labor Day das Ausflugsschiff "Chautauqua Belle", das täglich von Mayville an der nördlichen Seespitze abfährt (Auskunft: 800 - 753 - 25 06).
Chautauqua Institution	Wahrzeichen dieses Kulturzentrums am Westufer des Sees ist der rote Miller Bell Tower, der 1911 errichtet worden ist. Dahinter erhebt sich das Athenaeum Hotel als wuchtiger viktorianischer Gebäudekomplex. Die Institution selbst wurde 1874 als Fortbildungstätte für Religionslehrer gegründet. Neben religiösen Inhalten bekam und bekommt man hier auch Allgemeinbildung und Kunst im weitesten Sinne vermittelt. Vier Jahre später hat man hier einen "Literary & Scientific Circle" ins Leben gerufen, aus dem mittlerweile zahlreiche Literaturzirkel in aller Welt hervorgegangen sind. Seit einigen Jahrzehnten gibt es hier auch eine Chautauqua Opera Company und ein Chautauqua Symphony Orchestra (an der NY 394; Öffnungszeiten: tgl. 9.00 – 17.00, im Sommer bis 21.00 Uhr).
Weingüter am Eriesee	Am Südufer des Eriesees reihen sich renommierte Weingüter mit klangvollen Namen aneinander: Schloss Doepken Winery in Ripley, Johnson Estate Winery und Vetter Vineyards in Westfield, Woodbury Vineyards Winery in Fredonia und Roberian Vineyards in Sheridan. Die meisten bieten Besuchern eine Weinprobe an.
Dunkirk Lighthouse	Die Attraktion des am Eriesee gelegenen Städtchens Dunkirk ist ein alter Leuchtturm von 1875. Hier wird man nicht nur über die Aufgaben eines Leuchtturmwärters, sondern auch über militärische Themen informiert (Öffnungszeiten: Juli und Aug. tgl. 10.00 – 16.00 Uhr).
Amish Country	Im Osten des Chautauqua County sowie im benachbarten Cattaraugus County sieht man noch zahlreiche Amish People, die auf kleinen Märkten Gemüse, Obst, Honig, selbstgemachte Marmelade und Brot anbieten (s. a. *Baedeker Special* S. 344/345).

Mohawk Valley   G/H 7

	Regionen: Capital-Saratoga, Central-Leatherstocking Telefonvorwahlen: 518, 607
Lage und Naturraum	Nördlich von → Albany bzw. Troy mündet der 238 km lange Mohawk River von Westen kommend in den Hudson River. Der Fluß durchmißt ein landschaftlich reizvolles Hügelland, das vor dem Eintreffen der Weißen von Indianern des Irokesenbundes besiedelt war. Vor allem der mächtige Stamm der Mohawk siedelte an seinen Gestaden. Die spannenden Indianer-

New York · Mohawk Valley

geschichten von James Fenimore Cooper ("Der Lederstrumpf") liefern schöne Beschreibungen dieser Flußlandschaft und greifen Vorkommnisse des 18. Jh.s auf. Im Flußtal verläuft übrigens auch ein wichtiger Abschnitt des Eriekanals, der ab 1825 die Verbindung zu den Großen Seen entscheidend verbesserte.

Lage und Naturraum (Fortsetzung)

Sehenswertes im Mohawktal und seiner Umgebung

Die größte Stadt am Mohawk River ist Schenectady, die heute rund 65 000 Einwohner zählt. Sie wurde 1661 von holländischen Siedlern gegründet. Die Stadt erlitt im frühen 19. Jh. durch eine Feuersbrunst und vor allem durch die Eröffnung des Eriekanals herbe Rückschläge in ihrer Entwicklung, weil sich die unweit südöstlich am Hudson gelegenen Nachbarstädte → Albany und Troy als bedeutende Warenumschlagsplätze etablieren konnten. Erst nachdem Schenectady 1831 an das Eisenbahnnetz angeschlossen wurde, konnte es sich erholen. Thomas Alva Edison eröffnete hier 1886 einen Betrieb zur Herstellung von Elektroartikeln, sechs Jahre später baute die General Electric ihr Hauptquartier auf. Binnen kurzem avancierte die Stadt zur amerikanischen Elektroindustrie-Metropole.

Schenectady

Der Stockade District ist mit seinen noch gut erhaltenen historischen Bauten der alte Kern von Schenectady. Wer sich für die Geschichte der Stadt interessiert, sollte die Ausstellung im Dora Jackson House besuchen (32 Washington Ave.; Öffnungszeiten: Mo. – Fr. 13.00 – 17.00 Uhr).

18 mi/29 km nordwestlich von Schenectady liegt das Städtchen Amsterdam am Mohawk River und am New York Barge Canal. In seiner Nähe gibt es einige hochinteressante Ausflugsziele.

Amsterdam

Beachtung verdient vor allem die Guy Park State Historic Site. Der Herrensitz wurde 1766 auf Geheiß des Indianerbeauftragten von König George III. errichtet, der seine Mission 1775 aufgab. Viele Jahre lang diente das Haus als Taverne. Heute wird hier die Geschichte der indianischen Ureinwohner aufgezeigt und die Bedeutung des Eriekanals für die Erschließung des heutigen Mittleren Westens herausgehoben (366 W. Main St.; Öffnungszeiten: Mo. – Fr. 8.30 – 16.30 Uhr).

Guy Park

Im 6 mi/10 km westlich von Amsterdam gelegenen Fort Hunter sieht man an der NY 5 S die ältesten noch erhaltenen Teile des Eriekanals, die um das Jahr 1821 gebaut worden sind. Ganz in der Nähe kann man auch den Schoharie Crossing State Historic Site besichtigen, einen knapp 5 km langen Abschnitt des Eriekanals zwischen dem Schoharie Creek und der Yankee Hill Lock. Recht imposant ist die Ruine des 1842 erbauten siebenbögigen Aquädukts über den Schoharie Creek (129 Schoharie St.; Öffnungszeiten Visitor Center: Mitte Mai – Okt. Mi. – Sa. 10.00 – 17.00 Uhr).

Fort Hunter · Schoharie Crossing State Historic Site

Etwa eine halbe Autostunde südwestlich von Schenectady entspringt der Schoharie River in den Catskill Mountains. In Schoharie versammelt sich der Old Stone Fort Museum Complex um ein 1772 erbautes Gotteshaus, das wenig später zur Wehrkirche bzw. zum Fort ausgebaut wurde. Die Bevölkerung, die mit den Patrioten sympathisierte, mußte sich gegen Übergriffe britischer Truppen und der mit ihnen verbündeten Irokesen zur Wehr setzen. Das Fort sollte 1780 gestürmt werden, erwies sich aber als uneinnehmbar. Auf dem Gelände stehen noch einige andere beachtenswerte Gebäude, so etwa eine von holländischen Siedlern errichtete Scheune aus dem frühen 18. Jh., eine Anwaltspraxis aus dem Jahre 1830 sowie eine Schule von 1863 (Öffnungszeiten: Mai – Okt. Di. – Sa. 10.00 – 17.00, So. 12.00 – 17.00, Juli/Aug. auch Mo. 10.00 – 17.00 Uhr).

Schoharie

Im Nachbarort Howes Cave zieht das Iroquois Indian Museum Besucher an, die sich für die Kulturgeschichte und Lebensweise der in dieser Gegend beheimateten Irokesen interessieren (Öffnungszeiten: Juli – Labor Day Mo. – Sa. 10.00 – 18.00, So. 12.00 – 18.00, übrige Zeit Di. – Sa. 10.00 bis 17.00, So. 12.00 – 17.00 Uhr).

Howes Cave

Mohawk Valley · *New York*

Howe Caverns
In der Nähe des Ortes hat der Farmer Lester Howe 1842 ein Höhlensystem entdeckt, das als größte Schauhöhle der Nordoststaaten erschlossen ist. Höhepunkt jeder Höhlentour ist die Bootsfahrt auf einem unterirdischen See (Führungen: tgl. 9.00 – 18.00 Uhr). Ganz in der Nähe kann man die Secret Caverns besichtigen. In dieser Tropfsteinhöhle sind wunderschöne Stalaktiten und Stalagmiten sowie ein mehr als 30 m hoher Sinter-Wasserfall zu sehen.

Cooperstown
Von Fort Plain lohnt ein Abstecher in das 27 mi / 43 km weiter südwestlich an der Südspitze des Otsego Lake gelegene Städtchen Cooperstown. Es wurde 1786 vom Vater des "Lederstrumpf"-Autors James Fenimore Cooper gegründet und liegt inmitten einer Landschaft, die auch noch heute die Kulisse für Indianergeschichten abgeben könnte. Daneben hat Abner Doubleday den Ort berühmt gemacht, denn 1839 soll er sich hier die Regeln für das Baseball ausgedacht haben.

Fenimore House Museum
Am See, wo einst das Haus von Cooper stand, stellt heute das Fenimore House Museum das Lebenswerk des weltberühmten Autors vor und zeigt indianisches Kunsthandwerk (Öffnungszeiten: Juli – Labor Day tgl. 9.00 bis 18.00 Uhr, übriges Jahr eingeschränkte Öffnungszeiten). Ganz in der Nähe sind im The Farmers' Museum einige für die Gegend typische Bauernhöfe und Werkstätten der Pionierzeit aufgebaut. In historische Gewänder gekleidete Akteure zeigen, wie sich das Leben im 19. Jh. abgespielt hat. Auch alte Handwerke werden vorgeführt. Etwas deplaziert wirkt "Cardiff Giant", ein 3 m großer, angeblich versteinerter prähistorischer Mensch (Öffnungszeiten: Juli – Labor Day tgl. 9.00 – 18.00 Uhr).

In der National Baseball Hall of Fame wird dem US-Nationalsport gehuldigt.

National Baseball Hall of Fame & Museum
In der an der Main Street gelegenen National Baseball Hall of Fame & Museum wird die über 150jährige Geschichte dieser in den Vereinigten Staaten und Kanada außerordentlich populären Sportart aufgezeigt. Natürlich werden auch die großen Baseball-Heroen gewürdigt (Öffnungszeiten: Mai – Sept. tgl. 9.00 – 21.00, Okt. – April tgl. 9.00 – 17.00 Uhr).

Wenige Autominuten südlich von Cooperstown kommen 50iger-Jahre-Nostalgiker voll auf ihre Kosten, denn in der hier aufgebauten Corvette Hall of Fame werden nicht nur drei Dutzend dieser Kult-Automobile – das älteste stammt aus dem Jahre 1953 – gezeigt, sondern auch die Atmosphäre jener Epoche in Wort, Bild und Ton (bes. Musik!) wehmütig nachempfunden (Öffnungszeiten: März – Nov. tgl. 10.00 – 18.00, Juli und Aug. bis 20.00 Uhr).

Mohawk Valley (Fortsetzung) Corvette Hall of Fame

Im Sommer kann man auf dem Otsego Lake Ausflugsfahrten unternehmen. Am Ostufer des Sees, ca. 6 mi / 10 km nördlich von Cooperstown, erstreckt sich der Glimmer Glass State Park mit dem klassizistischen Herrensitz Hyde Hall, von dem man einen schönen Blick auf den See hat. Im Sommer finden hier Open-Air-Klassik-Konzerte statt.

Otsego Lake

New York City G/H 8/9

Bundesstaat: New York
Höhe: 0 – 125 m ü.d.M.
Einwohnerzahl: 7,32 Mio (Metropolitan Area: 18,1 Mio.)

Die Beschreibung von New York City im Rahmen dieses Reiseführers ist bewußt knapp gehalten, da in der Reihe "Baedeker Allianz Reiseführer" ein ausführlicher Band "New York" vorliegt.

Hinweis

Im Südosten des Bundesstaates New York, wo der Hudson River und der East River in die Long Island Bay münden, liegt die größte Stadt der USA, New York City – die Stadt der Städte, "The Big Apple", "World Capital of Excitement", um nur wenige der Beinamen und Superlative zu nennen, die alle Welt mit dieser faszinierenden Metropole in Verbindung bringt. Dabei ist sie weder Hauptstadt des Bundesstaats noch der USA. Wozu auch? New York City ist die Welthauptstadt der Finanzen und des Kapitals, Sitz der Vereinten Nationen, ein Kulturmekka, das seinesgleichen sucht, ein Mosaik der Nationen und eine Stadt der härtesten sozialen Gegensätze, wo verschwenderischer Luxus und bitterste Armut oft nur durch den Mittelstreifen auf dem Straßenasphalt getrennt sind.

Lage und Bedeutung

Das seit 1898 offiziell so bezeichnete Greater New York setzt sich aus fünf Stadtbezirken ("boroughs") zusammen, von denen jeder für sich allein schon eine Millionenstadt ist: Manhattan als eigentliches wirtschaftliches und kulturelles Zentrum und dazu Bronx, Brooklyn, Queens und Staten Island. An der Spitze der Stadt steht der Bürgermeister (Mayor), Herr über ein Heer von Bediensteten und Polizisten. Er heißt seit 1993 Rudolph Giuliani, ist konservativer Republikaner und sah sich bei seiner Amtsübernahme einer Fülle von Problemen gegenüber: kaum zu bändigender Verkehr und die daraus resultierende Umweltbelastung, eine desolate Finanzlage, Verfall ganzer Stadtviertel, Wohnungsnot und Obdachlosigkeit sowie eine erschreckende Kriminalitätsrate. Giuliani wurde 1997 ein zweites Mal gewählt, weil es ihm vor allem gelang, die Kriminalität mittels rigide durchgesetzter Gefängnisstrafen auch für kleinste Vergehen und einer deutlich gesteigerten Polizeipräsenz erheblich einzudämmen – eine nicht unumstrittene Strategie. Wie man dazu auch stehen mag, New York hat sein Image als Hort der Kriminalität abgelegt und gilt heute wieder als sicher.

Die Wellen von Einwanderern aus aller Welt haben zu einer ungewöhnlichen Vielfalt ethnischer Gruppen geführt, die sich in einer beispiellosen kulturellen Bandbreite ebenso äußert wie in ethnisch-sozial bedingten Spannungen. Von einem "Schmelztiegel" zu sprechen, trifft die Realität nicht genau, denn die viele Gruppen bewohnen z. T. noch ihre eigenen Viertel: Afro-Amerikaner in Harlem, Chinesen in Chinatown, Italiener in Little Italy, Polen und Ukrainer im East Village, Ungarn, Tschechen und Deutsche auf der East Side, Hispanos im Barrio...

Bevölkerung

New York City · *New York*

Das ist New York City – die Skyline von Manhattan und davor die Freiheitsstatue.

Wirtschaft

New York City behauptet die wirtschaftliche Vormachtstellung in den Vereinigten Staaten und ist der größte Kapitalmarkt und Bankenhauptstadt der Erde. Allein sieben der zehn größten amerikanischen Investmentbanken haben ihren Sitz am Hudson River, dazu kommen ein Drittel aller Einzelhandelskonzerne der USA, fast ein Fünftel aller Großhandelsunternehmen und drei Handelsbörsen sowie eine Unzahl von Dienstleistungsunternehmen, darunter allein 17 000 Restaurants, berühmte Kaufhäuser wie Macy's oder Bloomingdale's und ein Heer von Werbe- und Medienleuten und Rechtsanwälten. Auch die Industrie ist stark vertreten, allen voran die traditionelle Textilherstellung, gefolgt von Nahrungsmittelverarbeitung und graphischem Gewerbe. New York City ist auch die Medienhauptstadt der USA, in der alle wichtigen US-Fernseh- und Rundfunkgesellschaften und Verlage zu Hause sind und eine unüberschaubare Menge von Zeitungen und Zeitschriften erscheint. Ebenso haben die großen Filmgesellschaften ihren Verwaltungssitz in der Ostküstenstadt, auch wenn die Filme selbst meist in Studios in Kalifornien produziert werden. Nicht vergessen werden darf der Tourismus: 32 Mio. Menschen, darunter 5,8 Mio. aus Übersee, besuchen alljährlich New York City.

Kultur

Die Stadt am Hudson ist das kulturelle Zentrum der USA. Sie ist die größte Theaterstadt des Landes mit rund 35 Broadway-Bühnen und vielleicht 200 Kleintheatern, hinzu kommen zwei Opernhäuser, darunter die Weltruf genießende Metropolitan Opera, mehrere hervorragende Orchester wie die 1842 gegründeten New Yorker Philharmoniker und über ein Dutzend Ballett- und Tanzensembles. New York City ist dank einiger der bedeutendsten Museen der Erde, allen voran das Metropolitan Museum, und mehre-

New York · **New York City**

rer Hundert Galerien ein Weltkunstzentrum; Wissenschaft und Bildung sind in mehr als 50 Universitäten und Colleges beheimatet, deren bekannteste die Columbia University ist. Das alles ist noch lange nicht genug, denn was wäre New York City ohne seine Restaurants, Bars, Jazzklubs, schrillen Diskotheken und seine Nachtschwärmer, die Frank Sinatra nur zustimmen können, wenn er von New York City sang: "I wanna wake up in a city that never sleeps!"

Kultur
(Fortsetzung)

Als erster Europäer fuhr 1524 der in französischen Diensten stehende Italiener Giovanni da Verrazzano in die Bay ein und sah die Halbinsel Manhattan, betrat sie jedoch nicht. Dies tat 1609 Henry Hudson, der für die Holländische Ostindien-Kompagnie die Nord-West-Passage finden sollte; vier Jahre später ließen sich die ersten holländischen Siedler nieder. Die Gründung der Stadt wird auf 1626 datiert, als Gouverneur Peter Minnewit den Manna-Hatta-Indianern ihre Halbinsel abkaufte und die Siedlung Nieuw Amsterdam anlegte. Unter seinem Nachfolger Peter Stuyvesant, der diktatorische Züge annahm, wuchs die Stadt heran, sah sich aber zunehmend von den Briten bedroht, die sie 1664 eroberten, ab 1674 endgültig besaßen und New York tauften.

Geschichte

Zu Beginn des Revolutionskriegs verloren die Amerikaner die Schlacht auf Long Island und mußten New York bis 1783 den Briten überlassen. George Washington legte 1789 in der Federal Hall seinen Eid als Präsident ab, und New York wurde für kurze Zeit erste Hauptstadt der Vereinigten Staaten. Schon 1820 war sie mit 150 000 Einwohnern größte Stadt des Landes, die mit der Eröffnung des Erie-Kanals 1825 ihre Stellung als bedeutendster Hafen der Ostküste festigte. Das 19. Jh. brachte eine Vervielfachung der Einwohnerzahl durch Einwanderer aus Europa und, nach dem Sezessionskrieg, durch ehemalige Sklaven aus dem Süden, so daß 1898 3,5 Mio. Menschen in der Stadt lebten, deren Zahl 1913 schon die Fünf-Millionen-Grenze überschritten hatte. Im selben Jahr war das Woolworth-Building vollendet, mit dem die Ära der Wolkenkratzer eingeläutet wurde, die 1931 mit dem Empire State Building, dem Chrysler Building und dem RCA Building einen vorläufigen Höhepunkt fand. Zwei Jahre zuvor allerdings erlebte die New Yorker Börse den "Schwarzen Freitag", der die Weltwirtschaftskrise auslöste.

Nach dem Zweiten Weltkrieg wurde die Stadt Sitz der Vereinten Nationen. Wichtige Nachkriegsdaten waren: 1965, als ein totaler Stromausfall die Stadt lahmlegte; 1970, als das World Trade Center fertiggestellt war; 1975, als die Stadt vor dem finanziellen Aus stand; die frühen achtziger Jahre, als eine Vielzahl neuer Wolkenkratzer entstand; 1987, als die Börse vom "Schwarzen Montag", schlimmer als der Crash von 1929, heimgesucht wurde; 1990, als mit David Dinkins erstmals ein Schwarzer zum Bürgermeister gewählt wurde; 1993, als muslimische Fundamentalisten einen Bombenanschlag auf das World Trade Center verübten und schließlich im selben Jahr die Wahl von Rudolph Giuliani zum neuen Mayor.

Sehenswertes in New York City

Wer sich einen ersten Überblick über New York City verschaffen will, kann die Aussichtsplattformen auf dem World Trade Center und auf dem Empire State Building erklimmen, um das überwältigende Panorama zu genießen. Die einzigartige Skyline der Stadt von See aus erlebt man auf einer der angebotenen Schiffsrundfahrten; viel origineller, mindestens genauso schön, aber viel billiger ist eine Fahrt mit der Staten Island Ferry von der Südspitze Manhattans nach Staten Island und wieder zurück. Zahlreiche Unternehmen bieten Bustouren an, und auch mit dem Hubschrauber kann man über New York City hinwegfliegen (Auskunft über alle Möglichkeiten beim New York Convention and Visitors Bureau, 2 Columbus Circle, Erdgeschoß, Tel. 212-397-8222; Mo.–Sa. 9.00–18.00, So. 10.00–15.00 Uhr). Das beste Fortbewegungsmittel in New York City ist die U-Bahn (Subway), deren weitverzweigtes Netz alle wichtigen Punkte verbindet; allerdings

Sightseeing

279

New York City · *New York*

Sightseeing (Fortsetzung)	sollte man einige Sicherheitshinweise beachten: entlegene Außenbezirke nicht mit ihr aufsuchen, schwach besetzte oder leere Wagen meiden und den mittleren Wagen mit dem Schaffner nehmen, außerhalb der Stoßzeiten in der "Off-Peak Waiting Area" warten, die vom Bahnsteigbeamten bzw. mit Videokameras eingesehen wird, und am späteren Abend vielleicht doch lieber ein Taxi benutzen.

Lower Manhattan

Lage	Lower Manhattan oder Downtown Manhattan ist das Gebiet auf der Südspitze der Halbinsel südlich der 14th Street.
**Statue of Liberty Fähren: tgl. ab 9.00 jede halbe Stunde vom Battery Park	Auf einer Felseninsel ca. 4 km südwestlich der Südspitze von Manhattan reckt die weltberühmte Freiheitsstatue ihre Fackel in die Höhe, für Millionen von Einwanderern das Erste, was sie von Amerika sahen und Symbol ihrer Hoffnungen. Die 93 m hohe Figur der Freiheitsgöttin wurde von dem Elsässer Frédéric Auguste Bartholdi geschaffen und ist ein Geschenk Frankreichs zum hundertjährigen Bestehen der USA. Von den Aussichtsplattformen im Kopf und in der Fackel hat man einen wunderbaren Ausblick auf die Silhouette der Stadt und in entgegengesetzter Richtung auf die 4 176 m lange Verrazzano Narrows Bridge, eine der längsten Hängebrücken der Erde, die Staten Island mit Brooklyn verbindet; allerdings herrscht meist großer Andrang. Im Sockel der Statue befaßt sich ein kleines Museum mit der Geschichte der Einwanderung.
Ellis Island Fähren: s. zuvor	Vor dem Betreten der neuen Heimat mußten alle Immigranten die Prozedur auf Ellis Island über sich ergehen lassen. Bis zum Beginn des Ersten Weltkriegs wurden hier ca. 17 Mio. Menschen durchgeschleust, und manches Schicksal entschied sich in Minuten, so daß Ellis Island auch als "Insel der Tränen" galt. Seit 1990 Museum, kann man nun hier – eindringlicher als unterhalb der benachbarten Freiheitsstatue – die Geschichte der Einwanderung auch anhand von Einzelschicksalen studieren; u. a. gibt ein Computer Auskunft, an welchem Tag die Verwandten des Fragestellers die USA betreten haben.
Battery Fraunces' Tavern *Museum of the American Indian Castle Clinton *Battery Park City	Die Südspitze Manhattans – die Battery mit der South Ferry Plaza – wird von den Wolkenkratzern der New York Plaza beherrscht. In deren Schatten duckt sich Fraunces' Tavern, ursprünglich das älteste Haus auf Manhattan, 1719 erbaut, doch später zweimal abgebrannt. In diesem berühmten Gasthof (kein originalgetreuer Nachbau) verbrachte George Washington seine letzten Tage als Oberbefehlshaber der Revolutionstruppen, bevor er sich am 4. Dezember 1783 auf seinen Landsitz nach Mount Vernon (→ Washington, DC) zurückzog. Wenig nordwestlich der Taverne liegt der Platz Bowling Green mit dem alten Zollhaus (U.S. Custom House), in dem das Museum of the American Indian Teile seiner äußerst wertvollen und seltenen Sammlungen zeigt, die die indianischen Kulturen des gesamten amerikanischen Kontinents einbeziehen. Hier beginnt der Broadway, die berühmteste Straße New Yorks, die von Manhattans Südspitze über 20 km nach Norden strebt. Die westliche Hälfte der Südspitze Manhattans nimmt der Battery Park mit dem Castle Clinton National Monument ein. Diese Festung wurde 1811 fertiggestellt und diente von 1824–1855 als Unterhaltungs- und Konzertstätte, war dann Einwanderungsstation und schließlich bis 1941 Aquarium; 1975 ist sie in ihren alten Zustand zurückversetzt worden. Hier werden u. a. auch die Tickets für die Fähre zur Freiheitsstatue verkauft. Nördlich schließt Battery Park City an, ein außerordentlich ehrgeiziges Projekt der achtziger Jahre, das heruntergekommene Südwestufer am Hudson neu zu gestalten. Die architektonischen Akzente setzen die von Cesar Pelli entworfenen Gebäude des World Financial Center mit den Zentralen von Dow Jones, American Express und Merril Lynch, insbesondere der weite und luftige Wintergarten.

New York · New York City

New York
Lower Manhattan

Statue of Liberty Staten Island

1 One New York Plaza
2 American Express Building
3 Four New York Plaza
4 Watson House
5 St. Elizabeth Ann Seton Shrine
6 Seventeen State Street
7 National Museum of the American Indian (ehem. Custom House)
8 Bowling Green
9 Standard Oil Building / Museum of American Financial History
10 Cunard Building
11 Wall Street Journal
12 Fraunces Tavern
13 Bürohaus 77 Water St.
14 India House
15 Wall St. Plaza
16 Louise Nevelson Plaza
17 Our Lady of Victory Church
18 J.P. Morgan Bank
19 ehem. Citibank
20 Federal Hall Nat. Mem.
21 Morgan Guaranty Trust
22 New York Stock Exchange
23 Irving Trust Building
24 St. George's Chapel
25 American Stock Exchange
26 Equitable Building
27 Marine Midland Building
28 Chase Manhattan Bank
29 Federal Reserve Bank
30 St. John Method. Church
31 Chamber of Commerce
32 One Liberty Plaza (Ehem. U.S. Steel Bldg.)
33 Transportation Building
34 Woolworth Building
35 St. Peter's Church
36 Federal Post Office Bldg.
37 N.Y. Telephone Company
38 Benjamin Franklin Statue Printing House Square
39 Pace College
40 Municipal Building
41 Police Headquaters
42 St. James' Church
43 Chatham Green Houses
44 Chinese Museum
45 True Light Luth. Church
46 Transfiguration Church
47 Buddhist Temple
48 City Prison
49 Criminal Court
50 N.Y. State Office Bldg.
51 N.Y. County Court House
52 U.S. Court House
53 St. Andrew's Church
54 Court Square Building
55 U.S. Customs Court
56 Federal Office Building
57 Family Court
58 New York City Fire Museum

New York City · *New York*

Museum of Jewish Heritage
Dieses jüngste Museum New Yorks vermittelt jüdisches Leben und Kultur vom 19. Jh. bis zur Gegenwart. Dabei steht der Holocaust im Mittelpunkt.

**World Trade Center
Östlich von Battery Park City ragen die 420 m hohen Zwillingstürme des World Trade Center in den Himmel. In den von Minuro Yamasaki konzipierten und 1973 eingeweihten Gebäuden – außer den Türmen noch sechs weitere, darunter die New Yorker Warenterminbörse – finden 50 000 Menschen Arbeit, die 104 Fahrstühle zur Wahl haben, um in ihr Büro zu kommen. Touristen fahren zum Aussichtsdeck im Südturm hinauf, damit sie die einmalige Aussicht genießen können (Öffnungszeiten: tgl. 9.30 – 21.30 Uhr); im 107. Stock des Nordturms befindet sich das exklusive Restaurant "Windows on the World".

Südlicher Broadway · Trinity Church
Nur wenig östlich vom World Trade Center erreicht man wieder den Broadway. Nach Süden gehend, vorbei an Wolkenkratzern wie dem Old AT & T Building oder One Liberty Plaza (226 m hoch), kommt man zur Trinity Church, erstmals 1698 erbaut, heutiges Gebäude von 1846. Ihr Friedhof ist der älteste der Stadt, auf dem u. a. Alexander Hamilton (1755 – 1804), erster US-Finanzminister, und Robert Fulton (1765 – 1815), Konstrukteur des ersten brauchbaren Dampfschiffes, begraben sind.

An der Börse von New York wird der Takt der Weltwirtschaft angegeben.

*Wall Street

*New York Stock Exchange
Gegenüber der Kirche geht die als Inbegriff der Finanzwelt berühmte Wall Street ab, die ihren Namen einer von den Holländern gegen die Briten errichteten Schutzmauer verdankt. An der Ecke strebt der 195 m hohe Turm der Irving Trust in die Höhe; es folgt die 1792 gegründete New York Stock Exchange, das Herz der Finanzwelt, untergebracht in einem an einen römischen Tempel erinnernden Gebäude von 1903. Das Treiben der Händler kann man von der Besuchergalerie verfolgen, auch Führungen werden angeboten (Öffnungszeiten: Mo. – Fr. 9.00 – 16.00 Uhr). Nachbar der Börse ist an der Ecke Broad Street das festungsartige Bankhaus von J. P. Morgan.

New York · New York City

An der Kreuzung mit der Nassau Street steht das Federal Hall National Memorial, Höhepunkt des Neoklassizismus in der Stadt, 1842 als Zollhaus errichtet und heute Gedenkstätte. An seiner Stelle befand sich die Federal Hall, in der Washington seinen Eid ablegte und der Kongreß tagte. Etwas weiter nördlich ragt an der Nassau Street der 247 m hohe Turm der Chase Manhattan Bank auf, nur 20 m kleiner ist das Gebäude 60 Wall Street. Die Wall Street weiter hinabgehend – nördlich der 289 m hohe Wolkenkratzer 80 Pine Street – kommt man zur South Street am East River.

Federal Hall National Memorial

An der South Street erstreckt sich unterhalb der Brooklyn Bridge South Street Seaport, einst das Kernstück des New Yorker Hafens und nun ausgedehnter Museumshafen. Zu sehen gibt es historische Schiffe, darunter die zu den legendären "Flying P-Linern" gehörende Viermastbark "Peking" (1911); man kann mit dem Schoner "Pioneer" Hafenrundfahrten unternehmen und zwischen Water und Front Street Läden und Restaurants besuchen. Frühaufstehern sei ein Besuch des bunten Fulton Fish Market empfohlen.

*South Street Seaport

Vom Museumshafen hat man einen guten Blick auf die 1052 m lange Brooklyn Bridge, die älteste Brücke über den East River, 1867–1883 als erste mit Stahlseilen gespannte Brückenkonstruktion erbaut.

*Brooklyn Bridge

Die City Hall, ungefähr in der Mitte von Lower Manhattan nahe der Rampe zur Brooklyn Bridge, wurde 1803 bis 1812 im Stil der französischen Renaissance als Amtssitz von Bürgermeister und Stadtrat erbaut. Im Governor's Room sind u. a. der Sessel, auf dem George Washington bei seiner Vereidigung saß, und die Stühle des ersten Kongresses zu sehen.

City Hall

Jenseits südwestlich des City Hall Park erhebt sich am Broadway das von Cass Gilbert in gotisierenden Formen entworfene, 1913 fertiggestellte Woolworth Building. Der 241 m hohe Wolkenkratzer war bis zur Vollendung des Chrysler Building (s. u.) 1931 das höchste Gebäude der Welt.

Woolworth Building

Das Areal nördlich der City Hall und östlich des Broadway ist mit den Gebäuden des Civic Center bebaut, darunter das 177 m hohe Municipal Building, das Federal Building, das Polizeihauptquartier, das U.S. Courthouse, das New Yorker Stadtgericht und das Stadtgefängnis.

Civic Center

Östlich vom Civic Center beginnt Chinatown, mit geschätzten 150 000 Einwohnern die größte von Chinesen bewohnte Stadt außerhalb Chinas. In den engen Gassen dieses vom restlichen New York so verschiedenen Viertels trifft man auf allerlei Geschäfte mit typisch chinesischen Waren, eine Unzahl von Restaurants und einige buddhistische Tempel. Einen besonderen Augenschmaus bieten die farbenprächtigen Umzüge zum chinesischen Neujahrsfest Ende Januar / Mitte Februar.

*Chinatown

Nördlich an Chinatown schließt sich Little Italy an, der Stadtteil, in dem Pasta und Grappa zu Hause sind, allerdings mehr und mehr verdrängt vom sich ausbreitenden Chinesenviertel.

Little Italy

Die Blocks östlich von Chinatown und Little Italy zum East River hin, die Lower East Side, ist immer noch das Wohnviertel der weniger Betuchten. Vor allem in der Orchard Street gibt es viele jüdische Mode-, Schuh- und Pelzgeschäfte, die gute Qualität zu niedrigen Preisen feilbieten.

Lower East Side

Der Name dieses Viertels nennt seine Lage: "South of Houston Street" (sprich "hausten"!) und hat nichts mit Londons Soho zu tun. Das ehemalige Fabrik- und Lagerhausviertel wurde in den Siebzigern von Künstlern entdeckt und stellt heute in seinen Galerien die jüngsten Trends der US-Kunst aus. Bei einem unbedingt zu empfehlenden Bummel durch SoHo sieht man noch viele gußeiserne "Cast Iron"-Häuser. 1992 hat im alten Fabrikgebäude 575 Broadway ein Ableger des Guggenheim Museum für moderne Kunst eröffnet, das Guggenheim Museum SoHo.

*SoHo

Guggenheim SoHo

New York City · *New York*

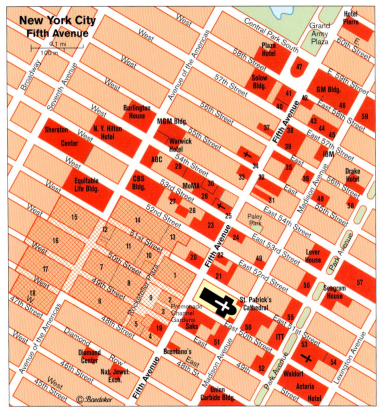

ROCKEFELLER CENTER

1. International Building
2. British Empire Building
3. Maison Française
4. Sinclair Oil Building
5. One Rockefeller Center
6. U.S. Rubber Company
7. General Electric Bldg. West
8. General Electric Bldg. (RCA Bldg.)
9. Rockefeller Plaza/ Prometheus
10. Associated Press Building
11. Radio City Music Hall
12. Amer. Metal Climax Building
13. 15 W. 51st St. Building
14. Sperry Rand Building
15. Time & Life Building
16. Exxon Building
17. McGraw Hill Building
18. Celanese Building
19. Swiss Center
20. 640 Fifth Avenue Building
21. Olympic Tower
22. Cartier (Juwelier)
23. Tishman (666 5th Ave.) Building
24. Rolex Building
25. St. Thomas Episcopal Church
26. Museum of Modern Art
27. American Craft Museum
28. Museum of Television & Radio
29. Hotel Dorset
30. A.A. Rockefeller Garden
31. Elizabeth Arden (Beauty)
32. St. Regis Sheraton Hotel
33. Hotel Gotham
34. Fifth Ave. Presbyterian Church
35. Corning Glass Building
36. Sony Building (ehem. AT & T)
37. Doubleday (Buchhandlung)
38. Tiffany's (Juwelier)
39. Trump Tower
40. Van Cleef (Juwelier)
41. Bergdorf Goodman (Mode)
42. Bergdorf Goodman (Mode)
43. Galeries Lafayette
44. Escada (Mode)
45. Hermès (Mode)
46. F.A.O. Schwarz (Spielwaren)
47. Pulitzer Memorial Fountain
48. Hotel Winslow
49. Hotel Inter-Continental
50. Palace Hotel
51. Newsweek Building
52. Colgate Palmolive Building
53. St. Bartholomew's Church
54. General Electric Building
55. Manuf. Hanover Bank Building
56. Racquet & Tennis Club
57. Citibank Building
58. Mercedes-Benz
59. Standard Brands Building

New York City · New York

"The Village" ist heute ein ausgesprochen schönes (und daher teures) Wohnviertel nördlich von SoHo zwischen 14th Street und Broadway. Bis in die sechziger Jahre hinein war es bevorzugter Wohnort von Schriftstellern und Künstlern, von deren Ruf das Viertel heute noch ein wenig zehrt. Sein lebendiger Hauptplatz ist der Washington Square, umrahmt von Gebäuden der New York City University und mit einem Triumphbogen zur Hundertjahrfeier der Einsetzung Washingtons zum Präsidenten in der Mitte; weitere sehenswerte Straßen und Plätze sind Bleecker Street (hier reihen sich Antiquitätenläden, Restaurants, Kinos, Bars und Theater aneinander), Commerce Street, Christopher Street, der Treffpunkt der New Yorker Gay Scene, und Union Square, einst das Vergnügungsviertel der Stadt.

*Greenwich Village

Washington Square

Östlich jenseits des Broadway liegt East Village, ehemals ausschließlich das Viertel der Ukrainer und Polen, in den sechziger Jahren von den Blumenkindern entdeckt und heute Zufluchtsort all derer, die sich eine Wohnung in Greenwich Village nicht mehr leisten können und nun East Village zur fashionablen Adresse machen. Um den St. Mark's Place gibt es sehr viele und vor allem originelle Second-Hand-Läden. St. Mark's-in-the-Bowerie Ecke Second Ave./10th St. ist mit dem Gründungsjahr 1799 die zweitälteste Kirche der Stadt.

East Village

Midtown Manhattan

Midtown Manhattan erstreckt sich zwischen der 14th Street im Süden und der 57th Street im Norden. Das als regelmäßiges Rechteckmuster angelegte Straßennetz – Avenues in Nord-Süd-Richtung, beginnend mit der First Avenue im Osten, Streets in Ost-West-Richtung – wird nur von der Diagonalen des Broadway durchbrochen. Hauptachse ist die Fifth Avenue, die am Washington Square beginnt und an der Ostseite des Central Park weit hinauf nach Norden zieht. Sie teilt Manhattan in eine östliche und eine westliche Hälfte und gibt dadurch die Straßenbezeichnungen an; ihr in Midtown verlaufender Abschnitt ist das eigentliche Zentrum der Stadt, auf dem die berühmten Paraden stattfinden. An ihr und ihren Seitenstraßen ballen sich zwischen 34th und 57th Street die Wolkenkratzer, hier findet man exklusivste Geschäfte wie die Juweliere Tiffany, Van Cleef und Cartier, das Modehaus Bergdorf Goodman und eine Vielzahl von sündhaft teuren Luxusherbergen.

Lage

**Fifth Avenue

Obwohl es schönere und höhere gibt, ist das Empire State Building Ecke 34th St. und Fifth Avenue seit der Kletterpartie des Filmaffen "King Kong" im Jahr 1933 der berühmteste Wolkenkratzer New Yorks. Besonderen Glanz entfaltet er, wenn es nachts angestrahlt ist. Jahrzehntelang war der 1931 aus Kalkstein und Granit fertiggestellte, 381 m hohe Turm (mit Antenne 449 m) das höchste Gebäude der Erde. Von seinen beiden Aussichtsplattformen im 86. bzw. 102. Stockwerk genießt man unvergleichliche Ausblicke auf die Mega-Stadt (Öffnungszeiten: tgl. 9.30 – 24.00 Uhr).

**Empire State Building

Die Pierpont Morgan Library zwei Blocks nordöstlich vom Empire State Building (29 E. 36th St.) vereint bibliophile Kostbarkeiten mit hervorragenden Kunstwerken, die der Bankier John Pierpont Morgan (1837 – 1913) zusammengetragen hat. Im East Room sind Inkunabeln, Manuskripte und Autographen ausgestellt, im West Room die Kunstwerke, darunter die berühmten Hochzeitsporträts von Martin Luther und Katharina Bora aus der Hand von Lucas Cranach dem Älteren.

Pierpont Morgan Library

Unweit westlich des Empire State Building jenseits des Herald Square wartet das riesige Kaufhaus Macy's auf Kundschaft.

Macy's

Noch weiter westlich markiert der 233 m hohe Turm One Penn Plaza das als Sportveranstaltungsstätte berühmte Madison Square Garden Center zwischen Sixth (Avenue of the Americas) und Eighth Avenues. Im Untergrund verborgen ist der Großbahnhof Pennsylvania Station.

Madison Square Garden Center

New York City · *New York*

Aus dem Häusermeer von Midtown Manhattan sticht das Empire State Building unverwechselbar hervor.

*Times Square

Vom Kaufhaus Macy's aus erreicht man auf dem Broadway den nordwestlich liegenden, langgestreckten Times Square, das Herz des Theater District um den Broadway. Der einstige Glanz verblaßte zwischenzeitlich, denn viele Theater mußten schließen und wurden durch Pornoschuppen und Nachtbars ersetzt, die das Viertel zu einem nicht ungefährlichen Platz machten, an dem der Drogenhandel zu Hause war. Anfang der neunziger Jahre schlossen sich Investoren aus Manhattan zusammen, sorgten für Straßenreinigung, unterstützten Programme für Drogenabhängige und Obdachlose und bauten natürlich kräftig. Heute herrscht am Times Square Goldgräberstimmung. Wo früher Rotlicht-Etablissements ansässig waren, residieren heute Disney, Virgin, Marriott Marquis, Bertelsmann, Kinopaläste und das Nobelkaufhaus Gap.

**Chrysler Building

Auf der den Times Square kreuzenden 42nd Street sechs Blocks in östlicher Richtung gehend, vorbei an der New York Public Library, der nach der Library of Congress in → Washington, DC, größten Bibliothek der USA, kommt man zum Chrysler Building. Mag das World Trade Center das höchste und das Empire State Building das berühmteste Hochhaus New Yorks sein, so ist dieser vollkommene Art-Deco-Turm, 1930 fertiggestellt und 319 m hoch, unbestritten das schönste, nicht zuletzt wegen der phantastischen Art-Deco-Eingangshalle. Bis zur Fertigstellung des Empire State Building war das Chrysler Building darüberhinaus das höchste Gebäude der Stadt.

*United Nations Headquarters

Am Ende der 42nd Street dehnt sich am East River das Hauptquartier der Vereinten Nationen aus. Das Gelände konnte dank einer Spende von John D. Rockefeller erworben werden. Beherrschend ist das 134 m hohe, nach Plänen von Le Corbusier und Niemeyer 1949–1953 erbaute Secretariat Building mit dem Büro des Generalsekretärs im 38. Stock; im Konferenzraum eine bemerkenswerte Weltzeituhr. Daran schließt das flache General

New York · New York City

Assembly Building mit dem Saal der Vollversammlung an; dort befinden sich auch ein Souvenirladen und das UN-Postamt, dessen Marken und Sonderstempel besonders begehrt sind. Wer eine der um 10.30 bzw. 15.30 Uhr beginnenden Sitzungen der Vollversammlung mitverfolgen will, sollte eine Stunde vorher in der Lobby nachfragen (Führungen: März – Dez. tgl. 9.15 – 16.45 Uhr, Jan. und Feb. nur Mo. – Fr.).

United Nations Headquarters (Fortsetzung)

Wieder zurück auf der 42nd Street sieht man an der Kreuzung mit der Park Avenue das 246 m hohe PanAm Building aufragen, 1963 nach Plänen von Emery Roth, Pietro Belluschi und Walter Gropius vollendet, heute im Besitz einer Versicherungsgesellschaft. Es steht über der gewaltigen Grand Central Station.

PanAm Building Grand Central Station

An der Park Avenue, der östlich parallel dazu laufenden Lexington Avenue und der westlich parallel laufenden Madison Avenue reihen sich einige sehenswerte Wolkenkratzer und andere Bauten aneinander: Union Carbide Building (270 Park Ave.; 215 m), Chemical Bank (277 Park Ave.; 210 m), American Brands (245 Park Ave; 198 m), Seagram Building (375 Park Ave.; 160 m) von Mies van der Rohe und Philip Johnson (1958), Citibank (399 Park Ave.; 226 m), Lever House von 1952 mit der ersten Glasfassade der Park Avenue sowie das traditionsreiche Waldorf Astoria Hotel (301 Park Ave.) und gleich benachbart die St. Bartholomew's Church von 1919. In der Lexington Avenue fallen auf das General Electric Building (570 Lexington Ave.; 195 m), das weiß leuchtende Citcorp Center (575 Lexington Ave; 279 m) von Hugh Stubbins (1978) mit angeschrägtem Dach sowie, bereits in der 3rd Ave., das "Lipstick Building" (1986) von Philip Johnson und John Burgee; in der Madison Avenue sind u. a. bemerkenswert der IBM Tower (590 Madison Ave.; 183 m) von E.L. Barnes (1984), mit einer wunderbaren überdachten Plaza und der IBM Gallery of Science and Art, sowie das Sony Building (ehemals AT & T Building, 550 Madison Ave.; 197 m), die vieldiskutierte Ikone der Postmoderne von Philip Johnson (1983) mit ihrem diskussionswürdigem Dach.

Park Avenue · Madison Avenue Lexington Avenue

*Citcorp Center

*Sony Building

Im von Madison und Fifth Avenue sowie E. 50th und E. 51st Sts. begrenzten Block behauptet sich die St. Patrick's Cathedral mit ihren 101 m hohen Türmen im Schatten der Hochhausriesen. Die römisch-katholische Kathedrale, Sitz des Erzbischofs, wurde 1858 – 1888 errichtet und bewahrt in ihrem voluminösen Inneren u. a. eine Figur von Elizabeth Ann Seton (1774 bis 1821), der 1975 als erster US-Amerikanerin heiliggesprochenen Gründerin der Sisters of Charity.

*St. Patrick's Cathedral

Zwischen Fifth und Avenue of the Americas sowie 47th und 52nd Sts. taucht man ein in die größte zusammenhängend geplante Wolkenkratzerstadt der Erde, das nach John D. Rockefeller jr. benannte Rockefeller Center, voll von Geschäften und Büros und verziert mit zahlreichen Kunstwerken. Sein lebendiger Mittelpunkt ist die Rockefeller Plaza mit der abgesenkten Sunken Plaza, die eine vergoldete Prometheus-Figur schmückt. Sunken Plaza, im Sommer ein überaus beliebter Treffpunkt, verwandelt sich im Winter in eine Eislaufbahn, über der ein riesiger Weihnachtsbaum leuchtet. Über allem ragt das 259 m hohe General Electric Building auf, früher RCA Building, mit den Studios der Fernsehgesellschaft NBC. Jenseits an der W. 50th St. liegt die Radio City Music Hall, 1930 im Art Deco erbaut, mit 6 200 Plätzen größter Bühnensaal der Welt.

*Rockefeller Center

Radio City Music Hall

Außer mit dem GE Building beeindrucken das Rockefeller Center und seine Umgebung mit weiteren Hochhausbauten, darunter das Exxon Building (1251 Ave. of the Americas; 229 m), McGraw Hill Building (1221 Ave. of the Americas; 205 m), Equitable Center Tower West (787 Seventh Ave.; 229 m), Olympic Tower (645 Fifth Ave.; 189 m) von Skidmore, Owings und Merrill (1976), und, etwas weiter nördlich, der Trump Tower (725 Fifth Ave.; 202 m) von Der Scott mit terrassenförmiger Außenfassade und verschwenderisch gestaltetem Atrium.

Wolkenkratzer in der Umgebung

*Trump Tower

New York · **New York City**

Dieses Museum (25 W. 52nd St.) gibt einen eindrucksvollen Überblick über die Welt von Film, Fernsehen und Radio in den USA.

Museum of TV and Radio

Wenig nördlich vom Rockefeller Center markiert der 198 m hohe Wohnturm Museum Tower Apartments den Standort des Museum of Modern Art (MOMA). Diese in der Welt bedeutendste Sammlung von Kunst des späten 19. und des 20. Jh.s ist seit 1984 in einem lichten Museumsbau von Cesar Pelli untergebracht (11 W. 53rd St.). Einige der Highlights seien genannt: Im Abby Aldrich Rockefeller Sculpture Garden moderne Bildhauerei von Max Ernst, Alexander Calder, Picasso ("Ziege"), Henry Moore u. v. a.; im ersten Stock u. a. Nachimpressionisten (Degas, Gauguin, Munch, Toulouse-Lautrec, Modigliani), Kubisten (Braque, Chagall), Expressionisten, Futuristen, Blauer Reiter (Kokoschka, Schmidt-Rotluff, Nolde, Macke, Heckel), Mondrian, Henri Matisse (größte Sammlung überhaupt), Picasso ("Les demoiselles d'Avignon", "Harléquin"), Dada (Max Ernst, Schwitters), Joan Miró und Surrealisten; im zweiten Stock überwiegend US-Künstler wie Hopper, O'Keeffe und Prendergast sowie Pop Art (Oldenburg, Lichtenstein, Rauschenberg); im dritten Stock Architektur und Design mit Originalentwürfen der bedeutendsten Architekten (Öffnungszeiten: Sa. – Di. 11.00 – 18.00, Do. und Fr. 12.00 – 20.30 Uhr).

**Museum of Modern Art

Nachbar des MOMA ist das American Craft Museum (40 W. 53rd St.), in dem überwiegend Kunsthandwerk des 20. Jh.s ausgestellt ist. Nördlich von 157 W. 57th St. war die altehrwürdige Carnegie Hall Schauplatz manch berühmten Konzertes.

American Craft Museum Carnegie Hall

Uptown Manhattan · Central Park

Uptown Manhattan erstreckt sich von der 57th Street weit in den Norden hinauf bis zur Henry Hudson Bridge und schließt u. a. den Central Park, die grüne Lunge von New York City, ebenso ein wie die Museumsmeile am Ostrand des Parks und das schwarze Viertel Harlem.

Lage

Begrenzt von 59th Street im Süden und 110th Street im Norden sowie Fifth und Eighth Avenue im Osten bzw. Westen breitet sich der 340 ha große Central Park aus, wo sich die New Yorker erholen und entspannen. Hier kann man Sonnenbaden, Rollschuhfahren, Ruderpartien unternehmen oder sich per Pferdedroschke einige der sehenswerten Fleckchen anschauen. Dazu gehören u. a. der Zoo in der Südostecke, das alte, auf die Anfangszeiten des Parks im 19. Jh. zurückgehende Haus The Dairy mit dem Sitz der Parkverwaltung, die weitläufige Allee The Mall mit Skulpturen von Dichtern und Komponisten, die zum Brunnen Bethesda Fountain und zum See mit Loeb's Boathouse (Bootsverleih) führt; nördlich davon Belvedere Castle, höchster Punkt des Parks, und Cleopatra's Needle, ein ägyptischer Obelisk (um 1500 v.Chr.) aus Heliopolis, dessen Pendant in London an der Themse steht; westlich vom Bethesda Brunnen die nach dem Beatles-Song benannten Strawberry Fields, gegenüber vom Dakota Building an der 72nd Street, vor dessen Eingang 1980 John Lennon ermordet wurde. Der eher naturbelassene Nordteil des Parks ist auch bei Tage ein nicht ungefährliches Pflaster.

**Central Park

Östlich vom Central Park

An der Osteite vom Central Park belegen die weitläufigen Gebäude des Metropolitan Museum of Art einen Teil des Parkgoländoc (1000 Fifth Ave.; Öffnungszeiten: Di. – Do., So. 9.30 – 17.15, Fr. und Sa. bis 20.45 Uhr). Das Hauptgebäude wurde zwischen 1879 – 1898 errichtet; der mittlere Teil stammt von den Architekten Hunt Vater und Sohn, die Seitentrakte von McKim, Meade und White. Dieses Museum ist nach dem British Museum in London und der Eremitage in St. Petersburg das drittgrößte Kunstmu-

**Metropolitan Museum of Art

New York City · *New York*

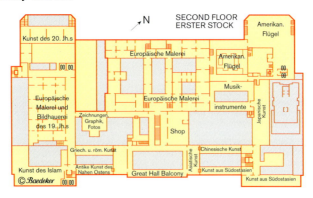

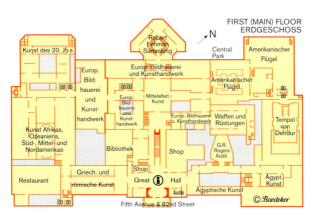

Metropolitan Museum of Art

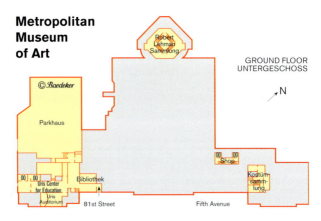

New York · New York City

seum der Welt. Es wurde 1870 durch private Initiative gegründet und besitzt mittlerweile über drei Millionen Kunstgegenstände, von denen ca. 100 000 ständig ausgestellt sind. An dieser Stelle kann nur ein grober Überblick gegeben werden:

Metropolitan Museum of Art (Fortsetzung)

Im Untergeschoß werden im Antonio Ratti Textile Center Männer- und Frauenkleidung und Trachten aus dem 17. bis 20. Jh. gezeigt. Das Uris Center for Education will vor allem Jugendlichen einen Zugang in die Museums- und Kunstwelt vermitteln.

Untergeschoß

Kunst des alten Ägypten (u. a. der beim Bau des Assuan-Staudamms abgetragene Tempel von Dendur, 14 Statuen der Königin Hatschepsut, Goldschmuck einer Prinzessin um 1900 v. Chr.); griechische und römische Kunst (u. a. Funde aus dem Palast von Knossos, römische Kopien hellenistischer Skulpturen); Mittelalter (u. a. byzantinische Kunst, Skulpturen, große Gobelingalerie); europäische Skulpturen und Stilzimmer (u. a. Marmorpatio aus dem spanischen Vélez Blanco, Arbeitszimmer aus dem Palast von Gubbio, Sèvres- und Meissner Porzellan); Waffen (Wikingerschwerter, Ritterrüstungen); Robert Lehman Collection (Gemälde und Zeichnungen, darunter Dürer, Memling, Cranach d. Ä., El Greco, Goya); American Wing (US-amerikanische Kunst und Kunstgewerbe; Fortsetzung im Obergeschoß); Michael C. Rockefeller Wing (Kunst aus dem pazifischen Raum); Lila Acheson Wallace Wing (Kunst des 20. Jh.s, darunter Picassos "Porträt Gertrude Stein", Paul-Klee-Sammlung, Edward Hopper, Skulpturengarten; Fortsetzung im Obergeschoß).

Erdgeschoß

Der Tempel von Dendur ist eine der großen Attraktionen im Metropolitan Museum.

Europäische Malerei (u. a. Raffael, Tizian, Veronese, Frans Hals, Vermeer, van Eyck, van der Weyden, Memling, van der Goes, Cranach d. Ä., Holbein d. J., Dürer Rembrandt, Rubens, van Dyck, Poussin, Hogarth, Reynolds, Turner); Europäische Kunst des 19. Jh.s (Symbolismus, Romantiker, Impressionismus); Kunst des Islam (u. a. Schnitzwerk, Keramik, Teppiche); altorientalische Kunst (u. a. Persien, Anatolien, Babylon); Kunst des Fernen

Obergeschoß

New York City · *New York*

Metropolitan Museum (Fts.)	Ostens (u. a. chinesische und japanische Lack-, Jade- und Bronzearbeiten, Porzellan); Zeichnungen und Druckgraphik (u. a. Leonardo da Vinci, Michelangelo, Dürer, Holzschnitte von Goya); Musikinstrumente.
*Frick Collection	Eine deutlich anders geartete, weil im intimen Rahmen eines im Empire-Stil nobel ausgestatteten Stadthauses präsentiert, ist die Frick Collection südlich vom Metropolitan Museum (1 E. 70th St.). Die feine Sammlung des Pittsburgher Stahlmagnaten Henry Clay Frick (1849–1919) konzentriert sich auf Malerei des 14.–18. Jh.s (Tizian, Bellini, El Greco, Ingres, Vermeer, van Eyck u. a.), Bronzen der italienischen Renaissance und Emailarbeiten (Öffnungszeiten: Di.–Sa. 10.00–18.00, So. 13.00–18.00 Uhr).
*Whitney Museum of American Art	Das ausgezeichnete Whitney Museum of American Art (945 Madison Ave.) befaßt sich mit US-amerikanischer Kunst des 20. Jh.s, darunter Pop-Art und der Nachlaß von Edward Hopper (Öffnungszeiten: Mi., Fr.–So. 11.00 bis 18.00, Do. 13.00–20.00 Uhr).
**Solomon R. Guggenheim Museum	Dieses berühmte Museum nördlich vom Metropolitan Museum (1071 Fifth Ave.) beeindruckt nicht allein mit einer bestechenden Gemäldesammlung, sondern auch durch das faszinierende Gebäude. Frank Lloyd Wright konzipierte einen kreisrunden, sich nach oben erweiternden Bau, in dem die Besucher auf einer umlaufenden Spirale den einzigen großen Ausstellungsraum durchwandern und dabei Werke von Kandinsky (größte Sammlung der Welt), Henri Rousseau, Braque, Picasso, Léger, Cézanne, van Gogh, Chagall u. v. a. mehr betrachten können (Öffnungszeiten: tgl. außer Do. 10.00–18.00, Fr. und Sa. bis 20.00 Uhr).
Cooper-Hewitt Museum	Nur wenig nördlich vom Guggenheim Museum lädt das zur Smithsonian Institution gehörende Cooper-Hewitt Museum (2. E. 91st St.) zur Besichtigung US-amerikanischen Designs ein.
Jewish Museum	Wiederum wenig nördlich liegt das Jewish Museum (Fifth Ave. und 92nd St.), eine der größten Judaica-Sammlungen der Erde.
Museum of the City of New York	Noch weiter nördlich an der Fifth Avenue (103rd St.) widmet sich das Museum of the City of New York der Stadtgeschichte.

Westlich vom Central Park

Columbus Circle	An der Südwestecke des Central Park führt der Broadway über den vom Verkehr schwer mitgenommenen Columbus Circle, in dessen Mitte sich eine 1892 aufgestellte Säule mit einer Kolumbusstatue erhebt. Hier residiert das New York Convention and Visitors Bureau, die Touristeninformation der Stadt, in einem Gebäude im maurischen Stil; gegenüber das 207 m hohe Gulf and Western Building.
*Lincoln Center for the Performing Arts Metropolitan Opera	Wenig nordwestlich vom Columbus Circle schlägt im Lincoln Center das kulturelle Herz der Stadt. Seine wichtigsten Gebäude sind die Avery Fisher Hall, Spielstätte der New Yorker Philharmoniker, das New York State Theater gegenüber, Bühne der New York City Opera und des New York City Ballet, und vor allem das Metropolitan Opera House, die legendäre "Met", eines der führenden Opernhäuser der Welt. In deren Lobby befindet sich ein Informationszentrum, das über alle Veranstaltungen im Lincoln Center unterrichtet. Dort beginnen auch Führungen.
**American Museum of Natural History	An der Westseite des Central Park (79th St.) liegt das nach dem Metropolitan Museum of Art zweitgrößte Museum der Stadt (Öffnungszeiten: tgl. 10.00–17.45, Fr. und Sa. bis 20.45 Uhr). Hier geht es jedoch um Naturgeschichte, die mittels sehr beeindruckenden Stücken nahegebracht wird, darunter ein Walmodell in der Hall of Ocean Life oder die "Brasilianische Prinzessin", größter geschliffener Edelstein der Erde, ein 21 327 Karat

schwerer Topas (= 4,3 kg), eine phantastische Dinosaurier-Abteilung und als jüngste Attraktion ein nachgebauter Regenwald. Im angeschlossenen Hayden Planetarium reist man durch das Weltall.

Museum of Natural History (Fortsetzung)

Nördlich vom Central Park

An die Nordflanke des Central Park schließt direkt das Schwarzenviertel Harlem an, lange Zeit ein vernachlässigtes Getto voller Armut und Gewalt. Das gibt es immer noch, doch herrscht heute hier auch wieder Aufbruchstimmung, es wird gebaut und renoviert wie seit der Gründerzeit nicht mehr. Besichtigungen zu Fuß sollte man auch tagsüber lieber unterlassen und sich lieber einer Bustour anschließen, die die markanten Punkte - u. a. Abyssinian Baptist Church, All Saints Church, das Architekturdenkmal Strivers' Row, das Studio Museum und das Schomburg Center for Research in Black Culture – abfährt; will man abends einen der sehr guten Jazzklubs oder das berühmte Apollo Theater besuchen, sollte man unbedingt ein Taxi benutzen.

Harlem

Die bereits im Jahr 1891 begonnene Cathedral Church of St. John the Divine nahe der Nordwestecke des Central Park ist immer noch nicht ganz fertig, doch schon heute mit ihren 10 000 Sitzplätzen und 8 000 Stehplätzen eines der größten Gotteshäuser der Erde.

*St. John the Divine

Sehr viel weiter nördlich (Broadway and 115th St.) gruppieren sich auf der nach dem Naturillustrator John James Audubon benannten Audubon Terrace die Häuser des Washington Heights Museums, zu denen die Museen der Hispanic Society und der Numismatischen Gesellschaft gehören.

Washington Heights Museums

Wer den Weg ganz in den Norden Manhattans in den Fort Tryon Park nicht scheut, wird eine handfeste Überraschung erleben: Die malerisch über dem Hudson River gelegene Museumsanlage The Cloisters versetzt den Besucher in die klösterliche Welt des europäischen Mittelalters zurück. Hier hat das Metropolitan Museum seine Sammlung kirchlicher Kunst und Architektur, darunter ganze Kreuzgänge, Kapitelsäle und Chorräume v. a. aus französischen, spanischen und deutschen Klöstern des 12. – 15. Jh.s, auf sehr harmonische Weise in einer neu gebauten Klosteranlage vereint (Öffnungszeiten: März – Okt. tgl. außer Mo. 9.30 – 17.15, Nov. – Feb. nur bis 16.45 Uhr).

**The Cloisters

Brooklyn · Queens · Bronx · Staten Island

Brooklyn, der größte Stadtteil von New York City, liegt jenseits des East River östlich von Manhattan auf Long Island; nördlich an Brooklyn schließt – ebenfalls auf Long Island – Queens an und wiederum nördlich von diesem, durch den East River getrennt und von Manhattan durch den Harlem River abgeschnitten, liegt Bronx. Südlich von Manhattan, an den Bundesstaat New Jersey grenzend, befindet sich Staten Island.

Lage

Brooklyn ist durch den Brooklyn-Battery-Tunnel, die Brooklyn Bridge, die Manhattan Bridge und die Queensboro Bridge mit Manhattan verbunden.

Brooklyn

Zwischen Brooklyn Bridge und Atlantic Ave. dehnt sich das charmante Viertel Brooklyn Heights aus. Von der Brooklyn Promenade am East River hat man einen phantastischen und oft fotografierten Blick auf das gegenüberliegende Manhattan. Die Sammlungen ägyptischer, nahöstlicher und orientalischer Kunst des Brooklyn Museum (200 Eastern Parkway), gehören zu den bedeutendsten ihrer Art. Hinzu kommen amerikanische und europäische Malerei, Kostüme und Kunsthandwerk.

Brooklyn Heights

*Brooklyn Museum

Beim Museum liegt der Botanische Garten, in dem 12 000 verschiedene Pflanzen, darunter 900 Rosensorten, gedeihen. Besonders zur Kirschblüte tummeln sich hier die New Yorker.

Brooklyn Botanic Garden

New York City · *New York*

Brooklyn Children's Museum
: Das 1899 gegründete Kindermuseum von Brooklyn (145 Brooklyn Ave.) war das erste Kindermuseum überhaupt. Es legt sein Hauptaugenmerk auf die praktische Erfahrbarkeit von Technik und Natur, so daß die Kinder alles anfassen und experimentieren können.

Greenwood Cemetery
: Auf dem 1840 auf den Gowanus Heights angelegten Greenwood Cemetery (Haupteingang 5th. Ave. and 25th St.) sind u. a. Samuel Morse (1792 bis 1872), Erfinder des Telegraphen, Elias P. Howe (1819–1867), Erfinder der ersten brauchbaren Nähmaschine, und Lola Montez (1818–1861), Tänzerin und Geliebte des Bayernkönigs Ludwig I., begraben.

Der Vergnügungspark von Coney Island war einst das Freizeitrefugium der New Yorker schlechthin. Heute hat er seine besten Zeiten hinter sich.

*Coney Island
: Ganz im Süden Brooklyns liegt Coney Island, in der Vorkriegszeit berühmter Vergnügungspark und Badestrand am Atlantik, heute leider einigermaßen heruntergekommen. Dennoch ist es hier noch ganz hübsch und der Strand recht sauber, aber an Wochenenden völlig überlaufen; im New York Aquarium kann man sich die Meerestiere der Erde anschauen.

Gateway National Recreation Area
: Will der gestreßte New Yorker Natur erleben, begibt er sich an die südlich gegenüber von Coney Island liegende Gateway National Recreation Area, die sich auch auf einen Teil der sich südlich jenseits der Verrazzano Narrows erstreckenden Küste von Staten Island hinüber.

Queens

Flushing Meadows
: Die Parkanlage Flushing Meadows, Ort der Weltausstellungen 1939/1940 und 1964/1965, ist den Tennisfans in aller Welt als Austragungsort der U.S. Open bekannt; allerdings fühlen sich die meisten Stars durch den Straßenlärm und die vom nahen LaGuardia Airport herandonnernden Flugzeuge erheblich in ihrer Konzentration auf den Filzball gestört. Im Shea Stadium treten die Footballer der New York Jets an.

American Museum of the Moving Image
: Eine echte Bereicherung der New Yorker Museumsszene ist das American Museum of the Moving Image (34-12 36th St.), in dem die Geschichte des amerikanischen Films dargestellt wird.

New York · Niagara Falls

Die Bronx ist zum Synonym für eine hochkriminelle, völlig heruntergekommene Stadtgegend geworden. Immerhin ist in den vergangenen Jahren ein großes Wiederaufbauprojekt angekurbelt worden. Nach wie vor sollte man aber sehr schnell und ohne auszusteigen die berüchtigte South Bronx hinter sich bringen, um im Zentrum der Bronx den wirklich lohnenden New York Zoological Park (Bronx Zoo), in dem die Tiere fast ausschließlich in Freigehegen leben, zu besuchen; nördlicher Nachbar ist der New York Botanical Garden, 1891 nach dem Vorbild der Kew Gardens in London angelegt und 117 ha groß. Gleich östlich des Harlem River liegt das Yankee Stadium, Heimat des berühmten Baseballteams New York Yankees.

New York City (Fortsetzung)
Bronx

*Bronx Zoo ·
*Botanical Garden

Eine Fahrt mit der Fähre nach Staten Island lohnt nicht nur wegen der wunderbaren Aussicht auf Manhattan, sondern auch wegen Historic Richmond Town, einem das Leben der Kolonisten nachempfindenden Museumsdorf mit 39 Häusern vom 17. bis zum 19. Jh. und dem Mausoleum der Eisenbahnkönige Vanderbilt.

Staten Island

Historic Richmond Town

Umgebung von New York City

Die 180 km lange Insel im Atlantik ist der beliebteste Ausflugsort im Großraum New York. Hier findet man herrliche Badestrände, so Jones Beach oder im Robert Moses State Park; weiter im Osten die eleganten und ruhigen Hamptons, wo sich die mondänere Strände sind und sich die Intelligenzia ihre Häuschen baut und wo manch wirklich hübscher alter Straßenzug wie die Main Street von East Hampton zum Bummel einlädt, der in einem Fischrestaurant endet. Auch der ruhige Norden der Insel, etwa um Oyster Bay, war und ist bevorzugter Wohnort der Betuchten.

*Long Island

Für einen Ausflug in den Nachbarstaat → New Jersey bieten sich Frank Sinatras Geburtsort Hoboken, Sandy Hook an der Nordspitze der Jersey Shore und New Orange mit dem Labor von Thomas Alva Edison an.

New Jersey

Niagara Falls

B/C 6

Region: Greater Niagara
Telefonvorwahl: 716

Die Niagara-Fälle gehören zu den Top-Sehenswürdigkeiten der USA. Hier, im Nordwesten des Bundesstaats New York, stürzen die gewaltigen Wassermassen, die aus dem Eriesee fließen, höchst spektakulär über eine knapp 60 m hohe Abbruchkante und zwängen sich anschließend als Niagara River durch eine tiefe Schlucht zum Ontariosee. Die Fälle zählen zu den größten, imposantesten und berühmtesten der Welt. Im Jahre 1678 fanden sie erstmals Erwähnung durch den Missionar Louis Hennepin. Heute bestaunen jährlich weit über 12 Mio. Besucher dieses Naturschauspiel.

**Weltberühmte Wasserfälle

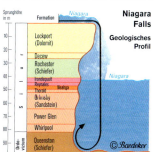

Niagara Falls
Geologisches Profil

Die Entstehung der Niagarafälle reicht in die letzte Eiszeit zurück. Damals bahnte sich der Fluß auf höherem Niveau seinen Weg über ein Kalksteinplateau, das Teil des langgestreckten Niagara Escarpment ist. In der Nähe der heutigen Stadt Lewiston stürzte sich der

Entstehung

Niagara Falls · *New York*

Entstehung (Fortsetzung)

Niagara River auf das Niveau des Ontariosees hinunter. Durch rückschreitende Erosion, d.h. durch die Unterschneidung und damit verbundene Rückverlegung der Abbruchkante wanderte der Wasserfall relativ schnell flußaufwärts. In den letzten 3000 Jahren haben sich die Niagarafälle von der heutigen Rainbow Bridge weiter nach Süden bis zu ihrem jetzigen Platz verlagert. Gegenwärtig schneiden sich die Fälle zwischen 6 und 30 cm pro Jahr zurück. Wie schnell diese Erosion voranschreitet, hängt natürlich sehr stark vom Volumen der Wassermassen ab, die über die Kammlinie stürzen. Da man heute einen beträchtlichen Teil des Wassers in die Druckstollen von Wasserkraftwerken leitet, kann es noch einige hunderttausend Jahre dauern, bis die Stadt Buffalo an den Niagarafällen liegen wird.

Goat Island teilt die Fälle in die American Falls (links) und die Kanadischen Horseshoe Falls (rechts).

Energiepotential

Die Wasserkraft im Bereich der Niagarafälle wird seit vielen Jahrzehnten zur Stromerzeugung genutzt. Lediglich die Hälfte der durchschnittlichen Wassermenge von 6 Mio. l/sec stürzt über die Fälle. Die andere Hälfte wird durch die Druckrohre von Turbinenkraftwerken geleitet. Bei Nacht und im Winter läßt man gar nur 1,4 Mio. l/sec über die Abrißkante in die Tiefe stürzen. Die Kraftwerkskapazität liegt derzeit bei 3 Mio. Kilowattstunden. Weitere, allerdings heftig umstrittene Kraftwerksausbaupläne sind im Gespräch. Die Gewinnung von elektrischem Strom im Bereich der Niagarafälle hat übrigens der aus dem schwäbischen Städtchen Kirchheim/Teck stammende Unternehmer Jakob Friedrich Schoellkopf (1819–1899) in entscheidendem Maße vorangetrieben.

Geschichte

Die Wasserfälle waren den Indianern längst bekannt, als im Jahr 1678 der Priester Louis Hennepin sie erstmals dokumentierte. Der übernommene indianische Name "Niagara" bedeutet so viel wie "Engstelle, Flaschenhals". Das Gebiet war zwischen Engländern und Franzosen über Jahrzehnte hinweg umstritten, und erst der Vertrag von Gent aus dem Jahr 1814, der den amerikanisch-britischen Krieg beendete, legte endgültig den

New York · Niagara Falls

Grenzverlauf zwischen Kanada und den Vereinigten Staaten in der Mitte des Niagara Rivers fest. Schon bald entwickelten sich die Fälle zum Magneten für Touristen, und bereits im Jahr 1885 wurde der Niagara Reservation State Park eingerichtet. Die Stadt Niagara Falls profitiert in großem Maße davon, aber genauso von der durch den Fluß erzeugten Energie, die in energieintensiven Industrien in Niagara Falls und → Buffalo Verwendung findet. Die landschaftliche Schönheit beschränkt sich deshalb auch auf den unmittelbare Bereich des Flusses, weil zahllose Umspannwerke und Stromleitungen das Hinterland verschandeln.

Geschichte (Fortsetzung)

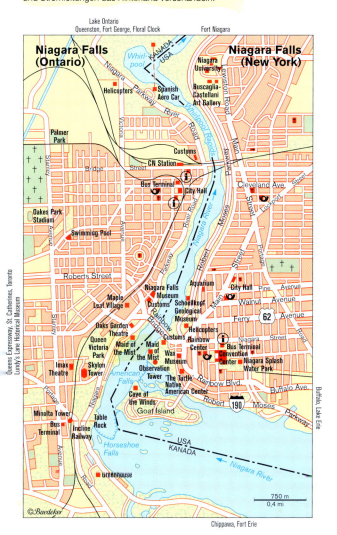

Niagara Falls · *New York*

American Falls · Horseshoe Falls	Die Fälle werden derzeit von der Goat Island geteilt in die American Falls, von denen sich die kleine, nur 12 m breite Bridal Veil Fall abgespaltet hat, und die kanadischen Horseshoe Falls. 90 % der Wassermassen fließen über den hufeisenförmigen kanadischen Fall, der an der Abbruchkante etwa 750 m Länge mißt und 52 m hoch ist; die American Falls sind nur ungefähr 330 m breit, dafür aber 55 m hoch. Am Fuß der Fälle beträgt die Wassertiefe rund 50 m. Unterhalb der Fälle durchfließt der Fluß eine bis zu 100 m tiefe und zwischen 80 und 300 m breite Schlucht. In seiner Mitte verläuft die Grenze zwischen den USA (Bundesstaat New York) und Kanada (Provinz Ontario). Die aus den tiefen Fallkesseln aufsteigenden Gischtschleier zeigen bei sonnigem Wetter prächtige Regenbögen.
Niagara Gorge · Whirlpool	Unterhalb der Fälle hat sich der Niagara River tief in den anstehenden Kalkstein hineingesägt und eine 80 bis 300 m breite Schlucht geschaffen. Nach Nordwesten verengt sich der Canyon und bildet die Whirlpool Rapids, eine Folge von strudeldurchsetzten Stromschnellen. In einem tektonisch bedingten Kessel, dem "Whirlpool", erzeugt der Niagara gewaltige Strudel und strömt dann durch die Lower Rapids dem Ontario-See zu.

Niagara-Perspektiven

Terrassen und Aussichtstürme	Die Niagarafälle können aus verschiedenen Blickwinkeln bestaunt werden. Den besten Blick hat man auf dieses Naturwunder, das abends eindrucksvoll illuminiert wird, von den Terrassen und Aussichtstürmen auf der kanadischen Seite (s. unten).
*Maid of the Mist	Noch eindrucksvoller ist ein ziemlich feuchter Bootsausflug mit der "Maid of the Mist", die sowohl von der US-amerikanischen als auch von der kanadischen Seite ablegt. Die mit besonders starken Motoren ausgestatteten Boote steuern zunächst an den American Falls vorbei und bewegen sich dann in die aufstiebende Gischt der kanadischen Horseshoe Falls. Alle Passagiere bekommen Regenmäntel und -hüte zur Verfügung gestellt.
Gorge Trail	Auf beiden Seiten der Schlucht kann man per Aufzug zur Talsohle hinuntergelangen. Von dort folgen atemberaubende Wanderwege der von grünlich schimmernden und heftig brausenden Fluten erfüllten Schlucht.
Hubschrauberrundflüge	Sowohl von der US-amerikanischen Seite, als auch von der kanadischen werden Hubschrüberrundflüge angeboten.
Spanish Aerocar	Eine Seilbahn fährt auf der kanadischen Seite langsam über die gewaltigen röhrenden Strudel des Whirlpool hinweg.

Nur für Schwindelfreie: mit der Seilbahn über die Niagaraschlucht (Whirlpool) hinweg

Niagara Falls (Stadt im US-Bundesstaat New York)

Lage und Allgemeines	Die auf der Ostseite der Niagaraschlucht gelegene, 62 000 Einwohner zählende US-Stadt profitiert in beträchtlichem Maße vom Tourismusrummel an den berühmten Wasserfällen. Außerhalb der Parkanlagen ist sie allerdings eine eher düster wirkende Industriestadt mit beträchtlichem Verkehr.

New York · Niagara Falls

Alle wichtigen Sehenswürdigkeiten, die auf der US-Seite mit den Niagarafällen zu tun haben, befinden sich in einem vom berühmten Gartenarchitekten Frederick Law Olmstedt gestalteten Erholungspark, der sich von den Fällen 5 km weiter flußabwärts erstreckt. Im Orin Lehman Visitor Center, das im Sommer abends bis 22.00 Uhr geöffnet ist, gibt es hervorragendes Infomaterial zu allen Aspekten des Naturwunders. Wer nicht gut zu Fuß ist, kann hier von April bis Oktober das "Niagara Viewmobile" nutzen, das alle wichtigen Aussichtspunkte zwischen Goat Island und dem Schoellkopf Geological Museum anfährt. Der "Master Pass" ist ein preisgünstiges Sammelticket, mit dem man nicht nur das Viewmobile benutzen kann, sondern auch einige Attraktionen (Observation Tower, Cave of the Winds, Festival Theater, Schoellkopf Geological Museum, Aquarium of Niagara) besuchen und mit der "Maid of the Mist" fahren kann.
  **Niagara Reservation State Park

Vom Prospekt Point aus hat man einen guten Blick auf die American Falls inklusive den Bridal Veil Fall. Noch eindrucksvoller ist der Blick über die gesamte Szenerie vom 86 m hohen Observation Tower.
  Prospect Point

Vom Prospect Point gelangt man über eine Brücke zunächst Green Island und dann Goat Island. Eine kleine Fußgängerbrücke überspannt den Bridal Veil Fall und führt auf die Luna Island direkt über den American Falls.
  Goat Island

Unten erkennt man Menschen in gelbem Ölzeug. Es sind Teilnehmer einer "Cave of the Winds"-Tour, die durch einen Tunnel und über hölzerne Stege bzw. Treppen zum Hurrican Deck unter dem tosenden Bridal Veil Fall führt.
  Cave of the Winds

Auf der Westseite von Goat Island erreicht man den Terrapin Point, von wo aus man die Horseshoe Falls sieht. Die Three Sisters Islands sind über Brücken mit Goat Island verbunden. Hier steht man inmitten der Upper Rapids, also kurz vor der Kammlinie der Horseshoe Falls.
  Goat Island

Das etwas flußabwärts gelegene und nach dem schwäbischen Unternehmer benannte Museum befaßt sich sehr ausführlich mit der Erd- und Landschaftsgeschichte im Bereich der Niagarafälle (Öffnungszeiten: April bis Okt. tgl. 10.00 – 17.00, Memorial Day – Labor Day 9.00 – 19.00 Uhr). Vom Museum führt der Upper Gorge Nature Trail flußabwärts entlang des Schluchtrandes und vorbei an den Whirlpool Rapids bis zum Whirlpool State Park.
  Schoellkopf Geological Museum

Schräg gegenüber dem Schoellkopf-Museum zeigt das Aquarium of Niagara neben vielerlei Süßwasserfischen und Meeresbewohnern auch Robben und Pinguine (Öffnungszeiten: tgl. 9.00 – 17.00, Memorial Day – Labor Day bis 19.00 Uhr).
  Aquarium of Niagara

Offensichtlich stellten die Wasserfälle schon immer eine Herausforderung für eine gewisse Sorte von Menschen dar (→ *Baedeker Special* S. 300). Das Daredevils Museum ist Abenteuern gewidmet, die im 19. und 20. Jh. auf vielerlei merkwürdige Weisen versuchten, die Niagarafälle zu bezwingen (303 Rainbow Blvd.; Öffnungszeiten: tgl. 9.00 – 23.00 Uhr).
  Daredevils Museum

US-Seite der Niagarafälle

Fährt man von Niagara Falls auf dem Robert Moses Parkway nach Norden, erreicht man bald den Whirlpool State Park. Von hier bietet sich ein herrlicher Blick auf den riesigen Kessel, den die Strudel des Niagara River ausgeräumt haben. Flußaufwärts erkennt man die Stromschnellen der Whirlpool Rapids. Von Lewiston aus kann man in der warmen Jahreszeit mit dem Jet Boat über die Lower Rapids in die Strudel des Whirlpool hineinfahren – ein Unternehmen, das nicht ganz ungefährlich ist!
  *Whirlpool State Park

Vom Devil's Hole State Park bietet sich ein guter Blick auf die Lower Rapids. Ganz in der Nähe unterrichtet das Visitor Center des Niagara Power Project über die Stromgewinnung durch Wasserkraft und über die Geschichte der Kraftwerkstechnik (5777 Lewiston Rd./NY 104; Öffnungszeiten: Memorial Day – Labour Day tgl. 10.00 – 17.00 Uhr).
  Niagara Power Project

In Lewiston starten nicht nur die Jet Boats in Richtung Whirlpool Rapids, hier kommen auch Freunde moderner Kunst auf ihre Kosten. Auf dem Campus der Niagara University hat das Castellani Art Museum eine nicht
  Lewiston

299

Baedeker Special

Niagara Daredevils

Die Niagarafälle üben schon seit langem eine Faszination auf Waghalsige und Ruhmsüchtige aus, die mit allen erdenklichen Methoden versuchen, in die Zeitung oder ins Fernsehen zu kommen. Eine kleine, unvollständige Auswahl:

1825: Beim Versuch, in Booten über die Fälle zu fahren, sterben drei Männer.
1829: Sam Patch springt zweimal von einem Leitergerüst (an der Cave of the Winds bei Goat Island) etwa 37 m in die Tiefe und überlebt.
1859: Der französische Artist M. Blondin überquert die Schlucht mehrfach auf einem Drahtseil, einmal mit seinem Impresario auf den Schultern, ein anderes Mal mit einem Ofen, auf dem er ein Omelette zubereitet.
1873: Ein Italiener namens Balleni überquert die Fälle auf einem Drahtseil.
1876: Die Italienerin Maria Spetterini (oder Spelterina) überquert als erste Frau die Schlucht auf einem Drahtseil.
1882: Steve Peer überquert den Fluß auf einem Drahtseil mehrmals bei Tage, stürzt aber bei einem nächtlichen Versucht tödlich ab.
1883: Der Kanalbezwinger Matthew Webb ertrinkt beim Versuch, die Whirlpool Rapids zu durchschwimmen.
1886: Carlisle D. Graham durchquert die Whirlpool Rapids in einer selbstgebauten Tonne viermal, Maud Willard verunglückt bei einem ähnlichen Versuch tödlich; W. J. Kendall durchschwimmt die Schnellen.
1888: Robert W. Flack ertrinkt beim Versuch, die Rapids im Boot zu überqueren.
1889: Steve Brodi fährt in einem Holzfaß über die Horseshoe Falls und überlebt.
1901: Martha Wagenführer durchquert die Whirlpool Rapids in einem Faß; Annie Edson Taylor überlebt die Fahrt in einer amboßbeschwerten Holztonne über die Horseshoe Falls mit leichten Verletzungen.
1910: Claus Larsen fährt im Motorboot durch die Rapids.

DEUX ENFANTS EMPORTÉS PAR LES CHUTES DU NIAGARA

1911: Der Engländer Bobby Leach überlebt schwerverletzt die Fahrt in einer Tonne über die Horseshoe Falls.
1920: Der englische Friseur Charles Stephens stirbt beim Versuch, in einem Holzfaß über die Horseshoe Falls zu fahren.
1928: Jean Lussier fährt in einem großen Gummiball über die Horseshoe Falls.
1930: George L. Stathika überlebt den Sturz in einer Stahl-Holztonne, erstickt aber noch vor der langwierigen Bergung.
1951: William "Red" Hill Jr., der mit seinem Vater vielen Menschen das Leben rettete, stirbt beim Versuch, die Fälle in einer Konstruktion aus Reifenschläuchen hinabzufahren.
1960: Der siebenjährige Roger Woodward überlebt nach einem Bootsunfall den Sturz; ein Mann kommt dabei um.
1995: Robert Overacker aus Kalifornien fährt mit umgeschnalltem Fallschirm auf einem Jetski die Fälle hinab. Der Fallschirm öffnet sich nicht.

New York · Niagara Falls

alltägliche Kollektion von Kunstwerken zusammengetragen (Öffnungszeiten: Mi.–Sa. 11.00–17.00, So. 13.00–17.00 Uhr).

Lewiston (Fortsetzung)

Nördlich von Youngstown, wo der Niagara River in den Ontariosee mündet, liegt das Old Fort Niagara. Anstelle eines 1679 errichteten Vorpostens der Franzosen wurde 1726 die heute noch erhaltene Festung angelegt, die in allen Auseinandersetzungen zwischen Franzosen und Engländern bzw. Engländern und Amerikanern eine herausragende strategische Bedeutung innehatte. Fast das ganze Jahr über wird hier von kostümierten Akteuren "Living History" geboten (Öffnungszeiten: Sommer tgl. 9.00–19.30, Winter 9.00–16.30 Uhr).

Fort Niagara State Park

Über eine Zugbrücke betritt man Fort Niagara.

22 mi/35 km östlich von Niagara Falls erreicht man das Städtchen Lockport. Die Stadt hat ihre Entstehung dem Eriekanal zu verdanken, denn in Lockport mußte eine Schleusentreppe errichtet werden, die den querliegenden Riegel des Niagara Escarpment überwinden half. Hier stehen noch einige sehenswerte historische Bauten wie das 1864 errichtete Outwater Building und das 1823/1824 als erstes Backsteinhaus der Stadt erbaute Colonel William Bond House.

Lockport

Im Stadtzentrum können die heute noch betriebenen Schleusen Nr. 34 und Nr. 35 sowie die alten, 1847 fertiggestellten Five-Flight Locks besichtigen. Im früheren Kraftwerk, das heute das Canal Museum beherbergt, und im Erie Canal Heritage Interpretive Center wird die Geschichte des Kanalbaus aufgezeigt (Öffnungszeiten: Mai–Okt. tgl. 9.00–17.00 Uhr). Ein ganz besonderes Erlebnis ist eine ca. zweistündige Bootsfahrt durch die Schleusen (Abfahrten: Mai–Okt. tgl. 12.30 und 15.00, bei großem Andrang zusätzlich 10.00 und 19.00 Uhr; Auskunft: Tel. 800-378-0352. Interessant ist auch eine Bootsfahrt durch die 750 m lange Lockport Cave. Dieser Kanaltunnel ist 1858/1859 aus dem Gestein herausgesprengt worden (Abfahrten: Mai–Sept. tgl. 9.30–19.30 Uhr).

Schleusen

Niagara Falls · *New York*

Niagara Falls (Stadt in der kanadischen Provinz Ontario)

Lage und Allgemeines	Die kanadische Stadt Niagara Falls (73 000 Einw.) liegt auf der schöneren Westseite der Niagaraschlucht und wirkt sehr gepflegt. Dank ihrer hervorragenden Ausblicke auf die weltberühmten Wasserfälle ist sie in erster Linie ein Touristenzentrum, das seinesgleichen sucht. Zahlreiche Beherbergungsbetriebe, Gaststätten und Vergnügungseinrichtungen kommen den unterschiedlichsten Geschmacksrichtungen entgegen: Vom typisch amerikanischen Flitterwochenhotel über Restaurants mit deutscher Küche bis zur Monster-Show wird hier praktisch alles geboten.
Rainbow Bridge	Diese Brücke verbindet die amerikanische mit der kanadischen Seite. Die Einreise nach Kanada und die Wiedereinreise in die USA sind unproblematisch und gehen ohne weitere Formalitäten vor sich.
Maple Leaf Village	Zentrum der Stadt ist das überaus beliebte Einkaufs- und Vergnügungszentrum "Maple Leaf Village". Vom Maple Leaf Tower bietet sich ein großartiger Rundblick. Im Niagara Falls Museum ist die "Niagara's Original Daredevil Hall of Fame" eingerichtet, die sich mit den waghalsigen Versuchen, die Fälle zu überqueren, befaßt (s. oben). Auch im Niagara's Wax Museum of History an der Prospekt Street wird dieses Thema aufgegriffen.
*Queen Victoria Park	Entlang der Westseite der Niagaraschlucht zieht sich der wunderschöne Queen Victoria Park, dem man nach Süden bis zum Table Rock folgt. Von hier bietet sich ein großartiger Blick auf die Horseshoe Falls. Vom Table Rock House führen Aufzüge und weitere drei Tunnel zur Sohle der Schlucht bzw. zum Fuß der Wasserfälle hinunter.
Minolta Tower · Skylon Tower	Die Aussichtsplattformen auf dem Minolta Tower und dem 158 m hohen Skylon Tower bieten überwältigende Blicke auf die Wasserfälle und die Schlucht (Öffnungszeiten: tgl. 9.00 – 22.00 Uhr, im Sommer länger).
Weitere Attraktionen	Im nahegelegenen Niagara IMAX Theatre werden nicht alltägliche Niagara-Impressionen auf einer Riesenleinwand vorgeführt. Kuriositäten aus aller Welt sind in "Ripley's Believe It Or Not Museum" sowie in der "Guiness World of Records" auf dem Clifton Hill zu sehen.

Kanadische Seite der Niagarafälle

Niagara Parkway	Auf der kanadischen Seite zieht der Niagara Parkway flußabwärts am Whirlpool und am Niagara Glen vorbei zum Sir Adam Beck Generating Plant, dem kanadischen Gegenstück zum Robert-Moses-Kraftwerk am gegenüberliegenden US-Ufer. Viel besucht wird die Blumenschau der School of Horticulture mit ihrer Floral Clock ("Blühende Uhr"). Kurz nach den Queenston Heights erreicht man das schmucke, um 1800 errichtete McFarland House, das heute als Museum zugänglich ist.
Fort George	Bald darauf kommt man zum Fort George, das Ende des 18. Jh.s angelegt worden ist. Es sollte die Niagara-Region vor Übergriffen der Amerikaner schützen, in deren Hände es 1813 aber fiel. Im 1820 verlassenen Fort führen im Sommer Akteure in historischen Uniformen Szenen aus dem Militärleben auf.
Niagara-on-the-Lake	Ein malerisches Städtchen, das im 19. Jh. verharrt zu sein scheint, ist Niagara-on-the-Lake an der Westseite der Mündung des Niagara River in den Ontariosee. Die erste Hauptstadt der britischen Besitzung Oberkanada wurde 1813 von den Amerikanern niedergebrannt, danach aber rasch wiederaufgebaut. Hübsche viktorianische Häuschen sind von gepflegten Gärten umgeben. Flaniermeile ist die Queen Street.
Fort Erie	Westlich gegenüber der US-amerikanischen Stadt → Buffalo und nahe am Ausfluß des Niagara River aus dem Eriesee liegt die 1748 von britischen

New York · Rochester

Loyalisten gegründete Stadt Fort Erie. Von hier führt die Peace Bridge nach Buffalo hinüber. Unweit südlich der Brücke erreicht man das 1764 angelegte Fort Erie, das 1814 von amerikanischen Truppen erobert worden ist. Heute ist es als militärisches Freilichtmuseum hergerichtet.

Niagara Falls, Fort Erie (Fortsetzung)

Wenige Meilen westlich der kanadischen Touristenstadt Niagara Falls kann man eine der bedeutendsten Leistungen der Ingenieursbaukunst in Augenschein nehmen: die aus acht gewaltigen Schleusenanlagen bestehende Treppe des Welland Canal. Der Kanal umgeht die weltberühmten Wasserfälle und verbindet seinerseits den Ontariosee (Seespiegel: 74,68 m ü. d. M.) mit dem knapp 100 m höher gelegenen Eriesee (Seespiegel: 173,74 m ü. d. M.). Um den beachtlichen Höhenunterschied zu bewältigen, mußte auf der relativ kurzen Distanz von knapp 42 km eine aus acht Einheiten bestehende Schleusentreppe gebaut werden. Der erste Wellandkanal wurde bereits 1829 eröffnet. Schon wenige Jahre später wurde ein Neubau nötig, und auch diesen mußte man ständig erweitern. 1932 wurde eine den modernen Erfordernissen angepaßte Kanaltrasse eingeweiht, die auch von größeren Seeschiffen benutzt werden konnte. Nochmals ausgebaut wurde der Kanal in den sechziger und siebziger Jahren.

*Welland Canal

Durch den Kanal, der von Anfang an ein zentrales Teilstück der St.-Lorenz-Wasserstraße war, werden jährlich mehrere tausend Hochseeschiffe und sog. "Lakers" geschleust, die weit über 50 Mio. t Massengüter wie Getreide, Eisenerz und Kohle befördern. Bei der Schleuse 3 (Lock 3; südlich von St. Catherines) ist ein Besucherzentrum eingerichtet. Von dessen Aussichtsplattform kann man das Durchschleusen der Schiffe gut beobachten.

Rochester

D 6

Region: Finger Lakes
Höhe: 157 m ü.d.M.
Einwohnerzahl: 232 000
Telefonvorwahl: 716

Wer gern fotografiert, der kennt zumindest dem Namen nach die drittgrößte Stadt des Empire State, die an der Mündung des Genesee River in den Ontariosee liegt. Denn hier legte George Eastman 1880 den Grundstock für die Eastman Kodak Company, die heute der mit Abstand größte Hersteller von fotografischen Artikeln aller Art ist.

Lage und Allgemeines

1788 kauften Spekulanten den Seneca-Indianern unter dubiosen Umständen viele tausend Hektar Land zu einem Schleuderpreis ab und veräußerten es kurz darauf mit enormem Gewinn an weiße Siedler. So entstand bereits ab 1789 um eine Mühle am Genesee River eine erste Ansiedlung. 1810 kaufte Colonel Rochester das ganze Gebiet und ließ weitere Mühlen bauen. Bereits 1834 wurde Rochesterville zur Stadt erhoben. Durch die Eröffnung des Eriekanals erlebte die junge Stadt einen ungeahnten Aufschwung. Neben der Nahrungsmittel- und Textilindustrie waren es die 1853 gegründeten optischen Werke von John Jacob Bausch und Henry Lomb, die Wohlstand brachten. 1880 gründete George Eastman ein Unternehmen zur Herstellung der von ihm entwickelten fotografischen Trockenplatten und Rollfilme, 1888 stellte er die erste Kodak-Kamera vor, und schon ein Jahr später brachte er den Zelluloid-Film auf den Markt.

Sehenswertes in Rochester und Umgebung

Wo der Genesee River über eine fast 30 m hohe Geländestufe dramatisch in die Tiefe stürzt, erstreckt sich das "Brown's Race" genannte historische Quartier der Stadt. Während einer halbstündigen Lasershow wird man mit der Geschichte von Rochester vertraut gemacht.

Brown's Race Historic District

Rochester · *New York*

*Strong Museum Ein Eldorado für Kinder ist das Strong Museum am Manhattan Square, das u.a. eine der größten Puppensammlungen der Welt beherbergt. Eine Abteilung ist der Fernsehserie "Sesame Street" (Sesamstraße) gewidmet (Öffnungszeiten: tgl. 10.00–17.00, Fr. bis 20.00, So. nur 12.00–17.00 Uhr).

Woodside Mansion In der 1840 im Greek Revival Style fertiggestellten Woodside Mansion stellt die Rochester Historical Society mit zahlreichen Dokumenten, Fotografien und diversen Gegenständen die Geschichte der Stadt dar (485 East Ave.; Öffnungszeiten: Mo.–Fr. 10.00–16.00 Uhr).

Memorial Art Gallery Im Osten der Stadt kann man in der 1913 gegründeten und inzwischen dreimal großzügig erweiterten Galerie Kunstwerke aus fünf Jahrtausenden bestaunen, darunter Meisterwerke von Matisse, Monet, Cézanne, Rodin und Homer (500 University Ave.; Öffnungszeiten: Di. 12.00–21.00, Mi.–Fr. 10.00–16.00, Sa. 10.00–17.00, So. 12.00–17.00 Uhr).

*George Eastman House Ebenfalls im Osten der Stadt steht die Villa von George Eastman (1854 bis 1932). Das sehr luxuriös mit Marmorfußböden, Seidentapeten und teurem Mobiliar ausgestattete Eastman House ist 1905 nach Vorlagen des seinerzeit renommierten Architekten J. Foster Warner erbaut worden. Um das Haus sind zauberhafte Gärten angelegt. In einem Nebengebäude ist das Museum of Photography eingerichtet, das nicht nur die rasche technische Entwicklung von Kameras und Zubehör von den Anfängen bis zur Gegenwart aufzeigt, sondern auch Arbeiten der berühmtesten Lichtbildner der Welt präsentiert (900 East Ave.; Öffnungszeiten: Di.–Sa. 10.00–16.30, So. 13.00 bis 16.30 Uhr)

George Eastman ließ sich die Einrichtung seines Hauses einiges kosten.

Susan B. Anthony House In diesem Haus im Westen von Rochester lebte die Wegbereiterin des Frauenwahlrechts vierzig Jahre lang bis zu ihrem Tode im Jahre 1906. Vielerlei Dokumente und Gegenstände erinnern an Susan B. Anthony und an die von ihr initiierten Kampagnen. Die Frauenrechtlerin wurde 1872 hier verhaftet, weil sie unberechtigterweise ihre Stimme bei den Präsidentschaftswahlen abgegeben hatte. Das Stimmrecht für Frauen wurde übrigens erst im Jahre 1920 in den USA eingeführt! (17 Madison St.; Öffnungszeiten: Do.–So. 13.00–16.00 Uhr).

Genesee Country Village Ca. 20 mi/32 km südwestlich der Stadt, bei der Ortschaft Caledonia, ist ein ländliches Freilichtmuseum aufgebaut, in dem "Lebendige Geschichte" im Stil des 19. Jh.s geboten wird. Handwerker in alten Gewändern führen u.a. vor, wie man seinerzeit Brot gebacken, Hufe beschlagen oder Kutschen und Karren gebaut hat. Auf dem Gelände steht auch das 1795 von Colonel Rochester erbaute Blockhaus, in dem viele Jahre später George

New York · Saratoga Springs

Eastman seine Kindheit verbringen sollte. Im Carriage Museum kann man zahlreiche alte Pferdefuhrwerke und -schlitten inspizieren (Flint Hill Road; Öffnungszeiten: Mitte Mai – Mitte Okt. Di. – Fr. 10.00 – 16.00, an Wochenenden bis 17.00 Uhr).

Rochester, Genesee Country Village (Fts.)

Saratoga Springs

H 6

Region: Capital-Saratoga
Höhe: 96 m ü.d.M.
Einwohnerzahl: 25 000
Telefonvorwahl: 518

Etwa eine halbe Autostunde nördlich von → Albany quellen stark mineralisierte Wässer an die Erdoberfläche, deren Heilkraft die Mohawk-Indianer schon seit Urzeiten schätzen. Mitte des 18. Jh.s wurden auch die weißen Ankömmlinge aus Europa auf diese Quellen aufmerksam. Nachdem so berühmte Männer wie Sir William Johnson, General Philip Schuyler, George Washington und Alexander Hamilton hier ihre diversen Leiden kurierten, setzte im 19. Jh. ein kaum für möglich gehaltener Aufschwung ein: Die Saratoga Springs wurden zum Treffpunkt der New Yorker High Society. Ab 1865 eröffnete ein Grand Hotel nach dem anderen. Viele Wohlhabende ließen sich hier noble Sommervillen im viktorianischen Stil errichten, das Canfield Casino öffnete seine Pforten, und auf dem Saratoga Racetrack wurden hochdotierte Pferderennen ausgetragen.

*Nobler Kurort

Sehenswertes in Saratoga Springs und Umgebung

Die belebte Hauptachse der Kurstadt ist der Broadway mit seinen noblen Hotelbauten und Privatvillen aus viktorianischer Zeit. In der einstigen Trinkhalle ist ein Urban Cultural Park ist das Visitor Center untergebracht (297 Broadway; Öffnungszeiten: tgl. 9.00 – 16.00 Uhr, im Winter nur werktags).

Broadway

Im Herzen der Stadt, zwischen Broadway, Spring Street und Circular Street, breitet sich der Congress Park aus, 1870 vom berühmten Gartenarchitekten Frederick Law Olmstedt gestaltet. In zwei hübschen Pavillons sind die beiden Heilbrunnen der Kurstadt, die Congress Spring und die Columbian Spring, gefaßt. Im Zentrum der gepflegten Parkanlage steht das ehemalige Canfield Casino, ein überaus luxuriöser Prachtbau von 1870. Noch heute zeugen der prunkvolle Speisesaal und der extravagante Spielsaal vom Glanz vergangener Zeiten. Heute dient das Casino der Historical Society of Saratoga Springs als Museum, die hier eine stadtgeschichtliche Ausstellung aufgebaut hat (Öffnungszeiten: Juni – Sept. tgl. 10.00 – 16.00, So. nur 13.00 – 16.00 Uhr).

*Congress Park

Bis ins Jahr 1863 reicht die Tradition der weltberühmten Pferderennen von Saratoga Springs zurück. Die Rennsaison beginnt alljährlich in der dritten Juliwoche und dauert bis Ende August. Dann herrscht in der Kurstadt pulsierendes Leben bis tief in die Nacht. Einige exklusive Restaurants öffnen ihre Pforten nur während der Rennsaison, wenn die US-amerikanische Upper Class nach Saratoga Springs strömt. Täglich außer dienstags werden bis zu zehn Wettbewerbe ausgetragen. Prestigeträchtige Höhepunkte sind die Konkurrenzen der Springreiter, die jeweils am Ende der Saison stattfinden. Ein nicht gerade billiges Vergnügen sind die zahlreichen Wetten, die während der Rennsaison abgeschlossen werden. Günstiger ist da schon das oft von Morgennebeln eingehüllte Early-Morning-Breakfast auf der Rennbahn, das man wenigstens einmal miterlebt haben sollte.

***Saratoga Race Course**

An die berühmtesten Rennen, die schnellsten Pferde und die erfolgreichsten Jockeys wird in einem Museum erinnert, das schon fast den Charak-

*National Museum & Hall of Fame

Saratoga Springs · *New York*

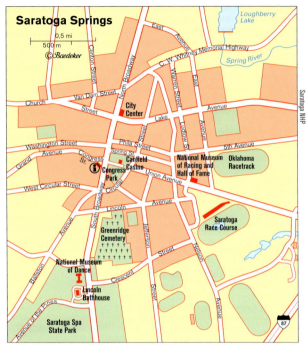

National Museum of Racing (Fts.)	ter einer Heldengedenkstätte besitzt (191 Union Avenue; Öffnungszeiten: Mo.–Sa. 10.00–16.30, So. 12.00–16.30, während der Rennsaison tgl. 9.00–17.00 Uhr).
*Saratoga Spa State Park	Am südlichen Broadway (US 9) erstreckt sich der Saratoga Spa State Park. Er wurde im Jahr 1909 eingerichtet, um die Mineralwasservorkommen vor dem weiteren Zugriff der Tafelwasserindustrie zu schützen, die sich zu dieser Zeit bereits mehr als 200 Quellen in der näheren Umgebung des Kurortes gesichert hatte. Auf Initiative von Franklin D. Roosevelt, dem damaligen Gouverneur des Bundesstaates New York, entstand hier ab 1927 ein Heilquellen-Kurbetrieb mit mehreren Badehäusern, der 1935 seinen Betrieb aufnehmen konnte. In den nach den früheren US-Präsidenten Lincoln und Roosevelt benannten Badehäusern werden auch heute noch medizinische Bäder, Heilkräuterpackungen und Massagen verabreicht. Wer nach einem Bad wieder bei Kräften ist, sollte keinesfalls einen Spaziergang durch den Kurpark entlang des sich dahinschlängelnden Geyser Brook versäumen.
National Museum of Dance	Eine ganz besondere Attraktion ist das am Nordende des Parks gelegene National Museum of Dance im Washington Bath Pavilion. Hier dreht sich alles um den Tanz. Berühmte Tänzerinnen und Tänzer werden hier ebenso vorgestellt wie Choreographien und Requisiten aus der Welt des Tanzes, Video-Clips zeigen die neuesten Trends (99 S. Broadway; Öffnungszeiten: tgl. 10.00–17.00 Uhr).
*Saratoga Lake	Südöstlich der Kurstadt breitet sich der kleine Saratoga Lake in einer geradezu malerischen Landschaft aus. Das beliebte Ausflugsziel erreicht man am besten über die Route NY 9P.

New York · Syracuse

Vom See gelangt man via NY 423 zu dem 10 mi / 16 km östlich am US 4 gelegenen Schlachtfeld. Im Sommer 1777 war der englische General John Burgoyne mit einer 9000 Mann starken Armee ins Hudsontal vorgestoßen. Wenige Wochen später brachten ihm die von General Horatio Gates angeführten amerikanischen Streitkräfte auf dem Schlachtfeld bei Saratoga eine vernichtende Niederlage bei, die den Wendepunkt im Amerikanischen Unabhängigkeitskrieg markieren sollte. Im Visitor Center sowie im Rahmen einer Rundfahrt kann man sich genauer über die Ereignisse informieren.

Saratoga Springs (Fortsetzung)
Saratoga National Historic Park

Ca. 8 mi / 13 km nördlich des Schlachtfeldes erreicht man den ebenfalls an der US 4 gelegenen Ort Schuylerville. Dessen Hauptanziehungspunkt ist das Haus von General Philip Schuyler, in dem er berühmte Männer wie George Washington, Thomas Jefferson und den Marquis de Lafayette beherbergt hat (Öffnungszeiten: Juni – Labour Fr. – So. 10.00 – 16.00 Uhr).

Schuylerville

Syracuse E 6

Region: Finger Lakes
Höhe: 124 m ü.d.M.
Einwohnerzahl: 164 000
Telefonvorwahl: 315

Am Nordostrand der Finger Lakes Region liegt die Industriestadt Syracuse, deren Anfänge ins 18. Jh. zurückreichen, als hier ein Handelsposten bestand. Das Gebiet der am kleinen Onondagasee gelegenen Stadt war vor der Ankunft der Weißen über Jahrhunderte Siedlungsschwerpunkt der Onondaga-Indianer, die dem Irokesenbund angehörten.
Die Salzgewinnung und die Waffenproduktion sorgte bereits im frühen 19. Jh. für eine wirtschaftliche Blüte. Hiesige Waffenschmieden belieferten beispielsweise die amerikanischen Streitkräfte, als diese sich 1812 mit englischen Truppen auseinandersetzten. Der 1825 erfolgte Anschluß an das Wasserstraßennetz des Eriekanals sicherte für lange Zeit die wirtschaftliche Zukunft der Stadt. Nach einigen wirtschaftlichen Krisenjahren im 20. Jh. kann Syracuse inzwischen wieder eine sehr gesunde ökonomische Struktur mit einer großer Branchenvielfalt vorweisen.

Lage und Allgemeines

Sehenswertes in Syracuse

Im Stadtkern stehen noch einige interessante Bauten aus dem 19. und frühen 20. Jh., vor allem am Clinton Square, am Hanover Square und am Armory Square. Beachtung verdient das riesige Landmark Theatre Building an der Salina Street, das 1928 als eines der größten Lichtspielhäuser der Vereinigten Staaten eröffnet wurde. In dem Kinosaal, der fast 3000 Zuschauer fassen kann, finden heute vielerlei Veranstaltungen statt. Opern und Konzerte kann man im John H. Mulroy Civic Center an der Montgomery Street genießen.

Downtown

1920 wurde der Eriekanal im Stadtgebiet zugeschüttet und der Erie Boulevard angelegt. Im Weighlock Building von 1850 ist neben dem Urban Cultural Park Visitor Center auch das Erie Canal Museum untergebracht, das sich mit der Geschichte und wirtschaftlichen Bedeutung der einstmals sehr wichtigen Wasserstraße befaßt (318 E. Erie Blvd.; Öffnungszeiten: tgl. 10.00 – 17.00 Uhr).

Erie Boulevard

In diesem Museum wird man auf sehr verständliche und nachvollziehbare Weise in die Welt von Wissenschaft und Technik eingeführt. Im angeschlossenen IMAX-Theater kommen spektakuläre Filmproduktionen auf einer Großleinwand zur Aufführung (500 S. Franklin St.; Öffnungszeiten: tgl. 9.30 – 17.00, Fr. bis 21.00 Uhr).

Museum of Science & Technology

Syracuse · *New York*

Salt Museum
Ca. 2,5 mi / 4 km nördlich vom Stadtzentrum erstreckt sich der Onondaga Lake Park am Ostufer des Sees. Das Salt Museum informiert über das komplizierte technische Verfahren, mit dem man hier bis 1920 Salz aus einer Solequelle gewonnen hat (Onondaga Lake Parkway; Öffnungszeiten: Mai – Sept. Di. – So. 12.00 – 17.00 Uhr).

St. Marie among the Iroquois
Ebenfalls am Onondaga Parkway liegt diese Mitte des 17. Jh.s von französischen Jesuiten errichtete Missionsstation. Sie war seinerzeit das erste von Weißen errichtete Bauwerk auf dem Gebiet der Irokesen-Konföderation. Hier kann man auch ein traditionelles Rundhaus der Onondaga-Indianer anschauen (Öffnungszeiten: Di. – So. 10.00 – 17.00 Uhr).

Umgebung von Syracuse

Chittenango
Ca. 15 mi / 24 km östlich von Syracuse ist der Ort Chittenango ein beliebtes Ausflugsziel. Hier lohnt ein Blick in das Landing Canal Boat Museum. In der restaurierten Bootswerft wurden seinerzeit die knapp 30 m langen Lastkähne gebaut und repariert, die auf dem Eriekanal unterwegs waren (7010 Lakeport Rd.; Öffnungszeiten: Juli / Aug. tgl. 10.00 – 16.00, April – Juni und Sept. / Okt. nur Sa. und So. 13.00 – 16.00 Uhr). 6 mi / 10 km südlich außerhalb ist eine Wanderung zu den 51 m hohen und landschaftlich höchst reizvoll gelegenen Chittenango Falls zu empfehlen.

Lorenzo State Historic Site
Etwa 5 mi / 8 km weiter südlich erreicht man die Lorenzo State Historic Site. Inmitten gepflegter Garten- und Parkanlagen steht eine herrschaftliche Villa, die 1807 im Federal Style errichtet worden ist. Das Mobiliar spiegelt das Leben wohlhabender Leute im 19. Jh. wider (Öffnungszeiten: Mitte Mai – Okt. Mi. – Sa. 10.00 – 17.00, So. 13.00 – 17.00 Uhr).

Canastota
Ca. 7 mi / 11 km östlich von Chittenango erreicht man das am Eriekanal gelegene Städtchen Canastota. Hier dreht sich anscheinend alles um den

Über mehrere Stufen stürzen die Chittenango Falls in die Tiefe.

New York · **Thousand Islands · St. Lawrence Seaway**

Boxsport, jedenfalls macht dies die hiesige International Boxing Hall of Fame glauben. Mit der Geschichte des Eriekanals befaßt sich das Canal Town Museum. Außerhalb des Städtchens ist noch ein Stück der alten Wasserstraße mit den zugehörigen Treidelpfaden erhalten.

Umgebung von Syracuse, Canastota (Fts.)

Ca. 6 mi / 10 km östlich von Canastota gelangt man nach Oneida, einer Ortschaft, die nach einem ebenfalls zum Irokesenbund gehörenden Indianerstamm benannt ist. Im Museum der Madison County Historical Society ist viel Interessantes über die Geschichte dieser Gegend zu erfahren.

Oneida

Von Syracuse gelangt man in einer knappen Stunde über die NY 481 in die Hafenstadt Oswego am südöstlichen Ufer des Ontariosees. Hier errichteten die Briten 1722 ein Fort, die Stadtgründung erfolgte erst fünf Jahrzehnte später. Beachtenswert ist das H. Lee White Marine Museum am Ende der Pier, das sich mit der Geschichte des Schiffsverkehrs auf dem Lake Ontario beschäftigt.

Oswego

Am nordöstlichen Stadtrand steht das 1755 von den Engländern angelegte und 1796 von den Amerikanern übernommene Fort Ontario. Das Militär zog erst kurz nach dem Zweiten Weltkrieg aus. Danach wurde das Fort im Stil des 19. Jh.s restauriert (Öffnungszeiten: Mai – Okt. Mi. – Sa. 10.00 bis 17.00, So. 13.00 – 17.00 Uhr).

Fort Ontario

Zwei besonders schöne Erholungsparks mit Bademöglichkeiten im Ontariosee sind der südwestlich von Oswego gelegene Fair Haven Beach State Park und der einige Meilen weiter nordöstlich gelegene Selkirk Shores State Park.

Beliebte Badeplätze am Ontariosee

Thousand Islands · St. Lawrence Seaway E / F 5 / 6

Region: Thousand Islands
Telefonvorwahl: 315

Die nördlichste Fremdenverkehrsregion des Empire State umfaßt einen ca. 300 km langen Tieflandstreifen, der sich vom Ostufer des Ontariosees entlang des Sankt-Lorenz-Stromes in nordöstlicher Richtung zieht. Im Ausfluß des Stromes aus dem Ontariosee zählt man mehr als 1500 Eilande, von denen jedoch nur ein Drittel den USA und zwei Drittel Kanada gehören. Diese Inselflur ist von besonderem landschaftlichen Reiz und steht großenteils unter Schutz. Das hügelige Hinterland wird im Norden von den Ausläufern der Adirondacks gebildet. Im Süden begrenzt das in weiten Teilen noch wenig erschlossene Tug Hill Plateau als Fortsetzung des Appalachian Plateau das Tiefland.

Lage und *Landschaftsbild

Der erste Europäer, der den St.-Lorenz-Strom befuhr, war Jacques Cartier, der sich 1535 stromaufwärts mühte. Die Franzosen freundeten sich mit den Indianern an und kontrollierten das Land bis 1763, als die Briten gegen sie zu Felde zogen. Während der heftigen Auseinandersetzungen zwischen Briten und Amerikanern, vor allem im Krieg von 1812, spielten der St.-Lorenz-Strom, der Ontario- und der Eriesee einerseits als Grenzlinie und andererseits als Wasserstraße eine besondere Rolle. Und im Bereich der Thousand Islands blühte der Schmuggel. Nach der Eröffnung des Eriekanals wurde es am Ontariosee und am St.-Lorenz-Strom etwas ruhiger, dann kamen Ende des 19. Jh.s die Sommerfrischler. Besonders beliebt waren seinerzeit Angelpartien mit anschließendem "Shore Dinner", zu dem ein Teil des Fangs an einer besonders hübschen Uferpartie gleich zubereitet und bei einem zwanglosen Picknick verzehrt wurde. Bei einer solchen Gelegenheit wurde auch das "Thousand Islands Dressing" kreiert, eine wohlschmeckende Salatsauce, die alsbald ihren Siegeszug um den ganzen Erdball antrat. Bis heute ist das Land am St.-Lorenz-Strom ein attraktives Fremdenverkehrsgebiet. Daran hat sich auch nichts geändert, als 1959

Geschichte

Die Erfindung des "Thousand Islands Dressing"

309

Thousand Islands · St. Lawrence Seaway · *New York*

Geschichte (Fortsetzung)
der St.-Lorenz-Seeweg (St. Lawrence Seaway) als Großschiffahrtsstraße eröffnet wurde, die industriellen Ballungsräumen wie Detroit und Chicago einen Zugang zum Weltmeer verschaffte.

Freizeitangebot
Das Freizeitangebot ist natürlich in erster Linie auf Wassersport ausgerichtet. Es gibt etliche Marinas für Segler, gemütliche Fischerhäfen und zahlreiche sehr gut ausgestattete State Parks, die teils über sehr schöne Badestrände verfügen. Die schönsten State Parks sind: Westcott Beach State Park (an der NY 3) bei Sackets Harbor; Long Point State Park (an der County Road 57) auf der Point Peninsula; Cedar Point State Park (an der NY 12 E) und Grass Point State Park (an der NY 12) bei Clayton; Kring Point State Park (an der NY 12) bei Alexandria Bay; Jacques Cartier State Park (an der NY 12) bei Ogdensburg; Coles Creek State Park (an der NY 37) bei Massena. In mehreren Yachthäfen kann von Mitte April bis Mitte Oktober Hausboote mieten, u. a. bei Remar Houseboat Rental in Clayton.

Typisch "Thousand Islands": ein winziges Eiland, aber ein Ferienhaus darauf.

Sehenswertes am St. Lawrence Seaway

Watertown
Die größte Siedlung in dem zum Empire State gehörenden Teil des St.-Lorenz-Tieflandes ist Stadt Watertown am Black River. Beachtenswert ist hier das regionalgeschichtliche Museum, das in der stilvoll eingerichteten Paddock Mansion von 1876 untergebracht ist (228 Washington St.; Öffnungszeiten: Di.–Fr. 10.00–17.00, So. 12.00–17.00 Uhr).

*Sackets Harbor
Ca. 7 mi / 11 km westlich von Watertown liegt das malerische, 1802 gegründete Städtchen Sackets Harbor an einem geradezu perfekten Naturhafen des Ontariosees. Seine Häuser sind hübsch herausgeputzt, so etwa das Haus des Stadtgründers August Sacket (heute Touristeninformation)

New York · Thousand Islands · St. Lawrence Seaway

und das Pickering Cottage an der Main Street, das altehrwürdige Union Hotel (Ecke Main St./Ray St.) und das Elisha Camp House am General Smith Drive. — Sackets Harbor (Fortsetzung)

Am Seeufer kam es im Mai des Jahres 1813 zu einer Schlacht zwischen Briten und Amerikanern. Das ganze Gelände steht unter Denkmalschutz, doch viele der heutigen Gebäude sind jedoch erst nach der Schlacht entstanden (Öffnungszeiten: Memorial Day – Labor Day Mi. – Sa. 10.00 – 17.00, So. 13.00 – 17.00 Uhr). — Sackets Harbor Battlefield State Historic Site

21 mi/34 km nördlich von Watertown liegt der Ort Clayton am St.-Lorenz-Strom. Hier gibt es einen großen Yachthafen. Hauptsehenswürdigkeit ist das Antique Boat Museum, wo es vielerlei Boote zu sehen gibt, vom Indianerkanu bis zur High-Tech-Yacht (750 Mary St.; Öffnungszeiten: Mitte Mai – Mitte Okt. tgl. 9.00 – 16.00 Uhr) In der Old Town Hall am Riverside Drive ist das Thousand Islands Museum untergebracht, das sich ausgiebig mit der Geschichte dieser Gegend befaßt. — Clayton

13 mi/21 km weiter nordöstlich, jenseits der I-81, liegt der lebhafte Touristenort Alexandria Bay in einem landschaftlich besonders reizvollen Teil der Thousand Islands Region. Ursprünglich als Fischerhafen gegründet wurde der Ort mit der Zeit zur Versorgungsstation für die reichen Sommerfrischler, die auf den Inseln ihre Urlaubsdomizile errichtet hatten. Wer den besonderen Reiz dieser Urlaubslandschaft erfassen will, dem sei ein Rundflug (z. B. mit Thousand Islands Helicopter Tours) oder ein Bootsausflug (Uncle Sam Boat Tours) empfohlen. Sowohl aus der Luft als auch vom Schiff kann man dann auch die traumhaft gelegenen Millionärsvillen auf den einzelnen Inseln sehen. — *Alexandria Bay

Einige Schiffe legen auch auf Heart Island an, wo man das zumindest in ganz Nordamerika berühmte Boldt Castle besichtigen kann. Der schwerreiche Hotelbesitzer George C. Boldt, dem seinerzeit auch das "Waldorf Astoria" in New York City gehörte, erwarb Heart Island im Jahr 1895 und ließ dort für seine Frau ein riesiges Schloß errichten. Die Bauarbeiten wurden jedoch 1904 eingestellt. In dem imposanten Gebäudekomplex gibt es 120 Räume, von denen aber nur einige wenige im Erdgeschoss fertiggestellt sind. Bei einem Spaziergang über die Insel lernt man weitere interessante Bauten kennen, so z. B. das Yachthaus und das Alster Tower Power House (Öffnungszeiten: Mitte Mai – Mitte Okt. tgl. 10.00 – 18.30, Juli/Aug. 10.00 – 19.30 Uhr). — *Boldt Castle

Eine wahrhaft paradiesische Insel ist Wellesley Island, auf der nicht weniger als drei State Parks ausgewiesen sind. Sie ist per Auto über die 1938 eröffnete und knapp 14 km lange Thousand Islands International Bridge erreichbar, auch viele Ausflugsboote legen hier an. Im Sommer kann man hier fast alle Wassersportarten ausüben und natürlich auch Golf spielen, im Winter werden auf der Insel Loipen für Skilangläufer gespurt und Trassen für Snow-Mobilisten markiert. — *Wellesley Island

Auf der benachbarten, bereits zu Kanada gehörenden Hill Island steht ein 107 m hoher Turm, von dessen Aussichtsplattformen man einen überwältigenden Rundblick über die einmalige Stromlandschaft genießen kann. — *Thousand Islands Skydeck

36 mi/58 km nordöstlich von Alexandria Bay, wo der Oswegatchie River in den St.-Lorenz-Strom mündet, hat man im 18. Jh. das Hafenstädtchen Ogdensburg angelegt. Weithin sichtbare Landmarke ist eine moderne, mehr als 4 km lange und 38 m hohe Hängebrücke über den St.-Lorenz-Strom. Während des Krieges von 1812 hatte Ogdensburg eine enorme strategische Bedeutung, die man im Rahmen einer "War of 1812 Battlefield Walking Tour" im Greenbelt Riverfront Park ergründen kann. — Ogdensburg

Das Museum ist die weltweit größte Sammlung von Gemälden, Zeichnungen und Skulpturen des Western-Art-Künstlers Frederic Remington (1861 – 1909), der seine Kindheit und einige Sommer als Erwachsener in Ogdensburg verbracht hat (303 Washington St.; Öffnungszeiten: Mai bis Okt. tgl. 9.00 – 17.00, So. 13.00 – 17.00, Nov. – Apr. Mi. – Sa. 11.00 – 17.00, So. 13.00 – 17.00 Uhr). — *Frederic Remington Art Museum

Utica · *New York*

Massena am St. Lawrence Seaway	Ganz im Nordosten des Empire State liegt die Industriestadt Massena. 1898 wurde hier ein Aluminiumwerk in Betrieb genommen, später kam eine Fabrik von General Motors dazu.
Moses-Sounders Power Dam	In den fünfziger Jahren des 20. Jh.s wurde nördlich der Stadt der Moses-Saunders-Staudamm mit dem größten Wasserkraftwerk am St.-Lorenz-Strom errichtet, das die Stromversorgung der energieintensiven Industriebetriebe in weitem Umkreis gewährleistet. Im Visitor Center der Anlage erfährt man Interessantes über die Entstehungsgeschichte des Staudamms und die Bedeutung des St.-Lorenz-Seewegs (Öffnungszeiten: Memorial Day – Labor Day tgl. 9.00 – 16.30, übrige Zeit Mo. – Fr. 9.00 – 16.30 Uhr).
Eisenhower Locks	Nordöstlich von Massena erreicht man eine große Schleusenanlage. Von einer Aussichtsplattform kann man beobachten, wie große Seeschiffe durch die riesigen Kammern geschleust werden (Öffnungszeiten: Mai bis Okt. tgl. 9.00 – 17.00 Uhr).
Hogansburg	11 mi / 18 km östlich von Massena liegt Hogansburg am Südrand der kleinen St. Regis Mohawk Indian Reservation. In dem an der NY 37 gelegenen Akwesasne Museum kann man sich mit der Kultur dieses Indianerstammes vertraut machen (Öffnungszeiten: Mo. – Fr. 8.30 – 16.00, Sa. 11.00 – 15.00 Uhr).
Seaway Trail	Bei Hogansburg beginnt der Seaway Trail, ein ca. 700 km langer Fernwanderweg, der von hier stromaufwärts zum Ontariosee und weiter zu den Niagarafällen bzw. zum Eriesee führt. Unterwegs passiert man diverse geschichtsträchtige Plätze, die während der britisch-amerikanischen Auseinandersetzungen zu Beginn des 19. Jh.s eine Rolle spielten (Informationen: Seaway Trail, Inc.; 109 Barracks Dr., Sackets Harbor; Tel. 800 - 732 - 92 98).

Utica F 6

	Region: Central-Leatherstocking Höhe: 129 m ü.d.M. Einwohnerzahl: 70 000 Telefonvorwahl: 315
Lage und Allgemeines	Die im oberen Mohawk-Tal gelegene Stadt Utica, auch als Tor zu den Adirondacks bekannt, ist aus einem Handelsposten hervorgegangen, der sich in der Nachbarschaft einer 1758 von den Briten gebauten Wehranlage etablieren konnte. Wie ein roter Faden zieht sich die wirtschaftliche Bedeutung des Handels durch die Stadtgeschichte. Hier wurde 1879 auch der Grundstein für das Warenhaus-Imperium Woolworth gelegt.
*Adirondack Scenic Railroad	Eine Touristenattraktion ersten Ranges ist die Adirondack Scenic Railroad, die von der Union Station in die zauberhafte Bergwelt der → Adirondacks fährt (Fahrplanauskunft: Tel. 724 - 07 00.

Sehenswertes in Utica und Umgebung

*Munson-Williams-Proctor Institute	Wer Kunst des 18., 19. und 20. Jh.s mag, ist in diesem Kulturinstitut herzlich willkommen, denn hier kann man u. a. Werke von Paul Klee, Pablo Picasso, Salvador Dalí sowie von Mondrian, Moore und Pollock bewundern. Die Kunstsammlung, die inzwischen rund 20 000 Objekte umfaßt, geht auf eine 1919 erfolgte Stiftung der sehr wohlhabenden Familie Proctor zurück. Zur Besichtigung offen steht auch die Mitte des 19. Jh.s erbaute und höchst nobel ausgestattete Villa "Fountain Elms" (310 Genesee St.; Öffnungszeiten: Di. – Sa. 10.00 – 17.00, So. 13.00 – 17.00 Uhr).
F. X. Matt Brewing Company	Diese Brauerei war nach dem Ende der Prohibition die erste im amerikanischen Nordosten, die ihre Lizenz zurückbekam. Nach einer Brauereibesichtigung kann man in der 1888 eingerichteten Gaststube verschiedene

New York · Utica

Biersorten probieren (Ecke Court St. / Varick St.; Führungen: Memorial Day – Labor Day tgl. 10.00 – 16.00, So. 12.00 – 16.00, übriges Jahr Mo. – Fr. 13.00 und 15.00 Uhr)

F. X. Matt Brewing Company (Fortsetzung)

16 mi / 26 km nordwestlich von Utica liegt die 45 000-Einwohner-Stadt Rome. Auf dem Weg dorthin passiert man die Oriskany Battlefield State Historic Site, wo eine der blutigsten Schlachten des amerikanischen Unabhängigkeitskrieges stattgefunden hat. 800 amerikanische Soldaten, die ihren um das nahe Fort Stanwix kämpfenden Kameraden zu Hilfe eilen sollten, gerieten hier in einen Hinterhalt der mit den Briten verbündeten Indianer und kamen qualvoll um.

Rome

Rome selbst geht auf das besagte Fort Stanwix zurück, das 1758 angelegt und bereits fünf Jahre später von den Briten wieder verlassen worden ist. Nach der Unabhängigkeitserklärung bauten die Amerikaner das verfallene Fort 1776 wieder auf, das im August 1777 von britischen Truppen erfolglos belagert wurde. 1784 schlossen die USA hier einen Frieden mit dem Irokesenbund. 1830 wurde das Fort dem Erdboden gleichgemacht. Die heutige Anlage ist ein ziemlich exakter Nachbau des einstigen Forts; in den Bastionen, Kasematten, Mannschafts- und Offiziersquartieren wird heute "Living History" geboten (Öffnungszeiten: April–Dez. tgl. 9.00–17.00 Uhr).

Fort Stanwix

In Rome erfolgte 1817 der erste Spatenstich für den neuen Eriekanal. Am westlichen Stadtrand ist das "Erie Canal Village" aufgebaut, ein Freilichtmuseum, das an jene Zeit im 19. Jh. erinnert, als auf dem Kanal ein reger Verkehr mit Lastkähnen herrschte. Besonders pittoresk bieten sich die alte Kirche, der alte Bahnhof und die alte Schmiede dar. Ferner kann man auf einem restaurierten Teilstück des Kanals einen Ausflug mit einem alten Kahn unternehmen, der von Mulis auf einem Treidelpfad gezogen wird (Öffnungszeiten: Memorial Day – Labor Day tgl. 9.30 – 18.00 Uhr).

*Erie Canal Village

Idyll im Erie Canal Village

Herkimer, 14 mi / 23 km südöstlich von Utica, ist ein beliebtes Ausflugsziel. Der Name erinnert an General Nicholas Herkimer, der im August 1777 amerikanische Truppen in die Schlacht von Oriskany führte. Sein einige Meilen außerhalb gelegener Wohnsitz von 1752 steht unter Denkmalschutz. Beachtung verdient auch die Fort Herkimer Church, die bereits 1730 errichtet worden ist. Einige Meilen weiter nördlich laden die Herkimer Mines mit ihrer Edelstein- und Mineralienausstellung zum Besuch ein. Wenige Meilen südwestlich von Herkimer, bei Ilion, finden Liebhaber alter Gewehre das Remington Gun Museum.

Herkimer

Pennsylvania

Fläche: 117 348 km
Bevölkerungszahl: 11,9 Mio.
Hauptstadt: Harrisburg
Zeitzone: Eastern
Beiname: Keystone State

Pennsylvania, dessen Name auf den Quäkerführer Sir William Penn zurückgeht und "Penn's Wälder" bedeutet, grenzt im Süden an Maryland, im Südosten an Delaware, im Osten an New Jersey, im Nordosten und Norden an New York, im Westen an Ohio und im Südwesten an West Virginia. Von Norden nach Süden erstreckt sich der Bundesstaat über 290 km, von Westen nach Osten sind es 499 km.

Im äußersten Südosten Pennsylvanias zieht sich entlang des Delaware River ein schmaler Streifen der Atlantischen Küstenebene, der im Westen durch das Piedmont-Plateau begrenzt wird, das sich durch ein Nebeneinander von leichten Hügeln und kleineren fruchtbaren Ebenen auszeichnet. Westlich schließt das sehr abwechslungsreiche Great Appalachian Valley an. Es durchzieht von Nordosten bis Südwesten den ganzen Bundesstaat als Abfolge von Bergketten und engen Tälern. Im Westen trennen die Allegheny Mountains das Great Appalachian Valley vom Appalachian Plateau. Diese Landschaft, die mehr als die Hälfte der Fläche Pennsylvanias einnimmt, ist gekennzeichnet durch ausgedehnte hügelige, bewaldete Hochflächen und steigt im Süden zur höchsten Erhebung des Bundesstaatsan, dem Mount Davis (979 m ü.d.M.). Schließlich hat Pennsylvania mit dem 64 km langen Uferabschnitt des Eriesees Anteil an der Great Lakes Plain. Trotz der hohen Einwohnerzahl besteht Pennsylvania noch heute zu 58 % aus unberührten Waldlandschaften. Zum größten Teil herrscht Laubwald aus Buchen, Kastanien und Ahorn vor, in höheren Lagen Nadelwald.

Drei große Flußsysteme entwässern 90 % des Bundesstaates: im Osten der Delaware, im Zentrum der Susquehanna und im Westen der Ohio River, der in Pittsburgh aus dem Zusammenfluss von Monongahela und Allegheny River entsteht. Für die Schiffahrt sind allerdings nur der Delaware und der Ohio geeignet.

Lage und Landesnatur

Auf dem Boden von Pennsylvania spielten sich viele bedeutende Ereignisse der US-Geschichte ab, was den Beinamen "Keystone State" erklärt. Die ersten Europäer, die das Gebiet des heutigen Bundesstaats erkundeten, trafen auf maisanbauende Indianerstämme: im wesentlichen die Lenni-Lenape, die am Delaware-River siedelten, die Susquehannocks in der Nähe von Harrisburg und die Eries, die ihre Dörfer am Ufer des Eriesees hatten. Bereits im 17. Jh. geriet das gesamte Gebiet unter den Einfluß der Irokesen-Föderation, die ihr nicht angehörende Stämme unterdrückte und bekriegte. Von den 15 000 – 20 000 Indianern, die ursprünglich in Pennsylvania lebten, waren 1790 nur noch ganze 1 000 übrig, hingegen siedelten bereits 400 000 Weiße auf ehemaligem Indianerland.

Geschichte

◀ *Am Zusammenfluß von Allegheny und Monongahela Rivers liegt Pittsburgh. Aus der einstigen Kohle- und Stahlstadt ist längst ein modernes Dienstleistungszentrum geworden.*

Pennsylvania

Geschichte (Fortsetzung)

Im Jahr 1641 landete der holländische Kapitän Cornelius Mey in der Nähe des heutigen Philadelphia, aber erst 1643 gründeten schwedische Einwanderer eine erste Ansiedlung nahe Wilmington im heutigen Delaware. Diese Kolonie wurde 1655 von den Holländern übernommen, um neun Jahre später britisch zu werden. 1681 übertrug König Charles II. Ländereien am Delaware River an den Quäker Sir William Penn, um damit eine Schuld von 16 000 Pfund gegenüber dessen Vater abzutragen. Penn hatte die Auflage, die Kolonisierung voranzutreiben, womit er 1682 begann. Er war in England durch weltfremde Ideen bereits mehrmals unangenehm aufgefallen und deshalb auch im Gefängnis gelandet. Nun hatte er Gelegenheit, sein "heiliges Experiment", die Gründung eines Staates mit Glaubensfreiheit und weitreichenden bürgerlichen Rechten, durchzuführen und gründete 1683 die "Stadt der Bruderliebe" – Philadelphia. In der Folgezeit zog es englische Quäker, aber auch andere in Europa wegen ihres Glaubens Verfolgte hierher. So trafen am 6. Oktober 1683 dreizehn Mennoniten-Familien aus Krefeld ein und gründeten die erste deutsche Siedlung: Germantown. Mitte des 18. Jh.s nahmen die Spannungen zwischen Franzosen und Briten im Westen des Bundesstaats zu und mündeten 1753 schließlich in den "French and Indian War". Die Briten gewannen ab 1758 allmählich die Oberhand, doch behelligten indianische Alliierte der Franzosen englische Siedler noch mehrere Jahre hindurch. Der Vertrag von Paris von 1763 regelte die Besitzverhältnisse in Nordamerika neu: Großbritannien erhielt von Frankreich Kanada und alle Besitzungen östlich des Mississippi.
Ein weiterer Meilenstein in der Geschichte Pennsylvanias war der 4. Juli 1776. An diesem Tag unterzeichneten die Vertreter der Kolonien in Philadelphia die Unabhängigkeitserklärung. Im darauffolgenden Unabhängigkeitskrieg besetzten die Briten 1777 Philadelphia und zwangen den Kongreß zur Flucht nach York. Nach dem Pariser Frieden von 1783 dauerte es noch vier Jahre, bis Pennsylvania am 12. Dezember 1787 die Verfassung der Vereinigten Staaten ratifizierte und damit fünf Tage nach Delaware als zweiter Bundesstaat der Union beitrat.
In der Diskussion um die Sklavenfrage setzte sich Pennsylvania für die Abschaffung der Sklaverei ein. Zwischen Pennsylvania und Maryland verlief die sogenannte Mason-Dixon-Line, die De-facto-Grenzlinie zwischen Anhängern und Gegnern der Sklaverei. Im Bürgerkrieg besetzten die Konföderierten unter General Lee 1863 Pennsylvania, mußten aber in der Schlacht von Gettysburg vom 1. bis 3. Juli desselben Jahres die entscheidende Niederlage einstecken, denn damit war der Plan des Südens, den Krieg in den Nordstaaten auszutragen, gescheitert.
Im späten 19. und frühen 20. Jh. festigte sich der Ruf Pennsylvanias als industrielles Kernland. 1979 geriet der Bundesstaat in die Schlagzeilen, als sich im Atomkraftwerk auf Three Mile Island bei Harrisburg ein schwerer Zwischenfall ereignete.

Bevölkerung

Mit seinen nicht ganz zwölf Millionen Einwohnern – davon 1,1 Mio. Afro-Amerikaner und heute wieder 15 000 Nachfahren der indianischen Urbevölkerung – nimmt Pennsylvania den fünften Rang innerhalb der Vereinigten Staaten ein und ist mit 101 Einwohnern pro Quadratkilometer im Vergleich zu vielen anderen Bundesstaaten sehr dicht besiedelt. Allerdings konzentriert sich die Bevölkerung im wesentlichen auf zwei Städte: Philadelphia und Pittsburgh. Philadelphia ist derzeit nach New York, Los Angeles, Chicago und Houston mit 1,6 Mio. Einwohnern (Metropolitan Area: 6 Mio.) die fünftgrößte Metropole der USA. Im Großraum Pittsburgh leben weit über 2 Mio. Menschen. Weitere größere Städte sind Erie (108 700 Einw.) und Allentown (105 000 Einw.). Harrisburg, die Hauptstadt des Staats, hat nur 53 000 Einwohner.
Von den zahlreichen Einwanderergruppen haben zwei Pennsylvania besonders geprägt. Zunächst kamen englische Quäker ins Land, deren Zahl 1776 bereits auf 100 000 Köpfe angewachsen war. Sie predigen die Gleichheit aller Menschen und lehnten u. a. kirchliche Hierarchien und vor allem den Kriegsdienst ab. Die zweitstärkste Bevölkerungsgruppe waren die Deutschen. Noch heute wird in der Umgebung von Lancaster ein deut-

Pennsylvania

scher Dialekt gesprochen, das sogenannte Pennsylvania Dutch. Ähnlich wie bei den Engländern gab es auch bei den deutschen Einwanderern viele Menschen, die in Pennsylvania Religionsfreiheit suchten. Die Rolle der Quäker spielen bei den Deutschen die Mennoniten, eine orthodoxe Sekte, die ein ganz einfaches Leben auf dem Lande unter dem striktem Diktat der Bibel führen. Im Lancaster County leben ungefähr 15 000 Amish People, eine besonders konservative Gruppe der Mennoniten, die noch heute auf jeglichen Komfort der Technik verzichtet.

Bevölkerung (Fortsetzung)

Die Landwirtschaft in Pennsylvania ist geprägt von zahlreichen Milchwirtschaftsbetrieben. 55 000 Farmen versorgen hauptsächlich die Ballungsgebiete an der Ostküste mit Milchprodukten. Das Zentrum landwirtschaftlicher Tätigkeit liegt vor allem im Südosten, wobei das Lancaster County eine dominierende Stellung einnimmt. Neben der Milchwirtschaft gibt es auch Anbauflächen für Zigarrentabak, Obst und Pilze; Weinbau spielt im Nordwesten, im Eriesee-Gebiet, eine erhebliche Rolle.
Weit größere Bedeutung für die Wirtschaft Pennsylvanias hat aber die Industrie. Die traditionelle Eisen- und Stahlindustrie, die sich vor allem auf den Raum Pittsburgh konzentrierte, erlebte nach der weltweiten Stahlkrise in den siebziger Jahren einen raschen Niedergang. Durch Ansiedlung sauberer Wachstumsindustrien und durch die Einrichtung von Bildungs- und Forschungszentren ist die Krise mittlerweile gemeistert worden. Das zweite große Wirtschaftszentrum des Bundesstaates ist East Central Pennsylvania im Großraum Philadelphia. Bedeutende Bildungseinrichtungen stellen hier die Grundlage für eine florierende Wirtschaft: Erdölraffinieren, Werften, Elektroindustrie, Metallverarbeitung und Papierherstellung sind die wichtigsten der hier angesiedelten Branchen.

Wirtschaft

Pennsylvania weist eine große touristische Vielfalt auf, die sich in acht touristischen Regionen präsentiert: Philadelphia and its Countryside / Lehigh Valley, Hershey / Dutch Country Region, Laurel Highlands / Southern Alleghenies, Pittsburgh Region, Lake Erie Region, Allegheny National Forest Region, Valleys of the Susquehanna und Pocono Mountains / Endless Mountains. Die Großstädte Pittsburgh und Philadelphia warten mit zahlreichen interessanten Museen auf. So brilliert Pittsburgh mit seinem einmaligen Andy Warhol Museum; Philadelphia präsentiert mit seinem Museum of Art eine der bedeutendsten Kunstsammlungen der USA. Wer sich für Geschichte interessiert, sollte eine der zahlreichen National Historic Sites besuchen – das Spektrum reicht von der Besichtigung alter Schmelzöfen (Hopewell Furnace N.H.S.) über die Reize des Wohnhauses eines Dichters (Edgar Allan Poe N.H.S.) bis zum Schlachtfeld von Gettysburg und natürlich der Independence Hall in Philadelphia. Einzigartig ist das Pennsylvania Dutch Country, wo in lieblicher Landschaft die Farmen der Amish People den Eindruck vermitteln, als ob die Zeit stehen geblieben sei. Eine Besonderheit stellen vor allem auch die zahlreichen Covered Bridges dar. Naturfreunde haben die Wahl unter 114 State Parks: Kein Punkt des Bundesstaats ist mehr als 40 km von einem State Park entfernt! Wintersportler haben in mehr als zwanzig Skigebieten in den Appalachen und den Pocono Mountains Gelegenheit, ihrer Leidenschaft zu frönen.

Freizeit, Sport und Tourismus

Allegheny National Forest · *Pennsylvania*

Allegheny National Forest B/C 8

Region: Allegheny National Forest Region
Fläche: 2000 km²

Lage und *Landschaftsbild	Der Allegheny National Forest erstreckt sich im Nordwesten Pennsylvanias über vier Counties und ist der einzige National Forest des Bundesstaats. Vor allem im etwas hinterwäldlerisch anmutenden Forest County um die Ortschaft Marienville dominieren einsame, ausgedehnte Waldgebiete. Der Allegheny Forest bietet Anglern und Kanufahrern ein großes Betätigungsfeld. Insbesondere der Allegheny River, das Allegheny Reservoir und der Tionesta Lake sind bevorzugte Gewässer zum Forellenangeln. Kanufahrern ist eine Tour von 135 km auf dem Allegheny River ab dem Kinzua Dam besonders zu empfehlen; Kanus und sämtliche Ausrüstungsgegenstände können vor Ort angemietet werden. Auch der Chapman State Park eignet sich hervorragend für allerlei Outdooraktivitäten.
Information	Ranger Information Stations befinden sich in Bradford (Tel. 362-46 13), Ridgway (Tel. 776-6172) und Marienville (Tel. 927-66 28), die Forstverwaltung (Tel. 723-51 50) hat ihren Sitz in Warrent, der mit über 11 000 Einwohnern größten Stadt der Region.
Wandern	Ein Teil des North County National Scenic Trails durchzieht den Allegheny Forest auf 90 mi/145 km Länge von Norden nach Süden und ist bei Wanderern wie auch bei Radfahrern sehr beliebt. Für alle, die sich eine solch lange Strecke nicht zutrauen, sind auch kürzere Trails ausgewiesen.
Autotour	Für Autofahrer empfiehlt sich der 29 mi/47 km lange Longhouse National Scenic Byway um den Kinzua-Arm des Allegheny Reservoirs, der spektakuläre Ausblicke auf das Flußtal eröffnet.
Kinzua Dam	Wassersportler kommen im vom Kinzua Dam aufgestauten, 43 km langen Stausee des Allegheny Reservoir auf ihre Kosten. Der begehbare Damm ist 54 m hoch und 578 m lang.
Endeavor Truemans	Die älteste Getreidemühle von Pennsylvania befindet sich im Ort Endeavor an der PA 666 im Westen des Allegheny National Forest. An derselben Straße liegt Truemans mit einem der ältesten Tante-Emma-Läden des Bundesstaats.
Knox & Kane Railroad *Kinzua Bridge	Die Knox & Kane Railroad dampft von Marienville über Kane zur über 600 m langen, imposanten Kinzua Bridge in der Nähe von Mount Jewitt (Fahrten: Juni und Sept. Fr.–So., Juli und Aug. Di.–So., erste Oktoberhälfte Mi.–So., in der zweiten Oktoberhälfte Sa. und So.; Tel. 927-66 21). Die Brücke wurde im Jahr 1882 in nur 94 Tagen über das malerische Kinzua Valley geschlagen und war damals mit einer Höhe von knapp 92 m lange Zeit die höchste Eisenbahnbrücke der Welt. Die Züge verlassen die Station an der PA 66 in Marienville um 8.30 Uhr, um 10.45 Uhr kann man in Kanee zusteigen.

Bradford und Umgebung

Bradford	Das knapp 10 000 Einwohner große Bradford im äußersten Norden von Pennsylvania an der Grenze zum Bundesstaat New York bietet als wohl bedeutendste Attraktion die Crook Farm (1,1 mi/1,8 km nördlich der Seaward Ave.), eine 1848 errichtete Farm mit Schulhaus aus dem Jahr 1880 und einer Schreinerwerkstatt (Öffnungszeiten: Mai–Sept. Di.–Fr. 13.00 bis 16.00 Uhr). Passionierte Raucher sollten sich eine Besichtigung der Zippo-Werke (1932 Zippo Drive) nicht entgehen lassen, wo man u. a. eine stattliche Sammlung von Zippo-Feuerzeugen und seltene, wertvolle Case-Messer bewundern kann.

Pennsylvania · **Allegheny National Forest**

In Custer City, 3 mi / 5 km südlich von Bradford, erhält man im Penn-Brad Historical Oil Well and Museum (Öffnungszeiten: Memorial Day – Labor Day Mo. – Sa. 10.00 – 16.00, So. 12.00 – 17.00 Uhr) Einblick in die Ölförderung in dieser Region. In den achtziger Jahren des 19. Jh.s wurden in Pennsylvania drei Viertel des gesamten Ölbedarfs der USA gewonnen.

Custer City

Venango County

Im Venango County südwestlich vom Allegheny National Forest trifft man zwischen Franklin und Titusville auf zahlreiche Ölfelder. Franklin, die Hauptstadt des Bezirks, erlebte manchen Ölmillionär, der sich eine Villa baute; die meisten davon kann man in der Liberty und der 15th St. begutachten. Das Quo Vadis Bed & Breakfast (1501 Liberty St.; Tel. 800-369-6598) von 1867 ist eine Übernachtung wert, und das 1865 erbaute Hoge-Osmer House (Ecke South Park St. / Elk St.) ist ein für Touristen zugängliches Beispiel für den Wohnstil dieser Zeit. Im Pioneer Cemetery (Ecke Otter St. / 15th St.) sind viele Siedler und Ölsucher aus dem 19. Jh. begraben.

Franklin

Eine einzigartige Sammlung von Musikautomaten trugen seit 1940 der Farmer Jake DeBence und seine Frau zusammen. Die DeBence Antique Music World befindet sich in 1261 Liberty St. (Öffnungszeiten: Mitte März bis Dez. Di. – Sa. 10.00 – 17.00, So. ab 12.30 Uhr).

DeBence Antique Music World

Oil City, 8 mi / 13 km östlich von Franklin, verdankt seine Existenz der Entdeckung von Öl. Im Oil Creek State Park wenige Meilen nördlich trifft man auf zahlreiche Relikte des Ölbooms.

Oil City

Pithole City, 7 mi / 11 km nordöstlich von Oil City, explodierte 1865 vom einsamen Farmhaus innerhalb von fünf Monaten zu einer Monsterstadt mit 15 000 Bewohnern. Bereits zwei Jahre später zog die Meute zu ergiebigeren Quellen weiter und hinterließ ihre kellerartigen Wohnhöhlen – heute ist Pithole City Geisterstadt (Öffnungszeiten: Juni – August Mi. 12.00 – 17.00, Do. – So. ab 10.00 Uhr).

Pithole City

Südlich Titusville kommt man an der PA 8 zum Drake Well Museum. Es liegt exakt an der Stelle am Oil Creek, an der am 27. August 1859 Edwin Drake in 20 m Tiefe die erste Ölquelle der Welt entdeckte. Titusville wurde über Nacht berühmt. Das Museum zeigt eine der größten Kollektionen von Gegenständen aus den ersten Tagen der Ölindustrie (Öffnungszeiten: Mai – Okt. tgl. 9.00 – 17.00, So. ab 12.00 Uhr, restliches Jahr Mo. gesch.).

Titusville
*Drake Well Museum

Die Oil Creek und Titusville Railroad (Tel. 676-17 33) verkehrt zwischen Titusville und Oil City und hält u. a. am Drake Well Museum.

Oil Creek and Titusville Railroad

Susquehannock State Forest   C / D 8

Der Susquehannock State Forest ist neben dem Allegheny National Forest das zweite riesige Waldgebiet im Norden von Pennsylvania und verdankt seinen Namen den Susquehannock-Indianern, die im 17. Jh. von den Irokesen vollkommen ausgelöscht wurden. Die Forstverwaltung (Tel. 274-8474) hat ihren Sitz in Coudersport. Über das Gebiet des Staatsforsts verteilen sich mehrere State Parks, in denen man Wandern, Radfahren, Angeln, Raften und Schwimmen kann. Mit dem Auto können von Coudersport auf der PA 44 (zum Upper Pine Bottom State Park) oder auf der PA 872 (zum Sinnemahonning State Park), ab Galeton auf der PA 144 (zu Ole Bull und Kettle Creek State Parks) unvergessliche Tagesfahrten unternommen werden.

10 mi / 16 km westlich von Galeton kommt man zum einzigartigen Pennsylvania Lumber Museum. Ein restauriertes, komplettes Holzfällerlager spiegelt das Leben der Holzfäller um 1910 wider (Öffnungszeiten: März – Nov. tgl. 9.00 – 17.00, So. ab 12.00 Uhr). Alljährlich Anfang Juli werden bei der Bark Peeler's Convention viele Arbeiten eines Holzfällers demonstriert.

*Pennsylvania Lumber Museum

Allentown · Bethlehem · *Pennsylvania*

Allegheny National Forest (Fts.) *Grand Canyon of Pennsylvania	Im äußersten Nordosten des State Forest durchfließt der Pine Creek eine knapp 80 km lange und bis zu 450 m tiefe Schlucht – den "Grand Canyon of Pennsylvania". Einmalige Ausblicke auf den Flußlauf bieten sich vom Colton Point State Park 5 mi / 8 km südlich von Ansonia und vom Leonard Harrison State Park 10 mi / 16 km westlich von Wellsboro. Der spektakuläre West Rim Trail beginnt in Ansonia und führt über den Colton Point State Park und Bradley Wales Park entlang des Canyons.

Allentown · Bethlehem

Region: Lehigh Valley
Telefonvorwahl: 610

Lage und Allgemeines	Die 762 von Richter William Allen gegründete Stadt Allentown hieß zunächst Northamptontown. Sie liegt im Südosten Pennsylvanias nördlich des Großraums Philadelphia. Ihr Umland prägten deutsche Einwanderer, die in eine florierende Landwirtschaft betrieben. Mittlerweile ist Allentown mit seiner Schwesterstadt Bethlehem fast zusammengewachsen. Diese kleine Industriestadt am Lehigh River wurde am Weihnachtsabend 1741 von Mährischen Brüdern ("Moravians") gegründet, die derzeit noch ungefähr fünf Prozent der Bevölkerung ausmachen. Bethlehems historische Altstadt hat noch viele deutsche Anleihen; auch im alljährlichen Christkindlmarkt und im Bach-Festival im Mai mit Konzerten des Bach Choir lebt das deutsche Erbe weiter.

Allentown

Höhe: 111 m ü.d.M.
Einwohnerzahl: 105 100

Trout Hall	Das älteste Haus der Stadt baute sich der Sohn des Stadtgründers 1770 als Sommerhaus. Trout Hall ist größtenteils mit Einrichtungsgegenständen aus dem 18. Jh. bestückt (414 Walnut St.; Öffnungszeiten: April – Nov. Di. bis So. am Nachmittag).
*Liberty Bell Shrine	Im Keller der Zion's Church versteckten die amerikanischen Patrioten 1777 die Freiheitsglocke vor den Briten, die alle erreichbaren Glocken zur Munitionsherstellung einschmelzen ließen. Zu sehen sind eine Kopie der Liberty Bell – das Original der Glocke befindet sich heute wieder in → Philadelphia – sowie Waffen, Landkarten, Dokumente, Uniformen und Flaggen aus dem Unabhängigkeitskrieg (622 Hamilton Mall; Öffnungszeiten: Mo. – Sa. 12.00 – 16.00 Uhr).
Allentown Art Museum	Das Allentown Art Museum schenkt neben Werken bekannter Künstler aus Europa und den USA vor allem Objekten von Zeitgenossen aus der Umgebung besondere Aufmerksamkeit (5th & Court Sts.; Öffnungszeiten: Di. bis Sa. 13.00 – 17.00 Uhr).
Museum of Indian Culture	Das kleine Museum of Indian Culture (2825 Fish Hatchery Rd.) geht besonders auf die Geschichte der Lenni Lenape ein, die vor Auskunft der Europäer in dieser Region zu Hause waren.

Umgebung von Allentown

Catasauqua	Im 4 mi / 6 km nördlich liegenden Catasauqua lebte George Taylor, Mitunterzeichner der Unabhängigkeitserklärung. In seinem 1768 erbauten Haus ist manches aus jener Zeit zu sehen (Lehigh & Poplar Sts.; Öffnungszeiten: Juni – Okt. Sa. und So. am Nachmittag).

Pennsylvania · Allentown · Bethlehem

Ein Blick in die gute Stube von Trout Hall, des ältesten Hauses von Allentown.

Auch wenn der Name nicht darauf hindeutet – in Egypt, 7 mi/11 km von Allentown, erfährt man im Troxell-Steckel House and Farm Museum wie deutsche Kolonisten im 17./18. Jh. sich zurechtfinden mußten (4229 Reliance St.; Öffnungszeiten: Juni–Okt. Sa. und So. am Nachmittag). — Troxell-Steckel House and Farm Museum

Diese Getreidemühle im westlichen Vorort Cetronia hat sich 1760 zum ersten Mal gedreht und funktioniert noch heute. Ein Museum gehört auch dazu (3600 Dorney Park Rd.; Öffnungszeiten: Juni–Okt. Sa. und So. Nachmittag). — Haines Mill

Nicht weit davon grüßt das moderne Amerika – Dorney Park and Wildwater Kingdom bieten Familienspaß in mehr als hundert Fahrgeschäften (3830 Dorney Park Rd.; Öffnungszeiten: Dorney Park Mai–Ende Sept. bzw. Wildwater Kingdom Ende Mai–Mitte Sept. tgl. 10.00–17.00 Uhr, im Sommer länger). — Dorney Park and Wildwater Kingdom

Einen guten Einblick in die frühe industrielle Entwicklung im Lehigh Valley verschaffen der rekonstruierte Hochofen und eine Gießerei aus dem 19. Jh. im Lock Ridge Furnace Museum in Alburtis (6 mi/10 km südwestlich von Allentown; Öffnungszeiten: Juni–Okt. Sa. und So. am Nachmittag). — Lock Ridge Furnace Museum

Daß man in Pennsylvania auch guten Wein machen kann, lernt man in den Clover Hill Vineyards and Winery an der US 222 in Breinigsville (Öffnungszeiten: Mo.–Sa. 11.00–17.30, So. 12.00–17.00 Uhr). — Clover Hill Vineyards and Winery

Bethlehem

Höhe: 104 m u.d.M.
Einwohnerzahl: 71 500

Vor allem ein Spaziergang entlang der Church Street mit einer der größten Ansammlungen von Gebäuden früher deutscher Architektur in den USA erschließt die Wurzeln der Stadt. — **Church Street**

Altoona · Pennsylvania

Bethlehem (Fts.) *Gemeinhaus *Moravian Museum	Das fünfstöckige, aus Holz gefertigte Gemeinhaus (66 W. Church St.) stammt aus dem Jahre 1741 und ist damit das älteste Gebäude der Stadt. Es beherbergt das Moravian Museum, dessen ganzer Stolz eine Nürnberger Bibel von 1652 ist. Auf dem gleichen Gelände befinden sich noch das Witwenhaus von 1768 und das Schwesternhaus von 1744, die beide noch von den Mährischen Brüdern genutzt werden (Öffnungszeiten: Feb.–Dez. Di.–Sa. 13.00–16.00 Uhr). Das Museum bietet auch eine Stadtrundgang
God's Acre	an, der eine Besichtigung des hochinteressanten Friedhofs der Moravier an der Market St. mit seinen über 2700 Gräbern einschließt. Der Friedhof kann nur im Rahmen dieser Führung betreten werden.
Brethren's House Moravian Church	Weiterhin begegnet man in der Church Street dem 1748 erbauten Brethren's House (Ecke Main St.) und gegenüber davon der kolossalen Moravian Church aus dem Jahr 1806. Das Brethren's House diente während des Unabhängigkeitskriegs als Lazarett; in der Kirche finden noch heute Gottesdienste für die Moravier statt.
Sun Inn	Im 1758 erbauten Sun Inn (564 Main St.), bis 1855 Eigentum der Mährischen Brüder übernachteten auf dem Weg von New York nach Philadelphia schon George Washington und Benjamin Franklin. Führer in Kostümen aus dem 18. Jh. leiten die rund einstündige Besichtigungstour.
18th Century Industrial Quarter	Einen anderen Aspekt der Stadteschichte vermittelt das Handwerks- und Industrieviertel entlang des Monocacy Creek. Besonders interessant sind das Wasserwerk aus dem Jahr 1762 mit einem knapp 6 m großen Wasserrad, eine Gerberei von 1761 und die 1869 erbaute Luckenbach Mill (459 Old York Rd.; Öffnungszeiten: Mo.–Fr. 8.30–17.00 Uhr).
Kemerer Museum of Decorative Arts	Im Kemerer Museum of Decorative Arts wird das Leben in dieser Region in den letzten 250 Jahre dokumentiert, u. a. anhand von böhmischem Glas und Spielsachen (427 N. New St.; Öffnungszeiten: Jan.–Nov. Di.–So. 12.00–17.00 Uhr, im Dez. tgl.).

Umgebung von Bethlehem

Easton	An der Mündung des Lehigh River in den Delaware River liegt 10 mi / 17 km östlich von Bethlehem an der US 22 das 26 000 Einwohner zählende Städtchen Easton, das seine Bedeutung der exponierten Lage im Eisenbahn- und Kanalnetz verdankt. In Two Rivers Landing am Fluß erfährt man darüber mehr – zum einen im National Canal Museum (30 Centre Square; Öffnungszeiten: Memorial Day–Labor Day Mo.–Sa. 9.00–18.00, So. ab 11.00, übriges Jahr Di.–Sa. 9.30–17.00, So. ab 12.00 Uhr), zum anderen auf einer Canal Boat Ride (Abfahrt vom Hugh Moore Park, Memorial Day–Labor Day Mi.–Sa. 11.00, 13.00, 14.30 und 16.00, So. keine Fahrt um 11.00 Uhr). Dabei fährt man in von Maultieren gezogenen Kähnen durch Schleusenanlagen und zu einem Schleusenwärterhaus.
Crayola Factory	Zum Kanalmuseum gehört auch die Crayola Factory wo vor allem Kinder zuschauen können, wie Buntstifte und Filzschreiber gemacht werden.

Altoona   C 9

Region: Laurel Highlands / Southern Alleghenies
Höhe: 357 m ü.d.M.
Einwohnerzahl: 51 900
Telefonvorwahl: 814

Lage und Allgemeines	Das von den Höhen der Alleghenies umgebene Altoona verdankt seine Existenz der Pennsylvania Railroad Company, die den Ort 1849 gründete. Nach der Inbetriebnahme der direkten Schienentrasse von Philadelphia

nach Pittsburgh im Jahr 1854 expandierte Altoona. Auch wenn der Bahnverkehr in den USA heute keine große Bedeutung mehr hat – in Altoona lebt die Eisenbahn weiter, und wer Eisenbahnliebhaber ist, kommt um die Stadt nicht herum. Und auch für Autofahrer mit Hang zur Nostalgie gibt es hier etwas: Reighard's Service Station in 3205 6th Ave. (= PA 764) gilt als die älteste Tankstelle der Vereinigten Staaten.

*Eisenbahnromantik

Sehenswertes in Altoona

Das älteste Haus der Stadt ist das 1848 vom Eisenhüttenbesitzer Elias Baker im Greek Revival Stil errichtete Baker Mansion. Auf einer Tour durch das Haus fallen die handgefertigten Möbel aus Belgien besonders auf (3500 Oak Lane; Öffnungszeiten: Memorial Day – Labor Day Di. – So. 13.00 – 16.30 Uhr).

Baker Mansion

Das Railroader's Memorial Museum ist in einer früheren Instandsetzungshalle eingerichtet und präsentiert viele Waggons und Lokomotiven (1300 9th Ave.; Öffnungszeiten: Mai – Okt. tgl. 10.00 – 18.00, November – April Di. – So. 10.00 – 17.00 Uhr).

Railroader's Memorial Museum

Am Dead End der 2nd St. steht die Conrail Viewing Platform. Von hier hat man aus 7 m Höhe einen hervorragenden Ausblick über das verwirrende Schienennetz des Rangier- und Ausbesserungswerks der Amtrak.

Conrail Viewing Platform

Höhepunkt für jeden Eisenbahnfan wird eine Zugfahrt auf der historischen Route von Altoona nach → Johnstown via Horseshoe Curve und Gallitzin Tunnel sein. Auf der "Tracks through Time" genannten Fahrt erläutern Ranger des National Park Service die Besonderheiten der Strecke (Informationen unter Tel. 495-46 43, Tickets unter Tel. 946-11 00).

*Tracks through Time

Umgebung von Altoona

Die Horseshoe Curve (Hufeisenkurve) 6 mi / 10 km nordwestlich von Altoona ist eine bahntechnische Meisterleistung: Die Schienen beschreiben einen 724 m langen Bogen von 220 Grad, um einen Höhenunterschied von 31 m zu überwinden. Den gesamten Verlauf überblickt man von einem per Zahnradbahn zu erreichenden Aussichtspunkt. Die Horseshoe Curve wurde 1854 eröffnet und war das letzte fehlende Verbindungsstück der Bahnlinie zwischen Philadelphia und Pittsburgh (Visitor Center: Mai – Okt. tgl. 9.30 – 19.00, Nov. – April Di. – So. 10.00 – 16.30 Uhr).

**Horseshoe Curve National Historic Landmark

Der 1100 m lange Gallitzin Tunnel war ein weiteres wichtiges Element der Bahnlinie und wurde ab 1851 durch den Gallitzin Mountain gesprengt, ein weiterer Tunnel wurde 1905 hinzugefügt. Der Schienenverkehr durch die Tunnel kann vom Gallitzin Tunnels Park (Jackson & Convent Sts. in Gallitzin aus beobachtet werden.

Gallitzin Tunnel

Bevor die heutige Schienentrasse gebaut war, stellten die Alleghenies ein nahezu unüberwindliches Hindernis auf der Strecke Philadelphia – Pittsburgh dar. Von 1834 an überwand man sie mit der Portage Railroad. Sie zog mit Dampfkraft ihre Lastenwaggons, beladen mit Passagieren, Fracht und kompletten Lastkähnen, auf einer Länge von 58 km zwischen Hollidaysburg und Johnstown auf mehreren schiefen Ebenen über die 730 m hohen Berge. Dadurch reduzierte sich die Fahrzeit von Philadelphia nach Pittsburgh von 20 auf fünf Tage, konnte zwanzig Jahre später allerdings nach Inbetriebnahme der Horseshoe Curve auf zehn bis zwölf Stunden gesenkt werden. In der Allegheny Portage Railroad National Historic Site in der Nähe von Cresson kann man die Details dieses Hebesystems studieren (Öffnungszeiten: Memorial Day – Labor Day tgl. 9.00 – 18.00, übriges Jahr bis 17.00 Uhr).

**Allegheny Portage Railroad National Historic Site

Bedford · *Pennsylvania*

Umgebung von Altoona (Fortsetzung) Fort Roberdeau

Das rekonstruierte Fort Roberdeau stammt aus der Zeit des Unabhängigkeitskriegs und diente hauptsächlich als Munitionsfabrik und -depot. Es liegt 8 mi/13 km nordöstlich von Altoona nahe Bellwood in einer sehr malerischen, hauptsächlich von Farmen der Mennoniten und Amish People geprägten Landschaft (Öffnungszeiten: Mitte Mai–Anfang Okt. Di.–Sa. 11.00 bis 16.30, So. ab 13.00 Uhr).

Indian Caverns

Die Indian Caverns bei Spruce Creek nordöstlich von Altoona wurden über 400 Jahre lang von Indianern als Winterlager, Versammlungsplatz und Friedhof genutzt. Neben den einzigartigen Formationen in den Höhlen sind auch über 500 Ausstellungsstücke zur Indianergeschichte zu sehen (Öffnungszeiten: April–Okt. tgl. 9.00–16.00, in der Hochsaison bis 18.00 Uhr).

Vergnügungsparks State Parks

Altoona und Umgebung bietet eine große Palette an Freizeitmöglichkeiten. Laut geht es zu im Lakemont Park (700 Park Ave.) und im Bland's Park in Tipton 10 mi/16 km nördlich von Altoona an der US 220. Wem nach ungetrübter Erholung in der Natur ist, sollte Ausflüge in den Canoe Creek State Park östlich oder in den Prince Gallitzin State Park nordwestlich der Stadt unternehmen.

Seldom Seen Coal Mine

In der Nähe des letztgenannten State Parks liegt nördlich von Patton die Seldom Seen Coal Mine, in die man unter fachkundiger Führung mit einem Bergwerkszug einfahren kann.

Bedford C 9/10

Region: Laurel Highlands/Southern Alleghenies
Höhe: 337 m ü.d.M.
Einwohnerzahl: 3 100
Telefonvorwahl: 814

Lage und Allgemeines

Das Landstädtchen Bedford liegt im Süden Pennsylvanias am Schnittpunkt der Interstates 70/76 und 99. Der Mitte des 18. Jh.s gegründete Handelsposten und das 1758 errichtete Fort Bedford waren wichtige Vorposten der Briten vor dem Unabhängigkeitskrieg. Wer in Bedford halt macht, erlebt eine hübsche Kleinstadt und kann im reizvollen Umland manche "Covered Bridge" besuchen.

Sehenswertes in Bedford

County Court House

In der Innenstadt sind zahlreiche Gebäude aus der Kolonialzeit erhalten. Einen Rundgang beginnt man am besten am Public Square mit dem 1829 eröffneten County Court House. Es ist das älteste Gerichtsgebäude in Pennsylvania, das noch diesem Zweck dient. Den Public Square durchläuft die Juliana Street, die zahlreiche historische Gebäude flankieren.

Espy House

In der Pitt Street verdient das 1766 erbaute Espy House besondere Aufmerksamkeit. Hier nahm 1794 Präsident Washington sein Hauptquartier während der "Whiskey Rebellion". An der Spitze von 13 000 Soldaten schlug er einen Aufstand der Farmer gegen die Einführung einer Whiskeysteuer nieder.

Fort Bedford Museum

Nördlich der Innenstadt liegt an der Verlängerung der Juliana Street das Fort Bedford Museum. Das 1756 erbaute Fort wurde 1769 von James Smith und den "Black Boys" erobert, einer für die Unabhängigkeit kämpfenden Rebellengruppe, um einige Bandenmitglieder zu befreien. Heute stellt das Museum Haushaltswaren der ersten Siedler aus, aber auch Gebrauchsgegenstände der Indianer (Fort Bedford Drive; Öffnungszeiten: Mai–Okt. tgl. außer Di. 10.00–17.00 Uhr, Memorial Day–Labor Day tgl.).

Pennsylvania · Bedford

Im Freilichtmuseum Old Bedford Village im Norden des Städtchens lebt die Zeit von 1750 bis 1850 wieder auf. Schon bei der Anfahrt wird man beim Überfahren der Claycomb Covered Bridge von 1884 in die Vergangenheit entführt. Mit den über vierzig aus dem County Bedfrod zusammengetragenen Gebäuden hat man ein historisches Dorf mit Kirche, Taverne, Gefängnis, Apotheke, Bäckerei und Tante-Emma-Laden rekonstruiert. Vielfach kann man Handwerkern bei ihrer Arbeit zuschauen, Läden bieten Kunsthandwerk feil (BUS 220; Öffnungszeiten: Mai–Okt. tgl. 9.00—17.00 Uhr).

*Old Bedford Village

Da möchte man lieber nicht hineingeraten: der Pranger von Old Bedford.

*Covered Bridges in der Umgebung von Bedford

Das County Bedford wartet insbesondere mit zahlreichen "Covered Bridges" auf. Meist sind die alten überdachten Holzbrücken noch heute Teil des Landstraßennetzes, manchmal liegen sie aber auch an Feldwegen inmitten einer idyllischen Landschaft und sind etwas schwer zu finden.

Zumindest drei dieser Brücken sieht man auf der reizvollen Southern Bridge Tour, einem 24 mi/39 km langen Abstecher von der US 30. Die Fahrt beginnt an der Jean Bonnet Tavern an der Kreuzung der US 30 mit der PA 31 im Westen von Bedford. Die Taverne wurde seit 1780 von Jean Bonnet als "Forks of the Road Inn" betrieben und ist heute noch bewirtschaftet. Folgt man der PA 31 Richtung Manns Choice, erreicht man nach ca. 3,5 km rechter Hand via Watson Street die 1906 erbaute Herline Bridge über den Raystown River, mit ihren 41 m Länge die längste Covered Bridge im County. Weiter geht es auf der PA 31 Richtung West End. Kurz nach der Abzweigung der PA 96 entdeckt man rechts an einem Feldweg die 27 m lange Turner's Bridge über den Raystown River. Man fährt zurück zur Abzweigung der PA 96 und folgt dieser in Richtung Schellsburg, passiert den Shawnee State Park und erreicht am westlichen Ortsrand von Schellsburg die Abzweigung einer schmalen Straße von der US 30 nach links zur gut

Southern Bridge Tour

Delaware Water Gap · *Pennsylvania*

Bedford, Southern Bridge Tour (Fortsetzung)
ausgeschilderten, 1894 erbauten Colvin Bridge über den Shawnee Creek. Ebenfalls im Westen von Schellsburg liegt die 1806 erbaute Union Church, die von eingewanderten deutschen Protestanten besucht wurde. Von hier geht es auf der PA 30 zurück nach Bedford.

Northern Bridge Tour
Wer sich an Covered Bridges sattsehen möchte, kann von Schellsburg zunächst auf der PA 96 in Richtung Norden weiterfahren. Nördlich von New Paris trifft man auf die 1882 erbaute Cuppett's Bridge über den Dunnings Creek. Östlich von Ryot liegt die 25 m lange Ryot Bridge, die wie die nordöstlich davon linker Hand an der PA 56 zwischen Fishertown und Pleasantville gelegene Dr. Knisley Bridge in den 1880er Jahren gebaut worden ist. Rechts der PA 56 sieht man die auch an den Seiten geschlossene Snook's Bridge von 1883. Die fünfte Brücke auf dieser Tour ist die Bowser bzw. Osterburg Bridge nördlich von Osterburg linkerhand an der PA 869 am Bobb's Creek. Die PA 869 führt weiter zum Blue Knob State Park.

Delaware Water Gap   F/G 8

Region: Pocono Mountains / Endless Mountains

Lage und
*Landschaftsbild
Über Millionen von Jahre hinweg grub sich der Delaware River in die Kittatinny Mountains und schuf damit einen bis zu 400 m tiefen Durchbruch, das Delaware Water Gap an der Grenze von Pennsylvania zu New Jersey. 30000 ha dieses Gebiets sind 1965 zur Delaware Water Gap National Recreation Area erklärt worden, die sich über beide Bundesstaaten erstreckt. Über zwanzig Seen, zahlreiche Wasserfälle, 40 km des Appalachian Trail und 64 km Flusslauf des Delaware bieten zahlreiche Freizeitaktivitäten.

New Jersey-Seite
Das Kittatinny Point Visitor Center liegt in der Nähe der Durchbruchsstelle im Süden des Parks in New Jersey. Kanusportler können an dieser Stelle relativ leicht zum Delaware River gelangen, der in seinem Verlauf durch den Park zahlreiche naturbelassene Inseln umfließt, die nur von Wassersportlern erreicht werden können. Wie es sich in dieser Gegend lebte, zeigt das restaurierte Millbrook Village aus dem 19. Jh. mit Mühle, General Store und vielen Farmhäusern.

Pennsylvania-Seite
Die besten Ausblicke auf den Durchbruch hat man von der Seite Pennsylvanias am Resort Point Overlook, vom Point of Gap Overlook und vom Arrow Island Overlook. Das Dingmans Falls Visitor Center befindet sich an der US 209, die den Park von Milford im Norden bis nach Stroudsburg im Süden durchzieht. Die meisten landschaftlichen Höhepunkte liegen auf diesem Ufer des Delaware, darunter acht Wasserfälle wie die Dingmans Falls, die man durch eine kurze Wanderung vom Visitor Center aus erreichen kann. Im Norden des Parks sind die Raymondskill Falls in der Nähe von Indian Point erwähnenswert, wo der Raymondskill Creek kaskadenartig über 50 m abfällt. Am spektakulärsten geben sich die bis zu 30 m hohen Bushkill Falls, die als "Niagara of Pennsylvania" bezeichnet werden. Im Ort Bushkill zeigt das Pocono Indian Museum (Öffnungszeiten: tgl. von 9.30–18.30 Uhr) die Geschichte der Indianer des Delaware-Tals. Im Pocono Environmental Education Center kann man die Natur der Umgebung unter fachkundiger Anleitung erkunden.

*Bushkill Falls

Milford
Milford am Nordeingang zum Delaware Water Gap besitzt mit der Grey Towers National Historic Landmark ein repräsentatives Beispiel für einen Landsitz des 19. Jahrhunderts. Zunächst als Sommersitz im Stil eines französischen Schlosses 1885 erbaut, nahm Gifford Pinchot, Gouverneur von Pennsylvania und Gründer des National Forest Services, das Anwesen als Hauptwohnsitz. Außer den Räumlichkeiten beeindruckt der ausgedehnte, sehr gepflegte Garten (Öffnungszeiten: Memorial Day–Labor Day tgl. 10.00–16.00 Uhr, bis Anfang Nov. auch Fr.–Mo.).

Pennsylvania · Erie

Im Süden des Delaware Water Gap liegt das 1769 gegründete Städtchen Stroudsburg. Auch hier gibt es ein Freilichtmuseum: Die Quiet Valley Living Historical Farm besteht aus vierzehn Gebäuden und wurde 1765 vom deutschen Einwanderer Johann Zepper aufgebaut (Öffnungszeiten: Ende Juni – Labor Day Di. – Sa. und Fei. 10.00 – 17.30, So. ab 13.00 Uhr).

Delaware Water Gap (Fortsetzung) Stroudsburg

Westlich des Delaware Water Gap erstreckt sich die eindrucksvolle Mittelgebirgskette der Pocono Mountains, die ein breites Freizeitangebot besitzen (→ Scranton · Pocono Mountains).

Pocono Moutains

Erie

A 7

Region: Lake Erie Region
Höhe: 227 m ü.d.M.
Einwohnerzahl: 108 700
Telefonvorwahl: 814

Erie ist die drittgrößte Stadt und der einzige Hafen des Bundesstaats an den Großen Seen, der zugleich deren bester Naturhafen ist, denn er wird hervorragend geschützt durch die Halbinsel Presque Isle. Stadt und See verdanken ihren Namen dem Stamm der Erie, der im 17. Jh. von den Seneca ausgerottet wurde. Keimzelle der Stadt ist das 1753 von den Franzosen erbaute Fort Presque Isle, das die Briten sechs Jahre später übernahmen. Nachdem es zwischenzeitlich von Indianern zerstört worden war, stellten die Amerikaner 1794 ein neues auf. 1813 baute Commodore Oliver Hazard Perry am Südufer der Presque Isle Bay eine neun Schiffe große Flotte, mit der er auf dem Erie-See gegen die Briten vorging. Der Großraum Erie ist heute ein florierendes Industriezentrum.

Lage und Allgemeines

Der maximal 64 m tiefe Erie-See ist der südlichste und mit einer Fläche von 25 725 km^2 der viertgrößte der Großen Seen, die wie Meere wirken – allerdings ohne Salzwasser! Stürme auf dem See sind sehr gefürchtet: In den letzten 200 Jahren fielen ihnen über 400 Schiffe zum Opfer.

Lake Erie

Sehenswertes in Erie

Die Vergangenheit als reiche Hafenstadt spiegelt sich in den imposanten Gebäuden entlang der State und der West 6th Street rund um den Perry Square wider, vor allem in dem mit dorischen Säulen versehenen Custom House und dem benachbarten Cashier's House, beide aus dem Jahr 1839. Das Erie History Center (Öffnungszeiten: Di. – Sa. 9.00 – 17.00 Uhr) zeigt eine respektable historische Sammlung und bietet Führungen durch das Cashier's House an. Hier wohnte der Bankdirektor, und das äußerst stilvoll, wie die opulent eingerichteten Räume zeigen. Das Custom House aus Vermont-Marmor, früher Bankgebäude, beherbergt nun das Erie Art Museum (Öffnungszeiten: Di – Sa. 11.00 – 17.00, So. ab 13.00 Uhr).

Rund um den Perry Square

Einen Eindruck vom Wohlstand und der Lebensweise der Oberschicht dieser Stadt gibt das Erie Historical Museum, das sich in den 24 Zimmern des düsteren Herrenhauses des Industriellen Harrison F. Watson ausbreitet (356 W. 6th St.; Öffnungszeiten: Di. – So. 13.00 – 17.00, Juni – Aug. Di. – Fr. ab 10.00 Uhr). Im früheren Kutschenhaus bietet heute ein Planetarium ein wechselndes Programm an.

Erie Historical Museum

Ehemalige Feuerwehrleute präsentieren im alten Feuerwehrhaus von Erie aus dem Jahr 1903 liebevoll über 1000 Ausstellungsstücke rund um die Feuerbekämpfung. Besonders stolz sind sie auf ihre alten Feuerwehrautos (428 Chestnut St.; Öffnungszeiten: Mai – Okt. Sa. und So. 13.00 – 17.00 Mai – August Sa. ab 10.00 Uhr).

*Firefighters Historical Museum

Erie · *Pennsylvania*

*Maritime Museum

Alles Wissenswerte zur Schiffahrt auf dem Lake Erie erfährt man im Maritime Museum am Ufer der Presque Isle Bay. Höhepunkt der Sammlung ist die "US Brig Niagara", das rekonstruierte Flaggschiff der Flotte von Oliver Hazard Perry, mit der er am 10. September 1813 auf dem Erie-See sechs große britische Kriegsschiffe zur Kapitulation zwang. Die 1820 in der Misery Bay versenkte Brigg wurde 1913 gehoben und restauriert, zerfiel aber wieder und war nicht mehr zu retten. Deshalb wurde sie in jüngster Vergangenheit als seetüchtiges Schiff rekonstruiert und ist heute häufig auf See (150 E. Front St.; Öffnungszeiten: Mo.–Fr. 9.00–17.00 Uhr).
Im benachbarten Dobbins Landing bietet ein 57 m hoher Aussichtsturm einen herrlichen Blick auf den Presque Isle State Park.

Presque Isle State Park

Der Peninsula Drive führt zum Presque Isle State Park, dem beliebtesten Nahherholungsgebiet der Menschen von Erie. Die zunächst sehr schmale, später breiter werdende Halbinsel streckt sich 11 km weit in den See hinein, umschließt wie eine schützende Hand die Presque Isle Bay und bildet den Naturhafen von Erie. Ihre kilometerlangen breiten Sandstrände brauchen einen Vergleich mit Meeresstränden nicht zu scheuen, und Romanti-

Pennsylvania · Erie

Mit der "Niagara" lehrte Commander Perry die Briten das Fürchten.

ker werden ihre helle Freude an den Sonnenuntergängen über dem See haben. Das Presque Ile Lighthouse von 1866 steht anstelle des ersten, 1813 gebauten Leuchtfeuers an den Großen Seen. An der dem Festland zugewandten Misery Bay erinnert ein Denkmal an Oliver Hazard Perry.

Presque Isle State Park (Fortsetzung)

An der Zufahrt zur Halbinsel bietet der Waldameer Park & Water World ein breites Spektrum an Freizeitvergnügen. Water World mit über 65 Wasserrutschen und sonstigen Attraktionen zählt zu den größten Einrichtungen dieser Art in den USA (Öffnungszeiten: Memorial Day – Labor Day Di. – So. 10.00 – 22.00 , Waterworld 11.00 – 20.00 Uhr).

Waldameer Park & Water World

Weinbau in der Umgebung von Erie

Der kleine Ort North East mit seinem malerischen Zentrum liegt 15 mi/ 24 km östlich von Erie inmitten des größten Weinanbaugebiets von Erie County. In der Umgebung befinden sich die bekanntesten Kellereien des gesamten Bundesstaats. Die meisten Trauben werden in der 1910 gegründeten Welch's Winzereigenossenschaft verarbeitet. Neben der robusten und deshalb sehr verbreiteten Concord-Rebe gedeihen weitere 30 bis 40 Rebsorten, u. a. auch Chardonnay, Pinot Noir und Riesling.

North East

Vier private Produzenten laden zur Weinprobe ein: die Penn Shore Winery (10225 E. Lake Rd./PA 5; Tel. 725-86 88), die seit 1833 bestehenden Heritage Wine Cellars (12162 E. Main Rd./US 20; Tel. 725-80 15), die Presque Isle Wine Cellars (9440 Buffalo Rd.; Tel. 725-13 14) und die Mazza Wineyards (11815 E. Lake Rd./PA 5; Tel. 725-8695). Alle diese Winzereien bieten eine große Sortenvielfalt an Weinen an, und jede hat ihre ganz speziellen Kreszenzen im Sortiment. So offerieren beispielsweise die Mazza Wineyards auch ausgefallene Pfirsich- und Kirschweine sowie Champagner und Eiswein.

Winzereien

Gettysburg · *Pennsylvania*

Gettysburg D 10

Region: Hershey / Dutch Country Region
Höhe: 71 m ü.d.M.
Einwohnerzahl: 7000
Telefonvorwahl: 717

Lage und Allgemeines
Lage und Allgemeines (Fortsetzung)

Das 1798 gegründete heutige Universitätsstädtchen Gettysburg ganz im Süden von Pennsylvania ging in die Geschichte der Vereinigten Staaten ein, da hier inmitten von landwirtschaftlich genutztem Hügelland eine der entscheidenden Schlachten des Bürgerkriegs stattfand.
Gettysburg bietet eine Fülle an Attraktionen, die sich mit der Schlacht und ihren Rahmenbedingungen beschäftigen, wodurch sich zwangsläufig Überschneidungen ergeben. Man sollte auf alle Fälle je nach Interesse eine Auswahl aus dem großen Angebot treffen.

Civil War Heritage Days

Wer die Zeit der Schlacht von Gettysburg intensiv erleben möchte, der kann an den Civil War Heritage Days (Informationen unter Tel. 337-65 90) Ende Juni / Anfang Juli teilnehmen, bei denen unter anderem die Schlacht detailgetreu nachgestellt wird.

**Gettysburg National Military Park

Öffnungszeiten
tgl. 6.00 – 22.00

Der nahezu 2400 ha große Gettysburg National Military Park erstreckt sich um die ganze Stadt und ist durch ein Straßen- und Wegenetz von 35 mi / 56 km Länge erschlossen. Sein Grundstein wurde bereits im April 1864 durch die Gettysburg Battlefield Memorial Association gelegt. Das Gelände ist übersät mit mehr als 1300 Denkmälern und Gedenksteinen sowie ca. 400 Kanonen. Verschiedene Bundesstaaten ehren ihre Soldaten mit imposanten Denkmälern, darunter das Pennsylvania State Monument, in dem die Namen aller Soldaten dieses Bundesstaats eingraviert sind, sowie das Virginia State Memorial in Gestalt einer Reiterstatue von General Lee, errichtet an der Stelle, von wo aus Lee "Pickett's Charge" verfolgte. Zum Gelände gehören außerdem rund hundert Gebäude aus der Zeit des Bürgerkriegs, so das Hauptquartier von General Meade. Vom Visitor Center aus können Rundfahrten auf eigene Faust unternommen werden, man kann aber auch an einer zweistündigen geführten Tour teilnehmen.

Das Soldier's National Memorial auf dem Gettysburg National Cemetery

Visitor Center

Visitor Center: Eine eindrucksvolle Einführung erhält man zunächst im Visitor Center, wo auf einer 70 m² großen Karte elek-

Pennsylvania · Gettysburg

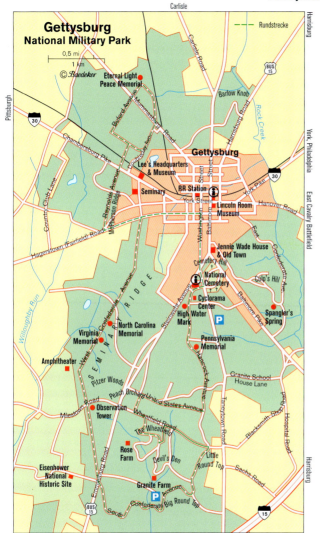

tronisch der Verlauf der Schlacht nachvollzogen wird (97 Taneytown Rd. im Süden der Stadt an der PA 134; Öffnungszeiten: tgl. 8.00–17.00 Uhr). Zum Besucherzentrum gehört das Gettysburg Museum of the Civil War mit seinen über 4000 Ausstellungsstücken zum Bürgerkrieg und dessen Hintergründen.

Visitor Center (Fortsetzung)

Der Soldatenfriedhof, Gettysburg National Cemetery, auf dem Abraham Lincoln seine berühmte Rede hielt, schließt sich im Osten an das Visitor Center an. Hunderte von Grabsteinen verleihen der Absurdität des Krieges makabren Ausdruck.

*Gettysburg National Cemetery

Baedeker Special

Die Schlacht von Gettysburg

Auf dem riesigen Schlachtfeld von Gettysburg kämpften in einer vom 1. bis zum 3. Juli 1863 dauernden Schlacht Unionstruppen unter General Meade die weit in den Norden vorgedrungenen Konföderierten unter General Lee nieder. Die ersten Tage des Julis 1863 gelten als Wendepunkt im Bürgerkrieg zugunsten der Union, denn nur einen Tag nach der Schlacht von Gettysburg mußten die Konföderierten eine weitere bittere Niederlage hinnehmen: Am 4. Juli 1863 ging das heiß umkämpfte Vicksburg im Bundesstaat Mississippi für die Konföderation verloren und somit die letzte Bastion am Mississippi, die das Vordringen der Unionstruppen in den Süden verhindern konnte.

General Lees Absicht war, in den Norden einzufallen, um eventuell Harrisburg, die Hauptstadt von Pennsylvania, zu besetzen und den Krieg auf dem Territorium der Nordstaaten zu entscheiden. Er wollte damit an die Siege von Chancellorsville und Fredericksburg vom Mai 1863 anknüpfen und den demoralisierten Zustand der Unionstruppen ausnutzen, die sich unter General Hooker nordwärts auf dem Rückzug befanden. Am Morgen des 1. Juli 1863 trafen im Raum Gettysburg eher unbeabsichtigt rund 75 000 Soldaten der konföderierten Armee auf das Lager von rund 93 000 Unionssoldaten. Der erfolglose General Hooker war drei Tage zuvor durch General Meade ersetzt worden, der den Unionstruppen neue Motivation gab. Es entwickelten sich sofort immer heftiger werdende Gefechte. Nachdem die Konföderierten am ersten Tag noch die Oberhand behielten, wendete sich das Blatt am 2. Juli, als Lee es versäumte, strategisch wichtige Positionen einzunehmen. Am 3. Juli hielt die Armee der Union die geschützten Hügellagen der Cemetery Ridge und konnte die über eine nahezu einen Kilometer breite, ungeschützte Ebene anrennenden konföderierten Soldaten unter General Pickett mühelos niedermähen. Dieser von Lee befohlene und von Pickett ausgeführte Angriff, "Pickett's Charge" genannt, der innerhalb von fünfzig Minuten 10 000 der 12 000 Südstaatler das Leben kostete, besiegelte die Niederlage der Konföderierten. Am Ende der blutigen Schlacht waren insgesamt ca. 51 000 Opfer zu beklagen, 27 000 auf Seiten des Südens und 24 000 auf Seiten der Union.

Schon am 19. November 1863 weihte man auf dem Schlachtfeld einen Soldatenfriedhof ein. Bei der Einweihung hielt Präsident Lincoln eine rund dreiminütige Rede, in der er die Einheit der Vereinigten Staaten beschwor und die als "Gettysburg Address" in die Geschichte der USA einging:

Cyclorama Center	Der Rundbau des Cyclorama Center unweit vom Besucherzentrum umschließt ein imposantes Wandgemälde mit dem Titel "Pickett's Charge", das der Franzose Paul Philippoteaux 1884 schuf (Öffnungszeiten: tgl. 8.00 bis 17.00 Uhr).
National Tower	Vom knapp 100 m hohen National Tower kann man sich einen Überblick über das Schlachtfeld verschaffen (999 Baltimore Pike = PA 97; Öffnungszeiten: April – Okt. tgl. 9.00 – 17.30, Juni und Juli bis 18.30, Nov. nur Fr. und Sa. 10.00 – 16.00 Uhr).
Conflict Theater	Im Conflict Theater werden auf einer riesigen Leinwand verschiedene Multimedia-Shows über den Bürgerkrieg gezeigt. Besonders empfehlenswert ist "Abraham Lincoln's Place", ein Porträt des 16. Präsidenten der USA

Vor 87 Jahren haben unsere Väter eine neue Nation vorangebracht, die sich als frei versteht und der Vorstellung verpflichtet ist, daß alle Menschen gleich geschaffen sind. Heute führen wir einen großen Bürgerkrieg, der zeigen wird, wie lange diese Nation oder jede andere mit diesem Verständnis etwas Derartiges ertragen kann. Wir sind hierher gekommen, um einen Teil dieses Schlachtfeldes jenen Männern als letzte Ruhestätte zu widmen, die ihr Leben gaben, damit die Nation lebe. Es ist richtig und angemessen, daß wir dies tun. Aber in einem übergeordneten Sinn ist es nicht an uns, diesen Boden jemanden zu widmen, noch zu weihen, noch zu heiligen. Die mutigen Männer, die hier gekämpft haben, ob tot oder lebendig, haben diesen Boden bereits geweiht, so daß unserer Macht nicht ausreicht, etwas hinzuzufügen oder gar zu schmälern. Die Welt wird von dem, was wir hier sagen, nur wenig Kenntnis nehmen oder sich gar lange daran erinnern, aber sie kann nie vergessen, was diese Männer hier getan haben. Es liegt vielmehr an uns, den Lebenden, uns dem unvollendeten Werk zu widmen, das diejenigen, die hier gekämpft haben, so edel vorangebracht haben. Es ist an uns, daß wir uns hier der großen, bevorstehenden Aufgabe verpflichten; daß wir uns angesichts dieser ehrenvollen Toten zunehmend der Sache hingeben, für die sie sich bis zuletzt hingegeben haben; daß wir hier fest entschlossen bekennen, daß diese Toten nicht vergeblich gestorben sind, und daß diese Nation, in Gott, in Freiheit wiedergeboren werden soll, und daß die Regierung des Volkes, durch das Volk und für das Volk nicht von dieser Erde getilgt werden wird.

(213 Steinwehr Ave.; Öffnungszeiten: Juni–Labor Day tgl. 9.00–21.00, Dez.–Feb. Mo.–Sa. 11.00–17.00, ansonsten So.–Do. 10.00–18.00, Fr. und Sa. bis 19.00 Uhr).

Conflict Theater (Fortsetzung)

In der gleichen Straße liegt das National Civil War Wax Museum. Hier stellen Figurengruppen Bürgerkriegsszenen nach. Ein wächserner Lincoln zitiert ständig die "Gettysburg Address" (297 Steinwehr Ave.; Öffnungszeiten: März–Nov. tgl. 9.00–17.00, Mitte April–Mitte Juni bis 19.00, Mitte Juni–Labor Day bis 21.00, Dez.–Feb. nur Sa. und So. 9.00–17.00 Uhr).

National Civil War Wax Museum

Hier wird ähnlich wie im Visitor Center anhand einer Landkarte und 25 000 Miniatursoldaten die Schlacht nachgestellt und die Strategie veranschaulicht (571 Steinwehr Ave.; Öffnungszeiten: März–Nov. tgl. 9.00–17.00 Uhr).

Gettysburg Battle Theatre

Harrisburg · *Pennsylvania*

Gettysburg (Fortsetzung) General Lee's Headquarters & Museum	Im Nordwesten der Stadt liegt am Kamm der Seminary Ridge General Lee's Headquarters & Museum. In diesem Bauernhaus aus dem 18. Jh. hielt General Robert E. Lee Lagebesprechungen mit seinen Offizieren ab. Die Ausstellung zeigt militärische Ausrüstung, Fotografien und Dokumente aus jener Zeit (401 Buford Ave.; Öffnungszeiten: März–Nov. tgl. 9.00 bis 17.00, Mitte April–Mitte Okt. bis 21.00 Uhr).
Jennie Wade House	Die zwanzigjährige Jennie Wade war das einzige zivile Opfer der Schlacht und wurde am 3. Juli in diesem Zweifamilienhaus aus dem Jahr 1820 von einem Querschläger getroffen. (547 Baltimore St.; Öffnungszeiten: März bis Nov. tgl. 9.00–17.00 Uhr).
Lincoln Room Museum	Das Lincoln Room Museum befindet sich im 1806 erbauten Haus des Richters Davis Wills am zentralen Platz der Stadt. Hier verbrachte Präsident Lincoln die Nacht vor der Einweihung des Soldatenfriedhofs und schrieb in seinem Schlafzimmer die berühmte Rede. Die Räumlichkeiten wurden im Stil der damaligen Zeit ausgestattet, ein kleines Museum zeigt Erinnerungsstücke an den Präsidenten (12 Lincoln Square; Öffnungszeiten: April–Sept. tgl. 9.00–18.00, übriges Jahr Mo.–Sa. 9.00–16.00 Uhr).

Sonstige Sehenswürdigkeiten in Gettysburg

Eisenhower National Historic Site	Am Rande des Schlachtfelds wohnten seit 1950 Dwight D. Eisenhower, 34. Präsident der USA (1953–1961), und seine Frau Mamie in einem Farmhaus inmitten hügeligen Weidelands. Auf der Farm waren berühmte Staatsmänner wie Chruschtschow, Churchill und de Gaulle zu Gast. Eisenhower lebte hier bis zu seinem Tod 1969. Die Räume des zweistöckigen Gebäudes befinden sich noch im Zustand wie zu Lebzeiten der Eisenhowers. Neben vom Präsidenten selbst gemalten Ölgemälden sind vor allem zahlreiche Staatsgeschenke zu bewundern. (Shuttle Bus vom Visitor Center des Gettysburg National Military Park; Öffnungszeiten: April–Okt. tgl. 8.30.–17.00, ansonsten Mi.–So. 8.30–17.00 Uhr; limitierte Besucherzahl pro Tag auf der Basis von first-come / first-served).
Hall of Presidents and First Ladies	In der Hall of Presidents and First Ladies in der Nähe des National Cemetery sind alle Präsidenten der USA in Lebensgröße in Wachs nachgebildet, dagegen hat es für die First Ladies nur zu einem kleineren Format gereicht. Dafür kleiden sich die Damen aber in jene Gewänder, die sie bei der Amtseinführung ihrer Männer trugen (789 Baltimore St.; Öffnungszeiten: Mitte März–Nov. tgl. 9.00–17.00, in den Sommermonaten bis 21.00 Uhr).
Lincoln Train Museum	Für Eisenbahnfreunde bietet Gettysburg zwei Highlights: Im Lincoln Train Museum können sie sich an über 1000 Modelleisenbahnen freuen und beim Lincoln Train Ride eine simulierte Zugfahrt erleben (Steinwehr Ave.; Öffnungszeiten: März–Nov. tgl. 9.00–17.00 Uhr). Wer eine Eisenbahnfahrt lieber live absolvieren möchte, der kann eine 28 km lange Tour mit Dampflokomotiven nach Biglerville mit der Gettysburg Railroad unternehmen (106 N. Washington St.; April–Oktober).

Harrisburg · Hershey · Lebanon County   E 9

	Region: Hershey / Dutch Country Region Höhe: 110 m ü.d.M. Einwohnerzahl: 52 400 Telefonvorwahl: 717
Lage und Allgemeines	Mit Harrisburg, im Südosten des Bundesstaats am Susquehanna River gelegen, hat sich Pennsylvania eine recht bescheidene Hauptstadt gegeben, was aber durch das imposante und von vielen als schönstes im gan-

Pennsylvania · Harrisburg

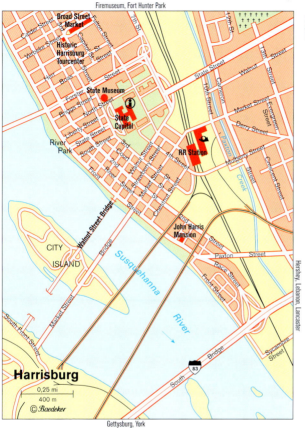

Lage und Allgemeines (Fortsetzung)

zen Land bezeichnete State Capitol mehr als ausgeglichen wird. Ansonsten zeigt sich Harrisburg als beschauliche Mittelstadt mit einigen hübschen Straßenzügen und einer Flußpromenade entlang der Front Street mit Bars und Restaurants zum Ausspannen. Die Umgebung bietet mit Hershey, der Schokoladenhauptstadt der USA, zumindest für Freunde von Vergnügungsparks eine Top-Adresse.

Es war der Franzose Etienne Brulé, der im Jahr 1615 die Gegend um Harrisburg erstmals erkundete. Über hundert Jahre später eröffnete John Harris einen Handelsposten mit Fährbetrieb, der den Namen Harris Ferry erhielt. 1785 gründete schließlich John Harris junior zusammen mit seinem Schwager, dem Senator William Maclay, eine Stadt am Ostufer des Susquehanna River und nannte sie nach dem französischen König Ludwig XVI. Louisburg. Als der Bundesstaat Pennsylvania das Gelände von Harris kaufen wollte, stimmte dieser unter der ausdrücklichen Bedingung zu, daß die Stadt in Harrisburg umbenannt werde. Bereits 1812 wurde Harrisburg Hauptstadt von Pennsylvania. 1979 machte es weltweit Schlagzeilen, als sich im Kernkraftwerk auf Three-Mile Island das bis dahin schwerste zivile Reaktorunglück ereignete.

Geschichte

Harrisburg · *Pennsylvania*

Sehenswertes in Harrisburg

*State Capitol

Markantestes Gebäude der Stadt ist zweifellos das auf dem Capitol Hill thronende monumentale State Capitol. Es ist das zweite an dieser Stelle – das erste von 1819 brannte 1897 ab – und wurde 1906 von Präsident Theodore Roosevelt eingeweiht. Architekt Joseph M. Huston konzipierte das Gebäude mit weit über 600 Räumen und einer 83 m hohen Kuppel. Unter dieser entfaltet die von schweren Lüstern mit fast 4000 Lichtern erhellte Rotunda einen überwältigenden Eindruck. Eine große Marmortreppe führt hinauf zu den überaus opulenten Sitzungssälen von Repräsentantenhaus und Senat. Besondere Aufmerksamkeit verdient das riesige Wandgemälde "The Apotheosis of Pennsylvania" an der Frontseite des Repräsentantenhauses mit Abbildungen wichtiger Persönlichkeiten aus der Gründungszeit des Bundesstaats; auch die Supreme Court Chamber (Oberster Gerichtshof) und die Governor's Suite sind sehenswert (Öffnungszeiten: Mo. – Fr. 8.30 – 16.30, Sa. und So. 9.00 – 16.00 Uhr).

Das Welcome Center im Ostflügel des Kapitols informiert über die Geschichte des Bundesstaats und führt Besichtigungstouren durch (Öffnungszeiten: Mo. – Fr. 8.30 – 16.30 Uhr).

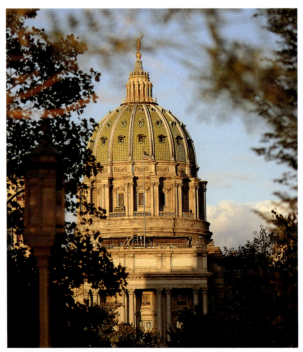

Das Wahrzeichen von Harrisburg, der Hauptstadt von Pennsylvania: die Kuppel des State Capitol

*State Museum of Pennsylvania

Der direkte Nachbar des Kapitols, das State Museum of Pennsylvania, lädt zu einer Reise durch die gesamte Geschichte und Natur des Bundesstaats ein. So spaziert man in der Hall of Geology durch einen Wald aus dem Karbon (vor 350 Mio. Jahren), kann im Dino Lab der Arbeit von Paläontolo-

Pennsylvania · **Harrisurg**

gen an einem Dinosaurierskelett zuschauen und schließlich das 12 000 Jahre alte Skelett eines 1968 im Monroe County gefundenen Mastodons bewundern. Die Hall of Mammals stellt die heimischen Säugetiere vor, die Hall of Anthropology ist den indianischen Kulturen Pennsylvanias gewidmet und zeigt u. a. ein nachgebautes Dorf der Lenni Lenape aus dem 16. Jahrhundert. Natürlich mißt man auch dem Bürgerkrieg und insbesondere der Schlacht von Gettysburg große Bedeutung bei. Dem Industriezeitalter wird in der Hall of Industry and Technology Rechnung getragen (Öffnungszeiten: Di. – Sa. 9.00 – 17.00, So. 12.00 – 17.00 Uhr).

State Museum of Pennsylvania (Fortsetzung)

Nördlich vom Capitol Hill ist noch ein wenig vom historischen Harrisburg geblieben. Hier sollte man auf jeden Fall durch den seit 1860 existierenden Broad Street Market bummeln. Dieser älteste Frischwarenmarkt des Bundesstaats wird in einem Ziegelgebäude abgehalten, das sich über drei Blocks erstreckt (3rd St. & Verbeke Sts.; Öffnungszeiten: Do. und Fr. 7.00 – 17.00, Sa. bis 16.00 Uhr).

Broad Street Market

Das nahegelegene Historic Harrisburg Tour Center informiert über die historischen Viertel und organisiert Rundgänge.

Historic Harrisburg Tour Center

Aus der Gründerzeit der Stadt sind entlang der North Front Street einige Häuser erhalten geblieben, darunter einige Wohnhäuser von Gouverneuren, weshalb dieser Straßenabschnitt am Ostufer des Susquehanna auch als Governor's Row bezeichnet wird. Die derzeitige Residenz des Gouverneurs (2035 N. Front St.), 1868 erbaut, kann besichtigt werden.

Governor's Row

Ebenfalls im Norden von Harrisburg ist das Fire Museum zu Hause, das natürlich allerhand Gerätsschaften und Feuerwehrfahrzeuge präsentiert (1820 N. 4th St.; Öffnungszeiten: Di. – Fr. 10.00 – 16.00, Sa. bis 17.00, So. 13.00 – 17.00 Uhr).

Fire Museum of Greater Harrisburg

Fährt man die Front Street weiter in Richtung Norden, erreicht man nach 6 mi / 10 km den Fort Hunter Park am Ufer des Susquehanna. Hier hatten die Briten 1754 ein Fort errichtet. Heute spaziert man unter den alten Bäumen des Parks, besucht eine historische Taverne, eine Schmiede und Ställe und vor allem Fort Hunter Mansion, ein 1786 begonnenes, elegantes und geräumiges Steinhaus im Federal Style.

Fort Hunter Park

Südlich vom Capitol Hill kommt man an der S. Front Street zum John Harris Mansion, 1766 von Stadtgründer John Harris junior erbaut und kurz vor dem Bürgerkrieg an Kriegsminister Simon Cameron verkauft. Wie Cameron es umbaute und ausstattete, zeigt eine Besichtigung (219 S. Front St.; Öffnungszeiten: Di. – Sa. 10.00 – 16.00 Uhr).

John Harris Mansion

Zwischen Front Street und dem Susquehanna zieht sich mit einer ca. 6 km langen Uferpromenade der River Park dahin. Von hier gelangt man auf der Walnut Street Bridge zur Erholungsinsel City Island; auf dem Fluß kann man zwischen Mai und Oktober auf dem Schaufelraddampfer "Pride of the Susquehanna" Ausflugsfahrten unternehmen.

River Park

Hershey

Den Namen Hershey kennt in den USA jedes Kind und jeder Erwachsene – er ist ein Synonym für Schokolade geworden. Milton S. Hershey (1847 bis 1945) gründete 1903 seine Schokoladenfabrik und wurde mit seinen Produkten – Kakao, Schokoladenbarren und vor allem den "Hershey Kisses" – bald berühmt. Schon 1907 stellte er seiner Fabrik einen Erholungspark für seine Arbeiter an die Seite, der sich zum Vergnügungspark weiterentwickelt hat. Im Schatten von Fabrik und Park wuchs das Städtchen Hershey auf heute 10 000 Einwohner heran und hat sich mittlerweile einen Spitzenplatz unter den US-Freizeitparks als Schokoladenhochburg der USA erobert. Die 10 mi / 16 km östlich von Harrisburg liegende Stadt genießt dank

*Amerikas Schokoladenhauptstadt

Harrisburg · *Pennsylvania*

Hershey (Fortsetzung)
ihrer vielen öffentlichen Golfplätze auch den Ruf des "Golf Capital of Pennsylvania". Die Firma Hershey selbst ist heute der führende Hersteller von Süß- und Teigwaren im Land.

Hershey's Chocolate World
Die ursprüngliche Schokoladenfabrik kann seit 1973 nicht mehr besichtigt werden, weil der Andrang zu groß wurde. Dafür werden nun im Visitor Center der Hershey Food Corporation die Besucher in einer fünfzehnminütigen Simulation mit den einzelnen Schritten der Schokoladenproduktion vertraut gemacht. Eine Kostprobe beendet die Vorführung, und natürlich darf man sämtliche Hershey-Produkte anschließend in adrett aufgemachten Läden erwerben (800 Park Blvd.; Öffnungszeiten: tgl. 9.00 bis 17.00, im Sommer bis 19.00 Uhr).

*Hersheypark
Seit 1907 ist der Hersheypark zu einem riesigen Rummelplatz von über 40 ha Fläche mit einem unglaublichen Angebot an Fahrgeschäften angewachsen (100 W. Hersheypark Drive; Öffnungszeiten: Juni – Labor Day tgl. ab 10.00, Mai und Sept. nur an Wochenenden und Feiertagen, Schließzeiten variieren zwischen 18.00 und 23.00 Uhr).

ZooAmerica
Im Eintrittspreis ist auch der neben dem Hersheypark liegende ZooAmerica enthalten, den man aber auch separat besuchen kann. Er ist aus dem kleinen Privatzoo Hersheys hervorgegangen (Öffnungszeiten: tgl. 10.00 bis 17.00, im Sommer bis 20.00 Uhr).

*Hershey Museum
Das Hershey Museum zeigt neben der Firmengeschichte und der davon nicht zu trennenenden Entstehungsgeschichte der Stadt auch eine Fülle von Sammlerstücken sowohl deutscher Einwanderer als auch der Indianer (170 W. Hersheypark Drive; Öffnungszeiten: tgl. 10.00 – 17.00 Uhr).

*Hershey Gardens
Auch Blumenfreunde kommen in Hershey auf ihre Kosten. Grundlage der 1937 eröffneten Hershey Gardens war der Rosengarten von Milton Hershey. Auch heute noch sind Rosen, die in 450 Arten blühen ein Schwerpunkt des Gartens, doch runden weitere Themengärten das Gesamtbild dieser prachtvollen Anlage ab (170 Hotel Rd.; Öffnungszeiten: Mitte April bis Ende Okt. tgl. 10.00 – 17.00 Uhr).

Lebanon County

Lebanon
Lebanon, 20 mi / 32 km östlich von Harrisburg an der US 422, wurde 1756 gegründet. Noch heute sind hier die Spuren deutscher Einwanderer aus Hessen zu finden. Von ihnen erzählt das Stoy Museum mit einer respektablen Sammlung von Gegenständen, die von deutschstämmigen Handwerkern hergestellt wurden. Präsentiert werden die Schätze in einem 1773 erbauten Gebäude, das ab 1813 Sitz des County Court war. Hier arbeitete James Buchanan, 15. US-Präsident, als Anwalt (924 Cumberland St.; Öffnungszeiten: tgl. außer Sa. 13.00 – 16.00, Mo. 19.00 – 21.00 Uhr).
Lebanon County ist berühmt für seine Wurst- und Fleischspezialitäten. Gute Adressen für den Einkauf sind die Daniel Weaver Co. (15th Ave. & Weavertown Rd.; sehr gute geräucherte Ware) und das Familienunternehmen Original Seltzer's Lebanon Bologna Corp. in Palmyra 10 mi / 16 km westlich von Lebanon (230 N. College St.; Besichtigung).

Cornwall Iron Furnace
Südlich von Lebanon ereicht man an der US 322 den Ort Cornwall. Die Cornwall Iron Furnace war von 1742 bis 1883 in Betrieb und ist ein hervorragendes Beispiel für die Eisenverhüttung zu Beginn des industriellen Zeitalters. Auf einer Führung wird die Arbeitsweise der Schmelzöfen erläutert (Öffnungszeiten: Di. – Sa. 10.00 – 16.00, So. 12.00 – 16.00, Mai – Aug. 9.00 bis 17.00 bzw. 12.00 – 17.00 Uhr).

Historic Schaefferstown
Historic Schaefferstown, 6 mi / 10 km auf der PA 897 südöstlich von Lebanon, ist ein malerisches, von Deutsch-Schweizern im 18. Jh. gegründetes Dörfchen. Viele Gebäude sind noch im Originalzustand.

Jim Thorpe F 9

Region: Pocono Mountains / Endless Mountains
Höhe: 182 m ü.d.M.
Einwohnerzahl: 5000
Telefonvorwahl: 717

Die hübsche Kleinstadt im Osten Pennsylvanias inmitten des bezaubernden Lehigh Valley entstand 1954 aus der Zusammenlegung der Orte Mauch Chunk und East Mauch Chunk. Der aus dem Indianischen stammende Name "Mauch Chunk" bedeutet "Berg der schlafenden Bären" und versinnbildlicht die Lage in einer Schlucht am Fuß des Flagstaff Mountain. Nachdem seit den zwanziger Jahren die Kohleindustrie immer weniger einbrachte, begann der Niedergang dieser Region, der erst durch die Fusion der Orte und die Neuansiedlung von Wachstumsindustrie gestoppt wurde. Schon seit über hundert Jahren aber zieht "The Switzerland of America" mit guter Luft und herrlicher Landschaft Touristen an.

Lage und Allgemeines

Den Namen Jim Thorpe erhielt die zusammengelegte Stadt von dem Indianer vom Stamm der Sac and Fox "Leuchtender Pfad", der als Jim Thorpe international bekannt wurde. Er gewann bei den Olympischen Spielen von 1912 in Stockholm die Goldmedaille im Fünf- und im Zehnkampf und war damit der erste Indianer, der in den Goldmedaillenrang kam. Seine Medaillen wurden ihm allerdings wieder aberkannt, da er kurz vor der Olympiade einen Vertrag als Profi-Baseballspieler unterschrieben und damit den Amateurstatus verletzt hatte. Jim Thorpe starb 1953 als Alkoholiker. Jahrzehnte nach seinem Tod wurden seiner Familie die Medaillen zurückgegeben. Seine Witwe wollte ihm in Carlisle westlich von Harrisburg, wo er seine Ausbildung absolviert hatte, ein Denkmal setzen, doch die Stadt zeigte sich nicht interessiert. So ergab sich für das heutige Jim Thorpe die Gelegenheit. Mit dem Bau des Jim Thorpe Mausoleums nordöstlich der Stadt an der PA 903 aus schwarzem Granit erhielt die Stadt die Erlaubnis, den Namen des großen Athleten zu tragen.

Wer war Jim Thorpe?

Jim Thorpe Mausoleum

Sehenswertes in Jim Thorpe

Die historische Altstadt von Jim Thorpe erstreckt sich um Hazard Square, Broadway und Race Street. Entlang des Broadway verläuft die Millionaires Row, eine Ansammlung viktorianischer Häuser von wohlhabenden Bürgern. Einige davon sind zu B & B's umgebaut.

Millionaires Row

Vom Hazard Square aus erreicht man das 1860 in italienischem Stil erbaute, mondäne Asa Packer Mansion, Wohnhaus des 1879 verstorbenen Asa Packer, einer der wohlhabendsten Männer des Bundesstaats. Die wertvolle Einrichtung der zwanzig Räume zeugt von seinem Wohlstand (Packer Hill; Öffnungszeiten: Memorial Day – Okt. tgl. 11.00 – 16.15 Uhr, April, Mai und Nov. nur an Wochenenden). Das benachbarte viktorianische Harry Packer Mansion, schenkte Asa Packer seinem Sohn Harry 1872 zur Hochzeit. Heute kann man in der 18-Zimmer-Villa stilvoll nächtigen.

Asa Packer Mansion

Das Mauch Chunck Museum ist im ältesten Kirchengebäude der Stadt untergebracht und geht sehr intensiv auf die Geschichte der Stadt und ihrer Umgebung ein, vor allem auf die Kohleindustrie und den Namensgeber. Besonders interessant sind Modelle einer Kanalschleuse und der Switchback Gravity Railroad. Diese wurde 1827 von Josiah White konstruiert, um die Kohle direkt von den Flözen zu den Frachtkähnen zu befördern. Nach der Einführung von Dampfzügen verlor die Switchback Gravity Railroad ihre Bedeutung, wurde allerdings noch bis 1933 für touristische Zwecke weiterbetrieben (41 W. Broadway; Öffnungszeiten: Do. – Sa. 10.30 – 17.00, So. ab 12.00 Uhr).

Mauch Chunck Museum

Jim Thorpe · Pennsylvania

Old Jail Museum
Von 1871 bis 1995 war das Gefängnis von Carbon County in Betrieb. Nun kann man den festungsartigen Bau mit seinen meterdicken Steinwänden und 10 cm dicken Zellentüren besichtigen (128 W. Broadway; Öffnungszeiten: Memorial Day – Okt. tgl. außer Mi. 12.00 – 16.30 Uhr).

Stone Row
Bei der St. Marks's Church beginnt entlang der Race Street die aus sechzehn Häusern bestehende Stone Row (27-57 Race Street), die der fürsorgliche Asa Packer 1848 für seine Ingenieure und Vorarbeiter erbauen ließ. Heute bieten hier einige Geschäfte Souvenirs an.

1848 ließ Kohlenkönig Asa Packer die "Stone Row" bauen.

Umgebung von Jim Thorpe

Ferien in der Natur
In der herrlichen Landschaft rund um Jim Thorpe hat man genügend Gelegenheiten für Naturerlebnisse. Eisenbahnfahrten durch die Umgebung, die besonders während des Indian Summers beliebt sind, werden ab dem Stadtzentrum angeboten (Rail Tours, Inc., Tel. 325-46 06). Autofahrer können eine Fahrt zum 45 mi/72 km entfernten Hawk Mountain im Südwesten von Jim Thorpe unternehmen. Der Beltzville State Park im Osten der Stadt und der Hickory Run State Park südöstlich von White Haven bieten eine breite Palette an Sportmöglichkeiten. Sehr populär, vor allem im Frühjahr, ist das Wildwasser-Rafting in den Schluchten des Lehigh Rivers. Verschiedene Unternehmen wie Jim Thorpe River Adventures, Inc. (via PA 903; Tel. 325-25 70 oder gebührenfrei unter 800-424-RAFT), Pocono Whitewater Adventures (an der PA 903; Tel. 325-84 30 oder 800-944-83 92) oder Whitewater Rafting Adventures (an der PA 534 in Albrightsville; Tel. 722-02 85) vermieten Ausrüstung und führen selbst Rafting-Touren durch.

Eckley
Das Bergarbeiterdorf Eckley westlich von White Haven wurde 1854 gegründet. Im Museumsdorf mit über fünfzig erhaltenen Bauten wird das Leben der Bergleute und ihrer Familien bis 1940 anschaulich dokumentiert.

Pennsylvania · **Johnstown**

Johnstown C 9

Region: Laurel Highlands / Southern Alleghenies
Höhe: 360 m ü.d.M.
Einwohnerzahl: 28 100
Telefonvorwahl: 814

Johnstown wurde 1794 von dem Mennoniten Joseph Johns in einem engen Tal der südlichen Alleghenies gegründet und war seit dem 19. Jh. einer der wichtigsten Standorte der Eisen- und Stahlindustrie Pennsylvanias. Noch heute spielt die Schwerindustrie eine zentrale Rolle im Wirtschaftsleben der Stadt. Über die Landesgrenzen hinaus bekannt wurde Johnstown aber durch die "Johnstown Flood", einer der schlimmsten Flutkatastrophen in der Geschichte der USA. | Lage und Allgemeines

Am 31. Mai 1889 brach nach elftägigen Regenfällen der Damm des 16 km nordöstlich von Johnstown gelegenen Lake Conemaugh. Eine ungeheure, bis zu 12 m hohe und bis zu 70 km/h schnelle Flutwelle raste zu Tal und erreichte gegen vier Uhr nachmittags die Stadt. Sie zerstörte fast alle Gebäude und kostete 2209 Menschen das Leben. Den Opfern, vor allem den 777 nicht identifizierten Toten, wurde im Grandview Cemetery, knapp 2 km westlich von Johnstown in Westmont an der PA 271, ein Denkmal gesetzt. | The Johnstown Flood

Sehenswertes in Johnstown

Das in der früheren Carnegie Library untergebrachte Johnstown Flood Museum beleuchtet alle Aspekte der Flutkatastrophe, u. a. anhand eines hervorragenden, preisgekrönten Film von knapp einer halben Stunde Länge. In einer weiteren Etage des Museums wird auf die Geschichte der Stadt eingegangen (304 Washington St.; Öffnungszeiten: tgl. 10.00 – 17.00, Mai bis Okt. Fr. und Sa. bis 19.00 Uhr). | *Johnstown Flood Museum

Die Inclined Plane Railway wurde 1891 eröffnet, um schneller in die höheren Wohnlagen zu gelangen, in die viele Bürger Johnstowns nach der Flut gezogen waren. Sie wurde von dem ungarischen Emigranten Samuel Diescher konstruiert, der für die meisten Standseilbahnen dieser Zeit in den USA verantwortlich zeichnete. Die Johnstown Inclined Plane gilt mit einer Steigung von 72 %Prozent als steilste Standseilbahn der Welt. Die Fahrt über etwas mehr als 500 m auf den Yoder Hill in Westmont dauert knapp drei Minuten und bietet eine wunderbare Aussicht (Fahrzeiten: Mo. bis Do. 6.30 – 22.00, Fr. bis 24.00, Sa. 7.30 – 24.00, So. 9.00 – 22.00 Uhr). | *Inclined Plane Railway

Umgebung von Johnstown

Eine Fahrt mit der Eisenbahn von Johnstown nach → Altoona führt durch eine unglaublich schöne Landschaft und bleibt unvergeßlich. | *Bahnfahrt nach Altoona

Das Johnstown Flood National Memorial bei Saint Michael (auf der US 219 und PA 869 10 mi / 16 km nordöstlich von Johnstown) wurde an jener Stelle errichtet, an der die Katastrophe von 1889 ihren Anfang nahm. Die Überreste des South Fork Dam, der den Lake Conemaugh aufstaute und vom South Fork Fishing und Hunting Club gewartet wurde, sind noch zu sehen. Im Museum wird auch der Frage nachgegangen, inwieweit die Mitglieder des Clubs, dem vor allem wohlhabende Stahlindustrielle angehörten, für den Bruch des Dammes mitverantwortlich waren, denn sie taten recht wenig für seinen Erhalt. Ein dramatischer Film rekapituliert den Tag der Flutwelle (Öffnungszeiten: tgl. 9.00 – 17.00, im Sommer bis 18.00 Uhr). | Johnstown Flood National Memorial

Südwestlich von Johnstown beginnt eine herrliche, bewaldete Mittelgebirgslandschaft, die zu den Laurel Highlands gehört. Sie ist durch zahlrei- | *Ausflüge in die Laurel Highlands

Lancaster · Pennsylvania Dutch Country · *Pennsylvania*

Johnstown, Laurel Highlands (Fortsetzung)	che Erholungsgebiete touristisch sehr gut erschlossen. Der gut markierte, 70 mi / 113 km lange und sehr beliebte Wanderweg Laurel Highlands Trail führt vom Laurel Ridge State Park im Nordwesten von Johnstown über den Laurel Summit State Park und Laurel Mountain State Park in den Süden bis zum Ohiopyle State Park (→ Uniontown). Entlang der Strecke kann man auf wildromantischen Plätzen zelten oder in Hütten übernachten. Einer der schönsten Teile des Gebiets ist das Conemaugh Gap, eine 11 km lange Schlucht zwischen der Laurel Hill Ridge und der Chestnut Ridge. Alle erwähnten und noch weitere State Parks bieten im Sommer eine breite Palette an Freizeitmöglichkeiten und im Winter Gelegenheiten zum Skifahren. Das beste Skigebiet ist allerdings die Hidden Valley Ski Area 12 mi / 19 km westlich von Somerset.
Mount Davis	Im Süden von Somerset kann man an der Grenze zu Maryland dem 979 m hohen Mount Davis, dem höchsten Berg von Pennsylvania, einen Besuch abstatten. Er läßt sich durch eine mühelose Wanderung leicht besteigen.
*Somerset Historical Center	Unmittelbar nördlich von Somerset liegt an der Kreuzung der PA 601 und PA 985 das Somerset Historical Center, ein sehr schönes Freilichtmuseum über das Landleben früherer Tage in Pennsylvania (Öffnungszeiten: Mitte April – Mitte Dez. Di. – Sa. 9.00 – 17.00, So. ab 12.00 Uhr).
*Compass Inn Museum	Laughlintown, südwestlich von Johnstown an der US 30, hält ein weiteres Relikt der frühen Geschichte Pennsylvanias bereit. Das Compass Inn Museum ist eine alte Postkutschenstation aus dem Jahr 1799 an der Strecke von Philadelphia nach Pittsburgh. In der ersten Hälfte des 19. Jh.s, zur Blütezeit der Postkutschen, hatte Laughlintown 13 derartige Gasthöfe. Wie es in ihnen zuging, erfährt man im Museum. (Öffnungszeiten: Mai – Okt. Di. – Sa. 11.00 – 16.00, So. ab 12.00 Uhr).
Fort Ligonier	In Ligonier, nur wenige Meilen von Laughlintown entfernt, kann man das maßstabsgetreu rekonstruierte Fort Ligonier besuchen, das die Briten 1758 erbauten, um den Weg nach Fort Duquesne, dem heutigen Pittsburgh, zu schützen (Öffnungszeiten: April – Okt. tgl. 10.00 – 16.30, So. ab 12.00 Uhr). Auch das malerische Ortszentrum von Ligonier ist einen Blick wert.
Idlewild Amusement Park	Etwas westlich von Ligonier bietet der Idlewild Amusement Park in sieben thematisch gegliederten Sektionen Vergnügen für Jung und Alt. Vor allem der Story Book Forest, eine Art Märchenpark, ist bei Kindern sehr beliebt, und auch der Water Park mit zahlreichen Wasserrutschen kommt beim Publikum an (US 30; Öffnungszeiten: Juni – Labor Day Weekend Di.– So. 10.00 – 17.00 Uhr, an den meisten Wochenenden länger).

Lancaster · Pennsylvania Dutch Country   E 9 / 10

Region: Hershey / Dutch Country Region
Höhe: 116 m ü.d.M.
Telefonvorwahl: 717

**Land der Amischen und Mennoniten	Sieht man von → Philadelphia ab, der Wiege der Nation, dann ist das Pennsylvania Dutch Country mit seinem Hauptort Lancaster die größte touristische Attraktion Pennsylvanias. Und es ist ja auch gar nicht so weit von der Metropole am Schuylkill River in die beschaulich-ländliche Heimat der Amischen und Mennoniten – gerade mal 74 mi / 118 km streng nach Westen. Allerdings ist es so beschaulich wie erhofft ist es hier nicht immer, denn besonders an Wochenenden im Sommer stauen sich die Autos auf den Hauptstraßen von Lancaster County, und das nicht unbedingt zur Freude der Einheimischen. Vor allem die Amish bringen den zahlreichen Touristen wenig Begeisterung entgegen, sie schicken sich aber in das Unvermeidliche und versuchen zumindest, ihnen Verständnis für ihre Lebens-

Pennsylvania · Lancaster · **Pennsylvania Dutch Country**

weise abzuringen. Denn immerhin sind die vielen Touristen auch eine lohnende Kundschaft für ihre bäuerlichen und kunsthandwerklichen Produkte. Trotzdem sollte man sich aber auf jeden Fall zurückhaltend benehmen, was das Fotografieren angeht, und auf Nebenstraßen, wo viele Pferdebuggies unterwegs sind, langsam fahren.

Land der Amischen und Mennoniten (Fortsetzung)

Sehenswertes in Lancaster

Mit seinen etwas mehr als 55 000 Einwohnern ist Lancaster das Verwaltungszentrum des gleichnamigen County, dem Kernland des Pennsylvania Dutch Country. Die Stadt führt ihre Gründung auf George Gibsons Gasthof mit Brauerei zurück, den dieser erste bekannte Siedler seit 1721 in der Nähe des heutigen Penn Square betrieb. Der zunächst "Gibson's Pasture" genannte Ort spielte eine wichtige strategische Rolle sowohl im French and Indian War als auch im Unabhängigkeitskrieg und war am 27. September 1777 sogar einen Tag lang Hauptstadt der Vereinigten Staaten, als der Kongress auf der Flucht aus Philadelphia nach → York war. Lancaster, zwischen 1799 und 1812 Hauptstadt von Pennsylvania, bewahrte sich durch die Dominanz der Landwirtschaft in der Umgebung und dem touristischen Treiben zum Trotz zumindest in einem gewissen Maße bis heute das Flair eines geruhsamen Landstädtchens.

Lage und Allgemeines

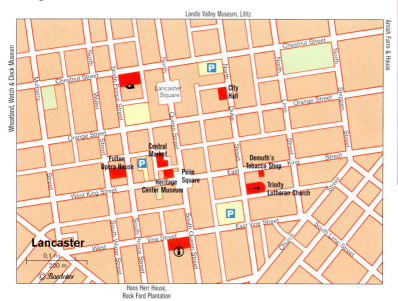

Lancasters Zentrum liegt rund um den Penn Square. Im Central Market – ein roter Backsteinbau von 1889 – bieten über achtzig Händler und Farmer selbsterzeugte Produkte an. Der Markt besteht seit den 1830er Jahren und gilt als ältester seiner Art in den Vereinigten Staaten (Do. und Fr. 6.00 bis 16.00, Sa. bis 14.00 Uhr). Das in unmittelbarer Nähe gelegene, 1852 erbaute Fulton Opera House wurde nach Robert Fulton, dem Erfinder des Dampfschiffs benannt, der in Quarryville im Südosten von Lancaster geboren wurde, wo auch sein Geburtshaus zu besichtigen ist. Das sehr gut bestückte Heritage Center Museum of Lancaster County befindet sich im

Rund um den Penn Square
*Central Market

Baedeker Special

Gottesfurcht und Ackerbau

Die Amischen (engl. Amish) und Mennoniten wanderten hauptsächlich seit Beginn des 18. Jh.s aus der Schweiz und Südwestdeutschland aus, wo sie wegen ihres strengen protestantischen Glaubens verfolgt wurden. Bereits Ende des 18. Jh.s waren 40 % der Einwohner von Lancaster Copunty deutschsprachig, und noch heute sprechen die Amischen einen "Pennsylvania Dutch" genannten Dialekt, der eine Mischung aus altertümlichem Deutsch und Englischen darstellt (s. a. S. 58). Der Begriff "Dutch" hat in diesem Zusammenhang im übrigen nichts mit dem englischen Wort für "holländisch" zu tun, sondern ist eine Verballhornung des Wortes "deutsch".

Die Amischen spalteten sich 1693, geführt vom elsässischen Bischof Jakob Am-

Lausbuben gibt es überall

Lancaster (Fortsetzung)
*Trinity Lutheran Church

alten Rathaus von 1795 und zeigt u. a. regionale Handwerkskunst sowie den Versammlungsraum der Freimaurer mit schönen Wand- und Deckengemälden (Öffnungszeiten: Mai–Dez. Di.–Sa. 10.00 bis 17.00 Uhr). Die Trinity Lutheran Church von 1761, die älteste Kirche Lancasters, erkennt man an ihrem weißen, knapp 60 m hohen Kirchturm mit Statuen der vier Evangelisten, der nahezu von überall in der Stadt zu sehen ist. Mehr den weltlichen Genüssen zugetan ist der seit 1770 bestehende Demuth's Tobacco Shop um die Ecke.

mann, von der von Menno Simons begründeten Wiedertäufersekte der Mennoniten ab. Amann und seinen Anhängern war der Umgang mit mennonitischen Gemeindemitgliedern, die die Regeln verletzten, zu lax. Wer bei den Amischen die Regeln mißachtet, wird gänzlich aus der Gemeinde ausgeschlossen. So sind die Amischen bis heute eine äußerst konservative Gruppe, die ihre Traditionen in besonderem Maße bewahrt, was in der gesamten Region deutlich zum Ausdruck kommt.

Alle Wiedertäufersekten sind protestantische Gruppen, die sich bewußt von der Reformation eines Luther, Zwingli oder Calvin absetzten und sich ab 1523 vor allem in der Schweiz und entlang des Rheins, aber auch in Oberösterreich, Mähren und Ungarn bildeten. Relativ rasch waren sie der Verfolgung durch die großen Kirchen ausgesetzt, und oft blieb nur die Auswanderung, um mit ihrem Glauben ungestört leben zu können. Die Kirchenmitglieder suchen ihr Heil allein aus dem Wort und dem Geist der Heiligen Schrift, leben absolut gewaltfrei und bilden ihre Gemeinden bewußt nur aus freiwilligen Mitgliedern. Deshalb ist bei ihnen auch die Kindertaufe verpönt, da sich nur ein Erwachsener frei für eine Zugehörigkeit zur Religionsgruppe entscheiden kann. Den jugendlichen, noch ungetauften Mennoniten ist es deswegen auch freigestellt, andere Lebensweisen auszuprobieren. Entscheiden sie sich zur Taufe, werden sie ohne Bedingungen in die Gemeinde aufgenommen.

Im Lancaster County wohnen heute die meisten Mennoniten der ganzen Welt, Haus an Haus mit den Amischen, die hier nach Holmes County in Ohio ihr zweites Standbein haben. Insgesamt sind es im County rund 30 000 Menschen, die sich als Angehörige dieser Religionsgemeinschaften ausweisen. Ihr jeweiliger Lebensstil unterscheidet sich teilweise nur in Details voneinander, je nachdem, zu welcher Richtung der Sekte sie gehören. Die Farmen werden als Familienbetrieb bewirtschaftet, wobei alle zum Helfen verpflichtet sind. Die strengste Gruppe verzichtet auf alle neuen Techniken, so daß die Menschen auf diesen Farmen ohne Strom und Maschinen auskommen müssen. Selbstverständlich sind auch Autos verboten, wodurch zahlreiche Pferdebuggies auf den Straßen der Landschaft einen besonderen Reiz verleihen. Diskussionen können sich beispielsweise daran entzünden, ob Telefon erlaubt ist oder nicht. Die weniger Strengen betreiben aber Maschinen mit Biogasmotoren. Das einfache Leben drückt sich auch in der Kleidung der Menschen aus. Den Amish sind beispielsweise Knöpfe an der Kleidung verboten, so daß sie gezwungen sind, mit Haken und Ösen zu arbeiten. Für die Männer mit ihren Vollbärten – Schnurrbärte sind als unhygienisch verpönt – sind weißes Hemd, schwarze Hose, schwarze Schuhe und Strohhut obligatorisch, Frauen tragen als markantestes Kleidungsstück altmodische Häubchen. Der äußerst sehenswerte Film "Der einzige Zeuge" von Peter Weir aus dem Jahr 1985, mit Harrison Ford in der Hauptrolle, der in dieser Gegend spielt, zeichnet – verpackt in einen Kriminalfall – ein hervorragendes Bild dieser Gesellschaft.

Wer sich ein Andenken aus dem Land der Amischen mitnehmen will, hat reichlich Auswahl. Landwirtschaftliche Produkte gibt es auf dem Central Market in Lancaster, dem Bird-in-Hands Farmers Market oder auf dem Green Dragon Market in Ephrata. Eine sehr gute Adresse für Kunsthandwerk – Quilts (Patchwork-Decken), Kaleidoskope, Drucke in Fraktur oder Töpferei – ist Artworks at Doneckers in Ephrata.

Wheatland

Der Anwalt und Bankier William Jenkins ließ sich 1828 das hochherrschaftliche Anwesen Wheatland, knapp 2 mi / 3 km westlich der Innenstadt bauen. Von 1848 bis zu seinem Tod zwanzig Jahre später wohnte hier James Buchanan, von 1856 bis 1861 fünfzehnter Präsident der USA und damit unmittelbarer Vorgänger von Abraham Lincoln. Er ist bisher der einzige Präsident aus Pennsylvania und auch der einzige Junggeselle in diesem Amt. Kostümiertes Personal führt seinen aufwendigen Lebensstil vor (1120 Marietta Ave.; Öffnungszeiten: April – Dez. tgl. 10.00 – 16.00 Uhr).

Lancaster · Pennsylvania Dutch Country · *Pennsylvania*

Historic Rock Ford Plantation
Die Historic Rock Ford Plantation rund 2 mi/3 km südlich der Altstadt im Lancaster County Park wurde 1794 für den Adjudanten von George Washington, General Edward Hand, gebaut. Außer dem Haus mit seiner wertvollen Einrichtung kann man auf dem Gelände auch eine große Sammlung kunsthandwerklicher Meisterstücke aus Pennsylvania im Kauffman Museum besichtigen (881 Rock Ford Rd.; Öffnungszeiten: April–Okt. Di.–Fr. 10.00–16.00, So. ab 12.00 Uhr).

*Landis Valley Museum
Hautnah zurück in die Welt der deutschen Einwanderer geht es im Norden der Stadt im Landis Valley Museum, dem größten Freilichtmuseum in den USA, das sich mit den deutschen Wurzeln der Besiedlung befaßt. Es veranschaulicht auf einem über 6 ha großen Gelände das von den deutschen Einwanderern geprägte Landleben in Pennsylvania, wie man es sich im 18. und 19. Jh.s vorzustellen hat. Das Museum ist den Brüdern Landis zu verdanken, die bereits in den zwanziger Jahren bäuerliches Gerät zu sammeln begannen und auf ihrer Farm ausstellten. Herausragend sind vor allem ein Farmhaus von 1815 und das 1856 erbaute Landis Valley House Hotel; eine Taverne, eine Druckerei, eine Schmiede, ein Schulhaus und ein Tante-Emma-Laden bringen Farbe ins Museumsleben, und natürlich werden alte Handwerkstechniken vorgeführt (2451 Kissel Hill Rd.; Öffnungszeiten: Mai–Okt. Di.–Sa. 9.00–17.00, So. ab 12.00 Uhr).

Durch das Land der Amish und Mennoniten

Rundfahrten
Mehrere Veranstalter bieten kommentierte Busrundfahrten durch Lancaster County. Stilechter und individueller auf Nebenstraßen geht das natürlich in einem Pferdebuggy, z. B. mit Abe's Buggy Rides (Abfahrt 2596 Old Philadelphia Pike in Bird-in-Hand, Tel. 392-17 94) oder mit Ed's Buggy Rides (Abfahrt 253 Hartman Bridge Rd. in Ephrata, Tel. 687-03 60).

*Auf den Straßen von Pennsylvania Dutch Country:
Die Amish sind im Pferdebuggy unterwegs.*

Pennsylvania · Lancaster · **Pennsylvania Dutch Country**

Wer einmal essen möchte wie die Amischen, findet im Amish Country einige Familienrestaurants, in denen man mit riesigen Portionen verwöhnt wird. Sehr authentisch sind die Mahlzeiten im Stoltzfus Farm Restaurant (PA 772 östlich von Intercourse; Tel. 768-8156; Öffnungszeiten: Mai–Okt. Mo.–Sa. 11.30–20.00 Uhr), große Auswahl hat man im beliebten Lapp's Family Restaurant (2270 E. Lincoln Highway/US 30; Tel. 394-1606; Öffnungszeiten: Mo.–Sa. 6.00–22.00, So. 11.00–14.00 Uhr).

| Essen wie die Amischen

Wer auf eigene Faust mit dem Auto los will, sollte zunächst dem an der US 30, rund 4,5 mi/7 km östlich von Lancaster gelegenen Mennonite Information Center einen Besuch abstatten, wo in umfassender Weise auf die Geschichte dieser Sekte eingegangen wird (Öffnungszeiten: Mo.–Sa. 8.00 bis 17.00 Uhr). Vom Informationszentrum aus hat man nun viele Möglichkeiten, einen Besuch des Amish Country zu gestalten.
Um einen ersten Eindruck zu bekommen ist auf alle Fälle eine Rundfahrt auf Nebenstraßen von Lancaster über Strasburg und Paradise nach Intercourse und zurück über Bird-in-Hand zu empfehlen.

| Mennonite Information Center

Erste Station dieser Fahrt ist das Hans Herr House, das älteste Gebäude des gesamten County (5 mi/8 km auf der US 222 südöstlich der Innenstadt von Lancaster). Die erste Gruppe von 27 Mennoniten wurde von Hans Herr angeführt, dessen Sohn Christian 1719 dieses in seiner Einfachheit beeindruckende Steinhaus inmitten von fruchtbaren Feldern erbaute. Die Einrichtung des Hauses, das auch als Gemeindehaus diente, spiegelt das rustikale Leben der ersten Siedler wider; Obst- und Gemüsegarten tun ein übriges, um das idyllische Bild komplett zu machen. Eine Ausstellung in einer benachbarten Scheune veranschaulicht das bäuerliche Leben der Mennoniten (1849 Hans Herr Drive; Öffnungszeiten: April–Nov. Mo.–Sa. 9.00–16.00 Uhr).

| *Hans Herr House

Vom Hans Herr House geht es nun auf dem Hans Herr Drive nach Süden zur Penn Grant Road und auf dieser nach Osten nach Strasburg. In dieser Hochburg der Amish (von Lancaster auch direkt via US 222/PA 741 oder US 30/PA 896) kann man in einigen interessanten Geschäften wie Eldreth Pottery, Zooks Quilts & Furniture, J & B Quilts oder Lapp's Quilts Kunsthandwerk in großer Auswahl einkaufen, vor allem handgefertigte Quilts.

| **Strasburg**

Das Railroad Museum of Pennsylvania setzt der Eisenbahn in Pennsylvania ein spektakuläres Denkmal. Ein rekonstruierter Bahnhof von 1915 bildet den stimmungsvollen Eingang zu dieser Ausstellung von mehr als fünfzig historischen Lokomotiven und Waggons, die überwiegend in den riesigen Hall of Locomotives versammelt sind und von einer Zuschauerbrücke gut überblickt werden können. Aber auch von unten läßt sich einer der Riesen bestaunen: In einer Fahrzeuggrube kann man unter einer 62 t schweren Güterzuglokomotive durchmarschieren. Im Freigelände sind weitere interessante Stücke aufgestellt (Öffnungszeiten: Di.–Sa. 9.00–17.00, So. ab 12.00 Uhr). Gegenüber vom Museum startet die Strasburg Railroad täglich von April bis Oktober und im übrigen Jahr nur an Wochenenden zu 45minütigen Dampfzugfahrten durch die ländliche Idylle des Amish Country nach Paradise und zurück.

| *Railroad Museum of Pennsylvania

| Strasburg Railroad

Wer damit immer noch nicht genug von Eisenbahnen hat, kann in der Choo Choo Barn beim Eisenbahnmuseum 17 Modellzüge auf einer dem Lancaster County nachempfundenen Anlage und im Toy Train Museum (330 Paradies Lane) noch mehr Spielzeugeisenbahnen bewundern.

Zwischen Strasburg und Bird-in-Hand gibt es gleich drei Freilichtmuseen mit ähnlicher Thematik. Relativ authentisch ist das 2 mi/3 km nördlich von Strasburg gelegene Amish Village, ein repräsentativer Bauernhof mit zahlreichen typischen Nebengebäuden einschließlich einer kleinen Schule, wie er wohl Mitte des 19. Jh.s bestanden haben mag (Öffnungszeiten: Memorial–Labor Day tgl. 9.00–18.00 Uhr, ansonsten kürzer).

| **Freilichtmuseen**

| *Amish Village

Praktisch um die Ecke liegt Amish Farm & House, betrieben vom nahen Dutch Wonderland Amusement Park. Hier wird in einem Quäkerhaus von

| Amish Farm & House

347

Lancaster · Pennsylvania Dutch Country · *Pennsylvania*

Amish Farm & House (Fortsetzung)
1805 ähnlich wie im Amish Village der Lebensstil der Amischen verdeutlicht; im angeschlossenen Musterbetrieb kann man den Farmern bei der Arbeit zuschauen (Öffnungszeiten: tgl. ab 8.30, Schließung je nach Saison zwischen 16.00 und 18.00 Uhr).

Mill Bridge Village
Sehr kommerziell ausgerichtet ist dagegen Mill Bridge Village, dessen Kernstück die vierstöckige Getreidemühle von 1803 am Pequea Creek ist. Auf dem Gelände sind weitere charakteristische Gebäude eines Bauerndorfs verteilt, in denen u. a. Besenmacher, Kerzendreher und Quiltnäherinnen ihr Handwerk vorführen. Ein Farmhaus, ein Schulhaus und eine Covered Bridge runden das ländliche Bild ab. Eine Fahrt mit einem typischen kastenförmigen schwarzen Buggy ist schon im Eintrittspreis enthalten (Öffnungszeiten: Juni–Aug. tgl. 9.30–17.30, April, Mai, Sept. und Okt. tgl. 10.00–17.00 Uhr).

Alles Handarbeit – auf moderne Maschinen und Traktoren wird verzichtet.

Bird-in-Hand

*Bauernmarkt
In Bird-in-Hand, dessen etwas merkwürdiger Name von einer alten Taverne kommt, besuchen sehr viele Touristen den überdachten Bauernmarkt, auf dem die Amish und Mennoniten aus der Umgebung ihre Produkte anbieten (Juli–Oktober Mi.–Sa.).

Amish Experience Theater
Zwischen Bird-in-Hand und Intercourse bietet sich ein weiteres Mal die Gelegenheit, dem Leben der Amish auf den Grund zu gehen. Im Amish Experience Theater beschreibt die dreißigminütige Multimedia-Show "Jacob's Choice" die Konflikte eines Jugendlichen, der sich zwischen den Amischen und der "weltlichen" Gesellschaft entscheiden muß. Den Drehort des Films kann man im angeschlossenen Amish Country Homestead besichtigen.

*Intercourse
Das 1754 als Cross Keys gegründete Intercourse, der östlichste Punkt der Rundfahrt, wartet mit der größten Ansammlung von Geschäften mit typischen Waren aus Amish Country auf. Gute Adressen sind der Country Market, der Old Country Store und der urige, seit 1909 bestehende Gemischtwarenladen von W. L. Zimmerman. Im Kitchen Kettle Village sind

dreißig Geschäfte vereint. Beim Spaziergang durch das Örtchen mit dem seltsamen Namen, den er 1814 erhielt und der wohl auf die Kreuzung der alten Verbindungsstraße von Philadelphia nach Pittsburgh (heute PA 340) mit der Straße von Wilmington nach Erie (heute PA 772) zurückgeht, trifft man auf viele malerische Häuser.

Intercourse (Fortsetzung)

Ähnlich wie das Mennonite Information Center (s. S. 347) informiert auch People's Place über die Amish und Mennoniten und besitzt darüber hinaus noch ein interessantes Quilt Museum (3513 Old Philadelphia Pike/US 30; Öffnungszeiten: Memorial Day–Labor Day Mo.–Sa. 9.30–20.00, ansonsten 9.30–17.00 Uhr).

People's Place

Weitere Sehenswürdigkeiten im Lancaster County

Columbia, 10 mi/16 km westlich von Lancaster, bietet das Watch and Clock Museum, eine hervorragende Sammlung von über 8000 Uhren aller Formen und Größen vom 17. Jh. bis heute. Sogar Kuckucksuhren aus dem Schwarzwald sind ausgestellt (Öffnungszeiten: Di.–Sa. 9.00–16.00, Mai bis Sept. auch So. 12.00–16.00 Uhr).

Columbia

Im nördlich von Columbia gelegenen Mount Joy ist die älteste Brauerei Pennsylvanias in Betrieb. Bube's Brewery hat ihr erstes Bier Mitte des 19. Jh.s gebraut. Bei einer Führung steigt man auch in die Braukeller 13 m unter dem heutigen Straßenniveau hinab.

Mount Joy

Lititz, 11 mi/18 km nördlich von Lancaster, wurde 1757 von Mährischen Brüdern aus → Bethlehem gegründet. Bis Mitte des 19. Jhs. war es nur Anhängern dieser Religionsgruppe erlaubt, in der Stadt zu wohnen. Am Church Square und in der Main Street ist noch heute das Bild eines geruhsamen Städtchens lebendig. Besondere Aufmerksamkeit verdienen die 1787 errichtete Moravian Church mit Friedhof und das Johannes Müller Haus von 1792, Wohnhaus eines Gerbers und Färbers und Teil des kleinen Lititz Museum (Öffnungszeiten: Memorial Day–Okt. Mo.–Sa. 10.00–16.00 Uhr). Ein Leckerbissen für Geographen und Kartographen ist das Heritage Map Museum wegen seiner einzigartigen Kollektion von Landkarten. Einer der größten Schätze ist eine der ersten gedruckten Karten von Europa aus dem Jahr 1493 (Öffnungszeiten: Mo.–Sa. 10.00–17.00 Uhr). Auch das Sturgis Pretzel House (219 E. Main St.) kann von sich behaupten, einmalig zu sein: Julius Sturgis eröffnete seine Brezelbäckerei 1861, und damit ist sie die älteste in den USA.

Lititz

*Heritage Map Museum

*Sturgis Pretzel House

Im Jahr 1732 zog sich der deutsche Pietist Konrad Beissel als frommer Einsiedler an das Ufer des Cocalico Creek (12 mi/19 km nördlich von Lancaster) zurück. Bald folgten ihm weitere Gläubige, und es entstand ein Kloster, in dem sich in kurzer Zeit 300 Anhänger versammelten. Die nach dem Gelübde der Keuschheit lebenden Brüder und Schwestern führten ein sehr einfaches Leben: Sie schliefen auf Holzpritschen von neun Uhr abends bis Mitternacht, standen dann auf, um zu beten, und schliefen danach wieder von zwei bis fünf Uhr. Den Tag verbrachten sie mit arbeiten, immer wieder durch Gebete unterbrochen. Einen besonderen Namen machten sie sich als Buchdrucker und Kalligraphen, wobei sie besonders die Frakturschrift pflegten. Nach Beissels Tod im Jahr 1768 verfiel das Kloster allerdings. Das Ephrata Cloister besteht aus düsteren, schlichten Gebäuden, die alle zwischen 1735 und 1749 errichtet wurden. Die Führung beginnt mit einer einführenden kurzen Dia-Show, anschließend besichtigt man u.a. das Gemeindehaus und das Schwesternhaus. Auf einem kleinen Friedhof ist der Gründer Konrad Beissel beigesetzt (Öffnungszeiten: Mo. bis Sa. 9.00 bis 17.00, So. ab 12.00 Uhr).

**Ephrata Cloister (→ Abb. S. 350)

Das Kloster hatte zwar keinen Bestand, doch entstand nahebei der Ort Ephrata, heute eine lebhafte Kleinstadt. Jeden Freitag findet hier seit 1932 der sehr sehenswerte Green Dragon Market statt, der wöchentlich über 400 Händler und Tausende von Kunden anlockt.

Green Dragon Market

Philadelphia · *Pennsylvania*

Der deutsche Pietist Konrad Beissel suchte in Eprahata Cloister das fromm-enthaltsame Leben zu verwirklichen.

Philadelphia　　　　　　　　　　　　　　　　F / G 9 / 10

Region: Philadelphia and its Countryside
Höhe: 14 m ü.d.M.
Einwohnerzahl: 1 586 000
Telefonvorwahl: 215

Lage und Bedeutung

**Die Wiege der Nation

Philadelphia, "die Wiege der Nation", liegt im äußersten Südosten Pennsylvanias an der Grenze zu New Jersey am Delaware River, in den hier der Schuylkill River mündet. Die zweitgrößte Stadt der Ostküste und fünftgrößte der USA gehört zur verstädterten Atlantikregion zwischen Boston im Norden und Baltimore / Washington, DC im Süden. Philadelphia ist ein bedeutendes Wirtschaftszentrum, u. a. führend in der chemisch-pharmazeutischen Industrie, im Schiffs- und Lokomotivenbau sowie in der Erdölverarbeitung. Allein der Hafen beschäftigt etwa 100 000 Menschen.

Wie in den meisten Großstädte der USA haben auch in Philadelphia Einwanderer aus der ganzen Welt eine Heimat gefunden. Allein 50 % seiner Einwohner sind Afro-Amerikaner. Diese Vielfalt ist die Grundlage für das überbordende kulturelle Angebot der Stadt: Mit seinen zahlreichen Universitäten, Theatern und herausragenden Museen belegt Philadelphia einen der vordersten Ränge in den USA. Philadelphia ist auch eine Sporthochburg mit so großen Stadien wie dem Veterans Stadium oder dem Core States Complex, in denen Spitzenmannschaften antreten: die Phillies im Baseball, die Eagles im Football, die 76ers im Basketball und die Flyers im Eishockey. Dank der erfolgreichen Sanierung der Innenstadt in den 80er Jahren vermischt sich in "Philly" das geschäftige Treiben einer Weltstadt mit dem Charme der historischen Bauwerke – denn das große historische Erbe begegnet auf Schritt und Tritt und ist das größte touristische Kapital der "Stadt der Bruderliebe".

Pennsylvania · **Philadelphia**

Die nächtliche Silhouette von "Philly", wie sie sich von der New-Jersey-Seite des Delaware River darbietet.

Die ersten europäischen Siedler kamen 1638 aus Schweden und Finnland in der Region an und trafen auf Indianer vom Stamm der Lenni Lenape, mit denen sie sich friedlich arrangierten. 1655 wurden sie von Holländern verdrängt, die ihrerseits 1664 das Feld den Engländern überließen. Der Quäkerführer William Penn (1644–1718) gründete 1682 die Stadt Philadelphia als eine Stätte religiöser Freiheit und formulierte den Gedanken der "Stadt der Bruderliebe", denn sie sollte ein Zufluchtsort für alle religiös Verfolgten Europas werden. Nachdem man mit den Indianern ein Abkommen über ein friedliches Zusammenleben ausgehandelt hatte, konnte sich die Siedlung ohne Angst vor Übergriffen frei entfalten. Bald stieg die Stadt zum wichtigsten Hafen der englischen Kolonien auf, obwohl sie über 150 km vom Atlantik entfernt im Landesinnern liegt, und erhielt 1701 die Stadtrechte. Benjamin Franklin, der sich 1723 hier niederließ, gab der Stadt wichtige kulturelle und politische Impulse, indem er 1731 die erste amerikanische Leihbücherei einrichtete, ab 1732 die "Pennsylvania Gazette" herausgab und 1740 die Gründung einer Universität mitinitiierte.

Geschichte

In der zweiten Hälfte des 18. Jh.s fiel Philadelphia eine entscheidende Rolle in der relativ kurzen Geschichte der USA zu. Der Erste Kontinentalkongreß tagte 1774 in der Carpenter's Hall. Am 4. Juli 1776 erklärte Thomas Jefferson während des Zweiten Kontinentalkongresses in der Independence Hall die Unabhängigkeit der Vereinigten Staaten von Amerika vom Mutterland Großbritannien, eingeläutet von der Freiheitsglocke. Im darauffolgenden Unabhängigkeitskrieg besetzten die Engländer 1777 die Stadt und räumten sie erst im Juni 1778 wieder. Ein weiterer Schritt zur vollständigen Unabhängigkeit war die erste eigenständige Verfassung, die auf dem Verfassungskonvent 1787 in Philadelphia entstand. So war es nur folgerichtig, daß Philadelphia von 1790 bis 1800 Hauptstadt der Vereinigten Staaten und bis 1799 auch des Bundesstaats Pennsylvania war.

Im 19. Jh. zogen die unzähligen Manufakturen Scharen von Einwanderern in die Stadt, vor allem aus Deutschland, Irland und Schottland. Während

Philadelphia · *Pennsylvania*

Geschichte (Fortsetzung)

des Bürgerkriegs blieb Philadelphia zwar von kriegerischen Handlungen verschont, war aber Ziel vieler aus dem Süden geflohener Sklaven. Ende des 19. Jh.s waren es dann vor allem Einwanderer aus Osteuropa und Italien, die über Philadelphia ins Land strömten, bis 1930 der Höchststand von zwei Millionen Einwohnern erreicht war. Bereits am Ende des Ersten Weltkriegs begann der industrielle Niedergang der Stadt, der nur durch die erneute Nachfrage nach Rüstungsgütern während des Zweiten Weltkriegs kurzzeitig gestoppt wurde. Erst in den siebziger und achtziger Jahren griffen Sanierungsprogramme, die sowohl die Wirtschaftsstruktur als auch das Antlitz Philadelphias veränderten.

**Independence National Historical Park

Die Besichtigung von Philadelphia beginnt man am besten mit einem Rundgang durch den Independence National Historical Park, der geschichtsträchtigen Meile der Stadt, die sich von der 2nd bis zur 6th Street zwischen Market und Walnut Street erstreckt. Dieser historische Distrikt ist zugleich das Zentrum der Altstadt von Philadelphia, der "Old City".

Visitor Center

Ausgangspunkt des Spaziergangs ist das Visitor Center Ecke 3rd & Chestnut Sts., wo Schautafeln und Computerstationen eine erste Vertiefung in die Geschichte der Stadt ermöglichen. Hier läuft auch der von Starregisseur John Huston gedrehte Film "Independence". Im Glockenturm befindet sich die Bicentennial Bell, ein Geschenk von Großbritannien anläßlich des 200. Jahrestags der Unabhängigkeitserklärung (Öffnungszeiten: tgl. 9.00–17.00 Uhr). Schräg rechts hinter dem Visitor Center liegt an der 2nd Street der Welcome Park mit einer Statue von William Penn, der an dieser Stelle 1701 die Stadtrechte verlas.

First Bank of the United States

Gegenüber dem Visitor Center steht mit der 1797 eröffneten First Bank of the United States das älteste Bankgebäude der USA, das für die Öffentlichkeit allerdings nicht zugänglich ist. Folgt man der Chestnut Street in westlicher Richtung, liegt linker Hand die Carpenter's Hall, um 1770 von der Zimmermannsgilde erbaut. Hier tagte 1774 der Erste Kontinentalkongreß; heute beherbergt sie ein Museum über das Zimmermannshandwerk (Öffnungszeiten: Di.–So. 10.00–16.00 Uhr).

Carpenter's Hall

New Hall Military Museum

Das New Hall Military Museum direkt nebenan im Carpenter's Court schildert vor allem die ersten Jahrzehnte des US-Heers und der US-Marine. Das benachbarte Pemberton House ist die Rekonstruktion des Kaufmannshauses eines Quäkers; auf der gegenüberliegenden Straßenseite sind im Philadelphia Maritime Museum Modelle und Gemälde von Schiffen ausgestellt.

Second Bank of the United States

Die Second Bank of the United States wurde ihrem Namen nur in den Jahren 1824 bis 1841 gerecht. Heute kann man in dem Gebäude mit der klassischen Säulenfassade die National Porträt Gallery bewundern, eine Porträtsammlung von Persönlichkeiten der Unabhängigkeitsbewegung (420 Chestnut St.; Öffnungszeiten: tgl. 10.00–17.00 Uhr).

**Independence Hall

Noch weiter westlich erreicht man an der Chestnut St. zwischen 5th und 6th Street den Mittelpunkt des historischen Distrikts: die Independence Hall. Als Pennsylvania State House wurde das Gebäude zwischen 1732 und 1756 errichtet. Hier tagte seit dem 10. Mai 1775 der Zweite Kontinentalkongreß und beriet über die Schritte zur Loslösung von Großbritannien, die am 4. Juli 1776 in der Unterzeichnung der Unabhängigkeitserklärung in der Assembly Hall mündeten. Auch die Annahme der Verfassung im Jahr 1787 vollzog sich in diesen Räumen. Heute gehört die Independence Hall zum Weltkulturerbe der UNESCO und ist die meistbesuchte Sehenswürdigkeit Philadelphias. Zu sehen sind u. a. der Sessel von George Washington, der Tisch, auf dem die Unabhängigkeitserklärung unterschrieben wur-

Pennsylvania · Philadelphia

![Assembly Room]

Im Assembly Room der heutigen Independence Hall unterzeichneten die Gründerväter der USA die Unabhängigkeitserklärung.

de, und auch das Tintenfaß, in dem die Väter der Unabhängigkeit ihre Federn tauchten (Öffnungszeiten: tgl. 9.00–17.00 Uhr).

Independence Hall (Fortsetzung)

Auf dem hinter der Independence Hall anschließenden Independence Square wurde am 8. Juli 1776 die Unabhängigkeitserklärung erstmals öffentlich verlesen. Am Platz stehen zwei weitere wichtige Gebäude. In der ursprünglich als Philadelphia County Courthouse geplanten Congress Hall tagte zwischen 1790 und 1800 der erste Kongreß der USA und wählte hier George Washington zum ersten Präsidenten. Das Repräsentantenhaus traf sich im Erdgeschoß, während sich der Senat in den ersten Stock zurückzog. Die Old City Hall diente trotz ihres Namens niemals als Rathaus, sondern seit ihrer Fertigstellung 1791 als Oberster Gerichtshof.

Independence Square

Congress Hall

Old City Hall

Gegenüber der Independence Hall symbolisiert die Freiheitsglocke im Liberty Bell Pavilion den Gedanken der Unabhängigkeitsbewegung. Die Glokke wurde in der Whitechapel-Gießerei in London im Jahr 1751 anläßlich der Fünfzigjahrfeier der Stadterhebung hergestellt und trägt die Inschrift "Proclaim Liberty throughout all the Land unto all the inhabitants thereof" aus dem Dritten Buch Moses, Kapitel 25,10. Wie bei vielen öffentlichen Anlässen zuvor, erklang sie auch zu Beginn der ersten öffentlichen Verlesung der Unabhängigkeitserklärung am 8. Juli 1776 vom Glockenturm des State House. Ein hartnäckiger, immer wieder auftre-

**Liberty Bell Pavilion

Philadelphia · *Pennsylvania*

Liberty Bell Pavilion (Fortsetzung)
: tender Sprung führte dazu, daß sie 1846 während der Feiern zu Washington's Geburtstag das letzte Mal schlug. Zur Zweihundertjahrfeier der USA erhielt sie ihren heutigen Platz im Pavillon (Öffnungszeiten: tgl. 9.00–20.00 Uhr).

The Bourse
: Das eindrucksvolle, langgestreckte rote Gebäude rechter Hand ist das alte Börsengebäude von 1895. In Philadelphia wurde bereits 1790 die erste Börse Nordamerikas im London Coffee House eröffnet – zwei Jahre bevor sich in New York City eine Börse etablierte! Heute locken hier Geschäfte und Restaurants Kunden an.

Declaration House
: Im Declaration House westlich der Independence Hall bereitete Thomas Jefferson im Frühsommer 1776 die Unabhängigkeitserklärung vor. Zu sehen sind sein rekonstruiertes Schlaf- und Wohnzimmer sowie ein kurzer Film über sein Leben (Öffnungszeiten: tgl. 10.00–13.00 Uhr).

Atwater Kent Museum
: Schräg gegenüber erzählt das Atwater Kent Museum, das offizielle Stadtmuseum Philadelphias, die Geschichte der Stadt (Öffnungszeiten: tgl. außer Di. 10.00–16.00 Uhr).

Washington Square / Walnut Street
: Nun geht man auf der 7th Street in südlicher Richtung zum Washington Square, wo eine ewige Flamme auf dem Grabmal des Unbekannten Soldaten der Revolution brennt. Der Platz ist einer der vier historischen Plätze, die auf die Stadtplanung Penns zurückzuführen sind. Das Curtis Center for Norman Rockwell Art an seiner Nordostecke zeigt Drucke und Gemälde von Norman Rockwell.
  In Richtung Osten führt die Walnut Street zum sehenswerten Todd House, das einen guten Einblick in das Leben einer Quäkerfamilie im 18. Jh. eröff-

Pennsylvania · **Philadelphia**

net. Im deutlichen Gegensatz zu dieser Bescheidenheit steht das Bishop White House in der unmittelbaren Nachbarschaft. Die Eleganz und Pracht des Hauses spiegelt die Lebensweise seines Erbauers und Bewohners wider, des ersten protestantischen Bischofs Philadelphias, Dr. William White. An der Ecke 3rd & Walnut Sts. trifft man auf den klassizistischen Bau der Philadelphia Exchange mit einer sehr schönen Fassade, die 1834 von William Strickland geschaffen wurde.

Washington Square / Walnut Street (Fortsetzung)

Auf der 3rd Street nach Norden über die Chestnut St. hinweg kommt man zur Market Street. Von ihr zurückversetzt – zwischen 3rd und 4th Street – versteckt sich der Franklin Court. An dieser Stelle befand sich Benjamin Franklins Wohnhaus, dessen Umrisse auf dem Boden markiert sind. Unter dem Hof erinnert ein kleines Museum an das Leben des Politikers und Erfinders, der hier die letzten fünf Jahre seines Lebens verbrachte. Die Nordseite des Platzes begrenzen rekonstruierte Mietshäuser, wie Franklin sie in den 1780er Jahren erbauen ließ: In den beiden westlichsten Reihenhäusern (No. 320 und 322) sieht man die Rekonstruktion der Druckerei und Buchbinderei eines Enkels von Franklin, No. 318 zeigt sehr gut die Bauweise dieser Häuser, und in No. 316 ist ein kleines Postamt untergebracht, das Briefe mit dem Sonderstempel "B. Free Franklin" abstempelt.

*Franklin Court

Weitere Sehenswürdigkeiten in der Old City

Der anschließende Rundgang beginnt bei den Market Street Houses und folgt zunächst der Market Street nach Westen. Man kommt wieder zum Liberty Bell Pavilion, den die Independence Mall umgibt, eine monumentale, parkähnliche Platzanlage zwischen 5th und 6th Street.

Independence Mall

Philadelphia · *Pennsylvania*

National Museum of American Jewish History
An ihrer Ostseite erzählt das National Museum of American Jewish History die Geschichte der amerikanischen Juden seit 1654 (55 N. 5th St.; Öffnungszeiten: tgl. außer Sa. 10.00 – 17.00, Fr. bis 15.00, So. ab 12.00 Uhr).

Christ Church Burial Ground
Nördlich des Museums liegen auf dem Christ Church Burial Ground (Ecke 5th & Arch Sts.) die sterblichen Überreste von Benjamin Franklin und seiner Frau Deborah. Viele Touristen werfen in Erinnerung an Franklins Ausspruch "Ein gesparter Penny ist ein verdienter Penny" Ein-Penny Münzen auf die Grabstätte. Gegenüber befindet sich das Free Quaker Meeting House, der älteste erhaltene Versammlungssaal der Quäker in der Stadt aus dem Jahr 1783.

*U.S. Mint
Wiederum auf der anderen Straßenseite erhebt sich die U.S. Mint, die derzeit größte Münzprägeanstalt der Welt. Sie geht auf die erste, unweit vom heutigen Standort 1792 gegründete Münze der USA zurück. Man kann bei der Münzprägung zuschauen und im David Rittenhouse Room im ersten Stock eine umfangreiche Münzsammlung begutachten (Öffnungszeiten: Mo. – Fr. 9.00 – 16.30 Uhr, Juli und Aug. auch an Wochenenden).
Nördlich der U.S. Mint liegt direkt unterhalb der I-676 die St. George's United Methodist Church von 1769, die älteste Methodistenkirche der USA.

Afro-American Historical and Cultural Museum
Ein Abstecher in Richtung Westen führt von der Münze zu zwei interessanten Museen. Das Afro-American Historical and Cultural Museum widmet sich dem Leben und der Kultur der afro-amerikanischen Bevölkerung, die einen Großteil der Bevölkerung von Philadelphia ausmacht (701 Arch St.; Öffnungszeiten: tgl. außer Mo. und Fei. 10.00 – 17.00, So. ab 12.00 Uhr).

Edgar Allan Poe Museum
Ein gutes Stück weiter nördlich davon erinnert das Edgar Allan Poe Museum an den Autoren bekannter Schauergeschichten. Er lebte in diesem Haus in den Jahren 1843 und 1844 und soll hier zu seiner Erzählung "The Tell-Tale Heart" inspiriert worden sein (532 N. 7th St.; Öffnungszeiten: Mi. bis So. 9.00 – 17.00 Uhr, Mai – Oktober tgl.).

Arch Street
Der Rundgang folgt aber von der Münze der Arch Street nach Osten und passiert rechter Hand ein weiteres Versammlungsgebäude der Quäker, das schlichte Arch Street Meeting House von 1803. Das Betsy Ross House auf der anderen Straßenseite war das einfache Wohnhaus einer Näherin, die angeblich die ersten "Stars and Stripes" hergestellt haben soll. Ihre Nähstube und Wohnräume können besichtigt werden (239 Arch St.; Öffnungszeiten: tgl. außer Mo. 10.00 – 17.00 Uhr).

Betsy Ross House

*Christ Church
Die Gemeinde der Christ Church (Ecke 2nd/Church Sts.) blickt auf eine lange Geschichte zurück. Bereits 1695 wurde an der Stelle der heutigen Kirche eine kleine anglikanische Kapelle errichtet. Der gegenwärtige Backsteinbau geht auf das Jahr 1727 zurück und zeichnet sich innen durch schlichte Eleganz aus. In dieser Kirche wurde William Penn getauft; das Taufbecken ist über 600 Jahre alt und stammt aus einer Londoner Kirche.

*Elfreth's Alley
Abschließend kann man noch den nur knapp 5 m breiten, kopfsteingepflasterten Straßenzug Elfreth's Alley zwischen N. 2nd und Front Street aufsuchen, der auf das beginnende 18. Jh. zurückgeht und als älteste bewohnte Straße der gesamten USA gilt. Das Museum House (No. 126) von 1755 öffnet als einziges der rund 30 Häuschen seine Tür auch für Besucher.

Rund um den Society Hill

Das leicht hügelige Viertel zwischen Washington Square im Westen, der Walnut Street im Norden, dem Delaware River im Osten und der Lombard Street im Süden verdankt seinen Namen der Free Society of Traders, einer von William Penn gegründeten Siedlungsgesellschaft. Einige wunderschöne Häuser und Kirchen aus dem 18. Jh. machen den Society Hill wirklich sehenswert.

Pennsylvania · Philadelphia

Old St. Marýs Church von 1763 ist die erste katholische Kirche Philadelphias (252 S. 4th St.). Auf ihrem Friedhof ist der Gründer der U.S. Navy, Commodore John Barry begraben.

Old St. Mary's Church

Nur eine Straße weiter östlich besticht das Powel House von 1765 mit seinem edlen Interieur. Hier empfing Samuel Powel, letzter Bürgermeister Philadelphias von britischen Gnaden, seine namhaften Gäste (244 S. 3rd St.; Öffnungszeiten: Do.–So. 12.00–17.00 Uhr, Juni–Okt. auch Mi.).

Powel House

Nicht weniger prunkvoll gibt sich Physick House (321 S. 4th St.), 1786 von dem Weinhändler Henry Hill erbaut. Das Haus ging 1815 in den Besitz von Dr. Philip Syng Physick über, dem amerikanischen "Vater der Chirurgie". In den siebziger Jahren wurde es so hergerichtet, wie es zur Zeit des Dr. Physicks ausgesehen haben mag, einschließlich des kleinen Gartens.

*Physick House

Das Thaddeus Kosciuszko National Memorial (Ecke Pine & S. 3rd Sts.) ehrt den polnischen Offizier und Helden des Unabhängigkeitskriegs. Wie viele andere Europäer verließ Kosczuisko 1776 seine Heimat, um an der Seite der amerikanischen Truppen für die Unabhängigkeit zu kämpfen. Er übernahm auch eine wichtige Rolle im polnischen Freiheitskampf, mußte aber fliehen und lebte einige Zeit in diesem Haus (Öffnungszeiten: Juni–Oktober tgl. 9.00–17.00 Uhr, ansonsten nur Mi.–So.).

Thaddeus Kosciuszko National Memorial

Auf dem Head House Square an der 2nd Street zwischen Pine und Lombard Street herrschte im 18. und 19. Jh. reges Markttreiben. Bereits 1745 wurde hier ein Bauernmarkt eingerichtet, und an manchen Wochenenden im Sommer ist heute noch Markttag. Der weiter im Süden gelegene überdachte Italian Market an der 9th Street zwischen Wharton und Christian Street ist da natürlich viel interessanter, denn er hat täglich außer montags geöffnet und steckt voll südlichem Flair.

Head House Square / Italian Market

Ein Segler auf Besuch an Penn's Landing. Die Benjamin Franklin Bridge im Hintergrund führt hinüber nach New Jersey.

Philadelphia · *Pennsylvania*

Am Delaware River

Penn's Landing

Die Stelle, an der William Penn 1682 das Ufer des Delaware River zum ersten Mal betreten haben soll, wird Penn's Landing genannt. Im Schatten der 1926 erbauten Benjamin Franklin Bridge findet man dort heute in einer Parkanlage zahlreiche Freizeitmöglichkeiten.

Wer einen Ausflug nach New Jersey machen will, kann hier die Fähre besteigen und in zehn Minuten hinüber nach Camden zum sehenswerten New Jersey State Aquarium fahren.

*Independence Seaport Museum

Die größte Attraktion am Fluß, das weiter südlich anschließende Independence Seaport Museum, erläutert die wichtige Rolle des Hafens bei der Entwicklung von Philadelphia. Die Ausstellung "Home Port Philadelphia" läßt ahnen, wie die Einwanderer in diesem Hafen erstmals amerikanischen Boden betreten haben; im "Workshop on the Water" kann man beim Bau eines historischen Schiffes zuschauen. Direkt unterhalb des Museumgebäudes liegen die "USS Olympia", unter dem Kommando von Commodore George Dewey Flagschiff im Spanisch-Amerikanischen Krieg 1898, und "USS Becuna", ein U-Boot aus dem Zweiten Weltkrieg, vor Anker (211 S. Columbus Blvd.; Öffnungszeiten: tgl. 10.00 – 17.00 Uhr).

Weiter südlich befindet sich die älteste Kirche der Stadt, mittlerweile fast verschluckt vom Gewirr der Autobahnen. Die Gloria Dei Church (Ecke Columbus Blvd. / Christian St.), auch "Old Swedes" genannt, wurde bereits 1698 erbaut.

*South Street

In dieser Gegend südlich der South St. ist man nun in der ältesten besiedelten Ecke von Philadelphia, wo sich die ersten schwedischen Einwanderer niederließen. Heute ist das Viertel bis hinaus zur 10th St. "very trendy": voll mit Designer- und Zeitgeistläden, Kneipen und Restaurants aller Couleur und Preisklassen.

Center City · Downtown Philadelphia

*City Hall

Die geschäftige Market Street führt, gesäumt von zahlreichen Läden und Restaurants, von der Old City in westlicher Richtung direkt zur beeindruckend großen City Hall an der Ecke Broad Street in das moderne Zentrum Philadelphias. Das von John McArthur in französischem Renaissance-Stil zwischen 1871 und 1901 erbaute Rathaus besitzt nahezu 700 Räume, von denen der Empfangsraum des Bürgermeisters besonders üppig ausgefallen ist. Den 167 m hohen Turm durfte bis 1988 nach einem ungeschriebenen Gesetz kein anderes Gebäude an Höhe überbieten, denn die für sich allein 11 m hohe Statue William Penns auf der Spitze sollte der höchste Punkt der Stadt bleiben. Inzwischen stellen bereits mehrere Wolkenkratzer das Rathaus in den Schatten. Der Blick vom Observation Deck bietet einen eindrucksvollen Rundblick (Führungen: Mo. – Fr. 12.30; Öffnungszeiten des Turms: Mo. – Fr. 9.30 – 16.30 Uhr).

Wolkenkratzer

Erst in den letzen zehn Jahren sind rund um die City Hall zahlreiche Wolkenkratzer hochgezogen worden. Die höchsten sind: One Liberty Place Building (1650 Market St.), mit 288 m das höchste Gebäude der Stadt, Two Liberty Place (1601 Chestnut St.; 258 m) und das Mellon Bank Center (1735 Market St.; 268 m). Dazwischen versteckt sich die originelle Skulptur "Clothespin" der Künstler Claes Oldenburg und Jacques Lipchitz: Inmitten von Center City, auf der Westseite der City Hall, ragt eine 14 m hohe Wäscheklammer aus Stahl gen Himmel.

*Masonic Temple

Der Masonic Temple gleich nördlich der City Hall wurde 1873 als Hauptsitz der Freimaurer eröffnet, die mit so berühmten Mitgliedern wie Washington

Die Market Street hinab geht der Blick auf Downtown ▶ mit dem Turm der City Hall.

Philadelphia · *Pennsylvania*

Masonic Temple (Fortsetzung)
und Franklin auf eine lange Tradition in den Vereinigten Staaten zurückblikken können. Von den sieben Versammlungsräumen in unterschiedlichen Stilen sind der ägyptische und der gotische Saal besonders hervorzuheben (1 N. Broad St.; Führungen Mo. – Fr 9.00 – 16.00 Uhr).

*Pennsylvania Academy of Fine Arts
Noch ein Stück weiter nördlich widmet sich die Pennsylvania Academy of Fine Arts der amerikanischen Kunst der letzten drei Jahrhunderte. Es zeigt neben. Gemälden von Eakins, West, Stuart, Sully und Peale auch Highlights aus Bildhauerei und der Photographie. Die 1805 eingerichtete Academy ist das älteste Kunstmuseum der USA (Ecke Broad & Cherry Sts.; Öffnungszeiten: Mo. – Sa. 10.00 – 17.00, So. ab 11.00 Uhr).

Chinatown
Einige Blocks östlich des Kunstmuseums beginnt hinter dem riesigen Pennsylvania Convention Center von 1993 Chinatown. Ein markanter chinesischer Torbogen überspannt die N. 10th Street auf der Höhe der Arch Street am Eingang zum Chinesenviertel.

*John Wannamaker's
Ganz anders sieht das Sortiment bei John Wannamaker's aus. Dieser historische Einkaufstempel südöstlich der City Hall (1300 Market St.) ist aus einem 1861 gegründeten Laden hervorgegangen, der 1911 dem gigantischen, von Daniel Burnham im italienischen Renaissancestil entworfenen Gebäude weichen mußte. Heute sind Lord & Taylor's die Besitzer, die zwar die Verkaufsflächen reduziert haben, die gewaltige Orgel mit 30 000 Pfeifen der Lobby natürlich aber nicht antasteten. Ein Museum in der achten Etage erinnert an die Glanzzeiten von Wannamaker's.

Academy of Music
Südlich der City Hall führt die Broad Street am Bellevue vorbei, einem Hotel der Spitzenklasse, zur Academy of Music (Ecke Broad & Locust Sts.; Eintrittskarten unter Tel. 893-1935), wo Opernaufführungen und Konzerte des berühmten Philadelphia Orchestra stattfinden. Jahrzehnte unter der Leitung des legendären Eugene Ormandy, musiziert das Orchester derzeit unter dem deutschen Generalmusikdirektor Wolfgang Sawallisch.

Rittenhouse Square

Rosenbach Museum
Ganz anders als die übrige Downtown präsentiert sich die Gegend um den Rittenhouse Square, einem der vier historischen Plätze der Stadt. Das Viertel prägen noble Wohnhäuser der gehobenen Klasse. Südwestlich des Platzes ist das Rosenbach Museum and Library bekannt für einige literarische Raritäten, denn zu seiner Sammlung von über 300 000 Manuskripten und Büchern gehören auch das handgeschriebene Manuskript von James Joyce's "Ulysses" und ein Teil der Canterbury Tales (2010 Delancey St.; Öffnungszeiten: Di. – So. 11.00 – 16.00 Uhr).

Am Benjamin Franklin Parkway

Benjamin Franklin Parkway
Von der John F. Kennedy Plaza mit dem Pennsylvania Visitor Center, nordwestlich der City Hall, führt der den Champs-Elysées in Paris nachempfundene Benjamin Franklin Parkway in nordwestlicher Richtung über den Logan Circle zum Eakins Oval.

Logan Circle
Der Brunnen in der Mitte des Logan Circle symbolisiert die drei Wasserstraßen von Philadelphia, den Delaware und den Schuylkill River sowie den Wissahickon Creek. An der Ostseite des Platzes haben die Katholiken Philadelphias in der 1844 erbauten Cathedral of Saints Peter and Paul den Mittelpunkt ihres Gemeindelebens.

Academy of Natural Sciences
Die Südseite des Logan Circle nimmt die 1812 gegründete Academy of Natural Sciences ein. Sie zieht vor allem mit ihrer umfassenden Dinosaurier-Abteilung Tausende von Besuchern an, die sich anschließend auch lebendige Vertreter heutiger Echsen- und Reptilienarten anschauen können. Besonders gelungen ist die Präsentation von Schmetterlingen in einem künstlichen Regenwald (1900 Benjamin Franklin Pkwy.; Öffnungszeiten: tgl. 10.00 – 16.30, Sa., So. und Fei. bis 17.00 Uhr).

Pennsylvania · Philadelphia

Mit Physik und Technik befasst sich das Franklin Institute. Das dazugehörige Museum erinnert dabei an die Experimente des großen Physikers und Erfinders Benjamin Franklin, der am Eingang im Benjamin Franklin National Memorial in Gestalt einer 122 t schweren Skulptur grüßt. Ganz im Sinne des Allround-Genies Franklin beschäftigt sich das Museum mit Drucktechnik, Schiffbau, Schienenverkehr, Astronomie, Raumfahrt, Anatomie und vielen weiteren Technologien. Beliebt ist der Gang durch ein überdimensionales, menschliches Herz; weitere Höhepunkte sind das Planetarium, das Omniverse Theater, wo naturwissenschaftliche IMAX-Filme laufen, sowie das Mandell Center, wo man die Welt der Computer auf eine faszinierende Art und Weise kennenlernt (Ecke Benjamin Franklin Pkwy./N. 20th St.; Öffnungszeiten: tgl. 9.30–17.00, Fr. und Sa. bis 21.00 Uhr).

*Franklin Institute Science Museum

Im wenig westlich gelegenen Please Touch Museum haben vor allem Kinder die Gelegenheit, viele technisch-naturwissenschaftliche Prinzipien und Experimente selbst zu erfahren und auszuprobieren.

Please Touch Museum

Die außerhalb Frankreichs größte Sammlung von Werken Auguste Rodins kann man im Rodin Museum bewundern. Diese einmalige Kollektion verdankt Philadelphia dem Kinobesitzer Jules Mastbaum, der sie der Stadt in den zwanziger Jahren überließ. Vor dem Museum sitzt die bekannte Skulptur "Der Denker" (Ecke N. 22th St/Benjamin Franklin Pkwy.; Öffnungszeiten: Di.–So. 10.00–17.00 Uhr).

*Rodin Museum

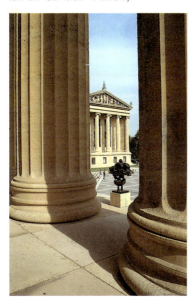

Moderne Kunst vor dem klassizistischen Museum of Art

Am nordwestlichen Ende des Parkways thront hinter dem Eakins Oval das monumentale Philadelphia Museum of Art. Eine große Freitreppe führt zum Eingang des Museumsgebäudes, das von 1919 bis 1924 erbaut wurde und sich auf einer Anhöhe über dem Schuylkill River als Replik eines griechischen Tempels präsentiert. Mit seinen rund 400 000 Stücken gehört das Museum zu den bedeutendsten Kunstsammlungen der Welt. Im Erdgeschoss begeistern europäische Meister des 19. Jh.s wie Courbet, Delacroix, Degas, Whistler, Cezanne und Manet und des 20. Jh.s wie Kandinsky, Klee, Magritte und Dalí. Ein Stockwerk höher befindet sich die Mittelalter-Abteilung, deren Glanzstück die Rekonstruktion eines französischen Klosters und einer Kapelle ist. Aber auch die Sammlung von Werken holländischer Meister wie Jan van Eyck und Rogier van der Weyden sucht ihresgleichen. Eine weitere Abteilung widmet sich der Renaissance. Neben der europäischen ist auch asiatische Kunst vertreten, worunter eine buddhistische Tempelhalle aus Indien und eine chinesische Empfangshalle aus einem Privathaus herausragen. US-Künstler sind vor allem durch Peale und Eakins vertreten (Öffnungszeiten: Di.–So. 10.00 bis 17.00 Uhr).

**Philadelphia Museum of Art

Philadelphia · *Pennsylvania*

Fairmount Park und Umgebung

Fairmount Park

Boat House Row

Hinter dem Philadelphia Museum of Art beginnt der riesige, 1844 angelegte Fairmount Park. Er erstreckt sich entlang des Schuylkill River bis in die Vororte von Philadelphia. Bemerkenswert ist die Boat House Row, eine Reihe von Bootshäusern der örtlichen Ruderklubs ungefähr 500 m nordwestlich vom Eakins Oval. Etwas südlich davon liegen hinter dem Museum of Art die historischen Fairmount Waterworks, die von 1812 bis 1909 die Stadt mit Wasser versorgten (Führungen Juni–Okt. Sa. und So. 13.00 bis 16.00 Uhr).

Philadelphia Zoo

Die Attraktion des 1859 gegründeten Philadelphia Zoo gegenüber der Boat House Row am Westufer des Schuylkill River sind ohne Zweifel die weißen Löwen. Der neueste Anziehungspunkt des Tierparks ist das kürzlich eröffnete Primatenhaus (3400 W. Girard Ave.; Öffnungszeiten: tgl. 9.30–16.45, April–Okt. Sa. und So. bis 17.45 Uhr).

Historische Privathäuser im Park

Über den Park ist eine Reihe bemerkenswerter historischer Häuser verteilt. Lemon Hill Mansion am Ostufer des Schuylkill River wurde um 1800 vom wohlhabenden Kaufmann Henry Pratt erbaut und ist bekannt wegen seiner außergewöhnlichen ovalen Zimmer (Kelly Drive; Öffnungszeiten: Di.–So. 10.00–16.00 Uhr). Ebenfalls am Ostufer liegt Woodford Mansion, 1756 von dem Händler William Coleman erbaut, einem engen Freund Benjamin Franklins (Dauphin St.; Öffnungszeiten: Di.–So. 10.00–16.00 Uhr); unmittelbarer Nachbar ist Strawberry Mansion (1797), und etwa einen Kilometer westlich davon liegt Laurel Hill (1767). Das älteste Gebäude im Park, Cedar Grove aus dem Jahr 1746, befindet sich auf dem Westufer des Schuylkill River und war das Farmhaus eines Quäkers (Landsdowne Drive; Öffnungszeiten: tgl. 10.00–17.00 Uhr). Wer sich danach stärken will, tut dies am besten im historischen Valley Green Inn im Nordteil des Parks an Springfield Ave. / Forbidden Drive.

Weitere Sehenswürdigkeiten im Stadtgebiet

University City

*Museum of Archaeology and Anthropology

Am Westufer des Schuylkill River erstreckt sich das Gelände der University City, wozu die Drexel University und die größere University of Pennsylvania zählen. Diese 1740 von Benjamin Franklin mitbegründete Hochschule genießt einen vorzüglichen Ruf. Sehenswert auf dem Campus ist das University of Pennsylvania Museum of Archaeology and Anthropology mit seinen zahlreichen Exponaten aus dem antiken Ägypten von herausragender Schönheit sowie Fundstücken aus den königlichen Gräbern des antiken Ur (Ecke 33rd & Spruce Sts.; Öffnungszeiten: Di.–Sa. 10.00–16.30, So. 13.00–17.00 Uhr).

*Germantown

Etwa 6 mi / 11 km nördlich von Center City erstreckt sich um Broad Street und Germantown Avenue die einst selbständige Stadt Germantown. Hier überließ William Penn dreizehn deutschen Mennoniten-Familien 1683 ein Stück Land, und es wuchs eine große und produktive deutsche Handwerkersiedlung heran. 1688 ging von Germantown der erste Widerstand gegen die Einfuhr von Sklaven aus, 1702 wurde hier die erste deutsche Schule in Nordamerika eröffnet, und 1739 gründete der Pfälzer Christoph Saur die "Germantowner Zeitung". 1777 lieferten sich Briten und Amerikaner die "Battle of Germantown". Heute ist Germantown Stadtteil von Philadelphia und wird überwiegend von Afro-Amerikanern bewohnt. Umfassende Informationen über die deutsche Geschichte von Philadelphia liefert die Germantown Historical Society (5501 Germantown Ave.; Öffnungszeiten: Di. und Do. 10.00–16.00, So. 13.00–17.00 Uhr).

Von den über 500 historischen Gebäuden in Germantown stehen die meisten entlang der Germantown Avenue. In Stenton im südlichen Teil von Germantown wohnte James Logan, Sekretär von William Penn. Logan selbst entwarf das prachtvolle Haus in georgianischem Stil, das heute leider in einer trostlosen Gegend ein Schattendasein fristet (4601 N. 18th St.; Öffnungszeiten: April–Mitte Dez. Di.–Sa. 13.00–16.00 Uhr). Als kleine

Pennsylvania · **Philadelphia**

Sommerresidenz war das Deshler-Morris House von 1772 geplant. Bekannt wurde es durch den Aufenthalt des englischen Generals William Howe, der hier 1777 sein Hauptquartier aufschlug, und durch George Washington, der 1793/1794 vor dem in Philadelphia grassierenden Gelbfieber hier Zuflucht nahm (5442 Germantown Ave.; Öffnungszeiten: April–Mitte Dez. Di.–Sa. 13.00–16.00 Uhr). Das um 1760 für Richter Benjamin Chew erbaute Anwesen Cliveden war am 4. Oktober 1777 Ziel einer massiven Attacke der von George Washington geführten Amerikaner, da sich auf ihm eine stattliche Anzahl britischer Soldaten verschanzt hatte. Noch heute sieht man Einschußlöcher im Mauerwerk (6401 Germantown Ave.; Öffnungszeiten: April–Dez. Do.–So. 12.00–16.00 Uhr).

Germantown (Fortsetzung)

Sieben Wochen lang wurde Fort Mifflin, von den Briten 1772 nahe der Mündung des Schuylkill River in den Delaware River gebaut, während des Unabhängigkeitskriegs belagert, bevor es den Amerikanern in die Hände fiel. Es wurde noch bis 1959 militärisch genutzt (Island Ave.; Öffnungszeiten: April–Nov. Mi.–Sa. 10.00–16.00 Uhr).

Fort Mifflin

Südwestliche Umgebung: *Brandywine Valley

Das im Süden Philadelphias gelegene Brandywine Valley, das sich vom Stadtrand bis in den benachbarten Bundesstaat Delaware erstreckt, sollte man keinesfalls versäumen. Von Philadelphia her kommend entdeckt man entlang der US 1 zahlreiche Sehenswürdigkeiten in dem idyllischen Tal, dem der Brandywine Creek seinen Namen gab.

Als erstes erreicht man in der Nähe von Chadds Ford den Brandywine Battlefield Park. Hier unterlagen am 11. September 1777 die amerikanischen Truppen unter George Washington den von General Howe kommandierten Briten. Zu besichtigen sind die Lafayette's Quarters und das Benjamin Ring House, eine Rekonstruktion des Hauptquartiers von George Washington (Öffnungszeiten: Di.–Sa. 9.00–17.00, So. ab 12.00 Uhr). In Chadds Ford selbst kann man in der Chaddsford Winery in einem umgebauten Stall eine Weinprobe machen, günstig Kunsthandwerk einkaufen und vor allem das Brandywine River Museum in einer renovierten Mühle besuchen. Ausgestellt sind Werke der in Wilmington gegründeten Brandywine School of Painting, für die Namen wie Moran, Durand und Wyeth stehen (Öffnungszeiten: tgl. 9.30–16.30 Uhr). Nun marschiert man am Ufer des Brandywine Creek zum malerischen John Chads House, das der Gründer des Orts 1725 baute.

Chadds Ford

*Brandywine River Museum

Noch weiter westlich entlang der US 1 liegen in Kennett Square die extravaganten Gartenanlagen von Pierre S. du Pont. Die Longwood Gardens begeistern mit ihren prachtvollen Magnolienbäumen und Azaleen sowie dem besonders hübschen Italian Water Garden. Ein Großteil der Pflanzen gedeiht in großzügigen Gewächshäusern, so daß sich ein Besuch zu jeder Jahreszeit lohnt. Insbesondere das gigantische Conservatory besticht mit seiner Blütenpracht. An Sommerabenden findet das Festival of Fountains mit Hunderten von beleuchteten Springbrunnen statt. Auch das Pierce-du Pont House (1730), das Wohnhaus des Schöpfers von Longwood, kann besichtigt werden (Öffnungszeiten: tgl. 9.00–17.00 Uhr).

*Longwood Gardens

Wenn man schon in dieser Gegend ist, sollte man auch einen Ausflug nach den Nachbarstaat Delaware erwägen. Denn nur wenige Meilen hinter der Grenze wartet im Winterthur Museum eine Sammlung von Möbeln und Einrichtungsgegenständen aus den USA vom Ende des 17. bis Mitte des 18. Jahrhunderts. Sie ist von Henry Francis du Pont begründet worden und gilt als die beste ihrer Art in den USA.

Ausflug nach Delaware

**Winterthur Museum

Wer mit alten Industrieanlagen mehr anfangen kann, gehe ins nahe Hagley Museum. Es zeigt eine Pulvermühle von 1814, ein Maschinenhaus und das herrschaftliche Anwesen der Familie Eleuthère du Pont.

Hagley Museum

Phliadelphia · *Pennsylvania*

Westliche Umgebung: Montgomery County

*Barnes Foundation

Eine außerordentlich respektable Sammlung bedeutender Impressionisten und Postimpressionisten bietet die Barnes Foundation in Merion westlich von Philadelphia nahe der US 1. Der Arzt und Apotheker Albert C. Barnes hatte eine besondere Vorliebe für Renoir, Cézanne und Matisse, aber auch Werke von Manet, Monet, Van Gogh, Modigliani und Picasso fand er seiner Sammlung würdig (300 N. Latchs Lane; Öffnungszeiten: Do. 12.30 bis 17.00, Fr.–So. 9.30–17.00 Uhr).

In solchen Hütten verbrachte George Washingtons Armee in Valley Forge den Winter 1777/1778.

*Valley Forge National Historical Park

Eine ihrer schwersten Stunden erlebte die patriotische Armee unter George Washington im Winter 1777/1778 bei Valley Forge. Mehr als 2000 Männer der 12000 Soldaten starken Truppe starben hier in ihrem Winterquartier, unzureichend versorgt und eisiger Kälte ausgesetzt, an Nahrungsmangel und Krankheiten. An ihr Leiden erinnert der 1917 erbaute National Memorial Arch. Die historische Stätte läßt sich eigenständig mit dem Auto oder als Führung per Bus besichtigen, wobei das Hauptquartier von George Washington, in dem er sechs Monate verbrachte, einer der Höhepunkte ist. Schauspieler stellen mehrmals im Jahr in "Living History"-Vorstellungen das qualvolle Leben der Soldaten in diesem Winter nach. Umfassendes Begleitmaterial hält das Visitor Center bereit (Ecke PA 23/N. Gulph St.; Öffnungszeiten: tgl. 9.00–17.00 Uhr).

Nördliche Umgebung: Bucks County

Viele Städter haben sich im malerischen Bucks County, einem beliebten Naherholungsgebiet am Westufer des Delaware, ihre Zweitwohnsitze gebaut. Die PA 32, der "Delaware River Scenic Drive", läuft parallel zum Fluß und eröffnet schöne Ausblicke.

*Pennsylvania · *Philadelphia

Auf einer Halbinsel im Delaware River nahe Tullytown, im äußersten östlichen Zipfel Pennsylvanias, ließ sich Staatsgründer William Penn sein Herrenhaus bauen. Mit dem Bau von Pennsbury Manor wurde 1683 begonnen, und obwohl Penn 1684 nach England zurückkehren mußte, wurde bis zu seiner Wiederkehr im Jahr 1699 weitergebaut. Er nutzte das Haus zwei Jahre lang als Sommerresidenz, mußte dann aber endgültig nach England zurückkehren. Das Haus verfiel, bis die Familie Crozier das Anwesen kaufte, um 1835 auf den vorhandenen Grundmauern ein eigenes Haus zu errichten. Zwischen 1933 und 1942 versetzte die Historische Kommission des Bundesstaats das Crozier House (heute ein Andenkenladen auf dem Gelände) und rekonstruierte Pennbury Mansion nach Originalplänen. Kompetente Führer in authentischen Kostümen weisen auf die Besonderheiten im Hause hin, insbesondere auf Familienstücke der Penns (400 Pennsbury Memorial Rd.; Öffnungszeiten: Di.–Sa. 9.00–17.00, So. ab 12.00 Uhr).

*Pennsbury Manor

Das benachbarte Fallsington geht auf ein Quäkerdorf zurück. Von den knapp hundert historischen Gebäuden des malerischen Städtchens ist die Stagecoach Tavern von 1799 das hübscheste.

Fallsington

Die Ereignisse im heutigen Washington Crossing Historical Park etwas nördlich von Fallsington sind in einem der berühmtesten Werke der amerikanischen Kunstgeschichte verewigt. Emanuel Gottlieb Leutze hielt 1851 in seinem Gemälde "Washington Crossing the Delaware" fest, wie George Washington am Weihnachtstag 1776 an der Spitze von 2400 Soldaten den Delaware River überquerte, um in englischen Diensten stehende hessische Truppen in Trenton/New Jersey anzugreifen. Der errungene Sieg gab der Revolution neuen moralischen Auftrieb. Ein kurzer Film im Memorial Building and Visitor Center veranschaulicht die spektakuläre Überfahrt. Das Gelände ist als Freilichtmuseum aufgemacht, auf dem zahlreiche historische Gebäude zu besichtigen sind. Erwähnenswert sind der alte Gasthof McConkey's Ferry Inn und das 1702 errichtete Thompson-Neely House (Öffnungszeiten: Di.–Sa. 9.00–17.00, So. ab 12.00 Uhr).

Washington Crossing State Park

Emanuel Gottlieb Leutze: "Washington Crossing the Delaware" – eine Ikone der amerikanischen Historienmalerei

New Hope, nördlich von Washington Crossing am Delaware River gelegen, kann in Anspruch nehmen, einer der malerischsten Orte in der gesamten Region zu sein. William Penn überließ gegen Ende des 17. Jh.s das Gebiet dem Engländer Thomas Woolrich, und seit 1720 betrieb ein gewisser John Wells eine Fähre über den Delaware und die Ferry Tavern. Im 18. und 19.

**New Hope

Pittsburgh · *Pennsylvania*

Umgebung von Philadelphia, New Hope (Fortsetzung)	Jh. brachten die zahlreichen Getreidemühlen dem Ort einen gewissen Wohlstand. Von den heute über 200 denkmalgeschützten Gebäuden, die sich meist entlang der Main Street aufreihen, lohnen sich Logan Inn am Ort der alten Ferry Inn, Mansion Inn und vor allem Parry Mansion Museum, 1784 vom wohlhabenden Quäker Benjamin Parry erbaut. Das Haus spiegelt den Geschmack von fünf Generationen wider, denn die Familie Parry wohnte bis 1966 in ihm (Öffnungszeiten: Ende April – Anfang Dez. Fr. – So. 13.00 – 17.00 Uhr).
New Hope & Ivyland Railroad	Mit der New Hope & Ivyland Railroad kann man Bucks County bis nach Lahaska per Oldtimerbahn erkunden (Abfahrt: 32 W. Bridge St.; Mai bis November Di. – Fr. 11.00 – 16.00, Sa. und So. bis 17.00, restliches Jahr nur Sa. und So. 12.00 – 15.00 Uhr).
*Doylestown	Schließlich muß man auch noch Doylestown, der Hauptstadt des Bezirks, einen Besuch abstatten. Dort zeigt im ehemaligen Stadtgefängnis der Stadt das James A. Michener Art Museum Werke von Künstlern aus Bucks County und Erinnerungen an den Namensgeber, den in Doylestown geborenen Schriftsteller James A. Michener (Öffnungszeiten: Di. – Fr. 10.00 – 16.30, Sa. und So. bis 17.00 Uhr).
*Mercer Mile	Gleich drei Gebäude brauchte der Historiker und Archäologe Dr. Henry Chapman Mercer für seine Sammlungen. Die als Mercer Mile bekannten und zwischen 1910 und 1916 gebauten Museen umfassen das Mercer Museum, das Fonthill Museum und die Moravian Pottery and Tile Works. Das Mercer Museum zeigt unterschiedlichste Werkzeuge aus vorindustrieller Zeit (Öffnungszeiten: tgl. 10.00 – 17.00, Di. bis 21.00, So. ab 12.00 Uhr). Die 44 Räume des Fonthill Museums (Öffnungszeiten: tgl. 10.00 – 17.00, So. ab 12.00 Uhr) sind reine Handarbeit und beherbergen Mitbringsel von Mercer's Reisen. In den Moravian Pottery and Tile Works werden seit 1912 Fliesen und Ofenkacheln mit Mustern der Mährischen Brüder hergestellt. Das Fabrikgebäude ist einer kolonialspanischen Missionsstation aus Kalifornien nachempfunden (Öffnungszeiten: tgl. 10.00 – 16.45 Uhr).
Pearl S. Buck House	Literaturliebhaber kommen um einen Besuch im Pearl S. Buck House wohl kaum herum. Das Haus der Nobelpreisträgerin steht in der Nähe von Dublin ca. 8 mi / 13 km nördlich von Doylestown auf Green Hills Farm. Pearl S. Buck bewohnte es seit ihrer Rückkehr aus China im Jahr 1934 bis zu ihrem Tod 1973; sie ist auch auf dem Anwesen begraben. Zu sehen ist u. a. der Schreibtisch, an dem sie "The Good Earth" und viele andere Bücher schrieb (Führungen: März – Mitte Dez. Di. – Sa. 11.00, 13.00 und 14.00, So. nur 13.00 und 14.00 Uhr).

Pittsburgh   A / B 9

Region: Pittsburgh Region
Höhe: 232 m ü.d.M.
Einwohnerzahl: 370 000
Telefonvorwahl: 412

Lage und Allgemeines	Pittsburgh liegt, eingebettet in eine bewaldete Hügellandschaft, im Südwesten von Pennsylvania. Der Allegheny River aus dem Norden und der Monongahela River aus dem Süden verbinden sich hier zum Ohio River, einem der großen Nebenflüsse des Mississippis. Die Stadt besitzt einen der größten Binnenhäfen der USA.
**Moderne Großstadt	Pittsburgh hat den Ruf der verrußten Industriestadt erfolgreich abgelegt. Aus dem "Kohlenpott" der fünfziger Jahre ist dank eines ehrgeizigen und kostspieligen Sanierungsprogramms eine Stadt im Zeichen von Dienstleistungen und Hochtechnologie geworden. Der Strukturwandel seit der Krise der Stahlindustrie gilt in Pittsburgh als gelungen, denn weniger als zehn Prozent der Bevölkerung arbeiten derzeit noch in der Schwerindustrie. Auch die Schaffung zahlreicher Grünanlagen und das vielfältige Kul-

Pennsylvania · Pittsburgh

turangebot tragen dazu bei, daß Pittsburgh von vielen US-Bürgern zu einer der Städte mit der höchsten Lebensqualität gewählt wurde. Für den Touristen bedeutet dies: großstädtisches Flair, gute Shoppingmöglichkeiten, ein großes Angebot an Restaurants und einige hervorragende Museen.

Moderne Großstadt (Fortsetzung)

Die Skyline von Downtown Pittsburgh vom Südufer des Monongahela River aus

Bereits die Franzosen erkannten die militärisch günstige Lage der von Allegheny und Monongahela River gebildeten Landspitze und erbauten 1753 an dieser Stelle, dem heutigen "Golden Triangle", das Fort Duquesne, das sie 1758 aber beim Rückzug vor den Briten zerstörten. Diese errichteten am selben Platz Fort Pitt, die zur damaligen Zeit größte militärische Anlage der Neuen Welt. Die Siedlung rund um das Fort, die zu Ehren des britischen Premierministers William Pitt (1708–1778) den Namen Pittsburgh erhielt, entwickelte sich rasch zu einem bedeutenden Handelsposten und zur wichtigen Durchgangsstation für Siedler auf dem Weg in den Mittleren Westen. 1816, als der Ort bereits rund 10 000 Einwohner zählte, wurde Pittsburgh zur Stadt erhoben. Eine große Katastrophe folgte 1845, als eine Feuersbrunst mehr als tausend Gebäude vernichtete und zwischen zehn- und fünfzehntausend Menschen obdachlos wurden.

Geschichte

Im 19. Jh. wurde Pittsburgh zur Schmiede der Nation. Immer mehr Industriebetriebe siedelten sich an, um die Kohle- und Erzvorkommen der umliegenden Hügel zu verarbeiten. Die Vollendung der Bahnstrecke Philadelphia–Pittsburgh im Jahr 1852 trug zur weiteren Expansion bei. Während des Sezessionskriegs stattete Pittsburgh die Unionstruppen mit Waffen aus und lieferte bereits die Hälfte der Stahlproduktion des ganzen Landes. Persönlichkeiten wie der Bankier Thomas Mellon, Industrielle wie Andrew Carnegie und Henry Clay Frick, aber auch der Farmer Henry J. Heinz sorgten in der zweiten Hälfte des 19. Jh.s für weiteren Aufschwung. Den nächsten Boom erlebte die Stahlindustrie zur Zeit der Weltkriege, doch danach war die Stadt durch die Krise der Stahlindustrie zu weitreichenden Umstellungen gezwungen.

Pittsburgh · *Pennsylvania*

Golden Triangle · Downtown Pittsburgh

*Point State Park Das Dreieck zwischen den beiden Quellflüssen des Ohio trägt den Namen "Golden Triangle" und ist das historische Zentrum von Pittsburgh. An seiner westlichen Spitze liegt der Point State Park, ein guter Aussichtspunkt auf die Stadt und die Flüsse sowie Ausgangspunkt für die Besichtigung von Downtown. Ein großer Brunnen symbolisiert hier den Zusammenfluß von Allegheny und Monongahela River zum Ohio River.

Fort Pitt Museum Fort Pitt Museum erzählt die Geschichte der Militäranlage von 1758. Detailgetreue Dioramen und originale Gegenstände aus der damaligen Zeit veranschaulichen den Kampf, den Briten, Franzosen und Indianer um die Vormachtstellung in der Region geführt haben. Das einzige erhaltene Gebäude aus jener Zeit ist das Fort Pitt Blockhouse, das 1764 erbaut wurde und heute einen kleinen Museumsladen beherbergt (Öffnungszeiten: Mi.–So. 10.00–17.00 Uhr).

Market Square Stadteinwärts geht es nun zum Market Square zwischen Forbes Ave. und Market St., dem Mittelpunkt von Downtown. Hier kann man noch einen Eindruck davon mitnehmen, wie das Pittsburgh des 19. Jh.s ausgesehen haben mag, denn ihn säumen Häuser aus der Zeit um die Jahrhundertwende. Seine Grünflächen schaffen einen wohltuend-gemütlichen Gegensatz zu den steil aufragenden Wolkenkratzern von Downtown – die aber sind die Hauptattraktion.

Unwirklich: die Stahl- und Glasfassade von PPG Place

*PPG Place An der Südseite des Platzes steht man dem futuristisch anmutenden PPG Place ("Pittsburgh Plate Glass") gegenüber. Der von Philip Johnson und John Burgee entworfene Wolkenkratzer-Komplex besteht aus sechs einzelnen Gebäuden mit schwarzen Glasfassaden und beeindruckt durch seine Höhe von 193 m. Die beiden Architekten ließen sich von den Houses of Parliament in London anregen und verliehen ihrem Bau gotische Elemente; insbesondere fallen die fast zierlichen Ecktürmchen auf. Nördlich davon

Pennsylvania · **Pittsburgh**

beherrscht der Fifth Avenue Place (Stanwix St. zwischen Liberty & Penn Sts.) mit seiner pyramidenförmigen Spitze, die von einer bleistiftartigen Antenne gekrönt wird, die Skyline von Downtown. In dem 1987 fertiggestellten Wolkenkratzer lädt die "Avenue of Shops" zum Einkaufen ein.

PPG Place (Fortsetzung)

Folgt man einer der beiden parallelen Einkaufsstraßen, der Liberty Street bzw. der Penn Street nach Osten, gelangt man zur Heinz Hall Ecke 6th Ave. / Penn Ave., einem ehemaligen Kino aus den zwanziger Jahren und heute Konzert- und Theatersaal. Es trägt den Namen von Henry J. Heinz, der den legendären Heinz-Tomatenketchup ersann. Auch das Benedum Center for the Performing Arts Ecke 7th Ave. / Penn Ave. war einst ein Kino und ist heute – mit einer der größten Bühnen der USA – Spielort der Pittsburgh Opera und des Pittsburgh Ballet Theatre.

Heinz Hall
Benedum Center

Auf der 6th Avenue erreicht man zunächst zwei benachbarte, vom Ruß geschwärzte neugotische Kirchen, deren Türme die Höhe der Wolkenkratzer bei weitem nicht erreichen: rechts die First Presbyterian Church von 1905 mit bemerkenswerten Tiffany-Fenstern, links die 1872 fertiggestellte Trinity Episcopal Cathedral, deren Friedhof auf eine Begräbnisstätte der Indianer zurückgeht. Anschließend passiert man den Alcoa Tower (425 6th Ave.), eine Pioniertat des Hochhausbaus, denn seine Aluminiumfassade wurde ohne Baugerüst aus dem Inneren des Gebäudes hochgezogen. Schräg gegenüber Ecke Grant Street verleiht das 1916 von Henry Frick erbaute William Penn Hotel dem Stadtbild eine besondere Note. Hier seinen Nachmittagstee in der prunkvoll ausgestatteten Hotellobby einzunehmen ist eine äußerst angenehme Abwechslung vom Besichtigungsalltag.

Sixth Avenue

*Alcoa Tower

Ein bautechnisches Unikum ist auch der rostige USX Tower (Grant St. / 7th Ave.), denn die Fassade des mit 256 m höchsten Gebäudes der Stadt rostet mit voller Absicht der Erbauer – sie besteht aus nichtrostfreiem Stahl. Wer sich ein Abendessen im Restaurant in der 64. Etage leisten will, wird zusätzlich zum kulinarischen Genuß mit einer unvergeßlichen Aussicht belohnt. Weiter südlich in der Grant Street reiht sich mit 218 m Höhe das Two Mellon Bank Center (Grant St. / 5th Ave.) in die Skyline ein. Das auf der anderen Straßenseite liegende, zwei ganze Straßenzüge umfassende Allegheny County Courthouse and Jail wurde 1888 von Henry Hobson Richardson im neoromanischen Stil erbaut und erinnert an ein mittelalterliches Schloß und umfaßt.

Grant Street

*Allegheny County Courthouse and Jail

Die Fourth Avenue führt zurück in Richtung Market Square. Sie war zur Zeit der Großindustriellen bekannt als "Wall Street" von Pittsburgh. Einige traditionelle Bankggebäude sind die Dollar Bank (Ecke Smithfield St.), das Arrott Building (Ecke Wood St.) und das Burke Building (209 4th Ave.).

Fourth Avenue

Die Penn Street führt von Downtown direkt in den Strip District, das ehemalige Lagerhaus- und jetziges Marktviertel der Stadt. Hier reiht sich ein Obst-, Gemüse-, Fisch- und Fleischstand an den anderen, dazwischen laden Cafés und Bars zur Pause ein.

*Strip District

Auf dem Weg in den Strip District kommt man am Rand von Downtown am Senator John Heinz Regional History Center vorbei. Das Museum ist seit 1996 in einem ehemaligen Lagerhaus der Chautauqua Lake Ice Company untergebracht und erläutert in einer umfassenden und liebevoll zusammengestellten Ausstellung das Leben in Fort Pitt, die industrielle Blütezeit der Stadt sowie den erfolgreichen Strukturwandel (1212 Smallman St.; Öffnungszeiten: tgl. 10.00 – 17.00 Uhr).

Senator John Heinz Regional History Center

Etwas südlich, auf der anderen Seite des Bahnhofs, liegt die Civic Arena. Die Besonderheit des neuen Wahrzeichens von Pittsburgh ist das Dach, das sich in kaum drei Minuten komplett öffnen lässt. Das sogenannte "Igloo" bietet Platz für 17 500 Zuschauer, die zu Konzerten oder zu Spielen der Pittsburgh Penguins, einer NHL-Spitzenmannschaft, kommen.

Civic Arena

Pittsburgh · *Pennsylvania*

North Side · South Side

**Andy Warhol Museum

Die kulturelle Hauptattraktion der North Side, dem Viertel am Nordufer des Allegheny River, ist sicher das Andy Warhol Museum. Das 1994 eröffnete Haus widmet sich auf sieben thematisch aufgereiteten Stockwerken mit über 700 ausgestellten Werken dem außergewöhnlichen Leben und Schaffen des Pop-Art-Künstlers Andy Warhol, der seine Jugend in Pittsburgh verbrachte. Selbstverständlich sind hier auch in großer Zahl seine bekanntesten Werke zu sehen – die Siebdrucke, etwa "Marilyn" und natürlich "Campbell's Tomato Soup" (117 Sandusky St.; Öffnungszeiten: Mi.–So. 11.00–18.00, Do.–Sa. bis 20.00 Uhr).

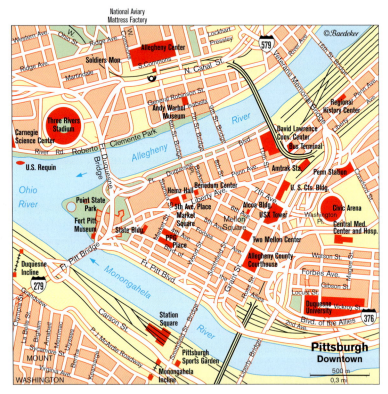

Three Rivers Stadium

Einige Zehntausend Besucher mehr pro Jahr als das Andy Warhol Museum verzeichnet sicher das Three Rivers Stadium, denn hier treten die Pittsburgh Pirates in der National League im Baseball und die Pittsburgh Steelers in der National Football League zu ihren Heimspielen an (Eintrittskarten unter Tel. 323-03 00).

*Carnegie Science Center

Weiter westlich kommt man zum Carnegie Science Center. Dieses Museum erinnert an das Deutsche Museum in München oder den Parc de la Villette in Paris. Es bietet neben technischen und naturwissenschaftlichen Abteilungen ein künstliches Korallenriff, ein Omnimax-Filmtheater, das Henry Buhl Jr. Planetarium sowie die "USS Requin", ein U-Boot aus dem

Pennsylvania · **Pittsburgh**

Zweiten Weltkrieg. Sein besonderer Reiz ist die anschauliche und spielerische Weise, mit der es Naturgesetze und Technik verständlich macht (1 Allegheny Ave.; Öffnungszeiten: tgl. 10.00 – 17.00, Sa. bis 21.00 Uhr).

Carnegie Science Center (Fortsetzung)

Die North Side hat noch einiges mehr zu bieten: mit Kindern kann man ins Pittsburgh Children's Museum hinter dem großen Allegheny Center gehen; Hobby-Ornithologen sollten keinesfalls das National Aviary im West Park auslassen, denn hier flattern in einer riesigen Volière 150 Vogelarten umher; und wem Andy Warhol schon wieder zu konservativ ist, dem gefällt vielleicht, was die Installations- und Performance-Künstler in der Mattress Factory auf die Beine stellen (500 Sampsonia Way).

Weitere Sehenswürdigkeiten auf der North Side

Die South Side, das südliche Ufer des Monongahela River, erreicht man am besten über die alte Smithfield Street Bridge. Gleich unterhalb von ihr liegt ein ehemaliges Eisenbahngelände aus der Zeit der Jahrhundertwende. Als Station Square hat es als edles Einkaufs- und Vergnügungszentrum mit zahlreichen Geschäften, Restaurants und Kneipen Wiederauferstehung gefeiert. Nahebei kann man im Bessemer Court einen Zehn-Tonnen-Bessemer-Dampfhammer und anderes schweres Industriegerät besichtigen.
Ebenfalls nicht weit ist es zur Ablegestelle der Gateway Clipper Fleet, mit der man traumhafte Schiffsausflüge auf dem Ohio, Allegheny oder Monongahela machen kann.

Station Square

Bessemer Court

Gateway Clipper Fleet

Unweit südlich vom Station Square bringt die ehrwürdige Monongahela Incline eine Standseilbahn aus dem Jahr 1870, ihre Passagiere auf den gegenüber Downtown aufragenden Mount Washington, von dessen Gipfel sich ein phantastischer Blick über das Golden Triangle bietet. Die Monongahela Incline ist eine von einst siebzehn Standseilbahnen Pittsburghs, die Kohle und Erz von den Hügeln ins Tal und zu den Flüssen transportierten (Betriebszeiten: Mo. – Sa. 5.30 – 12.45, So. und Fei. 8.45 – 24.00 Uhr).

*Monongahela Incline

Die zweite noch aktive Seilbahn in Pittsburgh ist die von dem ungarischen Einwanderer Samuel Diescher (→ Johnstown) 1877 konstruierte Duquesne Incline. Oben angelangt blickt man hier mehr auf den Ohio River als auf Downtown, was aber genauso seine Reize hat (Betriebszeiten: Mo. – Sa. 5.30 – 12.45, So. und Fei. 7.00 – 12.45 Uhr).

*Duquesne Incline

Oakland

Der Stadtteil Oakland erstreckt sich östlich vom Golden Triangle. Dieses ursprüngliche Farmland entdeckten ab ca. 1830 reiche Familien für sich. Sie wohnen immer noch hier, teilen sich die Nachbarschaft aber nun mit der Universität und dem wichtigsten Museumskomplex der Stadt.

Auf dem weitläufigen Campus der University of Pittsburgh verteilen sich rund siebzig Gebäude und tummeln sich – wären sie alle da – 30 000 Studenten. Nicht zu übersehender Mittelpunkt ist die 163 m hohe Cathedral of Learning zwischen 5th & Forbes Avenues. Dieses 1937 fertiggestellte "höchste Schulhaus der Welt" beherbergt Hörsäle und Studierzimmer. Besonders sehenswert sind die insgesamt 24 Nationality Rooms, die jeder für sich im Stil einer bestimmten Nation eingerichtet wurden, wobei der chinesische Raum, einer Empfangshalle der Verbotenen Stadt in Peking nachempfunden, und der irische Raum, der ein Oratorium des 12. Jh.s darstellen soll, besonders herauszustellen sind. Beachtenswert sind aber auch der polnische, israelische, cyrische und armenische Raum sowie der Commons Room, ein Studiersaal von 60 m Länge im gotischen Stil (Öffnungszeiten: Mo. – Fr. 9.00 – 15.00 Uhr, Sa. ab 9.30, So. ab 11.00 Uhr).

University of Pittsburgh
*Cathedral of Learning

Pittsburghs interessanteste und lohnendste Museen sind in den Carnegie Museums of Pittsburgh, kurz "The Carnegie", vereint: das Museum of

The Carnegie

Pennsylvania · **Pittsburgh**

Natural History und das Museum of Art, denen die Carnegie Music Hall und die Carnegie Library of Pittsburgh angeschlossen sind. Stifter war der Industriekönig Andrew Carnegie (1835–1919), der Hunderte von gemeinnützigen Einrichtungen auf der ganzen Welt begründete und nach dem Verkauf seiner Stahlwerke im Jahr 1901 als der reichste Mann der Vereinigten Staaten galt. Die Sammlungen gehen auf das Jahr 1895 zurück, als sie als "Carnegie Institute" erstmals der Öffentlichkeit präsentiert wurden (4400 Forbes Ave.; Öffnungszeiten: Di.–Sa. 10.00–17.00, So. ab 13.00, Juli und Aug. auch Mo. 10.00–17.00 Uhr).

The Carnegie (Fortsetzung)

Das Museum of Natural History ist vor allem wegen seiner großen Dinosaurierabteilung beliebt, in der u. a. fast vollständig originale Skelette eines Stegosaurus, eines furchterregende 6 m hohen Tyrannosaurus, eines Triceratops und eines 25 m langen Diplodocus zu sehen sind. Die Hall of Geology und die Hall of Minerals and Gems runden das Bild der Frühzeit der Erde ab. Die Hall of African Wildlife und die Hall of North American Wildlife haben die Tierwelt dieser Kontinente zum Thema. Die Hall of Ancient Egypt beeindruckt mit reichhaltigem Material zur Kulturgeschichte des alten Ägyptens, in der Polar World stellt sich das Leben in der Arktis vor, und die 1998 eröffnete Hall of American Indians geht ausführlich auf die Geschichte der nordamerikanischen Indianerbevölkerung ein.

**Museum of Natural History

Für Kunstliebhaber ist der Besuch im Museum of Art Pflicht. Der Schwerpunkt dieses Museums liegt, den Wünschen Carnegies folgend, auf der europäischen und amerikanischen Kunst des 19. und 20. Jahrhunderts. Besonders faszinierend sind die Hall of Sculptures, die dem Inneren des Parthenontempels in Athen nachempfunden ist und Kopien griechischer Skulpturen präsentiert, sowie die Hall of Architecture. Die Gemäldesammlung in den Sarah Scaife Galleries braucht einen Vergleich mit bekannten Adressen in Europa nicht zu scheuen, sind hier doch neben antiken Stücken auch Meisterwerke der berühmtesten Maler der Welt vertreten.

**Museum of Art

Unterhalb des Museumareals erstreckt sich der Schenley Park, an dessen Nordende sich der Campus der technischen Carnegie-Mellon University befindet. Seine Hauptattraktion ist, dank einer einmaligen Orchideensammlung, das Phipps Conservatory.

Schenley Park

Ein Stück weiter östlich liegt Clayton, der ehemalige Landsitz des Multi-Millionärs Henry Clay Frick (1849–1919), der zunächst Partner und später der große Rivale von Carnegie war. Frick bewohnte die 23 Räume große Villa, die von dem Pittsburgher Architekten Frederick Osterling in großem Stil ausgebaut wurde, zwischen 1882 und 1905. Bei der Besichtigung gewinnt man einen hervorragenden Eindruck vom Lebensstil einer Multimillionärsfamilie, nicht zuletzt, wenn man ihren Fuhrpark im Cars and Carriage Museum bestaunt.

***Clayton**

Auf dem Anwesen zeigt das Frick Art Museum die Kunstsammlung von Fricks Tochter Helen Clay Frick. Ausgestellt sind überwiegend italienische und französische Meister des 17. und 18. Jh.s (7227 Reynolds St.; Öffnungszeiten: Di.–Sa. 10.00–17.30, So. 12.00–18.00 Uhr).

*Frick Art Museum

Umgebung von Pittsburgh

Gerade deutsche Touristen sollten das Old Economy Village in Ambridge 15 mi/24 km nordwestlich von Pittsburgh nicht verpassen. Hier ließ sich 1824 eine deutsche Harmonistengemeinde unter der Leitung von Vater Georg Rapp nieder, um in christlicher Eintracht zu leben. Trotz ihres großen Fleisses – man produzierte vor allem begehrte Stoffe und Wollsachen – hatte die Gemeinde nach Rapps Tod 1847 kaum noch Zulauf und löste sich 1905 auf, denn für die zölibatäre, bescheidene Lebensweise war kaum mehr jemand zu begeistern. Zu besichtigen sind heute noch siebzehn

Ambridge

◀ *Nicht Kirche, sondern Universität – die Cathedral of Learning hat wahrlich ihren Namen verdient.*

Reading · *Pennsylvania*

Pittsburgh, Ambridge (Fts.)	Gebäude, darunter das Wohnhaus von Vater Rapp und die große Festhalle (Öffnungszeiten: Di. – So. 9.00 – 17.00 Uhr).
Hartwood	Ungefähr 12 mi / 19 km nördlich von Pittsburgh gelangt man zum wundervollen Landsitz Hartwood, 1929 von Alfred Hopkins für John und Mary Lawrence im Tudor-Stil erbaut. Im riesigen Park sind mehrere Skulpturen aufgestellt (Öffnungszeiten: Mi. – Sa. 10.00 – 15.00, So. ab 12.00 Uhr).
Tarentum	Am Rand von Tarentum, ca. 20 mi / 32 km nordöstlich von Pittsburgh, bietet die Tour Ed Mine eine Fahrt mit einem Bergwerkszug in eine historische Kohlenmine an, auf der frühere Bergleute die harte Arbeit erläutern (Öffnungszeiten: Mitte Mai – Labor Day tgl. außer Di. 13.00 – 16 .00 Uhr).
Hanna's Town	Zurück ins 18. Jh. versetzt ein Besuch von Hanna's Town nördlich von Greensburg an der US 119. Es handelt sich dabei um den ersten Gerichtshof, der westlich der Alleghenies eingerichtet wurde. Zu sehen sind das rekonstruierte Gerichtsgebäude, eine Taverne, Wehranlagen und das Gefängnis (Öffnungszeiten: Juni – Aug. Di. – Sa. 10.00 – 16.00 So. ab 13.00 Uhr, Mai, Sept. und Okt. nur an Wochenenden).
Kennywood Park	Kennywood Park, 8 mi / 13 km südlich von Pittsburgh, verbindet nostalgische Attraktionen mit High-Tech-Fahrgeschäften eines modernen Vergnügungsparks (Öffnungszeiten: Mitte Mai – Labor Day tgl. 12.00 – 22.00 Uhr). Besonders Mutige steigen in eine der vielen Achterbahnen – vielleicht in "Jack Rabbit" aus dem Jahr 1921 oder doch lieber in die moderne "Steel Phantom", mit 130 km/h eine der schnellsten Achterbahnen der Welt?
Washington	Ein lohnender Ausflug ist auch die Fahrt in das 25 mi / 40 km südwestlich von Pittsburgh liegende Washington. Der in eine idyllische Hügellandschaft eingebettete Ort besitzt zahlreiche Häuser im Greek-Revival Style. Am Courthouse Square steht das von Frederick Osterling im Jahr 1900 entworfene Washington County Courthouse. Bradford House (175 S. Main St.) von 1788 war das erste Steinhaus am Ort. Hier wohnte David Bradford, einer der Anführer im Kampf gegen die damals eingeführte Whiskeysteuer, der deshalb 1794 als einer der meistgesuchten Männer Pennsylvanias für einige Jahre nach New Orleans floh. Einen Einblick in eine Arztpraxis des 19. Jh.s bekommt man im LeMoyne House (49 E. Maiden St.), 1812 von Dr. John LeMoyne errichtet und später von seinem Sohn Francis bewohnt, einem prominenten Gegner der Sklaverei. Im Dachgeschoß konnte er bis zu 25 flüchtige Sklaven verstecken.
Avella	Schließlich kann man auch noch eine Fahrt nach Avella 30 mi / 48 km westlich von Pittsburgh unternehmen, um das in bezaubernder Landschaft liegende Meadowcroft Museum of Rural Life zu besuchen. Es erzählt die ländliche Geschichte von Western Pennsylvania und bietet die üblichen Handwerksvorführungen, einen Tante-Emma Laden, ein Schulhaus und eine Covered Bridge (Öffnungszeiten: Juni – Okt. Mi. – Sa. 10.00 – 17.00, So. 13.00 – 15.00 Uhr).

Reading   F 9

Region: Hershey / Dutch Country Region
Höhe: 79 m ü.d.M.
Einwohnerzahl: 78 400
Telefonvorwahl: 610

Lage und Allgemeines	Reading, Hauptort des Berks County, wurde 1748 von Thomas und Richard Penn, Söhnen von William Penn, am Ufer des Schuylkill River nordwestlich von Philadelphia gegründet und nach deren englischer Heimat-

Pennsylvania · Reading

stadt benannt. Der Unabhängigkeitskrieg machte die Stadt zu einer florierenden Waffenschmiede, die erst nach dem Zweiten Weltkrieg empfindliche Einbußen hinnehmen mußte, doch wußte man sich zu helfen, indem verlassene Industrieflächen und sogar die Bahnstation in riesige Factory Outlet Malls umgewandelt wurden. Mit über 300 Geschäften, die ihre Markenware – Textilien, Sportartikel etc. – direkt vom Hersteller beziehen und zwischen 20 % und 80 % Ermäßigung einräumen, kann Reading inzwischen mit Recht behaupten, das "Outlet Capital of the World" zu sein, das ganze Heerscharen von Schnäppchenjägern heimsuchen. Das größte dieser Einkaufszentren ist das VF Outlet Village (801 Hill Ave.) mit knapp hundert Anbietern, aber auch das Reading Outlet Center (801 N. 9th St.), das Reading Station Outlet Center (951 N. 6th St.) und die Outlets on Hiesters Lane (755 Hiesters Lane) lohnen sich.

Lage und Allgemeines (Fortsetzung)

*Outlet Capital of the World

Sehenswertes in Reading

Der Penn Square ist das historische Zentrum der Stadt. Hier stehen entlang der Fifth und der Penn Street zahlreiche Kirchen und Häuser aus dem 18. und 19. Jh.; den nördlichen Abschnitt der Fifth Street flankieren schmucke viktorianische Häuser.

Center Park Historic District

Viktorianische Türmchen und Veranden machen die Fifth Street zur schönsten Straße von Reading.

Auf dem Mount Penn erhebt sich inmitten von Kirschbäumen die 1908 errichtete, siebenstöckige Reading Pagoda, von der man einen herrlichen Blick auf die Stadt genießt. Auf drei Stockwerken wird auf die Flora und Fauna der Region eingegangen.

Reading Pagoda

Als Kontrastprogramm zum Konsumrausch zeigt das Public Museum & Art Gallery, untergebracht in einem eindrucksvollen Gebäude im italienischen Renaissancestil, europäische und asiatische Kunst, wobei die Sammlung

Public Museum & Art Gallery

Reading · *Pennsylvania*

Public Museum & Art Gallery (Fortsetzung)
chinesischer Seidenmalerei des 10. bis 18. Jh.s etwas wirklich Besonderes darstellt (500 Museum Rd.; Öffnungszeiten: Di.–So. 11.00–17.00, So. ab 12.00, Mi. bis 20.00 Uhr).

Mid-Atlantic Air Museum
Im Nordwesten der Stadt zeigt auf dem Reading Regional Airport das Mid-Atlantic Air Museum 20 Flugzeuge und Hubschrauber von den Anfängen der Fliegerei bis zur Gegenwart (Öffnungszeiten: tgl. 9.30–16.00 Uhr).

*Berks County Heritage Center
Zurück in die Vergangenheit geht es im Berks County Heritage Center an der PA 183. Zunächst gibt es hier die Gruber Wagon Works zu besichtigen, die von 1882 bis 1972 in Mount Pleasant Wagen, Kutschen und Schlitten herstellte. 1976 ist die gesamte Anlage hierher transportiert worden und zeigt heute mehrere Tausend Stücke rund um die Kutschenbaukunst. Im Hiester Canal Center sieht man u. a. ein Hausboot, ein Zollhaus und eine Lotsenstation vom Schuylkill River; bemerkenswert auch die Wertz's Red Bridge, eine 1867 errichtete einbogige Covered Bridge, die mit 62 m Länge die längste derartige Brücke des Bundesstaats ist (Öffnungszeiten: Mai bis Okt. Di.–Sa. 10.00–16.00, So. 12.00–17.00 Uhr).

Nördliche Umgebung von Reading

*Hex Signs
Recht oft sieht man an Farmhäusern und Scheunen in Berks County – etwa zwischen Virginville, Shoemakersville und Lenhartsville im Norden von Reading entlang der PA 662 und PA 143 sowie deren Nebenstraßen – farbenfrohe geometrische Zeichen. Diese "Hex Signs" haben deutsche Protestanten im 18. Jh. eingeführt, doch ist ihre Bedeutung letztlich nicht geklärt: Schutz gegen das Böse? Glückssymbol oder doch nur reine Zierde? Ihre große Zeit ist jedenfalls vorbei, heute gibt es nur noch wenige, die diese Kunst praktizieren. Im benachbarten → Lancaster County findet man kaum Hex Signs, obwohl sie oft für eine Erfindung der Amish gehalten werden – doch gerade sie lehnen sie als heidnisch ab.

*Roadside America
Wer sich für Modelleisenbahnen und Landschaften en miniature interessiert, muß einen Abstecher nach Shartlesville machen, wo in Roadside America auf 600 m eine riesige Miniaturwelt aufgebaut ist, die als die größte derartige Anlage in den USA gilt. Sie geht auf das Jahr 1903 zurück, als die Gebrüder Gieringer damit begannen, Modellhäuser zu bauen.

Südöstliche Umgebung von Reading

*Daniel Boone Homestead
Daniel Boone (1734-1820), einer der großen Scouts und Nationalheld der USA, kam auf einer Farm südöstlich von Reading beim heutigen Birdsboro zur Welt. Die ersten fünfzehn Jahre seines Lebens verbrachte er in dem Haus, das seine Eltern – Anhänger der Quäker – im Jahre 1730 erbauten, dann zog die Familie nach North Carolina. Er erkundete große Gebiete westlich der Appalachen und wurde ein berühmter Scout. So legte er eine Straße durch das Cumberland Gap an, um neues Siedlungsland in Kentucky und Tennessee zu erschließen. Die sehr malerische Anlage des Daniel Boone Homestead umschließt außer dem heute stark veränderten Boone-House weitere sechs typische Gebäude einer Farm des 18. Jahrhunderts (Öffnungszeiten: Di.–So. 9.00–17.00 Uhr).

Mary Merritt Doll Museum und Merritt Museum of Childhood
Fährt man vom Daniel Boone Homestead einige Meilen weiter auf der US 422 nach Osten, erreicht man kurz vor Douglassville zwei Highlights für Fans von Kinderspielzeug. Das Mary Merritt Doll Museum besitzt über 1500 Puppen und Puppenaccesoires verschiedener Epochen aus allen Erdteilen, darunter ein Puppenhaus mit über 40 Zimmern. Im Merritt Museum of Childhood ist zu sehen, was das Ehepaar Merritt in seiner Sammelleidenschaft sonst noch zusammengetragen hat (Öffnungszeiten für beide Museen: tgl. 10.00–17.00 Uhr, So. ab 13.00 Uhr).

Pennsylvania · **Scranton · Pocono Mountains**

Die Köhler in der Hopewell Furnace NHS stellen Holzkohle heute nur noch für Touristen her.

Als Höhepunkt des Ausflugs in den Südosten Readings wird sich aber ein Besuch der Hopewell Furnace National Historic Site erweisen. Sie liegt im Tal des Schuylkill River 6 mi / 10 km südöstlich von Birdsboro im French Creek State Park. Die 1771 gegründete Anlage war eines der größten Hüttenwerke in Pennsylvania, in dem Roheisen gewonnen und gegossen wurde. Zunächst produzierte man vor allem Kanonenrohre und Munition für den Unabhängigkeitskrieg, in der Blütezeit in den 1820er und 1830er Jahren dann kunstvolle, gußeiserne Öfen. Hunderte von Menschen wohnten und arbeiteten in diesen Tagen im Schuylkill Valley, bis das Werk 1883 schloß. 1935 verkauften die Erben die verfallenden Überreste an den Staat, der den Komplex vollkommen restaurierte und ihn in den Zustand versetzte, wie er wohl zwischen 1820 und 1840 herrschte.

Herzstück des Hüttenwerks ist ein Weiler, wo im Sommer die harte Arbeit in perfekter Weise demonstriert wird. Ein riesiges Wasserrad betreibt den Blasebalg, der die Holzkohle anheizt. Das herrschaftliche Haus des Eisenhüttenbesitzers neben dem Werk und andere Gebäude geben einen umfassenden Einblick in das Leben der Menschen in dieser Zeit (PA 345; Öffnungszeiten: tgl. 9.00 – 17.00 Uhr).

Reading, (Fortsetzung)
**Hopewell Furnace National Historic Site

Scranton · Pocono Mountains   F 8

Region: Pocono Mountains / Endless Mountains
Höhe: 230 m ü.d.M.
Einwohnerzahl: 81 800
Telefonvorwahl: 717

Die Stadt Scranton und ihre Nachbarstadt Wilkes-Barre liegen an den westlichen Ausläufern der Pocono Mountains, die den Nordosten von

Lage und Allgemeines

Scranton · Pocono Mountains · *Pennsylvania*

Lage und Allgemeines (Fortsetzung)	Pennsylvania beherrschen. Diese beeindruckende Mittelgebirgslandschaft wird im Osten vom → Delaware Water Gap begrenzt und zeigt sich als bewaldetes Tafelland von teilweise über 600 m Höhe. Bereits seit Beginn des 19. Jh.s wurden die reichen Waldbestände abgeholzt. Später entdeckte man große Anthrazitkohlevorkommen, die sich als die ergiebigsten der Vereinigten Staaten erwiesen. Den zunehmenden Bedeutungsverlust der Kohle glich wiederum die Natur aus, denn durch ihre Nähe zu den Ballungszentren an der Ostküste entwickelten sich die Poconos rasch zu einem sehr beliebten Naherholungsziel, dem Hunderte von Seen, zahlreiche Bäche und Flüsse sowie eine Anzahl von Wasserfällen einen besonderen Reiz verleihen. Hinzu kommen die Hinterlassenschaften aus der großen Zeit des Bergbaus. Sowohl im Sommer als auch im Winter bieten die Poconos eine optimale Mischung von Freizeitaktivitäten.
Geschichte	Bevor die ersten Europäer Mitte des 18. Jh.s die Region besiedelten, waren die Poconos das Land der Lenni Lenape. Agenten der Susquehannah Company erreichten durch dubiose Machenschaften, daß ihnen die Indianer Landrechte im Wyoming Valley abtraten. Die ersten Siedler sahen sich dann Attacken der Indianer ausgesetzt, die die Betrügereien durchschaut hatten. Diese sog. Wyoming Massacres von 1763 und 1778, bei dem die Lenni Lenape Farmen niederbrannten, bewog viele Einwanderer, das unsichere Gebiet wieder zu verlassen. Die andauernden Übergriffe der Indianer rächten die Siedler blutig, indem sie vierzig Ortschaften der Irokesen-Föderation und Tausende von Hektar Land zerstörten. Erst 1795 fanden die Auseinandersetzungen ein Ende. Die Anfänge der Städte Scranton am Ufer des Lackawanna und Wilkes-Barre am Ufer des Susquehanna River gehen auf die Zeit nach dem French and Indian War zurück. Bereits 1797 begann man im Raum Scranton mit dem Abbau von Eisenerz. 1840 gründeten George und Seldon Scranton die Lackawanna Iron & Coal Company, auf die der heutige Stadtname zurückzuführen ist. In der Blütezeit Scrantons wurden hauptsächlich Schienen für den Ausbau des Eisenbahnnetzes gefertigt.

Sehenswertes in Scranton

Scranton Iron Furnaces	Im Zentrum der Stadt stehen noch immer die vier teilweise restaurierten, aus Ziegeln gemauerten Scranton Iron Furnaces. Diese zwischen 1848 und 1857 nacheinander gebauten Hochöfen waren bis 1902 in Betrieb. Von einer Terrasse aus kann man einen Blick ins Innere eines der Schmelzöfen werfen, in dem Schichten aus Steinkohle, Eisenerz und Kalkstein erhitzt wurden und schließlich das flüssige Eisen am Fuße des Ofens aufgefangen und weiter verarbeitet wurde.
*Steamtown National Historic Site	In der nahegelegenen Steamtown National Historic Site auf dem Gelände eines ehemaligen Reparaturwerks der Delaware, Lackawanna and Western Railroad (DL&W) ist eine große Anzahl von Dampflokomotiven, Güter- und Passagierwaggons ausgestellt. In einer ausführlichen Ausstellung wird die Geschichte der Erschließung der USA durch die Eisenbahn gewürdigt, und der Film "Steel and Steam" stellt die DL&W Railroad vor. Im Sommer werden Dampfzugfahrten auf dem Gelände durchgeführt; viel aufregender aber ist eine 40 km lange Fahrt nach Moscow mit dem Great Steam Shuttle, der von der größten Dampflokomotive der USA gezogen wird (150 S. Washington Ave.; Öffnungszeiten: tgl. 9.00 – 17.00 Uhr).
Everhart Museum	Auf dem Gelände des Nay Aug Parks (Ecke Arthur Ave./Mulberry St.) im Osten der Stadt sind ebenfalls Relikte aus der Blütezeit der Schwerindustrie zu sehen. Hier befindet sich aber auch das Everhart Museum, dessen Ausstellungsspektrum von Kunstgegenständen des 19. und 20. Jh.s über eine große Kollektion von Kristallglas des Elsässer Künstlers Christian Dorflinger bis hin zu einer Naturkundeabteilung einschließlich Dinosaur Hall reicht (Öffnungszeiten: Di. – Sa. 9.00 – 17.00 Uhr, So. ab 12.00 Uhr).

Pennsylvania · Scranton · Pocono Mountains

Kein Eisenbahn-Enthusiast sollte die Steamtown NHS in Scranton auslassen – manch Ungetüm des Dampfzeitalters ist zu bewundern.

Um Kohle dreht sich alles in zwei Einrichtungen im Westen der Stadt. Das Pennsylvania Anthracite Heritage Museum geht umfassend auf die Geschichte des Steinkohlereviers ein und mißt vor allem der Lebensweise der Kumpel große Bedeutung bei (N. Keyser Ave.; Öffnungszeiten: tgl. 9.00 bis 17.00 Uhr, So. ab 12.00 Uhr). Alle Besucher, die miterleben wollen, wie es in einer Kohlengrube zugeht, können hier in einen 1966 geschlossenen Stollen der Lackawanna Coal Mine einfahren. An den 91 m tief gelegenen Arbeitsplätzen erläutern ehemalige Bergleute die Veränderung der Arbeitsbedingungen im Lauf der Zeit, die in den Anfängen als menschenunwürdig zu bezeichnen waren: Arbeitszeiten von zwölf Stunden und Kinderarbeit in der dunstigen und kühlen Mine waren an der Tagesordnung (Öffnungszeiten: April – November tgl. 10.00 – 16.30 Uhr).

Pennsylvania Anthracite Heritage Museum

Lackawanna Coal Mine

Pocono Mountains

Im Osten von Scranton bietet der Lake Wallenpaupack, einer der größten Stauseen des Bundesstaats, Wassersportmöglichkeiten aller Art. Nördlich des Sees kann man in White Mills an der US 6 ein kleines Museum mit einer wertvollen Kollektion von Dorflinger Glas besuchen (Öffnungszeiten: Mi. – Sa. 10.00 – 16.00, So. ab 13.00 Uhr).

Lake Wallenpaupack

Über das gesamte Gebiet der Pocono Mountains sind State Parks verteilt. Besonders lohnend: Promised Land am Lake Paupack sowie Gouldsboro und Tobyhanna mit Gelegenheiten zum Wassersport im Sommer und Eislaufen auf den zugefrorenen Seen sowie Skilanglauf im Winter.
Alpine Skifahrer finden im Tanglewood Skiing südlich von Hawley, in der Montage Ski Area südlich von Scranton und in dem am höchsten Berg Ostpennsylvanias gelegenen Elk Mount Ski Center nördlich von Carbondale gute Pisten.

Sport und Freizeit

State College · *Pennsylvania*

Pocono Mountains, (Fts.) Sport und Freizeit

Wer lieber Golf spielt, dem bietet die Umgebung von Scranton eine Fülle von gepflegten öffentlichen 9- und 18-Loch-Plätzen. Reitställe verleihen Pferde und unternehmen auch geführte Ausritte in die unberührte Natur, z. B. in Cresco (Mountain Creek Riding Stable, Tel. 839-87 25) oder Mount Pocono (Pocono Adventures Riding Stable, Tel. 839-6333).

State College D 9

Region: Valleys of the Susquehanna
Höhe: 352 m ü.d.M.
Einwohnerzahl: 38 900
Telefonvorwahl: 814

Lage und Allgemeines

Die im geographischen Zentrum von Pennsylvania gelegene Stadt State College ist heute Sitz der Pennsylvania State University, kurz "Penn State" genannt, die auf die 1855 gegründete Farmer's High School zurückgeht. Der Titel der Universitätsstadt wurde State College 1953 verliehen; derzeit sind knapp 40 000 Studenten immatrikuliert, die während der Semester das Stadtbild nahezu beherrschen. Insbesondere die Football-Mannschaft, die Penn State Nittany Lions, verhalfen State College zu überregionaler Bekanntheit. Sie treten im weit über 90 000 Zuschauer fassenden Beaver Stadium an.

Sehenswertes in State College

Penn State University

Old Main

Über die Hälfte der Stadtfläche belegt der University Park mit seinen ca. 300 Bauten. Der historische Campus um College Ave. und N. Atherton St. zeichnet sich durch eine Fülle von Gebäuden aus den zwanziger und dreißiger Jahren aus. Darunter sticht das mit acht Säulen geschmückte Old Main, das Hauptverwaltungsgebäude, heraus. Es entstand 1929 im Stil des Federal Revival aus den Trümmern des Vorgängerbaus von 1863 und wird überragt von einem Glockenturm, der dem ursprünglichen Turm nachempfunden ist. Die Fresken im Gebäude schuf Henry Varnum Poor.

Museen

Auf dem Campus sind verschiedene Museen einen Besuch wert. Das Earth and Mineral Sciences Museum (Steidle Building) zeigt Erze, Edelmetalle und eine wertvolle Edelsteinsammlung. Im Matson Museum of Anthropology (Carpenter Building) wird eine kleine, aber faszinierende Kollektion archäologischer Funde und völkerkundlicher Objekten aus aller Welt präsentiert. Das wohl bedeutendste Museum von State College ist das Palmer Museum of Art (Curtin Rd. zwischen Allen Rd. und Shortlidge Rd.) in einem neuen, imposanten Gebäude von Charles W. Moore. Als größtes Kunstmuseum zwischen Philadelphia und Pittsburgh zeigt es Kunstwerke aus 35 Jahrhunderten – Gemälde, Kunstdrucke und Schriften, Skulpturen, Keramik und Münzen. Für Liebhaber des American Football ist ein Besuch des Greenburg Sports Complex Pflicht, denn hier gibt es die Football Hall of Fame zu bestaunen.

*Palmer Museum of Art

Centre Furnace Mansion

Im viktorianischen Centre Furnace Mansion auf dem Gelände des ersten Hüttenwerks in State College wohnte über hundert Jahre hinweg der jeweilige Eisenhüttenbesitzer (1001 E. College Ave.; Öffnungszeiten: Mo., Mi., Fr. und So. 13.00 – 16.00 Uhr).

Umgebung von State College

Boalsburg

Auf der US 322 erreicht man rasch das verträumte Boalsburg, 3 mi/5 km östlich von State College. Entlang der Main Street scheint die Zeit stehengeblieben zu sein. Hier besucht man das Pennsylvania Military Museum (Öffnungszeiten: April – Okt. Di – Sa. 9.00 – 17.00, So. ab 12.00 Uhr, übriges

Pennsylvania · **Uniontown**

Jahr kürzer), das alle kriegerischen Auseinandersetzungen der USA vom Unabhängigkeits- bis zum Golfkrieg zum Thema hat, und gegenüber das Boal Mansion Museum. Das Haus geht auf eine 1789 erbaute Steinhütte zurück und hat im Lauf des 19. Jh.s seine heutige Gestalt erhalten. Das Anwesen wartet mit einem Kleinod auf: der Columbus Chapel, eine Renaissancekapelle des 16. Jh.s mit barocker Ausstattung aus Nordspanien. Dort hatte Theodore D. Boals aus Frankreich stammende Ehefrau ein Anwesen mitsamt Kapelle von einer Tante geerbt, die mit einem direkten Nachfahren von Kolumbus verheiratet war. 1909 ließ Boal die Kapelle abtragen und in Boalsburg wieder errichten. Zu sehen ist u. a. auch ein Schreibtisch aus dem Besitz Kolumbus' (Öffnungszeiten: Memorial Day – Labor Day Di. – So. 10.00 – 17.00 Uhr, übriges Jahr kürzer).

Boalsburg (Fortsetzung)
*Boal Mansion Museum

Über Centre Hall erreicht man an der PA 192 Penn's Cave (Öffnungszeiten: Feb. – Dez. tgl. 9.00 – 17.00, im Sommer bis 19.00 Uhr). Bei einer einstündigen Bootstour fährt man die faszinierende, wassergefüllte Unterwelt mit einer Vielfalt an beeindruckenden Formationen.

Penn's Cave

Uniontown   B 10

Region: Laurel Highlands / Southern Alleghenies
Höhe: 304 m ü.d.M.
Einwohnerzahl: 12 000
Telefonvorwahl: 412

Die 1768 gegründete Stadt Uniontown am Rande der Laurel Highlands im äußersten Südwesten von Pennsylvania ist seit 1784 Hauptstadt des Fayette County. Touristisch gesehen ist Uniontown nicht von großem Interesse; sie ist aber – wie auch → Johnstown – ein guter Standort für Ausflüge in die Laurel Highlands und ins Tal des Monongahela River. Vor allem Architekturliebhaber sollten Fallingwater, ein Meisterwerk von Frank Lloyd Wright, nicht versäumen.

Lage und Allgemeines

Ausflüge in die Umgebung von Uniontown

Östlich der Stadt bieten die südlichen Laurel Highlands viele schöne Ausflugsziele. An erster Stelle steht dank seiner atemberaubenden Mittelgebirgslandschaft der Ohiopyle State Park. Er ist ein Paradies für Wildwasserfahrer, denn der Youghiogheny River bietet Schwierigkeitsgrade für jeden Geschmack. Insbesondere im Frühjahr stellt der wilde Fluß, vor allem der "Upper Yough" und der "Lower Yough", selbst für geübte Rafter eine Herausforderung dar. Im Sommer ist der "Middle Yough" auch für Anfänger zu bezwingen und kann sogar Familien empfohlen werden. Einige Unternehmen (z.B. Wilderness Voyageurs in Ohiopyle, Tel. 329-55 17 oder 800-272-41 41; White Water Adventures in Ohiopyle, Tel. 800-WWA-RAFT) bieten Touren in professioneller Begleitung durch das Tal des Youghiogheny an, das zu den schönsten Landschaften des östlichen USA zählt. Erfahrene Rafter können sich eine Ausrüstung ausleihen und auf eigene Faust aufbrechen. Wem eine Rafting-Tour zu nervenaufreibend erscheint, kann auf dem Youghiogheny River Trail am Fluß entlang durch den State Park von Confluence nach South Connellsville (24 mi / 39 km) wandern.

Ohiopyle State Park

*Rafting auf dem Youghiogheny River

Eher unerwartet in dieser rauhen Landschaft erscheint eine Begegnung mit der modernen Architektur – zwei Meisterwerke des wohl berühmtesten US-Architekten Frank Lloyd Wright (1867-1959). Vor allem das Wohnhaus Fallingwater bei Bear Run an der PA 381 am Nordostrand des Ohiopyle State Park gilt als einer der bedeutendsten Entwürfe Wrights, denn hier demonstrierte er seine Auffassung von der Verschmelzung von Baukunst und Natur perfekt. Das Haus, 1935 bis 1937 für den Pittsburgher Waren-

**Fallingwater

Uniontown · *Pennsylvania*

Fallingwater – Frank Lloyd Wrights vollendete Synthese von Natur und Architektur

Fallingwater (Fortsetzung) hausbesitzer Edgar J. Kaufmann Wright erbaut, überdeckt einen Wasserfall, der im Haus als nicht zu überhörende Geräuschkulisse wahrzunehmen ist. Besonders die Innenarchitektur bietet einen perfekten Einblick in die Kunst Wrights. Das fast 75 m² große Wohnzimmer mit seinen riesigen Glasfenstern, die einen freien Blick auf den umliegenden Wald gewährleisten, ist der beeindruckendste Raum des Hauses (Öffnungszeiten: April bis Mitte Nov. Di.–So. 8.30–16.00 Uhr, im Winter nur an Wochenenden).

*Kentuck Knob Das in ungefähr 600 m Höhe 2,5 mi/4 km südwestlich von Ohiopyle gelegene Kentuck Knob entwarf der 86jährige Wright 1953 für die Familie Hagan aus Uniontown. Das Haus besticht durch die konsequente Wiederholung des sechseckigen Grundrißmotivs und durch die Sammlung der heutigen Besitzer: Möbel von Wright, moderne Kunst und auch ein Stück der Berliner Mauer. Geradezu phantastisch ist der Blick auf die Schlucht des Youghiogheny River und die umliegenden Berge (Öffnungszeiten: April bis Nov. Di.–So. 10.00–17.00 Uhr, im Winter nur an Wochenenden).

Fort Necessity National Battlefield Bei Fort Necessity südöstlich von Uniontown in der Nähe von Farmington fand 1754 die erste größere Schlacht des French and Indian War statt, bei dem der damals 22jährige Major George Washington eine empfindliche Niederlage einstecken mußte – übrigens die einzige seiner gesamten Laufbahn! Das erst kurz zuvor notdürftig errichtete Fort – daher der Name – wurde von den Franzosen niedergebrannt. Heute steht eine Nachbildung der Originalanlage mit einem Durchmesser von 16 m inmitten einsamer Wälder: ein Zaun aus unbehauenen Pfählen, der ein Blockhaus umgibt. Auf dem Gelände befindet sich auch die Mount Washington Tavern, eine 1828 errichtete Postkutschenstation (Öffnungszeiten: tgl. 8.30–17.00 Uhr).

Laurel Caverns Im Süden von Uniontown kann man in den Laurel Caverns östlich von Haydentown das längste Höhlensystem Pennsylvanias bestaunen (Öffnungszeiten: Mai–Sept. tgl. 9.00–17.00 Uhr, März, April, Okt. u. Nov. nur an Wochenenden).

Pennsylvania · **Williamsport**

11 mi / 18 km nordwestlich von Uniontown kommt man auf der US 40 nach Brownsville. Hier errichtete der Händler Jakob Bowmann Ende des 18. Jh.s auf den Grundmauern von Fort Burd einen Handelsposten mit gerade zwei Räumen, den er und seine Erben im Lauf der Zeit immer mehr zu einem Kleinod im Tudor-Stil ausbauten, als das sich Nemacolin Castle heute präsentiert. Das nach einem Indianerhäuptling benannte Haus steht auf einem Hügel am Nordufer des Monongahela Rivers und vermittelt sowohl einen Eindruck vom Wohnsitz einer erfolgreichen Kaufmannsfamilie als auch von deren einfachen Anfängen, denn die alte Trading Post mitsamt Schreibtisch von Jakob Bowmann ist nach wie vor erhalten (Öffnungszeiten: Memorial Day – Labor Day Di. – So. 10.00 bis 16.30 Uhr).

Uniontown (Fortsetzung) Nemacolin Castle

Williamsport   D 8

Region: Valleys of the Susquehanna
Höhe: 161 m ü.d.M.
Einwohnerzahl: 32 000
Telefonvorwahl: 717

Williamsport liegt am Westarm des Susquehanna River am Fuß der Alleghenies, umgeben von einer bewaldeten Hügellandschaft. Von ihrem Ruf als "Lumber Capital of the World" am Ende des 19. Jh.s zeugt noch manche mondäne Villa der Holzbarone. Die Sägewerke beschafften sich ihren Rohstoff flußaufwärts aus den unendlichen Wäldern. Die Baumstämme wurden auf dem Susquehanna River in die Stadt gebracht und zu Bauholz verarbeitet. Nachdem Bauholz immer weniger gefragt war, stieg Williamsport auf zukunftsträchtige Industriezweige um und entwickelte sich zum Verwaltungs- und Finanzzentrum von North Central Pennsylvania.

Lage und Allgemeines

Sehenswertes in Williamsport

In der Millionaire's Row zeigt die Pracht vieler viktorianischer Häuser den Reichtum der Holzbarone deutlich. Daran kommt auch das Lycoming County Historical Museum nicht vorbei, das die Geschichte des Bezirks bis in die Tage der ersten Siedler zurückverfolgt und vor allem die Blütezeit der Forstwirtschaft betont, indem es die Lebensweise der Holzmillionäre in Stilzimmern lebendig werden läßt. Zum Museum gehört die Shempp Toy Train Collection mit über 350 Spielzeugeisenbahnen, von denen einige auf zwei Anlagen herumsausen (Öffnungszeiten: Mai. – Okt. Di. bis Fr. 9.30 bis 16.00, Sa. ab 11.00, So. ab 12.00 Uhr; übriges Jahr So. geschl.).

Old Williamsport

Williamsport ist der Geburtsort des Little League Baseball. Worum es dabei geht, erfährt man im Little Leage Baseball Museum. In Batting and Pitching Cages kann man auch üben (US 15; Öffnungszeiten: tgl. 9.00 bis 17.00, So. ab 12.00, Memorial Day – Labor Day bis 19.00 Uhr).

Little League Baseball Museum

Der rekonstruierte Schaufelraddampfer "Hiawatha" legt im Sommer vom Susquehanna State Park mehrmals täglich zu Fahrten auf dem Susquehanna River ab (Tel. 800-358-99 00).

Fahrten auf dem Susquehanna

Umgebung von Williamsport

Etwa 45 mi / 72 km südöstlich von Williamsport liegt am Nordufer des Ostarms des Susquehanna das Städtchen Bloomsburg, nur 12 000 Einwohner groß und doch Universitätsstadt: An der 1839 gegründeten Bloomsburg University of Pennsylvania sind über 6 000 Studenten eingeschrieben. Bloomsburg besitzt einen malerischen National Historic District.

Bloomsburg

York · *Pennsylvania*

Williamsport, (Fortsetzung) Elysburg	Von Bloomsburg bietet sich eine wunderbare Fahrt entlang der PA 42 und PA 487 nach Elysburg an (16 mi / 26 km), bei der man auf Seitenstraßen zahlreiche überdachte Brücken entdeckt, darunter die einzige Twin Covered Bridge der USA (10 mi / 16 km nördlich von Bloomsburg an der PA 487).
Northumberland	21 mi / 34 km auf der US 11 westlich von Bloomsburg kommt man nach Northumberland. Hier verbrachte der Engländer Joseph Priestley, Theologe, Philosoph und begnadeter Chemiker, der 1774 erstmals das Element Sauerstoff nachwies, die letzten zehn Jahre seines Lebens. Priestley, Mitglied der Académie Française und Anhänger der Französischen Revolution, hatte auch weitere gasförmige Verbindungen wie Ammoniak, Chlorwasserstoff, Schwefeldioxid und Stickoxid entdeckt. Im Joseph Priestley House, das er nach seiner Auswanderung als England 1794 am Susquehanna River baute, ist u.a. noch sein Originallabor zu bewundern (Öffnungszeiten: Di. – Sa. 9.00 bis 17.00, So. ab 12.00 Uhr).
Mifflinburg	Über Lewisburg (24 mi / 39 km auf der US 15 südlich von Williamsport) erreicht man auf der PA 45 Mifflinburg. Das Buggy Museum zeigt hier in den Originalgebäuden der zwischen 1883 und 1920 betriebenen William Heiss Coachworks, wie damals Pferdefuhrwerke gebaut wurden. Natürlich ist auch eine Palette von Wagen und Kutschen zu sehen.

York E 10

Region: Hershey / Dutch Country Region
Höhe: 122 m ü.d.M.
Einwohnerzahl: 42 200
Telefonvorwahl: 717

Lage und Allgemeines	Das 1741 gegründete York war die erste Stadt in Pennsylvania westlich des Susquehanna River. Auf der Flucht vor den Briten zogen sich die führenden Köpfe der dreizehn Kolonien, die zur Lossagung von der britischen Krone entschlossen waren, im September 1777 hierher zurück. So war York bis Juni 1778 Sitz des Continental Congress, der im November 1777 die Articles of Confederation ausarbeitete und verabschiedete, die Vorläufer der amerikanischen Verfassung. Die Bezeichnung "United States of America" ist in diesem Papier zum ersten Mal niedergeschrieben. York nimmt seither
Erste Hauptstadt der USA	für sich in Anspruch, die erste Hauptstadt der Vereinigten Staaten gewesen zu sein. Der wirtschaftliche Wohlstand der Stadt rührte hauptsächlich von der Lage am Weg nach Westen her. Die meisten Planwagen der Siedler passierten York, das damals 59 florierende Gasthäuser hatte. Im 19. Jh. war die Stadt ein Zentrum der Tabakindustrie. Später siedelte sich die Fahrzeugindustrie an; noch heute betreibt Harley Davidson hier ein Werk.

Sehenswertes in York

Historical Society of York County	Die Historical Society of York County betreut mehrere historische Gebäude. Sie betreibt zudem ein sehr gut sortiertes Heimatmuseum (250 E. Market St.; Öffnungszeiten: tgl. 9.00 – 17.00, So. 13.00 – 16.00 Uhr). Bonham House ist ein Beispiel für den Wohnstil der zweiten Hälfte des 19. Jh.s (152 E. Market St.; Führungen Di. – Sa. 10.30 Uhr und 15.30 Uhr). Sehenswerter sind aber die Gebäude in der W. Market Street.
*York County Colonial Courthouse	Am 15. November 1777 wurden im York County Colonial Courthouse die Vereinigten Staaten von Amerika ins Leben gerufen, als Repräsentanten der dreizehn Kolonien die Articles of Confederation in diesem eher unscheinbaren, einstöckigen Bauwerk aus dem Jahr 1754 verabschiedeten. Das heutige Gebäude ist eine detailgetreue Rekonstruktion, in dem viele Dokumente aus der Entstehungszeit der USA ausgestellt sind. Vor allem

Pennsylvania · York

die Multimedia-Show ist äußerst informativ (205 W. Market St.; Öffnungszeiten: tgl. 10.00–16.00 Uhr).

York County (Fortsetzung)

Das älteste Gebäude der Stadt, die Golden Plough Tavern gleich in der Nähe des Courthouse, ist 1741 erbaut worden. Im unteren Bereich eine Art Blockhütte, im oberen Teil ein Fachwerkbau aus Backsteinen, spiegelt die Taverne mit offenem Herd und Schlafsaal die Anfangszeit der Stadt wider (157 W. Market St.; Öffnungszeiten: tgl. 10.00–16.00, So. ab 13.00 Uhr).

*Golden Plough Tavern

Zum Wollespinnen traf man sich früher wohl kaum in der Golden Plough Tavern – die Museumsstücke sind erst später dazugekommen.

Im benachbarten General Gates House von 1751 versuchte General Horatio Gates, Widersacher von George Washington, den Marquis de Lafayette zu überreden, Washington seine Unterstützung zu entziehen und ihn damit de facto des Kommandos über die Continental Army zu entheben.

General Gates House

Das ebenfalls auf dem Anwesen gelegene Bobb Log House ist Anfang des 19. Jh.s entstanden und gibt Einblick in die Lebensweise jener Zeit.

Bobb Log House

Die älteste Kirche der Stadt ist das auf das Jahr 1766 zurückgehende Friends Meeting House (135 W. Philadelphia St.), das Versammlungshaus der Quäker von York. In dem nahezu unveränderten Gebäude versammelt sich noch heute sonntags um 11.00 Uhr die Gemeinde.

Friends Meeting House

Zum Einkaufen geht man in den seit 1888 bestehenden Central Market in einem fast an eine romanische Kirche erinnernden Backsteinbau (34 W. Philadelphia St.; Di., Do. und Sa. 6.00–15.00 Uhr) oder in den ältesten öffentlichen Markt Yorks, den seit 1866 abgehaltenen Farmer's Market (380 W. Market St.; Di., Fr. und Sa. 7.00–15.30 Uhr).

Märkte

Das Werk von Harley Davidson kann kostenlos besichtigt werden. Danach geht es ins Museum, ein Leckerbissen für Motorradfans, denn hier werden Maschinen gezeigt, die bis in das Jahr 1903 zurückdatieren (1425 Eden Rd.; Touren durch Werk und Museum Mo–Fr. 10.00 und 13.30 Uhr).

Harley Davidson

Rhode Island

Fläche: 3144 km²
Bevölkerungszahl: 1 004 000
Hauptstadt: Providence
Zeitzone: Eastern Time
Beiname: Ocean State

Rhode Island ist der kleinste Bundesstaat der USA. Ehe man sich's versieht, hat man ihn bereits durchquert, ein Unikum im Riesenland USA. Trotzdem bringt der nur knapp 60 km breite und 77 km lange, zwischen Connecticut und Massachussetts eingeklemmte Winzling eine 550 km lange Küstenlinie zustande. Maßgeblich daran beteiligt ist die Narragansett Bay, die 45 km tief ins Landesinnere reicht – den Beinamen "Ocean State" trägt der Bundesstaat also zu Recht, ist der blaue Atlantik in Rhode Island doch immer und fast überall zu sehen. Die Küste ist erstaunlich abwechslungsreich: Westlich von Point Judith ist sie flach und bietet von Nehrungen eingeschlossene Lagunen und Marschgebiete, östlich davon sorgt sie mit einer extremen Zerlappung für den dreistelligen Küstenlinienwert. Schöne, waldbestandene Felseninseln liegen in der Narragansett Bay, ein Umstand, der die ersten Entdeckungsreisenden zu enthusiastischen Vergleichen mit den griechischen Inseln bewog – daher angeblich der Name vom griechischen Rhodos. Die größte dieser Inseln ist Rhode Island, gefolgt von Conanicut und Prudence; Block Island liegt bereits 19 km vor der Küste. Das Innere des Bundesstaats fällt von der rauhen Hügellandschaft im Nordwesten diagonal zum sanfteren Südosten ab. Die letzte Eiszeit hat einige Seen hinterlassen, größtes Gewässer aber ist das künstliche angelegte Scituate Reservoir am Pawtuxet River. Die beiden schiffbaren Flüsse von Rhode Island, der Seekonk und der Providence River, münden in die obere Narrangansett Bay.

Lage und Landesnatur

"Safe Haven" für religiös Verfolgte, Wiege der amerikanischen Textilindustrie, Sommerfrische der Superreichen, dicht bevölkert, hochindustrialisiert: Die Gründerväter von "Little Rhody" würden Augen machen angesichts der Erfolgsstory jener Siedlungen, die sie zu Beginn des 17. Jh.s in die Buchten der Narragansett Bay setzten. Europäern war die Bucht zu diesem Zeitpunkt seit über hundert Jahren bekannt, denn bereits 1524 war Giovanni da Verrazano die Bay hinaufgesegelt und hatte Aquidneck Island beschrieben, das heutige Rhode Island. Zu Beginn des 17. Jh.s folgten holländische Abenteurer und Händler. Einer von ihnen hinterließ seinen Namen: Block Island wurde nach dem Seefahrer Adriaen Block benannt, der 1614 in diesen Gewässern kreuzte. 1636 gründete Roger Williams Providence. Von den puritanischen Ältesten in Massachusetts wegen seiner "neuen und gefährlichen Ansichten" verbannt, errichtete der liberale Priester ein Refugium für alle religiös Verfolgten und Andersdenkenden. Sie folgten seinem Ruf und gründeten 1638 Portsmouth, 1639 Newport und 1643 Warwick. 1663 erhielten die vier Siedlungen als "Rhode Island and Providence Plantations" ihre bis Anfang des 19. Jh.s geltende, von Eng-

Geschichte

◄ *Dicht an dicht liegen die Yachten in Newport, dem Seglerparadies von Neuengland.*

Rhode Island

Geschichte (Fortsetzung)

land garantierte Verfassung. Mit den Ureinwohnern lebten die Siedlern zunächst in gutem Einvernehmen. Bald jedoch wurde das Land knapp, es kam zu Reibungen und ersten gewalttätigen Konflikten. Der Pequot War (1634–1637) deutete an, was Jahre später auch den übrigen Ureinwohnern Neuenglands blühte: Die Siedler umzingelten ein beim heutigen Mystic liegendes Dorf der Pequot-Indianer und massakrierten rund 700 Männer, Frauen und Kinder. Schließlich erhoben sich die Wampanoag, Narragansett und Nipmuck unter der Führung von Philip Pokanokett, Häuptling der Wampanoag, und brannten die Siedlungen rund um die Bay nieder. Dieser sog. King Philip's War (1675/1676) gefährdete bald den Fortbestand der Kolonien, geriet jedoch zugleich zum Fanal für den Untergang der Indianer Neuenglands. Anfang 1676 hatten die Siedler die alliierten Stämme bis auf einen kleinen Rest aufgerieben, der unter Philip's Führung in die Great Swamp beim heutigen Mt. Hope floh. Am 19. Dezember 1676 umstellten Siedler-Milizen "Philip's last stand" und vernichteten die letzten Indianer dieser Region.

Im frühen 18. Jh. begann Rhode Islands Blütezeit. Die Kaufleute von Newport nahmen mit ihren Schiffen am Chinahandel und am berühmt-berüchtigten Dreieckshandel teil: Mit Rum an Bord segelten sie nach Afrika, tauschten ihn dort gegen Sklaven ein, die sie auf den Plantagen der westindischen Inseln gegen Melasse verkauften, die wiederum nach Rhode Island geschafft und dort zu Rum verarbeitet wurde. Trotz der astronomischen Profite verbot Rhode Island 1774 aber jeglichen weiteren Sklavenimport – als erste der britischen Kolonien. Auch im Widerstand gegen das Mutterland führte "Little Rhody": Am 4. Mai 1776 erklärte es seine Unabhängigkeit, zwei Monate vor den übrigen 12 Kolonien. Ende des 18. Jh.s machte Rhode Island den Sprung in die Neuzeit. Das Kapital aus dem Überseehandel half der Textilindustrie aus den Startlöchern, zugleich blühten in Newport und Providence Schiffsbau und Walfangindustrie. Vorangetrieben wurde diese stürmische Entwicklung auch von Quäkern und Juden, die in Rhode Island Zuflucht gefunden hatten und den Staat fast nebenbei auch noch zum größten Juwelenproduzenten der Nation machten. Nach dem Bürgerkrieg hielten die fetten Jahre an, und bis zur Jahrhundertwende verdoppelte sich die Bevölkerung. Rhode Island wurde die Sommerfrische der Astors, Belmonts und Vanderbilts, die sich in Newport prachtvolle, in falscher Bescheidenheit "summer cottages" genannte Residenzen errichteten. Während der Weltkriege produzierten die Werften für die U.S. Navy. Nach 1945 kam die Baisse: Die Abwanderung der Textilindustrie in den billigeren Süden war ein herber Schlag für die Wirtschaft. Heute steht Rhode Island jedoch besser da als je zuvor, dank einer frühzeitig diversifizierten Industrie, die auf zukunftsorientierten Hightech-Industrien, der chemischen Industrie und dem Tourismus basiert.

Bevölkerung

Rhode Island ist zwar der flächenmäßig kleinste, mit seinen etwas mehr als einer Million Menschen aber nicht der bevölkerungsärmste Staat der USA und läßt in der Einwohnerzahl Flächenstaaten wie Montana und Wyoming hinter sich. Hinter dem District of Columbia und New Jersey belegt Rhode Island sogar den dritten Rang in der Statistik der Bevölkerungsdichte. Größte Stadt ist Providence mit 160 700 Einwohnern.

Wirtschaft

Die ersten 150 Jahre Rhode Islands standen ganz im Zeichen des Dreieckshandels und der Konkurrenz der Handelshäfen Providence und Newport. Die 1793 in Betrieb genommene Slater Mill in Pawtucket, die erste wasserkraftgetriebene Spinnerei, leitete Amerikas Industrialisierung ein: Rhode Island wurde größter Textilproduzent der USA. 1794 begann auch die Juwelenproduktion, die noch heute einschließlich Zuliefererindustrien 50 000 Menschen beschäftigt. Der Exodus der Textilfabriken nach dem Zweiten Weltkrieg erzwang einen Rationalisierungs- und Diversifizierungsprozeß, durch den sich die Branche aber glänzend erholt hat. Die Herstellung von Präzisionsinstrumenten, Elektronikartikel, Textilien und Gummiprodukten sind weitere bedeutende Einnnahmequellen. Die Landwirtschaft ist angesichts der begrenzten Fläche schwach vertreten: Obstanbau und

Rhode Island

Geflügelzucht bedienen in erster Linie lokale Märkte. Die Fischerei, einst eine Säule des Staats, konzentriert sich heute auf Schalentiere, vor allem Hummer, Krabben und Muscheln. Alles in allem: "Little Rhody" verfügt über eines der höchsten Pro-Kopf-Einkommen der USA.

Wirtschaft (Fortsetzung)

Ein Blick auf die von weißen Segeln übersäte, blauschimmernde Narragansett Bay genügt: In Rhode Island findet der Tourismus auf und am Wasser statt. Die Gewässer des Ocean State zählen zu den besten Segelrevieren der Welt, und nicht umsonst wurde in Newport von 1930 bis 1983 der legendäre "America's Cup" ausgerichtet. Seit dem späten 19. Jh. thronen Resorts, Hotels und Pensionen auf den Klippen der Bay, Visitenkarten einer langen Gastgebertradition, die Rhode Island auch den Beinamen "America's first resort" eingetragen hat. Das unumstrittene Gravitationszentrum der Segler, Sportangler und aller, die gern bei einem Cocktail dem Treiben in den teuren Yachthäfen zusehen, ist Newport. Hier ist das Publikum überwiegend jünger, entsprechend laut geht es nach Sonnenuntergang in den engen Straßen der Altstadt zu. Ruhiger ist es dagegen an der Westseite der Bay. Familienfreundlich sind die Orte Wickford, Narragansett Pier und Matunuck, schöne Sandstrände laden hier zum Baden und Faulenzen ein. Sightseeing ist obligatorisch: Rhode Islands architektonisches Erbe macht sage und schreibe ein Fünftel aller eingetragenen "National Historic Landmarks" der USA aus. Überragend: die Schlösser von Newport, die sog. Newport Mansions der Superreichen aus der Zeit vor Einkommenssteuer und Anti-Trust-Gesetzen. Hübsche vorkoloniale Stadtviertel in Newport und Providence entführen in eine gemächlichere Zeit.

Freizeit, Sport und Tourismus

Block Island K 8

Region: South County & Block Island
Einwohnerzahl: 620
Telefonvorwahl: 401

Lage und Allgemeines
Inselparadies

Braune Milchkühe auf fetten Weiden, ein paar windschiefe Steinmauern, mit Zedernschindeln verschalte Bauernhäuser, Klippen und ein alter Leuchtturm: Auf Block Island gehen die Uhren langsamer – ein kleines Paradies in einer anderen Welt. Die Narragansett-Indianer nannten die Insel treffend "Manisses" ("Insel des kleinen Gottes"), und ein sicheres Refugium sollte sie auch werden. 1661 kauften 16 weiße Familien ihnen die knapp 20 km² große Insel ab, um hier ein demokratisches und religiös freizügiges Gemeinwesen zu gründen. Im 18. Jh. diente Block Island als Piratenunterschlupf. Ende des 19. Jh.s entdeckten Erholungssuchende die Reize der Insel, vor allem das frische Seeklima und das herrliche, pastellfarbene Abendlicht. Strandhotels und sogar ein Grand Hotel, das allerdings 1966 abbrannte, wurden in Old Harbor gebaut, um die Besucher zu bewirten. Anfang der sechziger Jahre war es jedoch mit der viktorianischen Herrlichkeit weitgehend vorbei: → Martha's Vineyard und → Nantucket wurden populäre Inselziele, und die meisten Hotels machten dicht. In den letzten 15 Jahren wurde Block Island jedoch wieder herausgeputzt, wobei der viktorianische Charakter seiner Orte sorgfältig bewahrt wurde. Die Verantwortlichen im Hauptort New Shoreham (auch: Block Island) wollen keinen Rummel wie auf Martha's Vineyard, sondern setzen auf Ökotourismus und werben mit ihren schönen, kreuz und quer über die Insel ziehenden Rad- und Wanderwegen. Tatsächlich kann die Insel bequem an einem Nachmittag umradelt werden, Verleihe gibt es in Old und New Harbor. Eine andere angenehme Fortbewegungsart ist ein Inseltaxi – die älteren Taxifahrer können die besten Geschichten und Anekdoten erzählen.

Ein Steg führt zum Aussichtspunkt an den Mohegan Bluffs auf Block Island.

Rhode Island · Bristol

Die Autofähre von Point Judith (bei Galilee) nach Block Island benötigt eine Stunde und verkehrt täglich das ganze Jahr über; Autoplätze müssen reserviert werden. Die Verbindungen von Providence und Newport sowie von New London, CT, aus sind nur zwischen Juni und Labor Day in Betrieb (Informationen für alle Verbindungen: Tel. 783-4613).

Block Island (Fortsetzung) Anfahrt

Sehenswertes auf Block Island

Im Südosten der Insel erheben sich die Mohegan Bluffs 66 m über den Meeresspiegel, ein spektakuläres Schauspiel vor allem bei Sonnenuntergang, wenn das Abendlicht die von Kupferadern durchzogenen Felsen in vielen Farben schimmern läßt. Der Leuchtturm South East Light wacht hier seit 1874 über einen sicheren Schiffsverkehr.

*Mohegan Bluffs

Der Nordzipfel der Insel ist ein Vogel- und Naturschutzgebiet. Von hier aus kann man den 1867 erbauten Leuchtturm North Light besuchen. Längst außer Betrieb, beherbergt er im ersten Stock ein kleines Museum mit historischen Fotografien (Öffnungszeiten: tgl. 10.00–16.00 Uhr).

Sandy Point

Über die indianischen Ureinwohner von Block Island unterrichtet die Lost Manissean Exhibit an der West Side Road (Öffnungszeiten: Memorial Day–Labor Day tgl. 9.00–17.00 Uhr).

Manissean Exhibit

New Shoreham, der verschlafene Hauptort der Insel, verfügt über einen kleinen Strand. Die Strände auf der Südseite haben keine Unterströmung und sind daher bestens für Kinder geeignet. Der längste Strand liegt bei Corn Neck im Norden.

Strände

Bristol   K 8

Region: Greater Providence, East Bay & West Bay
Höhe: 13 m ü.d.M.
Einwohnerzahl: 21600
Telefonvorwahl: 401

Die schönsten Häuser blicken, wie immer in Rhode Island, zum Wasser. Heute ist Bristol ein ruhiges Städtchen am Ende eines Seitenarms der östlichen Narragansett Bay, das sich der ältesten "Fourth of July Parade" der Nation rühmt und den Verlauf des Umzugs mit roten, weißen und blauen Streifen auf den Asphalt malt. Am Anfang hing reichlich Pulverqualm über der Gegend, denn 1675 fand hier die erste Schlacht des blutigen King Philip's War statt. Im 18. Jh. gingen dort, wo heute schöne Yachten dümpeln, Handelsschiffe aus aller Welt vor Anker. Der Dreieckshandel machte aus Bristol eine wohlhabende Gemeinde mit viel eleganter Architektur. Als Schiffsbauzentrum verdiente Bristol sich ebenfalls einen Namen: Mehr als 80 Jahre lang baute die hiesige Herreshoff Manufacturing Co. die besten Segler der Nation, darunter sieben "America's Cup"-Gewinner. Die Stadt ist Sitz der Roger Williams University.

Lage und Allgemeines

Sehenswertes in Bristol

Das dreistöckige, 1810 fertiggestellte Haus gehörte dem Sklavenhändler George deWolf und wurde vom Architekten Russell Warren entworfen. Mit seinen korinthischen Säulen und dem balustradengesäumten Flachdach ist es ein besonders schönes Beispiel des damals modischen Federal Style. Nach den deWolfes wohnten hier die Colt-Familie und die berühmte Schauspielerfamilie Barrymore (Ethel, Samuel und John Drew), auch vier US-Präsidenten übernachteten hier. Für heutige Besucher wurde das Haus

Linden Place

Narragansett Pier · Rhode Island

Bristol, Linden Place (Fortsetzung)	mit dem Mobiliar der deWolfes in den Originalzustand versetzt (500 Hope St.; Öffnungszeiten: Mai – Columbus Day Do. – Sa. 10.00 – 16.00, So. 12.00 bis 16.00, Dez. tgl. 12.00 – 20.00 Uhr).
*Herreshoff Marine Museum	Ein Leckerbissen für Yachties und unbefangene Ästheten gleichermaßen: Das Museum stellt in einem alten Lagerhaus nicht weniger als 40 herrliche alte Yachten aus, darunter die "America's Cup"-Gewinner "Sprite" von 1859 und "Aria" von 1914. Entworfen und gebaut wurden diese wunderbaren Hochleistungssegler von mehreren Generationen der Bootsbauerfamilie Herreshoff, die von 1859 bis 1947 im Segelschiffbau die Maßstäbe setzte. Alte Fotos und Filme sowie eine Abteilung mit der America's Cup Hall of Fame runden die Ausstellung ab (Burnside & Hope Sts.; Öffnungszeiten: Mai, Sept. und Okt. Mo. – Fr. 13.00 – 16.00, Sa. und So. ab 11.00; Juli und Aug. tgl. 10.00 – 16.00 Uhr).
Blithewold Mansion & Gardens	Man braucht nicht bis nach Kalifornien zu reisen, um einen leibhaftigen Mammutbaum zu sehen – im Park des damaligen Kohlemagnaten Augustus van Winckle steht eine 27 m hohe Sequoia, umgeben von zahlreichen weiteren exotischen Pflanzen aus Europa und dem Orient. 1908 ließ der in Philadelphia residierende van Winckle hier für seine Frau Bessie eine weitläufige 45-Zimmer-Residenz mit englischen und holländischen Stilelementen errichten. Mit seinen herrlichen Aussichten auf die Narragansett Bay ist Blithewold Mansion & Gardens der ideale Ort für einen erholsamen Spaziergang (101 Ferry Rd.; Öffnungszeiten: Mansion Mitte April – Sept. Di. bis So. 10.00 bis 16.00, Garten ganzjährig tgl. 10.00 – 17.00 Uhr).

Narragansett Pier K 8

Region: South County & Block Island
Höhe: 2 m ü.d.M.
Einwohnerzahl: 3700
Telefonvorwahl: 401

Lage und Allgemeines	Narragansett Pier liegt am westlichen Ausgang der Narragansett Bay. Auf diesen schönen Streifen Land zwischen Bay und Pettaquamscutt River wurde der viktorianische Geldadel aufmerksam, nachdem William Sprague, der damalige Gouverneur Rhode Islands, hier seine Sommerresidenz errichtet hatte. Elegante Strandhotels, eine lange Pier und ein Kasino folgten, aber die exklusive Pracht war nicht von langer Dauer: 1900 fielen die meisten Hotels und das Kasino den Flammen zum Opfer. 1938 zerstörte ein Hurrikan die Pier. Heute ist das Städtchen in der weitläufigen Bucht mit schönen Sandstränden ein Familienziel und, an Wochenenden, ein Hangout der hiesigen Surfergemeinde.

Sehenswertes in Narrangansett Pier und Umgebung

The Towers	Übriggelassen hat das Feuer von 1900 nur den steingebauten Teil des Kasinos, das vom Architekturbüro McKim, Mead and White entworfen wurde. Mit seinen zwei mittelalterlich anmutenden Türmen, unter denen die Ocean Road hindurchführt, wirkt das noch immer schwarz verkohlte "The Towers" zwischen den bunten Häusern herrlich fehl am Platz.
Canonchet Farm	Eine kleine Farm, ein Friedhof aus dem Jahr 1700 und das South County Museum: Canonchet Farm erlaubt einen Ausflug in die Vergangenheit von Rhode Island (Öffnungszeiten: Museum Mai – Okt. Mi. – So. 11.00 – 16.00 Uhr, Farm ganzjährig).
*Strände	Der knapp 10 km lange Küstenabschnitt zwischen Narragansett Pier und Point Judith im Süden – dort legt die Fähre nach → Block Island ab – bie-

Rhode Island · Newport

Vom Kasino von Narragansett Pier hat das Feuer von 1900 nur die steinernen Towers übriggelassen – der Rest des Gebäudes war aus Holz gebaut.

tet einige der schönsten Sandstrände Neuenglands. Scarborough ist der lärmende Treffpunkt der jungen Rhode Islander, East Matunuck State Beach ist wegen seiner gleichmäßig brechenden Wellen bei Surfern beliebt, während das flache und stille Wasser am Galilee Beach diesen Sandstrand ideal für Familienausflüge macht. Der kleine Fischerhafen Galilee richtet im September das Rhode Island Tuna Tournament aus.

Narragansett Pier, Strände (Fortsetzung)

Newport

K 8

Region: Newport County
Höhe: 2 m ü.d.M.
Einwohnerzahl: 28 200
Telefonvorwahl: 401

Eine schönere Eingangstür kann eine Stadt nicht haben: In hohem Bogen schwingt sich die elegante Newport Bridge über die blaue Bay, Segelschiffe, Fischkutter und kleine Felseninseln unter sich lassend. Fast mitten in Newport setzt sie den Besucher ab, in einem fast europäisch wirkenden Städtchen mit engen Straßen und verschachteltem Grundriß. Der Tourismus ist heute die Haupteinnahmequelle der Stadt an der Südspitze der Insel Rhode Island. Der traditionelle Erwerbszweig Fischerei konzentriert sich auf den Hummerfang; Frischer Hummer direkt vom Kutter kann bei der Aquidneck Lobster Co. auf Bowe's Wharf im Hafen gekauft werden. Newport ist international berühmt für das jährlich im Juli stattfindende Newport Music Festival und das in JVC Jazz Festival umbenannte Newport Jazz Festival im August, zu dem sich viele Größen der Szene ein Stelldichein geben.

Lage und Allgemeines

Newport · *Rhode Island*

Geschichte

William Coddington, der die gottesstaatähnlichen Verhältnisse in Boston ablehnte, gründete Newport 1639. Quäker, Baptisten, Juden und Mitglieder anderer verfolgter religiöser Minderheiten folgten. Das erste hier gezimmerte Schiff lief 1646 vom Stapel, bald rivalisierte Newport mit den Seehäfen Boston und New York. Wie die meisten Hafenstädte Neuenglands profitierte auch Newport vom Dreieckshandel, manchmal sogar direkt: Die auf jeden importierten Sklaven erhobene Einfuhrsteuer war ein bedeutender Posten im Stadtsäckel und wurde in Straßen und Brücken investiert. Um 1770 war die Stadt nach Boston der größte Hafen Neuenglands. Der Unabhängigkeitskrieg machte jedoch allen Zukunftsplänen ein jähes Ende. Am Ende des Kriegs lag Newport in Trümmern und mußte die Führungsrolle für immer an Providence abgeben. Dem Meer blieben die Newporter jedoch weiter verbunden. Die Stadt brachte berühmte Seefahrer hervor, allen voran Matthew Perry, der 1854 Japan für die Außenwelt öffnete. In den 1880er Jahren wurden die Naval Training Station und das Naval War College gegründet. Um die Jahrhundertwende war Newport Heimathafen der amerikanischen Atlantikflotte. Nach dem Bürgerkrieg begann der allsommerliche Exodus der Superreichen aus dem heißen New York. Die Vanderbilts und Astors entdeckten die frische Luft Newports und bauten südlich der Stadt die Paläste nach, die sie auf ihren Reisen durch Europa gesehen hatten. Außer auf rauschenden Bällen und skurrilen Parties trat die Newporter Society als Trendsetter auf: 1881 hielt man die erste amerikanische Tennis Open ab, 1894 die erste amerikanische Golf Open. An die Weltöffentlichkeit trat Newport als Gastgeber des America's Cup (1930–1983). Das Naval War College im Marinestützpunkt setzt die lange militärische Tradition fort. 1990 wurde hier der Golfkrieg geplant.

1 Hunter House
2 Brick Market
3 Old Colony House
4 Fishermen & Whale Museum
5 Trinity Church
6 Wanton-Lyman-Hazard House
7 Touro Synagogue
8 Old Stone Mill
9 Newport Casino

--- Ocean Drive
--- Cliff Walk

Narragansett Bay

Hammersmith Farm

✲✲Newport Mansions

Ticketinformationen:
Tel. 847-10 00

Schnell wird klar, worum es geht auf der Fahrt über den Ocean Drive in den Süden vor der Stadt: um zwei Sorten von Menschen. Die einen wohnen in Palästen, die anderen nehmen an Führungen durch selbige teil. Wer noch nie in Versailles gewesen ist, kann hier Versäumtes nachholen: Kristall-Lüster und Marmortreppen, Gold, Silber, Diamanten – manche der aufs Meer blickenden "cottages" scheinen verschwenderischer ausgestattet als ihre Vorbilder in Europa. Dabei hielten die reichsten und mächtigsten Familien Amerikas nur zwei oder drei Wochen im Sommer hier Hof. Den Rest des Jahres über standen diese Schreine des Frühkapitalismus leer, in Schuß gehalten von einer Armee dienstbarer Geister. War die Society jedoch in Newport, ging es hoch her. Tonangebend im maßlosen Wettstreit um den prächtigsten Palazzo, das schönste Château oder englische Landhaus und die verschwenderischsten Parties waren die Damen der beim alten Ostküstenadel als neureich geltenden Vanderbilts sowie Caroline Astor. "The Mrs. Astor", wie sie sich nennen ließ, galt als Hohepriesterin der New York und Newport Society: Wer auf ihrer elitären, 400 Namen umfassenden Liste stand, gehörte dazu. Heute werden die neun prachtvollsten – oder geschmacklosesten, je nach Standpunkt – der "Summer Cottages" von der Preservation Society of Newport County

Castle Hill Light
Castle Hill Road
Brenton Point State Park
Brenton Point

Rhode Island · Newport

in tadellosem Schuß gehalten und sind auch für Normalsterbliche zur Besichtigung freigegeben. In den übrigen, hinter diskret hohen Mauern verborgenen Palästen herrscht nach wie vor der stille Charme der Ostküsten-Bourgeoisie.
Im folgenden sind die schönsten der öffentlich zugänglichen Villen beschrieben. Sie liegen zumeist alle an der das Zentrum Newports nach Süden verlassenden Bellevue Avenue.

Newport Mansions
(Fortsetzung)

Newport · *Rhode Island*

Ocean Drive
Cliff Walk

Jenseits aller Paläste bietet der 15 km lange Ocean Drive eine schöne, per Rad besonders reizvolle Spazierfahrt hinaus zum Atlantik, der an der Südspitze der Halbinsel gegen eine schroffe Felsenküste brandet. Ein herrlicher Spaziergang ist auch der unweit Easton Beach beginnende Cliff Walk. Der viereinhalb Kilometer lange Fußweg balanciert zwischen felsigem Steilufer und den Gärten der prachtvollsten Residenzen. An einigen Stellen lassen Zäune und Hecken einen Blick auf Rosecliff, Marble House und The Breakers zu.

Kingscote

Der Stadt am nächsten liegt das elisabethanische Kingscote, 1841 als erste große Residenz erbaut. Es ist komplett mit Tiffany-Glas ausgestattet (Öffnungszeiten: April nur Sa. und So., Mai–Sept. tgl. 10.00–17.00 Uhr).

The Elms

Mit dieser grandiosen, dem Château d'Asnières bei Paris nachempfundenen Renaissance-Residenz löste der in der Society als Aufsteiger belächelte Kohle-Magnat Edward Julius Berwind 1901 seine Eintrittskarte zur Newporter Elite. Von Architekt Horace Trumbauer mit einer eher zurückhaltenden Fassade umgeben, läuft die Residenz innen zu wahrer Hochform auf. Nicht Zimmer, sondern Säle bewohnten die Berwinds, dabei bewahrt elegante französische Klassik das ganze vor dem Absturz in die Geschmacklosigkeit. Der 12×24 m große, Ballsaal ist herrlich lichtdurchflutet, der "Drawing Room" echtes Louis XVI (Bellevue Ave.; Öffnungszeiten: Mai bis Okt. tgl. 10.00–17.00, übriges Jahr nur Sa. und So. 10.00–16.00 bzw. 17.00 im April).

Chateau-sur-Mer

Chateau-sur-Mer entstand 1852 für den im Chinahandel reich gewordenen William S. Wetmore. Zwanzig Jahre später ließ dessen Sohn es von Richard Morris Hunt umbauen. An Papa erinnert das chinesische Tor (Öffnungszeiten: Okt.–März nur Sa. und So., Mai–Sept. tgl. 10.00–17.00, April nur Sa. und So. bis 16.00 Uhr).

Das größte, das teuerste – aber auch das schönste der Newport Mansions? Cornelius Vanderbilt II. jedenfalls fand Gefallen an The Breakers.

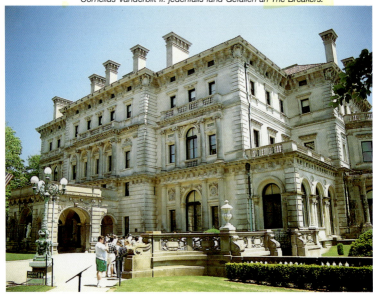

Rhode Island · Newport

1885 kaufte Cornelius Vanderbilt II. Land am Ochre Point und engagierte Architekt Richard Morris Hunt, seinerzeit der Liebling der Newport Society, für den Bau eines "cottage", das alle anderen in den Schatten stellen sollte. Der Bau dauerte zwei Jahre und beschäftigte insgesamt 2500 Arbeiter. 1895 war The Breakers fertig, ein die Sprache verschlagender italienischer Renaissance-Palast, mit Säulen und Arkaden und innen mit importiertem Marmor und Alabaster, Mosaiken, Statuen und goldverziertem Dekor aus edelsten Hölzern. Besonders eindrucksvoll: der Speisesaal, eine Orgie aus Bronze, Blattgold und rotem Alabaster, jenseits des guten oder schlechten Geschmacks. Erdgeschoß und Teile des ersten Stocks können auf Führungen besichtigt werden, auch der weitläufige, an den Atlantik grenzende Garten ist zugänglich (Ochre Point Ave. / Ecke Ruggles Ave.; Öffnungszeiten: April – Okt. tgl. 10.00 – 17.00, Juli – Labor Day Sa. bis 18.00, Dez. tgl. 10.00 – 16.00 Uhr).

**The Breakers

Die Herrin dieses dem Grand Trianon in Versailles nachempfundenen Palastes war Mrs. Herman Oelrichs, die Tochter eines irischen Prospektors, der nach dem kalifornischen Goldrausch dann in Nevada die reichste Silbermine der Welt, die Comstock Lode, gefunden hatte. Mrs. Oelrichs war Caroline Astors ärgste Widersacherin: Ihr Ballsaal war der größte in Newport, ihre Empfänge, darunter der legendäre "Mother Goose Ball", bei dem die Gäste in Märchenkostümen zu erscheinen hatten, Höhepunkte der Festsaison. Wen wundert's: 1974 und 1994 ging Rosecliff zum Film – zahlreiche Szenen der Kinoerfolge "Der große Gatsby" und "True Lies" wurden hier gedreht (Bellevue Ave.; Öffnungszeiten: April – Okt. tgl. 10.00 bis 17.00 Uhr).

*Rosecliff

Der einem mediterranen Palazzo nachempfundene, 1856 für den Kaufmann Daniel Parish fertiggestellte Sommersitz ein Stück weiter die Bellevue Avenue hinab ist eines der ältesten "summer cottages" von Newport. 1880 erwarb William Astor, Enkel des New Yorker Tycoons John Jacob Astor, das Anwesen. Auf Betreiben seiner Frau Caroline wurde kurze Zeit später der legendäre, auf 400 Gäste ausgelegte Ballsaal hinzugefügt. Goldverziert, lichterfüllt und mit zahllosen Spiegeln dekoriert, entwickelte er sich alsbald zum inoffiziellen Mittelpunkt der Newporter Elite. Trotz der verschwenderischen Pracht wirkt Beechwood noch in sich stimmig, ein Verdienst der kunstsinnigen Hausherrin. Ein dem informativen, oft amüsanten Führungen inszenieren als Personal kostümierte Schauspieler den Alltag auf Beechwood. So wird man von einem Butler begrüßt und von Zimmermädchen durch die Gemächer der Astors geführt (580 Bellevue Ave.; Öffnungszeiten: Mitte Mai – Dez. tgl. 10.00 – 17.00, Feb. – Mitte Mai tgl. 10.00 – 16.00 Uhr).

**Beechwood

Kleiner zwar als The Breakers, aber noch üppiger eingerichtet ist Marble House. 1892 von Richard Morris Hunt für William K. Vanderbilt gebaut, lehnt sich die Residenz mit der säulenverzierten Front stilistisch an die Schlösser des 17. und 18. Jh.s an. Inspiriert wurde Hunt vor allem vom Petit Trianon in Versailles. Innen dominieren Gold und gelber Marmor aus Siena. Am beeindruckendsten ist der goldene Ballsaal, ein maßloses Ensemble aus vergoldeten Vertäfelungen, Bogengängen aus Alabaster und zahllosen Spiegeln. Er sah viele verschwenderische Empfänge, darunter den zu Ehren Consuelo Vanderbilts, die hier vor ihrer bevorstehenden Heirat mit dem Duke of Marlborough in die Gesellschaft eingeführt wurde (Bellevue Ave.; Öffnungszeiten: April – Okt. tgl. 10.00 – 17.00; Jan. – März nur Sa. und So. 10.00 – 16.00 Uhr).

*Marble House

Vorlage dieser 1896 erbauten Residenz am Ende der Bellevue Avenue war ein Jagdschlößchen Ludwig XIII. Hausherr Oliver Hazard Perry Belmont sorgte für Aufregung in der Society, indem er Alva, die geschiedene Mrs. William Vanderbilt, heiratete. Im weitläufigen Bankettsaal konnten 250 Gäste bewirtet werden (657 Bellevue Ave.; Öffnungszeiten: April – Okt. tgl. 10.00 – 17.00; übriges Jahr bis 15.00 Uhr).

Belcourt Castle

Newport · *Rhode Island*

*Hammersmith Farm

Dieses Anwesen auf einem kleinen Hügel hoch über dem Atlantik und recht weit westlich von den übrigen wirkt im Vergleich zu diesen sehr bescheiden. Es wurde 1887 erbaut und ist ganz mit wetterfesten Schindeln verkleidet. Die berühmteste Tochter des Hauses hieß Jacqueline Bouvier und heiratete hier am 12. September 1953 einen aufstrebenden jungen Politiker namens John F. Kennedy. Während Kennedys Amtszeit in Washington diente Hammersmith Farm oft als Sommersitz der Regierung. Das Innere, eingerichtet im Stil der vierziger und fünfziger Jahre, enthält zahlreiche Erinnerungsstücke an die Kennedys, darunter den Schreibtisch des Präsidenten. Hammersmith Farm ist – fast zwangsläufig – eine der beliebtesten Kulissen für Hochzeitsfotos in Amerika (Ocean Drive; Öffnungszeiten: Ende Mai – Labour Day tgl. 10.00 – 19.00, April – Ende Mai bis 17.00, übriges Jahr bis 16.00 Uhr).

Ein bißchen kleiner als The Breakers, aber umso luxuriöser möbliert: Marble House sah rauschende Feste.

*Colonial Newport

Über 200 koloniale Gebäude haben die Verwüstungen des Unabhängigkeitskriegs überlebt – die höchste Konzentration solcher Häuser in den USA! Colonial Newport links und rechts der Spring Street ist eine architektonische Schatzkiste, gefüllt mit der ganzen Palette kolonialer Baustile. Bei einer großangelegten Runderneuerung Ende der sechziger Jahre renoviert, sehen die Häuser heute wieder so aus wie vor 1776 und zeigen viele historisch interessante Details, z. B. Ananas-Motive. Die Tropenfrucht war einst ein Symbol für Gastfreundschaft: Seeleute verkündeten mit einer Ananas im Fenster ihre Heimkehr und luden damit Nachbarn zu diesem seltenen Festschmaus ein.

Trinity Church

Weithin sichtbar, ist die strahlendweiße, von einem schönen Glockenturm gekrönte und alten Häusern umgebene Holzkirche am Queen Anne Square

```
092702  0101PM  CN2011
XXXXXXXXXXXXXX0082

23 BROADWAY
MYSTIC         CT
                SEQ#4571
WITHDRAWAL     $100.00
FROM CHECKING
```

All transactions are subject to verification.
Transfer balances reflect "From" account.
Your available balance includes any linked overdraft
protection account unused line/amount.
www.citizensbank.com   1-800-922-9999
F-170 8/99

Rhode Island · **Newport**

Alt-Newports beliebtestes Fotomodell. Sie wurde 1725 bis 1726 von Richard Munday gebaut, der stilistisch stark vom Londoner Meisterarchitekten Christopher Wren beeinflußt war. Aufmerksamkeit verdienen innen besonders die hübschen Tiffany-Fenster und eine Orgel von 1733, die von Georg Friedrich Händel in London eigenhändig eingespielt wurde. Die an Tauen hängenden Original-Kronleuchter wurden früher heruntergelassen, um die Kerzen anzuzünden.

Trinity Church (Fortsetzung)

Am Hafenbecken gegenüber der Kirche liegen die Piers Bowen's und Bannister Wharf. Aus verrotteten Docks und Piers machten tatkräftige Newporter hier ansprechende Cafés, Bars und Terrassen-Restaurants, von denen aus man dem Treiben im Yachthafen bei einem Cocktail oder einem Seafood-Teller zusehen kann.

Bowen's Wharf
Bannister Wharf

Bowen's Wharf ist der Treffpunkt schlechthin in Newport.

Ganz in der Nähe am Market Square zeigt dieses Museum, was für ein hartes Geschäft die Walfänger und Fischer von Newport betrieben (Öffnungszeiten: tgl. außer Mi. und Do. 10.00 – 17.00 Uhr).

Rhode Island Fishermen and Whale Museum

Um 1650 landeten spanische und holländische Juden auf der Flucht vor Verfolgung in Newport. Über hundert Jahre später beauftragte die jüdische Gemeinde den Architekten Peter Harrison mit dem Bau der heute noch bestehenden Touro Synagogue. 1763 eingeweiht, ist sie die älteste Synagoge Amerikas. Sie überrascht jeden Besucher: Ihr strenges georgianisches Äußeres kontrastiert scharf mit ihrem nach sephardischen Traditionen reich geschmückten, fast eleganten Innern aus handgeschnitzten Täfelungen, Balustraden und schlanken, fast schwerelos wirkenden Säulen. Zu sehen ist hier auch ein Brief George Washingtons, der der jüdischen Gemeinde Newports Glaubensfreiheit garantiert.

*Touro Synagogue

1762 ebenfalls von Peter Harrison entworfen, ist dieses dreistöckige Gebäude an der belebten Thames Street ein schönes Beispiel georgianischer

Brick Market

Newport · *Rhode Island*

Brick Market (Fortsetzung)
Architektur. Unter den Arkaden auf Straßenniveau bauten Farmer und Händler einst ihre Stände auf, in den oberen Stockwerken waren Handelskontore untergebracht – bis weit ins 19. Jh. war Brick Market der kommerzielle Mittelpunkt Newports.

Museum of Newport History
Heute befindet sich hier das Museum of Newport History. Hunderte historischer Fotos, Modellschiffe, Gemälde, Tafelsilber und – fast kultisch verehrt – eine während der Schlacht von Lexington benutzte Flinte dokumentieren die abwechslungsreiche Stadtgeschichte (Öffnungszeiten: Mai.–Nov. Mo., Mi.–Sa. 10.00–17.00, So. ab 13.00 Uhr).

Old Colony House
In dem schönen Gebäude gegenüber vom Brick Market residierten von der Kolonialzeit bis ins 19. Jh. die Regierungen Rhode Islands. Die würdevolle Räume durchweht der Hauch der Geschichte: 1781 trafen sich hier George Washington und sein französischer Verbündeter Comte Rochambeau zur Planung der Schlacht von Yorktown. Zu sehen sind Originalmöbel aus jener Zeit und ein heroisches Porträt General Washingtons (Öffnungszeiten: nur nach Vereinbarung unter Tel. 277-62 00).

Wanton-Lyman-Hazard House
Dieses jakobinische Haus am Broadway ist mit dem Baujahr 1675 das älteste Gebäude in Newport. Hier probten die Kolonisten 1765 mit dem Stamp Riot Act den Aufstand.

Hunter House
Botschafter William Hunt war der Hausherr dieses 1748 erbauten Kolonialhauses. Nach Hunt wohnten hier zwei Gouverneure und, während des Unabhängigkeitskriegs, der Kommandeur der französischen Flotte, Admiral Charles de Ternay. Die Räume des Hunter House, möbliert mit herrlichen, von Goddard & Townsend aus Newport hergestellten Originalmöbeln, vermitteln einen hervorragenden Einblick in die Welt der kolonialen Oberschicht (54 Washington St.; Führungen: Mai–Sept. 10.00 bis 17.00 Uhr).

Weitere Sehenswürdigkeiten in Newport

Old Stone Mill
Von der Trinity Church geht es auf der Mill Street zum Touro Park. Dessen Attraktion ist die Old Stone Mill, ein Steinturm ungeklärter Herkunft. Manche glauben, die Wikinger hätten ihn aufgerichtet.

Newport Casino
Ein Kasino, das nie eines war: Die Erbauer kannten sich lediglich in der italienischen Sprache aus und wählten für ihren Geselligkeitsklub den Kosename für "casa": "Casino", "kleines Haus". 1880 im britischen Landhausstil gebaut, begann das Newport Casino (194 Bellevue Ave.) als Treffpunkt des alten Geldadels. Auf penibel gestutzten Rasenflächen frönten die Herren und Damen einer neuen Sportart namens Tennis. Angesichts des Booms des weißen Sports war das Casino von 1881 bis 1914 Austragungsort der United States National Lawn Tennis Championships, der

International Tennis Hall of Fame
späteren US-Open. Heute stehen die 13 Grasplätze auch der Öffentlichkeit zur Verfügung. Im Kasino untergebracht ist die International Tennis Hall of Fame, die den Stars der Gras- und Sandplätze mit vielen schönen Memorabilia huldigt (Öffnungszeiten: tgl. 9.30–17.00 Uhr).

Fort Adams State Park
Weniger der einstigen militärischen Bedeutung sondern des herrlichen Panoramablicks wegen sollte man den Weg hierher nicht scheuen: Von den Aussichtspunkten in diesem nach Fort Adams benannten State Park an der Spitze einer Felsenhalbinsel überblickt man den Hafen, die vorgelagerte Insel Goat Island und die Newport Bridge. Die sternförmige, aus Granit gebaute Festung bewachte früher den Eingang zur Narragansett Bay. Heute findet jeden August hinter ihren dicken Mauern das JVC Jazz Festival statt. Zum State Park gehört auch das Museum of Yachting. In vier

Museum of Yachting
Ausstellungen widmet es sich dem "Goldenen Zeitalter" Newports mit seinen Billionärs-Yachties, der Bootsbauerlegende Nathaniel G. Herreshoff, der Geschichte des America's Cup und herausragenden amerikanischen

Rhode Island · **Providence**

Seglerpersönlichkeiten. Zu sehen sind Fotos, Schiffsmodelle und einige Originalschiffe (Öffnungszeiten: Mitte Mai – Okt. tgl. 10.00 – 17.00 Uhr).

Newport (Fortsetzung)

Zum Baden geht man in Newport vor allem auf die Ostseite der Halbinsel an First, Second oder Third Beach. Im Süden liegt der Gooseberry Beach.

Strände

Pawtucket

K 8

Region: Blackstone River Valley & Northern Rhode Island
Höhe: 28 m. ü.d.M.
Einwohnerzahl: 72 600
Telefonvorwahl: 401

Die ersten Weißen hielten nicht viel von dieser Gegend in der Nordostecke des heutigen Bundesstaats: Undurchdringliche Wälder, steiniger Boden und reißende Flüsse ließen Roger Williams' bald weiterziehen zum Ort des heutigen → Providence. Womit der fromme Pionier des frühen 17. Jh.s noch nichts anfangen konnte, war 150 Jahre später der Treibsatz für Amerikas Sprung ins Industriezeitalter: 1793 machte Samuel Slater, der sein Know-How aus England mitgebracht hatte, sich die Wasserkraft der Pawtucket Falls zunutze und errichtete Amerikas erste wasserkraftgetriebene Baumwollmanufaktur. Gemeinsam mit dem Finanzier Moses Brown, einem Mitglied der namhaftesten Familie von Providence, brachte er die industrielle Revolution auf den Weg. 1810 wurde nahebei die Wilkinson Mill gebaut, die Maschinenteile produzierte. Heute liegt Pawtucket, indian. "der Platz bei den Fällen", längst im Einzugsbereich von Providence – und lebt noch wie je von der verarbeitenden Industrie.

Lage und Allgemeines

*Slater Mill Historic Site

Die Wiege der industriellen Revolution Amerikas liegt mitten in Pawtucket. Mit großem Aufwand auf ihr Aussehen zu Beginn des 19. Jh.s restauriert, vermitteln drei große Gebäude – Slater Mill, Wilkinson Mill, Sylvanus Brown House – sowie einige kleinere Einheiten einen hochinteressanten Eindruck von den Kindertagen des Maschinenzeitalters. In der Slater Mill demonstrieren Guides auf Originalmaschinen, wie aus Baumwolle ein fertiges Produkt wurde. In der Wilkinson Mill ist ein Workshop mit zahllosen hier angefertigten Werkzeugen und Maschinenteilen und vor allem das acht Tonnen schwere Wasserrad zu sehen. Guides setzen das Ganze für Besucher in Bewegung. Das Sylvanus Brown House war vor 200 Jahren das Haus des Mühlenbauers und -warts. Kostümiertes Personal demonstriert alte Spinn- und Webtechniken (67 Roosevelt Ave.; Öffnungszeiten: Juni bis Okt. Di. – Sa. 10.00 – 17.00, So. ab 13.00, März – Mai und Nov. – Dez. Sa. und So. 13.00 – 17.00; Führungen 13.00 und 15.00 Uhr).

Providence

K 8

Region: Greater Providence, East Bay & West Bay
Höhe: 24 m ü.d.M.
Einwohnerzahl: 160 700
Telefonvorwahl: 401

Providence, die drittgrößte Stadt Neuenglands, liegt im Nordosten von Rhode Island am Ende der tief ins Land reichenden Narragansett Bay. Sie ist die Hauptstadt des Bundesstaats und, als Epizentrum eines 900 000 Menschen zählenden Ballungsgebiets, der vibrierende wirtschaftliche und kulturelle Mittelpunkt Rhode Islands. Wichtige Standbeine der Stadt sind

Lage und Allgemeines

Providence · *Rhode Island*

Lage und Allgemeines (Fortsetzung)

die Produktion von Silber- und Kunststoffartikeln, Elektrozubehör und Maschinenteilen. Diese gesunde wirtschaftliche Basis ermöglicht einen landesweit angesehenen Kultur- und Bildungsbetrieb. Mit der zur renommierten Ivy League zählenden Brown University, dem Providence College und der Rhode Island School of Design verfügt Providence über einige der berühmtesten Bildungseinrichtungen des Landes. Am Ende des Jahrtausends zeigt sich die kompakte, auf mehreren Hügeln liegende Stadt zusehends attraktiver. Mit schönen Museen, dem imposanten State Capitol und den restaurierten alten Häuserzeilen auf College Hill garantiert Providence einen angenehmen Aufenthalt, bei dem die eigenen Füße das beste Fortbewegungsmittel sind.

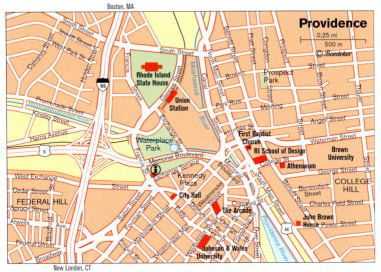

Geschichte

So manches Kapitel dieser Erfolgsstory erklärt sich aus der Vergangenheit. Providence begann als Refugium für religiös Verfolgte und Querdenker aus den anderen Neuengland-Kolonien und aus Europa. Roger Williams, der Stadtgründer, stammte aus dem erzpuritanischen Salem in Massachusetts, wo er sich nicht mit dem rigorosen Führungsanspruch der puritanischen Elite hatte abfinden können. 1636 kaufte er am Ende der Narragansett Bay Land von den Ureinwohnern und gründete "seine" Stadt – ohne das sonst in Neuengland übliche Ensemble von Green und Kirche, sichtbarstes Zeichen seines Postulats der Trennung von Kirche und Staat. 1663 bestätigte Charles III allen Bewohnern der Providence and Rhode Island Colony Religionsfreiheit. 42 Kilometer landeinwärts am Ende der schiffbaren Narrangansett Bay liegend, wandte sich die Stadt bald Seefahrt und Schiffsbau zu. Mitte des 18. Jh.s waren Schiffe aus Providence am Dreieckshandel beteiligt, eine Goldmine, welche die Bewohner gegen die Knebelgesetze des steuerfreudigen Mutterlands schließlich auch mit Gewalt verteidigten: Im Juni 1772 zwangen sie den britischen Schoner "Gaspee" bei Warwick auf Grund und nahmen die königlichen Steuereintreiber gefangen. Während des Unabhängigkeitskriegs war Providence Schutzhafen amerikanischer Freibeuter. Aus dem Krieg ging die Stadt als führender Seehafen Rhode Islands hervor: Wenig später brachen von hier die ersten Schiffe nach China auf, allen voran die Segler des Kaufmanns John Brown, die schon für sich allein der Stadt märchenhafte Umsätze bescherten. Anfang des 19. Jh.s sattelte Providence auf verarbeitende In-

Rhode Island · Providence

Geschichte (Fortsetzung)

...n Einwanderern an, die das Gesicht der ...it der Abwanderung vieler Textil- und Ma... ...en geriet Providence nach dem Zweiten ... Krise.

Downtown

...vidence ist die moderne Kennedy Plaza. ... verspürt, ist in The Arcade, einem großen ...t aufgehoben.

Selbstverständlich ist auch das Rhode Island State House nach dem Vorbild des Kapitols in Washington erbaut.

Groß, weiß und respekteinflößend thront das State House als sichtbarstes Zeichen des Bürgerstolzes auf dem Smith Hill über der Stadt. 1901 eingeweiht, wurde der aus Georgia-Marmor erbaute Sitz der Regierung Rhode Islands dem Capitol in Washington, DC, nachempfunden. Eine gewaltige, weißleuchtende Kuppel – die zweitgrößte selbsttragende Kuppel der Welt – krönt das Gebäude. Auf ihrer Spitze wacht der "Independent Man", eine Freiheit und Toleranz des Bundesstaats symbolisierende Bronzestatue, über das Treiben der Volksvertreter. Neben dem Eingang zum Senat ist das 1663 von Charles III ausgestellte Toleranzedikt zu sehen. Im "Executive Chamber" hängt Gilbert Stuart's berühmtes Porträt von George Washington – davon ist das Konterfei des ersten Präsidenten ausgeliehen, das die Ein-Dollar-Note ziert (Öffnungszeiten: Mo. – Fr. 8.30 – 16.30 Uhr).

*Rhode Island State House

*College Hill

Von den Stufen des State House hat man geradeaus einen schönen Blick auf die moderne Skyline von Downtown. Linker Hand blickt man auf den grünen College Hill am Ufer des zwischen rotziegeligen Häusern hervor-

Providence · Rhode Island

College Hill
(Fortsetzung)

schauenden Providence River. College Hill ist ein gelungenes Beispiel geschichtsbewußter Stadtsanierung. Aus einem schmalen Pfad über den Hügelrücken namens Benefit Street, der den Verkehr auf den damaligen Hauptgeschäftsstraßen North und South Main Street entlastete, wuchs im 18. Jh. eine von Häusern wohlhabender Kaufleute gesäumte Prachtstraße. Im frühen 19. Jh. war College Hill das Nobelviertel der Stadt, veredelt durch die 1770 hier eröffnete Brown University. Hier liegen fast alle Sehenswürdigkeiten von Providence. Die schattigen, teils recht steilen Alleen und die alten Villen in nahezu allen amerikanischen Baustilen machen den Spaziergang zu einem Vergnügen, das von einem Capuccino in einem der Straßencafés an der Thayer Street gekrönt wird. Thayer Street ist die wuselige Einkaufsstraße der Studenten, die an der nahen Brown University eingeschrieben sind. Coffeeshops, vollgestopfte Bücherläden und bunte Flugblätter an Bäumen und Straßenlaternen sorgen für klassische Studenten-Bohème.

First Baptist Church

Roger Williams bestimmte 1638 den Ort für das erste von Baptisten in Nordamerika gebaute Versammlungshaus. Die heute zu sehende Kirche wurde 1775 auf dessen Fundamenten von John Brown errichtet und enthält ein einfach-friedvolles Dekor in grünen und weißen Farbtönen (75 North Main St. / Ecke Waterman St.).

Rhode Island School of Design

Das renommierte Lehrinstitut für Architekten und Designer ist in einem überraschend klotzig wirkenden Gebäude wenig südlich der Baptistenkirche untergebracht. Dazu gehört auch das Museum of Art mit seinen hochwertigen Sammlungen ägyptischer, antiker, asiatischer und europäischer Kunst. Neben einer schönen Sammlung amerikanischer Maler (u. a. Cole, Bierstadt, Homer) sind ein japanischer Buddha aus dem 10. Jh. und ein römisches Mosaik aus dem 4. Jh. die Highlights des Museums. Besondere Beachtung verdient die im angeschlossenen Pendleton House untergebrachte Charles Pendleton Collection mit ihren amerikanischen Möbeln des 18. Jh.s (224 Benefit St.; Öffnungszeiten: tgl. Mi.–So. 10.00–17.00, Fr. bis 18.00 Uhr).

Providence Athenaeum

Richtung Brown University liegt an der College Street das Providence Athenaeum, eine noch heute herrlich altmodische Bibliothek mit alten Lesetischen und riesigen Bücherschränken. Kein Wunder – sie besteht seit dem Jahr 1753 und residiert seit 1836 im jetzigen Gebäude. Einer ihrer prominentesten Benutzer war Edgar Allan Poe.

Brown University

Den Browns begegnet man überall in Providence. Ende des 18. Jh.s hatte diese alteingesessene Familie gleich vier erfolgreiche Brüder hervorgebracht: John hatte als Kaufmann den Chinahandel eröffnet, Joseph hatte als Architekt viele der schönsten Häuser der Stadt entworfen, Moses hatte gemeinsam mit Sam Slater die Industrialisierung Neuenglands angeworfen, und Nicholas war zum Herr über ein internationales Handelsimperium aufgestiegen.
Die 1764 in Warren als Rhode Island College gegründete Universität wurde 1804 nach ihrem größten Wohltäter, Nicholas Brown II, benannt. Seit 1770 in Providence auf College Hill zu Hause, studieren heute über 7000 Studenten an dieser mitten im Wohngebiet liegenden, zur renommierten Ivy League gehörenden Campus-Uni. Der schnellste Weg von der Downtown hier herauf ist die College Street. An ihrem Ende liegen die trutzigen Van Winckle Gates, der Haupteingang zum Campus. Auf ihm verteilen sich die ältesten der rund 250 Gebäude: die 1770 erbaute University Hall, die neoklassische Manning Hall von 1835 und Hope College von 1822, das als Schlafsaal dient. Interessierte Besucher steuern gern die John Carter Brown Library an, die eine der schönsten Sammlungen amerikanischer Bücher vor 1825 enthält (Öffnungszeiten während der Semester: Mo.–Fr. 8.30–17.00, Sa. 9.00–12.00 Uhr, ansonsten unterschiedlich). Auch in der Rockefeller Library und in der David Winton Bell Gallery sind sehenswerte Ausstellungen aufgebaut.

Rhode Island · Providence

Das schönste der in College Hill zur Besichtigung freigegebenen historischen Häuser ist dieses dreistöckige, 1788 von Joseph Brown für seinen Bruder John im georgianischen Stil entworfene Gebäude. Es besticht mit großzügiger Raumaufteilung, Kaminen, Säulen und glattpolierter Holzarbeit. Vor allem die kolonialen Originalmöbel der Browns sind den Besuch wert: Sie zählen zum besten, was jemals die Werkstätten der Möbelmacher von Rhode Island verlassen hat (52 Power St.; Öffnungszeiten: Mo. bis Sa. 10.00 – 17.00, So. 12.00 – 16.00, Jan. und Feb. an Wochentagen nur nach Vereinbarung).

John Brown House

Weitere Sehenswürdigkeiten

Einen der schönsten Ausblicke auf die Stadt bietet der Prospect Park nördlich vom College Hill.

Prospect Park

Im Süden der Stadt kann man im Roger Williams Park spazieren gehen, den Zoo besuchen und das dort leibhaftig Erlebte im Natural Museum theoretisch untermauern.

Roger Williams Park

Nur etwas für Spezialisten, weil nur nach Vereinbarung zugänglich, aber echte Kochkünstler und Gourmets werden in den Culinary Archives & Museum der Johnson & Wales University aus dem Entzücken nicht herauskommen. Diese Sammlung ist eine der weltweit größten rund um Essen, Küche und Gastlichkeit und reicht vom alten Ägypten bis in die Gegenwart (315 Harborside Blvd.; Tel. 598-28 05).

Culinary Archives & Museum

Vermont

Fläche: 24 887 km²
Hauptstadt: Montpelier
Bevölkerungszahl: 588 700
Zeitzone: Eastern
Beiname: Green Mountain State

Vor einigen Jahren beschrieb der Gouverneur Vermonts seinen Staat als einen Ort, an dem der Besucher genau erkenne, wo eine Stadt beginne und wo sie aufhöre. Das mag sich etwas unbedarft anhören, beschreibt jedoch akkurat den Unterschied zwischen Vermont und dem Rest Amerikas. Während im übrigen Land immer mehr Städte im Siedlungsbrei gesichtsloser Vorstädte ihre Identität verlieren, blieb in Vermont die Kirche im Dorf und das Ortschild vor der Ortseinfahrt. Wohl nirgends sonst im Land – Ausnahmen in den übrigen Neuenglandstaaten bestätigen die Regel – erlebt man das alte Amerika so intensiv wie in Vermont: sanfte Hügel, rote Scheunen und spitze weiße Kirchtürme über friedlichen Dorfidyllen. Außerdem besitzt der Green Mountain State die meisten "covered bridges" – insgesamt über 100. Es verwundert also nicht, daß der Illustrator Norman Rockwell seine "small town"-Motive vor allem in Vermont fand.

Die Nord-Süd-Ausdehnung Vermonts beträgt von der kanadischen Grenze im Norden bis nach Massachusetts im Süden 240 km, die breiteste Stelle im Norden mißt 144 und im Süden 65 km. Im Osten markiert der Connecticut River die Grenze mit New Hampshire, im Westen trennen der Poultney River und der lange Lake Champlain Vermont von seinem Nachbarn New York State. Die von Norden nach Süden verlaufenden und als National Forest größtenteils geschützten Green Mountains sind das geographische Rückgrat des Staats. Aus hartem Granit aufgebaut, sind ihre Täler von Laubwald – Ahorn, Eichen, Ulmen, Birken – bedeckt, der sich in den größeren Höhen mit Nadelbäumen mischt. Parallel zu den Green Mountains verläuft im Südwesten der weitgehend aus Schiefer bestehende Höhenzug der Taconic Range. Charakteristisch für den entlegenen, dünn besiedelten Nordosten Vermonts sind rauhe Inselberge in weitläufigen Hügellandschaften mit Seen, Teichen und Sümpfen. Der 200 km lange und an seiner breitesten Stelle nur 20 km messende Lake Champlain ist der größte Süßwassersee des Kontinents westlich der Großen Seen, der zweitgrößte See, Lake Memphremagog, reicht bereits ins kanadische Québec hinüber.

Lage und Landesnatur

Vor der Landnahme durch die Europäer war Vermont die Heimat algonquin- und iroquoissprechender Indianerstämme. Der erste Weiße, der Franzose Samuel de Champlain, setzte 1609 seinen Fuß auf das Land. Sein Ausruf "Ah, les verts monts!" beim Anblick der grünen Höhenzüge gab dem Staat hundert Jahre später seinen Namen. 1666 meldete Neufrankreich mit der Gründung von Fort Ste. Anne auf der Isle La Motte im Lake Champlain Gebietsansprüche an. In der Folgezeit, während der Neu-

Geschichte

◀ *Eine Kirche, ein Farmhaus, leuchtender Herbstwald:*
Vermont ist Neuengland aus dem Bilderbuch.

Vermont

Geschichte (Fortsetzung)

england zügig von den Briten erschlossen wurde, blieb Vermont als Niemandsland zwischen der britischen und französischen Interessensphäre weitgehend unbesiedelt. Das Champlain Valley wurde im 17. und 18. Jh. zum Aufmarschgebiet indianischer, französischer und britischer Truppen, die sich zunächst den blutigen "petite guerre" lieferten, der schließlich im French and Indian War gipfelte. Dieser endete 1759 mit dem Fall Neufrankreichs, was Vermont und ganz Nordamerika dem Sieger Großbritannien öffnete. Nach der Vertreibung der Franzosen wurde es ernst mit der Besiedlung. Bald lagen die Vermonter jedoch mit den großgrundbesitzenden "Yorkers" in der Nachbarkolonie New York wegen kollidierender Landansprüche über Kreuz. Als London den Streit zugunsten der New Yorker schlichtete, gründeten aufgebrachte Vermonter die Selbstschutztruppe der Green Mountain Boys. Während des Unabhängigkeitskriegs formte Ethan Allen aus ihnen eine schlagkräftige Truppe, die mit der Einnahme von Fort Ticonderoga 1775 einen der ersten Siege der Kolonisten feierte. Mit dem so bewiesenen Patriotismus gründeten die Vermonter jedoch lieber ihren eigenen Staat: Am 15. Januar 1777 riefen sie eine unabhängige Republik aus, die 14 Jahre Bestand hatte, als erste die Sklaverei für Unrecht erklärte und ihre Botschafter nach Europa schickte. Erst am 4. März 1791, nachdem die Landansprüche mit New York endlich geregelt waren, trat Vermont als 14. Staat der Union bei. Seitdem sind die Vermonter in England als besonders halsstarrig auf ihre Freiheit pochende Naturen bekannt.

Das 19. Jh. sah die landwirtschaftliche Erschließung und die Industrialisierung Vermonts. Sägewerke und Marmor und Granit produzierende Steinbrüche schossen in den Green Mountains aus dem Boden, eine blühende Milchwirtschaft begann den Export, die Ahornsirupindustrie versorgte ganz Amerika mit Naturprodukten. Anfang des 20. Jh.s wuchs der Tourismus zu einer Industrie heran. In den vierziger Jahren schlossen die ersten Highways den bis dahin noch immer recht isolierten Staat an den Rest Amerikas an; seit den sechziger Jahren erlebte das ländliche Vermont eine verstärkte Zuwanderung großstadtmüder Amerikaner von der Ostküste.

Als Vorreiter in ökologischen Fragen verabschiedete Vermont als erster US-Bundesstaat Gesetze zum Schutz der Umwelt: Große Werbeflächen in pastoralen Landschaften sind per Gesetz verboten, Industrien sehen sich mit den strengsten Umweltauflagen Amerikas konfrontiert. Und das "Growth Management Law" von 1987 zwingt die Gemeinden, neue Gebäude den landschaftlichen Gegebenheiten anzupassen und nicht umgekehrt. 1993 erhielten die grünen Gesetzesmacher Schützenhilfe vom National Trust for Historic Preservation: Die einflußreiche Vereinigung setzte ganz Vermont an die Spitze ihrer alljährlich veröffentlichten Liste bedrohter historischer Orte und Plätze. Denn allgegenwärtig ist die Bedrohung durch allesfressende Riesenparkplätze und Mega Malls.

Bevölkerung

Nur zwei US-Bundesstaaten haben weniger Einwohner als die knapp 589 000 von Vermont: Arkansas und Wyoming. In anderer Hinsicht hält der Green Mountain State aber einen Spitzenplatz: 98,6 % aller Vermonter sind Weiße, Afro-Amerikaner sind nur mit 0,3 % vertreten. Zwei Drittel aller Vermonter leben in Städtchen unter 2500 Einwohnern. Die größte Stadt ist Burlington (39 000 Einw.), die Hauptstadt Montpelier ist mit 8200 Einwohnern für Vermonter Verhältnisse immer noch "großstädtisch".

Wirtschaft

Landwirtschaft, Tourismus und verarbeitende Industrien sind Vermonts wirtschaftliche Säulen, wobei die Milchwirtschaft die landwirtschaftliche Vorzeigeindustrie ist. Sie versorgt Boston und den Süden Neuenglands mit Milch, Joghurt und Käse. Die tief in den dichten Wäldern der Green Mountains verborgenen "sugar shacks" stehen in Neuengland für erstklassigen Ahornsirup. Bekannteste Produzenten der bernsteinfarbenen Flüssigkeit und verwandter Produkte sind St. Albans und St. Johnsbury. Hier werden auch Käse hergestellt und auf weitläufigen Plantagen die berühmten Vermont-Äpfel gezogen. Viele der Kleinstädte Vermonts beherbergen verarbeitende, z. T. hochspezialisierte Industrien. In Burlington sind Elektronikbetriebe angesiedelt, in Beecher Falls, Brattleboro und Bennington Papier-

Vermont

und Möbelfabriken, Rutland hat sich auf Turbinen spezialisiert, St. Johnsbury auf Präzisionsinstrumente und Essex Junction auf Computer-Hardware. Marmor aus Vermont steht noch immer in gutem Ruf: Die Steinbrüche an der Westflanke der Green Mountains produzieren über hundert Arten, und auch der graue Granit aus Barre ist weltweit nachgefragt. Eine rapide wachsende Einnahmequelle ist der Tourismus – allein die Einnahmen aus dem meist in den Green Mountains stattfindenden Skitourismus beträgt jährlich rund 300 Millionen Dollar.

Wirtschaft (Fortsetzung)

Die Green Mountains sind Vermonts bedeutendstes Feriengebiet. Beliebt zu jeder Jahreszeit, kommen hier Wanderer ebenso auf ihre Kosten wie Wintersportler. Mehrere hundert Kilometer herrlicher Hikingtrails durchziehen den mittelgebirgsartigen Höhenzug, darunter der 430 km lange, Vermont der Länge nach durchmessende Long Trail sowie ein Teilstück des Appalachian Trail. Die verkehrsarmen Landstraßen eignen sich hervorragend für ausgedehnte Radtouren. An der 400 km langen Vermonter Uferlinie des Lake Champlain liegen zahllose Marinas, in denen Segelboote, Kanus und Kayaks gemietet werden können. Im Winter ist Skilaufen angesagt. Rund 40 moderne Skizentren gibt es in den Green Mountains, allen voran Stowe, Smuggler's Notch, Jay Peak und Magic Mountain. Viele der Gipfel können im Sommer per Sessellift "bestiegen" werden. Ebenso populär wie im kanadischen Québec sind Ausritte mit dem Motorschlitten. Auf knapp 3000 km präparierter Motorschlitten-Trails kann der gesamte Staat unter die Kufen genommen werden. Last but not least der Indian Summer: Mit einer zu 70 % von Laubwäldern bedeckten Fläche zieht Vermont während der Laubfärbung von Mitte September bis Mitte Oktober Tausende von "leaf peepers" an.

Freizeit, Sport und Tourismus

Barre

I 5

Region: Central Vermont
Höhe: 151 m ü.d.M.
Einwohnerzahl: 9500
Telefonvorwahl: 802

Lage und Allgemeines

Das auf der hügeligen Ostflanke der Green Mountains gelegene Barre (gesprochen: Barrie) ist seit mehr als 150 Jahren der bedeutendste Granitlieferant Amerikas. Bereits zu Beginn des 19. Jh.s kamen hochspezialisierte Steinschneider aus Italien und Schottland, um in der Umgebung des Städtchens den seiner makellosen Struktur wegen gerühmten Granit zu schneiden und zu bearbeiten. Damals beim Bau öffentlicher Gebäude verwendet, wird der meist weißlich- bis blaugrau kommende Granit heute in ganz Amerika für Gedenkstätten, Grabmäler und Industriezubehör gebraucht. Von den mehreren Dutzend Steinbrüchen um das bis heute Gelsenkirchener Charme versprühende Barre sind heute noch zwei in Betrieb.

Sehenswertes in Barre

*Rock of Ages Quarry

Wer in Barre innehält, kann den mit schwerem Gerät betriebenen Granitabbau im nahen Graniteville hören. In der südlich der Stadt an der VT 14 liegenden Siedlung liegt der Steinbruch Rock of Ages Quarry. Hinter dem Besucherzentrum öffnet sich das Riesenloch eines der größten Steinbrüche der Welt. Während der halbstündigen Tour transportiert ein altersschwacher Bus den Besucher hinauf zur Aussichtskanzel, von wo aus der Blick 150 m tief auf den Boden des Steinbruchs hinabfällt. Bis zu 100 t schwere Granitblöcke werden hier von Spezialbohrern aus dem Fels gestemmt (Öffnungszeiten: Mo.–Sa. 8.00–17.00, So. 12.00–17.00; geführte

150 m tief geht der Blick in den Marmorsteinbruch Rock of Ages.

Vermont · Bennington

Touren Mo. – Fr. 9.15 – 15.30 Uhr). Danach geht es ins nahe Craftsmen Center, wo man Arbeitern bei der Weiterverarbeitung des Granits über die Schulter blicken kann (Öffnungszeiten: Mo. – Fr. 8.00 bis 15.30 Uhr).

Barre,
Rock of Ages
Quarry (Fts.)

Was die Steinmetze in früheren Zeiten aus dem Granit gemacht haben (und welch unkompliziertes Verhältnis sie zu Gevatter Tod hatten), zeigt sich an den Grabsteinen auf dem Hope Cemetery – einer origineller als der andere (an VT 14 wenig nördlich der US 302).

*Hope Cemetery

Umgebung von Barre

Ortstermin für Fotografen: Das 24 km südlich von Barre an der VT 14 liegende Brookfield nennt eine altertümliche Brücke sein eigen, die auf 380 leeren Tonnen einer Pontonbrücke gleich über den Sunset Lake führt und sich mit dem Wasserstand hebt und senkt.

Brookfield

→ dort

Montepelier

Bennington   H 7

Region: Southern Vermont
Höhe: 218 m ü.d.M.
Einwohnerzahl: 16 500
Telefonvorwahl: 802

Das schöne Städtchen im Süden Vermonts liegt in einem von den Green Mountains und der Taconic Range umgebenen Tal. Von der VT 9 ist es bereits von weitem am überdimensionalen Bennington Battle Monument zu lokalisieren. Der fast 92 m hohe Obelisk verweist unmißverständlich auf Benningtons historische Sternstunde: Am 16. August 1777 war das Städtchen Schauplatz eines kleinen, aber letztlich kriegsentscheidenden Gefechts zwischen Amerikanern und hessischen Söldnern in britischen Diensten. Der Sieg der Amerikaner unter General John Stark machte der britischen Strategie, die Kolonien vom Hudson River Valley bis zum Lake Champlain zu trennen und dann nacheinander zu befrieden, einen Strich durch die Rechnung. Lt. Col. Friedrich Baum, von Briten-General John Burgoyne ausgesandt, um in Bennington Waffenlager der Rebellen auszuheben, verlor in nur zwei Stunden 200 Mann – und sein General die Oberhand im Hinterland Neuenglands, was wenig später zu seiner Niederlage in der Schlacht bei Saratoga führen sollte.
Schöngeister verbinden mit Bennington eher das prestigeträchtige, liberale Bennington College und die blühende Keramikindustrie des Orts, deren Produkte in hübschen kleinen Läden in Old Bennington angeboten werden. North Bennington ist die geschäftige andere Hälfte der Stadt.

Lage und
Allgemeines

Sehenswertes in Bennington

Die Schlacht fand zwar knapp 10 km von hier entfernt statt, aber die Hügelkuppe über dem Tal befanden Benningtons Stadtväter zur Errichtung eines Denkmals für geeigneter. 1891 wurde das Bennington Battle Monument eingeweiht. Das Aussichtsdeck in seiner Spitze ist die Fahrt im engen Fahrstuhl wert: Der Ausblick ist besonders am Spätnachmittag reizvoll (Monument Ave., Öffnungszeiten: April – Okt. tgl. 9.00 – 17.00 Uhr). Ein Denkmal ehrt Col. Seth Warner, der mit den Green Mountain Boys in die Schlacht eingriff und sie endgültig entschied.

Bennington Battle
Monument

Die hoch über dem modernen North Bennington im historischen Old Bennington liegende Old First Church gilt vielen als schönste Kirche Neueng-

*Old First Church

Burlington · Lake Champlain · *Vermont*

Bennington,
Old First Church
(Fortsetzung)

lands. Im Jahr 1805 erbaut, thront ihr formvollendeter dreigeschossiger Glockenturm über einem makellos weißen Kirchenschiff, dessen große, in Doppelreihen angebrachte Fenster viel Licht ins Innere lassen. Kirchengestühl und Dekor blieben unverändert. Auf dem schattigen Kirchenfriedhof liegt neben vielen Rebellen aus dem Unabhängigkeitskrieg auch der Dichter Robert Frost (1874 bis 1963) begraben, der in seinen Gedichten ein ums andere Mal die Schönheiten Neuenglands besang.

Robert Lee Frost, der große Lyriker Neuenglands, ist auf dem Friedhof von Bennington begraben.

Bennington Museum

*Grandma Moses Collection

Hinter der klassizistischen Fassade des Bennington Museums warten neun Ausstellungen zur Kunst und Geschichte Vermonts, darunter sehenswerte Möbel und Glasarbeiten. Von besonderem Interesse ist aber die umfangreiche Sammlung von Gemälden von Anna Mary Moses, besser bekannt als Grandma Moses (1860–1961). Sie fing erst mit 70 Jahren das Malen an und feierte mit ihren einfach-naiven Genrebildern des ländlichen Neuenglands internationale Erfolge (W. Main St.; Öffnungszeiten: Juni bis Okt. tgl. 9.00–18.00, sonst nur bis 17.00 Uhr).

Umgebung von Bennington

Brattleboro

Am entgegengesetzten Ende des Südzipfels von Vermont und 39 mi/ 62 km von Bennington entfernt liegt die Industriestadt Brattleboro mit für Vermonter Verhältnisse beachtlichen 12 000 Einwohnern. Hier entstand mit Fort Dummer 1724 die erste Siedlung Vermonts, und hier hat man angeblich den alternativen Lebensstil erfunden, was sich in zahlreichen einschlägigen Buchläden bemerkbar macht. Rudyard Kupling lebte einige Zeit hier und arbeitete dabei an seinem "Dschungelbuch". Wer etwas besichtigen will, gehe ins Brattleboro Museum & Arts Center mit seiner Orgelsammlung und in Harlow's Sugar House, um beim Sirupmachen zuzusehen

Windham County

Auf einem Ausflug in das Windham County kann man versuchen, alle hier stehenden 30 "covered bridges" zu finden. Mit Newfane und Grafton (s. S. 416/417) besitzt das County zwei außerordentlich hübsche Neuengland-Städtchen. Auf einer Farm in Windham County kam der Mormonenführer Brigham Young zur Welt.

Burlington · Lake Champlain   H 5

Region: Northern Vermont
Höhe: 34 m ü.d.M.
Einwohnerzahl: 39 000
Telefonvorwahl: 802

Lage und Allgemeines

Straßencafés und Studentenwohnheime, eine phantastische Lage mit Blick über den Lake Champlain zu den Adirondack Mountains und den im Rücken machtvoll aufragenden Green Mountains, eine alternative Szene

***Vermont** · Burlington · Lake Champlain*

und sogar eine sozialistische Tradition, die in den achtziger Jahen in der Wahl eines "roten" Bürgermeisters gipfelte: Die größte Stadt Vermonts hat alles, was "richtige" Großstädte auch haben – allerdings ohne die üblichen negativen Nebenwirkungen. Die Besiedlung des stufenweise zum See abfallenden Stadtgebiets begann erst nach dem Unabhängigkeitskrieg, zunächst entlang der Battery Street am Seeufer, dann immer weiter landeinwärts. 1791 wurde die University of Vermont gegründet, die bis heute liberaler Tradition verpflichtete älteste Universität des Staats.

Lage und Allgemeines (Fortsetzung)

Sehenswertes in Burlington

Einen angenehmen Stadtbummel verspricht die zehn Minuten vom Seeufer entfernte Fußgängerzone Church Street Marketplace im Stadtzentrum. Hier haben selbst Trendmarken wie Banana Republic und Urban Outfitter Läden eröffnet.

Church Street Marketplace

Die Revitalisierungsbemühungen der alten Seeuferpromenaden waren dagegen nur wenig erfolgreich. Den besten Blick auf den Lake Champlain hat man vom Battery Park am Ende der Pearl Street aus und auf einer Ausfahrt mit einem der am Ende der College Street vor Anker liegenden Ausflugsdampfer. Sehr zu empfehlen ist "The Spirit of Ethan Allen II". Der mit allen Annehmlichkeiten ausgerüste Ausflugsdampfer bietet Brunch- und Dinner-Cruises sowie historische Vorträge des Kapitäns aus der Zeit der Revolution. Die Sightseeing-Touren beginnen jede zweite Stunde zwischen 10.00 und 16.00 Uhr am Burlington Boathouse.

Waterfront

Der Campus erstreckt sich zwischen University Place und S. Prospect Street östlich der Innenstadt. Besonders fotogen geben sich die vom Architektenbüro McKim, Mead & White im neo-georgianischen Stil entworfene Ira Allen Chapel von 1925 und das daneben stehende Billings Center, ein Repräsentativbau mit romanischen Anklängen.

University of Vermont

Das ebenfalls von McKim, Mead & White konzipierte Museum öffnete 1930 seine Pforten. Neben feinen Sammlungen ägyptischer und asiatischer Kunst verdienen vor allem die exzellente "American Gallery" mit Gemälden aus dem 18. und 19. Jh. einen längeren Blick (61 Colchester Ave.; Öffnungszeiten: Labor Day – April Di. – Fr. 9.00 – 16.00, Sa. – So. 13.00 – 17.00, sonst Di. – Fr. 12.00 – 16.00, Sa. – So. 13.00 – 17.00).

*Robert Hull Fleming Museum

Ethan Allen ist ein Volksheld in Vermont – sein Name prangt auf Fähren, Straßenschildern und Souvenirtassen. Seine Farm, die Ethan Allen Homestead, ist stimmungsvoll rekonstruiert und zeichnet in einer anregenden Multimediashow das ereignisreiche Leben dieses Mannes nach. Schöne Spazierwege führen zum naturbelassenen Ufer des Winooski River (2 mi/3,2 km nördlich auf der VT 127, Exit North Ave. Beaches; Öffnungszeiten: Mitte Mai – Mitte Okt. Mo. – Sa. 10.00 – 17.00, So. 13.00 – 17.00 Uhr).

Ethan Allen Homestead

Umgebung von Burlington

Das 7 mi/11 km auf der US 7 südlich von Burlington liegende Shelburne besteht eigentlich aus drei Orten: Shelburne Village, Shelburne Harbour und Shelburne Falls sind ruhige Gemeinden mit herrlichem Blick auf die Adirondacks und die Green Mountains. Während der Dampfschiffzeit erlebten sie ihre Blüte, als eine nahe Werft Passagier- und Frachtschiffe produzierte.
Das letzte der hier vom Stapel gelaufenen Dampfschiffe, die "SS Ticonderoga", ist heute eines der vielen Highlights im Shelburne Museum, einem der besten Museen Neuenglands zu 300 Jahren amerikanischer Geschichte. 1947 von Electra Havemeyer Webb gegründet, bietet es 37 historische, mit Artefakten zu siedlungs- und kolonialspezifischen Themen eingerichtete Häuser, darunter eine Kirche, eine Schule, ein Gefängnis, einen Leuchtturm und einen General Store. Die drei Stockwerke hohe Rund-

**Shelburne Museum

Burlington · Lake Champlain · *Vermont*

Die "SS Ticonderoga" lief 1906 als letztes Dampfschiff vom Stapel der Shelburne Werft. Nun liegt sie als Museumsschiff auf dem Trockenen.

Shelburne Museum (Fortsetzung)

scheune "Round Barn" (1901) fasziniert durch ihr durchdachtes, arbeitssparendes Design; Bahnhöfe wie die viktorianische "Shelburne Railroad Station" (1890) wurden einst überall in Amerika gebaut. Mehrere Kilometer vom See entfernt hat Anfang der 50er Jahre die "SS Ticonderoga", 1906 in Dienst gestellt und einer der letzten Raddampfer Amerikas, ihre endgültigen Liegplatz gefunden. Das fotogene Colchester Reef Lighthouse (1871) beherbergt eine Gemäldegalerie mit maritimen Motiven. Sehenswert ist auch der liebenswerte, scheinbar amerikanischen Familienserien entsprungene Tuckaway General Store (1840), der damals Poststelle, Zahnarztpraxis, Friseur- und Kaufmannsladen zugleich war. Mehr als 140 Pferdekutschen und -schlitten sind in der Horseshoe Barn zu sehen. Rembrandts, Degas', Manets und Corots enthält die Kunstsammlung im Electra Havemeyer Webb Memorial Building, einem beeindruckenden Musentempel im Greek Revival Style. Für den Besuch des Museums sollte man mindestens vier Stunden einkalkulieren (Öffnungszeiten: Ende Mai bis Mitte Okt. tgl. 10.00 – 17.00 Uhr).

*Shelburne Farms

Zwei Kilometer östlich von Shelburne Village liegt Shelburne Farms, eine märchenhafte Parklandschaft, die sich Eisenbahn-Tycoon William Seward Webb und seine Gemahlin Lila Vanderbilt Webb als höchsteigenes Paradies vor etwas mehr als hundert Jahren erschufen. Spitzenkräfte wie der damals allgegenwärtige Landschaftsarchitekt Frederick Law Olmsted rissen über dreißig Farmen ab, ebneten Hügel ein und legten dafür Teiche, Wiesen und Wäldchen an, zwischen denen schön anzusehende Wirtschaftsgebäude hervorlugen. Denn Shelburne Farms war nicht nur Landsitz, sondern auch Versuchsfarm, in der nach neuen Wegen in der Viehzucht und beim Getreideanbau gesucht wurde. Inzwischen wurde es allerdings verkleinert und veranstaltet nun Umweltseminare; Shelburne House, das pompöse Landhaus der Webbs, ist in einen Luxus-Inn verwandelt worden. Allein der Blick über den Lake Champlain lohnt den Besuch – auch wenn man hier nicht übernachtet.

Vermont · Manchester

Nur knapp 13 km südlich der kanadischen Grenze erhebt sich bei North Troy in der Landschaft → Northeast Kingdom der Jay Peak (1158 m ü.d.M.). Absolut schneesicher, ist er von Ende November bis Anfang April mit über 60 Abfahrten leichter bis mittlerer Schwierigkeitsgrade ein populäres Skigebiet. Wer im Sommer Wert auf Fernblick legt, kann mit der modernen Seilbahn hoch hinaus. Der Blick vom Gipfel reicht bei klarem Wetter bis zum Lake Champlain und zu den Adirondacks, nach Montréal und zu den White Mountains.

Burlington (Fortsetzung)
Jay Peak

Burlington ist der ideale Ausgangspunkt für erholsame Ausflüge in die Welt der Grand Isles im nördlichen Teil des Lake Champlain – mit dem Auto auf der US 2 oder mit dem Boot, das man auch vor Ort mieten kann. Viele State Parks bieten Erholung; im Ort Grand Isle kann man im Sommer tatsächlich eche Lipizzaner bestaunen.

Grand Isles

Manchester   H/I 6

Region: Central Vermont
Höhe: 208 m ü.d.M.
Einwohnerzahl: 3600
Telefonvorwahl: 802

Autos wirken merkwürdig fehl am Platz in dieser nostalgischen Sommerfrische der Ostküstenelite. Die meisten der herrschaftlichen Häuser des Städtchens zu Füßen der Taconic Range wurden im Federal Style errichtet, die Bürgersteige sind mit Marmorplatten aus einigen nahen Marmorbrüchen verlegt. Dominiert wird Manchester vom Equinox Hotel, einem herrschaftlichen, mit Säulen dekorierten Hotel, in dem bereits vier amerikanischen Präsidenten abstiegen und nach wie vor eine wohlhabende Klientel die Wochenenden verbringt. Die geschäftige Gegenwart hat Manchester an den Stadtrand verdrängt – dort kann man einkaufen und auftanken, denn zahlreiche Factory Outlets mit dem üblichen Angebot laden zum amerikanischen "shop til you drop" ein.

Lage und Allgemeines

Sehenswertes in Manchester

Kein Ort für Eltern mit maulenden Kindern: Das American Museum of Fly Fishing ist der hohen Kunst des Fliegenfischens gewidmet und ein Leckerbissen für jeden passionierten und somit geduldigen Angler. Fliegenfischen ist beinahe Nationalsport in den USA. Ganzer Stolz des wohlausgestatteten Museums sind die Angelausrüstungen von Ernest Hemingway, Herbert Hoover und Andrew Carnegie (Öffnungszeiten: April bis Nov. tgl. 10.00 bis 16.00 Uhr, ansonsten nur wochentags).

American Museum of Fly Fishing

Dieses georgianische Anwesen etwas abseits der VT 7 A gehörte Robert Todd Lincoln (1843–1926), dem ältesten der vier Kinder des US-Präsidenten Abraham Lincoln. Die 24 Räume des Hauses, das bis in die 1970er Jahre von der Lincoln-Familie bewohnt wurde, enthält Original-Mobilar, darunter eine äolische Orgel mit über 1000 Pfeifen und eine elegant geschwungene Treppe in den ersten Stock. Lincoln Jr., der als erfolgreicher Anwalt und Präsident der Pullman Car Company ein Vermögen machte, verbrachte hier zwischen 1905 und 1926 die Sommer (Öffnungszeiten: Mitte Mai – Okt. tgl. 9.30 – 16.00 Uhr).

Hildene

Nach 8 km auf der VT 7 A Richtung Süden biegt der Equinox Skyline Drive nach rechts ab. Die schmale Asphaltstraße führt in engen Windungen auf den Mt. Equinox (1145 m) ü.d.M., den höchsten Gipfel der Taconic Range. Auf dem Gipfel reicht die Sicht bei klarem Wetter vom Hudson River Valley bis hinüber zu den Green Mountains.

*Equinox Skyline Drive

415

Manchester · *Vermont*

Todd Lincoln, ältester Sohn von Abraham Lincoln, ließ sich in Hildene nieder.

Umgebung von Manchester

Ausflug in die Green Mountains

Noch mehr Bilderbuch-Vermont findet in den stillen, weitgehend untouristisch gebliebenen Tälern der Green Mountains statt. Dazu verläßt man Manchester auf der VT 7 A und biegt in Manchester Center zunächst auf die später in die VT 11 übergehende VT 30 nach Osten ab. Nach 20 Autominuten erreicht man zunächst das Skigebiet Bromley Mountain, nach weiteren 3,5 km auf der VT 11 weist ein Schild auf den Vermont durchquerenden Fernwanderweg Long Trail hin. Im letzten Abschnitt recht steil, führt er hier auf den Gipfel des knapp eintausend Meter hohen Mt. Bromley. Der Blick vom Aussichtsturm schweift über das Skigebiet Mt. Stratton im Süden und die Green Mountains.

*Weston

Nach einer weiteren halben Stunde ist Weston erreicht. Der verträumte Weiler liegt auf einem Hügel am Ende des West River Valley und gruppiert

Der "Bandstand" von Weston – "typisches Neuengland" geht es kaum.

sich um ein hübsches Village Green, dessen viktorianischer Musikpavillon, der "Bandstand", zu den wohl beliebtesten Fotomotiven Neuenglands gehört. Die meisten der Häuser sind liebevoll restauriert und verbreiten die Aura der guten alten Zeit. Das dem Green zugewandte Farrar-Mansur House, Ende des 18. Jh.s eine Wirtschaft, beherbergt heute ein kleines Ortsmuseum. Der in der ganzen Umgebung beliebte Vermont Country Store verkauft von frischem Käse bis hin zu dicken Socken alles, was nicht niet- und nagelfest ist (Öffnungszeiten: Mo. – Sa. 9.00 – 17.00 Uhr).

Umgebung von Manchester, Weston (Fortsetzung)

Für den Käse in diesem Teil Vermonts verantwortlich ist die über eine kleine "covered bridge" erreichbare Grafton Village Cheese Co. in Grafton. Auch dem bereits verwöhnten Sehnerv bietet der Ort an der alten Poststraße zwischen Albany und Boston etwas Besonderes. Von den restaurierten alten Häusern sind besonders fotogen die Red Barns, in denen eine Ausstellung an die Schafzucht vor 120 Jahren erinnert, sowie die Old Tavern aus dem Jahr 1801, ein dreigeschossiges Ziegelhaus mit einem großzügigen hölzernen Balkonvorbau, in dem bereits der Bürgerkriegsgeneral und spätere US-Präsident Ulysses S. Grant übernachtete und Gastlichkeit immer noch groß geschrieben wird.

Grafton

Arlington liegt 10 mi/16 km südlich von Manchester auf dem Weg nach → Bennington. Es bietet zwei Museen: zum einen Candle Mill Village mit einem Sammelsurium von Musikboxen, Kerzen und Teddybären, zum anderen die Norman Rockwell Exhibition mit einer Vielzahl von Werken des hier geborenen berühmten Illustrators.

Arlington

Middlebury

H 5

Region: Central Vermont
Höhe: 110 m ü.d.M.
Einwohnerzahl: 8000
Telefonvorwahl: 802

Middlebury ist wie Hollywood sich eine friedliche Kleinstadt vorstellt: sauber, ordentlich und übersichtlich. Das Städtchen wurde im Jahr 1761 in der sanftgewellten Hügellandschaft des Vermonter Westens gegründet. Mitten durch den Ort rauscht der Otter Creek, sich über mehrere Felsenstufen stürzend. 300 der Häuser von Middlebury stehen im National Register of Historic Places.

Lage und Allgemeines

Sehenswertes in Middlebury

Den schönen, mit einer kleinen Kapelle versehenen Green dominiert der historische Middlebury Inn; ringsherum stehen viktorianische Häuser, in die kleine Läden und Restaurants eingezogen sind. Das angesehene, im Jahr 1800 eröffnete Middlebury College liegt in Fußgängernähe.

The Green

Im Sommer sollte man sich nicht über in fremden Sprachen parlierende Jugendliche auf dem Green wundern – die Sprachprogramme des Middlebury College werden von den Studenten so ernst genommen, daß Englisch auch außerhalb der Kurse tabu bleibt. Rund um den auf einem Hügel über der Stadt angelegten Campus stehen einige bemerkenswerte Gebäude, darunter die 1815 errichtete Painters Hall, das älteste College-Gebäude der USA, und Le Château, ein 1925 dem Château de Fontainebleau nachempfundener Pavillon. Schön ist vor allem der Blick von der 1917 in Marmor errichteten Mead Memorial Chapel auf den Campus. Im 1992 eröffneten Middlebury College Center for the Arts zeigt das Museum of Art eine kleine, aber feine Sammlung ausgewählter Objekte europäischen wie amerikanischen Kunstschaffens aus verschiedenen Epochen (Öffnungszeiten: Di. – Fr. 10.00 – 17.00, Sa. und So. ab 12.00 Uhr).

Middlebury College

Middlebury · *Vermont*

*Vermont State Crafts Center at Frog Hollow

Auf beiden Ufern des Otter Creek erstreckt sich der historische Distrikt Frog Hollow, dessen alte Häuser in Ateliers und Workshops verwandelt wurden. Bei einem Bummel durch die steilen Sträßchen lohnt sich der Besuch des Vermont State Crafts Center. Das hübsch über dem Otter Creek gelegene Kunsthandwerkszentrum gibt einen Überblick über das Schaffen von über 300 Künstlern und Handwerkern aus Vermont. Sehens- und kaufenswert sind vor allem die handgearbeiteten Möbel und die schönen Keramik- und Glaswaren (1 Mill St.; Öffnungszeiten: Mo.–Sa. 9.30–17.00, So. ab 12.00 Uhr).

Sheldon Museum

In diesem Backsteinhaus von 1829 hat Henry Sheldon, Ladenbesitzer und Kirchenorganist, eine große Sammlung von Möbeln und Kunsthandwerk aus Vermont zusammengetragen (1 Park St.; Öfnungszeiten: Di.–Fr. 10.00 bis 17.00, Sa. nur bis 16.00 Uhr).

Umgebung von Middlebury

*Morgan Horse Farm

Über die VT 125 und VT 23 erreicht man nach 2,5 mi / 4 km den nordwestlich liegenden Weiler Weybridge. Hier befindet sich die für ihre Zuchtpferde berühmte Morgan Horse Farm. Urahn der für ihre Kraft, Zähigkeit und Schnelligkeit berühmt gewordenen Morgan-Pferde war das Hengstfohlen "Figure", mit dem in den 1780er Jahren ein Farmer seine Schulden beim Schulmeister Justin Morgan beglich. "Figures" Nachkommen wurden im 19. Jh. ein begehrter Exportartikel und 1961 zum offiziellen Tier Vermonts ernannt. Während einer geführten Tour wird diese und noch manch andere interessante Geschichte von gutinformierten Guides erzählt. Danach erhält man einen Einblick in den Alltag einer traditionsreichen Pferdezucht und lernt einige der ca. 70 hier noch lebenden reinrassigen Morgans kennen (Öffnungszeiten: Mai–Okt. tgl. 9.00–16.00 Uhr).

Fort Ticonderoga

Ein kleines Abenteuer für sich ist das Übersetzen über den Lake Champlain hinüber in den Bundesstaat New York zum alten Fort Ticonderoga.

Ein Ausflug von knapp 17 mi / 27 km auf der VT 30 und später VT 74 führt über den Lake Champlain in den Nachbarstaat New York. Von der winzigen Fährstation in Larrabbes Point ist das auf der anderen Seite des Lake Champlain liegende Fort Ticonderoga nicht zu sehen. 1755 von den Franzosen erbaut und vier Jahre später von den Briten eingenommen, erlangte es 16 Jahre später ungewollt Berühmtheit. Am 10. Mai 1775 eroberten die von Ethan Allen geführten Green Mountain Boys die sternförmige Festung in einem Überraschungsangriff.
Die dabei erbeuteten Kanonen und Gewehre wurden im Jahr darauf von General Washington bei der Belagerung Bostons eingesetzt. Heute exerzieren im weiten Innenhof "echte" Soldaten in den Uniformen Neufrankreichs, das Military Museum zeigt Waffen aus der Zeit des French and Indian War (Öffnungszeiten: Mitte Mai–Mitte Okt. tgl. 9.00–17.00, Juli und Aug. bis 18.00 Uhr).

Vermont · **Montpelier**

✻✻ Fahrt über die Middlebury Gaps

Auf kurvenreichen Straßen quer durch die Green Mountains zu wunderbaren Aussichtspunkten auf das fruchtbare, mit kleinen Dörfern gefleckte Lake Champlain Valley – die hier vorgeschlagene Rundfahrt verbindet die beiden schönsten und relativ untouristisch gebliebenen Facetten Vermonts. Sie beginnt in Middlebury und führt zunächst auf der VT 30 und VT 74 durch eine ruhige Farmlandschaft nach Larrabees Point am Lake Champlain, wo eine winzige Autofähre zum Fort Ticonderoga auf New Yorker Seite übersetzt (s. vorher). Zurück in Vermont, geht es auf der VT 73 auf die im Osten aufragenden Green Mountains zu. Hinter dem Weiler Brandon arbeitet sich die Straße in engen Kurven und Serpentinen die Berge des Green Mountain National Forest hinauf. Vom Brandon Gap (661 m ü.d.M.), einem engen Paß zwischen zwei Bergrücken, lohnt sich der Blick zurück auf das weite Lake Champlain Valley. Danach schlängelt sich die Straße durch enge Täler, kämpft sich an Felsbrocken vorbei, vor denen selbst die Straßenbautrupps kapitulierten, bis Rochester erreicht ist. Hier folgt man bis zum winzigen Hancock der VT 100 nach Norden und biegt dort auf die VT 125 nach Westen ab zurück in den Green Mountain National Forest. Der Paß Middlebury Gap (665 m ü.d.M.) bildet den Scheitelpunkt. Voraus eröffnen sich herrliche Blicke auf das Lake Champlain Valley und den See, dessen Ufer die Vermonter zärtlich "New Englands Westcoast" nennen.

Montpelier   I 5

Region: Northern Vermont
Höhe: 145 m ü.d.M.
Einwohnerzahl: 8200
Telefonvorwahl: 802

Montpelier gewinnt leicht den Titel als beiläufigste Hauptstadt eines amerikanischen Bundesstaats. Selbst das Kapitol ist ganz "Vermontness": Wo anderswo glitzernde Bürotürme im Hintergrund Selbstbewußtsein und Dynamik signalisieren, ist es in Montpelier ein dicht bewaldeter Hügel, der die Kulisse für die goldene Kuppel des State Capitol bildet und vor allem im Indian Summer ein fotogenes, eben original Vermonter Motiv abgibt. Hauptstadt ist das Städtchen auf den Hügeln über dem Winooski River seit 1805. Seitdem sind Verwaltung und der Granitabbau in der Umgebung die Quellen des Wohlstands geblieben. Der Verkehr konzentriert sich überwiegend auf die von Regierungs- und Verwaltungsgebäuden gesäumte State Street und Main Street, die quirlige Hauptgeschäftsstraße.

Lage und Allgemeines

Sehenswertes in Montpelier

1857 aus Barre-Granit errichtet, ist das State Capitol der dritte an dieser Stelle errichtete Vermonter Regierungssitz. Die beiden ersten von 1808 bzw. 1836 fielen Großbränden zum Opfer, wobei der Portikus und die dorischen Säulen des zweiten in das heutige State House integriert wurden. Den Eingang unter dem Portikus bewachen eine Statue von Ethan Allen und eine 1777 in der Schlacht von Bennington von den Hessen erbeutete Kanone. Innen lohnt ein Bummel durch die ernst-ehrwürdigen, mit Marmor ausgelegten Hallen und Korridore. Die goldene Kuppel krönt eine über 4 m hohe Statue der Ceres, der griechischen Göttin der Landwirtschaft (Öffnungszeiten: Mo.–Fr. 8.00–16.00, Sa. 11.00–14.30 Uhr).

✻ State House

Dieses der Geschichte Vermonts gewidmete Museum ist wenige Meter vom State House entfernt im Pavillion Office Building untergebracht. Dessen Fassade ist einem im 19. Jh. beliebten viktorianischen Hotel nachemp-

Vermont Historical Society Museum

Montpelier · *Vermont*

Vermont Historical Society Museum (Fortsetzung)

funden, dessen Lobby im Innern detailgenau rekonstruiert wurde. Die Ausstellungen enthalten mit Objekten wie dem Gewehr des Helden des Unabhängigkeitskriegs Ethan Allen spannende Fußnoten aus der ereignisreichen Vergangenheit (Öffnungszeiten: Di.–Fr. 9.00–16.30, Sa. 9.00 bis 16.00, So. ab 12.00 Uhr).

Trotz goldener Kuppel macht das State House von Vermont einen fast bescheidenen Eindruck.

Thomas Waterman Wood Art Gallery

Amerikanische Malerei aus dem 19. und frühen 20. Jh stellt dieses zur Norwich University gehörende Museum aus. Schwerpunkt sind Werke des aus Vermont stammenden Künstlers Thomas Waterman Wood (Öffnungszeiten: Di.–So. 12.00 bis 16.00 Uhr).

Umgebung von Montpelier

*Ben & Jerry's Ice Cream Factory

Ein Stück amerikanische Erfolgsstory kann man in Waterbury, 13 mi / 21 km nordwestlich von Montpelier, bewundern: Ben & Jerry's Ice Cream Factory, mittlerweile eine Institution in Vermont und in den ganzen USA bekannt. Die beiden Jungunternehmer Ben Cohen und Jerry Greenfield besorgten sich 1978 per Post Eiscreme-Rezepte. Sie experimentierten herum und verkauften die Ergebnisse zunächst in einer alten Tankstelle in → Burlington. Ihr Eis war sehr beliebt, weil sie zum einen viel Sahne daruntermischten und zum anderen sehr freigebig allerlei Festivitäten kostenlos versorgten. Heute machen Ben und Jerry mehrere hundert Millionen Dollar Umsatz im Jahr. In der Fabrik in Waterbury kann man beim Eismachen zusehen und ein kleines Eismuseum besuchen (Öffnungszeiten: tgl. 9.00 bis 17.00, Juli und August bis 20.00 Uhr).

Barre → dort

Stowe → dort

Vermont · Northeast Kingdom

Northeast Kingdom I/K 5

Region: Northern Vermont

Der in Amerika unerwartete Name trifft den Charakter dieser Landschaft genau: Nach einem sanft-kultivierten Süd- und Mittelteil zieht Vermont in seiner an Kanada grenzenden Nordostecke andere Saiten auf. Entlegen, rauh und wild, vermittelt diese weitläufige Landschaft, in der Vermonts fette Weiden mehr oder minder unvermittelt nordischen Nadelwäldern und felsigen, einsam aufragenden Inselbergen weichen, fast kanadisches Frontierfeeling – oder eben den Eindruck eines fernen Königreiches. Auch die Ortschaften haben kaum noch etwas von der verträumten Eleganz der südlichen Städtchen, sondern wirken eher wie Ansammlungen zweckdienlicher Behausungen. Hotels sind hier dünner gesät als im übrigen Vermont. Zumindest einen Tag sollte man dennoch für eine Tour durch diese ferne Region übrig haben.

*Rauhe Landschaft

St. Johnsbury

St. Johnsbury, mit 7600 Einwohnern das Wirtschaftszentrum der Region, liegt in deren Süden auf einem Hügel am Zusammenfluß von Moose, Sleeper's und Passumpsic River. 1786 von Holzfällern gegründet, zog in den 1830er Jahren der Wohlstand mit dem Kaufmann Thaddeus Fairbanks ein, der die "platform scale", eine Waage, erfand und weltweit exportierte. Die Fairbanks-Familie machte sich im Laufe der Zeit als Wohltäter einen Namen. Heute bilden die verarbeitende Industrie – die famose Waage wird noch immer hier hergestellt – und die Verarbeitung von Ahornsaft zu Sirup, Zucker und Brotaufstrich die wirtschaftliche Basis des Städtchens. Schöne viktorianische Architektur findet sich am Ende der Main Street auf dem Hügel, die meisten Läden und Geschäfte liegen an der Railroad Street unterhalb des Hügels.

Lage und Allgemeines

Das 1889 aus rotem Sandstein in einem romanisch inspirierten Stil erbaute Museum enthält die Sammlung des Fairbanks-Enkels Franklin. Der reiche Erbe und zwanghafte Sammler hinterließ St. Johnsbury einen Haufen kunterbunter Exotika, der von vier ausgestopften Bären bis zu Kunstobjekten aus Fernost alles enthält, was sein Interesse weckte. Besonders exzentrisch: die Szenen aus der amerikanischen Geschichte von John Hampson – er malte sie nicht, sondern setzte sie aus Hunderttausenden präparierter, farbenschillernder Insekten zusammen! (Main & Prospects Sts.; Öffnungszeiten: Juli – Aug. Mo. – Sa. 10.00 – 18.00, So. 13.00 – 17.00, Sept. – Juni Mo. – Sa. 10.00 – 16.00, So. 13.00 – 17.00 Uhr).

**Fairbanks Museum and Planetarium

Horace Fairbanks ließ dieses Second-Empire-Gebäude 1871 zunächst als Stadtbibliothek bauen, doch zwei Jahre später ordnete er den Anbau einer Kunstgalerie an. Prunkstück der heute über 100 exquisten Bilder der Hudson River School und Vermonter Maler ausstellenden Galerie ist ein 3 × 5 m großes Gemälde des Yosemite Valley von Albert Bierstadt – tatsächlich wurde die lichtdurchflutete Galerie um dieses Bild herumgebaut (30 Main St.; Öffnungszeiten: Mo. – Fr. 10.00 – 17.30, Sa. 9.30 – 16.00 Uhr).

*Athenaeum Art Gallery

Den medizinischen Wert von Ahornsaft lernten die Vermonter wie auch die Kanadier jenseits der Grenze ursprünglich von den Indianern. Die Weißen begannen, ihn zu Sirup zu kochen und zu Butter, Aufstrich, Essig und Süßigkeiten weiterzuverarbeiten. Interessante Details über die traditionsreiche Produktion Ahornsirup erfährt man in diesem ungewöhnlichen Museum (1,5 km östlich an der US 2; Öffnungszeiten: tgl. 8.00 – 17.00 Uhr).

Maple Grove Maple Museum

Fährt man auf der US 5 nach Norden und wählt dann die VT 122, erreicht man kurz vor dem Dorf Glover die Farm von Peter Schumann. Er betreibt

Bread and Puppet Theater

Northeast Kingdom · *Vermont*

Einsame Wälder und stille Seen – das ist der Nordosten Vermonts.

St. Johnsbury (Fortsetzung)

hier ein bemerkenswertes Puppentheater, dessen Figuren zwischen Juni und Oktober in der Scheune ausgestellt werden.

*Lake Willoughby

Bleibt man allerdings auf der US 5, signalisieren bald zwei einander gegenüberliegende Inselberge den Lake Willoughby. Die biblischen Namen tragenden Mt. Hor (794 m ü.d.M.) und Mt. Pisgah (825 m ü.d.M.) bieten hervorragende Aussichtspunkte, die über schöne, an der VT 5A beginnende Hiking Trails in kurzer Zeit erklommen werden können. Der Blick vom Nordufer auf das alpin wirkende Ensemble von See und Bergen ist einer der schönsten in Nord-Vermont.

Derby Line

Hauptattraktion des kleinen, vor allem aus Schnellrestaurants, Wechselstuben und Antiquitätenläden bestehenden Ortes ganz im Norden ist die kanadische Grenze. Von hier aus läßt sich ohne große Schwierigkeiten ein Abstecher in die franko-kanadische Provinz Québec unternehmen. Aber auch der Ort hat etwas zu bieten: Das von der Haskell-Familie 1904 gestiftete Haskell Free Library and Opera House liegt je zur Hälfte auf amerikanischer und kanadischer Seite. Die Grenze verläuft als dicker schwarzer Strich durch den 300 Besucher fassenden Opernsaal. So sitzen die Gäste in den USA, während die Akteure auf der Bühne in Kanada spielen (Öffnungszeiten Bibliothek: Di. – Sa. 10.00 – 17.00 Uhr).

Haskell Free Library and Opera

Vermont · Stowe

Rutland I 6

Region: Central Vermont
Höhe: 197 m ü.d.M.
Einwohnerzahl: 18 200
Telefonvorwahl: 802

Rutland, die zweitgrößte Stadt Vermonts, liegt auf ungefähr halber Strecke zwischen → Manchester und → Middlebury. Sie ist nicht schön und nicht häßlich, ganz einfach normal, und hält für diejenigen, die hier vorbeikommen, das eine oder andere interessante Museum und den weltweit tiefsten Marmorsteinbruch bereit.

Lage und Allgemeines

Sehenswertes in Rutland

Hier sind über 2000 Bilder und Zeichnungen sowie Erinnerungsstücke an den berühmten Illustrator ausgestellt (Öffnungszeiten: tgl.).

Norman Rockwell Museum

Außerhalb der Stadt in Proctor befindet sich in der Vermont Marble Co. diese Ausstellung, die über die Gewinnung und Verarbeitung von Marmor ausführlich und anschaulich unterrichtet (6 mi / 10 km via US 4 und VT 3).

*Vermont Marble Exhibit

Nachdem die Green Mountain Boys die Briten in Fort Ticonderoga geschlagen hatten (s. S. 242 bzw. 418), stellten sie sie an diesem Platz 7 mi / 11 km westlich von Rutland erneut zur einzigen Bürgerkriegsschlacht auf dem Territorium von Vermont. Ein Museum erläutert den Verlauf des Gefechts.

Hubbardton Battlefield

In diesem Museum in Pittsford, 7 mi / 11 km nördlich von Rutland, dreht sich alles um Ahornsirup – schließlich ist es eines der größten seiner Art.

New England Maple Museum

Stowe I 5

Region: Northern Vermont
Höhe: 354 m ü.d.M.
Einwohnerzahl: 3400
Telefonvorwahl: 802

Mehr als 50 Restaurants, über 60 Hotels, Motels und Pensionen: Stowe, die selbsternannte Wintersporthauptstadt Neuenglands nördlich von → Montpelier, vervielfacht während der Wintermonate ihre Einwohnerzahl. Die Ferienarchitektur, eine bunte Mischung aus Schwarzwald-, Schweizer und neuenglischen Stilelementen, erträgt der lebhafte Ort jedoch gelassen. Mitten durch führt die VT 108, an Winterwochenenden auf viele Kilometer verstopft und nur im Sommer flüssig befahrbar. Wer dann kommt, wird Stowe nicht nur deswegen mögen: Der hoch über dem Ort aufragende Mount Mansfield (1318 m ü.d.M.), der höchste Berg Vermonts, bietet zudem einen phantastischen Rundumblick, der bis zum Jay Peak im Norden, zum Lake Champlain im Westen und zu den White Mountains in New Hampshire reicht.

Lage und Allgemeines

Sehenswertes in Stowe

Diese 7,5 km lange Schotterstrecke arbeitet sich in teilweise sehr engen Serpentinen durch alle Vegetationszonen Vermonts bis knapp über die Baumgrenze hinauf. Vom Parkplatz führen schöne Kurzwanderwege hinauf zum felsigen Gipfel des Mount Mansfield. Die Strecke ist nur von Mitte Mai bis Mitte Okt. täglich zwischen 10.00 und 17.00 Uhr geöffnet.

*Mount Mansfield Auto Road

423

Woodstock · *Vermont*

Stowe (Fortsetzung) Trapp Family Lodge
Die singende Familie Trapp, deren Geschichte von Hollywood im Musical "Sound of Music" mit Julie Andrews verfilmt wurde, ließ sich nach ihrer Flucht vor den Nazis 1938 hier nieder, weil die Landschaft sie an das heimatliche Österreich erinnerte. Die Nachkommen des Baron von Trapp führen die im Tiroler Stil erbaute, 1980 nach einem Brand rekonstruierte Lodge noch immer. Auf der Speisekarte des Restaurants stehen Kaiserschmarrn und Almdudler ganz oben, historische Familienfotos und Dokumente in der Lobby erinnern an die musikalische Familie.

Woodstock | 6

Region: Central Vermont
Höhe: 210 m ü.d.M.
Einwohnerzahl: 3200
Telefonvorwahl: 802

Lage und Allgemeines
Der Rockefeller-Familie verdankt dieses Städtchen zwischen Green und White Mountains den allerletzten Schliff: Der legendäre Milliardärs-Clan bezahlte die Verlegung der Stromleitungen unter die Erde und machte damit das eh schon hübsche Woodstock zu einer eleganten Kleinstadt mit weltoffenem Flair. Kultur und Lebensart wurden hier schon immer großgeschrieben. Bald nach seiner Gründung im Jahr 1761 wurde Woodstock Verwaltungssitz des Countys, eine Beförderung, die Geschäftsleute, Ärzte und Rechtsanwälte anzog und sich alsbald in prächtigen, nach der Mode der jeweiligen Epoche erbauten Häusern entlang Central, Elm und Pleasant Street auch optisch niederschlug. Wenig Industrie und ein ausgeprägter Sinn der Bewohner für die Erhaltung des architektonischen Erbes führten im Laufe der Jahre dazu, daß Woodstock heute mit recht zu den schönsten Kleinstädten Neuenglands gerechnet wird. Ein Bummel durch die hübschen Läden und Boutiquen und eine Pause in einem der gemütlichen Bistros oder Restaurants vermittelt einen angenehmen Eindruck vom Alltag in Woodstock.

Sehenswertes in Woodstock

*Village Green
Das ovale Woodstock Green ist das Zentrum der Stadt. Die rundum stehenden schönen Häuser ermöglichen eine kleine Stilkunde neuenglischer Architektur: Zwischen zahlreichen, im Federal Style erbauten Häusern erheben sich das im repräsentativen Greek Revival Style prangende Windsor County House und die an den romanischen Stil angelehnte Norman Williams Library.

Woodstock Historical Society
Das im Charles Dana House in der Elm Steet untergebrachte Stadtmuseum zeigt herrliche Federal- und Empiremöbel, dazu schöne Silber- und Glaswaren der alten Woodstocker Bürgerschaft (Führungen: Ende Mai bis Okt. Mo.–Sa. 10.00–17.00, So. ab 12.00 Uhr).

Billings Farm and Museum
Die einen knappen Kilometer auf der VT 12 nördlich von Woodstock liegende Farm wurde 1871 von Frederick Billings gegründet. An Viehzucht interessiert, baute der Rechtsanwalt und Geschäftsmann sie als "Gentleman Farmer" zu einem Musterbetrieb auf, der bis heute reinrassiges, preisgekröntes Jersey-Vieh züchtet. Heute wird die Billings Farm von seiner Enkelin und ihrem Gatten Laurence Rockefeller betrieben. Das Museum besteht aus mehreren Scheunen, die in dem bäuerlichen Leben Vermonts gewidmete Ausstellungsflächen verwandelt wurden. Thematisiert ist alles, was damals zum Alltag auf einer Farm gehörte, darunter die Butter- und Käseherstellung. Sehenswert ist auch das wunderbare, 1890 errichtete viktorianische Farmhouse mit seinen geschwungenen Giebeln (Öffnungszeiten: Mai–Okt. tgl. 10.00–17.00, Nov.–Dez. nur Sa. und So. 10.00–16.00 Uhr).

Vermont · Woodstock

Im Vermont Raptor Center ca. 2 km südlich vom Village Green werden ständig fast 30 Raubvögel gehalten, um von Verletzungen oder Krankheiten zu genesen. Auch das amerikanische Wappentier, der Seeadler, ist oft darunter (Öffnungszeiten: tgl. 10.00–16.00 Uhr, Nov.–April So. geschl.).

Vermont Raptor Center

Umgebung von Woodstock

Knapp 8 mi/10 km östlich von Woodstock erreicht man auf der US 4 Quechee Gorge, eine vom Ottauquechee River 50 m tief in den Fels gegrabene Schlucht. Die Straße schwingt sich in elegantem Bogen über die Tiefe, aus der das Gurgeln des Flusses heraufdringt. Vom Parkplatz an der Ostseite aus führt ein Fußweg in Serpentinen hinab zum Boden der Schlucht, von wo aus sich die Brücke als wahres Fotomodell präsentiert. Im nahen Dorf Quechee ist der am Fluß gelegene Glass Shop Downer's Mill des Designers Simon Pearce einen Besuch wert. Hier kann man Glasbläsern über die Schulter blicken (Öffnungszeiten: tgl. 9.00 bis 17.00 Uhr).

*Quechee Gorge

Bei Anglern und Fotografen gleichermaßen beliebt: die gedeckte Brücke über den Ottauquechee River bei der Quechee Gorge.

Dieses 400-Seelen-Dorf 13 mi/21 km westlich von Woodstock zu Füßen der Green Mountains ist in Neuengland als Geburtsort von US-Präsident Calvin "Silent Cal" Coolidge (1872–1933) bekannt. Zahlreiche mehr oder weniger schmeichelhafte, auf seine Wortkargheit zielende Anekdoten ranken sich um ihn, den 30. Präsidenten der USA. So reagierte die Schriftstellerin Dorothy Parker auf die Nachricht von seinem Tod mit den Worten: "Sind Sie da ganz sicher?"

Plymouth

Die President Calvin Coolidge State Historic Site bringt vor allem amerikanischen Besuchern die andere, tief in protestantischer Ethik verankerte Seite des Präsidenten nahe. Mehrere zur Historic Site gehörende, Coolidge-relevante Häuser erinnern an die Jugend und prägenden Jahre des Mannes, der Amerika durch die zwanziger Jahre steuerte. So erfuhr er 1923, als Vizepräsident, hier nachts vom Tod Präsident Hardings. Sein Vater, ein Friedensrichter, schwor ihn bei Kerzenlicht in sein neues Amt ein – das einzige Mal, daß ein US-Präsident nicht in Washington und auch noch von seinem Vater vereidigt wurde (Öffnungszeiten: Memorial Day–Columbus Day tgl. 9.30–17.00 Uhr).

*President Calvin Coolidge State Historic Site

Des Präsidenten Sohn betreibt noch heute, über 90jährig, die oberhalb der Homestead liegende Käsefabrik. Man kann zuschauen, wie der Käse gemacht wird, vor allem der berühmte Vermonter Cheddar (Öffnungszeiten: Juni–Nov. tgl. 8.00–16.30, Dez.–Mai nur werktags).

Plymouth Cheese Factory

Praktische Informationen von A bis Z

Praktische Informationen von A bis Z

Hinweis zu den 800er-Nummern
: Die im folgenden angegebenen gebührenfreien 800er-Telefonnummern können nur innerhalb der USA angewählt werden.

Alkohol

Achtung!
: Die Gesetze und Bestimmungen zum Alkoholkonsum sind Sache der einzelnen Bundesstaaten, in manchen von ihnen gar der Counties, und variieren daher entsprechend. Generell wird kein Alkohol an Personen unter 21 Jahren verkauft. Wein, Bier und sonstige Getränke mit niedrigem Alkoholgehalt sind in vielen Supermärkten und Lebensmittelgeschäften erhältlich, hochprozentige Spirituosen dagegen bekommt man in der Regel nur in Spezialgeschäften (Liquor Stores). Sonntags ist der Verkauf von alkoholischen Getränken je nach Staat stark eingeschränkt bzw. verboten.
In öffentlich zugänglichen Erholungsanlagen (z. B. Badestrände, State Parks) darf kein Alkohol konsumiert werden. Offener Alkoholkonsum auf der Straße ist ebenfalls verboten.
Autofahren unter Alkoholeinfluß wird streng bestraft: Die Grenze liegt je nach Staat und County zwischen 0,0 und 1 Promille! Es ist auch untersagt, angebrochene oder leere Flaschen bzw. Dosen mit Alkohol im Innenraum des Autos mitzuführen – sie müssen im Kofferraum verstaut werden.

Anreise

Mit dem Flugzeug

Start- und Zielflughäfen
: Das schnellste und billigste Verkehrsmittel in die USA ist das Flugzeug. Die wichtigsten Abflughäfen im deutschsprachigen Raum im USA-Flugverkehr sind Frankfurt am Main, Düsseldorf, München, Hamburg, Berlin, Stuttgart, Zürich und Wien. Die wichtigsten Zielflughäfen im Nordosten sind Boston und New York, auch Philadelphia und Pittsburgh werden von Deutschland aus direkt angeflogen. Die Anreise via Kanada kann eine denkbare Alternative sein, wobei dann Montréal oder Toronto als Zielflughafen in Frage kommen. Von diesen Flughäfen aus bestehen gute Anschlüsse nach kleineren inneramerikanischen Zielen, wobei mitunter aber mehrfaches Umsteigen nötig ist.

Günstiges Buchen
: Im Transatlantikflugdienst sowie auf den inneramerikanischen Linien herrscht ein erheblicher Tarif-Wirrwarr. Man sollte nicht den erstbesten Flug buchen, denn viele Airlines bieten Sonderprogramme wie den Flieg & Spar-Tarif an. Recht günstig können Jugendliche, Studenten und Senioren reisen. Am teuersten sind Flüge während der Ferienzeiten, an Wochenenden sowie in Zeitspannen, die Feiertagsbrücken einschließen. Preisvergleiche und Beratung lohnen auf jeden Fall. Eine günstige Alternative kann der

◀ *Zur Erntezeit lohnt sich der Einkauf im Farm Market ganz besonders.*

Anreise

Anflug über das europäische Ausland sein, z. B. mit British Airways, KLM oder Sabena. Der Zubringerflug von einem deutschen Flughafen zum Umsteigeflughafen – z. B. London, Amsterdam oder Brüssel – ist im Preis enthalten. Sehr günstig sind die Flüge von Icelandair via Reykjavik ab Luxemburg; dorthin bestehen Buszubringerdienste.

Mit dem Flugzeug (Fortsetzung)

Wer den Transatlantikflug mit einer US-Airline unternimmt, kann in den Genuß besonders preisgünstiger Rundreise- und Ausflugtarife kommen. Mit solch einem "Airpass" kann man auch andere Städte der USA als den Zielflughafen besuchen. Eine ausführliche und fachkundige Beratung vor Reiseantritt ist sehr zu empfehlen.

Sondertarife für Flüge in den USA

Bei der Einreise kann es zu Wartezeiten an der Paß- und Visa-Kontrollstelle sowie an der Gepäckausgabe (Baggage Claim) und beim Zoll (Customs) kommen.

Wartezeiten bei der Einreise

Alle großen US-Fluggesellschaften bieten günstige Verbindungen ab verschiedenen mitteleuropäischen Flughäfen. Wichtigstes Luftdrehkreuz der von American Airlines, Continental Airlines, Delta Air Lines, United Airlines, TWA und USAirways im deutschsprachigen Raum ist Frankfurt am Main. Auch von Berlin, Düsseldorf, München, Stuttgart und Zürich fliegen einige US-Airlines direkt über den Atlantik.

US-Fluggesellschaften

Die Deutsche Lufthansa bietet (z. T. gemeinsam mit United Airlines bzw. Air Canada) folgende Direktverbindungen: von Frankfurt nach Boston, Philadelphia, New York, Montréal und Toronto, von München nach New York; von Berlin, Düsseldorf, Stuttgart und Hamburg nach New York.

Lufthansa

Die Swissair (zusammen mit Sabena bzw. Delta Airlines) bietet folgende Direktverbindungen: von Zürich nach Boston, New York, Philadelphia, Montréal und Toronto, von Genf nach New York.

Swissair

Austrian Airlines (zusammen mit Sabena bzw. Delta Airlines) bzw. Lauda-Air bieten Direktverbindungen von Wien nach New York und Montréal.

Austrian Airlines

Air Canada Tel. 1-800-776-30 00
American Airlines und American Eagle Tel. 1-800-433-7300
America West Tel. 1-800-235-9292
Austrian / Lauda-Air Tel. 1-800-843-0002
British Airways Tel. 1-800-247-9297
Canadian Airlines Tel. 1-800-426-7000
Continental Tel. 1-800-525-0280
Delta Tel. 1-800-221-1212
KLM Tel. 1-800-438-5000
Lufthansa / Condor Tel. 1-800-645-3880
Northwest Tel. 1-800-225-2525
Sabena Tel. 1-800-955-2000
Southwest 1-800-435-9792
Swissair Tel. 1-800-221-4750
TWA Tel. 1-800-221-2000
United Tel. 1-800-241-6522
USAirways Tel. 1-800-428-4322

Gebührenfreie "Hot Lines" innerhalb der USA

Angesichts der großen Distanzen zwischen den einzelnen städtischen Zentren verwundert es nicht, daß das Fliegen in den USA fast selbstverständlich und – verglichen mit hiesigen Verhältnissen – relativ preiswert ist. Von den oben genannten Flughäfen aus können alle übrigen größeren Flughäfen und viele Regionalflughäfen meist mehrmals täglich problemlos erreicht werden.

Fliegen in den USA

Wer einen Pilotenschein und das englische Funksprechzeugnis besitzt, kann in den USA nach Ablegen einer Prüfung ein Flugzeug mieten. Nähere Auskünfte erhält man vor Ort.

Privatpiloten

Anreise mit dem Schiff

Kostspielig, aber natürlich von ganz anderer Qualität ist die Anreise mit dem Schiff. Dazu kann man im regelmäßigen Passagierdienst nach New York eine Passage buchen. Beliebt ist die Kombination Schiff/Flugzeug, wobei das Schiff entweder zur Hin- oder zur Rückreise benutzt wird. Wer es ganz exklusiv haben will, kann beispielsweise mit dem Luxusliner "Queen Elizabeth II" nach New York schippern und später mit der "Concorde" wieder zurück nach Europa fliegen. Es ist ferner möglich, mit Frachtschiffen von Europa nach Nordamerika und wieder zurück zu gelangen. Hier bieten sich Containerschiffe an, die in einem bestimmten Turnus US-Häfen anlaufen. Verschiedentlich werden auch Atlantiküberquerungen mit Segeljachten angeboten.
Über die Passagierlinien und die Veranstalter von Frachtschiff- und Kreuzfahrten informieren die Reisebüros.

Apotheken

Drugstore und Pharmacy

Apotheken im gewohnten Sinn wird man in den USA schwerlich finden. Hier gibt es Drugstores oder Pharmacies, die eher unseren Drogerien oder kleinen Kaufhäusern ähneln. Ihr Angebot ist umfangreicher als dasjenige hiesiger Apotheken und geht weit über den Verkauf von Medikamenten hinaus. Viele Kaufhaus- und Supermarktketten (z. B. Kroger, Wal Mart, Biggs, Safeway, K-Mart) haben eigene "pharmacies". Frei zugänglich in Regalen findet man darüber hinaus oft ein sehr großes Sortiment an Medikamenten, die in Deutschland verschreibungspflichtig sind.

Notdienst

Außerhalb der normalen Öffnungszeiten gibt es keinen speziellen Nachtdienst. Notfalls muß man sich an das nächstgelegene Krankenhaus wenden. Sie sind durchgehend geöffnet und verfügen über eigene Apotheken.

Öffnungszeiten

Die Drugstores bzw. Pharmacies sind in der Regel von 9.00 bis 18.00 Uhr geöffnet, vor allem in größeren Städten sind viele auch bis 21.00 Uhr oder noch länger dienstbereit. Rund um die Uhr sind die Apotheken in den durchgehend geöffneten Supermärkten zugänglich.

Ärztliche Hilfe

Ärzte ·
Zahnärzte ·
Krankenhäuser

Das medizinische Versorgungssystem ist gut ausgebaut. Dies gilt nicht nur für die Zahl und Kompetenz der niedergelassenen Ärzte und Zahnärzte, sondern auch für die Krankenhäuser (Hospitals). Problematisch für europäische Touristen können die hohen Kosten werden, die ein Arztbesuch oder Krankenhausaufenthalt verursachen kann. Die Arztkosten müssen vor Ort bezahlt werden, was auch mit Kreditkarte möglich ist. Die Rechnungen können anschließend bei der heimischen Versicherung zur Erstattung eingereicht werden.

Versicherungsschutz

Um böse Überraschungen auszuschließen, sollte man vor der Reise mit seiner Kranken- und Unfallversicherung Rücksprache halten, wie weit sich deren Schutz auch bei einem USA-Aufenthalt erstreckt. Der Abschluß einer Reisekrankenversicherung in ausreichender Höhe und auch einer Reise-Unfallversicherung wird angeraten.

Medikamente

Auch die Versorgung mit Medikamenten ist in den USA bestens organisiert. USA-Touristen, die regelmäßig ein bestimmtes Medikament einnehmen müssen, sollten eine Rezeptkopie mitführen, damit ein amerikanischer Arzt das Rezept notfalls erneuern kann (→ Apotheken).

Notruf

Tel. 0 (Operator) bzw. 911 (Notruf, Ambulanz, Polizei).

Auskunft

Die USA haben erstaunlicherweise keine nationale Fremdenverkehrsbehörde und damit auch keine touristische Auslandsvertretung mehr – sie wurde aus Kostengründen aufgelöst. Es sind allerdings Bemühungen im Gang, eine Nachfolgeorganisation ins Leben zu rufen. Derzeit gibt es nur einen Telefonservice des Visit USA Committee Germany, bei dem aber lediglich Adressen und Telefonnummern abgefragt werden können:
Tel. (01 90) 78 00 78.
Viele Bundesstaaten haben zwischenzeitlich jedoch eigene Vertretungen in Deutschland aufgebaut.

Kein zentrales Fremdenverkehrsamt

www.usacitylink.com
Eröffnet Zugang zu sehr vielen, auch kleineren Städten in allen US-Bundesstaaten mit zahlreichen Möglichkeiten und Links, z. B. Sehenswürdigkeiten, Unterkunft, Veranstaltungen etc.: sehr empfehlenswert

Internet

www.usa.tourism.com
Bietet – nicht allzu ausführliche – Informationen zu den Bundesstaaten.

Auskunftsstellen in Deutschland

Sämtliche Neuenglandstaaten werden in Deutschland vertreten von
Discover New England
c/o Dörte Buss Consulting, Roonstr. 21, D-90429 Nürnberg
Tel. (09 11) 926 91 13, Fax (09 11) 926 93 01,
Internet: www.discovernewengland.com

Neuenglandstaaten

c/o Mangum Management GmbH, Herzogspitalstr. 5, D-80331 München
Tel. (0 89) 23 66 21-36, Fax (0 89) 260 40 09, Internet: www.mangum.de

Massachusetts

c/o Herzog HC GmbH, Borsigallee 17, D-60388 Frankfurt am Main
Tel. (0 69) 42 08 90 18, Fax (0 69) 42 08 9027

c/o Mangum Management GmbH, Herzogspitalstr. 5, D-80331 München
Tel. (0 89) 23 66 21-49, Fax (0 89) 260 40 09, Internet: www.mangum.de

New York City

c/o Mangum Management GmbH, Adresse s.o.

Pennsylvania

Auskunftsstellen im Nordosten der USA

Jeder Bundesstaat unterhält an seinen Grenzen an den wichtigsten Zufahrtsstraßen Informationszentren, die Kartenmaterial und Broschüren ausgeben und in jeglicher Weise weiterhelfen.

Welcome Centers

Connecticut Department of Economic Development, 865 Brook St.
Rocky Hill, CT 06067, Tel. (203) 258-4355, Fax (203) 258-4275
Internet: www.state.ct.us

Connecticut

Bridgeport Chamber of Commerce, 10 Middle St.
Bridgeport, CT 06604, Tel. (203) 335-3800

Bridgeport

Bristol Chamber of Commerce, 10 Main St.
Bristol, CT 06010, Tel. (860) 584-4718
Internet: www.chamber.bristol.CT.US

Bristol

Connecticut River Valley & Shoreline Visitors Council, 393 Main St.
Middletown, CT 06457, Tel. (860) 347-0028
Internet: www.cttourism.org

Connecticut Valley

Auskunft

Groton	s. New London
Hartford	Greater Hartford Convention & Visitors Bureau, One Civic Center Plaza Hartford, CT 06103, Tel. (860) 728-6789 Internet: www.ghrhartfordcvb.com
Litchfield	The Litchfield Hills Travel Council, PO Box 1776 Marbledale, CT 06777, Tel. (860) 868-2214
Mystic	Tourist Information Center, Bldg. 1 D, Olde Mistick Village Mystic, CT 06355, Tel. (860) 536-1641
New Haven	Greater New Haven Convention & Visitors Bureau, One Long Wharf New Haven, CT 06511, Tel. (203) 777-8550 Internet: www.newhavencvb.org
New London	Southeastern Connecticut Tourism District, 470 Bank Stt. New London, CT 06320, Tel. (860) 444-2206
Maine	Maine Office of Tourism, 189 State St. Augusta, ME 04333, Tel. (207) 287-5710, Fax (207) 287-8070 Internet: www.state.me.us, www.visitmaine.com
Acadia National Park	Acadia National Park, PO Box 177 Bar Harbor, ME 04609, Tel. (207) 667-8550 Internet: www.nps.gov, www.acadia.net
Augusta	Kennebec Valley Chamber of Commerce, University Dr. Augusta, ME 04330, Tel. (207) 623-4559
Bangor	Greater Bangor Chamber of Commerce, 519 Main St. Bangor, ME 04401, Tel. (20/) 947-0307
Bath	Chamber of Commerce of the Bath-Brunswick Region, 45 Front St. Bath, ME 04530, Tel. (207) 443-9751 Internet: www.midcoastmaine.com
Baxter State Park	Baxter State Park, Park Manager, 64 Balsam Dr. Millinocket 04462, Tel. (207) 723-5140
Bethel	Bethel Chamber of Commerce, PO Box 439 Bethel, ME 04217, Tel. (207) 824-2282
Blue Hill Peninsula / Deer Isle	Deer Isle Chamber of Commerce, PO Box 459 Stonington, ME 04681, Tel. (207) 348-6124 Internet: www.acadia.net / deerisle
Boothbay Harbor	Boothbay Harbor Region Chamber of Commerce, PO Box 356 Boothbay Harbor, ME 04538, Tel. (207) 633-2353 Internet: www.boothbayharbor.com
Camden	Rockport-Camden-Lincolnville Chamber of Commerce, PO Box 919 Camden, ME 04843, Tel. (207) 236-4404 Internet: www.midcoast.com / ~rclchmbr
Freeport	Freeport Merchants Ass., Hose Tower Information Center, PO Box 452MTG, Freeport, ME 04032, Tel. (207) 865-1212 Internet: www.freeportusa.com
Kennebunkport	Kennebunkport Chamber of Commerce, 17 Western Ave., PO Box 740 Kennebunk, ME 04043, Tel. (207) 967-0857 Internet: www.kkcc.maine.org

Auskunft

Convention & Visitor Bureau of Greater Portland, 305 Commercial St. Portland, ME 04101, Tel. (207) 772-5800 Internet: www.visitportland.com	Portland
Searsport Chamber of Commerce, Main St., PO Box 139 Searsport, ME 04974, Tel. (207) 548-6510	Searsport
Massachusetts Office of Travel & Tourism, 100 Cambridge St., 13th floor Boston, MA 02202, Tel. (617) 727-3201, Fax (617) 727-6525 Internet: www.state.ma.us, www.mass-vacation.com	**Massachusetts**
Berkshire Visitors Bureau, Berkshire Common Pittsfield, MA 01201, Tel. (413) 443-9186, Fax (413) 443-1970 Internet: www.berkshires.org	Berkshire Hills
Greater Boston Convention & Visitors Bureau, 2 Copley Place, Suite 105 Boston, MA 02116, Tel. (617) 536-4100, Fax (617) 424-7664 Internet: www.bostonusa.com	Boston
Cape Ann Chamber of Commerce, 33 Commercial St. Gloucester, MA 01930, Tel. (978) 283-1601 Internet: www.cape-ann.com / cacc	Cape Ann
Cape Cod Chamber of Commerce Hyannis, MA 02601, Tel. (508) 362-3225, Fax (508) 362-3698 Internet: www.capecod.com / chamber	Cape Cod
Fall River Area Chamber of Commerce, 200 Pocasset St., PO Box 1871 Fall River, MA 02722, Tel. (508) 676-8226 Internet: www.frchamber.com	Fall River
Lexington Visitors Center, 1875 Massachusetts Ave. Lexington, MA 02173, Tel. (617) 862-1450 Internet: www.lexingtonweb.com	Lexington
Greater Merrimack Valley Convention & Visitors Bureau, 22 Shattuck St. Lowell, MA 01852, Tel. (978) 459-6150, Fax (978) 459-4595 Internet: www.lowell.org	Lowell
Martha's Vineyard Chamber of Commerce, PO Box 1698 Vineyard Haven, MA 02568, Tel. (508) 693-0085, Fax (508) 693-7589 Internet: www.mvy.com	Martha's Vineyard
Natucket Island Chamber of Commerce, 48 Main St. Natucket, MA 02554, Tel. (508) 228-1700, Fax (508) 325-4925 Internet: www.nantucketchamber.org	Nantucket Island
Bristol County Convention & Visitors Bureau, 70 N. 2nd St.. PO Box 976 New Bedford, MA 02741, Tel. (508) 997-1250, Fax (508) 997-9090 Internet: www.bristol-county.org	New Bedford
Plymouth County Convention & Visitors Bureau, 345 Washington St. Pembroke, MA 02359, Tel. (781) 826-3136, Fax (781) 826-0444 Internet: www.plymouth-1620.com	Plymouth
Salem Chamber of Commerce, 32 Derby Square Salem, MA 0 l970, Tel. (978) 744-0004 Internet: www.salemweb.com	Salem
Greater Springfield Convention & Visitors Bureau, 1500 Main St. Springfield, MA 01115, Tel. (413) 787-1548, Gax (413) 787-4607 Internet: www.valleyvisitor.com	Springfield

Auskunft

New Hampshire	New Hampshire Office of Travel & Tourism Development, Box 856 Concord, NH 03302-0856, Tel. (603) 271-2665, Fax (603) 271-2629 Internet: www.state.nh.us, www.visitnh.gov
Concord	Concord Chamber of Commerce, 244 N. Main St. Concord, NH 03301, Tel. (603) 224-2508
Hanover	Hanover Chamber of Commerce, 216 Nugget Bldg., PO Box 5105 Hanover, NH 03755,Tel. (603) 643-3115
Keene	Keene Chamber of Commerce, 48 Central Square Keene, NH 03431, Tel. (603) 352-1303
Lake Winnipesaukee	Lakes Region Association Center Harbor, ME 03226, Tel. (603) 253-8555 Internet: www.lakesregion.org
Manchester	Manchester Chamber of Commerce, 889 Elm St. Manchester, NH 03101,Tel. (603) 666-6600 Internet: www.manchester-chamber.org
Portsmouth	Greater Portsmouth Chamber of Commerce, 500 Market St., PO Box 239 Portsmouth, NH 03801, Tel. (603) 436-1118
White Mountains	The Supervisor, White Mountains National Forest, 719 Main St. Laconia, NH 03246, Tel. (603) 528-8721
New York State	New York State Travel Information Center, One Commerce Plaza Albany, NY 12245, Tel. (518) 474-4116, Fax (518) 486-6446 Internet: www.state.ny.us
Adirondacks	Adirondack / Beekmantown Visitor Info Center, PO Box 51 Beekmantown, NY 12992, Tel.: (518) 846-8016 Internet: www.adirondacks.org
Albany	Albany Cty Convention & Visitors Bureau, 25 Quackenbush Square Albany, NY 12207, Tel. (518) 434-1217 Internet: www.albany.org
Buffalo	Buffalo Visitors Center, 617 Main St. Buffalo, NY 14203, Tel. (716) 852-2356
Catskills	Greene Cty Promotion Dept, PO Box 527 Catskill, NY 12414, Tel. (518) 943-3223
Finger Lakes	Finger Lakes Assn., 309 Lake St. Penn Yan, NY 4527, Tel. (315) 536-7488 Internet: www.fingerlakes.org
Hudson Valley	Orange Cty. Tourism, 30 Matthews St. Suite 111 Goshen, NY 10924, Tel. (914) 291-2136
Jamestown	Jamestown Area Chamber of Commerce, 101 W Fifth St. Jamestown, NY 14701, Tel. (716) 484-1101
New York City	New York Convention & Visitors Bureau, 810 Seventh Ave. New York, NY 10019, Tel. (212) 484-1200, Fax (212) 245-5943 Internet: www.nycvisit.com
Niagara Falls	Niagara Falls Convention & Visitors Bureau, 310 Fourth St. Niagara Falls, NY14303, Tel. (716) 285-2400 Internet: www.ag.net / nf / nfcvb / html

	Auskunft
Greater Rochester Visitors Assn., 126 Andrews St. Rochester, NY 14604, Tel. (716) 546-3070	Rochester
Saragota Cty. Chamber of Commerce, 28 Clinton St. Saragota Springs, NY 12866, Tel. (518) 584-3255 Internet: www.saragota.org	Saragota Springs
Syracuse Convention & Visitors Bureau, 572 Salina St. Syracuse, NY 13202, Tel. (315) 470-1800	Syracuse
Thousand Islands International Tourism Council, 43373 Collins Landing Alexandria Bay, NY13607, Tel. (315) 482-2520 Internet: www.visit1000islands.com	Thousand Islands Seaway
Pennsylvania Office of Travel Marketing, 453 Forum Bldg. Harrisburg, PA 17120, Tel. (717) 787-5453, Fax (717) 234-4560 Internet: www.state.pa.us	**Pennsylvania**
Lehigh Valley Convention and Visitors Bureau, PO Box 20785, Lehigh Valley, PA 18002, Te. (610) 882-9200, Fax (610) 882-0343 Internet: www.lehighvalleypa.org	Allentown · Bethlehem
Allegheny Mountains Convention & Visitors Bureau, Logan Valley Mall Rt. 220 and Goods Lane Altoona, PA 16602, Tel. (814) 943-4183, Fax (814) 943-8094 Internet: www.amcvb.com	Altoona
Bedford County Visitor Bureau, 141 South Juliana Street, Bedford PA 15522, Tel. (814) 623-1771, Fax (814) 623-1671 Internet: www.bedfordcounty.net	Bedford
Erie Area Convention & Visitors Bureau, 1006 State Erie, Erie, PA 16501, Tel. (814) 454-7191, Fax (814) 459-0241 Internet: www.eriepa.com	Erie
Gettysburg Convention and Visitors Bureau, 35 Carlisle St. Gettysburg, PA 17325, Tel. (717) 334-6274, Fax (717) 334-1166 Internet: www.gettysburg.com	Gettysburg
Harrisburg-Hershey-Carlisle Tourism & Convention Bureau, 4211 Trindle Rd. Camp Hill, PA 17011, Tel. (717) 975-8161, Fax (717) 975-2958 Internet: www.visithhc.com	Harrisburg
Carbon County Tourist Promotion Agency, PO Box 90, Railroad Station Jim Thorpe, PA 18229, Tel. (717) 325-3673, Fax (717) 325-5584	Jim Thorpe
Greater Johnstown Convention & Visitors Bureau, 111 Market St. Johnstown, PA 15901-1608, Tel. (814) 536-7993, Fax (814) 539-5800 Internet: www.visitjohnstownpa.com	Johnstown
Pennsylvania Dutch Convention & Visitors Bureau, 501 Greenfield Rd. Lancaster, PA 17601, Tel. (717) 299-8901, Fax (717) 299-0470 Internet: www.800padutch.com	Lancaster · Pennsylvania Dutch Country
Philadelphia Convention & Visitors Bureau, 1515 Market St., Suite 2020 Philadelphia, PA 19102, Tel. (215) 636-3300, Fax (215) 636-3416 Internet: www.libertynet.org / phila-visitor	Philadelphia
Greater Pittsburgh Convention & Visitors Bureau, 4 Gateway Center Pittsburgh, PA 15222, Tel. (412) 281-7711, Fax (412) 644-5512 Internet: www.pittsburgh-cvb.org	Pittsburgh

Auskunft

Reading	Reading Berks County Visitors Bureau, 352 Penn Street, PO Box 6677 Reading, PA 19610, Tel. (610) 375-4085, Fax (610) 375-9606 Internet: www.readingberkspa.com
Scranton · Pocono Mountains	Pennsylvania's Northeast Territory Visitors Bureau, 100 Terminal Rd. Avoca, PA 18641, Tel. (717) 457-13 20, Fax (717) 457-1323 Internet: www.visitnepa.org Pocono Mountains Vacation Bureau, Inc., 1004 Main St. Stroudsburg, PA 18360, Tel. (717) 424-60 50, Fax (717) 476-89 59 Internet: www.poconos.org
State College	Centre County Convention & Visitors Bureau, 1402 South Atherton St. State College, PA 16801, Tel. (814) 231-1400, Fax (814) 231-8123 Internet: www.visitpennstate.org
Uniontown	Laurel Highlands Visitors Bureau, 120 E. Main St. Ligonier, PA 15401, Tel. (724) 238-5661
Williamsport	Lycoming County Tourist Promotion Agency 454 Pine Street, Williamsport, PA 17701, Tel. (717) 326-1971, Fax (717) 321-1208
York	York County Convention & Visitors Bureau, 1 Market Way East York, PA 17401, Tel. (717) 848-4000, Fax: (717) 843-6737 Internet: www.yorkpa.org
Rhode Island	Rhode Island Tourism Division, 7 Jackson Walkway Providence, RI 02903, Tel. (401) 277-2601, Fax (401) 421-7675 Internet: www.state.ri.us, www.visitrhodeisland.com
Block Island	Block Island Tourism Council, PO Box 356 Block Island, RI 02807, Tel. (401) 466-5200, Fax (401) 466-5286 Internet: www.blockisle.com
Bristol	Bristol County Chamber of Commerce, 654 Metacom Ave., PO Box 250 Warren, RI 02885, Tel. (401) 245-0750 Internet: www.inergy.com / brisctyrichamber
Narragansett Pier	South County Tourism Counci, 4808 Tower Hill Rd. Wakefield, RI 02879, Tel. (401) 789-4422, Fax (401) 789-4437 Internet: www.southcountyti.com
Newport	Newport County Convention & Visitors Bureau, 23 America's Cup Ave. Newport, RI 02840, Tel. (401) 845-9123, Fax (401) 849-0291 Internet: www.GoNewport.com
Pawtucket	Blackston Valley Tourism Council, 171 Main St. Pawtucket, RI 02860, Tel. (401) 724-2200, Fax (401) 724-1342 Internet: www.tourblackstone.com
Providence	Providence Warwick Convention & Visitors Bureau, 1 W. Exchange St. Providence, RI 02903, Tel. (401) 751-1177, Fax (401) 351-2090 Internet: www.providencecvb.com
Vermont	Vermont Dept. of Tourism, Box 1471 Montpelier, VT 05601-1471, Tel. (802) 828-3237, Fax (802) 828-3233 Internet: www.state.vt.us, www.discover-vermont.com
Barre	s. Montpelier
Bennington	Information Booth, Veterans Memorial Dr. Bennington, VT 05201, Tel. (802) 447-3311 Internet: www.bennington.com

Badeurlaub

Lake Champlain Regional Chamber of Commerce, 60 Main St. Burlington, VT 05401, Tel. (802) 863-3489 Internet: www.vermont.org / chamber	Auskunft (Fts.) Burlington
Manchester-and-the-Mountains Chamber of Commerce, 3451 Manchester Center, VT 05255, Tel. (802) 362-2100	Manchester
Addison County Chamber of Commerce, 2 Court St. Middlebury, VT 05753, Tel. (802) 388-7951	Middlebury
Central Vermont Chamber of Commerce, PO Box 336 Barre, VT 05641, Tel. (802) 229-4691	Montpelier
Northeast Kingdom Chamber of Commerce, 30 Western Ave. St. Johnsbury, VT 05819, Tel. (802) 748-3678	Northeast Kingdom
Stowe Area Association, PO Box 1320 Stowe, VT 05672, Tel. (802) 253-7321 Internet: www. stoweinfo.com	Stowe
Woodstock Chamber of Commerce, 18 Central St., PO Box 486 Woodstock, VT 05091, Tel. (802) 457-3555 Internet: www.pbpub.com / woodstock.htm	Woodstock

Autohilfe

Der AAA ist der größte Automobilklub der USA mit dem dichtesten Netz von Büros. Hilfe, Auskünfte etc. erhält man unter Tel. 1-800-AAA-HELP. ADAC-Mitglieder erhalten kostenlose Hilfe.	AAA ("Triple A")
American Automobile Association (AAA), Headquarter, 1000 AAA Drive Heathrow, FL 32746-5063, Tel. (407) 444-7000.	Auskunft
Entlang einiger Highways sind Notrufsäulen aufgestellt. Ansonsten erhält man Hilfe jeglicher Art unter der Tel. 1-800-336-HELP. Bei Pannen hilft auch die American Automobil Association (AAA). Wer mit einem → Mietwagen eine Panne hat, sollte sich zuerst mit der in Frage kommenden Mietwagenfirma in Verbindung setzen.	Pannenhilfe und Notruf
Highway Patrol: Tel. 911 (landesweit)	Polizei

Badeurlaub

Wem kühlere Wassertemperaturen nichts ausmachen, der kann an der Atlantikküste von New Jersey (u. a. Atlantic City, Long Beach Island, Beach Island State Park), Massachusetts (Cape Cod, Nantucket Island, Martha's Vineyard), Rhode Island (u. a. Block Island), New Hampshire und an verschiedenen Stellen der südlichen Küste von Maine, etwa um Bar Harbor, baden. Viele Strände sind mit Parkplätzen, Süßwasserduschen und Wachstationen ausgestattet. In der Nähe von größeren Siedlungen oder Hotelanlagen kann der Andrang vor allem an Wochenenden größer werden.	Am Meer
Wer sich lieber im wärmeren Süßwasser vergnügen will, findet sein Glück im Bundesstaat New York an den Stränden von Ontario- und Eriesee, am Lake Champlain oder am Lake Winnepesaukee.	An Seen
Nacktbaden ist in den prüden USA verpönt. Wer von der Polizei erwischt wird, hat mit einer beachtlichen Geldstrafe zu rechnen.	FKK

Bahnreisen

Bahnreisen

Amtrak
: Den Personenverkehr auf der Schiene organisiert das Service-Unternehmen Amtrak, das für die Fahrgastbetreuung und die Fahrplangestaltung zuständig ist. Das Streckennetz und das rollende Material stehen z. T. nach wie vor unter der Regie verschiedener Eisenbahngesellschaften. Besonders im Nordosten der USA ist das Liniennetz noch dicht.

Rail Pass
: Amtrak bietet sechs verschiedene Rundreisepässe zu günstigen Tarifen an, die 15 oder 30 Tage gültig sind und unbegrenzte Zwischenstops erlauben. Der "National Rail Pass" gilt für das gesamte Streckennetz (Hauptsaison: 425 $ / 15 Tage und 535 $ / 30 Tage, Nebensaison 285 $ bzw. 375 $); die übrigen, preisgünstigeren Pässe sind auf Regionen beschränkt, wovon für die in diesem Reiseführer beschriebenen Gebiete die Pässe "East", "Northeast" und "East Coastal" in Frage kommen.

Auskunft
: In Deutschland:
Deutsche Bahn, Amtrak-Verkaufsagentur, Worringerstr. 16
D-40211 Düsseldorf, Tel. (02 11) 17 49 66 70, Fax 368 05 30
sowie an allen DB-Bahnhöfen

In den USA:
Amtrak, Union Station, 60 Massachusetts Ave. N.E.
Washington, DC 20002, Tel. (202) 484-7540, Fax (202) 906-2211
New York: Tel. (212) 582-6875
Philadelphia: Tel. (215) 824-1600

Amtrak Hot Line
: USA-weit: Tel. 1-800-872-7245

Amtrak-Linien im Nordosten
: Metroliner: New York – Washington, DC
Northeast Direct: New York – Boston
Twilight Shoreliner: Newport News – Boston
Keystone: New York – Philadelphia – Harrisburg
Empire Service: New York – Albany – Niagara Falls – Toronto
Adirondack: New York – Montréal
Vermonter: New York – St. Albans, VT
Ethan Allen Express: New York – Rutland, VT
Lake Shore Limited: Boston / New York – Chicago
Three Rivers: New York – Philadelpha – Pittsburgh – Chicago

Banken

→ Geld

Bed & Breakfast · Inns

Eine teure Angelegenheit
: Man darf sich von der Bezeichnung nicht täuschen lassen: Bed & Breakfast ist in den USA eine relativ teure Angelegenheit und hat nur sehr wenig mit der vielleicht aus Großbritannien oder Irland bekannten, eher preiswerten Übernachtungsmöglichkeit bei Familien zu tun. In den USA beginnen die Preise bei ca. 70 $ und können bis zu 200 $ reichen – dafür kommt man aber auch in einem kleinen Hotel unter, das oftmals in einem denkmalgeschützten Gebäude untergebracht ist und nur wenige, aber zumeist sehr geschmackvoll eingerichtete Zimmer besitzt. Rechtzeitige Reservierung ist angezeigt, denn trotz der recht hohen Preise ist diese Art der Übernachtung sehr beliebt. Unter dem Stichwort → "Hotels · Motels · Resorts" (s. S. 447) sind auch einige hübsche B & B Inns genannt.

Busreisen

Weitere Adressen erhält man bei den unter → Auskunft genannten Fremdenverkehrsämtern. Ca. 7000 B & B's in USA und Kanada vermittelt: *Bed & Breakfast · Inns (Fortsetzung)*
Bed & Breakfast: The National Network of Reservation Services, Box 4616
Springfield, MA 01101, Tel. 1-800-884-4288, Fax (401) 847-4309
Internet: www.tnn4bnb.com

Auf Neuengland spezialisiert hat sich:
DestINNations New England, 572 Rte. 28
West Yarmouth, MA 02673, Tel. (508) 428-5600, Fax 790-0565

Behindertenhilfe

Die Bauvorschriften sind in den einzelnen US-Bundesstaaten recht unterschiedlich. Seit einiger Zeit ist man bemüht, öffentliche Gebäude, Verkehrsanlagen wie z. B. Flughäfen und Bahnhöfe sowie Beherbergungsbetriebe und Gaststätten behindertengerecht auszustatten. Auch die zahlreichen Attraktionen bieten besondere Dienste für Körperbehinderte an. Die meisten Mietwagenfirmen verleihen behindertengerechte Fahrzeuge (auch an Selbstfahrer); überall gibt es ausgewiesene Behindertenparkplätze. *Hinweis*

Der Verlag Twin Peaks Press gibt Verzeichnisse von Reiseveranstaltern, Mietwagenfirmen und Urlaubsmöglichkeiten für Behinderte heraus: *Informationen in den USA*
Twin Peaks Press, Box 129
Vancouver, WA 98666, Tel. (360) 694-2462, Fax (360) 696-3210

Im Internet kann man einen Blick in die Website der Society for the Advancement of Travel for the Handicapped werfen (www.sath.org). Sie enthält neben ausführlichen, aber allgemeinen Informationen zum Reisen auch eine Liste mit Webadressen zu einzelnen Reisezielen und -veranstaltern. *Internet*

Der deutsche Bundesverband Selbsthilfe für Körperbehinderte (BSK) vermittelt Reisehelfer und organisiert Gruppenreisen. Informationen erhält man bei der *BSK-Reisehelferbörse*
BSK-Reisehelferbörse, Altkrautheimer Str. 17,
D-74238 Altkrautheim / Jagst, Tel. (0 62 94) 680 bzw. 6 81 12

Ein Hotel- und Reiseratgeber für Körperbehinderte ist erschienen bei der Fremdenverkehrsmarketing GmbH Hotel- und Reiseratgeber *Hotel- und Reiseratgeber*
"Handicapped Reisen – Ausland"
Postfach 1547, D-53005 Bonn.

Busreisen

Das Busliniennetz wird im Nordosten von mehreren Unternehmen betrieben. Am bekanntesten im deutschsprachigen Raum ist sicher die Firma Greyhound Inc., die für Nicht-US-Bürger den preisgünstigen "International Ameripass" anbietet, wahlweise gültig für 7 (179 $), 15, 30 und 60 Tage (539 $). Mit ihm kann man das gesamte Streckennetz befahren, doch lohnt sich der Pass auch für einzelne Regionen. Es empfiehlt sich, die Pässe bereits zu Hause über ein Reisebüro zu erwerben; in den USA ist dies nur (und zu einem höheren Preis) möglich im *Greyhound* *International Ameripass*
Greyhound International Office, 625 Eighth Ave.,
New York, NY 10018, Tel. (212) 971-0492 oder 1 800-246-8572.

Fahrpläne und Tarife kann man unter Fax (212) 967-2239 abrufen. In den USA wählt man zur Information die gebührenfreie Hotline 1-800-231-2222. In Deutschland erhält man genauere Informationen bei den Agenturen des Deutschen Reisebüros (DER). *Auskunft*

Camping

Ausstattung	Standard auf US-Campingplätzen ist eine Parzelle mit Stellplatz, Tisch, Bank und Feuerstelle. Auf privaten Campingplätzen sind gepflegte sanitäre Anlagen selbstverständlich. Oft sind zusätzliche Einrichtungen wie Lebensmittelmärkte, Snack Bars, Waschräume, Fernsehräume, Schwimmbecken und Saunen vorhanden. Auf vielen Plätzen kann man auch kleine Blockhütten mieten. Auf staatlichen Campingplätzen, beispielsweise in National Parks und State Parks, kann man äußerst preiswert und zudem meist in schöner Umgebung übernachten. Dafür müssen teilweise allerdings erhebliche Mängel an Ausstattung und Komfort hingenommen werden.
Reservierungen	Viele Campingplätze – überwiegend an poulären Reisezielen – sind vor allem in den Hauptferienzeiten sowie an verlängerten Wochenenden überlaufen. Eine rechtzeitige Buchung wird dringend angeraten.
Information	Der Automobilklub AAA (→ Autohilfe) bringt jährlich ein Verzeichnis ausgewählter Plätze heraus. Mehr als 3000 private Campingplätze sind aufgelistet im Verzeichnis der National Association of RV Parks and Campgrounds 8605 Westwood Center Dr., Suite 201, Vienna VA 22182 Tel. (703) 734-3000, Fax (703) 734-3004. Die größte Kette privater Plätze heißt Kampgrounds of America: KOA, PO Box 30558, Billings, MT 59114, Tel. (406) 252-3104, gebührenfreies Fax aus Deutschland: (01 30) 81 74 23)
Wildes Campen	In Nationalparks ist Kampieren nur auf ausgewiesenen Campingplätzen erlaubt. Ansonsten darf man zwar prinzipiell wild zelten, doch auf privatem Grundbesitz sollte man vorher höflich fragen.
Wohnmobile	→ Mietwagen

Diplomatische und konsularische Vertretungen

US-Vertretungen im deutschsprachigen Raum

Deutschland	Botschaft der USA, Neustädtische Kirchstr. 4–5 D-10117 Berlin, Tel. (0 30) 2 38 51 74 Konsularabteilung, Clay-Allee 170 D-14195 Berlin, Tel. (01 90) 91 50 00 Generalkonsulat der USA, Kennedydamm 15-17 D-40476 Düsseldorf, Tel. (02 11) 470 61 23 Generalkonsulat der USA, Siesmayerstr. 21 D-60323 Frankfurt am Main, Tel. (0 69) 75 35-0 Generalkonsulat der USA, Alsterufer 27–28 D-20354 Hamburg, Tel. (0 40) 41 17 10 Generalkonsulat der USA, Wilhelm-Seyffert-Str. 4 D-04107 Leipzig, Tel. (03 41) 13 84-0 Generalkonsulat der USA, Königinstr. 5 D-80539 München, Tel. (0 89) 28 88-0
Österreich	Botschaft der USA, Boltzmanngasse 16 A-1090 Wien, Tel. (02 22) 31 55 11

Konsularbüro der USA, Gartenbaupromenade 2
A-1010 Wien, Tel. (02 22) 514 51

Diplomatische und konsularische Vertretungen (Fortsetzung)

Generalkonsulat der USA, Gisela-Kai 15
A-5020 Salzburg, Tel. (06 62) 286 01

Botschaft der USA, Jubiläumsstr. 93
CH-3005 Bern, Tel. (0 31) 43 70 11

Schweiz

Generalkonsulat der USA, Zollikerstr. 141
CH-8008 Zürich, Tel. (01) 55 25 66

Deutsche Vertretungen in den USA

Botschaft der Bundesrepublik Deutschland (Embassy of the Federal Republic of Germany), 4645 Reservoir Rd. N.W. Washington, DC 20007-1998, Tel. (202) 298-81 40

Botschaft

3 Copley Place, Suite 500, Boston, MA 02116, Tel. (617) 536-4414
871 United Nations Plaza, New York, NY 10017, Tel. (212) 610-9700

Generalkonsulate

New York State: Buffalo
Pennsylvania: Philadelphia, Pittsburgh

Konsulate

Österreichische Vertretungen in den USA

Botschaft der Republik Österreich (Embassy of Austria), 3524 International Court N.W., Washington, DC 20008, Tel. (202) 895-6700

Botschaft

31 E. 96th St., New York NY 10021, Tel. (212) 737-6400

Generalkonsulat

Massachusetts: Boston
New York State: Buffalo
Pennsylvania: Philadelphia

Konsulate

Vertretungen der Schweiz in den USA

Botschaft der Schweizerischen Eidgenossenschaft (Embassy of Switzerland), 2900 Cathedral Ave. N.W., Washington, DC 20008-3499, Tel. (202) 745-7900

Botschaft

Rolex Bldg., 8th Floor, 665 Fifth Ave., New York NY 10022, Tel. (212) 758-2560

Generalkonsulat

Massachusetts: Boston
New York State: Buffalo
Pennsylvania: Philadelphia, Pittsburgh

Konsulate

Elektrizität

In den USA werden 110 Volt Wechselstrom in die Leitungen eingespeist. Mitgebrachte elektrische Geräte nach europäischer Norm (220 Volt Wechselstrom) müssen also auf 110 Volt umschaltbar sein. Zudem braucht man für die Steckdosen einen Adapter, den man am besten schon zu Hause kauft. In den USA sind diese Zwischenstecker in einschlägigen Geschäften (Abteilung "Appliances") erhältlich. Weiterhin ist zu beachten, daß die Frequenz im Gegensatz zu Deutschland (50 Hz) bei 60 Hertz liegt.

110 Volt

Essen und Trinken

Manches ist anders

Die US-amerikanische Küche ist für Mitteleuropäer etwas gewöhnungsbedürftig. Dies fängt beim deftigen Frühstück mit gebratenem Speck, Eiern, Bratkartoffeln und Pfannkuchen an und hört nicht auf beim watteartigen Brot bzw. beim nur schwach gerösteten und dünn gebrühten Kaffee. Dennoch muß man sich von der Vorstellung lösen, daß Hamburger, Ketchup, Hot Dogs und Chips das einzige originelle Element der amerikanischen Küche sind – im Gegenteil: In Restaurants mit einheimischer Küche speist man oft hervorragend, vor allem Fleisch und Fisch. Regionale Spezialitäten gibt es durchaus, und in ordentlichen Bars ist selbst der frisch zubereitete Hamburger eine sehr leckere, Angelegenheit. Wer dennoch Probleme mit der US-amerikanischen Küche hat, dem steht eine breite Palette von ethnischen Restaurants offen.

Mahlzeiten

Breakfast

Zum Frühstücken geht man am besten in einen Coffee Shop, denn das ist "America at it's best". Zum normalen amerikanischen Frühstück gehören ein Glas Ananas-, Grapefruit- oder Orangensaft, Kaffee, Ei (gekocht, gebraten als Spiegel-/"sunny side up", Rührei/"scrambled" oder Omelette), gebratene Speckscheiben ("bacon") oder Bratwürstchen ("sausages"), Bratkartoffeln ("hashed browns"), Grießbrei ("grits"), Pfannkuchen mit Ahornsirup ("pancakes") und natürlich Toastbrot mit Butter und diversen Konfitüren ("jam"). Auf vielen Frühstücksbuffets findet man Corn Flakes und Milch, auch frisch zubereitetes Müsli, frisches Obst und diverse Joghurt-Sorten.

Brunch

An Sonn- und Feiertagen ist der "Brunch" sehr beliebt, wozu meist ab 11.00 Uhr große und vielfältig bestückte Buffets auf die Hungrigen warten.

Lunch

Zur Mittagszeit (Lunch) ißt man eher wenig, z. B. Salate, Kurzgebratenes und Gemüse. Viele aber essen einfach einen Hamburger.

Dinner

Die tägliche Hauptmahlzeit ist das Abendessen (Dinner). Es kann recht opulent ausfallen: Fleisch- und Fischgerichte mit allerlei Beilagen und Garnituren stehen auf dem Speiseplan. In einigen Lokalen versucht man, die Gäste mit "Dinner Shows" zu unterhalten.

Speisen und Getränke

Spezialitäten des Nordostens

Fisch und Meeresfrüchte

Wer Fisch und Meeresfrüchte in vielerlei Variatonen mag, liegt im Nordosten goldrichtig – der Atlantik ist immer noch ein reicher Fanggrund. Gegrillt, gebacken, geräuchert oder gekocht kommt der kräftige Bluefish, in Butter geschwenkt der Monkfish und als Steaks Heilbutt (halibut) oder Schwertfisch auf den Tisch. Wo "Boston scrod" auf der Speisekarte steht, handelt es sich meist um Schellfisch oder Kabeljau (cod bzw. haddock); "Fish chowder" ist ein Fischeintopf mit Kartoffeln und Sahne.
Die besten Austern (oysters) gibt es auf Cape Cod – natürlich roh mit Zitronensaft geschlürft. Muscheln (clams) werden entweder ebenfalls roh verzehrt (z. B. die "littlenecks" oder "cherrystones"), meistens aber gedämpft oder auch gebacken. "Quahogs" oder "Kohogs" sind handtellergroße Muscheln, deren Fleisch in Streifen gegrillt oder gebraten wird. Ihr Fleisch und das vieler anderer Muscheln kommt zusammen mit Kartoffeln, Mais und Sahne in den berühmten Muscheleintopf "Clam chowder".
Noch berühmter aber ist der Hummer (lobster) nicht nur aus Maine, sondern von der gesamten Atlantikküste. Er wird auf die klassische Weise zubereitet und kostet auch im Restaurant i.d.R. nicht viel – manchmal ist man schon mit 10 $ dabei.

Essen und Trinken

*Hummer ist an den Küsten Neuenglands so preiswert zu haben,
daß man ihn sogar beim Picknick auftischt.*

Der Nordosten der USA ist ein Beerenparadies. Sie werden vor allem in Kuchen und Torten verarbeitet – Erdbeeren (strawberries; zusammen mit Rhabarber, Blaubeeren (blueberries / huckleberries) oder auch Moos- bzw. Preiselbeeren (cranberries), eine Spezialität in Massachusetts. — Obst

Die Staaten des Nordostens sind bekannt für die Qualität ihrer Käse, der Milch und anderer Milchprodukte. Ansonsten begegnen auf der Speisekarte oft "Bread pudding" aus Brot, Milch, Eiern, Nüssen und Trockenfrüchten, "Indian pudding" aus Milch, Maismehl, Melasse, Ingwer und Rosinen sowie "grinder" (große Sandwiches mit allerlei Belag). Schließlich und keinesfalls zu vergessen – der Ahornsirup (maple syrup). — Weitere Spezialitäten

T-Bone Steak, Porterhouse Steak und Sirloin Steak sind neben dem allgegenwärtigen Hamburger die wichtigsten Fleischgerichte sind. Beliebt sind aber auch Hühnchenfleisch (u. a. Chicken Fingers = gebackene Hühnerbruststücke oder Chicken Wings = Hühnerflügel) und Schweinefleisch (Pork). Dazu gibt es fast immer wahlweise eine "baked potato" (Pellkartoffel mit Crème fraîche) oder Pommes frites ("french fries"). Ein Festtagsessen – vor allem am Thanksgiving Day – ist Truthahn (Turkey). — Fleischgerichte

Neben Steaks, Chicken und Chef's Salad kann man auch Köstlichkeiten aller in den USA lebenden Völker probieren. Die Palette reicht von der italienischen Küche über die griechische und die spanisch-kubanische bis zur mexikanischen, karibischen und fernöstlichen Küche mit ihren länderspezifischen Varianten. Selbstverständlich ist auch die koschere Küche bestens vertreten. — Ethnische Küchen

Allgegenwärtig sind der Cheese Cake (eine Art Käsekuchen, Doughnuts (Schmalzkringel) und Muffins (Hefeküchlein). In Neuengland muß man natürlich Blaubeerkuchen probieren. — Süßspeisen

Essen und Trinken

Kaffee
US-Kaffee ist in der Regel schwach geröstet, oft sehr dünn gebrüht und steht meist auch lange auf der Elektroplatte. Man bekommt ihn überall und reichlich angeboten, einmal bestellt, wird er immer nachgeschenkt. Mittlerweile allerdings setzt sich – zumindest in Großstädten und touristischen Zentren – mehr und mehr der Ruf nach einem kräftigen Espresso durch.

Bier
Die großen US-Brauereien wie Coors oder Budweiser (Anheuser-Busch) gehen auf deutsche Gründungen zurück. Bier wird in den USA immer eisgekühlt serviert und enthält deutlich weniger Alkohol (3–3,5 Vol.%) als vergleichbare deutsche Biere; immer beliebter werden "Light"-Biere mit 1 bis 1,5 Vol.% Alkohol. Bars halten in der Regel mehrere Flaschen- und Faßbiere ("draft") bereit. Weit verbreitete einheimische Marken sind Budweiser, Busch, Miller, Coors, Michelob und Schlitz. In Neuengland gibt es eine ganze Reihe für ihre Erzeugnisse bekannter kleiner Brauereien, deren Bier allemal besser ist als das der großen Braustätten. Importiertes europäisches Bier ist ungleich teurer als US-Bier.

Wein
Die USA gehören zu den führenden Weinproduzenten der Erde. Etwa vier Fünftel der Rebfläche liegen allerdings in Kalifornien mit den Anbaugebieten Santa Rosa,

Der Nordosten ist keine Diaspora für Biertrinker – es gibt sehr gute Kleinbrauereien.

Napa Valley, Sonoma Valley, Mendocino, Livermore, Santa Clara, Monterey, San Benito und San Joaquín Valley. Eine zweite größere Anbauregion erstreckt sich im Bundesstaat New York um die Finger Lakes; kleinere Weinbaugegenden gibt es in Maryland, Virginia, Florida, Ohio, Missouri, Oregon und Washington; im Osten von Massachusetts (Martha's Vineyard!), im Südosten von Rhode Island und im Nordwesten von Connecticut wird ebenfalls vereinzelt Wein angebaut.

Sorten
Die wichtigsten kalifornischen Rotweinsorten sind Zinfandel, Cabernet, Barbera, Ruby Cabernet, Grenache und Gamay. Bei den kalifornischen Weißweinen dominieren Chardonnay, French Colombard, Chenin Blanc, Sauvignon Blanc, Pinot Blanc, Semillon, Riesling und Gewürztraminer. Bekannte Rotweine der Finger Lakes sind Concord, Isabella, Baco Noir, Chelois und Delaware. Geschätzte Finger-Lake-Weißweine sind Duchess, Moore's Diamond, Niagara, Seibel, Vergennes und Elvira.

Spirituosen (Liquor)
Bevorzugte Spirituosen, die jedoch nur in bestimmten Geschäften ("liquor store") erhältlich sind und in Bars nur zu bestimmten Zeiten genossen werden dürfen, sind Whisky ("whiskey"; Bourbon, Scotch, Canadian, Rye, Irish, Blended), Gin, Wodka, Brandy, Rum, Wermut und Liköre ("cordial").

Säfte, Soft Drinks
Überall erhält man Fruchtsäfte aus heimischen Orangen, Grapefruit oder Ananas. Soft Drinks (Cola-Getränke, aromatisierte und mit Kohlensäure versehene Getränke) und Root Beer, ein aus Wasser, Zucker, Farbstoff und verschiedenen Gewürzen zubereitetes Getränk, sind beliebte Durstlöscher; desgleichen geeister Tee.

Wasser
Zu jeder Mahlzeit erhält man ein Glas Eiswasser, doch Vorsicht: Es ist Leitungswasser mit gestoßenem Eis. Wer ein Mineralwasser möchte, bestelle ein "spring water".

Feiertage

In den USA gibt es relativ wenige offizielle Feiertage (public/legal holidays), und selbst an diesen sind mit Ausnahme von Thanksgiving Day, Ostersonntag, Weihnachten und Neujahr viele Geschäfte geöffnet. Banken, Behörden, Schulen und sogar einige Restaurants bleiben allerdings geschlossen. An hohen christlichen Festen (Ostern, Pfingsten, Weihnachten) gibt es keine zweiten Feiertage. Die Mehrzahl der offiziellen Feiertage wird alljährlich neu datiert und zur Verlängerung der Wochenenden auf einen Montag vor oder nach dem eigentlichen Feiertag verlegt.

1. Januar: New Year
Dritter Montag im Januar: Martin Luther King Jr's Birthday (Geburtstag von Martin Luther King Jr.)
Dritter Montag im Februar: President's Day
Karwoche: Good Friday (Karfreitag; nur örtlich)
Letzter Montag im Mai: Memorial Day (Heldengedenktag)
4. Juli: Independence Day (Unabhängigkeitstag)
Erster Montag im September: Labor Day (Tag der Arbeit)
Zweiter Montag im Oktober: Columbus Day (Kolumbus-Gedenktag)
11. November: Veteran's Day (Veteranentag)
Vierter Donnerstag im November: Thanksgiving Day (Friedens- und Erntedankfest)
25. Dezember: Christmas Day (Weihnachten)

Landesweite Feiertage

Ferienwohnungen

In den Ferienregionen der USA reicht die Palette angebotener Ferienwohnungen von der luxuriösen Ferienvilla mit eigenem Bootsanleger bis zur einfach ausgestatteten Hochhauswohnung. Es handelt sich zumeist um kleine, mehrere Zimmer umfassende, möblierte Wohnungen, bestens geeignet für drei oder vier Personen. Der Minimumaufenthalt beträgt zwei bis fünf Übernachtungen. Jährlich aktualisierte Verzeichnisse halten die lokalen und regionalen Fremdenverkehrsbüros (→ Auskunft) bereit.

Allgemeine Hinweise

Filmen und Fotografieren

In den USA kann man problemlos filmen und fotografieren; allerorten gibt es fachkundige Fotogeschäfte. In größeren Städten findet man Labors, die Filme in wenigen Stunden entwickeln und binnen kurzem Farbabzüge herstellen. Filme sind jedoch erheblich teurer als in Deutschland, so daß es sich lohnt, das Filmmaterial von zu Hause mitzubringen.

Filmmaterial ist teuer

Flugverkehr

→ Anreise

Führerschein

Wer in den USA selbst ein Auto steuern will, muß einen gültigen nationalen Führerschein vorweisen können. Der nicht unbedingt notwendige, aber gelegentlich sehr hilfreiche Internationale Führerschein wird nur in Verbindung mit dem nationalen Führerschein anerkannt.

Nationaler Führerschein

Geld

Währung	Die Währungseinheit der USA ist der Dollar (US-$). Außer Geldscheinen im Nennwert von 1, 2, 5, 10, 20, 50, 100 $ (im internen Bankverkehr gibt es auch größere Noten) sind Münzen im Wert von 1 (Penny), 5 (Nickel), 10 (Dime), 25 (Quarter) Cents, seltener von 50 Cents (half-dollar) und 1 Dollar im Umlauf.
Wechselkurse	1 US-$ = 2,15 DM 1 DM = 0,46 US-$ 1 US-$ = 15,20 öS 1 öS = 0,06 US-$ 1 US-$ = 1,72 sfr 1 sfr = 0,58 US-$ 1 US-$ = 1,10 € 1 € = 0,90 US-$

Der Kurs des Dollars schwankt gegenüber den meisten Auslandswährungen. Es empfiehlt sich, schon vor dem Abflug Geld zu tauschen und sich vor allem auch mit ausreichend Kleingeld (Münzen und kleine Scheine) einzudecken, denn der Wechselkurs ist in Europa günstiger als in den USA. Im übrigen ist in den USA ausländisches Bargeld (D-Mark, Franken, Schilling) wenig willkommen, so daß man seine Reisekasse möglichst aus Kreditkarte, Dollarreiseschecks und einigen Dollars in bar für den Anfang zusammenstellen sollte.

Unter folgender Internetadresse kann man die aktuellen Wechselkurse abfragen: http://www.Reisebank.de.

Devisen-bestimmungen	Die Ein- und Ausfuhr ausländischer und amerikanischer Zahlungsmittel unterliegt allgemein keinen Beschränkungen. Bei der Einfuhr von mehr als 10 000 $ muß der Betrag in der im Flugzeug auszufüllenden Zollerklärung angegeben werden.
Geldwechsel	In den internationalen Flughäfen gibt es Bankfilialen, in denen man Devisen gegen US-Dollar eintauschen kann. Ansonsten ist es eher schwierig, Devisen zu tauschen. In Hotels und Wechselstuben sollte man möglichst nicht wechseln, da der Kurs dort erheblich schlechter als bei den Banken ist.
Reiseschecks	Es empfiehlt sich, vor dem Abflug Dollar-Reiseschecks (Traveller Checks) zu kaufen, die wie Bargeld gehandhabt werden und in aller Regel anstandslos von Hotels, Restaurants und Geschäften gegen Vorlage des Reisepasses akzeptiert werden. Bei Diebstahl oder Verlust der Schecks kann man bei den Filialen der ausstellenden Firmen unter Vorlage des Kontrollblatts sofort Ersatz für die verlorengegangenen Schecks erhalten.
Kreditkarten (Credit cards) und Bargeld	Das häufigste Zahlungsmittel, sei es in Hotels, Restaurants und allen Arten von Geschäften, ist die Kreditkarte. Beim Mieten von Autos ist sie zur Kautionsleistung sogar unerläßlich. Wer die USA besucht, sollte sich auf jeden Fall eine der gängigen Karten anschaffen. Am weitesten verbreitet sind Mastercard (Eurocard), Visa, American Express, Diner's Club und Discover. Trotz der universalen Geltung des Plastikgeldes kann man aber überall ohne Schwierigkeiten auch mit Barem bezahlen.
Geldautomaten	Wer eine Kreditkarte mit persönlicher Geheimnummer besitzt, kann an Geldautomaten (ATM = Automated Teller Machine) problemlos Geld abheben; ansonsten erhält man auch gegen Vorlage der Kreditkarte und des Reisepasses am Bankschalter Bargeld. An Geldautomaten mit dem "Maestro"-Signet kann in der Regel auch mit der EC-Karte Bargeld abgehoben werden.
Banken	Fast in jedem großen Einkaufszentrum und an Flughäfen findet man zumindest eine Bankfiliale bzw. Geldautomaten. Die Banken sind im allgemeinen von 8.30 bis 15.00 Uhr (bzw. 15.30 Uhr), freitags bis 18.00 Uhr geöffnet. An Wochenenden und Feiertagen sind nur die Bankschalter in den internationalen Flughäfen geöffnet.

Hotels · Motels · Resorts

Das Angebot an Übernachtungsmöglichkeiten in den USA ist gewaltig. Die Zahl der in Hotels, Motels und Resorts zur Verfügung stehenden Zimmer geht in die Hunderttausende. Jährlich werden weitere neue Beherbergungsbetriebe eröffnet. Es handelt sich dabei oft um Anlagen an den Küsten, die ihren Gästen höchstmöglichen Standard zu relativ hohen Preisen bieten. Natürlich gibt es überall auch billigere Unterkünfte. Diese reichen von sehr einfachen Motels und Touristenhotels bis zu komfortableren Unterkünften, die jedoch meist in größerer Entfernung von Badestränden oder bedeutenderen touristischen Attraktionen liegen.
_{Großes Angebot}

Die eigentlichen Hotels finden sich meist in den Innenstädten bzw. in den touristischen Zentren. Die größeren und bedeutenderen Häuser unterhalten Zubringerdienste zu den nächsten Flughäfen. In den größeren Hotels gibt es neben Restaurants auch Coffee Shops, Snack Bars, kleine Geschäfte, Kosmetik- und Friseursalons sowie Büros von Mietwagenfirmen und Fluggesellschaften.
_{Hotels}

Als luxuriöse Ferienanlagen mit allen erdenklichen Freizeit- und Sportmöglichkeiten bieten sich die Resorts an. Diese oft im Stil von Ferienklubs geführten Hotelkomplexe verfügen über eigene Badestrände, Tennis- und Golfplätze, Pferdekoppeln usw., bieten Unterhaltung der gehobenen Art und sind in der Regel sehr teuer.
_{Resorts}

Auf die Bedürfnisse von Autotouristen sind die Motels (d.h. "motorist's hotels") zugeschnitten. Sie sind meist an Ausfallstraßen errichtet, verfügen über freie Autoparkplätze in Zimmernähe und je nach Komfort auch über Swimming Pools und Sportplätze. Allerdings läßt der Service in solchen Häusern manchmal zu wünschen übrig.
_{Motels}

Als unverbindlichen Richtwert für ein Doppelzimmer pro Übernachtung kann man rechnen:
_{Preiskategorien und Kosten}

Luxushotels: über 200 $
Sehr komfortable Hotels und Motels: 130–200 $
Häuser mit gutem Komfort: 100–150 $
Preiswerte Hotels und Motels: 60–100 $
Sehr preiswerte Häuser: 30–80 $

Zu den Übernachtungskosten muß man die in den einzelnen Bundesstaaten geltenden Steuern und Abgaben rechnen, die bis zu 15% des Nettobetrages ausmachen können. Für Kinder, die im Zimmer der Eltern wohnen, fallen i.d.R. keine weiteren Kosten an; für zusätzliche Erwachsene beläuft sich der Zuschlag auf 5 bis 20 $. Viele, auch sehr luxuriöse Hotels bieten Wochenendtarife an, die z.T. erheblich unter den Normalpreisen liegen. In vielen Hotels wird auch der Garagenplatz extra berechnet.

Das Frühstück ist eher selten im Preis inbegriffen, wird aber oft in angeschlossenen Coffee Shops gegen Bezahlung angeboten. In Motels bekommt man, wenn überhaupt, vielleicht einen Kaffee oder einen Doughnut.
_{Frühstück}

Die Mehrzahl der Unterkünfte verfügt über Zimmer mit Bad und Dusche, Klimaanlage, Telefon, Radio und Farbfernseher. Viele Hotels, vor allem die größeren und luxuriösen, haben ein oder mehrere Restaurants, deren Preise sich nach der jeweiligen Hotelkategorie richten.
_{Ausstattung}

Die Zimmerschlüssel werden in der Regel nicht an der Rezeption abgegeben, sondern mitgeführt. Alle Hotels verfügen über Safes (entweder bei der Rezeption oder im Zimmer), in denen man seine Wertsachen deponieren kann.
_{Zimmerschlüssel, Safe}

Hotels

Zimmerreservierung

Es ist ratsam, Hotel- bzw. Motelübernachtungen im voraus über die "800"-Nummern zu buchen, die die meisten Hotels besitzen. Die Reservierungen werden in aller Regel bis 18.00 Uhr berücksichtigt. Unterkunftsverzeichnisse (Accomodation Guide) können bei den örtlichen Fremdenverkehrsbüros (→ Auskunft) angefordert werden.

Hotel- und Motelketten

Die großen amerikanischen Hotelketten Days Inn, Hilton, Holiday Inn, Howard Johnson, Ramada und TraveLodge unterhalten an vielen attraktiven Plätzen in den USA Beherbergungsbetriebe. Die genannten Unternehmen haben Vertretungen in Deutschland, Österreich und in der Schweiz, bei denen Übernachtungsgutscheine (Vouchers) zu günstigen Tarifen erworben werden können. Auch über Reisebüros können Hotelgutscheine bezogen bzw. Zimmer im voraus gebucht werden.

Gebührenfreie Hot Lines einiger Hotel- und Motelketten

Adam's Mark Hotels Tel. 1-800-444-2326
Best Western International Tel. 1-800-528-1234
Budgetel Inns Tel. 1-800-428-3438
Clarion Hotels & Resorts Tel. 1-800-252-7466
Comfort Inn Tel. 1-800-228-5150
Courtyard by Marriott Tel. 1-800-321-2211
Days Inn Tel. 1-800-325-2525
Doubletree Tel. 1-800-528-0444
Econo Lodge Tel. 1-800-446-6900
Embassy Suites Tel. 1-800-362-2779
Exel Inn of America Tel. 1-800-356-8013
Fairfield Inn Tel. 1-800-228-2800
Fairmont Hotels Tel. 1-800-527-4727
Four Seasons Hotels & Resorts Tel. 1-800-332-3442
Friendship Inn Tel. 1-800-453-4511
Hampton Inn Tel. 1-800-426-7866
Hilton Hotels Tel. 1-800-445-8667
Holiday Inn Tel. 1-800-465-4329
Howard Johnson Tel. 1-800-654-4656
Hyatt Tel. 1-800-233-1234
Inter-Continental Tel. 1-800-327-0200
La Quinta Tel. 1-800-531-5900
Loews Hotels Tel 1-800-235-6397
Marriott Hotels & Resorts Tel. 1-800-228-9290
Meridien Tel. 1-800-543-4300
Motel 6 Tel. 1-800-466-8356
Omni Hotels Tel. 1-800-843-6664
Quality Inn Tel 1-800-228-5151
Radisson Tel. 1-800-333-3333
Ramada Inn Tel. 1-800-228-2828
Red Lion Inn Tel. 1-800-547-8010
Red Roof Inn Tel. 1-800-843-7663
Renaissance Tel. 1-800-468-3571
Residence Inn by Marriott Tel. 1-800-331-3131
The Ritz-Carlton Tel. 1-800-241-3333
Rodeway Inns Tel. 1-800-228-2000
Sheraton Hotels & Motor Inn Tel. 1-800-325-3535
Sleep Inn Tel. 1-800-221-2222
Super 8 Motels Tel. 1-800-848-8888
Suisse Chalet Tel. 1-800-258-1980
TraveLodge & Viscount Hotels Tel. 1-800-255-3050
Vagabond Inns, Inc. Tel. 1-800-522-1555
West Coast Hotels, Tel. 1-800-426-0670
Westin Hotels & Resorts Tel. 1-800-937-8461
Wyndham Hotels & Resorts, Tel. 1-800-822-4200

Hotels

Ausgewählte Unterkünfte

In den USA herrscht kein Mangel an Unterkünften jeder Klasse und für jeden Geldbeutel. Deshalb sind in der folgenden Liste lediglich einige Hotels oder Motels in den in diesem Reiseführer näher beschriebenen Städten und bei einigen großen Touristenattraktionen aufgeführt. In ihnen lohnt sich meist aufgrund ihrer Ausstattung oder Lage, ihres Ambientes oder ihres Service wegen ein Aufenthalt über das reine Übernachten hinaus, weshalb sie meistens auch etwas teurer sind; meist ist aber auch noch eine günstigere und empfehlenswerte Unterkunft angegeben. Die Preise sind Richtpreise für ein Doppelzimmer.

Hinweis

Connecticut
Connecticut Valley

The Griswold Inn, 36 Main St., Essex, Tel. (860) 767-1812, Fax 767-0481, 29 Z., 120–210 $.
Herberge seit 1776 und deshalb eine neuenglische Hotellegende.

Bishopsgate Inn, Goodspeed Landing, East Haddam, Tel. (860) 873-677, Fax 873-3898, 6 Z., 80–150 $.
Bester Spot für ruhigen Schlaf nach dem Besuch des Goodspeed Opera House schräg gegenüber. Die Eleganz des frühen 19. Jahrhunderts.

Hartford

The Goodwin Hotel
1 Haynes St., Tel. (860) 246-7500, Fax 247-4576, 124 Z., 80–230 $.
Ehemalige Residenz des Industrie-Kapitäns J. P. Morgan, 1881 im Oueen Anne Style errichtet. Ruhig, hübsche Zimmer.

Litchfield

Tollgate Hill Inn
Rte. 202, 4 km nordöstlch von Litchfield, Tel. (860) 567-4545, Fax 567-8397, 21 Z., 90–180 $.
Historischer Gebäudekomplex aus dem 18. Jh., gemütliche Zimmer mit allen modernen Annehmlichkeiten, gutes Restaurant.

Mystic

The Inn at Mystic
Rtes. 1 und 27, Tel. (860) 536-9604, Fax 572-1635, 70 Z., 110–250 $.
Komplex aus einem Edelmotel und zwei historischen Häusern. Restaurant, Tenniscourt, Pool und Anlegestelle für Ruderboote.

New Haven

Three Chimneys Inn
1201 Chapel St., Tel. (203) 789-1201, Fax 776-7363, 10 Z., 140–180 $.
Wo stolze Studenteneltern auf Besuch einkehren: herrliche Residenz von 1870, hohe alte Betten, geschmackvolles Interieur.

Holiday Inn at Yale
30 Whalley Ave., Tel. (203) 777-6221, 160 Z., 100–120 $.
Fünf Blocks vom Green, sehr zentral. Keine bösen Überraschungen bei dieser Mittelklasse-Kette.

Massachusetts
Berkshire Hills

The Gables Inn
81 Walker St., Lenox, Tel. (413) 837-3416, Fax 637-3416, 17 Z., 3 Suiten, 80–210 $.
Schönes viktorianisches B & B mit beheiztem Außenpool und Tenniscourt.

Mayflower Motor Inn
474 Pittsfield-Lenox Road, Lenox, Tel. (413) 443-4468, 20 Zi, 45–140 $.
Praktisches und preiswertes Motel, gute Basis für Erkundungstouren.

The Red Lion Inn
Main St., Stockbridge, Tel: (413) 298-5545, Fax 298-5130, 111 Z. 87–165 $.
Symbol der Berkshires: Dieser herrliche alte Country Inn begann 1773 als Postkutschenstop und bietet außer hübschen Zimmern eine herrliche Straßenveranda mit gemütlichen Schaukelstühlen als den besten Ort für einen faulen Nachmittag.

Hotels

Berkshire Hills
(Fortsetzung)

Orchards Inn, 419 Main St., Williamsburg, Tel. (413) 458-9611, Fax 458-3273, 49 Z., 125 – 225 $.
Angenehmes, innen mehr als außen zusagendes Hotel am Ostrand des Städtchens. Zimmer in "good old England"-Dekor. Pool, Sauna, vortrefflicher Dining Room.

Boston

Boston Plaza Hotel & Tower
64 Arlington St., Tel. (617) 426-2000, Fax 426-5545, 960 Z., 125 – 245 $.
Nobles Stadthotel, praktisch gelegen am Südende des Boston Common. Im "National Register of Historic Places" verzeichnet.

Regal Bostonian Hotel
Faneuil Hall Marketplace, Tel. (617) 523-3600, Fax 523-2454, 152 Z., 245 – 350 $.
Zentraler geht es nicht: Fünfsterne-Luxus zum Preis von vieren. Riesige ovale Badewannen.

The Ritz Carlton
15 Arlington St., Tel. (617) 536-5700, Fax 536-1335, 278 Z., 265 – 415 $.
"Ritzy" und deshalb über alle Kritik erhaben. Seit 1927 die bevorzugte Herberge der "Boston Brahmins" und der Prominenz. Direkt gegenüber der Public Gardens.

Copley Square Hotel
47 Huntington Ave., Tel. (617) 536-9000, Fax 236-0351, 143 Z., 175 – 230 $.
Viel Alte-Welt-Charme herrscht in diesem 1891 eröffneten Hotel. Drei hervorragende Restaurants.

Newbury Guest House
261 Newbury St.. Tel. (617) 437-1666, Fax 262-4243, 32 Z., 95 – 140 $.
Gemütliches, in einem Backsteinhaus aus dem 19. Jh. untergebrachtes B & B mitten im Shopping District.

The MidTown Hotel
220 Arlington Ave., Tel. (617) 262-1000, Fax 262-8739, 159 Z., 99 – 189 $.
Modernes Stadthotel unweit vom Museum of Fine Arts. Freies Parken, gutes Preis-Leistungs-Verhältnis.

Concord

The Hawthorne Inn
462 Lexington Rd., Tel. (978) 443-1776, Fax 287-4949, 7 Z., 150 – 220 $.
Der efeuüberwachsene Inn steht vis-a-vis von Hawthorne und Alcott House und bietet Himmelbetten und handgestickte Quilts.

Cape Ann

The Manor Inn
141 Essex Ave., Gloucester, Tel. (978) 283-0614, 11 Z. (Haupthaus), 50 – 130 $.
Hübsches viktorianisches Gasthaus von 1900 mit Motel-Annex. Die Betten im Haupthaus haben Übergröße.

Cape Cod

The Beltry Inne
8 Jarves St., Sandwich, Tel. (508) 888-8550, Fax 888-3922, 9 Z., 95 – 170 $.
Entschieden viktorianisch mit Türmchen, Erkern, Gourmetrestaurant und gemütlicher Bar.

The Bradford Gardens Inn
178 Bradford St., Provincetown, Tel. (508) 487-1616, Fax 487-5596, 18 Z., 90 – 120 $.
Dunkle Zederschindeln und blaue Fensterläden: herrlich uriges Guesthouse, die meisten Zimmer mit Kamin.

Chatham Bars Inn
Shore Rd., Chatham, Tel. (508) 945-0096, Fax 945-5491, 152 Z. einschl. 26 Cottages, 170 – 370 S.

Hotels

Herrliches Strandhotel von 1914, viele Zimmer mit Seeblick. Drei Dining Rooms mit breitgefächerten Speisekarten. *Cape Cod (Fortsetzung)*

Captain Farris House
308 Old Main St., South Yarmouth, Tel. (508) 760-2818, Fax 398-1262, 10 Z., 95–185 $.
Geschmackvoll plazierte Antiquitäten in den Zimmern und ein sonniger Innenhof, wo das hervorragende Frühstück eigenommen wird. Einladendes Haus von 1845.

The Whalewalk Inn
220 Bridge Rd., Eastham, Tel. (508) 255-0617, Fax 240-0017, 16 Z., 110–210 $.
Hübscher Greek Revival Inn aus den 1830er Jahren. Liebevoll eingerichtete Zimmer mit vielen geschmackvollen Details.

Shivenck Inn *Martha's Vineyard*
5 Pease's Pont Way, Edgartown, Tel. (508) 627-3797, Fax 627-8441, 10 Z., 130–210 $.
Greek-Revival-Luxus. Alle Zimmer mit Kamin, opulentes Frühstück.

Admiral Benbow Inn
81 New York Ave., Oak Bluffs, Tel. (508) 693-6825, 6 Z., 110–150 $.
Gemütliches Neuengland-Idyll aus den 1870er Jahren; B & B mit Riesenbetten und schnuckeligen Badezlmmern.

The Wauwinet *Nantucket*
120 Wauwinet Rd., Tel. (508) 228-0145, Fax 228-6712, 25 Z., 5 Cottages, 270–1300 $.
Bei der Ostküstenelite auch als "We want it" bekannt: Bis zu 80 Gäste werden von über 100 Angestellten verwöhnt. Alle Zimmer mit Seeblick. Das Topper Restaurant ist eines der besten Neuenglands.

Jared Coffin House
29 Broad St., Tel. (508) 228-2405, Fax 228-8549, 60 Z., 140–200 $.
Repräsentatives, vom Nantucket Historical Trust restauriertes Backsteinhaus von 1845. Reichhaltiges Breakfast, lecker: die Cranberry Pancakes

Deerfield Inn *Pioneer Vallley*
81 Old Main St., Deerfield, Tel. (413) 774-5587, Fax 773-8712, 23 Z., 140–190 $.
Bevorzugles Refugium der Bostoner und New Yorker: schönes altes Gasthaus mitten in Historic Deerfield.

Cold Spring Motel *Plymouth*
188 Court St., Tel. (508) 746-2222, Fax 746-2744, 33 Z., 50–90 $.
Geräumige, standardmäßig eingerichtete Zimmer in hübsch bepflanzter Motelanlage.

The Stephen Daniels House *Salem*
1 Danlels St., Tel. (978) 744-5709, 5 Z., 130–190 $.
Exklusives B & B in Kapitänshaus von 1687. Riesige Kamine und niedrige Decken vermitteln urige Pionieratmosphäre.

Springfield Monarch Place *Springfield*
Monarch Place, Tel. (413) 781-1010, Fax 734-3249, 304 Z., 80–130 $.
Repräsentative Lobby aus Marmor, geräumige Zimmer in zarten Pastelltönen. Zwei Restaurants, Sauna, Fitnessraum.

Phoenix Inn **Maine**
West Market Square, 20 Broad St., Tel. (207) 947-0441, Fax 947-0255, 60–95 $. Bangor
Hübscher Inn von 1873. Innen viel Mahagoni und Leder.

Hotels

Bar Harbor

Acadia Hotel
20 Mt. Desert St., Tel. (207)288-5721, 10 Z., 45–115 $.
Einfaches Hotel direkt am Green mit umlaufender Veranda und freundlichen Zimmern.

Balance Rock Inn
21 Albert Meadow, Tel. (207) 288-2610, Fax 288-5534, 21 Z., 135–435 $.
Ebenso beeindruckend wie der herrliche Blick auf die Frenchman Bay sind die graue Schindel-Architektur und die zum Faulenzen einladende Terasse mit Aussicht. Die meisten Zimmer mit Whirlpool und Kamin.

Baxter State Park

Best Western Heritage Moto Inn
935 Central St., Millinocket, Tel. (207) 723-9777, 49 Z., 60–90 $.
Das zweigeschossige Motel ist eine gute Basis für Tagestouren in den Baxter State Park.

Bethel

L'Auberge
Mill Hill Rd., Tel. (207) 824-2774, Fax 824-3108, 7 Z., 80–120 $.
Zu einem Gasthof umgebaute alte Scheune, geschmackvoll mit alten Möbeln aus der Umgebung eingerichtet. Viel Lokalkolorit.

Blue Hill Peninsula · Deer Isle

Inn on the Harbor, Main St., Stonington, Tel. (207) 367-2420, Fax 367-5165, 13 Z., 95–115 $.
Die meisten der schönen Zimmer mit Balkon zum Fischerhafen hinaus. So mancher kommt nur deswegen.

Boothbay Harbour

Topside
McKown Hill, Tel. (207) 633-5404, 24 Z., 45–150 $.
Altes graues Haus auf hohem Hügel, herrliche Aussicht auf den Atlantik, gemütliche Zimmer.

Camden · Rockland

The Blue Harbor House, 67 Elm St., Camden, Tel. (207) 236-3196, Fax 236-6523, 10 Z., 80–150 $.
Himmelbettromantik und unvergeßliches Frühstück mit Blaubeer-Pancake und Hummer-Quiche.

Captain Lindsey House Inn
5 Lindsey St., Rockland, Tel. (207) 596-7950, 9 Z., 125–160 $.
Hübsches Haus aus dem Jahr 1837. Die Betten in den großen Zimmern haben weiche Federkissen – in der Hotellerie der USA beileibe nicht selbstverständlIch.

Freeport

Harraseeket Inn
162 Main St., Tel. (207) 865-9377, Fax 865-1684, 84 Z., 130–210 $.
Alle Zimmer in diesem haus sind mit Himmelbetten und Jacuzzi ausgestattet, Afternoon Tea wird auch angeboten.

Monhegan Island

Monhegan House
Tel. (207) 594-7983, 33 Z., 90 $.
In dem 1870 eröffneten Hotel mit dem abblätterndem Charme teilt man sich das Bad mit dem Zimmernachbarn. Einfaches Restaurant mit herzhafter Hausmannskost.

Moosehead Lake

The Lodge at Moosehead Lake
Lily Bay Rd., Greenville, Tel. (207) 695-4400, Fax 695-2281, 8 Z., 165–380 $.
Rustikales Haus auf schöner Anhöhe, einige der Betten hängen an Ketten von der Decke herab.

Portland

The Radisson Eastland
57 High St., Tel. (207) 775-5411, Fax 775-2872, 204 Z., 90–210 $.
Immer noch nicht renoviert, aber wegen seiner Zimmer mit Aussicht auf die Casco Bay durchaus empfehlenswert. Dachrestaurant.

Hotels

South Coast

Captain Lord
Pleasant & Green Sts., Kennebunkport, Tel. (207) 967-3141, Fax 967-3172, 16 Z., 110 – 360 $.
Die Nummer 1 am Ort: ein Traum in Chippendale-Möbeln und Plüschsesseln, Federal-Style-Architektur und englischem Rasen.

Kennebunkport Inn
Dock Square, Kennebunkport, Tel. (207) 967-2621, Fax 967-3705, 34. Z., 70 – 250 $.
Die Fassade ist stilistisch ein Chaos, aber drinnen sind die schönen Zimmer das Geld wert.

The Anchorage by the Sea
55 Shore Rd., Ogunquit, Tel. (207) 646-9384, 219 Z., 50 – 210 $.
Weitläufige Ferienanlage direkt am Strand. Helle Zimmer, die meisten mit Meeresblick.

Dockside Guest Quarters
Harns Island Rd., York, Tel. (207) 363-2868, Fax 363-1977, 22 Z., 50 – 240 $.
Die teureren, mit stilvollen Antiquitäten eingerichteten Zimmer befinden sich im Haupthaus. Die modernen "Units" liegen am Wasser und sind privater und preiswerter.

New Hampshire
Lake Winnipesaukee

Greystone Motel
132 Scenlc Drive, Gilford, Tel. (603) 293-7377, 60 –85 $.
Hübsches kleines Motor-Hotel direkt am See.

The Lake Motel, Rte. 28, Wolfeboro, Tel. (603) 569-1100, 35 Z., 63 – 89 $.
Schönes Motel zwischen Lake Wentworth und Lake Crescent, mit Blick auf beide.

Manchester

Center of New Hampshire Hollday Inn
700 Eim St., Tel. (603) 625-1000, Fax 625-4595, 250 Z., 75 – 125 $.
Modernes Hotel hauptsächlich für Geschäftsreisende, mit Pool, Sauna und Restaurant.

Portsmouth

Sise Inn
40 Court St., Tel. und Fax (603) 433-1200, 90 – 150 $.
Geräumige Gemächer in einem 1881 im schnörkeligen Queen Anne Style erbauten Haus. Gediegen viktorianisch.

Breakers by the Sea Motel
409 Ocean Blvd., Hampton Beach, Tel. 603) 926-7702, Fax 929-3925, 18 Z., 40 – 120 $.
Modernes Motel, Zimmer mit Kaffeemaschine.

White Mountains:
Mount Washington Hotel
Rte 302., Bretton Woods, Tel. (603) 278-1000, 200 Z., 200 – 475 $.
Letztes der herrlichen alten Grand Hotels in den White Mountains. Zahlreiche Prominente schliefen hier; 1944 fand hier die Weltwährungskonferrenz statt. Dining Room mit Hausorchester.

Inn at Thorn Hill
Thorn Hill Rd., Jackson, Tel. (603) 383-4242, 19 Z., 3 Cottages, 160 – 300 $.
Eleganter, 1895 erbauter Inn außerhalb auf einer Anhöhe. Die Küche

Das Mount Washington Hotel

Hotels

White Mountains
(Fortsetzung)

kocht "Fusion", eine kreative Mischung aus bewährten Rezepten und Trendigem wie Schweinsmedaillon auf Cranberry Chutney.

Stonehurst Manor
2 km nördlich von North Conway an der Rte. 16, 24 Z., 80 – 170 $.
Herrschaftliches Hau von 1876, wegen des günstigen Preis-Leistungs-Verhältnisses überwiegend junges Hikerpublikum.

New York State
Adirondacks

Lake Placid Lodge
Whiteface Inn Rd., Lake Placid, Tel. (518) 523-2573, Fax 523-1124, 22 Z., um 150 $.
Rustikal-luxuriöse Unterkunft aus der Zeit der Jahrhundertwende. Die meisten Zimmer mit Antiquitäten und offenem Kamin.

Albany

The State House
393 State St., Tel. (518) 427-6063, Fax 465-8079, um 150 $.
Sehr intimes, geschmackvoll möbliertes Inn mit aufmerksamem Service.

Catskills

Redcoat's Return
Dale Lane, Elka Park, Tel. und Fax (518) 589-6379, 14 Z., 75 – 125 $
Britische Landhausatmosphäre, Bibliothek, English Breakfast – die Besitzer sind Briten.

Scribner Hollow Lodge
Rte. 23 A, Hunter, Tel. (518) 263-4211, Fax 263-5266, 38 Z., 100 – 150 $.
Angenehmes Berghotel mit vielen Sportmöglichkeiten.

Finger Lakes

Geneva on the Lake
1001 Lockland Rd., Rte. 14 S, Geneva, Tel. (315) 789-7190, Fax 789-0322, 30 Suiten, 150 – 200 $.
Renaissance-Palazzo nach dem Vorbild der Villa Lancelotti in Rom. Sehr großzügige, schön ausgestattete Räume mit Seeblick.

Hudson Valley

Beekman Arms
4 Mill St., Rhinebeck, Tel. und Fax (914) 876-7077, 69 Z., um 150 $.
Die Zimmer verteilen sich auf drei Gebäude: die alte Taverne von 1766, einen Anbau dahinter und das viktorianische Delamater House. Im historischen Zentrum.

Hotel Thayer
US 9 W, West Point, Tel. (914) 446-4731, Fax 446-0338, 183 Z., 100 – 150 $.
Wer es militärisch liebt – das Hotel ist in einem Backsteingebäude auf dem Gelände der Militärakademie untergebracht.

New York City

Algonquin
59 W. 44th St., Tel. (212) 840-6800, Fax 944-1419, 165 Z., 130 – 220 $.
Im 1902 eröffneten, legendären Algonquin trafen sich in den zwanziger und dreißiger Jahren u. a. Dorothy Parker, Robert Benchley und James Thurber zur berühmten Tafelrunde. Die Zimmer sind winzig, jedoch hübsch eingerichtet, in der holzgetäfelten Lobby kommt Wohnzimmer-Atmosphäre auf.

Carlyle
35 E. 76th St. / Madison Ave., Tel. (212) 744-1600, Fax 717-4682, 198 Zimmer, 355 – 525 $.
Für viele Kritiker das "bestgeführte Hotel New Yorks". Seit der Eröffnung 1930 hat das Fünf-Sterne-Hotel berühmte Persönlichkeiten angezogen. Für Touristen und andere Durchreisende stehen nur etwa 20 % der luxuriösen Räume zur Verfügung. Der Rest ist das ganze Jahr über vermietet.

Lexington
511 Lexington Ave. / 48th St., Tel. (212) 755-4400, Fax 751-4091, 750 Z., 130 – 220 $.

Hotels

Wegen seiner zentralen Lage nahe der Grand Central Station und der Vereinten Nationen ist das 27stöckige Hotel besonders bei Geschäftsreisenden und Einkaufslustigen beliebt. Im Haus befinden sich zwei Restaurants – ein Italiener und ein Chinese.

New York City (Fortsetzung)

The Plaza
768 5th Ave. / 59th St., Tel. 759-3000, Fax 759-3167, 800 Z., 235 – 475 $.
Das 19stöckige Plaza, eines der architektonischen Markenzeichen New Yorks ist 1907 eröffnet worden. In den komfortablen, hellen und geräumigen Zimmern, von denen einige einen fantastischen Blick über den Central Park bieten, haben schon viele Große dieser Welt ihr Haupt zur Ruhe gebettet. Wem der Preis zu hoch ist, kann sich in der Oyster Bar an Meeresfrüchten ergötzen oder in der Oak Bar einen Drink zu sich nehmen.

De Hirsch Residence
1395 Lexington Ave./92nd St., Tel. (212) 415-5650, Fax 415-5578, 370 Betten, unter 100 $.
Obwohl diese Unterkunft eine Herberge der Young Men's / Young Women's Hebrew Association ist, muß man als Gast weder jung sein noch dem jüdischen Glauben angehören. Die Zimmer sind geräumig. Auf jeder Etage gibt es eine Küche. Die Benutzung des Fitneßraums ist kostenlos.

Days Inn Falls View
201 Rainbow Blvd., Tel. (716) 285-9321, Fax 285-9760, 200 Z., 60 – 120 $.
Ein Klassiker unter den Hotels an den Fällen. Wer sie richtig sehen möchte, muß ein Zimmer in den Etagen nehmen (und mehr bezahlen).

Niagara Falls

Four Points by Sheraton
120 E. Main St., Tel. (716) 546-1234, Fax 546-6777, 466 Z., 90 – 110 $.
Schnörkelloses Großhotel in zentraler Lage.

Rochester

Adelphi Hotel
365 Broadway, Tel. (518) 587-4688, 35 Z., 90 – 150 $.
Ausgefallenes Downtown-Hotel mit viel Betrieb.

Saratoga Springs

Scott's
2930 W. 6th St., Tel. und Fax (814) 838-1961, 58 Z., 65 – 85 $.
Günstiges, gut geführtes Motel.

Pennsylvania
Erie

Baladerry Inn
40 Hospital Rd., Tel. (717) 337-1342, 8 Z., 80 – 100 $.
Gutes Frühstück, Tennisplatz. Das 1812 gebaute Haus diente während der Schlacht als Lazarett.

Gettysburg

Hilton and Towers
1 N. 2nd St., Tel. (717) 233-6000, Fax 233-6271, 341 Z., 100 – 165 $.
Gutes Großhotel, direkt mit der Shopping Mall verbunden.

Harrisburg

Churchtown Inn
2100 Main St., Churchtown / Narvon, Tel. (717) 445-7794, 9 Z., 50 – 100 $.
Feldsteinhaus von 1753 bei einer Amish-Farm. Hervorragendes Frühstück.

Lancaster ·
Pennsylvania
Dutch Country

Historic Strasburg Inn
1 Historic Drive, Tel. (717) 687-7691, Fax 687-6098, 101 Z., 75 – 100 $.
Inn im Kolonialstil in großzügiger Umgebung mit zwei Restaurants, Pool und Sportmöglichkeiten.

The Rittenhouse
210 W. Rittenhouse Sq., Tel. (215) 546-900, Fax 732-3364, 98 Z., 230 – 300 $.
Eines der elegantesten Hotels, das Philadelphia zu bieten hat, dazu noch in wunderbarer städtischer Lage.

Philadelphia

Hotels

Philadelphia (Fortsetzung)	**Philadelphia Marriott** 1201 Market St., Tel. (215) 625-2900, Fax 625-6000, 1200 Z., 150–200 $. Modernes Riesenhotel beim Pennsylvania Convention Center mit dem von dieser Kette gewöhnten Komfort.
	Thomas Bond House 129 S. 2nd St., Tel. (215) 923-8523, Fax 923-8504, 12 Z., um 100 $. Schlafen wie die Verfassungsväter – das im Zentrum der Old City gelegene Inn wurde im Jahr 1769 gebaut und bietet u. a. auch einige Zimmer mit Marmorkaminen.
Pittsburgh	**Westin William Penn** 530 William Penn Place, Mellon Sq., Tel. (412) 281-7000, Fax 553-5252, 595 Z., 125–200 $. Grand Hotel in Downtown – opulente Lobby, geräumige Zimmer.
	Ramada Plaza Suites 1 Bigelow Sq., Tel. (412) 281-5800, Fax 281-8467, 311 Suiten mit Kücheneinrichtung, 75–125 $. Ebenfalls zentral im Golden Triangle, unprätentiös und praktisch.
Pocono Mountains	**French Manor** Huckleberry Rd., South Sterling, Tel. (717) 676-3244, Fax 676-9786, 9 Z., 100–150 $. Die beste Übernachtungsmöglichkeit in den Poconos: Panoramalage und französische Küche.
State College	**Toftrees Resort** 1 Country Club Lane, Tel. (814) 234-8000, Fax 238-4404, 113 Wohneinheiten, 22 Suiten, 125–170 $. Ferienanlage im Mittelmeerstil mit 18-Loch-Golfplatz.
Rhode Island Block Island	**The 1661 Inn & Hotel Manisses** 1 Spring St., Tel. (401) 466-2063, 25 Z., 80–300 $. Herrlich altmodischer Grand Hotel-Charme mit Lamas und Emus an der Auffahrt. Viele der Zimmer mit Whirlpool.
Narragansett Pier	**Stone Lea** 40 Newton Ave., Tel. (401) 783-9546, 9 Z., 90–130 $. Herrschaftliches Steinhaus aus dem Jahr 1884, auf einer Klippe über dem Meer. Spektakuläre Sonnenuntergänge von der Terrasse aus.
Newport	**Admlral Fitzroy Inn** 398 Thames St., Tel (401) 848-8000, Fax 846-8006, 17 Z., 90–220 $. Urige Eleganz mit Hafenblick, besonders vom luftigen Pooldeck.
	Jailhouse 13 Marlborough St., Tel. (401) 847-4638, 60–220 $. Preiswerte Alternative zu den oft überteuerten Unterkünften in Newport.
Providence	**Providence Biltmore** Kennedy Plaza, Tel. (401) 421-0700, 245 Z., 100–200 $. Erste Adresse für Geschäftsreisende. Der außen angebrachte gläserne Aufzug bietet tolle Aussichten.
Vermont Bennington	**Molly Stark Inn** 1067 East Main St. , Tel. (802) 442-9631, Fax 442-5224, 6 Z., 80–120 $. Viktorianisches Haus von 1890. Viele altmodische Details, sehr gemütlich.
Burlington	**Radisson Hotel Burlington** 60 Battery St., Tel (802) 658-6500, Fax 658-4659, 255 Z., 80–180 $. Nach einem Zimmer im neunten Stock fragen: herrlicher Seeblick.

Hotels

Ardmore Inn — Manchester
23 Pleasant St., Tel. (802) 457-3887, 7 Z., 120–170 $.
Gemütliches kleines B & B am Ortseingang.

Swift House Inn — Middlebury Gaps
Rte. 7 und Stewart Lane, Middlebury, Tel. (802) 388-9925, Fax 388-9927, 11 Z., 60–150 $.
Im Federal Style 1814 errichtetes Hauptgebäude und ein viktorianisches Carriage House von 1876; viel Tradition, viel Lebensstil. Gemütliche Zimmer mit Kaminen und alten hohen Betten.

The Inn at Shelburne
Harbor Rd., Shelburne, Tel. (802) 985-8498, 24 Z., 85–260 $.
Wer immer schon wissen wollte, wie die Vanderbilts einst lebten – voilà: Die Nobelherberge inmitten einer herrlichen Parkanlage bietet riesige Zimmer und ein feines französisches Restaurant mit Postkartenblick auf den Lake Champlain.

The Moonstruck Inn, Rtes. 93-18, St. Johnsbury, Tel. (802) 748-4661, 6 Z., 60–84 $. — Northeast Kingdom
Überaschend elegantes Interieur im einstigen Postkutschenstop.

Heermansmith Farm
Coventry Village, Tel. (802) 754-8866, 7 Z., 50–90 $.
Vorbei an grasenden Vermontkühen und über eine überdachte Brücke: Schlafen auf idyllischer Farm, Wecken mit ausladendem Frühstück.

Trapp Family Lodge — Stowe
42 Trapp Hill, Tel. (802) 253-8511, Fax 253-5740, 93 Z., 100–220 $.
Für Nostalgiker, die sich noch an die singende Trapp-Familie erinnern und österreichischer Alpenhofatmosphäre mit Talblick schätzen. Das Restaurant hält natürlich alpenländische Spezialitäten bereit.

Entschieden österreichisch: Trapp Family Lodge

The Stowehof Inn and Resort, 434 Edson Hill Rd., Tel. (802) 253-9722, Fax 253-7513, 80–170 $.
Hoch über dem Stowe Valley: schönes Vierjahreszeiten-Resort mit reichem Aktivitätenkatalog.

Jackson House Inn — Woodstock
37 Old Route, Tel. (802) 457-2065, 15 Z., 160–230 $.
1890 gebautes Domizil eines Sägewerkbesitzers, mit herrlichen alten Möbeln geschmackvoll dekoriert.

Jugendunterkünfte

Allgemeines	Spezielle Jugendunterkünfte findet man in den USA in der Regel nur dort, wo mit einem erhöhten Aufkommen an jungen Touristen zu rechnen ist. Dies gilt in besonderem Maße für die großen und bekannten Städte, für College- und Hochschulstandorte sowie für die von Jugendlichen bevorzugten Ferienorte bzw. für einige Wintersportzentren. In den Neuenglandstaaten und im südlichen Pennsylvania ist im Gegensatz zu den meisten übrigen Bundesstaaten das Netz der Herbergen etwas dichter, so daß kleinere Rundtouren von Jugendherberge zu Jugendherberge möglich sind. Rechtzeitige Reservierung!.
Jugendherbergen (American Youth Hostels) Warnung	In den AYH-Jugendherbergen hat man zwischen 5 und 25 $ pro Nacht zu bezahlen. Die AYH-Jugendherbergen erkennt man am dreieckigen AYH-Logo bzw. am international üblichen Haus-und-Baum-Symbol. Auch unter den Jugendherbergen gibt es "schwarze Schafe", die in keiner Weise den AYH-Normen entsprechen und diesem Verband auch nicht angehören.
Auskunft	Hostelling International – American Youth Hostels, 733 15th St. NW Washington, DC 20005, Tel. (202) 783-6161, Fax (202) 783-6171 Internet: www.hiayh.org
Jugendherbergsverzeichnisse	Aktuelle Jugendherbergsverzeichnisse der International Youth Hostel Federation sind im Buchhandel erhältlich. Es ist jedoch ratsam, sich sofort nach Ankunft in den USA im Buchhandel das sehr detaillierte und jährlich aktualisierte AYH-Handbuch "Hostelling North America" zu besorgen.
YMCA · YWCA	In allen größeren US-Städten können sich junge Menschen in Sachen Unterkunft an die christlich orientierten Verbände YMCA (Young Men's Christian Association) und YWCA (Young Women's Christian Association) wenden, deren Unterkünfte jedoch meist ausgebucht und mitunter auch nicht ganz preiswert sind. Dafür können hier oft auch Familien unterkommen; Reservierung und Vorauszahlung ist obligatorisch.
Auskunft	Y'Ways International, 224 E. 47th St. New York NY 10017, Tel. (212) 308-2899, Fax (212) 308-3161
Studentenwohnheime (dorms)	Während der Hochschulferien kann man verschiedenenorts oftmals recht preisgünstig in Studenten- und auch Dozentenwohnheimen logieren. Detaillierte Informationen halten die Fremdenverkehrsstellen (→ Auskunft) bzw. die Hochschulverwaltungen der in Frage kommenden Orte bereit.

Karten

Gesamt-USA	Empfehlenswert ist der ADAC-Maxiatlas USA mit Straßenkarten für jeden der einzelnen Bundesstaaten und mit Großraumstadtplänen, eine Lizenzausgabe des Kartenwerks des US-Automobilklubs AAA. Ähnlich aufgebaut ist der Rand McNally Road Atlas & Vacation Guide, der zusätzlich auch touristische Hinweise enthält.
Einzelkarten der Bundesstaaten	Einzelkarten der Bundesstaaten von Rand McNally oder Gousha Travel Publications erhält man in Deutschland in gutsortierten Reisebuchhandlungen. In den Welcome Centers an den Grenzen der Bundesstaaten und auf Anforderung bei den einzelnen Fremdenverkehrsstellen (→ Auskunft) sowie beim AAA bekommt man meist kostenlos jährlich aktualisierte Straßenkarten.
Stadtpläne	Detaillierte Stadtpläne zumindest der Großstädte New York City, Pennsylvania und Boston sind ebenfalls im Reisebuchhandel, ansonsten bei den örtlichen Fremdenverkehrsstellen erhältlich.

Kinder

Auch wenn es im Nordosten der USA kein Disneyland gibt und die Cowboys und Präriendianer weiter im Westen zu Hause sind – Kinder brauchen sich hier nicht zu langweilen. Dafür hat man hier z.B. Hershey's Schokoladenvergnügungspark in Pennsylvania, und in Plimoth Plantation erzählen anstelle der Westmänner die Gründerväter von ihrem nicht minder rauhen Leben, Indianer inklusive. Auf Segelschiffen wie der "USS Constitution" in Boston herumzuklettern macht ebensoviel Spaß wie im New England Whaling Museum in New Bedford das Abenteuer des Walfangs nachzuerleben, in Mystic Seaport das harte Seefahrerleben kennenzulernen oder in New York vom Empire State Building herunterzuschauen. Vor allem aber: Wer in Neuengland Uralub macht, muß seinen Kindern eine Walbeobachtungstour gönnen.

So gut wie überall – sei es bei touristischen Attraktionen oder in Hotels und Restaurants – gibt es Kinder- und Familienermäßigungen bzw. entsprechende Arrangements: Die USA sind kinderfreundlich.

Allgemeines

"Sesame Place" in der Nähe von Philadelphia ist ein Vergnügungspark für 3- bis 13jährige, in dem sich alles um die Sesamstaße dreht (100 Sesame Rd., Langhorne, PA, Tel. 215/757-1100).

Sesamstraßen-Vergnügungspark

Weit mehr als ihre deutschen Kollegen denken die Museumsmacher in den USA auch an die kleinen Besucher – viele und darunter selbst namhafte große Museen haben "Hands on"- oder "Please Touch"-Abteilungen, wo Kinder alle möglichen Experimente und Tricks aus allen denkbaren wissenschaftlichen und populären Disziplinen selbst ausprobieren können. In vielen Städten gibt es auch reine Kindermuseen, die in der Regel Naturwissenschaft und Technik nachwuchsgerecht aufbereitet haben.

Familienväter, die gemeinsam mit den Sprößlingen begeistert vom Deutschen Museum in München sind, sollten das Franklin Institute Science Museum in Philadelphia oder das Science Museum und das Computer Museum in Boston ansteuern.

Kindermuseen

In der Regel fliegen Kinder unter zwei Jahren umsonst, sofern sie keinen eigenen Sitz beanspruchen – was bei Transatlantikflügen wohl weniger in Frage kommt, bei kürzeren USA-Inlandsflügen aber sicher denkbar ist. Man erkundige sich auf jeden Fall nach Kinderermäßigungen.

Im Flugzeug

Die Autoverleihfirmen halten selbstverständlich auch Kindersitze bereit. Auch hier ist rechtzeitige Reservierung angezeigt.

Mietwagen

In den meisten Hotels und Motels können Kinder kostenlos im Zimmer der Eltern übernachten. Man erkundige sich rechtzeitig über die – manchmal erstaunlich hohe – Altersgrenze und andere Bedingungen.

Unterkunft

Essen gehen mit Kindern ist in den USA nicht schwer, und es müssen auch nicht immer die einschlägig bekannten Fast-Food-Ketten sein – um die man mit den meisten Kindern allerdings auch kaum herumkommen wird. Alternativen dazu sind Diners und die Ketten der Family Restaurants wie Denny's, Wendy's, Friday's oder Pizza Hut, die Kindermenüs, Kindersitze und familienfreundliche Preise bieten; die "Chuck E. Cheese"-Restaurants sind ganz auf Kinder spezialisiert. Auch in den verschiedenen Steakhouse-Ketten und in Chinarestaurants kommt man mitsamt Nachwuchs meist günstig weg. Restaurants der gehobenen Klasse sind eher weniger auf Kinder eingerichtet.

Wer auf sein Budget achten muß, halte Ausschau nach "All you can eat"-Angeboten, und wenn der Junior nicht alles aufißt, bekommt man den Rest oft in einem "doggie pack" mit auf den Weg. Abgesehen von Hamburgern und Pommes (= french fries) sind Pfannkuchen (pancakes) und der Sundae-Eisbecher (mit Schokoladensoße) die Favoriten der Jugend.

Restaurants

Kreditkarten

→ Geld

Kriminalität

→ Sicherheit

Literatur

Prosa und Lyrik
James Fenimore Cooper: Der Lederstrumpf
Alles andere als ein Jugendbuch, gibt diese vierteilige Saga – darunter natürlich der berühmte "Letzte Mohikaner" – Zeugnis von der frühen Kolonialgeschichte im amerikanischen Nordosten.

Robert Frost: Gedichte
Niemand hat die jahreszeitlichen Stimmungen in schönere lyrische Bilder umgesetzt als Robert Frost, z.B. in "Stopping by Woods on a Snowy Evening" (→ S. 59).

John Irving: Garp, und wie er die Welt sah (1974)
Eine Neuenglandfamilie gerät durcheinander.

Nathaniel Hawthorne: Der scharlachrote Buchstabe (1850)
– Das Haus der sieben Giebel (1851)
Nathaniel Hawthornes Thema in beiden Romanen ist die gnadenlose Intoleranz der Puritaner.

Herman Melville: Moby Dick (1851)
Kapitän Ahabs Jagd auf den weißen Wal ist ein Klassiker der amerikanischen Literatur und schildert – neben dem eigentlichen Abenteuer – das Leben der Walfänger von Nantucket im 19. Jahrhundert.

Arthur Miller: Hexenjagd (1952)
Arthur Miller zieht Parallelen zwischen der Hexenjagd in Salem und der Kommunistenverfolgung der McCarthy-Ära.

John Smith: A Description of New England (1616)
Frühes Zeugnis der Besiedlung.

Henry David Thoureau: Walden oder Leben in den Wäldern (1854)
Thoreaus Bericht über das einsame Leben in den Wäldern bei Concord in Massachusetts.

Thomas Wolfe: Fegefeuer der Eitelkeiten (1988)
Die New Yorker Society aufs Korn genommen.

Volkskunde
George Korson: Black Rock. Mining folklore of the Pennsylvania Dutch, Baltimore 1960. Eine Sammlung von Sitten, Bräuchen, Geschichten und Liedern aus den Kohlerevieren Pennsylvanias und dem ländlichen Pennsylvania Dutch Country (englische Originalausgabe).

Bildbände
C. Heeb, K. Viedebantt: Das Neue England. Verlag C. J. Bucher
C. Heeb, K. Viedebantt: Traumziel Amerika: Maine. Verlag C. J. Bucher
C. Heeb, J. v. Uthmann: Traumziel Amerika: New York. Verlag C. J. Bucher
M. Schmid, R. Höh: terra magica Neuengland. Konrad Reich Verlag
E. Wrba, K. Viedebantt: Neuengland sehen und erleben. Südwest Verlag

Maße · Gewichte · Temperaturen

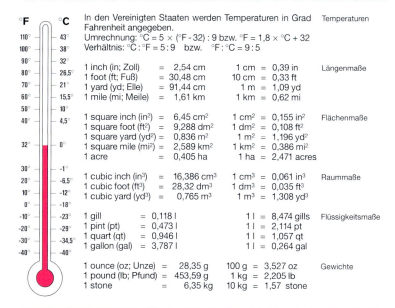

In den Vereinigten Staaten werden Temperaturen in Grad Fahrenheit angegeben.
Umrechnung: °C = 5 × (°F - 32) : 9 bzw. °F = 1,8 × °C + 32
Verhältnis: °C : °F = 5 : 9   bzw.   °F : °C = 9 : 5

Temperaturen

1 inch (in; Zoll)	= 2,54 cm	1 cm	=	0,39 in
1 foot (ft; Fuß)	= 30,48 cm	10 cm	=	0,33 ft
1 yard (yd; Elle)	= 91,44 cm	1 m	=	1,09 yd
1 mile (mi; Meile)	= 1,61 km	1 km	=	0,62 mi

Längenmaße

1 square inch (in²)	= 6,45 cm²	1 cm²	= 0,155 in²
1 square foot (ft²)	= 9,288 dm²	1 dm²	= 0,108 ft²
1 square yard (yd²)	= 0,836 m²	1 m²	= 1,196 yd²
1 square mile (mi²)	= 2,589 km²	1 km²	= 0,386 mi²
1 acre	= 0,405 ha	1 ha	= 2,471 acres

Flächenmaße

1 cubic inch (in³)	= 16,386 cm³	1 cm³	= 0,061 in³
1 cubic foot (ft³)	= 28,32 dm³	1 dm³	= 0,035 ft³
1 cubic yard (yd³)	= 0,765 m³	1 m³	= 1,308 yd³

Raummaße

1 gill	= 0,118 l	1 l	= 8,474 gills
1 pint (pt)	= 0,473 l	1 l	= 2,114 pt
1 quart (qt)	= 0,946 l	1 l	= 1,057 qt
1 gallon (gal)	= 3,787 l	1 l	= 0,264 gal

Flüssigkeitsmaße

1 ounce (oz; Unze)	= 28,35 g	100 g	= 3,527 oz
1 pound (lb; Pfund)	= 453,59 g	1 kg	= 2,205 lb
1 stone	= 6,35 kg	10 kg	= 1,57 stone

Gewichte

Mietwagen (Rent-A-Car)

Zahlreiche Autovermieter bieten ihre Fahrzeuge zu sehr interessanten Preisen an, wobei die Wochenpauschalen besonders günstig sind. Man sollte sich jedoch nicht von den teilweise extrem niedrigen Grundmieten blenden lassen, sondern vielmehr auf einen ausreichenden Versicherungsschutz (Haftpflicht, Kasko, Selbstbeteiligung) achten. Solche Versicherungspakete können recht teuer sein. Zudem fallen noch die Steuern des jeweiligen Staats und eventuell sogar Flughafensteuern (Airport Taxes) an, letztere jedoch nur bei Benutzung eines Airport Shuttle (Autobusdienst) vom Flughafen zum Autovermieter:

Preise

Generell gilt: Wer einen Mietwagen schon von zu Hause aus bestellt, zahlt deutlich weniger als bei Anmietung erst nach der Ankunft; außerdem ist das natürlich ganz wesentlich bequemer.

Mieten von zu Hause aus!

Wer das Fahrzeug an einem anderen Ort als dem Startpunkt zurückgeben will, muß mit erheblichen zusätzlichen Gebühren rechnen.
Kindersitze kosten zusätzlich (ca. 3 $ pro Tag), ebenso die Erlaubnis für einen zweiten Fahrer (ca. 2 $ pro Tag).

Sonderregelungen

Ist das bestellte Auto nicht verfügbar, hat man Anrecht auf ein Fahrzeug der nächsthöheren Klasse. Dies kann auch durch "upgrade coupons" erreicht werden, die von einzelnen Reisebüros und Fluggesellschaften ausgegeben werden. Vor der Abfahrt vom Gelände des Autovermieters sollte man sich über den Zustand des überlassenen Fahrzeuges vergewissern und entdeckte Mängel umgehend anzeigen. Im übrigen gelten in einzelnen Bundesstaaten besondere Vorschriften in Sachen Mietwagen. Man erkundige sich rechtzeitig!

Übergabe

Nationalparks

Mietwagen (Fts.) Kaution **Ohne Kreditkarte geht nichts!**	Fahrzeuge werden von den Mietwagenfirmen nur gegen eine Kaution abgegeben, die bei den allermeisten Vermietern durch Vorlage einer Kreditkarte als geleistet gilt. Mit Bargeld kommt man hier nicht weit bzw. müßte horrende Summen vorleisten.
Versicherungen	Die Autovermieter bieten einen Wirrwarr unterschiedlicher Versicherungen an, die abzuschließen nicht unbedingt alle nötig und eventuell bereits durch die Kreditkartenfirma abgedeckt sind (erkundigen!). Nachstehend eine kleine Begriffsklärung: CDW (Collision Damage Waiver): Haftungsbefreiung für Unfallschäden am Fahrzeug (dringend empfohlen). LDW (Loss Damage Waiver): Haftungsbefreiung bei Verlust des Fahrzeugs. PAI (Personal Accident Insurance): Insassenunfallversicherung. PEC (Personal Effect Coverage): Reisegepäckversicherung. LIS bzw. SLI: Haftpflicht-Zusatzversicherung, die die Haftpflichtsumme der ohnehin bestehenden gesetzlichen Haftpflichtversicherung erhöht.
Führerschein Mindestalter	Wer einen Wagen mieten will, muß einen nationalen oder einen international anerkannten Führerschein (driver's licence) vorlegen können und mindestens 21 Jahre alt sein. 21–24jährige sollten sich bei manchen Firmen vorher erkundigen (z. B. Avis, Budget) oder mit höheren Gebühren (z B. Alamo) rechnen; Hertz vermietet nicht an unter 25jährige
Mietwagen-Firmen	Alle namhaften Autovermieter betreiben gebührenfreie Telefondienste (Hot Lines), deren Nummern aus den aktuellen Telefonbüchern vor Ort ersichtlich sind. Über diese "800"-Nummern kann man Reservierungen vornehmen lassen. Fast alle unterhalten Büros auf den Flughäfen, in großen Hotels sowie in den Innenstädten und Urlauberzentren. Wer für sein Mietauto nicht viel ausgeben will, kann es auch bei "Rent-A-Wreck" versuchen – dort sind die Wagen etwas älter, kosten dafür aber nur ca. 25 $ pro Tag.
"Hot Lines" der wichtigsten Vermieter	Alamo Tel. 1-800-327-9633 Avis Tel. 1-800-331-1212 Budget Tel. 1-800-527-0700 Dollar Tel. 1-800-800-4000 Hertz Tel. 1-800-654-3131 National Tel. 1-800-328-4567 Rent-A-Wreck Tel. 1-800-423-7253 Thrifty Tel. 1-800-367-2277 Value Tel. 1-800-327-2501
Autokauf mit Rückkaufgarantie	Wer längere Zeit unterwegs sein bzw. längere Strecken in den mit dem Autozurücklegen will, für den könnte der Kauf eines Wagens mit Rückkaufgarantie interessant sein. Auskünfte erteilt: Swiss-Am-Drive SA, Badstrasse 15, CH-5400 Baden (Schweiz), Tel. (056) 21 80 21, Fax (056) 21 80 23.

Nationalparks und Schutzgebiete

Naturschutzgebiete	In den USA stehen zahlreiche Flächen unter besonderem Schutz. Dabei wird unterschieden zwischen Nationalparks bzw. Naturschutzgebieten (National bzw. State Park, National bzw. State Forest, National Seashore usw.), denkmalgeschützten Flächen (National bzw. State Monument, Historic Site, Archaeological Site) und Erholungsparks (Recreational Area). In diesen Gebieten ist die Landnutzung eingeschränkt, und die Besucher haben sich entsprechenden Regelungen zu unterwerfen. Die Schutzgebiete werden von speziell ausgebildeten Parkaufsehern (Park Ranger) betreut. Wer auf eigene Faust ein solches Gebiet erkunden will, kann dies nur mit Erlaubnis oder Betreuung der Park Ranger tun. Die geschützten Areale sind meist gut markiert.

Nationalparks

Vielerorts sind mitunter recht hohe Eintrittsgebühren zu bezahlen, wobei Fahrzeug und Insassen getrennt berechnet werden. Beabsichtigt man den Besuch mehrerer Nationalparks, lohnt sich u. U. der Kauf eines "Golden Eagle Pass", der derzeit 50 $ kostet und freien Eintritt in alle Nationalparks während eines Kalenderjahrs gewährt. Dieser Paß ist an den Parkeingängen bzw. in den Besucherzentren (Visitor Centers) eines jeden Nationalparks erhältlich.

Golden Eagle Pass

In den Nationalparks bestehen Übernachtungsmöglichkeiten in Motels, Lodges, Cabins (Hütten) und auf Campingplätzen. Rechtzeitige Reservierung anhand der unten angeführten Adressen ist in jedem Fall empfohlen.

Übernachtung

In Nationalparks und geschützten Gebieten ist es nicht erlaubt, die vorgeschriebenen Wege und Straßen zu verlassen. Campen und Feuermachen ist nur an den dafür ausgewiesenen Plätzen gestattet; Abfälle dürfen nicht liegengelassen und Wildtiere nicht gefüttert werden. Jagen ist verboten, Angeln nur mit Erlaubnis. Es versteht sich von selbst, daß man keine Pflanzen oder gar Tiere mitnimmt.

Verhalten in Nationalparks

Nationalparks und Schutzgebiete im Nordosten

National Park Service, Office of Public Inquiries, Box 37127, Room 1013
Washington, DC, 20013-3127, Tel. (202) 7127
Internet: www.nps.gov (alle Nationalparks detailliert mit Bildern, Karten und Reservierungsmöglichkeiten

Allgemeine Auskunft

Weir Farm National Historic Site, 735 Nod Hill Rd.,
  Wilton, CT 06897, Tel. (203) 834-1896

Connecticut

Acadia National Park, Box 177,
  Bar Harbor, ME 04609, Tel. (207) 288-3338
Appalachian National Scenic Trail, NPS Project Office, c / o Harpers Ferry
  Center, Harpers Ferry, WV 2545-0050, Tel. (304) 535-6278
Saint Croix Island International Historic Site, s. Acadia National Park

Maine

Adams National Historic Site, Box 531, 135 Adams St.,
  Quincy, MA 02269-0531, Tel. (617) 773-1177
Boston National Historical Park, Charlestown Navy Yard,
  Boston, MA 02129, Tel. (617) 242-5644
Boston African American National Historic Site, 46 Joy St.,
  Boston, MA 02114, Tel. (617) 720-0753
Boston National Historical Park, Charleston Navy Yard,
  Boston MA 02129, Tel. (617) 242-5601
Cape Cod National Seashore,
  South Wellfleet, MA 02663, Tel. (508) 255-3421
Frederick Law Olmsted National Historic Site, 99 Warren St.,
  Brookline, MA 02146, Tel. (617) 566-1689
John Fitzgerald Kennedy National Historic Site, 83 Beals St.,
  Brookline, MA 02146, Tel. (617) 566-7937
Longfellow National Historic Site, 105 Brattle St.,
  Cambridge, MA 02138, Tel. (617) 876-4491
Lowell National Historical Park, 169 Merrimack St.,
  Lowell, MA 01852, Tel. (508) 459-1000
Minute Man National Historical Park, Box 160,
  Concord, MA 01742, Tel. (508) 369-6993
Salem Maritime National Historic Site, Custom House, 174 Derby St.,
  Salem, MA 01970, Tel. (508) 740-1660
Saugus Iron Works National Historic Site, 244 Central St.,
  Saugus, MA 01906, Tel. (617) 233-0050
Springfield Armory National Historic Site, 1 Armory Square,
  Springfield, MA 01105, Tel. (413) 734-8551

Massachusetts

Nationalparks

New Hampshire	Saint-Gaudens National Historic Site, R.R. 3, Box 73, Cornish, NH 03745-9704, Tel. (603) 675-2175
New York	Castle Clinton National Monument, Manhattan Sites National Park Service, 26 Wall St., New York, NY 10005, Tel. (212) 344-7220
	Eleanor Roosevelt National Historic Site, 519 Albany Post Rd., Hyde Park, NY 12538, Tel. (914) 229-9115
	Federal Hall National Memorial, Manhattan Sites National Park Service, 26 Wall St., New York, NY 10005, Tel. (212) 264-8711
	Fire Island National Seashore, 120 Laurel St., Patchogue, NY 11772-3596, Tel. (516) 289-4810
	Fort Stanwix National Monument, 112 E. Park St., Rome, NY 13440, Tel. (315) 336-2090
	Gateway National Recreation Area, Floyd Bennet Field, Bldg. 69, Brooklyn, NY 11234, Tel. (718) 338-3687
	General Grant National Memorial, 122nd St. and Riverside Dr., New York, NY 10027, Tel. (212) 666-1640
	Hamilton Grange National Memorial, 287 Convent Ave., New York, NY 10031, Tel. (212) 283-5154
	Home of Franklin D. Roosevelt National Historic Site, 519 Albany Post Rd., Hyde Park, NY 12538, Tel. (914) 229-9115
	Martin Van Buren National Historic Site, Box 545, Kinderhook, NY 12106, Tel. (518) 758-9689
	Sagamore Hill National Historic Site, 20 Sagamore Hill Rd., Oyster Bay, NY 11771, Tel. (516) 922-4788
	Saint Paul's Church National Historic Site, 897 S. Columbus Ave., Mount Vernon, NY 10550, Tel. (914) 667-4116
	Saratoga National Historical Park, 648 Rd. 32, Stillwater, NY 12170, Tel. (518) 664-9821
	Statue of Liberty National Monument (N.Y., N.J.), Liberty Island, New York, NY 10004, Tel. (212) 363-3200
	Theodore Roosevelt Birthplace National Historic Site, 28 E. 20th St., New York, NY 10003, Tel. (212) 260-1616
	Theodore Roosevelt Inaugural National Historic Site, 641 Delaware Ave., Buffalo, NY 14202, Tel. (716) 884-0095
	Vanderbilt Mansion National Historic Site, 519 Albany Post Rd., Hyde Park, NY 12538, Tel. (914) 229-9115
	Women's Rights National Historical Park, 136 Fall St., Seneca Falls, NY 13148, Tel. (315) 568-2991
Pennsylvania	Allegheny Portage Railroad National Historic Site, Box 189, Cresson, PA 16630, Tel. (814) 886-6100
	Delaware Water Gap National Recreation Area, Bushkill, PA 18324, Tel. (717) 588-2435
	Edgar Allan Poe National Historic Site, s. Independence NHP
	Eisenhower National Historic Site, Box 1080, Gettysburg, PA 17325, Tel. (717) 334-1124
	Fort Necessity National Battlefield, The National Pike, R.D. 2, Box 528, Farmington, PA 15437, Tel. (412) 329-5512
	Friendship Hill National Historic Site, s. Fort Necessity National Battlefield
	Gettysburg National Military Park, Box 1080, Gettysburg, PA 17325, Tel. (717) 334-1124
	Hopewell Furnace National Historic Site, 2 Mark Bird Lane, Elverson, PA 19520, Tel. (215) 582-8773
	Independence National Historical Park, 313 Walnut St., Philadelphia, PA 19106, Tel. (215) 597-8787
	Johnstown Flood National Memorial s. Allegheny Portage Railroad NHS
	Middle Delaware National Scenic River, c/o Delaware Water Gap National Recreation Area, Bushkill, PA 18324, Tel. (717) 588-2435
	Steamtown National Historic Site, 150 S. Washington Ave., Scranton, PA 18503-2018, Tel. (717) 340-5200

Thaddeus Kosciuzko National Memorial,
  c/o Independence National Historical Park, 313 Walnut St.,
  Philadelphia, PA 19106, Tel. (215) 597-9618
Upper Delaware Scenic and Recreational River, Box C,
  Narrowsburg, NY 12764, Tel. (717) 729-7135
Valley Forge National Historical Park, Box 953,
  Valley Forge, PA 19481, Tel. (215) 783-1000
	Nationalparks in Pennsylvania (Fortsetzung)

Roger Williams National Memorial, 282 N. Main St., Providence, RI 02903, Tel. (401) 521-7266	Rhode Island

Marsh-Billings National Historical Park,
  c/o National Park Service Office of Communications, 15 State St.,
  Boston, MA 02109, Tel. (617) 223-5200
	Vermont

Notrufe

Erste Hilfe, Notarzt, Polizei, Feuerwehr: Tel. 911 Sollte unter dieser Nummer ausnahmsweise keine Hilfe zu erreichen sein, wendet man sich unter "0" an den Operator der Telefonzentrale.	Notrufnummer
Tel. 1-800-AAA-HELP Über diese Nummer erhält man Hilfe im ganzen Land. Entlang einiger Highways sind Notrufsäulen aufgestellt.	Pannenhilfe

Öffnungszeiten (Retail Hours bzw. Business Hours)

Die Geschäftszeiten sind wesentlich flexibler gestaltet als in Deutschland. Die meisten Geschäfte haben in der Regel Mo. bis Sa. von 9.00 bis 17.00 Uhr geöffnet, die Shopping Malls meistens sieben Tage in der Woche bis ca. 21.00 Uhr (außer sonntags). Viele Geschäfte, insbesondere entlang der Highways und in Großstädten, stehen auch sonntags (längstens bis 18.00 Uhr) oder 24 Stunden lang offen.	Geschäfte
In der Regel Mo. bis Fr. 9.00 bis 15.00, Do. oder Fr. bis 18.00 Uhr.	Banken
s. nachfolgend	Postämter

Post (U.S. Mail)

Das Porto für Briefe innerhalb der Vereinigten Staaten beträgt 32 Cents für die erste Unze (28 g), 23 Cents für jede weitere Unze; Postkarten kosten 20 Cents. Das Luftpostporto für Briefe nach Europa beträgt 60 Cents, für Post- und Ansichtskarten 50 Cents. Die Luftpostbriefformulare mit eingedruckter Briefmarke kosten ebenfalls 50 Cents.	Posttarife
Briefmarken erhält man auf Postämtern und – wo vorhanden – an Automaten auf Flughäfen, Bahnhöfen, Busstationen, in Hotels und Drogerien.	Briefmarken
Die durch eine ausgesteckte US-Flagge gekennzeichneten Postämter sind in der Regel zu folgenden Zeiten geöffnet: Mo. bis Fr. 8.00 bis 17.00, Sa. 8.00 bis 12.00 Uhr. In den Großstädten gibt es Postämter, die rund um die Uhr geöffnet sind.	Postämter
Briefkästen sind an ihrer blauen Farbe mit der weißen Aufschrift "US Mail" und einem stilisierten Adler zu erkennen.	Briefkästen

Rauchen

Zunehmende Rauchverbote
: Raucher haben in den Vereinigten Staaten einen immer schwereren Stand. Kaum eine Fluglinie gestattet noch das Rauchen an Bord (auch bei Transatlantikflügen nicht), und in vielen öffentlichen Einrichtungen darf ebenfalls nicht mehr geraucht werden. In vielen Restaurants sind Raucher- und Nichtraucherplätze getrennt.

Reisedokumente

Reisepaß
: Für einen Besuch der Vereinigten Staaten benötigt man einen Reisepaß, der mindestens noch sechs Monate über das geplante Rückreisedatum hinaus gültig sein muß. Bei Kindern muß im Kinderausweis die Staatsangehörigkeit "deutsch" vermerkt sein

Eingeschränkte Visumspflicht
: Grundsätzlich verlangen die US-Behörden von jedem Besucher ein Visum. Die Visumspflicht ist u. a. aufgehoben für Bürger der EU-Staaten (mit Ausnahme Portugals und Griechenlands) und der Schweiz, die als Touristen, Transit- oder Geschäftsreisende in die Vereinigten Staaten einreisen möchten. Diese Personen müssen jedoch vor der Ankunft in den USA das Formular I-94W ausfüllen, das man während des Fluges oder der Überfahrt bzw. bei der Landeinreise über Mexiko oder Kanada vom Einwanderungsbeamten erhält. Reisende, die in ihrem Paß bereits ein unbegrenztes B-1- oder B-2-Visum haben, brauchen das Formular nicht auszufüllen.
Ein Visum ist nach wie vor für folgende Personengruppen erforderlich: für Personen, die sich länger als 90 Tage in den USA aufhalten wollen, für Studenten, Journalisten, Austauschbesucher, Regierungsbeamte auf Dienstreisen, Verlobte amerikanischer Bürger und Flugzeugbesatzungen. Anträge erhält man bei den Botschaften und Generalkonsulaten der USA (→ Diplomatische und konsularische Vertretungen).

Finanzieller Nachweis
: Wer in die USA einreist, muß im Besitz eines Rück- bzw. Weiterreisetickets sein bzw. genügend finanzielle Mittel nachweisen, um ein Rückreiseticket besorgen und den USA-Aufenthalt bestreiten zu können.

Impfzeugnis
: Ein Impfzeugnis wird nur dann verlangt, wenn man aus gefährdeten Gebieten einreist. Es ist aber in jedem Fall ratsam, sich vor Reiseantritt beim zuständigen Konsulat über die neuesten Vorschriften zu erkundigen.

Hunde
: Wer einen Hund in die USA mitnehmen will, hat ein tierärztliches Gesundheits- und Tollwutimpfzeugnis vorzulegen, das mindestens einen Monat vor der Abreise ausgestellt worden sein muß und nicht länger als ein Jahr gilt. Aktuelle Vorschriften teilen die Botschaften und Generalkonsulate mit.

Reisezeit

→ Zahlen und Fakten, Klima und Reisezeit

Restaurants

Allgemeines
: In den für den Tourismus erschlossenen Gebieten der Vereinigten Staaten gibt es nicht nur eine ungewöhnlich große Zahl von Restaurants, sondern auch eine breite Palette von ethnischen Küchen. Neben Lokalen, die "amerikanische" Küche servieren – die wesentlich mehr als nur Hamburger und Hot Dogs zu bieten hat, weil sie aus vielen anderen Küchen beeinflußt

Restaurants

ist –, findet man häufig Lokale mit italienischer und chinesischer Küche, "Tex-Mex"-Restaurants mit texanischen bzw. mexikanischen Spezialitäten und auch Gourmet-Tempel mit französischer Küche. Daneben gibt es natürlich auch Lokale mit deutscher, schweizerischer, österreichischer, koreanischer, vietnamesischer, thailändischer, japanischer, brasilianischer, argentinischer und arabischer Küche; selbstverständlich gibt es auch koschere und vegetarische Gerichte.

Allgemeines (Fortsetzung)

Wer an der Küste Urlaub macht, sollte es nicht versäumen, ein auf Fisch, Schalen- und Krustentiere (Seafood) spezialisiertes Restaurant zu besuchen. Auch sollte man es sich nicht entgehen lassen, die z.T. sehr guten Weine der USA – nicht nur aus Kalifornien – zu probieren.

*Durchaus eine Alternative zu einem teueren Restaurant:
ein Hummer-Imbiß am Lobster Pond*

Die Preise fallen recht unterschiedlich aus, doch wird man feststellen, daß eine leckere Mahlzeit keine Unsummen kostet. In vielen Bars werden sehr schmackhafte Snacks serviert wie Chili con Carne, Chicken Fingers, Sandwiches und – gute! – Hamburger. Um seinen Geldbeutel zu schonen, muß man nicht unbedingt in eines der zahlreichen Lokale der Restaurantketten (z. B. Taco Bell, Pizza Hut, McDonald's, Burger King, Kentucky Fried Chikken) einkehren, wo man sich zwar relativ billig, aber nicht unbedingt gut ernährt – zu den annehmbaren Ausnahmen zählen Denny's und Friday's. Bessere, zwar nicht zwangsläufig, aber doch mitunter sehr teuere Restaurants findet man überall dort, wo viele Touristen auftreten: in den herausgeputzten historischen Stadtzentren, an den Marinas sowie in oder in der Nähe größerer Ferienanlagen bzw. Großhotels. In Neuengland kommt man in den Genuß von Hummer-Imbißständen, den Lobster Ponds.

Preise

In den allermeisten Lokalen werden außer Bargeld Kreditkarten und Dollar-Reiseschecks akzeptiert.

Tischbestellungen empfehlen sich in den teureren Lokalen vor allem an verlängerten Wochenenden und in der Hauptreisezeit.

Reservierung

Restaurants

Platzzuweisung — In den meisten guten und sehr guten Lokalen wartet man auf eine Platzzuweisung durch das Personal. Sehr oft wird man gefragt, ob man Raucher oder Nichtraucher ist.

Ausgewählte Restaurants

Hinweis — Im folgenden werden einige Restaurants in den touristisch interessantesten Gebieten vorgeschlagen. Die angegebenen Preise beziehen sich auf ein Hauptgericht am Abend.

Connecticut
Connecticut River Valley

The Bee and Thistle Inn
100 Lyme St., Old Lyme, Tel. (860) 434-1667, 15–35 $.
Kolonialidylle: Wird seit Jahren von den Postillen zum romantischsten Restaurant Connecticuts gewählt. Elegante Speisen: Wild, Geflügel, Meeresfrüchte, alles raffiniert zubereitet.

The Wheat Market
4 Water St., Chester, Tel. (860) 526-9347, 6–12 $.
Gourmet-Sandwiches und hervorragende Salate, nur fünf Minuten vom Gilette Castle State Park.

Hartford

Max Downtown
185 Asylum St., Tel. (860) 522-2530, 14–28 $.
Schicker Yuppie-Hangout. Schwertfisch mit Paprikasauce und elegant angemachte Salate.

The Bandstand Bar & Grill, 1 Union Place, Tel. (860) 525-5191, 5–15 $.
Tanz- und Eßschuppen mit gegrilltem Seafood, Burger und Sandwiches auf der Speisekarte.

Litchfield

West Street Grill
43 West St., Tel. (860) 567-3885, 10–25 $.
Wo einige von Connecticut's besten Chefs ihr Handwerk erlernten: Das nette Restaurant am Green tendiert mit seinen mit Zitrusfrüchten angemachten Salaten und Speisen zur leichten kalifornischen Küche.

The County Seat Café
3 West St., Tel. (860) 567-8069, 4–10 $.
Neuenglische Kleinstadtatmosphäre in diesem in einem Gemischtwarenladen untergebrachten Imbiß. Lecker: die dicken Sandwiches und der frische Kaffee.

New Haven

Barkie's Grill and Rotisserie
220 College St., Tel. (203) 752-1000, 8–22 $.
Bistroartige Anlaufstelle der Theatergänger vor der Aufführung: Shrimp Cocktails in Mangosauce sind der Renner.

Louis Lunch
261 Crown St., Tel. (203) 562-5507, 2–5 $.
1903 packte Louis Lassen als erster Hackfleisch zwischen zwei Weißbrotschnitten. Seitdem gilt der Imbiß mit dem legendär unfreundlichen Personal als Wiege des Hamburgers.

New London

Lighthouse Inn
6 Guthrie Place, Tel. (860) 443-8411, 10–24 $.
Nichts als Seafood direkt aus dem Meer mit Blick auf den Long Island Sound.

Massachusetts
Berkshire Hills

Church Street Café, Lenox 65 Church St., Tel. (413) 637-2745.
Innovative Bistro-Cuisine zeichnet den beliebtesten Spot im Städtchen aus. Lecker: Bouillabaisse mit Shrimps und Tomaten.

Restaurants

Berkshire Hills (Fortsetzung)

The Red Lion Dining Room
Red Lion Inn, Stockbridge (→ Hotels), Tel. (413) 298-5545, 15 – 25 $.
Traditionelle französische Küche mit kontinentalen Anklängen. Ebenfalls im Red Lion Inn: die informelle Widow Bingham Tavern mit Grill und Faßbier.

Cobble Café
27 Spring St., Wllllamsburg, Tel. (413) 458-5930, 10 –18 $.
Studenten und Einheimische gleichermaßen suchen diese nüchterne Eßstube auf. Zu empfehlen: Alles aus dem Wok.

Boston

Union Oyster House
41 Union St., Tel. (617) 227-2750, 16 – 24 $.
Was 1742 als Lagerhaus begann und 1775 Versammlungsort unzufriedener Bostoner war, stillt seit 1826 den Hunger auf Austern und neuenglisches Seafood wie Clam Chowder und Lobster. All das in geschichtsträchtigem Ambiente.

Durgin Park, 340 Faneuil Hall Marketplace, Tel. (617) 227-2038, 8 – 16 $.
Prime Ribs, riesige Lammkoteletts, Berge von Hummersandwiches: Die legendär unfreundliche Bedienung gehört zum guten Ruf dieser seit 1827 austeilenden Großkantine.

Piccola Venezia
263 Hanover St., Tel. (617) 523-3888, 6 – 10 $.
Hausgemachte italo-amerikanische Spezialitäten in diesem Nachbarschaftstreff im italienisch dominierten North End.

The Chart House
60 Long Wharf, Tel. (617) 227-1576, 15 – 24 $.
Herzhafte Steaks und irisches Seafood in einem Kontor, der einst John Hancock gehörte.

Fajitas & Ritas, 25 West St., Tel. (617) 426-1222, 5 – 10 $.
Massenauftrieb und Riesenportionen – ein guter Ort zum Leutegucken.

Concord

Colonial Inn
48 Monument Square, Tel. (978) 369-9200, 10 – 23 $.
Steaks, Ribs und Seafood verfeinert, in traditioneller Yankee-Atmosphäre

Cape Ann

The Rudder, 73 Rocky Neck Ave., Gloucester, Tel. (978) 283-7967, 8 – 20 $.
Speisekarten aus aller Welt an der niedrigen Decke und traditionelles neuenglisches Seafood auf dem Teller: belebtes Waterkantrestaurant.

Cape Cod

Daniel Webster Inn
149 Main St., Sandwich, Tel. (508) 888-3622, 5 – 25 $.
Vier Dining Rooms in diesem schönen historischen Inn bieten Speisekarten für jedes Reisebudget.

Ciro & Sal's
4 Kiley Court, Provincetown, Tel. (508) 487-0049.
Begann 1951 als Kaffeehaus der hiesigen Künstlerkolonie und bietet heute raffinierte italienische Küche mit innovativem Touch.

Shuckers Raw Bar
91 A Water St., Woods Hole, Tel. (508) 540-3850, 6 – 12 $.
Belebtes Bistro am Hafen, lecker vor allem die frischen Lobster Rolls und das selbstgebraute "Nobska Light"-Bier.

Martha's Vineyard

David Ryan's Restaurant
11 North Water St., Edgartown, Tel. (508) 627-4100, 10 – 21 $.
Vom Burger über Seafood bis hin zu raffinierten, mit Shrimps verzauberten Pastagerichten. Im Obergeschoß sitzt man intim in Boxen.

Restaurants

Martha's Vineyard (Fortsetzung)	**Savoir Fare** Post Office Square, Edgartown, Tel. (308) 627-9864, 12 – 25 $. Innovative amerikanische Küche mit italienischen Einfällen, z. B. Heilbutt mit Orangenkruste und Arugula Pesto. Romantisches Ambiente.
Nantucket	**Sconset Café** Post Office Square, Tel. (508) 257-4008, 12 – 26 $. Der Eigentümer und Koch des Restaurants ist gleichzeitig Kochbuchautor, daher die vielen ungewöhnlichen Rezepte. Besonders empfehlenswert aus seiner Küche: Lamm Dijon.
Pioneer Valley	**Judie's**, 51 North Pleasant St., Amherst, Tel. (413) 263-3491, 7 – 15 $. Eine städtische Institution: schickes Publikum und gutes Leutegucken, ungewöhnliche Nouvelle-Cuisine-Gerichte.
Salem	**Lyceum Bar & Grill** 43 Church St., Tel. (978) 745-7665, 14 – 20 $. Elegantes Ambiente und ebenso ansprechende Speisekarte: empfehlenswert vor allem die marinierten Pilze und Hühnchenpasta mit marinierter roter Paprika.
Springfield	**Tilly's** 1390 Main St., Tel. (413) 732-3613, 4 – 10 $. Sandwiches, Burger und Salat, allerdings vom Feinsten.
Sturbridge	**The Sunburst** 484 Main St., Tel. (508) 347-3097, 4 – 10 $. Bestens für den leichten Lunch vor dem Sightseeing. Prima Quiches und Fruchtschalen.
Maine Bangor	**Pilot's Grill** 528 Hammond St., Tel. (207) 942-6325. Eines der ältesten Restaurants in Maine. Seafood, Roastbeef, Lamm und Rindersteaks. Frische Tischdecken und Blumen vermitteln typisch amerikanische Häuslichkeit.
Bar Harbor	**George's** Stephens Lane, Tel. (207) 288-4505, 20 – 35 $. In vier schönen Räumen mit großen Fenstern genießt man hervorragende amerikanische Klassiker wie Lobster, Steaks und Lammkoteletts. **Porcupine Grill** 123 Cottage St., Tel. (207) 288-3884, 10 – 25 $. Etwas ab vom Touristenrummel in einer Seitenstraße. Auf der Speisekarte US-Klassiker mit individuellem Twist wie Caesar's Salad mit marinierten Shrimps.
Bethel	**Bethel Inn** On the Common, Tel. (207) 824-2175, 11 – 29 $. Traditionelle Neuengland-Cuisine vom Lobster über Scallops bis Steaks und Chicken.
Blue Hill Peninsula · Deer Isle	**Castine Inn** Main St., Castine, Tel. (207) 326-4365, 18 – 25 $ Der Dining Room dieses eleganten, cremefarbenen Gasthauses aus dem vorigen Jahrhundert bietet kulinarische Genüsse aus aller Welt raffiniert zubereitet. Besonders lecker: Hummer mit Mango-Mayonnaise.
Camden · Rockland	**Cappy's Chowder House** Main St., Camden, Tel. (207) 236-2254, 6 – 15 $. Berühmt für sein frisches Seafood. Seebären-Ambiente mit Fischernetzen und Schiffsmodellen.

Restaurants

Waterworks Pub and Restaurant
5 Lindsey St., Rockland, Tel. (207) 596-7950, 8 – 25 $.
Frischer Hummer steht ganz oben auf der Speisekarte. Hinter der langen Mahagonitheke stehen die Malt Whiskeys Spalier.

Camden ·
Rockland (Fts.)

Greenville Inn
Norris St., Greenville, Tel. (207) 695-2208, 18 – 28 $.
Im eleganten Dining Room des Greenville Inn genießt man gegrillte Entenbrust in Blaubeersauce.

Moosehead Lake

Back Bay Grill
65 Portland St., Tel. (207) 772-8833, 10 – 20 $.
Eleganter Amerikaner in historischer Apotheke. Alles vom Grill, aber auch exotische Pastagerichte.

Portland

Windows on the Water
12 Chase Hill Rd., Kennebunkport, Tel. (207) 987-3313, 12 – 30 $.
Eine Verführung: mit Hummerfleisch und geschmolzenem Jarlsbergkäse gefüllte Kartoffeln, und alles mit Aussicht auf den schönen Yachthafen.

South Coast

Tavern at Clay Hill Farm
220 Clay Hill Rd., Ogunquit, Tel. (207) 646-2272, 10 – 26 $.
Verträumtes Gourmetplätzchen am Westrand von Ogunqult. Spezialitäten: marinierter Lachs in Cajun-Sauce und alles mit Lamm.

Le Garage
Water St., Wiscasset, Tel. (207) 882-5409, 6 – 15 $.
Frische Meeresfrüchte zu Niedrigpreisen in umgebauter Garage mit Wintergarten.

Wiscasset ·
Boothbay Harbor

Boothbay Region Lobstermen's Co-Op
Atlantic Ave., Boothbay Harbor, Tel. (207) 633-4900, 5 – 10 $.
Hummer-Kantine am Hafen. Die gepanzerte Delikatesse kommt aus der Durchreiche und wird draußen an einfachen Tischen verzehrt.

The Common Man
Main St., Ashford, Tel. (603) 968-7030, 7 – 15 $.
Zünftige Eßstube in altem Gemäuer. Riesensteaks, saftige Ribs und frische Meeresfrüchte.

New Hampshire
Lake
Winnipesaukee

The Red Hill Inn
Rte. 25 B u. College Rd., Center Harbor, Tel. (603) 279-7001, 15 – 25 $.
Dieser schöne Landgasthof liegt hoch auf einem Hügel und bietet rustikale, raffiniert verfeinerte Küche. Sehr empfehlenswert: Chicken piccata.

Hart's Turkey Farm Restaurant
Kreuzung US 3 u. Rte. 104, Tel. (603) 279-6212, 8 – 18 $.
Belebte rustikale Eßstube. Spezialität:frischer Truthahn.

Manchester

Harbor's Edge Restaurant
250 Market St., Tel. (603) 431-2300, 10 – 25 $.
Amerikanische und Nouvelle Cuisine mit Waterkantromanik.

Portsmouth

Ashworth by the Sea
295 Ocean Blvd., Hampton Beach, Tel. (603) 926-6762, 10 – 28 $.
Allein zehn verschiedene Hummerzubereitungen kann man hier probieren, dazu Rind- und Geflügelgerichte.

Bellini's
33 Seavey St., North Conway, Tel. (603) 356-7000, 7 – 15 $.
Erstaunlich relaxed für sein zugeknöpftes viktorianisches Äußeres. Alles was mit Pasta zu tun hat, und das reichlich.

White Mountains

Restaurants

White Mountains
(Fortsetzung)

Christmas Farm Inn
Route 16 B, Jackson, Tel. (603) 383-4313, 14 – 30 $.
Der Dining Room des romantischen Hotels am Rand von Jackson bietet traditionelle französische Küche.

The Wentworth Resort
Routes 16 A / 168, Jackson, Tel. (603) 383-9700, um 25 $.
Europäische Eleganz herrscht im hellen Dining Room dieses schönen Hotels. Serviert wird französische Küche mit neuen Ideen, dazu sanfte Harfenmusik im Hintergrund.

New York State
Finger Lakes

Joe's
602 W. Buffalo St., Ithaca / Meadow, 8 – 17 $.
Im Familienbetrieb wird italienisch-amerikanisch gekocht.

Hudson Valley

St. Andrew's Café
433 Albany Post Rd., Hyde Park, Tel. (914) 471-6608, 9 – 17 $.
Das Restaurant des Culinary Institute of America bürgt für Qualität.

New York City

Daniel
20 E. 76th St. / Madison Ave., Tel. (212) 288-0033, 30 – 40 $.
Raffinierte Meeresfrüchte, reichbestückte Weinkarte. Richtig romantisch: Hier wird nur geflüstert. Eine der besten Adressen der Stadt – zwei Monate im voraus zu buchen.

Gotham
12 E. 12th St., Tel. (212) 620-4020, 25 – 30 $.
Der Gourmettempel von Greenwich Village: amerikanische Gerichte, raffiniert zubereitet. Zwar Luxuskategorie, doch den Prix-fixe-Lunch gibt's für 20 Dollar.

Katz's
205 E. Houston St., Tel. (212) 254-2246, um 10 $.
Das 1888 eröffnete jüdisch-koschere Imbißrestaurant "Katz's Delicatessen" ist eine New Yorker Institution. Spezialität des Hauses sind bis zu 14 cm hohe Pastrami-Sandwiches.

Lucky Cheng's
24 First Ave., Tel. (212) 473-0516, 10 – 20 $.
Leichte chinesische Küche, kalifornisch beeinflußt.

Oyster Bar
Grand Central Station, Tel. (212) 490-6650, 10 – 30 $.
Das Edelrestaurant im Untergeschoß des Bahnhofs ist eine New Yorker Institution. Spezialitäten: Fischgerichte und 24 Austernsorten.

Windows on the World
1 World Trade Center, Tel. (212) 938-1111, 25 – 35 $.
Nur eines von 22 Restaurants im World Trade Center – aber auf alle Fälle das mit dem schönsten Blick auf Manhattan. In der 107. Etage des Northern Tower wird moderne US-Küche auf den Tisch gebracht.

Niagara Falls

Red Coach Inn
2 Buffalo Ave., Tel. (716) 1459, über 25 $.
Ostküstenküche in sehr gediegener altenglischer Atmosphäre mit Blick auf die Upper Falls.

Rochester

Village Coal Tower
9 Schoen Place, Pittsford (10 mi / 16 km nördlich an der NY 96), Tel. (716) 381-7866, 6 – 8 $.
Typisch amerikanisch: Hamburger, Chicken Salad etc., aufgetischt in einem alten Kohlebunker für die Lastkähne auf dem Eriekanal.

Restaurants

New York State
(Fortsetzung)
Saratoga Springs

Elm Tree Tavern
2721 US 9, Malta, Tel. (518) 581-1530, 8 – 15 $.
Hier wird vor allem gegrillt, u. a. Schweinefilet mit Kräutern.

Philadelphia
Gettysburg

Dobbin House
89 Steinwehr Ave., Tel. (717) 334-2100, 16 – 30 $.
Die feinste Adresse der Stadt kocht nach Rezepten aus dem 18. Jh.

Lancaster ·
Pennsylvania
Dutch Country

Olde Greenfield Inn
595 Greenfield Rd., Lancaster, Tel. (717) 393-0668, um 15 $.
Sehr gediegen in einem 1780 erbauten Farmhaus: kontinentale Küche, gute Weinauswahl.

Stoltzfus Farm Restaurant
Rte. 772 E., Intercourse, Tel. (717) 768-8156, um 10 $.
Echte pennsylvaniendeutsche Küche mit Zutaten direkt von der Farm.

Good 'N Plenty
2760 Old Philadelphia Pike / Rte. 340, Tel. (717) 394-7111, um 10 $.
Nicht nach der Karte fragen – es gibt keine. Man ißt, was in ordentlichen Portionen auf die großen Tische kommt, und das ist Amish-Küche.

Philadelphia

City Tavern
138 S. 2nd St., Tel. (215) 413-1443, 15 – 25 $.
Im Nachbau der Taverne, in der sich die Verfassungsväter schon erholten, wird heute beste Philadelphia-Küche geboten.

Fountain Restaurant
1 Logan Square. Tel. (215) 963-1500, 30 – 50 $.
Philadelphias Nr. 1 – edles Ambiente, allerbeste Küche der Oberklasse.

Jake Oliver's House of Brews
22 S. 3rd St., Tel. (215) 627-4825, 10 – 15 $.
In einer ehemaligen Kirche sind Bar, Night Club und Restaurant vereint. Es gibt Gegrilltes und Gebackenes vom Fisch, Schwein und Rind, Pizzas und über dreißig Biere von Kleinbrauereien.

Reading Terminal Market
12th & Arch Sts., Center City, Tel. (215) 922-2317, 5 – 8 $.
In "Junk Food City" muß man es auch probieren – in bester Qualität und der Auswahl unter 80 Ständen in dieser Imbiß-Institution.

Susanna Foo
1512 Walnut St., Tel. (215) 545-2666, 15 – 25 $.
Hier begegnen sich beste chinesische und westliche Küche – das hat seinen Preis.

Pittsburgh

Georgetowne Inn
1230 Grandview Ave., Tel. (412) 566-8051, um 20 $.
Bei Familien beliebt, weil zu diesem Preis sehr gute und auch nicht wenig US-Küche geboten wird.

Penn Brewery
Troy Hill, 800 Vinial St., Tel. (412) 237-9402, 8 – 16 $.
Wiener Schnitzel und Sauerbraten in Bierhallenatmosphäre – so stellt man sich "german gemutlichkeit" in dieser Brauerei aus dem 19. Jh. vor.

Top of the Triangle
600 Grant St., Tel. (412) 471-4100, 19 – 30 $.
Die höchste Adresse der Stadt: Im 62. Stock des USX Tower genießt man außer ambitionierter internationaler Küche auch eine phantastische Aussicht auf Downtown Pittsburgh.

Restaurants

Pennsylvania (Fts.) State College	**Tavern Restaurant** 220 E. College Ave., Tel. (814) 238-4404, 7 – 17 $. Dieses Restaurant im Kolonialstil zeichnet sich durch seine Kalbfleisch- und Seafoodgerichte aus.
York	**The Altland House** US 30 & PA 194, Abbottstown, Tel. (717) 259-9535, 10 – 19 $. Amerikanische Gerichte in viktorianischem Ambiente. Das Gasthaus wurde schon 1805 gebaut.
Rhode Island Block Island	**Ballard's Old Harbor** Tel. (401) 466-2654, 5 – 12 $. Treffpunkt aller Inseltouristen, bietet diese kantinenartige Eßstube frittierte Meeresfrüchte bergeweise.
Narragansett Pier	**Basil's** 22 Kingston Rd., Tel (401) 789-3743, 15 – 29 $. Kontinentale Küche, variiert durch ausgiebige Verwendung exotischer Kräuter und Gewürze.
Newport	**White Horse Tavern** 26 Marlborough St., Tel. (401) 849-3600, 11 – 28 $. Amerikas ältestes Restaurant versorgt Reisende seit 1673. Innen koloniales Ambiente, während die Speisekarte mit exquisiten Lamm-, Rind- und Truthahngerichten glänzt. **Christie's** Christie's Landing, Thames St., Tel. (401) 847-5400, 13 – 28 $. An Newports Waterkant mit Blick auf den Yachthafen. Zu empfehlen: Hummer- und Geflügelteller.
Providence	**Hot Club** 575 South Water St., Tel. (401) 861-9007, 5 – 12 $. Junk Food der Oberklasse in altem Industriegebäude. **The Fish Company** 515 South Water St., Tel. (401) 421-5796, 5 – 12 $. Treffpunkt der Urbanites nach Feierabend. Gute Drinks, leichte Snacks.
Vermont Bennington	**Publyk House Restaurant** Rte. 7 A, Tel. (802) 442-8301, 10 – 20 $. Kalorienreiche amerikanische Küche, allem voran Steaks und Ribs. Schöner Blick auf das Battle Monument.
Burlington	**Marketplace at Sakura** 2 Church St., Tel. (802) 863-1988, 7 – 15 $. Einfacher, aber hervorragender Japaner an der belebten Fußgängerzone Church Street.

Tradition seit 1673: Die White Horse Tavern in Newport, Rhode Island, behauptet von sich, das älteste Restaurant Amerikas zu sein.

Five Spice 175 Church St., Tel. (802) 864-4045, 8 – 24 $. Die Highlights aus den Küchen Thailands, Chinas und Vietnams. Zu empfehlen: Kung Pao Chicken.	Restaurants, Burlington (Fortsetzung)
Mistral's at Toll Gate Toll Gate Rd., Tel. (802) 362-1779, 10 – 19 $. Schmausen mit Aussicht: Zu gefüllter Forelle gibt's den Blick auf (nachts angestrahlte) Granitfelsen.	Manchester
Woody's 5 Bakery Lane, Tel. (802) 388-4182, 5 – 12 $. Große Fenster lassen viel Licht in dieses hübsche Restaurant am Otter Creek. Marktfrisches Gemüse spielt die Hauptrolle auf der Karte.	Middlebury
Chef's Table 118 Main St., Tel. (802) 229-9202, 8 – 31 $. Geführt vom New England Culinary Institute, sind hier kulinarische Genüsse garantiert. Täglich wechselnde Speisekarte.	Montpelier
Willough Vale Inn and Restaurant Rte. 5 A, Westmore, Tel. (802) 525-4123, 10 – 20 $. Rustikal am herrlichen Lake Willoughby. Herzhaftes vom Lamm, Muscheln und Shrimps.	Northeast Kingdom
Trapp Family Lodge 42 Trapp Hill, Tel. (802) 253-8511, 9 – 23 $. Wiener Schnitzel und Zwiebelrostbraten in Alpenhofatmosphäre.	Stowe
Isle de France Mountain Rd., Tel. (802) 253-7751, 7 – 24 $. Rührend um Pariser Atmosphäre bemüht. Gut: die Meeresfrüchte	
The Prince and the Pauper 24 Elm St., Tel. (802) 457-1818, 10 – 34 $. Nicht nur der Name, auch die Themen auf der Speisenkarte sind Mark Twain entlehnt. Elegant und doch gemütlich, innovativ amerikanisch mit französischem Touch. Herausragend: die ausladende Weinkarte.	Woodstock

Shopping

Einkaufsstraßen im europäischen Sinne gibt es nur in einigen Großstädten und in touristischen Brennpunkten. Ansonsten sind die Einkaufsmöglichkeiten "downtown" recht beschränkt. Jeder Ort aber, der etwas auf sich hält, hat mindestens eine "Mall", einen "Marketplace", eine "Galleria", einen "Flea Market" und einen "Factory Outlet" (Fabrikverkauf) aufzubieten. Die örtlichen Fremdenverkehrsbüros bzw. Chambers of Commerce halten entsprechendes Informationsmaterial bereit.	Allgemeines
Bei Einkäufen ist zu beachten, daß viele Waren einer regionalen Verkaufssteuer (Sales Tax) unterliegen, die – je nach Bundesstaat – zwischen 3% und 9% liegt und auf den ausgezeichneten Preis aufgeschlagen wird.	Steuern (Sales Tax)
Sehr große, autogerecht angelegte Einkaufszentren, sog. Malls, sind an der Peripherie mittlerer und größerer Siedlungen zu finden. Diese z.T. gewaltigen Komplexe beherbergen meist mehrere Kaufhausfilialen (Sears, JC Penney, McAlpine usw.) sowie eine Vielzahl kleinerer Geschäfte, Boutiquen, Dienstleistungsbetriebe und diverse Lokale. In einer Mall ist praktisch alles erhältlich, und man kann hier sogar noch Preise und Qualitäten verschiedener Anbieter vergleichen.	Malls

Sicherheit

Shopping (Fts.) Fabrikverkäufe (Factory Outlets)

Sehr preiswert kann man zumeist in sog. Factory Outlets einkaufen, wo namhafte Produzenten von z. B. Jeans und Sportkleidung ihre Produkte zu Discountpreisen anbieten. Der Trend geht zur regelrechten Touristenattraktion in Gestalt riesiger "Outlet Malls", in denen gleich mehrere Dutzend Anbieter ihre fabrikneuen Erzeugnisse (meist Überproduktionen, Restposten und zweite und zweite Wahl) feilhalten und auch für das leibliche Wohl der Besucher gesorgt wird.

Große Factory Outlet Centers gibt es in:
Connecticut: Clinton Crossing und Westbrook
Maine: Kittery
Massachusetts: Fall River und Worcester
New Hampshire: North Conway und Tilton
New York: Central Valley, Niagara Falls, Riverhead und Waterloo (Finger Lakes)
Pennsylvania: Grove City, Hershey, Franklin Mills, Reading und Somerset
Vermont: Manchester

Souvenirs

Als besondere Mitbringsel aus dem Nordosten bieten sich Ahornsirup, -pralinen und -bonbons sowie Quilts und Patchwork-Decken aus dem Pennsylvania Dutch Country an. Nicht billig, aber ihr Geld wert sind die schlichten, sehr funktionalen Möbel aus den Werkstätten der Shaker.

Allgemein sehr beliebt sind Erinnerungen an Besuche in den großen Vergnügungsparks und Souvenirs wie Sweatshirts und Mützen aus den Shops der Nationalparks und Museen. Relativ preiswert sind in den USA Elektronikartikel, vor allem Kameras und Zubehör. Sehr preisgünstig sind auch Kleidung (bes. Jeans), Wäsche, Lederwaren (bes. Schuhe), Kosmetik und Sport- und Fanartikel, wobei man für sehr geschätzte Marken weit weniger ausgeben muß als hierzulande.

Konfektionsgrößen

Herren-	Europa	46	48	50	52	54	56	58
anzüge	USA	36	38	40	42	44	46	48
Damen-	Europa	36	38	40	42	44	46	48
kleider	USA	6	8	10	12	14	16	18
Herren-	Europa	36	37	38	39	40	41	42
hemden	USA	14	14$1/2$	15	15$1/2$	16	16$1/2$	17
Damen-	Europa	0	1	2	3	4	5	6
strümpfe	USA	8	8$1/2$	9	9$1/2$	10	10$1/2$	11
Herren-	Europa	39	40	41	42	43	44	45
schuhe	USA	6$1/2$-7	7$1/2$	8$1/2$	9	10	10$1/2$	11
Damen-	Europa	35	36	37	38	39	40	41
schuhe	USA	5	5$1/2$	6	7	7$1/2$	8$1/2$	9

Sicherheit

Kriminalität

Spätestens seit Al Capone, Magnum und Miami Vice ist bekannt, daß manche Städte und Gegenden der USA Tummelplätze für dunkle Gestalten sind. Dies gilt insbesondere für die dichtbesiedelten Großräume wie z. B. Washington, DC, Chicago, Los Angeles und Miami, wo die sozialen Gegensätze besonders scharf ausgeprägt sind. Einzig New York City – zumindest da, wo Touristen hinkommen – hat es durch äußerst rigide Maßnahmen geschafft, wieder als sicher zu gelten. Die ländlichen Gegenden im Nordosten der USA kann man als sicher beachten; in den Großstädten sollte man einige Verhaltensregeln beherzigen.

Umsicht und Vorsicht ist vor allem in den Großstädten, an den touristischen Brennpunkten vonnöten. Man hat vor allem bei Dunkelheit mit kriminellen Übergriffen zu rechnen. In Notsituationen wende man sich unbedingt an die nächste Polizeidienststelle (Tel. 911).

Sicherheit (Fts.) Warnung

Bei Dunkelheit sind bestimmte Gegenden zu meiden. Dazu gehören vor allem Parkanlagen, große Haltestellen öffentlicher Verkehrsmittel und zwielichtige Bezirke in den Städten. Auch schwach besetzte Nahverkehrsmittel zu nächtlicher Stunde können etliche Gefahren bergen. Man sollte sich nicht scheuen, im Hotel oder bei Bekannten zu fragen, welche Gegenden man besser nicht betreten sollte. Spätheimkehrer sollten ein Taxi benutzen; bei Dunkelheit sollte man möglichst nicht allein unterwegs sein.
Im Äußeren und im Verhalten sollte man sich nicht offensichtlich als Tourist zu erkennen geben und Kameras diskret tragen. Ungeniertes Fotografieren in problematischen Bereichen verbietet sich von selbst.
Wertgegenstände und größere Bargeldmengen führt man nie mit sich, sondern deponiert sie im Hotelsafe. Statt Bargeld nimmt man besser Dollar-Reiseschecks und Kreditkarten mit sich; andererseits kann eine kleinere Menge Bargeld (20–50 $) im Fall der Fälle schon ausreichen, um weitgehend ungeschoren davonzukommen. Auf das auffällige Tragen von Schmuck sollte man verzichten. Insbesondere Halsketten üben eine große Anziehungskraft aus. Statt Schulter- oder Gelenktäschchen trägt man lieber feste Gürteltaschen.
Im Hotel sollte man seine Zimmertür von innen verschließen und Unbekannten nicht öffnen. Beim Verlassen des Zimmers nehme man den Schlüssel mit und deponiere ihn bei der Rezeption. Niemals irgendwelche Wertsachen auf dem Zimmer lassen.
Auf Flughäfen, in Bahnhöfen, an Autobushaltestellen, in den Höfen der Autovermieter und in Hotels immer sein Gepäck beaufsichtigen und es nie jemandem überlassen, der sich "hilfsbereit" anbietet, es in das Taxi oder auf das Zimmer zu bringen. Wer sich von anderen Personen verfolgt fühlt, sollte vom nächsten sicheren Platz aus die Polizei verständigen.

Tips zum richtigen Verhalten

Es empfiehlt sich, die Fahrtroute im voraus zu studieren. Hat man sich verfahren und sucht Rat, nicht sofort anhalten, sondern einen Parkplatz vor einer Tankstelle oder einem Geschäft ansteuern. Dasselbe gilt, wenn von hinten oder von der Seite angefahren wird: einen belebteren Platz anfahren und von dort aus die Polizei (Tel. 911) rufen. Parken sollte man nur auf gut ausgeleuchteten und einsehbaren Plätzen; Übernachten im Auto tunlichst unterlassen.
Von der Mitnahme von Anhaltern ist dringend abzuraten; umgekehrt ist auch das Reisen per Anhalter im Gegensatz z. B. zu Westeuropa eine sehr heikle Angelegenheit.

Sicherheitstips für Autofahrer

Sport

Zuschauersport

Die beliebtesten – und fernsehträchtigsten – Zuschauersportarten sind Football, Baseball, Basketball und Eishockey. Der europäische Fußball ist trotz der 1994 in den USA abgehaltenen Weltmeisterschaft noch weit davon entfernt, eine Massensportart zu werden.

Der mit Abstand größte Publikumsrenner ist American Football, dessen kompliziertes Regelwerk für Europäer nicht leicht zu begreifen ist. Was fasziniert, sind die Dynamik und die taktischen Feinheiten dieses aus dem Rugby hervorgegangenen Mannschaftssports. Gespielt wird in der National Football League (NFL) in zwei "Conferences" (American Football Conference und National Football Conference), die wiederum in je drei Divisionen (East, Central, West) antreten. Höhepunkt der Saison ist im Januar das

American Football

477

Sport

American Football (Fortsetzung)	Spiel der beiden Spitzenreiter der Conferences um die Super Bowl, die "Krone des Football". Zu den stärksten Teams der letzten Jahre zählten einige aus dem Nordosten: die New York Giants, die New York Jets, die Pittsburgh Steelers, die New England Patriots aus Boston und die Buffalo Bills; schwächer sind die Philadelphia Eagles. Die zweite Football-Liga ist die College Football League. Sie ist der Talentschuppen der NFL.
Baseball	Auf Platz Zwei der Beliebtheitsskala rangiert Baseball, aus dem englischen Cricket entstanden und noch schwerer zu durchschauen als Football. Hier gibt es die National League und die American League (mit jeweils zwei Divisionen), in denen auch kanadische Teams mitmischen. Eine der Super Bowl ähnliche Trophäe gibt es nicht. Spitzenteams im Nordosten sind die Pittsburgh Pirates und die New York Yankees; als weiteres Nordostteam sind noch die Philadelphia Phillies und die New York Mets im Oberhaus vertreten, während die Boston Red Sox ihre beste Zeit hinter sich haben.
Basketball	Dank Superstars wie Charles Barkley, Scottie Pippen, Dennis Rodman und dem nicht mehr aktiven Michael "Air" Jordan strömen die Amerikaner in die Hallen der National Basketball Association (NBA), die in zwei "Conferences" zu je zwei Divisionen spielt. In der NBA mit Teams wie den Chicago Bulls, den Los Angeles Lakers, den Seattle Supersonics, den Orlando Magics oder den Phoenix Suns zu spielen ist das Ziel aller Basketballprofis der Welt. Gegen solche Mannschaften haben die Boston Celtics und die New York Knickerbockers wenig auszurichten. Die Teams der High Schools und Universitäten spielen in der NCAA, und wie beim Football schauen sich die Profiklubs hier nach Nachwuchs um.
Eishockey	Auch Eishockey ("hockey") wird in den USA in zwei "Conferences" zu je zwei Divisionen gespielt. Die National Hockey League (NHL) wird von US-amerikanischen und kanadischen Teams gebildet, die sich mit skandinavischen, tschechischen und russischen Spielern verstärken. Die in Playoffs ermittelten besten Teams spielen um den Stanley Cup, die höchste Trophäe des Eishockey-Sports, die für die nordamerikanischen Profimannschaften so wichtig ist, daß für die Eishockeyweltmeisterschaften oft nur Spieler der zweiten und dritten Garnitur abgestellt werden. Im Nordosten sind viele Erstliga-Teams zu sehen: die Boston Bruins, die Buffalo Sabres, die Hartford Whalers, die New York Islanders und die Rangers, die Philadelphia Flyers und die Pittsburgh Penguins.

Aktivsport

Angeln	Angeln ist eine der populärsten Freizeitbeschäftigungen der Amerikaner – kein Wunder bei den vielen herrlichen Angelgründen, mit denen auch die Staaten des Nordostens gesegnet sind. Die lokalen Fremdenverkehrsämter halten z. T. sehr umfangreiche Broschüren bereit, die interessierten Sportanglern besondere Reviere zeigen. Zudem wird jedes Geschäft für Anglerbedarf gerne behilflich sein. In den Bundesstaaten des Nordostens muß, wer in Flüssen, Bächen und Seen angeln will, eine Lizenz (meist gebührenpflichtig) besitzen. Man erhält sie in Geschäften für Anglerbedarf.
Hochseeangeln	Hochseeangeln (Big Game Fishing) auf Großfische von vielen Häfen am Atlantik aus möglich. Dort können Boote mit Besatzung gechartert werden; Angelgerät und Köder werden gestellt.
Golf	Die Vereinigten Staaten von Amerika sind ein Mekka für Golfer. Im Gegensatz zum deutschsprachigen Raum gilt Golf in den USA durchaus als Volkssport, was auch die vergleichsweise hohe Platzdichte belegt. Auch in den Bundesstaaten im Nordosten kommen Golfer auf ihre Kosten. Viele Golfplätze sind öffentlich zugänglich. Darüber hinaus lassen viele Golfklubs auch Mitglieder ausländischer Klubs auf ihren Plätzen spielen. Verschiedene Hotels und Ferienanlagen, die über eigene Golfplätze verfügen oder ihren Gästen Spielmöglichkeiten in einem der benachbarten

Sport

Golf (Fortsetzung)

Golf & Country Clubs vermitteln können, bieten Pauschalarrangements an. Die Fremdenverkehrsbehörden der US-Bundesstaaten (→ Auskunft) halten ausführliche Broschüren zum Thema "Golf" bereit.
Die Tageszeitung "USAToday" gibt einen Golfatlas heraus, erhältlich beim Verlag H.M. Gousha, 15 Columbia Circle,
New York, NY 10023, Tel. (210) 995-3317

Segeln

Die Küsten der Neuenglandstaaten, vor allem Maine und um Cape Cod, sind ein herrliches Segelrevier mit zahlreichen Marinas, in denen man Boote mit oder ohne Crew für Segelausflüge mieten kann. Nähere Informationen erhält man bei den Fremdenverkehrsstellen der in Frage kommenden Bundesstaaten (→ Auskunft).

Windjammer

Wer einmal auf einem Windjammer mitfahren (und es sich leisten) will, findet in Camden, ME, mehrere Veranstalter bzw. Schiffseigner, die mehrtägige Törns auf Großseglern anbieten.

*Die atlantische Nordostküste der USA ist ein Seglerparadies –
und Newport in Rhode Island einer der nobelsten Häfen.*

Kanu · Kajak

Wer Freude am Kanu- und Kajakfahren hat, findet im Nordosten der USA beste Bedingungen. Die Atlantikküste sowie zahlreiche Wasserläufe und Seen im Binnenland ermöglichen bootssportliche Aktivitäten aller Art.
Die Fremdenverkehrsstellen der einzelnen Bundesstaaten und Touristenorte (→ Auskunft; Chambers of Commerce, Visitor Centers, Welcome Centers) sowie die Nationalverwaltungen (→ Nationalparks) informieren über die Befahrbarkeit einzelner Streckenabschnitte und halten aktuelle Listen mit Adressen seriöser Bootsverleiher bereit. Auf einigen Gewässern können auch Hausboote angemietet werden. Auskünfte erteilen die örtlichen Fremdenverkehrsbüros.
Schöne Kanu- und Kajakouren (Canoeing, Kayaking) ermöglichen die Küsten von Ontario- und Eriesee oder die Adirondacks in New York und die Flüsse in allen Neuenglandstaaten; eine phantastische Kajakstrecke, die Erfahrtung voraussetzt, führt an der felsigen Küste von Maine entlang. Auf

Sport

Kanu · Kajak (Fortsetzung)	solche Unternehmungen sollte man sich jedoch gut vorbereiten. Es ist ratsam, dem Bootsverleiher oder der örtlichen Parkverwaltung (sofern man sich im Bereich von National Parks oder State Parks bewegt) die Route bzw. das Ziel bekannt zu geben. Auskunft erteilt auch die
Auskunft	American Canoe Association, 7432 Alban Station Blvd., Suite 226b Springfield, VA 22150, Tel. (703) 451-0141.
Wildwasserfahren	Reviere für Wildwasserfahren (Rafting) findet man vor allem im Norden der Neuenglandstaaten, etwa am Saco River in New Hampshire oder an den Dead Rivers in Maine. Veranstalter bieten Touren mit unterschiedlichen Schwierigkeitsgraden vom familienfreundlichen Paddelausflug (floating trip) bis zur abenteuerlichen Wildwasserfahrt (whitewater trip) und stellen in der Regel die gesamte Ausrüstung mitsamt der Verpflegung. Rafting Trips gelten als sehr sicher. Dennoch sei darauf hingewiesen, daß die Veranstalter jegliche Haftung ablehnen. Gegen entsprechende Risiken hat sich jeder Teilnehmer selbst zu versichern. Auskunft erteilt u. a. die
Auskunft	American River Touring Association, 24000 Casa Loma Rd. Groveland, CA 95222, Tel. (209) 962-78 73.
Wandern	Zum Wandern sind die verschiedenen National Parks, State Parks und Recreational Areas bestens geeignet. Dort gibt es kürzere und längere Wanderwege, oft auch Bohlenwege durch Sumpfgebiete. Sie ermöglichen ein relativ gefahrloses Erkunden der Natur und bieten oftmals überwältigende Ausblicke. Die in Frage kommenden Park- und Forstverwaltungen verfügen über eigene Besucherzentren und Informationsbüros, bei denen man sich vor Antritt einer Wanderung, vor allem wenn diese länger sein soll, eingehend erkundigen sollte. Verschiedene Park Ranger bieten sachkundig geführte Wanderungen an (→ Nationalparks).
Einige Wandergebiete	Wer eine ganz große Aufgabe angehen möchte, kann sich zumindest auf einem Teil des 2147 mi langen, über den Kamm der Appalachen von Maine nach Georgia führenden Appalachian Trail versuchen. Er beginnt am Mt. Katahdin in Maine, führt dann durch den White Mountain National Forest (NH), die Green Mountains (VT) und die Berskshire Hills nach Connecticut und weiter nach New York. Kürzer, aber kaum weniger schön ist der Vermont Long Trail, und im Acadia National Park muß man sowieso die Wanderstiefel schnüren. In Pennsylvania gibt es im Allegheny National Forest genügend Wandermöglichkeiten, in New York z. B. in den Adirobdacks.
Auskunft	Über diese und weitere Wandermöglichkeiten informiert die American Hiking Society, 1015 31st St. NW, Washington, DC 20007.
Wintersport	In den als besonders schneereich gerühmten Nördlichen Appalachen findet man einige sehr schöne Skigebiete, die jedoch aufgrund ihrer räumlichen Nähe zu den Großstädten stark überlaufen sind. Nicht selten werden dann die Zufahrten zu einzelnen Wintersportrevieren bereits am Vormittag gesperrt. Besonders beliebt als Skigebiet sind die Adirondack Mountains im Nordosten des Bundesstaats New York. Ein Zentrum des dortigen Skibetriebs ist Lake Placid, wo bereits zweimal – 1932 und 1980 – olympische Wettbewerbe ausgetragen worden sind. Auch in den Appalachen von Pennsylvania sind Skigebiete ausgewiesen
	In Vermont locken vor allem die Skigebiete von Killington, Mount Snow, Stowe und Sugarbrush passionierte Wintersportler an. In New Hampshire erstrecken sich die White Mountains mit dem gut erschlossenen Mount Washington. Auch im äußersten Nordosten der USA, in Maine, gibt es Wintersportreviere wie Sugarloaf, die sehr an den Hochschwarzwald erinnern.
Skilanglauf	Sehr in Mode gekommen ist in den letzten Jahren der Skilanglauf. Vor allem im Bereich von National und State Parks bzw. Recreation Areas, werden bei entsprechender Schneelage Loipen gespurt. Auskunft bekommt man bei der
	USIA Cross Country Ski Areas Association, 259 Bolton Rd., Winchester, NH 03470, Tel. (603) 239-4341.
Snow Mobil	Ebenfalls sehr beliebt, aber nicht unbedingt naturnah und schonend für die Umwelt, sind winterliche Ausflüge mit dem Snow Mobil, einem geländegängigen Motorschlitten.

Sprache

Das amerikanische Englisch unterscheidet sich vom britischen Englisch und vom deutschen Schulenglisch nicht in Ausprache und Betonung, sondern auch im Wortschatz. Im folgenden eine kleine Übersetzungshilfe:

Ja. / Nein.	Yes. / Yeah. / No.	Auf einen Blick
Vielleicht.	Perhaps. / Maybe.	
Bitte.	Please.	
Danke. / Vielen Dank!	Thank you. / Thank you very much.	
Gern geschehen.	You're welcome.	
Entschuldigung!	Excuse me!	
Wie bitte?	Pardon?	
Ich verstehe Sie / dich nicht.	I don't understand.	
Ich spreche nur wenig ...	I only speak a little ...	
Können Sie mir bitte helfen?	Can you help me, please?	
Ich möchte ...	I'd like ...	
Das gefällt mir (nicht).	I (don't) like this.	
Haben Sie ...?	Do you have ...?	
Wieviel kostet es?	How much is this?	
Wieviel Uhr ist es?	What time is it?	
Guten Morgen!	Good morning!	Kennenlernen
Guten Tag!	Good afternoon!	
Guten Abend!	Good evening!	
Hallo! Grüß dich!	Hello! / Hi!	
Mein Name ist ...	My name's ...	
Wie ist Ihr / Dein Name?	What's your name?	
Wie geht es Ihnen / dir?	How are you?	
Danke. Und Ihnen / dir?	Fine thanks. And you?	
Auf Wiedersehen!	Goodbye! / Bye-bye!	
Tschüs!	See you! / Bye!	
Bis bald!	See you later!	
Bis morgen!	See you tomorrow!	
links / rechts	left / right	Auskunft unterwegs
geradeaus	straight ahead	
nah / weit	near / far	
Bitte, wo ist ...?	Excuse me, where's ..., please?	
... der Bahnhof	... the train / bus station	
... die U-Bahn	... the subway	
... der Flughafen	... the airport	
Wie weit ist das?	How far is it?	
Ich möchte ... mieten.	I'd like to rent ...	
... ein Auto	... a car	
... ein Motorboot	... a motorboat	
... ein Fahrrad	... a bike	
Ich habe eine Panne.	My car's broken down.	Panne
Würden Sie mir bitte einen Abschleppwagen schicken?	Would you send a tow truck, please?	
Gibt es hier in der Nähe eine Werkstatt?	Is there a service station nearby?	
Wo ist die nächste Tankstelle?	Where's the nearest gas station?	Tankstelle
Ich möchte ... Liter / Gallonen ...	... litero / gallons of ...	
... Normalbenzin.	... regular.	
... Super.	... premium.	
... Diesel.	... diesel,	
... bleifrei / verbleit.	... unleaded / leaded, please.	
Volltanken, bitte.	Full, please.	

Sprache

Unfall	Hilfe!	Help!
	Achtung!	Attention!
	Vorsicht!	Look out!
	Rufen Sie bitte ...	Please call ...
	... einen Krankenwagen.	... an ambulance.
	... die Polizei.	... the police.
	Es war meine Schuld.	It was my fault.
	Es war Ihre Schuld.	It was your fault.
	Geben Sie mir bitte Ihren Namen und Ihre Anschrift	Please give me your name and address.
Essen / Unterhaltung	Wo gibt es hier ...	Is there ... here?
	... ein gutes Restaurant?	... a good restaurant
	... ein typisches Restaurant?	... a restaurant with local specialities?
	Gibt es hier eine gemütliche Kneipe?	Is there a nice bar here?
	Reservieren Sie uns bitte für heute abend einen Tisch für vier Personen.	Would you reserve us a table for four for this evening, please?
	Auf Ihr Wohl!	Cheers!
	Bezahlen, bitte.	Could I have the check, please?
	Nehmen Sie Reiseschecks?	Do you accept travellers checks?
	Haben Sie einen Veranstaltungskalender?	Do you have a calendar of events?
Einkaufen	Wo finde ich ...?	Where can I find ...?
	... eine Apotheke	... a pharmacy
	... eine Bäckerei	... a bakery
	... ein Fotogeschäft	... a photo / camera store
	... ein Kaufhaus	... a department store
	... ein Lebensmittelgeschäft	... a supermarket / grocery store
	... einen Markt	... a market
Übernachtung	Können Sie mir bitte ... empfehlen?	Could you recommend ..., please?
	... ein Hotel / Motel	... a hotel / motel
	... eine Pension	... a B & B (bed & breakfast)
	Ich habe bei Ihnen ein Zimmer reserviert.	I've reserved a room.
	Haben Sie noch ...?	Do you have ...?
	... ein Einzelzimmer	... a room for one
	... ein Doppelzimmer	... a room for two
	... mit Dusche / Bad	... with a shower / bath
	... für eine Nacht	... for one night
	... für eine Woche	... for a week
	Was kostet das Zimmer	How much is the room
	... mit Frühstück?	... with breakfast?
Arzt	Können Sie mir einen guten Arzt empfehlen?	Can you recommend a good doctor?
	Ich brauche einen Zahnarzt.	I need a dentist.
	Ich habe hier Schmerzen.	I feel some pain here.
	Rezept	prescription
	Spritze	injection / shot
Bank	Wo ist hier bitte ...	Where's the nearest ...
	... eine Bank?	... bank?
	... eine Wechselstube?	... exchange-office?
	... ein Bankautomat	... teller machine?
	Ich möchte ... DM (Schilling, Franken) in Dollars wechseln.	I'd like to change ... German Marks (Austrian Shillings, Swiss Francs) into dollars.

Sprache

Was kostet ... ... ein Brief ... ... eine Postkarte ... nach Deutschland?	How much is ... ... a letter ... ... a postcard ... to Germany?	Post

Zahlen

0	zero	10	ten	20	twenty
1	one	11	eleven	21	twenty-one
2	two	12	twelve	30	thirty
3	three	13	thirteen	40	forty
4	four	14	fourteen	50	fifty
5	five	15	fifteen	60	sixty
6	six	16	sixteen	70	seventy
7	seven	17	seventeen	80	eighty
8	eight	18	eighteen	90	ninety
9	nine	19	nineteen	100	a (one) hundred

1000	a (one) thousand	1/2	a half
10000	ten thousand	1/4	a (one) quarter

Essen und Trinken

breakfast	Frühstück	Menu / Speisekarte
coffee (with cream / milk)	Kaffee (mit Sahne / Milch)	
decaffeinated coffee	koffeinfreier Kaffee	
hot chocolate	heiße Schokolade	
tea (with milk / lemon)	Tee (mit Milch / Zitrone)	
scrambled eggs	Rührei	
poached eggs	pochierte Eier	
bacon and eggs	Eier mit Speck	
eggs sunny side up	Spiegeleier	
hard-boiled / soft-boiled eggs	harte / weiche Eier	
(cheese / mushroom) omelette	(Käse- / Champignon-) Omelett	
bread / rolls / toast	Brot / Brötchen / Toast	
butter	Butter	
honey	Honig	
jam	Marmelade	
jelly	Gelee	
muffin	süßes Küchlein	
yoghurt	Joghurt	
fruit	Obst	
clam chowder	Muschelsuppe	Hors d'Œuvres
broth / consommé	Fleischbrühe	and Soups /
cream of chicken soup	Hühnercremesuppe	Vorspeisen und
ham	gekochter Schinken	Suppen
mixed / green salad	gemischter / grüner Salat	
onion rings	fritierte Zwiebelringe	
seafood salat	Meeresfrüchtesalat	
shrimp cocktail	Krabbencocktail	
smoked salmon / lox	Räucherlachs	
tomato soup	Tomatensuppe	
vegetable soup	Gemüsesuppe	
clams	Venusmuscheln	Fish and Seafood /
cod	Kabeljau	Fisch und
crab	Krebs	Meeresfrüchte
eel	Aal	
halibut	Heilbutt	

Sprache

Fisch und Meeresfrüchte (Fortsetzung)	herring	Hering
	lobster	Hummer
	mussels	Muscheln
	oysters	Austern
	perch	Barsch
	salmon	Lachs
	scallops	Jakobsmuscheln
	sole	Seezunge
	squid	Tintenfisch
	trout	Forelle
	tuna	Thunfisch
Meat and Poultry / Fleisch und Geflügel	bacon	Speck
	barbequed spare ribs	gegrillte Rippchen
	beef	Rindfleisch
	chicken	Hähnchen
	chop / cutlet	Kotelett
	filet mignon	Filetsteak
	duck(ling)	(junge) Ente
	gravy	Fleischsoße
	ground beef	Hackfleisch vom Rind
	ham	gekochter Schinken
	hamburger	Hamburger
	lamb	Lamm
	liver (and onions)	Leber (mit Zwiebeln)
	meatloaf	Hackbraten
	New York Steak	Steak mit Fettrand
	pork	Schweinefleisch
	rabbit	Kaninchen
	roast	Braten
	rump steak	Rumpsteak
	sausages	Würstchen
	sirloin steak	Lendenstück vom Rind, Steak
	T-bone steak	Rindersteak mit T-förmigem Knochen
	turkey	Truthahn
	veal	Kalbfleisch
	venison	Reh oder Hirsch
Vegetables and Salad / Gemüse und Salat	baked beans	gebackene Bohnen in Tomatensoße
	baked potatoes	gebackene Kartoffeln in Schale
	cabbage	Kohl
	carrots	Karotten
	cauliflower	Blumenkohl
	chef's salad	Salat mit Schinken, Tomaten, Käse, Oliven
	eggplant	Aubergine
	french fries	Pommes frites
	corn-on-the-cob	Maiskolben
	cucumber	Gurke
	garlic	Knoblauch
	hash browns	Bratkartoffeln
	herbs	Kräuter
	leek	Lauch
	lentils	Linsen
	lettuce	Kopfsalat
	mashed potatoes	Kartoffelbrei
	mushrooms	Pilze
	onions	Zwiebeln
	peas	Erbsen
	peppers	Paprika
	pickles	Essiggurken
	pumpkin	Kürbis

Sprache

English	Deutsch	Kategorie
produce	frisches Gemüse	Gemüse und Salat (Fortsetzung)
spinach	Spinat	
squash	kleiner Kürbis	
tomatoes	Tomaten	

English	Deutsch	Kategorie
apple pie	gedeckter Apfelkuchen	Dessert and Cheese / Nachspeisen und Käse
brownie	Schokoladenplätzchen	
cinnamon roll	Zimtgebäck	
cheddar	kräftiger Käse	
cookies	Kekse	
cottage cheese	Hüttenkäse	
cream	Sahne	
custard	Vanille-Eiercreme	
donut	Schmalzkringel	
fruit salad	Obstsalat	
goat's cheese	Ziegenkäse	
ice-cream	Eis	
pancakes	Pfannkuchen	
pastries	Gebäck	
rice pudding	Reisbre	

English	Deutsch	Kategorie
apples	Äpfel	Fruit / Obst
apricots	Aprikosen	
blackberries	Brombeeren	
blueberries	Heidelbeeren	
cantaloup	Zuckermelone	
cherries	Kirschen	
cranberries	Preiselbeeren	
figs	Feigen	
grapes	Weintrauben	
lemon	Zitrone	
melon	Melone	
oranges	Orangen	
peaches	Pfirsiche	
pears	Birnen	
pineapple	Ananas	
plums	Pflaumen	
raspberries	Himbeeren	
rhubarb	Rhabarber	
strawberries	Erdbeeren	

English	Deutsch	Kategorie
alcoholic drinks	alkoholische Getränke	Beverages / Getränke
beer	Bier	
on tap	vom Faß	
brandy	Kognac	
cider	Apfelwein	
red / white wine	Rot- / Weißwein	
dry / sweet	trocken / lieblich	
sherry	Sherry	
sparkling wine	Sekt	
table wine	Tafelwein	
soft drinks	alkoholfreie Getränke	
alcohol-free beer	alkoholfreies Bier	
light beer	alkoholarmes Bier	
fruit juice	Fruchtsaft	
lemonade	gesüßter Zitronensaft	
milk	Milch	
mineral water	Mineralwasser	
root beer	süße, dunkle Limonade	
soda water	Selterswasser	
tomato juice	Tomatensaft	
tonic water	Tonicwasser	

Straßenverkehr

Verkehrsvorschriften

Hinweis — Jeder Bundesstaat der USA hat neben bundesweiten auch eigene Verkehrsvorschriften. Gegenüber den Bestimmungen in Europa gelten aber generell folgende Unterschiede:

Vorfahrt — Trotz Rechtsverkehr hat an ungeregelten Kreuzungen derjenige Vorfahrt, der zuerst da war – man muß sich also nötigenfalls verständigen.

Gurtpflicht — In den meisten Bundesstaaten ist das Anschnallen zumindest auf den Vordersitzen Pflicht. Kinder unter vier Jahren dürfen in allen Staaten nur in einem speziellen Kindersitz mitfahren.

Geschwindigkeiten — Temposünder werden hartnäckig von der Polizei verfolgt und auch erheblich zur Kasse gebeten. In verkehrsberuhigten Innenstädten und Wohngebieten liegen die zulässigen Höchstgeschwindigkeiten zwischen 15 mph / 24 km/h in der Nähe von Schulen, Krankenhäusern sowie Zufahrtswegen und 35 mph/56 km/h. Auf Ausfallstraßen und Überlandstraßen mit Gegenverkehr darf man in der Regel bis zu 45 mph/72 km/h schnell sein. Führt die Straße durch Gebiete mit Wildwechsel, so sind bei Nacht nur noch 35 mph/56 km/h erlaubt.
Auf mehrspurigen Überlandstraßen (Highways) und Autobahnen (Interstates) ist die zulässige Höchstgeschwindigkeit von Bundesstaat zu Bundesstaat unterschiedlich geregelt. Die meisten allerdings haben das alte Limit von maximal 55 mph/88 km/h bzw. bis 65 mph/104 km/h auf abgelegenen und verkehrsarmen Abschnitten beibehalten.

Geschwindigkeiten Umrechnungsskala

1 km = 0,62 m
1 mi = 1,61 km

© Baedeker

Schulbusse — Auf einer Straße mit Gegenverkehr muß jeglicher Verkehr anhalten, wenn ein signalgelber Schulbus ein- und aussteigen läßt. Hält ein Schulbus auf einer durch einen breiten Grünstreifen bzw. durch eine nicht überwindbare Barriere vom Gegenverkehr getrennten Fahrbahn, so gilt diese Regelung nur für den in selber Richtung fließenden Verkehr. Verstöße gegen diese Vorschrift werden äußerst streng geahndet.

Ampeln und Rechtsabbiegen — Verkehrsampeln hängen oder stehen hinter (!) der Kreuzung. Rechtsabbiegen trotz roten Ampelsignals ist nach vorherigem vollständigen Anhalten und natürlich bei Beachtung der Vorfahrt in manchen Bundesstaaten erlaubt. Verboten wird das Rechtsabbiegen bei Rot durch das Verkehrsschild "No turn on red".

Abblendlicht — In der Zeit des Sonnenauf- und -untergangs, bei Sichtweiten unter 300 m sowie auf langen schnurgeraden Straßen mit Gegenverkehr muß mit Abblendlicht gefahren werden. In einigen Staaten muß bei Betätigung der Scheibenwischer ebenfalls das Licht eingeschaltet werden.

Parkverbot — An Fernverkehrsstraßen außerhalb sowie an vielen Straßen innerhalb geschlossener Siedlungen darf nicht geparkt werden. Sollte ein Anhalten auf Fernverkehrsstraßen erforderlich sein, muß auf das Bankett gefahren werden. Meist regeln entsprechende Schilder, ob und wann geparkt werden darf. Zu einem Löschwasserhydranten sind immer 4 m Abstand zu halten.

Straßenverkehr

Wenden — Das Wenden ist auf vielen Straßen verboten und durch das Verkehrszeichen mit der Aufschrift "No Turns" markiert.

Rechts überholen — Auf Straßen mit vier und mehr Spuren (also v. a. Interstates und Highways!) ist das Überholen auf der rechten Spur gestattet. Beim Spurwechsel nach rechts deshalb genauso vorsichtig sein wie beim Wechsel nach links.

Durchgezogene Linien — Durchgezogene gelbe und weiße Doppellinien dürfen nicht überfahren werden. Dies gilt auch für einfache durchgezogene Linien auf der Fahrerseite. Auf vielen Straßen sind Abbiegekorridore markiert.

Rush-Hour-Spuren — Auf mehrspurigen Straßen in Ballungsräumen ist des öfteren eine Spur durch ein Schild mit der Aufschrift "HOV -2" oder "HOV -3" gekennzeichnet. Dies bedeutet, daß während der morgendlichen und abendlichen Stoßzeiten diese Spur nur von Fahrzeugen mit mindestens zwei bzw. drei Insassen befahren werden darf (HOV = "High Occupancy Vehicle"; in manchen Staaten andere Bezeichnungen). Die Polizei ahndet Verstöße.

Xing (Crossing) — Das englische Wort "Crossing" (dt. = kreuzen, überqueren) wird in den USA sehr oft mit "Xing" abgekürzt. Ein Verkehrsschild mit der merkwürdigen Aufschrift "Ped Xing" (Abkürzung für "Pedestrian Crossing") kündigt einen Fußgängerüberweg an, nach dem Schild "Cattle Xing" muß man mit Viehtrieb und im Süden nach dem Schild "Gator Xing" sogar mit die Fahrbahn überquerenden Alligatoren rechnen.

Abschleppen (Tow away) — Wer im Parkverbot oder vor einer Ausfahrt parkt, muß damit rechnen, daß sein Fahrzeug abgeschleppt wird. Man findet dann nur noch eine Information des Abschleppunternehmens vor, bei dem der Wagen nur gegen ein sehr hohes Entgelt ausgelöst werden kann.

Autostop — In den Vereinigten Staaten ist Autostop erlaubt; verboten ist allerdings Stoppen per Handzeichen auf Autobahnen (Interstates) und auf deren Zufahrten. Im übrigen sei darauf hingewiesen, daß Autostop auch von den Amerikanern als nicht ungefährliche Reiseart – für Fahrer und Anhalter – angesehen wird.

Highways und Interstate Highways

Interstate Highways — Die mehrspurigen Interstate Highways entsprechen den deutschen Autobahnen und unterscheiden sich durch blau-weiß-rote Beschilderung von normalen Highways. Interstates mit geraden zweistelligen Nummern verlaufen in Ost-West-Richtung, solche mit ungeraden zweistelligen Nummern in Nord-Süd-Richtung, dreistellige Nummern bezeichnen Schnellstraßenringe und Umgehungen größerer Städte.
Die meisten Interstates sind gebuhrenfrei; wo dies nicht der Fall ist, weisen Schilder mit der Aufschrift "Toll" darauf hin. Es empfiehlt sich, ausreichend Kleingeld bereitzuhalten, um längere Wartezeiten an den Mautstellen zu vermeiden. Man kann dann direkt durch die Tore mit den Aufschriften "Exact Fare" fahren und die abgezählte Summe in die dafür vorgesehenen Körbe werfen.

Highways — Highways sind ihrer Kategorie nach das Pendant zu den deutschen Bundesstraßen, im Gegensatz zu diesen aber meist mehrspurig und mit großzügigem Mittelstreifen ausgebaut. Weiße Schilder kennzeichnen sie als Bundes- (z. B. US 6) oder Staatsstraße (State Roads, z. B. SR 28 bzw. MA 28). Auch bei Ihnen definiert die Nummer die grobe Himmelsrichtung. Mit "ALT" ("alternative") oder "BUS" ("business") werden Ortsumgehungen bezeichnet. Der wichtigste Unterschied zwischen den Highways und den Interstates besteht darin, daß erstere – als mehrspurige Straßen – nicht kreuzungsfrei sind: Bei Einmündungen und beim Linksabbiegen ist daher Vorsicht geboten!

Straßenverkehr

Ausfahrten

Auf Straßen mit baulich voneinander getrennten Fahrstreifen liegen die Ausfahrten in der Regel auf der rechten Seite. Bei beengten Verhältnissen kann eine Ausfahrt aber durchaus auch auf der linken Seite liegen.

Tankstellen

Das Tankstellennetz ist sehr dicht. Entlang der Interstates weisen rechtzeitig vor den Ausfahrten Schilder auf Tankstellen hin. Angeboten wird fast ausschließlich bleifreies Benzin ("unleaded") in den Sorten "Regular" (Normal) und "Premium" (Super). Verbleites Benzin ist nur noch selten zu bekommen. Um die Zapfsäule betriebsbereit zu machen, muß ein Hebel umgelegt oder eine Halterung nach oben gezogen werden. An sehr vielen Tankstellen wird vor allem abends und nachts Vorauskasse verlangt. Bei Bezahlung mit einer Kreditkarte hat man gelegentlich noch einige Cents pro Gallone zusätzlich zu entrichten; häufig gibt es verschiedene Zapfsäulen für das Tanken mit Bedienung und für die (billigere) Selbstbedienung.

Straßenverkehr, Tankstellen (Fortsetzung

Kleiner Verkehrswortschatz

Beware of ...	Vorsicht vor ...
Business	Ortsumgehung mit gleicher Nummer
Byp (Bypass)	Umgehungsstraße
Causeway	Brücke, Pontonbrücke
Caution	Achtung! Vorsicht!
Construction	Bauarbeiten
Crossing (Xing)	Kreuzung, Überweg
Dead End	Sackgasse
Detour	Umleitung
Divided Highway	Straße mit Mittelstreifen
Do not enter	Einfahrt verboten
Exit	Ausfahrt
Hill	Steigung / Gefälle / unübersichtliche Kurve (Überholverbot)
Handicapped Parking	Behindertenparkplatz
Junction (Jct)	Kreuzung, Abzweigung, Einmündung
Keep off ...	Abstand halten ...
Loading Zone	Ladezone
Merge (Merging Traffic)	Einmündender Verkehr
Narrow Bridge	Schmale Brücke
No Parking	Parken verboten
No Passing	Überholen verboten
No Turn on Red	Rechtsabbiegn bei Rot verboten
No U Turn	Wenden verboten
One Way	Einbahnstraße
Passenger Loading Zone	Halten nur zum Ein- und Aussteigen erlaubt
Ped Xing	Fußgängerüberweg
Rest Stop	Raststätte
Restricted Parking Zone	Zeitlich begrenztes Parken erlaubt
Right of Way	Vorfahrt
Road Construction	Straßenbauarbeiten
Slippery when wet	Schleudergefahr bei Nässe
Slow	Langsam fahren
Soft Shoulders	Bankette nicht befestigt
Speed Limit	Geschwindigkeitsbegrenzung
Toll	Benutzungsgebühr
Tow away Zone	Absolutes Parkverbot (Abschleppzone)
U-Turn	Wenden erlaubt
Xing (Crossing)	Kreuzung, Überweg
Yield	Vorfahrt beachten

Taxi (Cab)

In den Städten und touristischen Zentren gibt es Taxis in genügender Zahl. Sie können überall per Handzeichen an der Straße angehalten werden. Der Grundpreis für die erste Meile (= 1,61 km) beträgt 1,50 – 3 $, für jede weitere Meile um die 1,50 $. Da die Entfernungen in den Städten und Touristenorten oft recht beachtlich sind, fallen die Preise mitunter ziemlich hoch aus. Mancherorts wird die Taxigebühr nach Zonen berechnet.

Telefon

Private Telefongesellschaften

Die Telefonnetze werden in den USA von privaten Gesellschaften betrieben. Im täglichen Gebrauch macht sich dies kaum bemerkbar mit Ausnahme von internationalen Gesprächen von Telefonzellen aus, bei denen man den "Operator" einschalten muß.

Telefonzellen

Telefonzellen funktionieren mit Münzen zu 25 Cents ("Quarter"), 10 Cents ("Dime") und 5 Cents ("Nickel") und mit Telefonkarten.

Gebührenfreie Nummern

Gespräche mit 1-800- oder 1-888-Nummern können nur innerhalb der USA geführt werden und sind gebührenfrei. Sie sind nicht mit 1-900-Nummern zu verwechseln, hinter denen sich teilweise recht teure kommerzielle Dienste verbergen. Die Telefonwähltasten sind auch mit Buchstaben versehen, so daß viele Nummern als leicht zu merkendes Kennwort angegeben sind (z. B. landesweite Pannenhilfe: 1-800-AAA-HELP).

Buchstaben

Gespräche innerhalb der USA

Die USA sind in Telefonbezirke mit dreistelligen Vorwahlnummern (Area Codes) eingeteilt. Bei Gesprächen innerhalb eines Telefonbezirks ist eine "1" und nur die Teilnehmernummer zu wählen; wer innerhalb der USA in einen anderen Bezirk telefonieren möchte, wählt zunächst die "1", dann den Area Code und schließlich die Teilnehmernummer.

Internationale Gespräche

Von Privatanschlüssen wählt man "011", dann die Länder- und Ortsnetzkennzahl unter Weglassung der "0" und schließlich die Teilnehmernummer. Von öffentlichen Telefonen aus wählt man die "0". Es meldet sich der "Operator", der alle weiteren Instruktionen erteilt.

Gebührenfreie Telefonauskunft

Im ausgelegten Telefonbuch der jeweiligen Telefongesellschaft findet man die Hinweise zur Telefonauskunft.

Vorwahlnummern

Vorwahl von Deutschland, Österreich und der Schweiz
– in die USA: 001

Vorwahl von den USA
– nach Deutschland: 01149
– nach Österreich: 01143
– in die Schweiz: 01141

Telefongebühren

Ein Dreiminutenferngespräch nach Mitteleuropa kostet je nach Tageszeit ab ca. 5 $ – man kann sich ausrechnen, welche Mengen von Münzen man in die Telefonzelle mitschleppen müßte. Leicht ermäßigte Telefontarife gelten in der Zeit zwischen 17.00 und 23.00 Uhr, stark ermäßigte Tarife zwischen 23.00 und 8.00 Uhr morgens sowie an Wochenenden.

Günstiger: Calling Cards

Telefonkarten (calling cards) ermöglichen bargeldloses und günstigeres Telefonieren von vielen öffentlichen Fernsprechern aus. Sie sind an Tankstellen und in Drugstores erhältlich. Ihr Einsatz ist so problemlos wie hierzulande. Im übrigen sind solche Dienste weitaus billiger als von Hotels aus geführte Übersee-Gespräche. Calling Cards von US-Telefongesellschaften können über die großen Kreditkarten-Organisationen bezogen werden. Jede Telefongesellschaft hat kostenfreie Zugangsnummern zu einer deutschsprachigen Vermittlung geschaltet:

Kostenfreie Zugangsnummern

AT & T: 1-800-292-0049
MCI: 1-800-766-0049
SPRINT: 1-800-927-0049

T-Card

Die Deutsche Telekom offeriert mit der T-Card eine ähnliche Karte, die auch in den USA mit den zuvor genannten Zugangsnummern eingesetzt werden kann.

Trinkgeld (Tipping)

Im Gegensatz zu europäischen Ländern ist in den Vereinigten Staaten das Trinkgeld nur selten im Endpreis enthalten und muß gesondert gegeben werden. Man sollte bedenken, daß Angestellte in Restaurants und Hotels oft sehr geringe Löhne beziehen und daher durchaus auf Trinkgelder angewiesen sind. — Allgemeines

Üblich ist, für Gepäckstücke, die aufs Zimmer gebracht oder von dort wieder geholt werden, 50 Cents bis 1 $ pro Stück zu geben. Für das Zimmermädchen läßt man in der Regel 1 $ pro Tag zurück. Angestellte an der Rezeption erwarten bei normalem Service kein spezielles Trinkgeld. Für das Besorgen eines Taxis durch den Portier ist 1 $ die Regel, ebenso beim "Valet Parking", wenn Angestellte das Parken und Bringen des Wagens übernehmen. — Hotels

Das übliche Trinkgeld beträgt 15% des Rechnungsbetrages vor Hinzurechnung der "Sales Tax" (Steuer). In besseren Lokalen erwarten auch der Oberkellner und der Weinkellner ein Trinkgeld. — Restaurants

Der Fahrer erhält 15% des Betrages, den der Taxameter anzeigt, bei kurzen Strecken gelegentlich auch etwas mehr. — Taxi

Auch Friseure erwarten 15–20% Trinkgeld. — Friseur

Für Schuhputzer sind 50 Cents bis 1 $ üblich. — Schuhputzer

Platzanweiser erhalten normalerweise kein Trinkgeld. — Theater, Kino

Busfahrer von Reisegruppen erhalten pro Reisetag und Person 2–3 $. — Busfahrer

Beim Bezahlen mit Kreditkarte kann man das Trinkgeld und den Endbetrag in der Regel selbst auf dem Beleg eintragen. — Kreditkarte

Umgangsregeln

In den USA ist die Begrüßung weniger förmlich als hierzulande. Nur in Ausnahmefällen wird die Hand gereicht. Ohne Berücksichtigung des Status redet man sich rasch mit dem Vornamen an, was aber nicht mit dem hierzulande üblichen Duzen zu vergleichen ist.

Unterkunft

- → Camping
- → Hotels und Motels
- → Jugendunterkünfte

Veranstaltungskalender

Die Fremdenverkehrsämter der einzelnen Bundesstaaten (→ Auskunft) sowie die Touristeninformationsbüros zahlreicher Counties, Städte und Gemeinden halten Veranstaltungsprogramme bereit. Auch der Tagespresse kann man den regionalen Veranstaltungskalender entnehmen. Im folgenden sind einige wichtige Veranstaltungen in den Städten und Counties des Nordostens der USA ausgewählt. — Veranstaltungsprogramme

Veranstaltungskalender

Januar	Philadelphia (PA): Mummer's Parade; Stowe (VT): Winter Carnival (mit Schlittenhundrennen)
Februar	Hershey (PA): Chocolate Lover's Extravaganza (Schokolade essen, herstellen und darüber lernen); Old Sturbridge (MA): Washington's Birthday Celebration
März	Boston (MA): New England Spring Flower Show, St. Patrick's Day; Philadelphia (PA): Flower Show; an vielen Orten in Vermont: Maple Sugar Events (alles rund um Ahornzucker).
April	Boston (MA): Boston Marathon; Concord (NH): Patriot's Day Parade and Paul Revere Reenactment (Erinnerung an die Schlacht von Concord); St. Albans (VT): Vermont Maple Festival
Mai	Albany (NY): Tulip Festival; Boston (MA): Hidden Gardens of Beacon Hill (Führungen durch Parks und Gärten); Oyster Bay (NY): Long Island Mozart Festival; Philadelphia (PA): Devon Horse Show (Pferderennen).
Juni	Boothbay Harbor (ME): Windjammer Day; Farmington (CT): Farmington Antiques Weekend (Antiquitäten und Trödel); Gettysburg (PA): Civil War Heritage (Erinnerung an die Schlacht von Gettysburg); Hartford (CT): Taste of Hartford Food (Spezialitäten aus Connecticut); New London (CT): Ruderregatta Harvard–Yale; Pittsburgh (PA): Three Rivers Art Festival; Portsmouth (NH): Jazz Festival.
Juli	In allen Staaten: Independence Day; Bath (ME): Bath Heritage Days; Boston (MA): Harborfest (großes Fest mit über 200 Veranstaltungen); Kutztown (PA): Folk Festival (großes Fest der Deutsch-Pennsylvanier); Lenox (MA): Tangelwood Music Festival (Klassik unter freiem Himmel); Newport (RI): Newport Music Festival; Northfield (VT): Vermont Quilt Festival (rund um die Patchworkdecken); Stonington (CT): Blessing of the Fleet; Rochester (NY): American Music Fest.
August	Allentown (PA): Das Awkscht Festival (Fest mit Antiquitäten- und Oldtimershow, Handwerksvorführungen); Bethlehem (PA): Musikfest; Buffalo (NY): Erie County Fair; Hancock (MA): Shaker Crafts Festival (altes Handwerk); Milford (CT): Milford Oyster Festival; Mystic (CT): Mystic Outdoor Art Festival; New York City (NY): US Open Tennis; Newport (RI): Newport Jazz Festival; Rockland (ME): Maine Lobster Festival (drei Tage Hummer satt); Syracuse (NY): New York State Fair.
September	Harwich (MA): Harwich Cranberry Festival (Fest zum Beginn der Preiselbeerernte; Ligonier (PA): Highland Games and Gathering of the Clans of Scotland; Lincoln (NH): New Hampshire Highland Games; New Haven (CT): Fall Antiques Show; North East (PA): Wine Country Harvest Festival (Fest zur Weinlese); Norwalk (CT): Oyster Festival; Rutland (VT): Vermont State Fair; West Danville (VT): Northeast Kingdom (VT): Fall Foliage Festival (Fest zum Beginn der Laubfärbung); Saranac Lake (NY): Adirondack Canoe Classic (Kanurennen über 90 Meilen).
Oktober	Boston und Cambridge (MA): Head of the Charles Regatta.
November	New York (NY): Thanksgiving Day Parade, New York Marathon; Niagara Falls (NY): Festival of Lights; Plymouth (MA): öffentliches Thanksgiving Day Dinner.
Dezember	Boston (MA): Boston Tea Party Reenactment (Nachspielen der Boston Tea Party); First Night Celebration (Fest in der Neujahrsnacht); Newport (RI): Christmas in Newport; Washington Crossing Historical Park (PA): The Crossing Reenactment (Nachspielen der Überquerung des Delaware durch George Washington).

Vergnügungsparks

Die kleinen und großen Vergnügungsparks sind für Amerikaner eine Attraktion ersten Ranges. Sie finden regen Zulauf nicht nur von Eltern mit Kindern, auch Erwachsene allein verbringen hier einen großen Teil ihrer Freizeit inmitten von Spaß, Abenteuer und einer gehörigen Portion Kitsch und heiler Welt. Nachfolgend sind die meistbesuchten Vergnügungsparks im Nordosten aufgelistet:

Canobia Lake Park, North Policy St., Salem, NH, Tel. (603) 893-3506; New Hampshire
Öffnungszeiten: Memorial Day – Labor Day tgl., April und Mai nur an Wochenenden

Six Flags Great Adventure, Rte. 537, Jackson, NJ, Tel. (201) 928-2000; New Jersey
Öffnungszeiten: nur Mitte April – Okt. tgl. 10.00 Uhr – variabel

The Great Escape, US-9, Lake George, N Y, Tel. (518) 792-3500; New York
Öffnungszeiten: Memorial Day – Labor Day tgl. 9.30 – 18.00 Uhr

Hersheypark, 100 W. Hersheypark Dr., Hershey, PA, Tel. (717) 534-3900; Pennsylvania
Öffnungszeiten: Mai – Sept. tgl. 10.00 Uhr – variabel
(→ Reiseziele von A bis Z, Harrisburg · Hershey)

Sesame Street Park, 100 Sesame Rd., Langhorne, PA, Tel. 215 / 757-1100
Öffnungszeiten: Mitte Mai – Mitte September tgl., Mitte September – Mitte Okt. nur an Wochenenden 9.00 – variabel

Zeit

Die räumlich zusammenhängenden USA erstrecken sich über vier Zeit- Eastern Time zonen: Eastern Time (= MEZ -6 Std.), Central Time (= MEZ -7 Std.), Mountain Time (= MEZ -8 Std.) und Pacific Time (= MEZ -9 Std.). Für die in diesem Reiseführer behandelten Gebiete gilt die Eastern Time.

Zeitzonen

Zeitungen

Zeit (Fts.) Die Sommerzeit (Daylight Saving Time), während der die Uhren um eine
Sommerzeit Stunde vorgerückt sind, gilt in der Regel vom letzten Aprilsonntag bis zum letzten Oktobersonntag.

a.m./p.m. Die Stunden von Mitternacht bis 12.00 Uhr mittags werden mit a.m. (ante meridiem) bezeichnet, die übrigen zwölf Stunden mit p.m. (post meridiem).

Zeitungen und Zeitschriften

Amerikanische Publikationen
In den Kiosken und Presseläden liegt eine sehr breite Palette von Tageszeitungen und sonstiger Periodika für jeden Geschmack aus. Die führende überregionale Tageszeitung ist "USA today". Einige der wichtigsten großen Tageszeitungen der USA wie der "Boston Globe" und die "New York Times" erscheinen im Nordosten.

Deutschsprachige Blätter
Deutschsprachige Tageszeitungen und Illustrierte sind in einigen gut sortierten Kiosken auf den internationalen Flughäfen und in den wichtigsten Touristenzentren erhältlich, doch kommen sie meist mit erheblicher Verspätung auf den Markt.

Zollbestimmungen

Hinweis
Die für die Einreise in die USA und für die Wiedereinreise nach Deutschland, Österreich und in die Schweiz verfügten Zollbestimmungen werden laufend überarbeitet. Es ist daher ratsam, möglichst kurz vor Reiseantritt die aktuellen Bestimmungen beim zuständigen Zollamt bzw. beim nächsten US-Konsulat zu erfragen.

Einreise in die USA
Bei der Einreise sind eine Zollerklärung und ein Formular für die Einreiseerlaubnis (permit) auszufüllen.
Zollfrei eingeführt werden dürfen Gegenstände des persönlichen Bedarfs (Kleidungsstücke, Toilettenartikel, Schmuck, Foto- und Filmapparate, Filme, Fernglas, Reiseschreibmaschine, tragbares Radio-, Tonband- und Fernsehgerät, Sportausrüstung); für über 21jährige Erwachsene 1 l Alkohol, 200 Zigaretten oder 50 Zigarren oder 2 kg Tabak. Zusätzlich können pro Person Geschenke bis zum Gegenwert von 100 US-Dollar (darunter für Erwachsene bis 1 Gallone/3,78 l alkoholische Getränke und 100 Zigarren) eingeführt werden. Für die Einfuhr von Tieren, Fleisch und Pflanzen gelten besondere, z. T. komplizierte Bestimmungen (Auskunft bei den Zollämtern).

Wiedereinreise in EU-Staaten
Zollfrei sind alle bereits in die Vereinigten Staaten mitgenommenen persönlichen Gebrauchsgegenstände (vgl. oben), zudem 200 Zigaretten oder 100 Zigarillos oder 50 Zigarren oder 250 g Tabak. 1 l Spirituosen mit über 22 Vol.-% Alkohol oder 2 l Spirituosen unter 22 Vol.-% oder 2 l Schaumwein. Ferner 2 l Wein, 500 g Kaffee oder 200 g Kaffee-Extrakt (Pulverkaffee), 100 g Tee oder 40 g Tee-Extrakt, 50 g Parfüm, 0,25 l Toilettenwasser (Tabakwaren und alkoholische Getränke nur bei Personen über 17 Jahre, Kaffee nur bei über 15jährigen). Andere Waren und Geschenke sind bis zu einem Warenwert von insgesamt 350 DM bzw. 2400 öS zollfrei.
Reist man von einem EU-Land wieder nach Deutschland oder Österreich ein, sind die Mengen dort erworbener und zollfrei einführbarer Waren (Genußmittel) größer.

Wiedereinreise in die Schweiz
Für die Schweiz gelten folgende Freimengengrenzen: 250 g Kaffee, 100 g Tee, 200 Zigaretten oder 50 Zigarren oder 250 g Tabak, 2 l Wein oder andere Getränke bis 22 Vol.-% Alkoholgehalt (nach Österreich: 2 ¼ l Wein oder 2,1 l andere alkoholische Getränke) sowie 1 l Spirituosen mit mehr als 22 Vol.-% Alkoholgehalt. Souvenirs dürfen bis zu einem Wert von 100 sfr zollfrei eingeführt werden.

Register

CT = Connecticut
ME = Maine
MA = Massachusetts
NH = New Hampshire
NY = New York
PA = Pennsylvania
RI = Rhode Island
VT = Vermont

Acadia National Park (ME) 100
Adams, Samuel 33
Adirondack Scenic Railroad (NY) 247
Adirondacks (NY) 240
Ahornsirup 19
Albany (NY) 247
Alexandria Bay (NY) 311
Algonquin 29
Alkohol 428
Allagash Waterway (ME) 109
Allegheny National Forest (PA) 318
Allegheny Portage Railroad National Historic Site (PA) 323
Allentown (PA) 320
Altoona (PA) 322
Ambridge (PA) 373
America's Stonehenge (NH) 224
American Falls (NY) 298
Amherst (MA) 199
Amherst (NY) 253
Amish People 344
Amish Farm & House (PA) 347
Amish Village (PA) 347
Amphibien 23
Amsterdam (NY) 275
Amtrak 438
Annandale-on-Hudson (NY) 270
Anreise 428
Apotheken 430
Architektur 43
Arethusa Falls (NH) 232
Arlington (VT) 417
Ärztliche Hilfe 430
Auburn (NY) 261
Augusta (ME) 105
Ausable Chasm (NY) 243
Ausdehnung 10
Auskunft 431
Autohilfe 437
Avella (PA) 374

Bahnreisen 438
Bangor (ME) 106
Banken 446
Bar Harbor (ME) 103
Barnstable (MA) 179
Barre (VT) 410
Bash Bish Falls (MA) 138
Bass Harbor Head (ME) 103
Bath (ME) 107
Baxter State Park (ME) 108
Bear Mountain State Park (NY) 271
Bear Notch (NH) 232
Bear Run (PA) 381
Beauport (MA) 174
Bed & Breakfast 438
Bedford (NY) 268
Behindertenhilfe 439
Ben & Jerry's Ice Cream Factory (VT) 420
Bennington (VT) 411
Berkshire Hills (MA) 138
Bethel (ME) 110
Bethlehem (CT) 85
Bethlehem (PA) 321
Beverly (MA) 208
Bevölkerung 24
Bildung 24
Bird-in-Hand (PA) 348
Block Island (RI) 390
Block, Adrian 30
Bloomsburg (PA) 383
Blue Hill (ME) 112
Blue Hill Peninsula (ME) 111
Blue Mountain Lake (NY) 246
Boalsburg (PA) 380
Bodenschätze 26
Bogart, Humphrey 38
Boldt Castle (NY) 311
Boothbay Harbor (ME) 132
Boscobel (NY) 268
Boston (MA) 145
Boston Massacre 33
Boston Tea Party 33
Botschaften 440
Bradford (PA) 318
Brandon Gap (VT) 419
Brandywine Valley (PA) 363
Brant Lake (NY) 242
Brattleboro (VT) 412
Bretton Woods (NH) 233
Brewster (MA) 179
Bridgeport (CT) 70
Bristol (CT) 72
Bristol (RI) 391
Brookfield (VT) 411
Brunswick (ME) 108
Bucks County (PA) 364
Bucksport (ME) 126
Buffalo (NY) 250
Bulls Bridge (CT) 84
Bunker Hill (MA) 34
Bürgerkrieg 36
Burlington (VT) 412
Bushkill Falls (PA) 326
Busreisen 439

Cambridge (MA) 168
Camden (ME) 113
Camden Hills State Park (ME) 113
Camping 440
Canandaigua (NY) 263
Canastota (NY) 308
Cannon Mountain (NH) 235
Canterbury Shaker Village (NH) 217
Cape Ann (MA) 172
Cape Cod (MA) 175
Cape Cod National Seashore (MA) 179
Caramoor Center for Music & Arts (NY) 268
Casco Bay Islands (ME) 124
Castine (ME) 111
Castle-in-the-Clouds (NH) 223
Catasauqua (PA) 320
Cathedral Woods (ME) 118
Catskill (NY) 255
Catskill Mountain House Site (NY) 255
Catskills (NY) 253
Cayuga Lake (NY) 262
Chadds Ford (PA) 363
Champlain, Samuel de 30
Chappaquiddick Island (MA) 192
Chatham (MA) 181
Chautauqua Institution (NY) 274
Chautauqua Lake (NY) 274
Cheshire (CT) 73
Chesterwood (MA) 140
Chittenango (NY) 308
Clayton (NY) 311
Clermont State Historic Site (NY) 270
Cobscook Bay (ME) 116
Cold Spring (NY) 268

495

Register

Cole, Thomas 48
Colonial Pemaquid State Historic Site (ME) 120
Colonial Style 43
Colonial York (ME) 128
Colt, Samuel 38
Columbia (PA) 349
Concord (MA) 185
Concord (NH) 216
Connecticut 67
Connecticut River 13, 73
Constitution Island (NY) 271
Conway Scenic Railroad (NH) 230
Cooper, James Fenimore 56
Cooperstown (NY) 276
Copley, John Singleton 47
Corning (NY) 263
Cornish (NH) 219
Cornwall Bridge (CT) 84
Cornwall Iron Furnace (PA) 338
Coventry (CT) 82
Crawford Notch (NH) 232
Crawford Notch State Park (NH) 232
Croton-on-Hudson (NY) 268
Crown Point Historic Site (NY) 243
Custer City (PA) 319

Dairy Belt 26
Daniel Boone Homestead (PA) 376
Dartmouth College (NH) 218
Deer Isle (ME) 111
Deerfield (MA) 200
Delaware & Hudson Canal (NY) 273
Delaware River 13
Delaware Water Gap (PA) 326
Derby Line (VT) 422
Desert of Maine (ME) 118
Devisenbestimmungen 446
Dinosaur State Park (CT) 83
Diplomatische und konsularische Vertretungen 440
Douglassville (PA) 376
Doylestown (PA) 366
Dreieckshandel 32
Dunkirk (NY) 274

East Aurora (NY) 253
East Haddam (CT) 74
East Haven (CT) 92
Eastham (MA) 179
Easton (PA) 322

Echo Lake State Park (NH) 230
Eckley (PA) 340
Edgartown (MA) 192
Egypt (PA) 321
Einkommen 24
Eisenhower Locks (NY) 312
Eiszeit 12
Eleanor Roosevelt National Historic Site (NY) 270
Elektrizität 441
Elmira (NY) 263
Elysburg (PA) 384
Emerson, Ralph Waldo 51
Endeavor (PA) 318
Energie 26
Enfield Shaker Village (NH) 219
Ephrata (PA) 349
Ephrata Cloister (PA) 349
Erie (PA) 327
Essen und Trinken 442
Essex (CT) 74
Essex (NY) 243
Evans Notch (ME) 110

Fair Haven Beach State Park (NY) 309
Fall River (MA) 183
Fallingwater (PA) 381
Fallsington (PA) 365
Farmington (CT) 83
Federal Style 44
Feiertage 445
Fenwick (CT) 74
Ferienwohnungen 445
Filmen 445
Finger Lakes (NY) 14, 260
Fitzwilliam (NH) 221
Flora 19
Fluggesellschaften 429
Flughäfen 428
Fort Erie (Kanada) 302
Fort George (Kanada) 302
Fort Knox State Park (ME) 127
Fort Ligonier (PA) 342
Fort Necessity National Battlefield (PA) 382
Fort Niagara State Park (NY) 301
Fort Ontario (NY) 309
Fort Roberdeau (PA) 324
Fort Ticonderoga (NY) 242, 418
Fort William Henry State Historic Site (ME) 120
Fotografieren 445
Foxwoods Resort & Casino (CT) 77
Franconia Notch (NH) 233
Franklin (PA) 319

Franklin D. Roosevelt National Historic Site (NY) 269
Franklin, Benjamin 38, 50
Freeport (ME) 117
French and Indian War 33
Frieden von Paris 33
Frost, Robert 59
Fruitlands (MA) 187
Führerschein 445
Fulton Chain of Lakes (NY) 247
Fulton, Robert 39

Galilee (RI) 393
Gallitzin Tunnel (PA) 323
Game Farm (NY) 255
Gardiner (NY) 273
Gay Head Cliffs (MA) 193
Geld 446
Geldautomaten 446
Geldwechsel 446
Geneva (NY) 262
Georgian Style 44
Germantown (PA) 362
Geschichte 29
Getränke 442
Gettysburg (PA) 36, 330
Gettysburg Address (PA) 332
Gillette Castle (CT) 73
Glen (NH) 231
Gloucester (MA) 173
Gomez Mill House (NY) 273
Goodspeed Opera House (CT) 74
Gosnold, Bartholomew 30
Grafton (VT) 417
Grafton Notch State Park (ME) 110
Grand Canyon of Pennsylvania (PA) 320
Grand Canyon of the East (NY) 265
Grand Isles (VT) 415
Grandma Moses 49
Great Barrington (MA) 138
Great Escape & Splashwater Kingdom (NY) 241
Greek Revival Style 45
Green Mountains (VT) 416
Greenville (ME) 119
Greyhound 439
Große Seen 14
Groton (CT) 75

Hale, Nathan 82
Halibut Point State Park (MA) 175
Hamden (CT) 92
Hampton Beach (NH) 227
Hancock Shaker Village (MA) 142

496

Register

Hanford Mills (NY) 260
Hanna's Town (PA) 374
Hanover (NH) 218
Harrisburg (PA) 334
Hartford (CT) 77
Hartwood (PA) 374
Harvard University (MA) 170
Harwich (MA) 182
Hawthorne, Nathaniel 51
Hepburn, Katharine 39
Herkimer (NY) 313
Hershey (PA) 337
Hex Signs 376
Hickory 21
High Falls Gorge (NY) 245
Historic Deerfield (MA) 200
Historic Schaefferstown (PA) 338
Hoboken (NJ) 295
Hogansburg (NY) 312
Holyoke (MA) 210
Hooker, Thomas 31
Hopewell Furnace National Historic Site (PA) 377
Hopper, Edward 49
Horseshoe Curve National Historic Landmark (PA) 323
Horseshoe Falls (NY) 298
Hotels 447
Housatonic Meadows State Park (CT) 84
Housatonic Valley (CT) 83
Howe Caverns (NY) 276
Howes Cave (NY) 275
Hudson River 13
Hudson River School 48
Hudson Valley (NY) 266
Hudson, Henry 30
Hunt, William Morris 48
Hurley (NY) 273
Hyannis (MA) 182
Hyde Park (NY) 269

Idlewild Amusement Park (PA) 342
Indian Caverns (PA) 324
Indian Summer 20
Industrie 26
Industrielle Revolution 36
Institute for American Indian Studies (CT) 85
Intercourse (PA) 348
Internet 431
Irokesenbund 30
Ironville (NY) 243
Isle au Haut (ME) 103, 112
Isles of Shoals (NH) 226
Ithaca (NY) 264

Jackson (NH) 231
Jamestown (NY) 273
Jay Peak (VT) 415
Jim Thorpe (PA) 339
John Jay Homestead (NY) 268
Johnstown (PA) 341
Johnstown Flood National Memorial (PA) 341
Joseph Allen Skinner State Park (MA) 199

Kaaterskill Falls (NY) 255
Kancamagus Highway (NH) 235
Katonah (NY) 268
Keene (NH) 220
Kennebunk (ME) 129
Kennebunk Beach (ME) 129
Kennebunkport (ME) 129
Kennedy, Edward 40
Kennedy, John F. 40
Kennedy, Robert 40
Kennywood Park (PA) 374
Kent (CT) 84
Kentuck Knob (PA) 382
King Philip's War 32
Kingston (NY) 273
Kinzua Bridge (PA) 318
Kinzua Dam (PA) 318
Kittery (ME) 127
Klima 15
Knox & Kane Railroad (PA) 318
Konsulate 440
Krankenhäuser 430
Kreditkarten 446
Küsten 12
Kykuit (NY) 268

Lage 10
Lake Canandaigua (NY) 263
Lake Champlain (VT) 14, 419
Lake Compounce Theme Park (CT) 72
Lake Erie 15
Lake George (NY) 241
Lake George Village (NY) 241
Lake Ontario 15
Lake Placid (NY) 243
Lake Wallenpaupack (PA) 379
Lake Willoughby (VT) 422
Lake Winnipesaukee (NH) 221
Lancaster (PA) 342
Landschaftsformen 11
Landwirtschaft 26
Larrabbes Point (VT) 418
Laubwald 19

Laughlintown (PA) 342
Laurel Caverns (PA) 382
Laurel Highlands (PA) 341
Lebanon (PA) 338
Lebanon County (PA) 338
Lee (MA) 141
Lenox (MA) 141
Letchworth State Park (NY) 265
Lewiston (NY) 299
Lexington (MA) 34, 184
Lincoln (MA) 187
Litchfield (CT) 84
Literatur 50
Lititz (PA) 349
Lockport (NY) 301
Lonesome Lake (NH) 234
Long Island (NY) 295
Longwood Gardens (PA) 363
Lorenzo State Historic Site (NY) 308
Lost River (NH) 233
Lowell (MA) 187
Lubec (ME) 116
Lyndhorst (NY) 267

Machias Seal Island (ME) 116
Magnolia (MA) 173
Mahlzeiten 442
Maine 97
Malerei 47
Manchester (NH) 223
Manchester (VT) 415
Manufacturing Belt 26
Marblehead (MA) 208
Marconi Station (MA) 179
Marlboro (NY) 273
Martha's Vineyard (MA) 189
Martin Van Buren National Historic Site (NY) 270
Mashantucket Pequot Tribal Nation (CT) 76
Massachusetts 135
Massachusetts Institute of Technology (MA) 171
Massena (NY) 312
Mayflower 30
Mayflower II (MA) 201
Medikamente 430
Meerestiere 23
Melville, Herman 51, 56
Menemsha (MA) 193
Mennoniten (PA) 344
Merritt Parkway (CT) 72
Middlebury (VT) 417
Middlebury Gaps (VT) 419
Mifflinburg (PA) 384
Milford (PA) 326
Mill Bridge Village (PA) 348
Millers Falls (MA) 144

497

Register

Mills Mansion (NY) 270
Minnewit, Peter 32
Minute Man National Historical Park (MA) 185
Mohawk Trail (MA) 144
Mohawk Trail State Forest (MA) 145
Mohegan SunResort & Casino (CT) 94
Monhegan Island (ME) 118
Monhegan Lighthouse (ME) 118
Monroe (NY) 271
Montgomery County (PA) 364
Montgomery Place (NY) 270
Montpelier (VT) 419
Monument Mountain (MA) 138
Moosehead Lake (ME) 119
Morgan Horse Farm (VT) 418
Moses-Sounders Power Dam (NY) 312
Motels 447
Mount Chocorua (NH) 235
Mount Davis (PA) 342
Mount Desert Island (ME) 100
Mount Greylock (MA) 145
Mount Joy (PA) 349
Mount Katahdin (ME) 109
Mount Kineo (ME) 120
Mount Lebanon Shaker Village (NY) 249
Mount Mansfield Auto Road (VT) 423
Mount Marcy (NY) 245
Mount Monadnock (NH) 221
Mount Sunapee State Park (NH) 220
Mount Tremper (NY) 254
Mount Van Hoevenberg (NY) 245
Mount Washington (NH) 228
Mount Washington Cog Railway (NH) 233
Mount Washington Hotel (NH) 233
Mystic (CT) 85
Mystic Seaport (CT) 86

Nadelbäume 22
Nantucket (MA) 193
Nantucket Town (MA) 195
Narragansett Pier (RI) 392
Naturraum 11
Naumkeag (MA) 140
Nemacolin Castle (PA) 383

New Bedford (MA) 196
New Britain (CT) 83
New City (NY) 271
New Hampshire 213
New Hampshire Coast (NH) 226
New Haven (CT) 89
New Hope (PA) 365
New London (NH) 219
New Orange (NY) 295
New Paltz (NY) 273
New Windsor Cantonment State Historic Site (NY) 271
New York 237
New York City (NY) 28, 277
Newburgh (NY) 271
Newburyport (MA) 198
Newport (RI) 393
Newtown Battlefield (NY) 263
Niagara Falls (Kanada) 302
Niagara Falls (NY) 295, 298
Niagara Parkway (Kanada) 302
Niagara-on-the-Lake (Kanada) 302
North Conway (NH) 229
North East (PA) 329
Northampton (MA) 199
Northeast Harbor (ME) 103
Northeast Kingdom (VT) 421
Northumberland (PA) 384
Norwalk (CT) 70
Notruf 430, 437

Oak Bluffs (MA) 191
Ogdensburg (NY) 311
Ogunquit (ME) 129
Ohiopyle State Park (PA) 381
Oil City (PA) 319
Oil Creek and Titusville Railroad (PA) 319
Olana (NY) 270
Old Chatham (NY) 249
Old Lyme (CT) 74
Old Man of the Mountain (NH) 234
Old Orchard Beach (ME) 125
Old Saybrook (CT) 74
Old Sturbridge Village (MA) 210
Onchiota (NY) 245
Oneida (NY) 309
Oswego (NY) 309
Otsego Lake (NY) 277
Owasco Lake (NY) 261
Owego (NY) 265

Paläo-Indianer 29
Pannenhilfe 437

Paradox Lake (NY) 242
Parker River National Wildlife Refuge (MA) 198
Pawtucket (RI) 401
Pearl S. Buck House (PA) 366
Pemaquid Point (ME) 120
Penn's Cave (PA) 381
Penn, William 32, 40
Pennsbury Manor (PA) 365
Pennsylvania 315
Pennsylvania Dutch Country (PA) 342
Pennsylvania Lumber Museum (PA) 319
Pflanzen 19
Philadelphia (PA) 350
Philip Pokanokett 32
Philipsburg (NY) 267
Pilgrim Fathers 30
Pine Knob Loop Trail (CT) 84
Pinkham Notch (NH) 229
Pioneer Valley (MA) 198
Pithole City (PA) 319
Pittsburgh (PA) 366
Pittsfield (MA) 141
Plattsburgh (NY) 243
Pleasant Valley Wildlife Sanctuary (MA) 141
Plimoth Plantation (MA) 31, 203
Plymouth (MA) 201
Plymouth (VT) 425
Plymouth Rock (MA) 201
Pocono Mountains (PA) 379
Poe, Edgar Allan 51
Polar Caves Park (NH) 235
Polizei 437
Popham Beach State Park (ME) 108
Portland (ME) 122
Portland Head Light & Museum (ME) 124
Portsmouth (NH) 224
Poughkeepsie (NY) 269
Prattsville (NY) 255
Providence (RI) 401
Provincetown (MA) 180

Quechee Gorge (VT) 425
Quoddy Head Statepark (ME) 116

Rail Pass 438
Rangeley Lakes (ME) 110
Reading (PA) 374
Red Pine 22
Reiseschecks 446
Reisezeit 15
Rensselaer (NY) 249

498

Register

Reptilien 23
Revere, Paul 41
Reversing Falls Park (ME) 116
Rhinebeck (NY) 270
Rhode Island 387
Rochester (NY) 303
Rockefeller, John D. 41
Rockefeller, John D. IV 41
Rockefeller, John D. Jr. 41
Rockefeller, Nelson A. 41
Rockland (ME) 113
Rockport (MA) 174
Rockwell, Norman 49, 140
Rocky Neck Art Colony (MA) 174
Rome (NY) 313
Roosevelt, Franklin D. 42
Rutland (VT) 423
Rye Harbor State Park (NH) 227

Sabbaday Falls (NH) 235
Sabbathday Lake Shaker Community (ME) 125
Sackets Harbor (NY) 310
Sagamore (NY) 246
Saint Gaudens National Historic Site (NH) 219
Saint Johnsbury (VT) 421
Saint Lawrence Seaway (NY) 309
Salem (MA) 205
Salem Witch Hunt 32
Saltbox 43
Sandwich (MA) 178
Sandy Hook (NY) 295
Santa's Home Workshop (NY) 245
Saranac Lake (NY) 245
Saratoga Lake (NY) 306
Saratoga National Historic Park (NY) 307
Saratoga Spa State Park (NY) 306
Saratoga Springs (NY) 305
Sargent, John Singer 49
Säugetiere 23
Schenectady (NY) 275
Schoharie (NY) 275
Schoodic Peninsula (ME) 103
Schroon Lake (NY) 242
Schuylerville (NY) 307
Sconset (MA) 196
Scranton (PA) 377
Seabrook (NH) 227
Searsport (ME) 126
Seaway Trail (NY) 312
Sebago Lake (ME) 126
Seldom Seen Coal Mine (PA) 324

Selkirk Shores State Park (NY) 309
Seneca Falls (NY) 262
Seneca Lake (NY) 263
Shaker 143
Shartlesville (PA) 376
Sheffield (MA) 138
Sheffield Island (CT) 70
Shelburne (VT) 413
Shrine of Our Lady of Lourdes (CT) 85
Silver Cascade (NH) 232
Slater Mill Historic Site (RI) 401
Sleepy Hollow Old Dutch Church (NY) 268
Smith, John 30
Somerset Historical Center (PA) 342
South Coast (ME) 127
South Hadley (MA) 199
Southwest Harbor (ME) 103
Speisen 442
Springfield (MA) 208
Squanto 30
Staatsburg (NY) 270
State College (PA) 380
Stockbridge (MA) 139
Stonington (CT) 89
Stonington (ME) 112
Stony Point Battlefield Park (NY) 271
Storm King State Park (NY) 271
Stowe (VT) 423
Strasburg (PA) 347
Stroudsburg (PA) 327
Stuart, Gilbert 47
Sturbridge (MA) 210
Süßwasserfische 23
Sullivan County (NY) 260
Sunnyside (NY) 267
Supersonic Speedway Fun Park (NY) 255
Susquehanna River 13
Susquehannock State Forest (PA) 319
Syracuse (NY) 307

Tanglewood Music Festival (MA) 141
Tantaquidgeon Indian Museum (CT) 95
Tarentum (PA) 374
Tarrytown (NY) 267
Taughannock Falls State Park (NY) 265
The Flume (NH) 234
Thoreau, Henry David 57
Thousand Islands (NY) 309
Thousand Islands Skydeck (NY) 311

Tiere 19
Tioga Scenic Railroad (NY) 265
Titusville (PA) 319
Tourismus 28
Trapp Family Lodge (VT) 424
Truemans (PA) 318
Tuckerman Ravine Trail (NH) 232

Ulster & Delaware Railroad (NY) 254
Unabhängigkeits-erklärung 35
Unabhängigkeitskrieg 35
Union Church of Pocantico Hills (NY) 268
Uniontown (PA) 381
Utica (NY) 312

Vails Gate (NY) 271
Valley Forge National Historical Park (PA) 364
Van Cortlandt Manor (NY) 268
Vanderbilt Mansion (NY) 269
Vanderbilt, Cornelius 42
Vanderbilt, William H. 42
Venango County (PA) 319
Vermont 407
Verrazano, Giovanni di 30
Versicherungsschutz 430
Verwaltung 24
Vineyard Haven (MA) 191
Vögel 24

Waldlandindianer 29
Wale 23
Wallis Sands State Park (NH) 227
Warhol, Andy 42
Washington (PA) 374
Washington Crossing State Park (PA) 365
Waterbury (CT) 72, 95
Watertown (NY) 310
Watervliet (NY) 249
Watkins Glen State Park (NY) 264
Weirs Beach (NH) 222
Welcome Centers 431
Welland Canal (Kanada) 303
Wellesley Island (NY) 311
Wells (ME) 129
West Cornwall (CT) 84
West Point (NY) 271
Weston (VT) 416
Wethersfield (CT) 82
Wetterüberblick 18

499

Register

Weybridge (VT) 418
White Flower Farm (CT) 85
White Head (ME) 118
White Horse Ledge (NH) 230
White Memorial Foundation (CT) 85
White Mountains (NH) 227
White Mountains National Forest (ME) 110
Whiteface Mountain (NY) 245
Whiteface Mountain Veterans' Memorial Highway (NY) 245
Willey House (NH) 232
Williams, Roger 32
Williamsport (PA) 383
Williamstown (MA) 144
Windham County (VT) 412
Windsor (CT) 82
Wintersport 17
Winterthur Museum (DE) 363
Winthrop, John 31
Wirtschaft 25
Wirtschaftspflanzen 22
Wiscasset (ME) 131
Wolfeboro (NH) 222
Woodstock (NY) 254, 256
Woodstock (VT) 424
Wyeth, Andrew 49

Yale University (CT) 90
Yarmouth (MA) 179
Yonkers (NY) 267
York (ME) 128
York (PA) 384
Youghiogheny River (PA) 381

Zoom Flume Water Park (NY) 255

Verzeichnis der Karten und graphischen Darstellungen

Räumlich zusammenhängende Bundesstaaten 10
Panoramakarte des Nordostens der USA 11
Klima im Nordosten der USA 16
Routenvorschläge 63
Connecticut: Lage 67
Hartford (CT): Stadtplan 78
Mystic Seaport (CT) 86 / 87
New Haven (CT): Campus der Yale University 90
Maine: Lage 97
Acadia National Park (ME) 100
Portland (ME): Stadtplan 122
South Coast (ME): Kennebunkport und Kennebunk Beach 130
Massachusetts: Lage 135
Berkshire Hills (MA): Hancock Shaker Village 142
Boston (MA): Stadtplan 147 / 148
  Streckennetz Boston Transit 151
  Cambridge: Campus der Harvard University 169
Cape Ann (MA) 172
Cape Cod (MA) 178
Martha's Vineyard (MA) 190 / 191
Nantucket Island (MA) 194
Plymouth (MA): Plimoth Plantation 204
Salem (MA): Stadtplan 207
Springfield (MA): Stadtplan 209
New Hampshire: Lage 213
Concord (NH): Canterbury Shaker Village 217
Portsmouth (NH): Stadtplan 224
White Mountains (NH): Mount Washington Valley 230
New York State: Lage 237
Buffalo (NY): Stadtplan 250
Finger Lakes (NY) 262
New York City (NY): Lower Manhattan (Stadtplan) 281
  Fifth Avenue (Stadtplan) 284
  Uptown Manhattan mit Central Park (Stadtplan) 288
  Metropolitan Museum 290
Niagara Falls (NY): Geologisches Profil 295
  Stadtplan 297
Saratoga Springs (NY): Stadtplan 306
Pennsylvania: Lage 315
Erie (PA): Stadtplan 328
Gettysburg (PA): Gettysburg National Military Park 331
Harrisburg (PA): Stadtplan 335
Pennsylvania Dutch Country (PA): Lancaster (Stadtplan) 343
Philadelphia (PA): Stadtplan 354 / 355
Pittsburgh (PA): Stadtplan 370
Rhode Island: Lage 387
Newport (RI): Stadtplan 394 / 395
Providence (RI): Stadtplan 402
Vermont: Lage 407
Maße · Gewichte · Temperaturen: Fahrenheit- / Celsius-Thermometer 461
Straßenverkehr: Geschwindigkeiten 486
  Entfernungen und Fahrzeiten 488
Zeit: Zeitzonen 493
Touristische Höhepunkte im Nordosten der USA hintere Umschlaginnenseite

Bildnachweis

AKG: S. 37, 38, 40, 41 (oben), 42, 48, 49, 51, 140, 300, 333, 365, 425
Gunda Amberg: S. 104, 148, 152, 165, 200, 222, 234 (oben), 236, 244, 298, 301, 310, 443
AP: S. 39, 258
Baedeker-Archiv: S. 34, 71, 257
Manfred Braunger: S. 21, 26, 31, 44, 46, 73, 75, 91, 93, 94, 123, 124, 125, 131, 143, 174, 185, 186, 188, 203, 205, 225, 227, 216, 234 (unten), 248, 255, 314, 321, 330, 336, 340, 348, 350, 351, 353 (unten), 357, 359, 361, 364, 367, 368, 372, 375, 377, 379, 385, 387, 399, 412, 414, 467, 474, 479,
Heinz Burger: S. 159, 202, 241, 246, 252, 264, 265, 308, 313, 325, 329, 346, 410
dpa: S. 282
Carin Drechlser-Marx: S. 291
HB Verlag: S. 261, 294, 296, 304
Ole Helmhausen: S. 43, 88, 117, 156, 157, 158, 166, 180, 192, 197, 229, 396, 398, 403, 444, 453
IFA: S. 8/9, 12, 14/15, 60/61, 114/115, 120, 139, 160, 179, 212, 231, 272, 406
Volkmar Janicke: S. 66, 76, 79, 80, 105, 107, 128, 132, 144, 173, 193, 219, 242, 393, 416 (2 ×), 418, 420, 426/427, 457
Mashantucket Pequot Museum: S. 29, 77
Mauritius: S. 23, 96, 134, 177, 344, 422
Schapowalow: S. 269, 278, 353 (oben), 382
Steffens: S. 271
Beate Szerelmy: S. 52, 81, 153, 162, 171, 182, 187, 195, 206, 210
Transglobe: S. 276, 390
United States Information Service: S. 33, 41 (unten)
Ernst Wrba: S. 19, 111
ZEFA: S. 102, 109, 119, 286

Titelbild: IFA/Harris – Walts River, VE
Umschlagseite hinten: IFA – Portland Head Lighthouse, ME

Impressum

Ausstattung:
203 Abbildungen (Bildnachweis s. zuvor)
54 Karten und graphische Darstellungen, 1 großer Stadtplan

Text: Ole Helmhausen (Reiseziele Neuenglandstaaten, Geschichte, Kunstgeschichte), Heinz Burger / Wolfgang Rotzinger (Reiseziele New York, Pennsylvania, Wirtschaft); weitere Beiträge: Rainer Eisenschmid, Helmut Linde, Reinhard Strüber, Werner Voran, Reinhard Zakrzewski

Kartographie: Franz Huber, München; Christoph Gallus, Hohberg;
Mairs Geographischer Verlag, Ostfildern (große Reisekarte)

Gesamtleitung: Rainer Eisenschmid, Baedeker Ostfildern

2. Auflage 2000

Urheberschaft: Karl Baedeker GmbH, Ostfildern
Nutzungsrecht: Mairs Geographischer Verlag GmbH & Co., Ostfildern

Sprachführer: In Zusammenarbeit mit Ernst Klett Verlag GmbH,
Redaktion PONS Wörterbücher

Der Name *Baedeker* ist als Warenzeichen geschützt.
Alle Rechte im In- und Ausland sind vorbehalten.
Jegliche – auch auszugsweise – Verwertung, Wiedergabe, Vervielfältigung, Übersetzung, Adaption, Mikroverfilmung, Einspeicherung oder Verarbeitung in EDV-Systemen ausnahmslos aller Teile dieses Werkes bedarf der ausdrücklichen Genehmigung durch den Verlag Karl Baedeker GmbH.

Printed in Germany
ISBN 3-89525-953-5   **Gedruckt auf 100% chlorfreiem Papier**

Verlagsprogramm

Städte in aller Welt

- Amsterdam
- Athen
- Bangkok
- Barcelona
- Berlin
- Brüssel
- Budapest
- Dresden
- Florenz
- Frankfurt/M.
- Hamburg
- Hongkong
- Istanbul
- Köln
- Kopenhagen
- Lissabon
- London
- Madrid
- Moskau
- München
- New York
- Paris
- Prag
- Rom
- San Francisco
- St. Petersburg
- Singapur
- Stuttgart
- Venedig
- Weimar
- Wien

Reiseländer · Großräume

- Ägypten
- Australien
- Baltikum
- Belgien
- Brasilien
- China
- Dänemark
- Deutschland
- Dominikanische Republik
- Finnland
- Frankreich
- Griechenland
- Großbritannien
- Indien
- Irland
- Israel
- Italien
- Japan
- Jordanien
- Kanada
- Karibik
- Kenia
- Kuba
- Luxemburg
- Malaysia
- Marokko
- Mexiko
- Namibia
- Nepal
- Neuseeland
- Niederlande
- Norwegen
- Österreich
- Polen
- Portugal
- Schweden
- Schweiz
- Skandinavien
- Spanien
- Sri Lanka
- Südafrika
- Syrien
- Thailand
- Tschechien
- Tunesien
- Türkei
- Ungarn
- USA
- Vietnam

Regionen · Inseln · Flüsse

- Algarve
- Andalusien
- Bali
- Bodensee
- Bretagne
- Burgund
- Costa Brava
- Elba
- Elsaß/Vogesen
- Florida
- Franken
- Französische Atlantikküste
- Fuerteventura
- Gardasee
- Gran Canaria
- Griechische Inseln
- Harz
- Hawaii
- Ibiza · Formentera
- Ischia · Capri · Procida
- Istrien · Dalmat. Küste
- Italienische Riviera
- Kalifornien
- Kanada · Osten
- Kanada · Westen
- Kanalinseln
- Korfu · Ionische Inseln
- Korsika
- Kreta
- Kykladen
- La Palma
- Lanzarote
- Loire
- Lombardei · Mailand · Oberital. Seen
- Madeira
- Malediven
- Mallorca · Menorca
- Malta
- Mecklenburg-Vorpommern
- Norditalien
- Oberbayern
- Provence · Côte d'Azur
- Rhodos
- Rügen
- Sachsen
- Salzburger Land
- Sardinien
- Schleswig-Holstein
- Schottland
- Schwäbische Alb
- Schwarzwald
- Seychellen
- Sizilien
- Südengland
- Südtirol
- Sylt
- Teneriffa
- Tessin
- Toskana
- Türkische Küsten
- Umbrien
- USA · Nordosten
- USA · Südstaaten
- USA · Südwesten
- Zypern

Kleine Städteführer Deutschland und Schweiz

- Augsburg
- Bamberg
- Basel
- Berlin
- Bonn
- Bremen
- Freiburg
- Hannover
- Heidelberg
- Konstanz
- Leipzig
- Lübeck
- Mainz
- Nürnberg
- Regensburg
- Trier
- Wiesbaden